历史文化名城名镇名村和传统村落保护

法律法规文件选编

曹昌智 邱跃 主编

中国建筑工业出版社

图书在版编目（CIP）数据

历史文化名城名镇名村和传统村落保护法律法规文件选编/曹昌智，邱跃主编．—北京：中国建筑工业出版社，2015.1

ISBN 978-7-112-17581-9

Ⅰ.①历… Ⅱ.①曹…②邱… Ⅲ.①文化名城-保护-法律-汇编-中国　②乡镇-保护-法律-汇编-中国　③村落-保护-法律-汇编-中国　Ⅳ.①D922.169

中国版本图书馆CIP数据核字(2014)第290215号

本书内容包括与历史文化名城名镇名村保护有关的法律法规和文件，编入了宪法、法律、国家行政法规、地方性法规、部门规章、有关技术规范、党和国家相关文件，以及关于历史文化名城名镇名村和传统村落保护的领导讲话等。本书集历史文化名城名镇名村和传统村落保护的法律法规文件之大成，可信度强，具有普遍指导性和实用性。

本书可供有关行政主管部门领导、城市规划设计人员以及相关专业师生参考。

责任编辑：许顺法　陆新之
责任设计：李志立
责任校对：陈晶晶　刘　钰

历史文化名城名镇名村和传统村落保护
法律法规文件选编

曹昌智　邱　跃　主编

*

中国建筑工业出版社出版、发行（北京西郊百万庄）
各地新华书店、建筑书店经销
北京红光制版公司制版
北京画中画印刷有限公司

*

开本：880×1230毫米　1/16　印张：32¾　字数：1036千字
2015年8月第一版　2015年8月第一次印刷
定价：**88.00**元
ISBN 978-7-112-17581-9
(26781)

版权所有　翻印必究
如有印装质量问题，可寄本社退换
（邮政编码　100037）

编 纂 筹 划：中国城科会历史文化名城委员会

编委会主任：曹昌智　邱　跃

编委会成员：温宗勇　傅　爽　申有顺　杜立群　边宝莲
　　　　　　刘晓东　高玉楼　庄春地　赵　敏　胡　燕

编写制图：胡　燕　郭韶娟

编者的话

自 1982 年 2 月国务院公布第一批国家历史文化名城起，标志着我国历史文化名城保护制度建立。经过三十多年实践探索，取得了世人瞩目的巨大成就，不仅抢救和保护了一大批文物特别丰富，具有重大历史价值或革命纪念意义的名城，而且保护对象涵盖了城镇和乡村一系列历史文化遗产，保护范围延展到广大空间地域。迄今我国（不含港澳台地区）已经公布了 125 个国家历史文化名城，252 个历史文化名镇，276 个历史文化名村和 2555 个中国传统村落。随着保护文化遗产的公民意识不断增强，传承和弘扬中华优秀传统文化深入人心，从而促进了法律法规体系日臻完善，为历史文化名城名镇名村和传统村落保护与发展提供了重要保障。

党的十八大以来，文化遗产保护工作进入了一个新的历史阶段，肩负着传承中华优秀传统文化，提倡和弘扬社会主义核心价值观，实现中华民族伟大复兴中国梦的重大使命。习近平总书记指出："中华优秀传统文化已经成为中国民族的基因，植根在中国人内心，潜移默化影响着中国人的思想方式和行为方式。今天，我们提倡和弘扬社会主义核心价值观，必须从中汲取丰富营养，否则就不会有生命力和影响力。"他要求利用好中华优秀传统文化蕴含的丰富思想道德资源，让收藏在禁宫里的文物，陈列在广阔大地上的遗产，书写在古籍里的文字都活起来，使其成为涵养社会主义核心价值观的重要源泉。因此抓住历史机遇，进一步树立中华民族的文化自信心，增强文化自觉性，提升公民法制意识，切实保护历史文化名城名镇名村和传统村落，充分发挥文化遗产载体传承和弘扬中华优秀传统文化的不可替代作用，显得尤为必要，迫在眉睫。

2011 年，为加强历史文化名城名镇名村保护，宣传普及相关法律、法规、规章和政策，方便中国名城委团体委员和个人开展学术研究与实际工作，在中国名城委换届之际，我们曾编写印发了《中国历史文化名城名镇名村法律法规和文件选编》，受到广泛欢迎和积极评价。使用两年多来，历史文化名城政府及其行政主管部门领导，工作人员和设计、科研单位技术人员，理论工作者，以及大专院校师生纷纷建议，希望中国名城委将此法律法规和文件选编完善后出版。

有鉴于此，中国名城委组成编委会，在原选编资料基础上，增加了习近平总书记系列重要讲话的相关内容，并对新修订的地方性法规、部门规章、地方政府规章和历史文化名城名镇名村名单一览表进行了更新，同时新增了传统村落等信息资料，补充了住房和城乡建设部、文化部、财政部和国家文物局文件，以及相继公布的三批《中国传统村落名录》。在附录中还增加了香港、澳门和台湾的有关法律文件和国际文献。经过一番系统梳理后结集成书，名之为《历史文化名城名镇名村和传统村落保护法律法规文件选编》，现由中国建筑工业出版社出版发行，以飨读者。

梳理后的汇编范围囊括了国内有关内容，依次按照法律法规体系的序列，分为若干篇章，编入了宪法、行政法、行政法规、地方性法规、部门规章、地方政府规章、技术规范、党和国家相关文件，以及关于历史文化名城名镇名村和传统村落保护的领导讲话等。本书集历史文化名城名镇名村和传统村落保护的法律法规文件之大成，迄今在我国第一次出版发行，可信度强，具有普遍指导性和实用性。

书稿编写过程得到了原住房和城乡建设部副部长、中国城市科学研究会理事长、中国名城委名誉主任委员仇保兴博士和北京市副市长、中国城市科学研究会副理事长、中国名城委主任委员陈刚的关心支持。

全书由曹昌智副主任委员和邱跃副主任委员兼秘书长主编，曹昌智具体筹划和统稿，胡燕、郭韶娟编写文字并绘制图表，赵培红、梅嘉棋校核。期间虽尽很大努力，但因法律法规文件汇编涉及面相当广泛，且在编写过程有些内容还不断修订更新，以致书稿中的疏漏和错误在所难免。借此付梓之际，诚望得到读者斧正，同时向中国名城委东北、华北、西北、中南、华东、华南、西南等片区联络处，以及所有提供帮助协作的单位和个人致以诚挚的谢意！

中国城科会历史文化名城委员会
2014 年 9 月 1 日

目 录

第一篇 法律法规

一、法 律

中华人民共和国宪法（节选） ……………………………………………………………… 3
中华人民共和国文物保护法 ………………………………………………………………… 4
中华人民共和国城乡规划法 ………………………………………………………………… 14
中华人民共和国非物质文化遗产保护法 …………………………………………………… 22

二、国家行政法规

中华人民共和国文物保护法实施条例 ……………………………………………………… 27
历史文化名城名镇名村保护条例 …………………………………………………………… 34

三、地方性法规

北京历史文化名城保护条例 ………………………………………………………………… 40
天津市历史风貌建筑保护条例 ……………………………………………………………… 44
河北省文物保护管理条例 …………………………………………………………………… 50
承德避暑山庄及周围寺庙保护管理条例 …………………………………………………… 55
山西省平遥古城保护条例 …………………………………………………………………… 59
太原市晋祠保护条例 ………………………………………………………………………… 62
大同市云冈石窟保护管理条例 ……………………………………………………………… 64
内蒙古自治区文物保护条例 ………………………………………………………………… 68
沈阳历史文化名城保护条例 ………………………………………………………………… 74
吉林省文物保护条例 ………………………………………………………………………… 78
哈尔滨市历史文化名城保护条例 …………………………………………………………… 82
上海市历史文化风貌区和优秀历史建筑保护条例 ………………………………………… 87
江苏省历史文化名城名镇保护条例 ………………………………………………………… 93
南京市重要近现代建筑和近现代建筑风貌区保护条例 …………………………………… 98
浙江省历史文化名城名镇名村保护条例 …………………………………………………… 102
杭州市历史文化街区和历史建筑保护办法 ………………………………………………… 108
合肥市文物保护办法 ………………………………………………………………………… 113

福州市历史文化名城保护条例	116
江西省文物保护条例	121
山东省历史文化名城保护条例	127
河南省历史文化名城保护条例	131
郑州市嵩山历史建筑群保护管理条例	134
湖南省文物保护条例	138
长沙市历史文化名城保护条例	143
湘西土家族苗族自治州凤凰历史文化名城保护条例	147
广州历史文化名城保护条例	150
南宁市历史传统街区保护管理条例	153
海口市历史文化名城保护条例	155
重庆市实施《中华人民共和国文物保护法》办法	162
四川省阆中古城保护条例	165
黔东南苗族侗族自治州镇远历史文化名城保护条例	167
云南省历史文化名城名镇名村名街保护条例	171
昆明历史文化名城保护条例（2004年修正）	177
云南省丽江古城保护条例	180
云南省大理白族自治州大理历史文化名城保护条例	183
云南省红河哈尼族彝族自治州建水历史文化名城保护管理条例	187
西藏自治区文物保护条例	190
西安历史文化名城保护条例	197
银川市历史文化名城保护条例	201
甘肃省文物保护条例	203
新疆维吾尔自治区历史文化名城街区建筑保护条例	206

第二篇 规章规范

四、部门规章

城市紫线管理办法	211
历史文化名城名镇名村保护规划编制要求（试行）	213
关于切实加强中国传统村落保护的指导意见	220
传统村落保护发展规划编制基本要求（试行）	223

五、地方政府规章

河北省历史文化名城名镇名村保护办法	225
苏州市历史文化名城名镇保护办法	231

无锡市历史街区保护办法 ·· 235
武汉市旧城风貌区和优秀历史建筑保护管理办法 ···························· 237
太原历史文化名城保护办法 ·· 240

六、技 术 规 范

历史文化名城保护规划规范 GB 50357—2005 ································ 244

第三篇 党和国家文件

七、党 中 央 文 件

中共中央关于深化文化体制改革推动社会主义文化大发展大繁荣若干重大
　问题的决定 ·· 253
中共中央国务院关于加快发展现代农业进一步增强农村发展活力的若干意见（节录） ··· 264

八、国 务 院 文 件

国务院批转国家基本建设委员会等部门关于保护我国历史文化名城的请示的通知 ··· 265
城乡建设环境保护部关于加强历史文化名城规划工作的通知 ············ 269
国家基本建设委员会、国家文物事业管理局、国家城市建设总局关于保护
　我国历史文化名城的请示 ·· 269
国务院批转建设部、文化部关于请公布第二批国家历史文化名城名单报告的通知 ··· 271
关于请公布第二批国家历史文化名城名单的通知 ··························· 271
国务院批转建设部、国家文物局关于审批第三批国家历史文化名城和加强保护
　管理的请示通知 ·· 273
建设部、国家文物局关于审批第三批国家历史文化名城和加强保护管理的请示 ··· 273
全国历史文化名城保护工作会议纪要 ·· 275
国务院关于加强文化遗产保护的通知 ·· 277

第四篇 讲 话 辑 要

九、习近平总书记重要讲话精神

中共中央宣传部《习近平总书记系列重要讲话读本》摘录 ················ 283

十、国家主管部门领导讲话

建设部副部长叶如棠在历史文化名城保护工作会议上的讲话 ············ 284
国家文物局副局长张柏在全国历史文化名城保护工作会议上的总结讲话 ··· 291

住建部副部长仇保兴在第四批中国历史文化名镇名村授牌仪式暨历史文化资源保护研讨会上的讲话 ········· 294

第五篇 附 录

十一、香港《古物及古迹条例》

十二、澳门文化遗产保护法

十三、台湾文化资产保存法

十四、国 内 外 文 献

雅典宪章 ········· 341
海牙公约 ········· 357
威尼斯宪章 ········· 364
保护世界文化和自然遗产公约 ········· 366
关于在国家一级保护文化和自然遗产的建议 ········· 373
关于历史性小城镇保护的国际研讨会的决议 ········· 379
内罗毕建议 ········· 381
华盛顿宪章 ········· 388
保护传统文化民俗的建议 ········· 390
奈良真实性文件 ········· 393
保护和发展历史城市国际合作苏州宣言 ········· 395
关于乡土建筑遗产的宪章 ········· 397
北京宪章 ········· 399
世界文化多样性宣言 ········· 403
保护非物质文化遗产公约 ········· 406
关于工业遗产的下塔吉尔宪章 ········· 414
实施《保护世界文化与自然遗产公约》的操作指南 ········· 417
西安宣言 ········· 459
北京文件 ········· 462
城市文化北京宣言 ········· 466
纪念国家历史文化名城设立30周年北京宣言 ········· 468
古城保护正定宣言 ········· 470
国际现代建筑遗产保护理事会宪章 ········· 471

埃因霍温宣言··· 474
关于 20 世纪建筑遗产保护办法的马德里文件 2011 ··· 475

十五、名 录 表

中国历史文化名城名镇名村一览表··· 481
中国传统村落一览表··· 486

第一篇

法律法规

一、法　律

中华人民共和国宪法（节选）

（1982年12月4日第五届全国人民代表大会第五次会议通过，1982年12月4日全国人民代表大会公告公布施行。根据1988年4月12日第七届全国人民代表大会第一次会议通过的《中华人民共和国宪法修正案》、1993年3月29日第八届全国人民代表大会第一次会议通过的《中华人民共和国宪法修正案》、1999年3月15日第九届全国人民代表大会第二次会议通过的《中华人民共和国宪法修正案》和2004年3月14日第十届全国人民代表大会第二次会议通过的《中华人民共和国宪法修正案》修正）

第一章　总　纲

第二十二条　第二款
国家保护名胜古迹、珍贵文物和其他重要历史文化遗产。

中华人民共和国文物保护法

(1982年11月19日第五届全国人民代表大会常务委员会第二十五次会议通过，根据1991年6月29日第七届全国人民代表大会常务委员会第二十次会议《关于修改〈中华人民共和国文物保护法〉第三十条、第三十一条的决定》修正，2002年10月28日第九届全国人民代表大会常务委员会第三十次会议修订，根据2007年12月29日第十届全国人民代表大会常务委员会第三十一次会议《关于修改〈中华人民共和国文物保护法〉的决定》第二次修正）

第一章 总 则

第一条 为了加强对文物的保护，继承中华民族优秀的历史文化遗产，促进科学研究工作，进行爱国主义和革命传统教育，建设社会主义精神文明和物质文明，根据宪法，制定本法。

第二条 在中华人民共和国境内，下列文物受国家保护：

（一）具有历史、艺术、科学价值的古文化遗址、古墓葬、古建筑、石窟寺和石刻、壁画；

（二）与重大历史事件、革命运动或者著名人物有关的以及具有重要纪念意义、教育意义或者史料价值的近代现代重要史迹、实物、代表性建筑；

（三）历史上各时代珍贵的艺术品、工艺美术品；

（四）历史上各时代重要的文献资料以及具有历史、艺术、科学价值的手稿和图书资料等；

（五）反映历史上各时代、各民族社会制度、社会生产、社会生活的代表性实物。

文物认定的标准和办法由国务院文物行政部门制定，并报国务院批准。

具有科学价值的古脊椎动物化石和古人类化石同文物一样受国家保护。

第三条 古文化遗址、古墓葬、古建筑、石窟寺、石刻、壁画、近代现代重要史迹和代表性建筑等不可移动文物，根据它们的历史、艺术、科学价值，可以分别确定为全国重点文物保护单位，省级文物保护单位，市、县级文物保护单位。

历史上各时代重要实物、艺术品、文献、手稿、图书资料、代表性实物等可移动文物，分为珍贵文物和一般文物；珍贵文物分为一级文物、二级文物、三级文物。

第四条 文物工作贯彻保护为主、抢救第一、合理利用、加强管理的方针。

第五条 中华人民共和国境内地下、内水和领海中遗存的一切文物，属于国家所有。

古文化遗址、古墓葬、石窟寺属于国家所有。国家指定保护的纪念建筑物、古建筑、石刻、壁画、近代现代代表性建筑等不可移动文物，除国家另有规定的以外，属于国家所有。

国有不可移动文物的所有权不因其所依附的土地所有权或者使用权的改变而改变。

下列可移动文物，属于国家所有：

（一）中国境内出土的文物，国家另有规定的除外；

（二）国有文物收藏单位以及其他国家机关、部队和国有企业、事业组织等收藏、保管的文物；

（三）国家征集、购买的文物；

（四）公民、法人和其他组织捐赠给国家的文物；

（五）法律规定属于国家所有的其他文物。

属于国家所有的可移动文物的所有权不因其保管、收藏单位的终止或者变更而改变。

国有文物所有权受法律保护，不容侵犯。

第六条 属于集体所有和私人所有的纪念建筑物、古建筑和祖传文物以及依法取得的其他文物，其所有权受法律保护。文物的所有者必须遵守国家有关文物保护的法律、法规的规定。

第七条 一切机关、组织和个人都有依法保护文物的义务。

第八条 国务院文物行政部门主管全国文物保护工作。

地方各级人民政府负责本行政区域内的文物保护工作。县级以上地方人民政府承担文物保护工作的部门对本行政区域内的文物保护实施监督管理。

县级以上人民政府有关行政部门在各自的职责范围内，负责有关的文物保护工作。

第九条 各级人民政府应当重视文物保护，正确处理经济建设、社会发展与文物保护的关系，确保文物安全。

基本建设、旅游发展必须遵守文物保护工作的方针，其活动不得对文物造成损害。

公安机关、工商行政管理部门、海关、城乡建设规划部门和其他有关国家机关，应当依法认真履行所承担的保护文物的职责，维护文物管理秩序。

第十条 国家发展文物保护事业。县级以上人民政府应当将文物保护事业纳入本级国民经济和社会发展规划，所需经费列入本级财政预算。

国家用于文物保护的财政拨款随着财政收入增长而增加。

国有博物馆、纪念馆、文物保护单位等的事业性收入，专门用于文物保护，任何单位或者个人不得侵占、挪用。

国家鼓励通过捐赠等方式设立文物保护社会基金，专门用于文物保护，任何单位或者个人不得侵占、挪用。

第十一条 文物是不可再生的文化资源。国家加强文物保护的宣传教育，增强全民文物保护的意识，鼓励文物保护的科学研究，提高文物保护的科学技术水平。

第十二条 有下列事迹的单位或者个人，由国家给予精神鼓励或者物质奖励：

（一）认真执行文物保护法律、法规，保护文物成绩显著的；

（二）为保护文物与违法犯罪行为作坚决斗争的；

（三）将个人收藏的重要文物捐献给国家或者为文物保护事业作出捐赠的；

（四）发现文物及时上报或者上交，使文物得到保护的；

（五）在考古发掘工作中作出重大贡献的；

（六）在文物保护科学技术方面有重要发明创造或者其他重要贡献的；

（七）在文物面临破坏危险时，抢救文物有功的；

（八）长期从事文物工作，作出显著成绩的。

第二章 不可移动文物

第十三条 国务院文物行政部门在省级、市、县级文物保护单位中，选择具有重大历史、艺术、科学价值的确定为全国重点文物保护单位，或者直接确定为全国重点文物保护单位，报国务院核定公布。

省级文物保护单位，由省、自治区、直辖市人民政府核定公布，并报国务院备案。

市级和县级文物保护单位，分别由设区的市、自治州和县级人民政府核定公布，并报省、自治区、直辖市人民政府备案。

尚未核定公布为文物保护单位的不可移动文物，由县级人民政府文物行政部门予以登记并公布。

第十四条 保存文物特别丰富并且具有重大历史价值或者革命纪念意义的城市，由国务院核定公布为历史文化名城。

保存文物特别丰富并且具有重大历史价值或者革命纪念意义的城镇、街道、村庄，由省、自治区、直辖市人民政府核定公布为历史文化街区、村镇，并报国务院备案。

历史文化名城和历史文化街区、村镇所在地的县级以上地方人民政府应当组织编制专门的历史文化名城和历史文化街区、村镇保护规划，并纳入城市总体规划。

历史文化名城和历史文化街区、村镇的保护办法，由国务院制定。

第十五条 各级文物保护单位，分别由省、自治区、直辖市人民政府和市、县级人民政府划定必要的保护范围，作出标志说明，建立记录档案，并区别情况分别设置专门机构或者专人负责管理。全国重点文物保护单位的保护范围和记录档案，由省、自治区、直辖市人民政府文物行政部门报国务院文物行政部门备案。

县级以上地方人民政府文物行政部门应当根据不同文物的保护需要，制定文物保护单位和未核定为文物保护单位的不可移动文物的具体保护措施，并公告施行。

第十六条 各级人民政府制定城乡建设规划，应当根据文物保护的需要，事先由城乡建设规划部门会同文物行政部门商定对本行政区域内各级文物保护单位的保护措施，并纳入规划。

第十七条 文物保护单位的保护范围内不得进行其他建设工程或者爆破、钻探、挖掘等作业。但是，因特殊情况需要在文物保护单位的保护范围内进行其他建设工程或者爆破、钻探、挖掘等作业的，必须保证文物保护单位的安全，并经核定公布该文物保护单位的人民政府批准，在批准前应当征得上一级人民政府文物行政部门同意；在全国重点文物保护单位的保护范围内进行其他建设工程或者爆破、钻探、挖掘等作业的，必须经省、自治区、直辖市人民政府批准，在批准前应当征得国务院文物行政部门同意。

第十八条 根据保护文物的实际需要，经省、自治区、直辖市人民政府批准，可以在文物保护单位的周围划出一定的建设控制地带，并予以公布。

在文物保护单位的建设控制地带内进行建设工程，不得破坏文物保护单位的历史风貌；工程设计方案应当根据文物保护单位的级别，经相应的文物行政部门同意后，报城乡建设规划部门批准。

第十九条 在文物保护单位的保护范围和建设控制地带内，不得建设污染文物保护单位及其环境的设施，不得进行可能影响文物保护单位安全及其环境的活动。对已有的污染文物保护单位及其环境的设施，应当限期治理。

第二十条 建设工程选址，应当尽可能避开不可移动文物；因特殊情况不能避开的，对文物保护单位应当尽可能实施原址保护。

实施原址保护的，建设单位应当事先确定保护措施，根据文物保护单位的级别报相应的文物行政部门批准，并将保护措施列入可行性研究报告或者设计任务书。

无法实施原址保护，必须迁移异地保护或者拆除的，应当报省、自治区、直辖市人民政府批准；迁移或者拆除省级文物保护单位的，批准前须征得国务院文物行政部门同意。全国重点文物保护单位不得拆除；需要迁移的，须由省、自治区、直辖市人民政府报国务院批准。

依照前款规定拆除的国有不可移动文物中具有收藏价值的壁画、雕塑、建筑构件等，由文物行政部门指定的文物收藏单位收藏。

本条规定的原址保护、迁移、拆除所需费用，由建设单位列入建设工程预算。

第二十一条 国有不可移动文物由使用人负责修缮、保养；非国有不可移动文物由所有人负责修缮、保养。非国有不可移动文物有损毁危险，所有人不具备修缮能力的，当地人民政府应当给予帮助；所有人具备修缮能力而拒不依法履行修缮义务的，县级以上人民政府可以给予抢救修缮，所需费用由所有人负担。

对文物保护单位进行修缮，应当根据文物保护单位的级别报相应的文物行政部门批准；对未核定为文物保护单位的不可移动文物进行修缮，应当报登记的县级人民政府文物行政部门批准。

文物保护单位的修缮、迁移、重建，由取得文物保护工程资质证书的单位承担。

对不可移动文物进行修缮、保养、迁移，必须遵守不改变文物原状的原则。

第二十二条 不可移动文物已经全部毁坏的，应当实施遗址保护，不得在原址重建。但是，因特殊情况需要在原址重建的，由省、自治区、直辖市人民政府文物行政部门报省、自治区、直辖市人民政府批准；全国重点文物保护单位需要在原址重建的，由省、自治区、直辖市人民政府报国务院批准。

第二十三条 核定为文物保护单位的属于国家所有的纪念建筑物或者古建筑,除可以建立博物馆、保管所或者辟为参观游览场所外,作其他用途的,市、县级文物保护单位应当经核定公布该文物保护单位的人民政府文物行政部门征得上一级文物行政部门同意后,报核定公布该文物保护单位的人民政府批准;省级文物保护单位应当经核定公布该文物保护单位的省级人民政府的文物行政部门审核同意后,报该省级人民政府批准;全国重点文物保护单位作其他用途的,应当由省、自治区、直辖市人民政府报国务院批准。国有未核定为文物保护单位的不可移动文物作其他用途的,应当报告县级人民政府文物行政部门。

第二十四条 国有不可移动文物不得转让、抵押。建立博物馆、保管所或者辟为参观游览场所的国有文物保护单位,不得作为企业资产经营。

第二十五条 非国有不可移动文物不得转让、抵押给外国人。

非国有不可移动文物转让、抵押或者改变用途的,应当根据其级别报相应的文物行政部门备案;由当地人民政府出资帮助修缮的,应当报相应的文物行政部门批准。

第二十六条 使用不可移动文物,必须遵守不改变文物原状的原则,负责保护建筑物及其附属文物的安全,不得损毁、改建、添建或者拆除不可移动文物。

对危害文物保护单位安全、破坏文物保护单位历史风貌的建筑物、构筑物,当地人民政府应当及时调查处理,必要时,对该建筑物、构筑物予以拆迁。

第三章 考 古 发 掘

第二十七条 一切考古发掘工作,必须履行报批手续;从事考古发掘的单位,应当经国务院文物行政部门批准。

地下埋藏的文物,任何单位或者个人都不得私自发掘。

第二十八条 从事考古发掘的单位,为了科学研究进行考古发掘,应当提出发掘计划,报国务院文物行政部门批准;对全国重点文物保护单位的考古发掘计划,应当经国务院文物行政部门审核后报国务院批准。国务院文物行政部门在批准或者审核前,应当征求社会科学研究机构及其他科研机构和有关专家的意见。

第二十九条 进行大型基本建设工程,建设单位应当事先报请省、自治区、直辖市人民政府文物行政部门组织从事考古发掘的单位在工程范围内有可能埋藏文物的地方进行考古调查、勘探。

考古调查、勘探中发现文物的,由省、自治区、直辖市人民政府文物行政部门根据文物保护的要求会同建设单位共同商定保护措施;遇有重要发现的,由省、自治区、直辖市人民政府文物行政部门及时报国务院文物行政部门处理。

第三十条 需要配合建设工程进行的考古发掘工作,应当由省、自治区、直辖市文物行政部门在勘探工作的基础上提出发掘计划,报国务院文物行政部门批准。国务院文物行政部门在批准前,应当征求社会科学研究机构及其他科研机构和有关专家的意见。

确因建设工期紧迫或者有自然破坏危险,对古文化遗址、古墓葬急需进行抢救发掘的,由省、自治区、直辖市人民政府文物行政部门组织发掘,并同时补办审批手续。

第三十一条 凡因进行基本建设和生产建设需要的考古调查、勘探、发掘,所需费用由建设单位列入建设工程预算。

第三十二条 在进行建设工程或者在农业生产中,任何单位或者个人发现文物,应当保护现场,立即报告当地文物行政部门,文物行政部门接到报告后,如无特殊情况,应当在二十四小时内赶赴现场,并在七日内提出处理意见。文物行政部门可以报请当地人民政府通知公安机关协助保护现场;发现重要文物的,应当立即上报国务院文物行政部门,国务院文物行政部门应当在接到报告后十五日内提出处理意见。

依照前款规定发现的文物属于国家所有，任何单位或者个人不得哄抢、私分、藏匿。

第三十三条 非经国务院文物行政部门报国务院特别许可，任何外国人或者外国团体不得在中华人民共和国境内进行考古调查、勘探、发掘。

第三十四条 考古调查、勘探、发掘的结果，应当报告国务院文物行政部门和省、自治区、直辖市人民政府文物行政部门。

考古发掘的文物，应当登记造册，妥善保管，按照国家有关规定移交给由省、自治区、直辖市人民政府文物行政部门或者国务院文物行政部门指定的国有博物馆、图书馆或者其他国有收藏文物的单位收藏。经省、自治区、直辖市人民政府文物行政部门或者国务院文物行政部门批准，从事考古发掘的单位可以保留少量出土文物作为科研标本。

考古发掘的文物，任何单位或者个人不得侵占。

第三十五条 根据保证文物安全、进行科学研究和充分发挥文物作用的需要，省、自治区、直辖市人民政府文物行政部门经本级人民政府批准，可以调用本行政区域内的出土文物；国务院文物行政部门经国务院批准，可以调用全国的重要出土文物。

第四章 馆 藏 文 物

第三十六条 博物馆、图书馆和其他文物收藏单位对收藏的文物，必须区分文物等级，设置藏品档案，建立严格的管理制度，并报主管的文物行政部门备案。

县级以上地方人民政府文物行政部门应当分别建立本行政区域内的馆藏文物档案；国务院文物行政部门应当建立国家一级文物藏品档案和其主管的国有文物收藏单位馆藏文物档案。

第三十七条 文物收藏单位可以通过下列方式取得文物：

（一）购买；

（二）接受捐赠；

（三）依法交换；

（四）法律、行政法规规定的其他方式。

国有文物收藏单位还可以通过文物行政部门指定保管或者调拨方式取得文物。

第三十八条 文物收藏单位应当根据馆藏文物的保护需要，按照国家有关规定建立、健全管理制度，并报主管的文物行政部门备案。未经批准，任何单位或者个人不得调取馆藏文物。

文物收藏单位的法定代表人对馆藏文物的安全负责。国有文物收藏单位的法定代表人离任时，应当按照馆藏文物档案办理馆藏文物移交手续。

第三十九条 国务院文物行政部门可以调拨全国的国有馆藏文物。省、自治区、直辖市人民政府文物行政部门可以调拨本行政区域内其主管的国有文物收藏单位馆藏文物；调拨国有馆藏一级文物，应当报国务院文物行政部门备案。

国有文物收藏单位可以申请调拨国有馆藏文物。

第四十条 文物收藏单位应当充分发挥馆藏文物的作用，通过举办展览、科学研究等活动，加强对中华民族优秀的历史文化和革命传统的宣传教育。

国有文物收藏单位之间因举办展览、科学研究等需借用馆藏文物的，应当报主管的文物行政部门备案；借用馆藏一级文物的，应当经省、自治区、直辖市人民政府文物行政部门批准，并报国务院文物行政部门备案。

非国有文物收藏单位和其他单位举办展览需借用国有馆藏文物的，应当报主管的文物行政部门批准；借用国有馆藏一级文物，应当经国务院文物行政部门批准。

文物收藏单位之间借用文物的最长期限不得超过三年。

第四十一条 已经建立馆藏文物档案的国有文物收藏单位，经省、自治区、直辖市人民政府文物行政部门批准，并报国务院文物行政部门备案，其馆藏文物可以在国有文物收藏单位之间交换；交换馆藏一级文物的，必须经国务院文物行政部门批准。

第四十二条 未建立馆藏文物档案的国有文物收藏单位，不得依照本法第四十条、第四十一条的规定处置其馆藏文物。

第四十三条 依法调拨、交换、借用国有馆藏文物，取得文物的文物收藏单位可以对提供文物的文物收藏单位给予合理补偿，具体管理办法由国务院文物行政部门制定。

国有文物收藏单位调拨、交换、出借文物所得的补偿费用，必须用于改善文物的收藏条件和收集新的文物，不得挪作他用；任何单位或者个人不得侵占。

调拨、交换、借用的文物必须严格保管，不得丢失、损毁。

第四十四条 禁止国有文物收藏单位将馆藏文物赠与、出租或者出售给其他单位、个人。

第四十五条 国有文物收藏单位不再收藏的文物的处置办法，由国务院另行制定。

第四十六条 修复馆藏文物，不得改变馆藏文物的原状；复制、拍摄、拓印馆藏文物，不得对馆藏文物造成损害。具体管理办法由国务院制定。

不可移动文物的单体文物的修复、复制、拍摄、拓印，适用前款规定。

第四十七条 博物馆、图书馆和其他收藏文物的单位应当按照国家有关规定配备防火、防盗、防自然损坏的设施，确保馆藏文物的安全。

第四十八条 馆藏一级文物损毁的，应当报国务院文物行政部门核查处理。其他馆藏文物损毁的，应当报省、自治区、直辖市人民政府文物行政部门核查处理；省、自治区、直辖市人民政府文物行政部门应当将核查处理结果报国务院文物行政部门备案。

馆藏文物被盗、被抢或者丢失的，文物收藏单位应当立即向公安机关报案，并同时向主管的文物行政部门报告。

第四十九条 文物行政部门和国有文物收藏单位的工作人员不得借用国有文物，不得非法侵占国有文物。

第五章　民间收藏文物

第五十条 文物收藏单位以外的公民、法人和其他组织可以收藏通过下列方式取得的文物：

（一）依法继承或者接受赠与；

（二）从文物商店购买；

（三）从经营文物拍卖的拍卖企业购买；

（四）公民个人合法所有的文物相互交换或者依法转让；

（五）国家规定的其他合法方式。

文物收藏单位以外的公民、法人和其他组织收藏的前款文物可以依法流通。

第五十一条 公民、法人和其他组织不得买卖下列文物：

（一）国有文物，但是国家允许的除外；

（二）非国有馆藏珍贵文物；

（三）国有不可移动文物中的壁画、雕塑、建筑构件等，但是依法拆除的国有不可移动文物中的壁画、雕塑、建筑构件等不属于本法第二十条第四款规定的应由文物收藏单位收藏的除外；

（四）来源不符合本法第五十条规定的文物。

第五十二条 国家鼓励文物收藏单位以外的公民、法人和其他组织将其收藏的文物捐赠给国有文物收藏单位或者出借给文物收藏单位展览和研究。

国有文物收藏单位应当尊重并按照捐赠人的意愿，对捐赠的文物妥善收藏、保管和展示。

国家禁止出境的文物，不得转让、出租、质押给外国人。

第五十三条 文物商店应当由国务院文物行政部门或者省、自治区、直辖市人民政府文物行政部门批准设立,依法进行管理。

文物商店不得从事文物拍卖经营活动,不得设立经营文物拍卖的拍卖企业。

第五十四条 依法设立的拍卖企业经营文物拍卖的,应当取得国务院文物行政部门颁发的文物拍卖许可证。

经营文物拍卖的拍卖企业不得从事文物购销经营活动,不得设立文物商店。

第五十五条 文物行政部门的工作人员不得举办或者参与举办文物商店或者经营文物拍卖的拍卖企业。

文物收藏单位不得举办或者参与举办文物商店或者经营文物拍卖的拍卖企业。

禁止设立中外合资、中外合作和外商独资的文物商店或者经营文物拍卖的拍卖企业。

除经批准的文物商店、经营文物拍卖的拍卖企业外,其他单位或者个人不得从事文物的商业经营活动。

第五十六条 文物商店销售的文物,在销售前应当经省、自治区、直辖市人民政府文物行政部门审核;对允许销售的,省、自治区、直辖市人民政府文物行政部门应当作出标识。

拍卖企业拍卖的文物,在拍卖前应当经省、自治区、直辖市人民政府文物行政部门审核,并报国务院文物行政部门备案;省、自治区、直辖市人民政府文物行政部门不能确定是否可以拍卖的,应当报国务院文物行政部门审核。

第五十七条 文物商店购买、销售文物,拍卖企业拍卖文物,应当按照国家有关规定作出记录,并报原审核的文物行政部门备案。

拍卖文物时,委托人、买受人要求对其身份保密的,文物行政部门应当为其保密;但是,法律、行政法规另有规定的除外。

第五十八条 文物行政部门在审核拟拍卖的文物时,可以指定国有文物收藏单位优先购买其中的珍贵文物。购买价格由文物收藏单位的代表与文物的委托人协商确定。

第五十九条 银行、冶炼厂、造纸厂以及废旧物资回收单位,应当与当地文物行政部门共同负责拣选掺杂在金银器和废旧物资中的文物。拣选文物除供银行研究所必需的历史货币可以由人民银行留用外,应当移交当地文物行政部门。移交拣选文物,应当给予合理补偿。

第六章 文物出境进境

第六十条 国有文物、非国有文物中的珍贵文物和国家规定禁止出境的其他文物,不得出境;但是依照本法规定出境展览或者因特殊需要经国务院批准出境的除外。

第六十一条 文物出境,应当经国务院文物行政部门指定的文物进出境审核机构审核。经审核允许出境的文物,由国务院文物行政部门发给文物出境许可证,从国务院文物行政部门指定的口岸出境。

任何单位或者个人运送、邮寄、携带文物出境,应当向海关申报;海关凭文物出境许可证放行。

第六十二条 文物出境展览,应当报国务院文物行政部门批准;一级文物超过国务院规定数量的,应当报国务院批准。

一级文物中的孤品和易损品,禁止出境展览。

出境展览的文物出境,由文物进出境审核机构审核、登记。海关凭国务院文物行政部门或者国务院的批准文件放行。出境展览的文物复进境,由原文物进出境审核机构审核查验。

第六十三条 文物临时进境,应当向海关申报,并报文物进出境审核机构审核、登记。

临时进境的文物复出境,必须经原审核、登记的文物进出境审核机构审核查验;经审核查验无误的，由国务院文物行政部门发给文物出境许可证，海关凭文物出境许可证放行。

第七章 法 律 责 任

第六十四条 违反本法规定，有下列行为之一，构成犯罪的，依法追究刑事责任：

（一）盗掘古文化遗址、古墓葬的；

（二）故意或者过失损毁国家保护的珍贵文物的；

（三）擅自将国有馆藏文物出售或者私自送给非国有单位或者个人的；

（四）将国家禁止出境的珍贵文物私自出售或者送给外国人的；

（五）以牟利为目的倒卖国家禁止经营的文物的；

（六）走私文物的；

（七）盗窃、哄抢、私分或者非法侵占国有文物的；

（八）应当追究刑事责任的其他妨害文物管理行为。

第六十五条 违反本法规定，造成文物灭失、损毁的，依法承担民事责任。

违反本法规定，构成违反治安管理行为的，由公安机关依法给予治安管理处罚。

违反本法规定，构成走私行为，尚不构成犯罪的，由海关依照有关法律、行政法规的规定给予处罚。

第六十六条 有下列行为之一，尚不构成犯罪的，由县级以上人民政府文物主管部门责令改正，造成严重后果的，处五万元以上五十万元以下的罚款；情节严重的，由原发证机关吊销资质证书：

（一）擅自在文物保护单位的保护范围内进行建设工程或者爆破、钻探、挖掘等作业的；

（二）在文物保护单位的建设控制地带内进行建设工程，其工程设计方案未经文物行政部门同意、报城乡建设规划部门批准，对文物保护单位的历史风貌造成破坏的；

（三）擅自迁移、拆除不可移动文物的；

（四）擅自修缮不可移动文物，明显改变文物原状的；

（五）擅自在原址重建已全部毁坏的不可移动文物，造成文物破坏的；

（六）施工单位未取得文物保护工程资质证书，擅自从事文物修缮、迁移、重建的。

刻划、涂污或者损坏文物尚不严重的，或者损毁依照本法第十五条第一款规定设立的文物保护单位标志的，由公安机关或者文物所在单位给予警告，可以并处罚款。

第六十七条 在文物保护单位的保护范围内或者建设控制地带内建设污染文物保护单位及其环境的设施的，或者对已有的污染文物保护单位及其环境的设施未在规定的期限内完成治理的，由环境保护行政部门依照有关法律、法规的规定给予处罚。

第六十八条 有下列行为之一的，由县级以上人民政府文物主管部门责令改正，没收违法所得，违法所得一万元以上的，并处违法所得二倍以上五倍以下的罚款；违法所得不足一万元的，并处五千元以上二万元以下的罚款：

（一）转让或者抵押国有不可移动文物，或者将国有不可移动文物作为企业资产经营的；

（二）将非国有不可移动文物转让或者抵押给外国人的；

（三）擅自改变国有文物保护单位的用途的。

第六十九条 历史文化名城的布局、环境、历史风貌等遭到严重破坏的，由国务院撤销其历史文化名城称号；历史文化城镇、街道、村庄的布局、环境、历史风貌等遭到严重破坏的，由省、自治区、直辖市人民政府撤销其历史文化街区、村镇称号；对负有责任的主管人员和其他直接责任人员依法给予行政处分。

第七十条 有下列行为之一，尚不构成犯罪的，由县级以上人民政府文物主管部门责令改正，可以并处二万元以下的罚款，有违法所得的，没收违法所得：

（一）文物收藏单位未按照国家有关规定配备防火、防盗、防自然损坏的设施的；

（二）国有文物收藏单位法定代表人离任时未按照馆藏文物档案移交馆藏文物，或者所移交的馆藏文物与馆藏文物档案不符的；

（三）将国有馆藏文物赠与、出租或者出售给其他单位、个人的；

（四）违反本法第四十条、第四十一条、第四十五条规定处置国有馆藏文物的；

（五）违反本法第四十三条规定挪用或者侵占依法调拨、交换、出借文物所得补偿费用的。

第七十一条 买卖国家禁止买卖的文物或者将禁止出境的文物转让、出租、质押给外国人，尚不构成犯罪的，由县级以上人民政府文物主管部门责令改正，没收违法所得，违法经营额一万元以上的，并处违法经营额二倍以上五倍以下的罚款；违法经营额不足一万元的，并处五千元以上二万元以下的罚款。

第七十二条 未经许可，擅自设立文物商店、经营文物拍卖的拍卖企业，或者擅自从事文物的商业经营活动，尚不构成犯罪的，由工商行政管理部门依法予以制止，没收违法所得、非法经营的文物，违法经营额五万元以上的，并处违法经营额二倍以上五倍以下的罚款；违法经营额不足五万元的，并处二万元以上十万元以下的罚款。

第七十三条 有下列情形之一的，由工商行政管理部门没收违法所得、非法经营的文物，违法经营额五万元以上的，并处违法经营额一倍以上三倍以下的罚款；违法经营额不足五万元的，并处五千元以上五万元以下的罚款；情节严重的，由原发证机关吊销许可证书：

（一）文物商店从事文物拍卖经营活动的；

（二）经营文物拍卖的拍卖企业从事文物购销经营活动的；

（三）文物商店销售的文物、拍卖企业拍卖的文物，未经审核的；

（四）文物收藏单位从事文物的商业经营活动的。

第七十四条 有下列行为之一，尚不构成犯罪的，由县级以上人民政府文物主管部门会同公安机关追缴文物；情节严重的，处五千元以上五万元以下的罚款：

（一）发现文物隐匿不报或者拒不上交的；

（二）未按照规定移交拣选文物的。

第七十五条 有下列行为之一的，由县级以上人民政府文物主管部门责令改正：

（一）改变国有未核定为文物保护单位的不可移动文物的用途，未依照本法规定报告的；

（二）转让、抵押非国有不可移动文物或者改变其用途，未依照本法规定备案的；

（三）国有不可移动文物的使用人拒不依法履行修缮义务的；

（四）考古发掘单位未经批准擅自进行考古发掘，或者不如实报告考古发掘结果的；

（五）文物收藏单位未按照国家有关规定建立馆藏文物档案、管理制度，或者未将馆藏文物档案、管理制度备案的；

（六）违反本法第三十八条规定，未经批准擅自调取馆藏文物的；

（七）馆藏文物损毁未报文物行政部门核查处理，或者馆藏文物被盗、被抢或者丢失，文物收藏单位未及时向公安机关或者文物行政部门报告的；

（八）文物商店销售文物或者拍卖企业拍卖文物，未按照国家有关规定作出记录或者未将所作记录报文物行政部门备案的。

第七十六条 文物行政部门、文物收藏单位、文物商店、经营文物拍卖的拍卖企业的工作人员，有下列行为之一的，依法给予行政处分，情节严重的，依法开除公职或者吊销其从业资格；构成犯罪的，依法追究刑事责任：

（一）文物行政部门的工作人员违反本法规定，滥用审批权限、不履行职责或者发现违法行为不予查处，造成严重后果的；

（二）文物行政部门和国有文物收藏单位的工作人员借用或者非法侵占国有文物的；

（三）文物行政部门的工作人员举办或者参与举办文物商店或者经营文物拍卖的拍卖企业的；

（四）因不负责任造成文物保护单位、珍贵文物损毁或者流失的；

（五）贪污、挪用文物保护经费的。

前款被开除公职或者被吊销从业资格的人员，自被开除公职或者被吊销从业资格之日起十年内不得担任文物管理人员或者从事文物经营活动。

第七十七条　有本法第六十六条、第六十八条、第七十条、第七十一条、第七十四条、第七十五条规定所列行为之一的，负有责任的主管人员和其他直接责任人员是国家工作人员的，依法给予行政处分。

第七十八条　公安机关、工商行政管理部门、海关、城乡建设规划部门和其他国家机关，违反本法规定滥用职权、玩忽职守、徇私舞弊，造成国家保护的珍贵文物损毁或者流失的，对负有责任的主管人员和其他直接责任人员依法给予行政处分；构成犯罪的，依法追究刑事责任。

第七十九条　人民法院、人民检察院、公安机关、海关和工商行政管理部门依法没收的文物应当登记造册，妥善保管，结案后无偿移交文物行政部门，由文物行政部门指定的国有文物收藏单位收藏。

第八章　附　　则

第八十条　本法自公布之日起施行。

中华人民共和国城乡规划法

(2007年10月28日中华人民共和国第十届全国人民代表大会常务委员会第三十次会议通过)

第一章 总 则

第一条 为了加强城乡规划管理，协调城乡空间布局，改善人居环境，促进城乡经济社会全面协调可持续发展，制定本法。

第二条 制定和实施城乡规划，在规划区内进行建设活动，必须遵守本法。

本法所称城乡规划，包括城镇体系规划、城市规划、镇规划、乡规划和村庄规划。城市规划、镇规划分为总体规划和详细规划。详细规划分为控制性详细规划和修建性详细规划。

本法所称规划区，是指城市、镇和村庄的建成区以及因城乡建设和发展需要，必须实行规划控制的区域。规划区的具体范围由有关人民政府在组织编制的城市总体规划、镇总体规划、乡规划和村庄规划中，根据城乡经济社会发展水平和统筹城乡发展的需要划定。

第三条 城市和镇应当依照本法制定城市规划和镇规划。城市、镇规划区内的建设活动应当符合规划要求。

县级以上地方人民政府根据本地农村经济社会发展水平，按照因地制宜、切实可行的原则，确定应当制定乡规划、村庄规划的区域。在确定区域内的乡、村庄，应当依照本法制定规划，规划区内的乡、村庄建设应当符合规划要求。

县级以上地方人民政府鼓励、指导前款规定以外的区域的乡、村庄制定和实施乡规划、村庄规划。

第四条 制定和实施城乡规划，应当遵循城乡统筹、合理布局、节约土地、集约发展和先规划后建设的原则，改善生态环境，促进资源、能源节约和综合利用，保护耕地等自然资源和历史文化遗产，保持地方特色、民族特色和传统风貌，防止污染和其他公害，并符合区域人口发展、国防建设、防灾减灾和公共卫生、公共安全的需要。

在规划区内进行建设活动，应当遵守土地管理、自然资源和环境保护等法律、法规的规定。

县级以上地方人民政府应当根据当地经济社会发展的实际，在城市总体规划、镇总体规划中合理确定城市、镇的发展规模、步骤和建设标准。

第五条 城市总体规划、镇总体规划以及乡规划和村庄规划的编制，应当依据国民经济和社会发展规划，并与土地利用总体规划相衔接。

第六条 各级人民政府应当将城乡规划的编制和管理经费纳入本级财政预算。

第七条 经依法批准的城乡规划，是城乡建设和规划管理的依据，未经法定程序不得修改。

第八条 城乡规划组织编制机关应当及时公布经依法批准的城乡规划。但是，法律、行政法规规定不得公开的内容除外。

第九条 任何单位和个人都应当遵守经依法批准并公布的城乡规划，服从规划管理，并有权就涉及其利害关系的建设活动是否符合规划的要求向城乡规划主管部门查询。

任何单位和个人都有权向城乡规划主管部门或者其他有关部门举报或者控告违反城乡规划的行为。城乡规划主管部门或者其他有关部门对举报或者控告，应当及时受理并组织核查、处理。

第十条 国家鼓励采用先进的科学技术，增强城乡规划的科学性，提高城乡规划实施及监督管理的效能。

第十一条 国务院城乡规划主管部门负责全国的城乡规划管理工作。

县级以上地方人民政府城乡规划主管部门负责本行政区域内的城乡规划管理工作。

第二章 城乡规划的制定

第十二条 国务院城乡规划主管部门会同国务院有关部门组织编制全国城镇体系规划，用于指导省域城镇体系规划、城市总体规划的编制。

全国城镇体系规划由国务院城乡规划主管部门报国务院审批。

第十三条 省、自治区人民政府组织编制省域城镇体系规划，报国务院审批。

省域城镇体系规划的内容应当包括：城镇空间布局和规模控制，重大基础设施的布局，为保护生态环境、资源等需要严格控制的区域。

第十四条 城市人民政府组织编制城市总体规划。

直辖市的城市总体规划由直辖市人民政府报国务院审批。省、自治区人民政府所在地的城市以及国务院确定的城市的总体规划，由省、自治区人民政府审查同意后，报国务院审批。其他城市的总体规划，由城市人民政府报省、自治区人民政府审批。

第十五条 县人民政府组织编制县人民政府所在地镇的总体规划，报上一级人民政府审批。其他镇的总体规划由镇人民政府组织编制，报上一级人民政府审批。

第十六条 省、自治区人民政府组织编制的省域城镇体系规划，城市、县人民政府组织编制的总体规划，在报上一级人民政府审批前，应当先经本级人民代表大会常务委员会审议，常务委员会组成人员的审议意见交由本级人民政府研究处理。

镇人民政府组织编制的镇总体规划，在报上一级人民政府审批前，应当先经镇人民代表大会审议，代表的审议意见交由本级人民政府研究处理。

规划的组织编制机关报送审批省域城镇体系规划、城市总体规划或者镇总体规划，应当将本级人民代表大会常务委员会组成人员或者镇人民代表大会代表的审议意见和根据审议意见修改规划的情况一并报送。

第十七条 城市总体规划、镇总体规划的内容应当包括：城市、镇的发展布局，功能分区，用地布局，综合交通体系，禁止、限制和适宜建设的地域范围，各类专项规划等。

规划区范围、规划区内建设用地规模、基础设施和公共服务设施用地、水源地和水系、基本农田和绿化用地、环境保护、自然与历史文化遗产保护以及防灾减灾等内容，应当作为城市总体规划、镇总体规划的强制性内容。

城市总体规划、镇总体规划的规划期限一般为二十年。城市总体规划还应当对城市更长远的发展作出预测性安排。

第十八条 乡规划、村庄规划应当从农村实际出发，尊重村民意愿，体现地方和农村特色。

乡规划、村庄规划的内容应当包括：规划区范围，住宅、道路、供水、排水、供电、垃圾收集、畜禽养殖场所等农村生产、生活服务设施、公益事业等各项建设的用地布局、建设要求，以及对耕地等自然资源和历史文化遗产保护、防灾减灾等的具体安排。乡规划还应当包括本行政区域内的村庄发展布局。

第十九条 城市人民政府城乡规划主管部门根据城市总体规划的要求，组织编制城市的控制性详细规划，经本级人民政府批准后，报本级人民代表大会常务委员会和上一级人民政府备案。

第二十条 镇人民政府根据镇总体规划的要求，组织编制镇的控制性详细规划，报上一级人民政府审批。县人民政府所在地镇的控制性详细规划，由县人民政府城乡规划主管部门根据镇总体规划的要求组织编制，经县人民政府批准后，报本级人民代表大会常务委员会和上一级人民政府备案。

第二十一条 城市、县人民政府城乡规划主管部门和镇人民政府可以组织编制重要地块的修建性详细规划。修建性详细规划应当符合控制性详细规划。

第二十二条 乡、镇人民政府组织编制乡规划、村庄规划，报上一级人民政府审批。村庄规划在报送审批前,应当经村民会议或者村民代表会议讨论同意。

第二十三条 首都的总体规划、详细规划应当统筹考虑中央国家机关用地布局和空间安排的需要。

第二十四条 城乡规划组织编制机关应当委托具有相应资质等级的单位承担城乡规划的具体编制工作。

从事城乡规划编制工作应当具备下列条件,并经国务院城乡规划主管部门或者省、自治区、直辖市人民政府城乡规划主管部门依法审查合格,取得相应等级的资质证书后,方可在资质等级许可的范围内从事城乡规划编制工作:

(一)有法人资格;

(二)有规定数量的经国务院城乡规划主管部门注册的规划师;

(三)有规定数量的相关专业技术人员;

(四)有相应的技术装备;

(五)有健全的技术、质量、财务管理制度。

规划师执业资格管理办法,由国务院城乡规划主管部门会同国务院人事行政部门制定。

编制城乡规划必须遵守国家有关标准。

第二十五条 编制城乡规划,应当具备国家规定的勘察、测绘、气象、地震、水文、环境等基础资料。

县级以上地方人民政府有关主管部门应当根据编制城乡规划的需要,及时提供有关基础资料。

第二十六条 城乡规划报送审批前,组织编制机关应当依法将城乡规划草案予以公告,并采取论证会、听证会或者其他方式征求专家和公众的意见。公告的时间不得少于三十日。

组织编制机关应当充分考虑专家和公众的意见,并在报送审批的材料中附具意见采纳情况及理由。

第二十七条 省域城镇体系规划、城市总体规划、镇总体规划批准前,审批机关应当组织专家和有关部门进行审查。

第三章 城乡规划的实施

第二十八条 地方各级人民政府应当根据当地经济社会发展水平,量力而行,尊重群众意愿,有计划、分步骤地组织实施城乡规划。

第二十九条 城市的建设和发展,应当优先安排基础设施以及公共服务设施的建设,妥善处理新区开发与旧区改建的关系,统筹兼顾进城务工人员生活和周边农村经济社会发展、村民生产与生活的需要。

镇的建设和发展,应当结合农村经济社会发展和产业结构调整,优先安排供水、排水、供电、供气、道路、通信、广播电视等基础设施和学校、卫生院、文化站、幼儿园、福利院等公共服务设施的建设,为周边农村提供服务。

乡、村庄的建设和发展,应当因地制宜、节约用地,发挥村民自治组织的作用,引导村民合理进行建设,改善农村生产、生活条件。

第三十条 城市新区的开发和建设,应当合理确定建设规模和时序,充分利用现有市政基础设施和公共服务设施,严格保护自然资源和生态环境,体现地方特色。

在城市总体规划、镇总体规划确定的建设用地范围以外,不得设立各类开发区和城市新区。

第三十一条 旧城区的改建,应当保护历史文化遗产和传统风貌,合理确定拆迁和建设规模,有计划地对危房集中、基础设施落后等地段进行改建。

历史文化名城、名镇、名村的保护以及受保护建筑物的维护和使用,应当遵守有关法律、行政法规和国务院的规定。

第三十二条 城乡建设和发展,应当依法保护和合理利用风景名胜资源,统筹安排风景名胜区及周边乡、镇、村庄的建设。

风景名胜区的规划、建设和管理，应当遵守有关法律、行政法规和国务院的规定。

第三十三条 城市地下空间的开发和利用，应当与经济和技术发展水平相适应，遵循统筹安排、综合开发、合理利用的原则，充分考虑防灾减灾、人民防空和通信等需要，并符合城市规划，履行规划审批手续。

第三十四条 城市、县、镇人民政府应当根据城市总体规划、镇总体规划、土地利用总体规划和年度计划以及国民经济和社会发展规划，制定近期建设规划，报总体规划审批机关备案。

近期建设规划应当以重要基础设施、公共服务设施和中低收入居民住房建设以及生态环境保护为重点内容，明确近期建设的时序、发展方向和空间布局。近期建设规划的规划期限为五年。

第三十五条 城乡规划确定的铁路、公路、港口、机场、道路、绿地、输配电设施及输电线路走廊、通信设施、广播电视设施、管道设施、河道、水库、水源地、自然保护区、防汛通道、消防通道、核电站、垃圾填埋场及焚烧厂、污水处理厂和公共服务设施的用地以及其他需要依法保护的用地，禁止擅自改变用途。

第三十六条 按照国家规定需要有关部门批准或者核准的建设项目，以划拨方式提供国有土地使用权的，建设单位在报送有关部门批准或者核准前，应当向城乡规划主管部门申请核发选址意见书。

前款规定以外的建设项目不需要申请选址意见书。

第三十七条 在城市、镇规划区内以划拨方式提供国有土地使用权的建设项目，经有关部门批准、核准、备案后，建设单位应当向城市、县人民政府城乡规划主管部门提出建设用地规划许可申请，由城市、县人民政府城乡规划主管部门依据控制性详细规划核定建设用地的位置、面积、允许建设的范围，核发建设用地规划许可证。

建设单位在取得建设用地规划许可证后，方可向县级以上地方人民政府土地主管部门申请用地，经县级以上人民政府审批后，由土地主管部门划拨土地。

第三十八条 在城市、镇规划区内以出让方式提供国有土地使用权的，在国有土地使用权出让前，城市、县人民政府城乡规划主管部门应当依据控制性详细规划，提出出让地块的位置、使用性质、开发强度等规划条件，作为国有土地使用权出让合同的组成部分。未确定规划条件的地块，不得出让国有土地使用权。

以出让方式取得国有土地使用权的建设项目，在签订国有土地使用权出让合同后，建设单位应当持建设项目的批准、核准、备案文件和国有土地使用权出让合同，向城市、县人民政府城乡规划主管部门领取建设用地规划许可证。

城市、县人民政府城乡规划主管部门不得在建设用地规划许可证中，擅自改变作为国有土地使用权出让合同组成部分的规划条件。

第三十九条 规划条件未纳入国有土地使用权出让合同的，该国有土地使用权出让合同无效；对未取得建设用地规划许可证的建设单位批准用地的，由县级以上人民政府撤销有关批准文件；占用土地的，应当及时退回；给当事人造成损失的，应当依法给予赔偿。

第四十条 在城市、镇规划区内进行建筑物、构筑物、道路、管线和其他工程建设的，建设单位或者个人应当向城市、县人民政府城乡规划主管部门或者省、自治区、直辖市人民政府确定的镇人民政府申请办理建设工程规划许可证。

申请办理建设工程规划许可证，应当提交使用土地的有关证明文件、建设工程设计方案等材料。需要建设单位编制修建性详细规划的建设项目，还应当提交修建性详细规划。对符合控制性详细规划和规划条件的，由城市、县人民政府城乡规划主管部门或者省、自治区、直辖市人民政府确定的镇人民政府核发建设工程规划许可证。

城市、县人民政府城乡规划主管部门或者省、自治区、直辖市人民政府确定的镇人民政府应当依法将经审定的修建性详细规划、建设工程设计方案的总平面图予以公布。

第四十一条 在乡、村庄规划区内进行乡镇企业、乡村公共设施和公益事业建设的，建设单位或者个人应当向乡、镇人民政府提出申请，由乡、镇人民政府报城市、县人民政府城乡规划主管部门核发乡村建设规划许可证。

在乡、村庄规划区内使用原有宅基地进行农村村民住宅建设的规划管理办法，由省、自治区、直辖市制定。

在乡、村庄规划区内进行乡镇企业、乡村公共设施和公益事业建设以及农村村民住宅建设，不得占用农用地；确需占用农用地的，应当依照《中华人民共和国土地管理法》有关规定办理农用地转用审批手续后，由城市、县人民政府城乡规划主管部门核发乡村建设规划许可证。

建设单位或者个人在取得乡村建设规划许可证后，方可办理用地审批手续。

第四十二条 城乡规划主管部门不得在城乡规划确定的建设用地范围以外作出规划许可。

第四十三条 建设单位应当按照规划条件进行建设；确需变更的，必须向城市、县人民政府城乡规划主管部门提出申请。变更内容不符合控制性详细规划的，城乡规划主管部门不得批准。城市、县人民政府城乡规划主管部门应当及时将依法变更后的规划条件通报同级土地主管部门并公示。

建设单位应当及时将依法变更后的规划条件报有关人民政府土地主管部门备案。

第四十四条 在城市、镇规划区内进行临时建设的，应当经城市、县人民政府城乡规划主管部门批准。临时建设影响近期建设规划或者控制性详细规划的实施以及交通、市容、安全等的，不得批准。

临时建设应当在批准的使用期限内自行拆除。

临时建设和临时用地规划管理的具体办法，由省、自治区、直辖市人民政府制定。

第四十五条 县级以上地方人民政府城乡规划主管部门按照国务院规定对建设工程是否符合规划条件予以核实。未经核实或者经核实不符合规划条件的，建设单位不得组织竣工验收。

建设单位应当在竣工验收后六个月内向城乡规划主管部门报送有关竣工验收资料。

第四章　城乡规划的修改

第四十六条 省域城镇体系规划、城市总体规划、镇总体规划的组织编制机关，应当组织有关部门和专家定期对规划实施情况进行评估，并采取论证会、听证会或者其他方式征求公众意见。组织编制机关应当向本级人民代表大会常务委员会、镇人民代表大会和原审批机关提出评估报告并附具征求意见的情况。

第四十七条 有下列情形之一的，组织编制机关方可按照规定的权限和程序修改省域城镇体系规划、城市总体规划、镇总体规划：

（一）上级人民政府制定的城乡规划发生变更，提出修改规划要求的；

（二）行政区划调整确需修改规划的；

（三）因国务院批准重大建设工程确需修改规划的；

（四）经评估确需修改规划的；

（五）城乡规划的审批机关认为应当修改规划的其他情形。

修改省域城镇体系规划、城市总体规划、镇总体规划前，组织编制机关应当对原规划的实施情况进行总结，并向原审批机关报告；修改涉及城市总体规划、镇总体规划强制性内容的，应当先向原审批机关提出专题报告，经同意后，方可编制修改方案。

修改后的省域城镇体系规划、城市总体规划、镇总体规划，应当依照本法第十三条、第十四条、第十五条和第十六条规定的审批程序报批。

第四十八条 修改控制性详细规划的，组织编制机关应当对修改的必要性进行论证，征求规划地段内利害关系人的意见，并向原审批机关提出专题报告，经原审批机关同意后，方可编制修改方案。修改后的控制性详细规划，应当依照本法第十九条、第二十条规定的审批程序报批。控制性详细规划修改涉及城市总体规划、镇总体规划的强制性内容的,应当先修改总体规划。

修改乡规划、村庄规划的,应当依照本法第二十二条规定的审批程序报批。

第四十九条 城市、县、镇人民政府修改近期建设规划的,应当将修改后的近期建设规划报总体规划审批机关备案。

第五十条 在选址意见书、建设用地规划许可证、建设工程规划许可证或者乡村建设规划许可证发放后,因依法修改城乡规划给被许可人合法权益造成损失的,应当依法给予补偿。

经依法审定的修建性详细规划、建设工程设计方案的总平面图不得随意修改;确需修改的,城乡规划主管部门应当采取听证会等形式,听取利害关系人的意见;因修改给利害关系人合法权益造成损失的,应当依法给予补偿。

第五章 监督检查

第五十一条 县级以上人民政府及其城乡规划主管部门应当加强对城乡规划编制、审批、实施、修改的监督检查。

第五十二条 地方各级人民政府应当向本级人民代表大会常务委员会或者乡、镇人民代表大会报告城乡规划的实施情况,并接受监督。

第五十三条 县级以上人民政府城乡规划主管部门对城乡规划的实施情况进行监督检查,有权采取以下措施:

(一)要求有关单位和人员提供与监督事项有关的文件、资料,并进行复制;

(二)要求有关单位和人员就监督事项涉及的问题作出解释和说明,并根据需要进入现场进行勘测;

(三)责令有关单位和人员停止违反有关城乡规划的法律、法规的行为。

城乡规划主管部门的工作人员履行前款规定的监督检查职责,应当出示执法证件。被监督检查的单位和人员应当予以配合,不得妨碍和阻挠依法进行的监督检查活动。

第五十四条 监督检查情况和处理结果应当依法公开,供公众查阅和监督。

第五十五条 城乡规划主管部门在查处违反本法规定的行为时,发现国家机关工作人员依法应当给予行政处分的,应当向其任免机关或者监察机关提出处分建议。

第五十六条 依照本法规定应当给予行政处罚,而有关城乡规划主管部门不给予行政处罚的,上级人民政府城乡规划主管部门有权责令其作出行政处罚决定或者建议有关人民政府责令其给予行政处罚。

第五十七条 城乡规划主管部门违反本法规定作出行政许可的,上级人民政府城乡规划主管部门有权责令其撤销或者直接撤销该行政许可。因撤销行政许可给当事人合法权益造成损失的,应当依法给予赔偿。

第六章 法律责任

第五十八条 对依法应当编制城乡规划而未组织编制,或者未按法定程序编制、审批、修改城乡规划的,由上级人民政府责令改正,通报批评;对有关人民政府负责人和其他直接责任人员依法给予处分。

第五十九条 城乡规划组织编制机关委托不具有相应资质等级的单位编制城乡规划的,由上级人民政府责令改正,通报批评;对有关人民政府负责人和其他直接责任人员依法给予处分。

第六十条 镇人民政府或者县级以上人民政府城乡规划主管部门有下列行为之一的,由本级人民政府、上级人民政府城乡规划主管部门或者监察机关依据职权责令改正,通报批评;对直接负责的主管人员和其他直接责任人员依法给予处分:

(一)未依法组织编制城市的控制性详细规划、县人民政府所在地镇的控制性详细规划的;

(二）超越职权或者对不符合法定条件的申请人核发选址意见书、建设用地规划许可证、建设工程规划许可证、乡村建设规划许可证的；

(三）对符合法定条件的申请人未在法定期限内核发选址意见书、建设用地规划许可证、建设工程规划许可证、乡村建设规划许可证的；

(四）未依法对经审定的修建性详细规划、建设工程设计方案的总平面图予以公布的；

(五）同意修改修建性详细规划、建设工程设计方案的总平面图前未采取听证会等形式听取利害关系人的意见的；

(六）发现未依法取得规划许可或者违反规划许可的规定在规划区内进行建设的行为，而不予查处或者接到举报后不依法处理的。

第六十一条 县级以上人民政府有关部门有下列行为之一的，由本级人民政府或者上级人民政府有关部门责令改正，通报批评；对直接负责的主管人员和其他直接责任人员依法给予处分：

(一）对未依法取得选址意见书的建设项目核发建设项目批准文件的；

(二）未依法在国有土地使用权出让合同中确定规划条件或者改变国有土地使用权出让合同中依法确定的规划条件的；

(三）对未依法取得建设用地规划许可证的建设单位划拨国有土地使用权的。

第六十二条 城乡规划编制单位有下列行为之一的，由所在地城市、县人民政府城乡规划主管部门责令限期改正，处合同约定的规划编制费一倍以上二倍以下的罚款；情节严重的，责令停业整顿，由原发证机关降低资质等级或者吊销资质证书；造成损失的，依法承担赔偿责任：

(一）超越资质等级许可的范围承揽城乡规划编制工作的；

(二）违反国家有关标准编制城乡规划的。

未依法取得资质证书承揽城乡规划编制工作的，由县级以上地方人民政府城乡规划主管部门责令停止违法行为，依照前款规定处以罚款；造成损失的，依法承担赔偿责任。

以欺骗手段取得资质证书承揽城乡规划编制工作的，由原发证机关吊销资质证书，依照本条第一款规定处以罚款；造成损失的，依法承担赔偿责任。

第六十三条 城乡规划编制单位取得资质证书后，不再符合相应的资质条件的，由原发证机关责令限期改正；逾期不改正的，降低资质等级或者吊销资质证书。

第六十四条 未取得建设工程规划许可证或者未按照建设工程规划许可证的规定进行建设的，由县级以上地方人民政府城乡规划主管部门责令停止建设；尚可采取改正措施消除对规划实施的影响的，限期改正，处建设工程造价百分之五以上百分之十以下的罚款；无法采取改正措施消除影响的，限期拆除，不能拆除的，没收实物或者违法收入，可以并处建设工程造价百分之十以下的罚款。

第六十五条 在乡、村庄规划区内未依法取得乡村建设规划许可证或者未按照乡村建设规划许可证的规定进行建设的，由乡、镇人民政府责令停止建设、限期改正；逾期不改正的，可以拆除。

第六十六条 建设单位或者个人有下列行为之一的，由所在地城市、县人民政府城乡规划主管部门责令限期拆除，可以并处临时建设工程造价一倍以下的罚款：

(一）未经批准进行临时建设的；

(二）未按照批准内容进行临时建设的；

(三）临时建筑物、构筑物超过批准期限不拆除的。

第六十七条 建设单位未在建设工程竣工验收后六个月内向城乡规划主管部门报送有关竣工验收资料的，由所在地城市、县人民政府城乡规划主管部门责令限期补报；逾期不补报的，处一万元以上五万元以下的罚款。

第六十八条 城乡规划主管部门作出责令停止建设或者限期拆除的决定后，当事人不停止建设或者逾期不拆除的，建设工程所在地县级以上地方人民政府可以责成有关部门采取查封施工现场、强制拆除等措施。

第六十九条 违反本法规定,构成犯罪的,依法追究刑事责任。

第七章 附 则

第七十条 本法自 2008 年 1 月 1 日起施行。《中华人民共和国城市规划法》同时废止。

中华人民共和国非物质文化遗产保护法

(2011年2月25日中华人民共和国第十一届全国人民代表大会常务委员会第十九次会议通过)

第一章 总 则

第一条 为了继承和弘扬中华民族优秀传统文化，促进社会主义精神文明建设，加强非物质文化遗产保护、保存工作，制定本法。

第二条 本法所称非物质文化遗产，是指各族人民世代相传并视为其文化遗产组成部分的各种传统文化表现形式，以及与传统文化表现形式相关的实物和场所。包括：

（一）传统口头文学以及作为其载体的语言；
（二）传统美术、书法、音乐、舞蹈、戏剧、曲艺和杂技；
（三）传统技艺、医药和历法；
（四）传统礼仪、节庆等民俗；
（五）传统体育和游艺；
（六）其他非物质文化遗产。

属于非物质文化遗产组成部分的实物和场所，凡属文物的，适用《中华人民共和国文物保护法》的有关规定。

第三条 国家对非物质文化遗产采取认定、记录、建档等措施予以保存，对体现中华民族优秀传统文化，具有历史、文学、艺术、科学价值的非物质文化遗产采取传承、传播等措施予以保护。

第四条 保护非物质文化遗产，应当注重其真实性、整体性和传承性，有利于增强中华民族的文化认同，有利于维护国家统一和民族团结，有利于促进社会和谐和可持续发展。

第五条 使用非物质文化遗产，应当尊重其形式和内涵。

禁止以歪曲、贬损等方式使用非物质文化遗产。

第六条 县级以上人民政府应当将非物质文化遗产保护、保存工作纳入本级国民经济和社会发展规划，并将保护、保存经费列入本级财政预算。

国家扶持民族地区、边远地区、贫困地区的非物质文化遗产保护、保存工作。

第七条 国务院文化主管部门负责全国非物质文化遗产的保护、保存工作；县级以上地方人民政府文化主管部门负责本行政区域内非物质文化遗产的保护、保存工作。

县级以上人民政府其他有关部门在各自职责范围内，负责有关非物质文化遗产的保护、保存工作。

第八条 县级以上人民政府应当加强对非物质文化遗产保护工作的宣传，提高全社会保护非物质文化遗产的意识。

第九条 国家鼓励和支持公民、法人和其他组织参与非物质文化遗产保护工作。

第十条 对在非物质文化遗产保护工作中做出显著贡献的组织和个人，按照国家有关规定予以表彰、奖励。

第二章 非物质文化遗产的调查

第十一条 县级以上人民政府根据非物质文化遗产保护、保存工作需要，组织非物质文化遗产调查。非物质文化遗产调查由文化主管部门负责进行。

县级以上人民政府其他有关部门可以对其工作领域内的非物质文化遗产进行调查。

第十二条 文化主管部门和其他有关部门进行非物质文化遗产调查，应当对非物质文化遗产予以认定、记录、建档，建立健全调查信息共享机制。

文化主管部门和其他有关部门进行非物质文化遗产调查，应当收集属于非物质文化遗产组成部分的代表性实物，整理调查工作中取得的资料，并妥善保存，防止损毁、流失。其他有关部门取得的实物图片、资料复制件，应当汇交给同级文化主管部门。

第十三条 文化主管部门应当全面了解非物质文化遗产有关情况，建立非物质文化遗产档案及相关数据库。除依法应当保密的外，非物质文化遗产档案及相关数据信息应当公开，便于公众查阅。

第十四条 公民、法人和其他组织可以依法进行非物质文化遗产调查。

第十五条 境外组织或者个人在中华人民共和国境内进行非物质文化遗产调查，应当报经省、自治区、直辖市人民政府文化主管部门批准；调查在两个以上省、自治区、直辖市行政区域进行的，应当报经国务院文化主管部门批准；调查结束后，应当向批准调查的文化主管部门提交调查报告和调查中取得的实物图片、资料复制件。

境外组织在中华人民共和国境内进行非物质文化遗产调查，应当与境内非物质文化遗产学术研究机构合作进行。

第十六条 进行非物质文化遗产调查，应当征得调查对象的同意，尊重其风俗习惯，不得损害其合法权益。

第十七条 对通过调查或者其他途径发现的濒临消失的非物质文化遗产项目，县级人民政府文化主管部门应当立即予以记录并收集有关实物，或者采取其他抢救性保存措施；对需要传承的，应当采取有效措施支持传承。

第三章 非物质文化遗产代表性项目名录

第十八条 国务院建立国家级非物质文化遗产代表性项目名录，将体现中华民族优秀传统文化，具有重大历史、文学、艺术、科学价值的非物质文化遗产项目列入名录予以保护。

省、自治区、直辖市人民政府建立地方非物质文化遗产代表性项目名录，将本行政区域内体现中华民族优秀传统文化，具有历史、文学、艺术、科学价值的非物质文化遗产项目列入名录予以保护。

第十九条 省、自治区、直辖市人民政府可以从本省、自治区、直辖市非物质文化遗产代表性项目名录中向国务院文化主管部门推荐列入国家级非物质文化遗产代表性项目名录的项目。推荐时应当提交下列材料：

（一）项目介绍，包括项目的名称、历史、现状和价值；
（二）传承情况介绍，包括传承范围、传承谱系、传承人的技艺水平、传承活动的社会影响；
（三）保护要求，包括保护应当达到的目标和应当采取的措施、步骤、管理制度；
（四）有助于说明项目的视听资料等材料。

第二十条 公民、法人和其他组织认为某项非物质文化遗产体现中华民族优秀传统文化，具有重大历史、文学、艺术、科学价值的，可以向省、自治区、直辖市人民政府或者国务院文化主管部门提出列入国家级非物质文化遗产代表性项目名录的建议。

第二十一条 相同的非物质文化遗产项目，其形式和内涵在两个以上地区均保持完整的，可以同时列入国家级非物质文化遗产代表性项目名录。

第二十二条 国务院文化主管部门应当组织专家评审小组和专家评审委员会，对推荐或者建议列入国家级非物质文化遗产代表性项目名录的非物质文化遗产项目进行初评和审议。

初评意见应当经专家评审小组成员过半数通过。专家评审委员会对初评意见进行审议，提出审议意见。

评审工作应当遵循公开、公平、公正的原则。

第二十三条　国务院文化主管部门应当将拟列入国家级非物质文化遗产代表性项目名录的项目予以公示，征求公众意见。公示时间不得少于二十日。

第二十四条　国务院文化主管部门根据专家评审委员会的审议意见和公示结果，拟订国家级非物质文化遗产代表性项目名录，报国务院批准、公布。

第二十五条　国务院文化主管部门应当组织制定保护规划，对国家级非物质文化遗产代表性项目予以保护。

省、自治区、直辖市人民政府文化主管部门应当组织制定保护规划，对本级人民政府批准公布的地方非物质文化遗产代表性项目予以保护。

制定非物质文化遗产代表性项目保护规划，应当对濒临消失的非物质文化遗产代表性项目予以重点保护。

第二十六条　对非物质文化遗产代表性项目集中、特色鲜明、形式和内涵保持完整的特定区域，当地文化主管部门可以制定专项保护规划，报经本级人民政府批准后，实行区域性整体保护。确定对非物质文化遗产实行区域性整体保护，应当尊重当地居民的意愿，并保护属于非物质文化遗产组成部分的实物和场所，避免遭受破坏。

实行区域性整体保护涉及非物质文化遗产集中地村镇或者街区空间规划的，应当由当地城乡规划主管部门依据相关法规制定专项保护规划。

第二十七条　国务院文化主管部门和省、自治区、直辖市人民政府文化主管部门应当对非物质文化遗产代表性项目保护规划的实施情况进行监督检查；发现保护规划未能有效实施的，应当及时纠正、处理。

第四章　非物质文化遗产的传承与传播

第二十八条　国家鼓励和支持开展非物质文化遗产代表性项目的传承、传播。

第二十九条　国务院文化主管部门和省、自治区、直辖市人民政府文化主管部门对本级人民政府批准公布的非物质文化遗产代表性项目，可以认定代表性传承人。

非物质文化遗产代表性项目的代表性传承人应当符合下列条件：

（一）熟练掌握其传承的非物质文化遗产；

（二）在特定领域内具有代表性，并在一定区域内具有较大影响；

（三）积极开展传承活动。

认定非物质文化遗产代表性项目的代表性传承人，应当参照执行本法有关非物质文化遗产代表性项目评审的规定，并将所认定的代表性传承人名单予以公布。

第三十条　县级以上人民政府文化主管部门根据需要，采取下列措施，支持非物质文化遗产代表性项目的代表性传承人开展传承、传播活动：

（一）提供必要的传承场所；

（二）提供必要的经费资助其开展授徒、传艺、交流等活动；

（三）支持其参与社会公益性活动；

（四）支持其开展传承、传播活动的其他措施。

第三十一条　非物质文化遗产代表性项目的代表性传承人应当履行下列义务：

（一）开展传承活动，培养后继人才；

（二）妥善保存相关的实物、资料；

（三）配合文化主管部门和其他有关部门进行非物质文化遗产调查；

（四）参与非物质文化遗产公益性宣传。

非物质文化遗产代表性项目的代表性传承人无正当理由不履行前款规定义务的，文化主管部门可以取消其代表性传承人资格，重新认定该项目的代表性传承人；丧失传承能力的，文化主管部门可以重新认定该项目的代表性传承人。

第三十二条 县级以上人民政府应当结合实际情况，采取有效措施，组织文化主管部门和其他有关部门宣传、展示非物质文化遗产代表性项目。

第三十三条 国家鼓励开展与非物质文化遗产有关的科学技术研究和非物质文化遗产保护、保存方法研究，鼓励开展非物质文化遗产的记录和非物质文化遗产代表性项目的整理、出版等活动。

第三十四条 学校应当按照国务院教育主管部门的规定，开展相关的非物质文化遗产教育。

新闻媒体应当开展非物质文化遗产代表性项目的宣传，普及非物质文化遗产知识。

第三十五条 图书馆、文化馆、博物馆、科技馆等公共文化机构和非物质文化遗产学术研究机构、保护机构以及利用财政性资金举办的文艺表演团体、演出场所经营单位等，应当根据各自业务范围，开展非物质文化遗产的整理、研究、学术交流和非物质文化遗产代表性项目的宣传、展示。

第三十六条 国家鼓励和支持公民、法人和其他组织依法设立非物质文化遗产展示场所和传承场所，展示和传承非物质文化遗产代表性项目。

第三十七条 国家鼓励和支持发挥非物质文化遗产资源的特殊优势，在有效保护的基础上，合理利用非物质文化遗产代表性项目开发具有地方、民族特色和市场潜力的文化产品和文化服务。

开发利用非物质文化遗产代表性项目的，应当支持代表性传承人开展传承活动，保护属于该项目组成部分的实物和场所。

县级以上地方人民政府应当对合理利用非物质文化遗产代表性项目的单位予以扶持。单位合理利用非物质文化遗产代表性项目的，依法享受国家规定的税收优惠。

第五章 法 律 责 任

第三十八条 文化主管部门和其他有关部门的工作人员在非物质文化遗产保护、保存工作中玩忽职守、滥用职权、徇私舞弊的，依法给予处分。

第三十九条 文化主管部门和其他有关部门的工作人员进行非物质文化遗产调查时侵犯调查对象风俗习惯，造成严重后果的，依法给予处分。

第四十条 违反本法规定，破坏属于非物质文化遗产组成部分的实物和场所的，依法承担民事责任；构成违反治安管理行为的，依法给予治安管理处罚。

第四十一条 境外组织违反本法第十五条规定的，由文化主管部门责令改正，给予警告，没收违法所得及调查中取得的实物、资料；情节严重的，并处十万元以上五十万元以下的罚款。

境外个人违反本法第十五条第一款规定的，由文化主管部门责令改正，给予警告，没收违法所得及调查中取得的实物、资料；情节严重的，并处一万元以上五万元以下的罚款。

第四十二条 违反本法规定，构成犯罪的，依法追究刑事责任。

第六章 附 则

第四十三条 建立地方非物质文化遗产代表性项目名录的办法，由省、自治区、直辖市参照本法有关规定制定。

第四十四条 使用非物质文化遗产涉及知识产权的，适用有关法律、行政法规的规定。

对传统医药、传统工艺美术等的保护，其他法律、行政法规另有规定的，依照其规定。

第四十五条 本法自 2011 年 6 月 1 日起施行。

二、国家行政法规

中华人民共和国文物保护法实施条例

(2003年5月13日国务院第8次常务会议通过)

第一章 总 则

第一条 根据《中华人民共和国文物保护法》(以下简称文物保护法),制定本实施条例。

第二条 国家重点文物保护专项补助经费和地方文物保护专项经费,由县级以上人民政府文物行政主管部门、投资主管部门、财政部门按照国家有关规定共同实施管理。任何单位或者个人不得侵占、挪用。

第三条 国有的博物馆、纪念馆、文物保护单位等的事业性收入,应当用于下列用途:

(一)文物的保管、陈列、修复、征集;
(二)国有的博物馆、纪念馆、文物保护单位的修缮和建设;
(三)文物的安全防范;
(四)考古调查、勘探、发掘;
(五)文物保护的科学研究、宣传教育。

第四条 文物行政主管部门和教育、科技、新闻出版、广播电视行政主管部门,应当做好文物保护的宣传教育工作。

第五条 国务院文物行政主管部门和省、自治区、直辖市人民政府文物行政主管部门,应当制定文物保护的科学技术研究规划,采取有效措施,促进文物保护科技成果的推广和应用,提高文物保护的科学技术水平。

第六条 有文物保护法第十二条所列事迹之一的单位或者个人,由人民政府及其文物行政主管部门、有关部门给予精神鼓励或者物质奖励。

第二章 不可移动文物

第七条 历史文化名城,由国务院建设行政主管部门会同国务院文物行政主管部门报国务院核定公布。

历史文化街区、村镇,由省、自治区、直辖市人民政府城乡规划行政主管部门会同文物行政主管部门报本级人民政府核定公布。

县级以上地方人民政府组织编制的历史文化名城和历史文化街区、村镇的保护规划,应当符合文物保护的要求。

第八条 全国重点文物保护单位和省级文物保护单位自核定公布之日起1年内,由省、自治区、直辖市人民政府划定必要的保护范围,作出标志说明,建立记录档案,设置专门机构或者指定专人负责管理。

设区的市、自治州级和县级文物保护单位自核定公布之日起1年内,由核定公布该文物保护单位的人民政府划定保护范围,作出标志说明,建立记录档案,设置专门机构或者指定专人负责管理。

第九条 文物保护单位的保护范围，是指对文物保护单位本体及周围一定范围实施重点保护的区域。

文物保护单位的保护范围，应当根据文物保护单位的类别、规模、内容以及周围环境的历史和现实情况合理划定，并在文物保护单位本体之外保持一定的安全距离，确保文物保护单位的真实性和完整性。

第十条 文物保护单位的标志说明，应当包括文物保护单位的级别、名称、公布机关、公布日期、立标机关、立标日期等内容。民族自治地区的文物保护单位的标志说明，应当同时用规范汉字和当地通用的少数民族文字书写。

第十一条 文物保护单位的记录档案，应当包括文物保护单位本体记录等科学技术资料和有关文献记载、行政管理等内容。

文物保护单位的记录档案，应当充分利用文字、音像制品、图画、拓片、摹本、电子文本等形式，有效表现其所载内容。

第十二条 古文化遗址、古墓葬、石窟寺和属于国家所有的纪念建筑物、古建筑，被核定公布为文物保护单位的，由县级以上地方人民政府设置专门机构或者指定机构负责管理。其他文物保护单位，由县级以上地方人民政府设置专门机构或者指定机构、专人负责管理；指定专人负责管理的，可以采取聘请文物保护员的形式。

文物保护单位有使用单位的，使用单位应当设立群众性文物保护组织；没有使用单位的，文物保护单位所在地的村民委员会或者居民委员会可以设立群众性文物保护组织。文物行政主管部门应当对群众性文物保护组织的活动给予指导和支持。

负责管理文物保护单位的机构，应当建立健全规章制度，采取安全防范措施；其安全保卫人员，可以依法配备防卫器械。

第十三条 文物保护单位的建设控制地带，是指在文物保护单位的保护范围外，为保护文物保护单位的安全、环境、历史风貌对建设项目加以限制的区域。

文物保护单位的建设控制地带，应当根据文物保护单位的类别、规模、内容以及周围环境的历史和现实情况合理划定。

第十四条 全国重点文物保护单位的建设控制地带，经省、自治区、直辖市人民政府批准，由省、自治区、直辖市人民政府的文物行政主管部门会同城乡规划行政主管部门划定并公布。

省级、设区的市、自治州级和县级文物保护单位的建设控制地带，经省、自治区、直辖市人民政府批准，由核定公布该文物保护单位的人民政府的文物行政主管部门会同城乡规划行政主管部门划定并公布。

第十五条 承担文物保护单位的修缮、迁移、重建工程的单位，应当同时取得文物行政主管部门发给的相应等级的文物保护工程资质证书和建设行政主管部门发给的相应等级的资质证书。其中，不涉及建筑活动的文物保护单位的修缮、迁移、重建，应当由取得文物行政主管部门发给的相应等级的文物保护工程资质证书的单位承担。

第十六条 申领文物保护工程资质证书，应当具备下列条件：

（一）有取得文物博物专业技术职务的人员；

（二）有从事文物保护工程所需的技术设备；

（三）法律、行政法规规定的其他条件。

第十七条 申领文物保护工程资质证书，应当向省、自治区、直辖市人民政府文物行政主管部门或者国务院文物行政主管部门提出申请。省、自治区、直辖市人民政府文物行政主管部门或者国务院文物行政主管部门应当自收到申请之日起30个工作日内作出批准或者不批准的决定。决定批准的，发给相应等级的文物保护工程资质证书；决定不批准的，应当书面通知当事人并说明理由。文物保护工程资质等级的分级标准和审批办法，由国务院文物行政主管部门制定。

第十八条 文物行政主管部门在审批文物保护单位的修缮计划和工程设计方案前，应当征求上一级人民政府文物行政主管部门的意见。

第十九条 危害全国重点文物保护单位安全或者破坏其历史风貌的建筑物、构筑物，由省、自治区、直辖市人民政府负责调查处理。

危害省级、设区的市、自治州级、县级文物保护单位安全或者破坏其历史风貌的建筑物、构筑物，由核定公布该文物保护单位的人民政府负责调查处理。

危害尚未核定公布为文物保护单位的不可移动文物安全的建筑物、构筑物，由县级人民政府负责调查处理。

第三章 考 古 发 掘

第二十条 申请从事考古发掘的单位，取得考古发掘资质证书，应当具备下列条件：

（一）有 4 名以上取得考古发掘领队资格的人员；
（二）有取得文物博物专业技术职务的人员；
（三）有从事文物安全保卫的专业人员；
（四）有从事考古发掘所需的技术设备；
（五）有保障文物安全的设施和场所；
（六）法律、行政法规规定的其他条件。

第二十一条 申领考古发掘资质证书，应当向国务院文物行政主管部门提出申请。国务院文物行政主管部门应当自收到申请之日起 30 个工作日内作出批准或者不批准的决定。决定批准的，发给考古发掘资质证书；决定不批准的，应当书面通知当事人并说明理由。

第二十二条 考古发掘项目实行领队负责制度。担任领队的人员，应当取得国务院文物行政主管部门按照国家有关规定发给的考古发掘领队资格证书。

第二十三条 配合建设工程进行的考古调查、勘探、发掘，由省、自治区、直辖市人民政府文物行政主管部门组织实施。跨省、自治区、直辖市的建设工程范围内的考古调查、勘探、发掘，由建设工程所在地的有关省、自治区、直辖市人民政府文物行政主管部门联合组织实施；其中，特别重要的建设工程范围内的考古调查、勘探、发掘，由国务院文物行政主管部门组织实施。建设单位对配合建设工程进行的考古调查、勘探、发掘，应当予以协助，不得妨碍考古调查、勘探、发掘。

第二十四条 国务院文物行政主管部门应当自收到文物保护法第三十条第一款规定的发掘计划之日起 30 个工作日内作出批准或者不批准决定。决定批准的，发给批准文件；决定不批准的，应当书面通知当事人并说明理由。

文物保护法第三十条第二款规定的抢救性发掘，省、自治区、直辖市人民政府文物行政主管部门应当自开工之日起 10 个工作日内向国务院文物行政主管部门补办审批手续。

第二十五条 考古调查、勘探、发掘所需经费的范围和标准，按照国家有关规定执行。

第二十六条 从事考古发掘的单位应当在考古发掘完成之日起 30 个工作日内向省、自治区、直辖市人民政府文物行政主管部门和国务院文物行政主管部门提交结项报告，并于提交结项报告之日起 3 年内向省、自治区、直辖市人民政府文物行政主管部门和国务院文物行政主管部门提交考古发掘报告。

第二十七条 从事考古发掘的单位提交考古发掘报告后，经省、自治区、直辖市人民政府文物行政主管部门或者国务院文物行政主管部门依据各自职权批准，可以保留少量出土文物作为科研标本，并应当于提交发掘报告之日起 6 个月内将其他出土文物移交给由省、自治区、直辖市人民政府文物行政主管部门或者国务院文物行政主管部门指定的国有的博物馆、图书馆或者其他国有文物收藏单位收藏。

第四章 馆 藏 文 物

第二十八条 文物收藏单位应当建立馆藏文物的接收、鉴定、登记、编目和档案制度，库房管理制度，出入库、注销和统计制度，保养、修复和复制制度。

第二十九条 县级人民政府文物行政主管部门应当将本行政区域内的馆藏文物档案，按照行政隶属关系报设区的市、自治州级人民政府文物行政主管部门或者省、自治区、直辖市人民政府文物行政主管部门备案；设区的市、自治州级人民政府文物行政主管部门应当将本行政区域内的馆藏文物档案，报省、自治区、直辖市人民政府文物行政主管部门备案；省、自治区、直辖市人民政府文物行政主管部门应当将本行政区域内的一级文物藏品档案，报国务院文物行政主管部门备案。

第三十条 文物收藏单位之间借用馆藏文物，借用人应当对借用的馆藏文物采取必要的保护措施，确保文物的安全。

借用的馆藏文物的灭失、损坏风险，除当事人另有约定外，由借用该馆藏文物的文物收藏单位承担。

第三十一条 国有文物收藏单位未依照文物保护法第三十六条的规定建立馆藏文物档案并将馆藏文物档案报主管的文物行政主管部门备案的，不得交换、借用馆藏文物。

第三十二条 修复、复制、拓印馆藏二级文物和馆藏三级文物的，应当报省、自治区、直辖市人民政府文物行政主管部门批准；修复、复制、拓印馆藏一级文物的，应当经省、自治区、直辖市人民政府文物行政主管部门审核后报国务院文物行政主管部门批准。

第三十三条 从事馆藏文物修复、复制、拓印的单位，应当具备下列条件：

（一）有取得中级以上文物博物专业技术职务的人员；

（二）有从事馆藏文物修复、复制、拓印所需的场所和技术设备；

（三）法律、行政法规规定的其他条件。

第三十四条 从事馆藏文物修复、复制、拓印，应当向省、自治区、直辖市人民政府文物行政主部门提出申请。省、自治区、直辖市人民政府文物行政主管部门应当自收到申请之日起 30 个工作日内作出批准或者不批准的决定。决定批准的，发给相应等级的资质证书；决定不批准的，应当书面通知当事人并说明理由。

第三十五条 为制作出版物、音像制品等拍摄馆藏二级文物和馆藏三级文物的，应当报省、自治区、直辖市人民政府文物行政主管部门批准；拍摄馆藏一级文物的，应当经省、自治区、直辖市人民政府文物行政主管部门审核后报国务院文物行政主管部门批准。

第三十六条 馆藏文物被盗、被抢或者丢失的，文物收藏单位应当立即向公安机关报案，并同时向主管的文物行政主管部门报告；主管的文物行政主管部门应当在接到文物收藏单位的报告后 24 小时内，将有关情况报告国务院文物行政主管部门。

第三十七条 国家机关和国有的企业、事业组织等收藏、保管国有文物的，应当履行下列义务：

（一）建立文物藏品档案制度，并将文物藏品档案报所在地省、自治区、直辖市人民政府文物行政主管部门备案；

（二）建立、健全文物藏品的保养、修复等管理制度，确保文物安全；

（三）文物藏品被盗、被抢或者丢失的，应当立即向公安机关报案，并同时向所在地省、自治区、直辖市人民政府文物行政主管部门报告。

第五章 民 间 收 藏 文 物

第三十八条 文物收藏单位以外的公民、法人和其他组织，可以依法收藏文物，其依法收藏的文物的所有权受法律保护。

公民、法人和其他组织依法收藏文物的，可以要求文物行政主管部门对其收藏的文物提供鉴定、修复、保管等方面的咨询。

第三十九条 设立文物商店，应当具备下列条件：

（一）有 200 万元人民币以上的注册资本；

（二）有 5 名以上取得中级以上文物博物专业技术职务的人员；

（三）有保管文物的场所、设施和技术条件；

（四）法律、行政法规规定的其他条件。

第四十条 设立文物商店，应当依照国务院文物行政主管部门的规定向省、自治区、直辖市以上人民政府文物行政主管部门提出申请。省、自治区、直辖市以上人民政府文物行政主管部门应当自收到申请之日起 30 个工作日内作出批准或者不批准的决定。决定批准的，发给批准文件；决定不批准的，应当书面通知当事人并说明理由。

第四十一条 依法设立的拍卖企业，从事文物拍卖经营活动的，应当有 5 名以上取得高级文物博物专业技术职务的文物拍卖专业人员，并取得国务院文物行政主管部门发给的文物拍卖许可证。

第四十二条 依法设立的拍卖企业申领文物拍卖许可证，应当向国务院文物行政主管部门提出申请。国务院文物行政主管部门应当自收到申请之日起 30 个工作日内作出批准或者不批准的决定。决定批准的，发给文物拍卖许可证；决定不批准的，应当书面通知当事人并说明理由。

第四十三条 文物商店购买、销售文物，经营文物拍卖的拍卖企业拍卖文物，应当记录文物的名称、图录、来源、文物的出卖人、委托人和买受人的姓名或者名称、住所、有效身份证件号码或者有效证照号码以及成交价格，并报核准其销售、拍卖文物的文物行政主管部门备案。接受备案的文物行政主管部门应当依法为其保密，并将该记录保存 75 年。

文物行政主管部门应当加强对文物商店和经营文物拍卖的拍卖企业的监督检查。

第六章 文物出境进境

第四十四条 国务院文物行政主管部门指定的文物进出境审核机构，应当有 5 名以上专职文物进出境责任鉴定员。专职文物进出境责任鉴定员应当取得中级以上文物博物专业技术职务并经国务院文物行政主管部门考核合格。

第四十五条 运送、邮寄、携带文物出境，应当在文物出境前依法报文物进出境审核机构审核。文物进出境审核机构应当自收到申请之日起 15 个工作日内作出是否允许出境的决定。

文物进出境审核机构审核文物，应当有 3 名以上文物博物专业技术人员参加；其中，应当有 2 名以上文物进出境责任鉴定员。

文物出境审核意见，由文物进出境责任鉴定员共同签署；对经审核，文物进出境责任鉴定员一致同意允许出境的文物，文物进出境审核机构方可作出允许出境的决定。

文物出境审核标准，由国务院文物行政主管部门制定。

第四十六条 文物进出境审核机构应当对所审核进出境文物的名称、质地、尺寸、级别，当事人的姓名或者名称、住所、有效身份证件号码或者有效证照号码，以及进出境口岸、文物去向和审核日期等内容进行登记。

第四十七条 经审核允许出境的文物，由国务院文物行政主管部门发给文物出境许可证，并由文物进出境审核机构标明文物出境标识。经审核允许出境的文物，应当从国务院文物行政主管部门指定的口岸出境。海关查验文物出境标识后，凭文物出境许可证放行。

经审核不允许出境的文物，由文物进出境审核机构发还当事人。

第四十八条 文物出境展览的承办单位，应当在举办展览前 6 个月向国务院文物行政主管部门提出申请。国务院文物行政主管部门应当自收到申请之日起 30 个工作日内作出批准或者不批准的决定。决定批准的，发给批准文件；决定不批准的，应当书面通知当事人并说明理由。

一级文物展品超过 120 件（套）的，或者一级文物展品超过展品总数的 20% 的，应当报国务院批准。

第四十九条 一级文物中的孤品和易损品，禁止出境展览。禁止出境展览文物的目录，由国务院文物行政主管部门定期公布。未曾在国内正式展出的文物，不得出境展览。

第五十条 文物出境展览的期限不得超过 1 年。因特殊需要，经原审批机关批准可以延期；但是，延期最长不得超过 1 年。

第五十一条 文物出境展览期间，出现可能危及展览文物安全情形的，原审批机关可以决定中止或者撤销展览。

第五十二条 临时进境的文物，经海关将文物加封后，交由当事人报文物进出境审核机构审核、登记。文物进出境审核机构查验海关封志完好无损后，对每件临时进境文物标明文物临时进境标识，并登记拍照。

临时进境文物复出境时，应当由原审核、登记的文物进出境审核机构核对入境登记拍照记录，查验文物临时进境标识无误后标明文物出境标识，并由国务院文物行政主管部门发给文物出境许可证。

未履行本条第一款规定的手续临时进境的文物复出境的，依照本章关于文物出境的规定办理。

第五十三条 任何单位或者个人不得擅自剥除、更换、挪用或者损毁文物出境标识、文物临时进境标识。

第七章 法律责任

第五十四条 公安机关、工商行政管理、文物、海关、城乡规划、建设等有关部门及其工作人员，违反本条例规定，滥用审批权限、不履行职责或者发现违法行为不予查处的，对负有责任的主管人员和其他直接责任人员依法给予行政处分；构成犯罪的，依法追究刑事责任。

第五十五条 违反本条例规定，未取得相应等级的文物保护工程资质证书，擅自承担文物保护单位的修缮、迁移、重建工程的，由文物行政主管部门责令限期改正；逾期不改正，或者造成严重后果的，处 5 万元以上 50 万元以下的罚款；构成犯罪的，依法追究刑事责任。违反本条例规定，未取得建设行政主管部门发给的相应等级的资质证书，擅自承担含有建筑活动的文物保护单位的修缮、迁移、重建工程的，由建设行政主管部门依照有关法律、行政法规的规定予以处罚。

第五十六条 违反本条例规定，未取得资质证书，擅自从事馆藏文物的修复、复制、拓印活动的，由文物行政主管部门责令停止违法活动；没收违法所得和从事违法活动的专用工具、设备；造成严重后果的，并处 1 万元以上 10 万元以下的罚款；构成犯罪的，依法追究刑事责任。

第五十七条 文物保护法第六十六条第二款规定的罚款，数额为 200 元以下。

第五十八条 违反本条例规定，未经批准擅自修复、复制、拓印、拍摄馆藏珍贵文物的，由文物行政主管部门给予警告；造成严重后果的，处 2000 元以上 2 万元以下的罚款；对负有责任的主管人员和其他直接责任人员依法给予行政处分。

第五十九条 考古发掘单位违反本条例规定，未在规定期限内提交结项报告或者考古发掘报告的，由省、自治区、直辖市人民政府文物行政主管部门或者国务院文物行政主管部门责令限期改正；逾期不改正的，对负有责任的主管人员和其他直接责任人员依法给予行政处分。

第六十条 考古发掘单位违反本条例规定，未在规定期限内移交文物的，由省、自治区、直辖市人民政府文物行政主管部门或者国务院文物行政主管部门责令限期改正；逾期不改正，或者造成严重后果的，对负有责任的主管人员和其他直接责任人员依法给予行政处分。

第六十一条 违反本条例规定，文物出境展览超过展览期限的，由国务院文物行政主管部门责令限期改正;对负有责任的主管人员和其他直接责任人员依法给予行政处分。

第六十二条 依照文物保护法第六十六条、第七十三条的规定,单位被处以吊销许可证行政处罚的,应当依法到工商行政管理部门办理变更登记或者注销登记;逾期未办理的,由工商行政管理部门吊销营业执照。

第六十三条 违反本条例规定,改变国有的博物馆、纪念馆、文物保护单位等的事业性收入的用途的,对负有责任的主管人员和其他直接责任人员依法给予行政处分;构成犯罪的,依法追究刑事责任。

第八章 附 则

第六十四条 本条例自 2003 年 7 月 1 日起施行。

历史文化名城名镇名村保护条例

(2008年4月2日国务院第3次常务会议通过)

第一章 总 则

第一条 为了加强历史文化名城、名镇、名村的保护与管理,继承中华民族优秀历史文化遗产,制定本条例。

第二条 历史文化名城、名镇、名村的申报、批准、规划、保护,适用本条例。

第三条 历史文化名城、名镇、名村的保护应当遵循科学规划、严格保护的原则,保持和延续其传统格局和历史风貌,维护历史文化遗产的真实性和完整性,继承和弘扬中华民族优秀传统文化,正确处理经济社会发展和历史文化遗产保护的关系。

第四条 国家对历史文化名城、名镇、名村的保护给予必要的资金支持。

历史文化名城、名镇、名村所在地的县级以上地方人民政府,根据本地实际情况安排保护资金,列入本级财政预算。

国家鼓励企业、事业单位、社会团体和个人参与历史文化名城、名镇、名村的保护。

第五条 国务院建设主管部门会同国务院文物主管部门负责全国历史文化名城、名镇、名村的保护和监督管理工作。

地方各级人民政府负责本行政区域历史文化名城、名镇、名村的保护和监督管理工作。

第六条 县级以上人民政府及其有关部门对在历史文化名城、名镇、名村保护工作中做出突出贡献的单位和个人,按照国家有关规定给予表彰和奖励。

第二章 申报与批准

第七条 具备下列条件的城市、镇、村庄,可以申报历史文化名城、名镇、名村:

(一)保存文物特别丰富;
(二)历史建筑集中成片;
(三)保留着传统格局和历史风貌;
(四)历史上曾经作为政治、经济、文化、交通中心或者军事要地,或者发生过重要历史事件,或者其传统产业、历史上建设的重大工程对本地区的发展产生过重要影响,或者能够集中反映本地区建筑的文化特色、民族特色。

申报历史文化名城的,在所申报的历史文化名城保护范围内还应当有2个以上的历史文化街区。

第八条 申报历史文化名城、名镇、名村,应当提交所申报的历史文化名城、名镇、名村的下列材料:

(一)历史沿革、地方特色和历史文化价值的说明;
(二)传统格局和历史风貌的现状;
(三)保护范围;
(四)不可移动文物、历史建筑、历史文化街区的清单;
(五)保护工作情况、保护目标和保护要求。

第九条 申报历史文化名城,由省、自治区、直辖市人民政府提出申请,经国务院建设主管部门会同国务院文物主管部门组织有关部门、专家进行论证,提出审查意见,报国务院批准公布。

申报历史文化名镇、名村，由所在地县级人民政府提出申请，经省、自治区、直辖市人民政府确定的保护主管部门会同同级文物主管部门组织有关部门、专家进行论证，提出审查意见，报省、自治区、直辖市人民政府批准公布。

第十条 对符合本条例第七条规定的条件而没有申报历史文化名城的城市，国务院建设主管部门会同国务院文物主管部门可以向该城市所在地的省、自治区人民政府提出申报建议；仍不申报的，可以直接向国务院提出确定该城市为历史文化名城的建议。

对符合本条例第七条规定的条件而没有申报历史文化名镇、名村的镇、村庄，省、自治区、直辖市人民政府确定的保护主管部门会同同级文物主管部门可以向该镇、村庄所在地的县级人民政府提出申报建议；仍不申报的，可以直接向省、自治区、直辖市人民政府提出确定该镇、村庄为历史文化名镇、名村的建议。

第十一条 国务院建设主管部门会同国务院文物主管部门可以在已批准公布的历史文化名镇、名村中，严格按照国家有关评价标准，选择具有重大历史、艺术、科学价值的历史文化名镇、名村，经专家论证，确定为中国历史文化名镇、名村。

第十二条 已批准公布的历史文化名城、名镇、名村，因保护不力使其历史文化价值受到严重影响的，批准机关应当将其列入濒危名单，予以公布，并责成所在地城市、县人民政府限期采取补救措施，防止情况继续恶化，并完善保护制度，加强保护工作。

第三章 保护规划

第十三条 历史文化名城批准公布后，历史文化名城人民政府应当组织编制历史文化名城保护规划。

历史文化名镇、名村批准公布后，所在地县级人民政府应当组织编制历史文化名镇、名村保护规划。

保护规划应当自历史文化名城、名镇、名村批准公布之日起1年内编制完成。

第十四条 保护规划应当包括下列内容：

（一）保护原则、保护内容和保护范围；
（二）保护措施、开发强度和建设控制要求；
（三）传统格局和历史风貌保护要求；
（四）历史文化街区、名镇、名村的核心保护范围和建设控制地带；
（五）保护规划分期实施方案。

第十五条 历史文化名城、名镇保护规划的规划期限应当与城市、镇总体规划的规划期限相一致；历史文化名村保护规划的规划期限应当与村庄规划的规划期限相一致。

第十六条 保护规划报送审批前，保护规划的组织编制机关应当广泛征求有关部门、专家和公众的意见；必要时，可以举行听证。

保护规划报送审批文件中应当附具意见采纳情况及理由；经听证的，还应当附具听证笔录。

第十七条 保护规划由省、自治区、直辖市人民政府审批。

保护规划的组织编制机关应当将经依法批准的历史文化名城保护规划和中国历史文化名镇、名村保护规划，报国务院建设主管部门和国务院文物主管部门备案。

第十八条 保护规划的组织编制机关应当及时公布经依法批准的保护规划。

第十九条 经依法批准的保护规划，不得擅自修改；确需修改的，保护规划的组织编制机关应当向原审批机关提出专题报告，经同意后，方可编制修改方案。修改后的保护规划，应当按照原审批程序报送审批。

第二十条 国务院建设主管部门会同国务院文物主管部门应当加强对保护规划实施情况的监督

检查。

县级以上地方人民政府应当加强对本行政区域保护规划实施情况的监督检查，并对历史文化名城、名镇、名村保护状况进行评估；对发现的问题，应当及时纠正、处理。

第四章 保护措施

第二十一条 历史文化名城、名镇、名村应当整体保护，保持传统格局、历史风貌和空间尺度，不得改变与其相互依存的自然景观和环境。

第二十二条 历史文化名城、名镇、名村所在地县级以上地方人民政府应当根据当地经济社会发展水平，按照保护规划，控制历史文化名城、名镇、名村的人口数量，改善历史文化名城、名镇、名村的基础设施、公共服务设施和居住环境。

第二十三条 在历史文化名城、名镇、名村保护范围内从事建设活动，应当符合保护规划的要求，不得损害历史文化遗产的真实性和完整性，不得对其传统格局和历史风貌构成破坏性影响。

第二十四条 在历史文化名城、名镇、名村保护范围内禁止进行下列活动：

（一）开山、采石、开矿等破坏传统格局和历史风貌的活动；
（二）占用保护规划确定保留的园林绿地、河湖水系、道路等；
（三）修建生产、储存爆炸性、易燃性、放射性、毒害性、腐蚀性物品的工厂、仓库等；
（四）在历史建筑上刻划、涂污。

第二十五条 在历史文化名城、名镇、名村保护范围内进行下列活动，应当保护其传统格局、历史风貌和历史建筑；制订保护方案，经城市、县人民政府城乡规划主管部门会同同级文物主管部门批准，并依照有关法律、法规的规定办理相关手续：

（一）改变园林绿地、河湖水系等自然状态的活动；
（二）在核心保护范围内进行影视摄制、举办大型群众性活动；
（三）其他影响传统格局、历史风貌或者历史建筑的活动。

第二十六条 历史文化街区、名镇、名村建设控制地带内的新建建筑物、构筑物，应当符合保护规划确定的建设控制要求。

第二十七条 对历史文化街区、名镇、名村核心保护范围内的建筑物、构筑物，应当区分不同情况，采取相应措施，实行分类保护。

历史文化街区、名镇、名村核心保护范围内的历史建筑，应当保持原有的高度、体量、外观形象及色彩等。

第二十八条 在历史文化街区、名镇、名村核心保护范围内，不得进行新建、扩建活动。但是，新建、扩建必要的基础设施和公共服务设施除外。

在历史文化街区、名镇、名村核心保护范围内，新建、扩建必要的基础设施和公共服务设施的，城市、县人民政府城乡规划主管部门核发建设工程规划许可证、乡村建设规划许可证前，应当征求同级文物主管部门的意见。

在历史文化街区、名镇、名村核心保护范围内，拆除历史建筑以外的建筑物、构筑物或者其他设施的，应当经城市、县人民政府城乡规划主管部门会同同级文物主管部门批准。

第二十九条 审批本条例第二十八条规定的建设活动，审批机关应当组织专家论证，并将审批事项予以公示，征求公众意见，告知利害关系人有要求举行听证的权利。公示时间不得少于20日。

利害关系人要求听证的，应当在公示期间提出，审批机关应当在公示期满后及时举行听证。

第三十条 城市、县人民政府应当在历史文化街区、名镇、名村核心保护范围的主要出入口设置标志牌。

任何单位和个人不得擅自设置、移动、涂改或者损毁标志牌。

第三十一条 历史文化街区、名镇、名村核心保护范围内的消防设施、消防通道，应当按照有关的消防技术标准和规范设置。确因历史文化街区、名镇、名村的保护需要，无法按照标准和规范设置的，由城市、县人民政府公安机关消防机构会同同级城乡规划主管部门制订相应的防火安全保障方案。

第三十二条 城市、县人民政府应当对历史建筑设置保护标志，建立历史建筑档案。

历史建筑档案应当包括下列内容：

（一）建筑艺术特征、历史特征、建设年代及稀有程度；
（二）建筑的有关技术资料；
（三）建筑的使用现状和权属变化情况；
（四）建筑的修缮、装饰装修过程中形成的文字、图纸、图片、影像等资料；
（五）建筑的测绘信息记录和相关资料。

第三十三条 历史建筑的所有权人应当按照保护规划的要求，负责历史建筑的维护和修缮。

县级以上地方人民政府可以从保护资金中对历史建筑的维护和修缮给予补助。

历史建筑有损毁危险，所有权人不具备维护和修缮能力的，当地人民政府应当采取措施进行保护。

任何单位或者个人不得损坏或者擅自迁移、拆除历史建筑。

第三十四条 建设工程选址，应当尽可能避开历史建筑；因特殊情况不能避开的，应当尽可能实施原址保护。

对历史建筑实施原址保护的，建设单位应当事先确定保护措施，报城市、县人民政府城乡规划主管部门会同同级文物主管部门批准。

因公共利益需要进行建设活动，对历史建筑无法实施原址保护、必须迁移异地保护或者拆除的，应当由城市、县人民政府城乡规划主管部门会同同级文物主管部门，报省、自治区、直辖市人民政府确定的保护主管部门会同同级文物主管部门批准。

本条规定的历史建筑原址保护、迁移、拆除所需费用，由建设单位列入建设工程预算。

第三十五条 对历史建筑进行外部修缮装饰、添加设施以及改变历史建筑的结构或者使用性质的，应当经城市、县人民政府城乡规划主管部门会同同级文物主管部门批准，并依照有关法律、法规的规定办理相关手续。

第三十六条 在历史文化名城、名镇、名村保护范围内涉及文物保护的，应当执行文物保护法律、法规的规定。

第五章 法 律 责 任

第三十七条 违反本条例规定，国务院建设主管部门、国务院文物主管部门和县级以上地方人民政府及其有关主管部门的工作人员，不履行监督管理职责，发现违法行为不予查处或者有其他滥用职权、玩忽职守、徇私舞弊行为，构成犯罪的，依法追究刑事责任；尚不构成犯罪的，依法给予处分。

第三十八条 违反本条例规定，地方人民政府有下列行为之一的，由上级人民政府责令改正，对直接负责的主管人员和其他直接责任人员，依法给予处分：

（一）未组织编制保护规划的；
（二）未按照法定程序组织编制保护规划的；
（三）擅自修改保护规划的；
（四）未将批准的保护规划予以公布的。

第三十九条 违反本条例规定，省、自治区、直辖市人民政府确定的保护主管部门或者城市、县人民政府城乡规划主管部门，未按照保护规划的要求或者未按照法定程序履行本条例第二十五条、第二十八条、第三十四条、第三十五条规定的审批职责的，由本级人民政府或者上级人民政府有关部门责令改正,通报批评;对直接负责的主管人员和其他直接责任人员,依法给予处分。

第四十条 违反本条例规定,城市、县人民政府因保护不力,导致已批准公布的历史文化名城、名镇、名村被列入濒危名单的,由上级人民政府通报批评;对直接负责的主管人员和其他直接责任人员,依法给予处分。

第四十一条 违反本条例规定,在历史文化名城、名镇、名村保护范围内有下列行为之一的,由城市、县人民政府城乡规划主管部门责令停止违法行为、限期恢复原状或者采取其他补救措施;有违法所得的,没收违法所得;逾期不恢复原状或者不采取其他补救措施的,城乡规划主管部门可以指定有能力的单位代为恢复原状或者采取其他补救措施,所需费用由违法者承担;造成严重后果的,对单位并处50万元以上100万元以下的罚款,对个人并处5万元以上10万元以下的罚款;造成损失的,依法承担赔偿责任:

(一)开山、采石、开矿等破坏传统格局和历史风貌的;

(二)占用保护规划确定保留的园林绿地、河湖水系、道路等的;

(三)修建生产、储存爆炸性、易燃性、放射性、毒害性、腐蚀性物品的工厂、仓库等的。

第四十二条 违反本条例规定,在历史建筑上刻划、涂污的,由城市、县人民政府城乡规划主管部门责令恢复原状或者采取其他补救措施,处50元的罚款。

第四十三条 违反本条例规定,未经城乡规划主管部门会同同级文物主管部门批准,有下列行为之一的,由城市、县人民政府城乡规划主管部门责令停止违法行为、限期恢复原状或者采取其他补救措施;有违法所得的,没收违法所得;逾期不恢复原状或者不采取其他补救措施的,城乡规划主管部门可以指定有能力的单位代为恢复原状或者采取其他补救措施,所需费用由违法者承担;造成严重后果的,对单位并处5万元以上10万元以下的罚款,对个人并处1万元以上5万元以下的罚款;造成损失的,依法承担赔偿责任:

(一)改变园林绿地、河湖水系等自然状态的;

(二)进行影视摄制、举办大型群众性活动的;

(三)拆除历史建筑以外的建筑物、构筑物或者其他设施的;

(四)对历史建筑进行外部修缮装饰、添加设施以及改变历史建筑的结构或者使用性质的;

(五)其他影响传统格局、历史风貌或者历史建筑的。

有关单位或者个人经批准进行上述活动,但是在活动过程中对传统格局、历史风貌或者历史建筑构成破坏性影响的,依照本条第一款规定予以处罚。

第四十四条 违反本条例规定,损坏或者擅自迁移、拆除历史建筑的,由城市、县人民政府城乡规划主管部门责令停止违法行为、限期恢复原状或者采取其他补救措施;有违法所得的,没收违法所得;逾期不恢复原状或者不采取其他补救措施的,城乡规划主管部门可以指定有能力的单位代为恢复原状或者采取其他补救措施,所需费用由违法者承担;造成严重后果的,对单位并处20万元以上50万元以下的罚款,对个人并处10万元以上20万元以下的罚款;造成损失的,依法承担赔偿责任。

第四十五条 违反本条例规定,擅自设置、移动、涂改或者损毁历史文化街区、名镇、名村标志牌的,由城市、县人民政府城乡规划主管部门责令限期改正;逾期不改正的,对单位处1万元以上5万元以下的罚款,对个人处1000元以上1万元以下的罚款。

第四十六条 违反本条例规定,对历史文化名城、名镇、名村中的文物造成损毁的,依照文物保护法律、法规的规定给予处罚;构成犯罪的,依法追究刑事责任。

第六章 附 则

第四十七条 本条例下列用语的含义:

(一)历史建筑,是指经城市、县人民政府确定公布的具有一定保护价值,能够反映历史风貌和地方特色，未公布为文物保护单位，也未登记为不可移动文物的建筑物、构筑物。

（二）历史文化街区，是指经省、自治区、直辖市人民政府核定公布的保存文物特别丰富、历史建筑集中成片、能够较完整和真实地体现传统格局和历史风貌，并具有一定规模的区域。

历史文化街区保护的具体实施办法，由国务院建设主管部门会同国务院文物主管部门制定。

第四十八条 本条例自 2008 年 7 月 1 日起施行。

三、地方性法规

北京历史文化名城保护条例

(2005年3月25日北京市第十二届人民代表大会常务委员会第十九次会议通过)

第一章 总 则

第一条 为了加强对北京历史文化名城的保护,根据国家城乡规划、文物保护等有关法律、法规,结合本市实际情况,制定本条例。

第二条 北京历史文化名城的保护,适用本条例。其中文物、古树名木的保护,法律、法规已有规定的,依照有关法律、法规的规定执行。

第三条 北京历史文化名城保护工作,应当坚持统筹规划、统一管理、保护为主、合理利用的原则。

第四条 市人民政府统一领导北京历史文化名城的保护工作。

区、县人民政府负责本辖区内有关北京历史文化名城保护的具体工作。

市规划行政主管部门负责北京历史文化名城保护的规划管理工作。

市文物行政主管部门应当按照本条例规定的职责,负责具有保护价值的建筑的保护工作,参与北京历史文化名城保护规划的编制、保护措施的制定、历史文化街区的认定等工作。

发展改革、财政、建设、国土资源、水务、市政管理、园林、旅游、宗教事务和区县文物等行政主管部门,应当按照各自职责,负责北京历史文化名城保护的相关工作。

第五条 本市应当统筹协调国民经济和社会发展与北京历史文化名城保护工作,将北京历史文化名城保护纳入国民经济和社会发展规划和年度计划。

第六条 市和区、县人民政府应当在本级财政预算中安排北京历史文化名城保护资金,并将其纳入政府投资管理程序执行。

第七条 本市鼓励单位和个人以捐赠、资助、提供技术服务或者提出建议等方式参与北京历史文化名城的保护工作。

本市支持与北京历史文化名城保护相关的科学研究、技术创新和专业人才的培养。

第八条 任何单位和个人都有保护北京历史文化名城的义务,并有权对保护规划的制定和实施提出建议,对破坏北京历史文化名城的行为进行劝阻、检举和控告。

第九条 对保护北京历史文化名城做出突出贡献的单位和个人,市和区、县人民政府或者有关行政主管部门应当予以表彰和奖励。

第二章 保 护 内 容

第十条 北京历史文化名城的保护内容包括:旧城的整体保护、历史文化街区的保护、文物保护单位的保护、具有保护价值的建筑的保护。

第十一条 旧城,是指明清时期北京城护城河及其遗址以内(含护城河及其遗址)的区域。

旧城的保护内容包括:历史河湖水系、传统中轴线、皇城、旧城"凸"字形城廓、传统街巷胡同格局、建筑高度、城市景观线、街道对景、建筑色彩、古树名木等。

旧城保护应当坚持整体保护的原则，针对不同区域采取不同的方式进行保护。

第十二条 皇城保护应当完整、真实地保持以紫禁城为核心，以皇家宫殿、衙署、坛庙建筑群、皇家园林为主体，以四合院为衬托的历史风貌、规划布局和建筑风格。

第十三条 对具有特定历史时期传统风貌或者民族地方特色的街区、建筑群、村镇等，应当认定为历史文化街区。

历史文化街区的范围应当包括核心保护区和建设控制区。建设控制区的划定应当符合核心保护区的风貌保护和视觉景观的要求。

第十四条 对尚未列为不可移动文物、反映一定时代特征、具有保护价值、承载真实和相对完整历史信息的四合院和其他建筑，应当认定为具有保护价值的建筑。具体认定标准和程序，由市人民政府制定并公布。

第十五条 历史文化街区的名单及其核心保护区和建设控制区的范围，由市规划行政主管部门会同市文物行政主管部门提出，报市人民政府批准并公布。

具有保护价值的建筑、城市景观线、对景建筑的名单，由市文物行政主管部门会同市规划行政主管部门提出，报市人民政府批准并公布。

历史河湖水系的名单，由市水行政主管部门会同市文物行政主管部门提出，报市人民政府批准并公布。

第三章 保 护 规 划

第十六条 市人民政府应当根据北京历史文化名城保护工作的要求，组织编制北京历史文化名城保护规划，并将其纳入北京城市总体规划。

市规划行政主管部门应当根据北京历史文化名城保护规划及市人民政府公布的名单和保护范围，组织编制城市地理环境、城市中轴线、旧城、皇城、历史文化街区等专项保护规划和旧城、历史文化街区修建性详细规划，报市人民政府批准并公布。

编制北京历史文化名城保护规划、专项保护规划、修建性详细规划（以下统称保护规划），应当广泛征求社会公众意见，并组织专家论证。

保护规划应当按照统一的标准和要求编制。

本市其他各类城市专项规划和详细规划应当符合保护规划。

第十七条 北京历史文化名城保护规划的内容应当包括：保护的总体目标、保护内容、保护范围、保护标准、保护规划的实施保障措施等。

专项保护规划和修建性详细规划的内容应当包括：保护范围，保护原则，需要保护的建筑物、构筑物和其他设施，保持传统风貌的建筑高度、体量、色彩等控制指标，土地使用功能，人口密度，市政基础设施的改善，不同建筑的分类保护和整治措施，保证保护规划实施的具体措施以及其他应当纳入专项保护规划和修建性详细规划的内容。

第十八条 保护规划经依法批准公布后，不得违法调整；确因公共利益需要调整的，应当广泛征求社会公众意见，并组织专家论证后，报原批准机关批准并公布。

第四章 保 护 措 施

第十九条 建设单位在保护规划范围内进行建设，应当符合修建性详细规划的要求，依法取得市规划行政主管部门的批准。设计单位应当按照保护规划中规定的设计要求进行设计。

第二十条 在保护规划范围内不得有下列行为：

（一）违反保护规划进行拆除或者建设；
（二）改变保护规划确定的土地使用功能；
（三）突破建筑高度、容积率等控制指标，违反建筑体量、色彩等要求；
（四）破坏历史文化街区内保护规划确定的院落布局和胡同肌理；
（五）其他不符合保护规划的行为。

第二十一条 市和有关区人民政府应当根据保护规划的要求，制定调整旧城城市功能和疏解旧城居住人口的政策和措施，降低旧城人口密度，逐步改善旧城居民的居住条件。

第二十二条 市人民政府应当按照保护规划的要求，调整旧城路网规划，统筹兼顾交通出行、市政设施、城市景观和生态环境等各项功能的需要。

第二十三条 本市鼓励采用新材料、新技术，按照保护要求和技术规范，统筹改善旧城和历史文化街区内的道路交通、消防设施和市政基础设施条件。

第二十四条 市规划行政主管部门对旧城内的建设项目进行审批时，应当就建设项目用地范围内现存建筑是否具有保护价值，征求市文物行政主管部门和专家的意见。

第二十五条 市规划行政主管部门对历史文化街区内的建设项目、历史文化街区外具有保护价值的建筑的保护范围内的建设项目和旧城内历史文化街区外重点道路及其两侧的建设项目进行规划审批时，应当对建设项目进行有关北京历史文化名城风貌影响的评估。未经评估，或者未通过评估的，市规划行政主管部门不得批准。

重点道路的具体范围由市人民政府划定并公布。

第二十六条 对历史文化街区内的建筑，应当按照下列规定进行分类保护和整治：
（一）不可移动文物依照文物保护法律、法规的规定进行保护；
（二）具有保护价值的建筑按照本条例的有关规定进行保护；
（三）其他建筑应当按照历史文化街区保护规划的要求进行整治。

历史文化街区内建筑的具体分类标准、保护和整治的具体要求由市人民政府制定并公布。

第二十七条 市规划行政主管部门应当将历史文化街区内各类建筑和历史文化街区外具有保护价值的建筑的基本情况向社会公布。

第二十八条 区、县人民政府应当对历史文化街区和具有保护价值的建筑，自市人民政府公布之日起30日内设置保护标志。保护标志的设置标准由市人民政府统一确定。

任何单位和个人不得损毁或者非法移动、拆除保护标志。

第二十九条 历史文化街区内的消防设施、通道应当按照有关的消防技标准和规范设置。因保护的需要无法达到规定的标准和规范的，公安消防机构和市规划行政主管部门应当协商制定相应的防火安全措施。

第三十条 在城市景观线和街道对景保护规划范围内进行建设，应当符合视觉景观的要求，禁止建设对景观保护有影响的建筑。

对景建筑周围建筑的高度、体量、造型和色彩，应当与对景建筑相协调。

第三十一条 具有保护价值的建筑不得违法拆除、改建、扩建。

建设工程选址，应当避开具有保护价值的建筑；确因公共利益需要不能避开的，应当对具有保护价值的建筑采取迁移异地保护等保护措施。

迁移异地保护的，建设单位应当提供迁移的可行性论证报告、迁移新址的资料以及其他资料，市规划行政主管部门会同市文物行政主管部门进行审查后，报市人民政府批准。

第三十二条 城市建设中发现具有保护价值而尚未确定为具有保护价值的建筑的，任何单位和个人都可以向市文物行政主管部门或者市规划行政主管部门提出保护建议。市文物行政主管部门会同市规划行政主管部门应当按照本条例第十四条规定的标准和程序进行初步确认，经初步确认具有保护价值的，应当采取临时保护措施，并按照本条例第十五条的规定向市人民政府报告。

第三十三条　具有保护价值的建筑的所有人、管理人、使用人，应当按照有关保护规划的要求和保护修缮标准履行管理、维护、修缮的义务。保护修缮标准由市规划行政主管部门会同市建设、市文物行政主管部门制定。

所有人和管理人、使用人对维护、修缮义务有约定的，从其约定。

对于所有人和管理人、使用人确不具备管理、维护、修缮能力的具有保护价值的建筑，市人民政府应当采取措施进行保护。

第三十四条　任何单位和个人不得违法更改具有保护价值的建筑、传统街巷胡同、区域等的历史名称。确因特殊情况需要更名的，地名行政主管部门在审批时应当征求市文物行政主管部门的意见。

第五章　法　律　责　任

第三十五条　依法负有保护北京历史文化名城职责的国家机关及其工作人员，违反本条例规定，有下列情形之一的，由其上级行政机关或者监察机关依法追究直接负责的主管人员和他直接责任人员的行政责任；构成犯罪的，依法追究刑事责任：

（一）违法调整保护规划的；

（二）违法调整历史文化街区范围的；

（三）违反本条例第二十条、第三十条的规定进行审批的；

（四）不按照本条例的规定和保护规划的要求履行审批和其他保护职责的；

（五）其他滥用职权、徇私枉法、玩忽职守的。

第三十六条　对违反本条例第十九条规定，未经规划行政主管部门批准进行建设的，由城市管理综合执法组织依法处理；未按照规划批准的要求进行建设的，由市规划行政主管部门依法处理。

第三十七条　对违反本条例第二十八条第二款规定，损毁或者非法移动、拆除保护标志的，由城市管理综合执法组织责令改正，可以并处 200 元以上 500 元以下的罚款。

第三十八条　对违反本条例第三十一条第一款的规定，违法拆除、改建、扩建具有保护价值的建筑的，由市规划行政主管部门责令恢复原状，并处 10 万元以上 20 万元以下的罚款。

第三十九条　对违反本条例第三十三条规定，未按照有关保护规划的要求和风貌修缮标准履行管理、维护、修缮义务的，由市规划行政主管部门责令改正，可以并处 10 万元以上 20 万元以下的罚款。

第四十条　对违反本条例的行为，法律、法规已经规定法律责任的，依照其规定追究法律责任。

第六章　附　　则

第四十一条　本条例自 2005 年 5 月 1 日起施行。

天津市历史风貌建筑保护条例

(2005年7月20日天津市第十四届人民代表大会常务委员会第二十一次会议通过)

第一章 总 则

第一条 为了加强对本市历史风貌建筑的保护，规范历史风貌建筑管理，促进城市建设与社会文化的协调发展，根据国家有关法律、行政法规，结合本市实际情况，制定本条例。

第二条 本条例适用于本市行政区域内的历史风貌建筑和历史风貌建筑区的确定、保护、利用和管理。

第三条 本条例所称历史风貌建筑是指建成五十年以上，具有历史、文化、科学、艺术、人文价值，反映时代特色和地域特色的建筑。

本条例所称历史风貌建筑区是指历史风貌建筑集中成片，街区景观较为完整、协调的区域。

第四条 历史风貌建筑的保护工作，应当遵循统一规划、分类管理、有效保护、合理利用的原则。

第五条 市和区、县人民政府应当加强对本行政区域内历史风貌建筑保护工作的领导，提供必要的经费支持。

第六条 市人民政府组织规划、房地产等行政主管部门编制本市历史风貌建筑和历史风貌建筑区保护规划。

第七条 市房地产行政管理部门主管本市历史风貌建筑和历史风貌建筑区的保护工作。

区、县房地产行政管理部门负责本辖区内历史风貌建筑和历史风貌建筑区的日常保护管理工作。

市规划行政管理部门负责本市历史风貌建筑和历史风貌建筑区的规划管理工作。

建设、市容环境卫生、工商、公安、旅游等有关行政主管部门按照各自职责，协助做好历史风貌建筑的保护管理工作。

第八条 本市设立历史风貌建筑保护专家咨询委员会（以下简称专家咨询委员会），负责历史风貌建筑保护的有关评审工作。

专家咨询委员会由规划、建筑、文物、历史、社会、经济、文化、法律和房地产等方面的专家组成。

第九条 历史风貌建筑的保护利用、腾迁、整理等工作，由市人民政府授权的历史风貌建筑整理机构组织实施。

第十条 历史风貌建筑的所有权人、经营管理人和使用人应当对历史风貌建筑承担保护责任。

任何单位和个人有权对历史风貌建筑的保护和管理工作提出意见和建议，有权对危害历史风貌建筑的行为向房地产行政管理部门举报。

第十一条 对在历史风貌建筑保护中做出显著成绩的单位和个人，由市或者区、县人民政府给予表彰和奖励。

第二章 确 定

第十二条 建成五十年以上的建筑，有下列情形之一的，可以确定为历史风貌建筑：

（一）建筑样式、结构、材料、施工工艺和工程技术具有建筑艺术特色和科学价值；

（二）反映本市历史文化和民俗传统，具有时代特色和地域特色；

（三）具有异国建筑风格特点；

（四）著名建筑师的代表作品；

（五）在革命发展史上具有特殊纪念意义；

（六）在产业发展史上具有代表性的作坊、商铺、厂房和仓库等；

（七）名人故居；

（八）其他具有特殊历史意义的建筑。

符合前款规定但已经灭失的建筑，按原貌恢复重建的，也可以确定为历史风貌建筑。

第十三条　历史风貌建筑划分为特殊保护、重点保护和一般保护三个保护等级。

第十四条　建筑的所有人、经营管理人和使用人，以及其他单位和个人，可以向市房地产行政管理部门推荐历史风貌建筑。

市房地产行政管理部门根据有关单位、个人的推荐和历史资料，提出历史风貌建筑的建议名单和保护等级，并向社会公开征求意见，经专家咨询委员会评审后，报市人民政府确定公布。

第十五条　历史风貌建筑区的建议名单，由市房地产行政管理部门会同市规划行政管理部门提出，并向社会公开征求意见，经专家咨询委员会评审后，报市人民政府确定公布。

第十六条　历史风貌建筑和历史风貌建筑区，由市人民政府统一设立保护标志。

任何单位和个人不得擅自设置、移动或者涂抹、改动、损毁历史风貌建筑和历史风貌建筑区的保护标志。

第十七条　城市建设中发现有保护价值建筑尚未确定为历史风貌建筑的，在按照本条例第十四条的规定确定为历史风貌建筑前，房地产行政管理部门和建设单位应当采取保护措施。

第三章　保护和利用

第十八条　历史风貌建筑的所有权人、经营管理人和使用人应当保证历史风貌建筑的结构安全，合理使用，保持整洁美观和原有风貌。

第十九条　特殊保护的历史风貌建筑，不得改变建筑的外部造型、饰面材料和色彩，不得改变内部的主体结构、平面布局和重要装饰。

重点保护的历史风貌建筑，不得改变建筑的外部造型、饰面材料和色彩，不得改变内部的重要结构和重要装饰。

一般保护的历史风貌建筑，不得改变建筑的外部造型、色彩和重要饰面材料。

第二十条　历史风貌建筑区的保护，应当遵守下列规定：

（一）新建建筑时，应当在高度、造型、材料、色调等方面与该地区的历史风貌相协调；

（二）原有建筑与该地区的历史风貌不协调的，或者影响、破坏历史风貌建筑区景观的，应当按照保护规划逐步拆除；

（三）不得新建妨碍历史风貌建筑区保护的生产型企业，现有妨碍历史风貌建筑区保护的生产型企业，应当按照历史风貌建筑和历史风貌建筑区保护规划逐步迁移。

从事本条第（一）项、第（二）项活动的，应当报规划行政管理部门依法审批。

第二十一条　历史风貌建筑和历史风貌建筑区的消防设施、通道，应当按照有关技术规范予以完善、疏通；确实无法达到现行消防技术规范的，应当由市房地产行政管理部门会同市公安消防机构制定相应的防火安全措施。

第二十二条　在历史风貌建筑和历史风貌建筑区的周边建设控制范围内，新建、扩建、改建建筑物或者构筑物的，应当符合保护规划的要求，建筑群和单体建筑的高度、体量、用途、色调、建筑风格应当与历史风貌建筑和历史风貌建筑区相协调，与原有空间景观相和谐。

第二十三条　在历史风貌建筑上设置牌匾、霓虹灯、泛光照明等外部设施的，应当符合该建筑的保护要求，并与该建筑外部造型相协调。

市房地产行政管理部门应当制定在历史风貌建筑上设置牌匾、霓虹灯、泛光照明等外部设施的规范标准。市容和环境卫生行政管理部门根据规范标准，依法审批在历史风貌建筑上设置牌匾、霓虹灯，对泛光照明等外部设施进行管理。

第二十四条 历史风貌建筑和历史风貌建筑区内禁止下列行为：

（一）在屋顶、露台、挑檐或者利用房屋外墙悬空搭建建筑物、构筑物；

（二）擅自拆改院墙、开设门脸、改变建筑内部和外部的结构、造型和风格；

（三）损坏承重结构、危害建筑安全；

（四）占地违章搭建建筑物、构筑物；

（五）违章圈占道路、胡同；

（六）在建筑内堆放易燃、易爆和腐蚀性的物品；

（七）在庭院、走廊、阳台、屋顶乱挂或者堆放杂物；

（八）沿街或者占用绿地、广场、公园等公共场所堆放杂物，从事摆卖、生产、加工、修配、机动车清洗和餐饮等经营活动；

（九）其他影响历史风貌建筑和历史风貌建筑区保护的行为。

第二十五条 修缮和装饰装修历史风貌建筑应当符合有关技术规范、质量标准和保护图则要求，修旧如旧。

第二十六条 历史风貌建筑的所有权人、经营管理人应当按照历史风貌建筑的保护要求，对历史风貌建筑进行修缮、保养。

房地产行政管理部门应当对历史风貌建筑的修缮、保养予以督促和指导。

使用人对历史风貌建筑的修缮、保养，应当予以配合。

所有权人、经营管理人承担修缮费用确有困难的，可以向市或者区、县人民政府申请给予适当补贴。

第二十七条 对历史风貌建筑进行修缮、装饰装修，历史风貌建筑的所有权人、经营管理人应当委托专业设计、施工单位实施。

历史风貌建筑修缮、装饰装修的设计、施工方案，所有权人、经营管理人应当报送市房地产行政管理部门审定；未经审定的不得施工。

第二十八条 历史风貌建筑发生损毁危险的，该建筑的所有权人、经营管理人和使用人应当立即采取保护措施，并向区、县房地产行政管理部门报告。区、县房地产行政管理部门应当及时派人进行现场指导。

第二十九条 因城市基础设施建设和保护管理等特殊需要，涉及必须迁移、拆除或者异地重建历史风貌建筑的，由市规划行政管理部门会同市房地产行政管理部门提出方案，经专家咨询委员会评审，报市人民政府批准。

迁移、拆除历史风貌建筑，建设单位应当做好建筑的详细测绘、信息记录和档案资料保存，并及时报送市房地产行政管理部门。

第三十条 历史风貌建筑的使用用途不得擅自改变。

确需改变历史风貌建筑使用用途的，所有权人、经营管理人和使用人或者其委托的申请人应当向市房地产行政管理部门提出申请。经审查符合历史风貌建筑保护条件的，市房地产行政管理部门应当在法定期限内予以核准；对不符合条件的，应当书面说明理由。

第三十一条 市房地产行政管理部门应当根据历史风貌建筑和历史风貌建筑区保护规划，编制年度综合整修和保护利用计划，并组织实施。

历史风貌建筑的所有权人、经营管理人应当按照年度综合整修和保护利用计划的要求，做好相关工作。

第三十二条 执行政府规定租金标准的公有历史风貌建筑，按照年度综合整修和保护利用计划，需要历史风貌建筑承租人腾迁的,历史风貌建筑整理机构应当向市房地产行政管理部门申请腾迁许可,并对承租人实行货币安置或者异地房屋安置。承租人可以选择货币安置或者异地房屋安置。实行货币安置的,安置补偿费应当高于被腾迁房屋市场评估的价格。实行异地房屋安置的,安置标准应当高于承租人原居住水平。

市房地产行政管理部门对符合综合整修和保护利用计划、腾迁安置方案已经落实的,核发腾迁许可证,并将许可证载明的事项通知当事人。

当事人对腾迁安置达不成协议的,可以向市房地产行政管理部门申请裁决。当事人对裁决不服的,可以依法申请行政复议或者向人民法院起诉。

历史风貌建筑整理机构已经获得腾迁许可,并按照规定标准向承租人提供货币安置或者房屋安置,承租人在裁决规定的腾迁期限内拒不腾迁、不申请复议又不起诉的,市房地产行政管理部门可以申请人民法院强制执行。

第三十三条 执行市场租金标准的历史风貌建筑,按照年度综合整修和保护利用计划需要历史风貌建筑使用人腾迁并解除租赁关系的,按照租赁合同的约定处理。租赁合同无约定的,出租人应当提前三个月书面告知承租人解除租赁合同,并依法承担相应的民事责任。

第三十四条 行政、事业单位使用历史风貌建筑办公的,按照历史风貌建筑和历史风貌建筑区保护规划需要腾迁的,应当逐步进行腾迁。

国有企业事业单位所有的历史风貌建筑,单位无力对历史风貌建筑进行保护的,历史风貌建筑整理机构可以收购。

出售政府给予修缮补贴的历史风貌建筑,在同等条件下,历史风貌建筑整理机构可以优先收购。

第四章 管 理

第三十五条 市和区、县应当设立历史风貌建筑保护专项资金,主要来源是:
(一)市和区、县财政预算资金;
(二)单位和个人的捐赠;
(三)直管公有历史风貌建筑产权转移的部分收益;
(四)其他依法筹集的资金。

历史风貌建筑保护专项资金由市和区、县房地产行政管理部门分别设立专门账户,统一用于保护历史风貌建筑的修缮补贴和奖励,专款专用,并接受财政、审计部门的监督。

第三十六条 市房地产行政管理部门应当对历史风貌建筑分别编制保护图则,明确历史风貌建筑保护、修缮和利用的具体要求,并告知历史风貌建筑的所有权人、经营管理人和使用人。历史风貌建筑转让、出租的,双方当事人应当在合同中明确约定保护义务。出让人、出租人应当将有关保护要求告知受让人、承租人。

第三十七条 市房地产行政管理部门应当定期组织区、县房地产行政管理部门对历史风貌建筑的使用和保护状况进行普查。

历史风貌建筑的所有权人、经营管理人和使用人应当配合普查工作。

第三十八条 市房地产行政管理部门应当建立历史风貌建筑档案。历史风貌建筑档案包括下列内容:
(一)历史风貌建筑的技术资料;
(二)历史风貌建筑现状使用情况;
(三)历史风貌建筑权属变化情况;
(四)修缮、装饰装修形成的文字、图纸、图片、影像等资料;
(五)迁移、拆除或者异地重建的测绘、信息记录和相关资料;

（六）有关历史沿革、历史事件、地名典故、名人轶事等资料。

第三十九条 鼓励、支持境内外单位和个人以各种形式投资，对本市历史风貌建筑进行保护利用和恢复重建，发展与保护历史风貌建筑相适应的旅游业和相关产业。

鼓励历史风貌建筑的所有权人、经营管理人和使用人，利用历史风貌建筑开办展馆，对外开放。

有重要历史意义的历史风貌建筑，应当创造条件开辟展室，定时对外开放。

第五章 法 律 责 任

第四十条 违反本条例第十六条第二款规定，擅自设置、移动或者涂抹、改动、损毁历史风貌建筑和历史风貌建筑区保护标志的，由房地产行政管理部门责令限期改正、恢复原状；并可处以二百元以下罚款。

第四十一条 违反本条例第二十条第（一）项、第（二）项规定的，由规划行政管理部门责令限期拆除或者改正，并可处以五万元以上二十万元以下罚款。

违反本条例第二十条第（三）项规定的，由市或者区、县房地产行政管理部门责令限期迁移，并可处以五万元以上二十万元以下罚款。

第四十二条 违反本条例第二十四条第（一）项、第（二）项、第（三）项、第（六）项规定的，由市或者区、县房地产行政主管部门责令停止违法行为，限期改正、恢复原状；情节严重的，处以一万元以上十万元以下罚款。

违反本条例第二十四条第（四）项、第（五）项规定的，按照城市规划管理的有关规定予以处罚。

违反本条例第二十四条第（七）项、第（八）项规定的，按照市容和环境卫生管理的有关规定予以处理。

第四十三条 违反本条例第二十五条规定，历史风貌建筑的修缮、装饰装修不符合技术规范、质量标准和保护图则要求的，由市房地产行政管理部门责令限期改正、恢复原状；情节严重的，处以一万元以上十万元以下罚款。

第四十四条 违反本条例第二十六条规定，历史风貌建筑的所有权人、经营管理人未及时修缮、保养，致使建筑发生损毁危险的，由房地产行政管理部门督促限期抢救修缮；拒不抢救修缮的，由房地产行政管理部门委托专业单位代为抢救修缮，所需合理费用由建筑的所有权人、经营管理人承担。

第四十五条 违反本条例第二十七条第二款规定，历史风貌建筑修缮、装饰装修的设计、施工方案未报送市房地产行政管理部门审定擅自施工的，由市房地产行政管理部门责令停止施工、限期改正；造成严重后果的，处以一万元以上十万元以下罚款。

第四十六条 违反本条例第二十九条规定，擅自迁移、拆除历史风貌建筑的，由房地产行政管理部门责令限期改正、恢复原状，并可处以五万元以上五十万元以下罚款。

第四十七条 违反本条例第三十条规定，擅自改变历史风貌建筑使用用途的，由市房地产行政管理部门责令限期改正；造成严重后果的，处以一万元以上十万元以下罚款。

第四十八条 妨碍历史风貌建筑修缮施工的，所有权人、经营管理人可以向人民法院提起诉讼，排除妨碍。

第四十九条 房地产、规划、市容环境卫生、公安、工商、文物等有关行政主管部门及其工作人员违反本条例，滥用审批权限、不履行职责或者发现违法行为不予查处的，由所在单位或者上级主管机关对负有责任的主管人员和其他直接责任人员依法给予行政处分；给行政管理相对人造成损失的，按照国家有关规定赔偿；构成犯罪的，依法追究刑事责任。

第五十条 当事人对行政处罚决定不服的，可以依法申请行政复议或者提起行政诉讼。当事人逾期不申请复议、不起诉、又不履行行政处罚决定的,由作出行政处罚决定的行政主管部门申请人民法院强制执行。

第六章 附 则

第五十一条 本条例自 2005 年 9 月 1 日起施行。

河北省文物保护管理条例

(1993年12月22日河北省第八届人民代表大会常务委员会第五次会议通过，根据1997年12月22日河北省第八届人民代表大会常务委员会三十一次会议《关于修改〈河北省文物保护管理条例〉的决定》修正)

第一章 总 则

第一条 为了加强文物的保护和管理，继承优秀历史文化遗产，开展科学研究工作，对人民进行历史唯物主义、爱国主义和革命传统教育，建设社会主义物质文明和精神文明，根据《中华人民共和国文物保护法》和《中华人民共和国文物保护法实施细则》，结合本省实际，制定本条例。

第二条 一切机关、部队、组织和个人都有保护国家文物的义务。

第三条 省文物保护管理机构为省文物行政管理部门，主管全省的文物保护管理工作。市、县、自治县、不设区的市文物保护管理机构为同级文物行政管理部门，管理本行政区域内的文物工作；不设立文物保护管理机构的，文化行政管理部门为文物行政管理部门。

保护管理本行政区域内的文物是乡、民族乡、镇人民政府的职责之一。

第四条 本省行政区域内的革命遗址、纪念建筑物、古文化遗址、古墓葬、古建筑、石窟寺、石刻等文物分为全国重点文物保护单位、省级文物保护单位、市级文物保护单位、县级文物保护单位和尚未公布为文物保护单位的文物。

纪念物、艺术品、工艺美术品、革命文献资料、手稿、古旧图书资料以及代表性实物等文物，分为珍贵文物和一般文物。珍贵文物分为一、二、三级。文物等级鉴定由省文物行政管理部门组织进行，其中一级文物报国家文物行政管理部门认定。

已公布为文物保护单位的，当地人民政府应当设立相应的机构或配备专职、兼职人员，做好文物保护单位的保护管理工作。

各级人民政府设立的博物馆等文物事业单位，由同级文物行政管理部门管理。

各级人民政府可以组织有关部门负责人，并聘请专家和社会知名人士组成文物管理委员会，协调处理文物保护管理工作中的重大问题。文物管理委员会的办事机构为该级文物行政管理部门。

第五条 县级以上各级人民政府应当将保护管理、清理发掘、科学研究、收购、奖励等项文物事业费和文物基建经费分别列入本级财政预算，由同级文物行政管理部门统一掌握，专款专用，严格管理。

各级文物行政管理部门所属的文物单位的收入应当全部用于文物保护管理经费的补充，不得挪作他用。

开放的文物单位，其门票收入可以按一定比例上缴省文物行政管理部门。具体办法由省文物行政管理部门会同省财政部门制定。

各级文物行政管理部门、文物事业单位应当多渠道筹集资金，用于文物保护。鼓励国内外团体、组织和个人资助我省发展文物事业。

第二章 文物保护单位

第六条 省及省以下各级文物保护单位，由同级人民政府核定公布，并报上一级人民政府备案。

对尚未公布为文物保护单位的文物，由县级人民政府予以登记，妥善保护。

第七条 根据保护文物的实际需要，可以在文物保护单位的周围划定建设控制地带。在建设控制地带内，不得修建有污染的工厂和高层建筑物或者构筑物；修建建筑物或者构筑物时，其形式、高度、色调等应当与文物保护单位周围环境气氛相协调，不得破坏文物保护单位的环境风貌。其设计方案应当根据文物保护单位的级别，在征得同级文物行政管理部门同意后，报建设行政管理部门批准。

第八条　凡涉及文物保护单位的建设项目，在可行性研究时，应当按文物保护单位级别征得同级及其上一级文物行政管理部门同意。未经文物行政管理部门同意，建设行政管理部门不予批准建设项目，土地行政管理部门不予批准征地。（注：该条设立的涉及省、县（市）级文物保护单位建设项目可行性研究报告须经省文物行政管理部门批准的规定，已于2005年1月9日由省十届人大常委会第十三次会议决定废止）

第九条　因建设工程特别需要必须进行迁移、拆除文物建筑或者需要在纪念建筑、古建筑遗址上进行重建的，须根据文物保护单位的级别，报同级人民政府和上一级文物行政管理部门同意；尚未公布为文物保护单位的，应当经县级人民政府和上一级文物行政管理部门同意，并报省文物行政管理部门备案。（注：该条设立的尚未公布为文物保护单位的文物建筑进行迁移、拆除或在纪念建筑、古建筑遗址上进行重建须经县级以上人民政府文物行政管理部门同意的规定及相应的法律责任，已于2005年1月9日由省十届人大常委会第十三次会议决定废止）

经批准迁移、拆除的文物保护单位，文物行政管理部门应当详细记录、测绘、登记、照相，存入资料档案。迁移的文物保护单位须按原状恢复修建。拆除的建筑材料由文物部门保存或者用于文物建筑维修。

第十条　省及省以下文物保护单位和尚未公布为文物保护单位的重要文物的修缮计划和设计施工方案，由省文物行政管理部门审查批准。

文物修缮保护工程应当接受审批机关的监督指导，工程竣工时，应当报审批机关验收。

第十一条　占用文物保护单位须根据文物保护单位的级别，报同级人民政府和上一级文物行政管理部门批准。经批准使用文物保护单位的部门或者单位，必须与当地文物行政管理部门签订使用协议，不得擅自对文物保护单位进行改建、添建，不得改变文物原状。对不按规定保护文物安全或者有碍开放的，原批准机关可责令限期迁出，所需经费由占用单位解决。（注：该条设立的占用县（市）级文物保护单位须经省文物局批准的规定，已于2005年1月9日由省十届人大常委会第十三次会议决定废止）

第十二条　属于国家所有的古遗址、古墓葬、石窟寺、纪念建筑物、古建筑、石刻等文物，任何单位和个人不得改变其所有权。对已核定公布为文物保护单位的，其管理、使用权的变更，应当根据文物保护单位的级别报同级人民政府和上一级文物行政管理部门批准。（注：该条设立的县（市）级文物保护单位管理、使用权的变更须经省、市文物行政主管部门批准的规定，已于2005年1月9日由省十届人大常委会第十三次会议决定废止）

第十三条　在本省区域内划定开发区或者成片出让土地时，应当事先征求文物行政管理部门的意见。涉及文物时，应当与文物行政管理部门妥善协商文物保护办法。

第十四条　保存文物特别丰富、具有重大历史价值和革命意义的城市可以公布为历史文化名城。省级历史文化名城由省文物行政管理部门和省建设行政管理部门报省人民政府核定公布。

第十五条　国家和省级历史文化名城应当全面规划，加强文物的保护和管理。在重点文物保护区和文物风景区内不得新建影响名城特有风貌的建筑。名城内的文物建筑的拆迁必须征得省文物行政管理部门同意。

第十六条　对具有悠久历史文化或者光荣革命传统又有较多文物尚未公布为历史文化名城的城市，在制定城市总体规划时，应当征求文物行政管理部门的意见，并注意保持其特有的风貌及其历史特点。

第三章　考古调查、勘探、发掘

第十七条　各级文物行政管理部门应当经常对本行政区域内的古遗址和古墓葬进行调查研究，有重要发现时及时向省文物行政管理部门报告。

第十八条 在基本建设项目开工前，建设单位应当事先会同文物行政管理部门在工程范围内有可能埋藏文物的地方进行文物调查、勘探。大型基本建设项目及跨市建设项目的文物调查、勘探工作，由省文物行政管理部门组织实施；中小型基本建设项目的文物调查、勘探工作由省文物行政管理部门或者委托下一级文物行政管理部门组织实施。

第十九条 因配合基本建设工程进行的考古发掘和抢救性发掘，由省文物行政管理部门或者委托下一级文物行政管理部门组织力量进行，并按规定程序报批。

第二十条 凡因配合基本建设和生产建设进行的文物调查、勘探、考古发掘，所需费用由建设单位负责。

第二十一条 省外文物考古单位、科研机构和高等院校需要在本省区域内进行考古调查和发掘的，应当事先征得省文物行政管理部门同意，经国家文物行政管理部门批准并向省文物行政管理部门交验批准计划和发掘证明后，始得进行调查、发掘。（注：省外考古单位、科研机构在我省境内进行考古调查或发掘工作须经省文物局同意的规定及相应的法律责任，已于 2004 年 7 月 22 日由省十届人大常委会第十次会议决定废止）

第二十二条 进行考古发掘的单位，应当及时向当地和省文物行政管理部门提交发掘情况报告。发掘工作结束后，应当尽快写出考古发掘学术报告。

未经考古发掘单位同意，任何单位和个人不得发表尚未公开发表的文物资料。

考古发掘的所有出土文物，应当及时详列清单，除经省文物行政管理部门批准留给发掘单位的文物标本外，其余均由省文物行政管理部门指定的博物馆或者文物保管机构保管，任何单位和个人不得侵占。

第二十三条 考古勘探单位及考古勘探领队人员资格，由省文物行政管理部门审查认定，并颁发证书。未经省级以上文物行政管理部门批准，其他任何单位不得进行文物勘探，也不得出具文物勘探结果证明。（注：该条设立的考古勘探单位及考古勘探领队人员资格由省文物行政管理部门认定的规定，已于 2004 年 7 月 22 日由省十届人大常委会第十次会议决定废止）

第四章　博物馆与馆藏文物

第二十四条 县级以上人民政府根据需要可以建设有民族风格和地方特色的博物馆。收藏和展示文物以及标本，进行宣传教育、科学研究是各级博物馆的职责。

第二十五条 全民所有的博物馆、纪念馆、研究所、保管所、文化馆、图书馆等单位收藏的文物统称为馆藏文物。收藏单位对馆藏文物必须登记建账，建立藏品档案，制定严格的管理制度。一级文物藏品、价值贵重的文物藏品和保密性文物藏品，应当采取特别措施，重点保管。

省文物行政管理部门建立全省珍贵文物藏品档案；市、县、自治县、不设区的市文物行政管理部门建立本行政区域内的文物藏品档案。

第二十六条 各级人民政府应当支持文物收藏单位建立适合文物收藏需要的库房并配备相应的科学技术保护设施。不具备收藏珍贵文物条件的单位，应当报请上级文物行政管理部门批准，将珍贵文物交指定的文物收藏单位代管。

文物收藏单位应当明确岗位职责，建立保卫组织，配备安全设备，做好文物保护工作。

第二十七条 馆藏文物严禁出卖和赠送。全民所有的文物收藏单位的不够藏品标准的文物和标本需要处理时，应当分类造具清单，报省文物行政管理部门批准。（注：该条设立的全民所有的文物收藏单位的不够藏品标准的文物和标本的处理须经省文物行政管理部门批准的规定，已于 2004 年 7 月 22 日由省十届人大常委会第十次会议决定止）

第五章　私人收藏文物

第二十八条　私人所有的传世文物，其所有权受国家法律保护。文物的所有者必须遵守国家有关文物保护管理规定。

第二十九条　文物购销由文物部门经营。各级文物单位开设文物商店须经省文物行政管理部门批准。凡经营对外销售业务的文物商店，须经省文物行政管理部门同意，并报国家文物行政管理部门批准。

第三十条　私人收藏的文物，严禁倒卖牟利，严禁私自卖给外国人。

经营文物监管物品的旧货市场以及在旧货市场销售文物监管物品的经营者，须经当地文物行政管理部门审查同意后报省文物行政管理部门批准。当地文物行政管理部门组织文物保护管理人员，对文物监管物品的经营活动进行有效监控和管理。（注：该条设立的设立文物监管物品旧货市场及文物监管物品经营须经省文物行政管理部门批准的规定，已于2005年1月9日由省十届人大常委会第十三次会议决定废止）

第六章　拓印、复制、拍摄、展览

第三十一条　列入文物保护单位的石刻，当地文物保管机构可以做为研究资料拓印并妥善保存。其他单位和个人如有特殊情况需要拓印的，须按照文物保护单位的级别，报同级文物行政管理部门批准。

凡涉及我国疆域、外交、民族关系或者天文、水文、地震等科学资料以及未发表的墓志铭石刻，禁止随意拓印、拍摄或者翻刻副版出售。有关单位如有特殊需要，须经省文物行政管理部门批准。（注：该条设立的拓印、拍摄或翻刻列入省保单位的石刻、内容重要的科学资料及未发表的墓志铭须经省文物行政管理部门批准的规定及相应的法律责任，已于2005年1月9日由省十届人大常委会第十三次会议决定废止）

第三十二条　文物的复制由文物行政管理部门统一管理。复制品应当标明生产单位、生产日期和生产数量。文物的复制、临摹必须确保文物安全。

一级文物的复制报国家文物行政管理部门批准。二、三级文物的复制和古代壁画的临摹，报省文物行政管理部门批准。未经批准，任何收藏文物的机构不得私自向复制单位提供文物资料。

第三十三条　利用文物拍摄电影、电视，应当按照国家有关规定报经省文物行政管理部门审核批准。在拍摄时，不得超越原批准范围，不得损坏所利用的文物。

第三十四条　国内单位要求拍摄考古发掘现场，报省文物行政管理部门审批。（注：该条设立的国内单位要求拍摄考古发掘现场须经省文物行政管理部门批准的规定及相应的法律责任，已于2005年1月9日由省十届人大常委会第十三次会议决定废止）

外国人参加的摄制组到非开放地区拍摄文物的，应当先征得外事、公安、军事部门同意，始得向文物行政管理部门提出申请。

华侨以及香港、澳门和台湾同胞参加的摄制组到非开放地区拍摄文物的，按国家有关规定执行。

第三十五条　文物出国（境）展览，须由省文物行政管理部门报经国家文物行政管理部门批准。到外省展览文物的，由省文物行政管理部门审批。（注：该条设立的到省外举办文物展览须经省文物行政管理部门审批的规定，已于2004年7月22日由省十届人大常委会第十次会议决定废止）

第七章　奖励与惩罚

第三十六条　凡执行《中华人民共和国文物保护法》、《中华人民共和国文物保护法实施细则》和本条例，做出显著成绩有下列事迹之一的单位或者个人，由各级人民政府或者文物行政管理部门给予表彰和奖励：

（一）为保护文物与违法犯罪行为作坚决斗争的；

（二）将本单位或者个人收藏的重要文物、标本捐献给国家的；

（三）发现文物或者重要文物线索及时上交或者上报，使文物得到妥善保护的；

（四）在文物保护科学研究方面有重要发明创造或者其他重要贡献的；

（五）在文物面临破坏危险地时候，抢救文物有功的；

（六）在打击走私、贩卖文物工作中表现突出的。

第三十七条 凡违反本条例，有下列行为之一，尚未对文物造成损坏的，由当地文物行政管理部门给予警告，限期改正，可以并处五百元以上一万元以下罚款：

（一）擅自占用文物建筑或变更使用权的；

（二）在文物建筑范围内堆放污物、危险品的；

（三）扰乱古文物遗址化层的；

（四）未经批准，擅自拓印、复制、拍摄文物或者利用文物保护单位拍摄电影、电视的。

第三十八条 在文物保护范围内，排放污水、废气等，危害文物安全，破坏周围环境的，由当地文物行政管理部门责令限期改正，可以并处一万元以上五万元以下罚款。

第三十九条 凡违反本条例，有下列行为之一的，由当地文物行政管理部门责令赔偿损失，可以并处五万元以下罚款：

（一）文物修缮施工单位未按设计施工方案进行文物修缮，改变文物原状的；

（二）未经文物行政管理部门批准，擅自迁移、拆除文物建筑的；

（三）未经文物行政管理部门批准，擅自进行文物勘探、考古发掘，造成文物损坏的；

（四）在建设工程和其他生产活动中发现文物继续施工、生产，造成文物损坏的；

（五）利用文物拍摄电影、电视或者拓印、复制、拍摄文物，造成损坏的；

（六）违反本条例其他规定，造成文物损坏的。

第四十条 违反本条例第三十七条、第三十八条、第三十九条规定，情节严重造成重大损失的，经当地人民政府批准，可以处五万元以上（不含五万元）罚款。构成犯罪的，由司法机关依法追究刑事责任。

第四十一条 有贪污、盗窃、走私、盗掘文物等行为的，按国家有关法律、法规处理。

第四十二条 各级人民政府对文物保护中的问题不及时处理，致使文物遭到破坏的，根据文物被破坏的程度，追究其负责人行政或者刑事责任。文物行政管理部门、文物单位及其工作人员滥用职权，管理不善，失职造成文物损毁、流失的，由上级行政机关追究负责人和直接责任人的行政责任。构成犯罪的，由司法机关依法追究刑事责任。

文物工作人员徇私舞弊、监守自盗的，依法从重处理。

第四十三条 当事人对行政处罚决定不服的，可以在接到处罚决定通知书之日起十五日内向作出处罚决定的上一级文物行政管理部门申请复议。上一级文物行政管理部门应当在收到复议申请书之日起，两个月内作出复议决定。当事人对复议决定不服的，可以在收到复议决定通知书之日起十五日内向当地人民法院起诉。逾期不申请复议、不起诉、又不履行处罚决定的，由作出处罚决定的文物行政管理部门申请人民法院强制执行。

第八章 附 则

第四十四条 本条例中"以上"、"以下"除另有注明外均含本级、本数。

第四十五条 本条例在实施中的具体应用问题由河北省文物事业管理局负责解释。

第四十六条 本条例自公布之日起施行。1984年6月12日公布的《河北省文物保护管理条例》即行废止。

承德避暑山庄及周围寺庙保护管理条例

(2003年7月18日河北省第十届人民代表大会常务委员会第四次会议通过)

第一章 总 则

第一条 为了加强对承德避暑山庄及周围寺庙的保护和管理,根据《中华人民共和国文物保护法》及有关法律法规,结合承德避暑山庄及周围寺庙实际,制定本条例。

第二条 凡在承德避暑山庄及周围寺庙保护范围和建设控制地带内从事保护管理、生产经营、开发建设、旅游、考察、宗教、文化等活动的组织和个人,应当遵守本条例。

第三条 承德避暑山庄及周围寺庙的保护和管理,应当与保护历史文化名城相结合,坚持保护为主、抢救第一、合理利用、加强管理的方针,正确处理文物保护与经济建设、社会发展的关系,确保文物安全。

承德市的城市建设和旅游开发应当遵循文物保护工作的方针,其活动不得对承德避暑山庄及周围寺庙造成损害,不得破坏承德避暑山庄及周围寺庙整体的历史风貌和自然环境。

第四条 承德避暑山庄及周围寺庙属于国家所有,不得转让、抵押,不得作为企业资产经营或者从事其他不利于文物保护的活动。确需改变用途的,应当由省人民政府报国务院批准。

第五条 承德市人民政府负责承德避暑山庄及周围寺庙的保护工作,组织编制承德避暑山庄及周围寺庙保护规划,并纳入城市总体规划。

承德市人民政府文物行政部门对承德避暑山庄及周围寺庙的保护实施监督管理。经国务院批准由宗教行政部门管理的寺庙,应当加强文物保护工作,并接受文物行政部门的业务指导和监督。

承德市人民政府文物行政部门可以委托承德避暑山庄及周围寺庙的保护管理机构,在其管理范围内对违反文物保护法律法规的行为实施行政处罚。

规划、建设、旅游、宗教、财政、文化、公安、国土资源、水务、林业、环保等部门,在各自的职责范围内,做好承德避暑山庄及周围寺庙的保护和管理工作。

第六条 承德市人民政府应当将承德避暑山庄及周围寺庙保护和管理工作所需经费列入本级财政预算,并随着财政收入的增长而增加。

承德避暑山庄及周围寺庙的门票收入,应当主要用于文物保护。

自然人、法人和其他组织捐赠、赞助的财物,应当纳入相关文物保护基金,专门用于文物保护。

第七条 承德市人民政府应当将承德避暑山庄及周围寺庙的保护和管理情况定期向市人民代表大会常务委员会和省人民政府报告。

第八条 省、市人民政府及其文物行政部门、有关部门对在承德避暑山庄及周围寺庙保护工作中作出突然贡献的单位或者个人,给予表彰或者奖励。

第二章 保护对象与保护范围

第九条 承德避暑山庄及周围寺庙的保护对象包括:
(一)承德避暑山庄及周围寺庙保护范围内的古建筑物、构筑物、附属建筑物及其遗址;
(二)承德避暑山庄及周围寺庙保护管理机构收藏、保管、登记注册的馆藏文物和重要资料;
(三)承德避暑山庄及周围寺庙保护范围内的地下文物;
(四)构成承德避暑山庄及周围寺庙整体的历史风貌和自然环境;

（五）其他依法应当保护的人文遗迹。

第十条 承德避暑山庄及周围寺庙保护范围由省人民政府划定。保护范围分为重点保护区和一般保护区。

在保护范围外，根据文物保护的需要划定建设控制地带。建设控制地带由省文物行政部门会同省建设行政部门划定，经省人民政府批准后予以公布。

省人民政府可以根据对历史文化名城和世界文化遗产保护的需要，对保护范围和建设控制地带进行调整。

第十一条 承德避暑山庄及周围寺庙应当设置保护标志和保护范围界桩，任何单位和个人不得擅自移动和破坏。

第三章 保护和管理

第十二条 承德市人民政府文物行政部门应当制定避暑山庄及周围寺庙文物保护的科学技术研究规划，采取有效措施，促进文物保护科学技术成果的应用，提高文物保护的质量和科学技术水平。

第十三条 承德避暑山庄及周围寺庙保护管理机构应当建立健全安全保卫和消防管理责任制，并按照国家有关规定配备防火、防盗、防雷击、防自然损坏的器材和设施，制定火灾、水灾、地震等灾害发生时的应急措施。

第十四条 承德避暑山庄及周围寺庙重点保护区内，除古建筑物、附属建筑物保养维护、抢险加固、修缮、保护性设施建设、迁移等保护工程和复原工程外，不得进行任何工程建设。现存的非文物建筑应当按照规划逐步拆除。

第十五条 承德避暑山庄及周围寺庙一般保护区内，因特殊需要进行工程建设或者爆破、钻探、挖掘等作业的，应当征得国家文物行政部门的同意并经省人民政府批准。

第十六条 建设控制地带内新建、改建、扩建建筑物或者构筑物，其形式、高度、体量、色调、建筑风格等应当与承德避暑山庄及周围寺庙的环境、历史风貌相协调。设计方案应当经省人民政府文物行政部门同意后，报省人民政府规划行政部门批准。

承德市人民政府应当对原有建筑物进行清理排查，对影响承德避暑山庄及周围寺庙历史风貌和自然环境的，应当限期拆除、迁移或者改建。

第十七条 在承德避暑山庄及周围寺庙的保护范围和建设控制地带内，不得建设污染环境的生产设施；建设其他设施，其污染物排放不得超过规定排放标准。已经建成的设施，其污染物排放超过规定排放标准的，限期治理。

第十八条 承德避暑山庄及周围寺庙的保护工程应当遵守下列规定：

（一）文物保护工程必须遵守不改变文物原状的原则；

（二）承担文物保护工程的勘察、设计、施工、监理的单位，应当同时取得文物行政部门和建设行政部门发给的相应等级的资质证书；

（三）文物保护工程的勘察设计方案，应当报国家文物行政部门批准；

（四）文物保护工程应当按工序分阶段验收。重大工程告一段落时，由项目审批部门组织或者委托有关单位进行阶段验收；工程竣工后，经原申报部门初验合格后报项目审批部门验收。

第十九条 承德避暑山庄及周围寺庙文物保护管理机构应当严格执行保障馆藏文物安全的规章制度，对馆藏文物实行统一管理，防止文物流失。

馆藏文物的调拨、交换、借用应当根据文物的等级，逐级报文物行政部门批准。修复、复制、拓印、拍摄馆藏文物，应当依法履行报批手续，并在文物保护管理机构人员的监督下进行。

修复馆藏文物，不得改变其形状、色彩、纹饰、铭文等。

第二十条 承德避暑山庄及周围寺庙内的动物、植物，应当依法保护。

对古树名木应当建立专门档案,加强养护管理。

属于国家重点保护的野生动物对古建筑、树木及人员安全构成威胁需猎捕的,应当依法报相应的野生动物保护行政部门批准。

第二十一条 承德避暑山庄及周围寺庙设立必要的服务机构和设施,由文物行政部门统一规划,其设置与布局应当确保文物安全和历史风貌不受损害。

第二十二条 使用承德避暑山庄及周围寺庙古建筑的单位应当负责保护古建筑物、附属建筑物的安全,并履行保养和修缮义务。

第二十三条 承德避暑山庄及周围寺庙保护范围内禁止下列活动:

(一)开山取石、打井修渠、挖砂取土、建坟立碑、堆放垃圾及其他杂物;

(二)生产、储存、销售和使用易燃、易爆、剧毒、放射性、腐蚀性物品;

(三)出于商业目的的飞行器低空飞行;

(四)法律法规禁止的其他活动。

第二十四条 进入承德避暑山庄及周围寺庙的人员,禁止下列行为:

(一)在重点保护区内燃放烟花爆竹和野外用火;

(二)在设有禁止吸烟标志区域内吸烟;

(三)在防火戒严期内进入防火戒严区;

(四)挪用、损毁避雷、安全防范器材和设施;

(五)翻越、损坏围墙;

(六)攀折花木、践踏草坪、樵采、猎捕;

(七)撞靠、击打古建筑物、附属建筑物和树木;

(八)在文物、景物上涂污、刻画;

(九)在设有禁止拍摄标志区域内拍摄;

(十)法律法规禁止的其他行为。

第二十五条 在承德避暑山庄及周围寺庙举办或者从事下列活动,应当经市文物行政部门同意后,报相关部门批准,并在规定的时间、地点、范围内进行:

(一)展览;

(二)集会、文艺演出、体育比赛、培训或者其他有组织的群众性活动;

(三)设置通讯、供电、供水、供气、排污等管线及设施;

(四)勘察、测量或者设置监测、测量标志及设施。

第四章 法 律 责 任

第二十六条 在承德避暑山庄及周围寺庙保护和管理工作中有下列行为之一的,由其所在单位或者上级主管部门对负有责任的主管人员和其他直接责任人员依法给予行政处分;构成犯罪的,依法追究刑事责任:

(一)违反有关规定,借用或者非法侵占国有文物的;

(二)利用职务或者工作上的便利,侵吞、盗窃国有文物的;

(三)以权谋私、贪污、挪用文物保护经费的;

(四)不依法履行职责或者发现违法行为不予查处,造成文物及重要资料损坏或者流失的;

(五)滥用审批权限,造成景观破坏、文物损毁等严重后果的。

违反前款规定受到开除公职处分的人员,自被开除公职之日起十年内不得从事文物保护和管理工作。

第二十七条 有下列行为之一,尚不构成犯罪的,由市文物行政部门责令改正;造成严重后果的,处五万元以上五十万元以下罚款；情节严重的，由原发证机关吊销资质证书：

（一）擅自在保护范围内进行工程建设或者爆破、钻探、挖掘等作业的；

（二）在建设控制地带内进行工程建设，其设计方案未经文物行政部门同意并报规划行政部门批准，对承德避暑山庄及周围寺庙历史风貌造成破坏的；

（三）擅自迁移、拆除不可移动文物的；

（四）擅自修缮不可移动文物，明显改变文物原状的；

（五）未取得文物保护工程资质证书，擅自从事文物修缮、迁移、重建的。

第二十八条　有下列行为之一的，由文物行政部门依法给予处罚：

（一）违反本条例第十九条第三款规定的，给予警告；造成严重后果的，处二千元以上二万元以下罚款；

（二）违反本条例第二十二条规定的，责令其履行保养、修缮义务或者限期迁出；拒不履行义务或者未按期迁出的，处一千元以上五千元以下罚款；

（三）违反本条例第二十三条第（一）项规定的，责令其停止违法活动，限期恢复原状。不予恢复或者不能恢复原状的，处三百元以上三千元以下罚款；

（四）违反本条例第二十三条第（三）项规定的，责令其停止飞行，并处一千元以上五千元以下罚款；

（五）违反本条例第二十五条规定的，责令其停止违法活动，可以并处五百元以上五千元以下罚款；

（六）损毁文物保护标志或者界桩的，处三百元以上三千元以下罚款。

第二十九条　违反本条例第十六条规定的，由规划行政部门依法给予处罚。

第三十条　违反本条例第十七条规定的，由环境保护行政部门依法给予处罚。

第三十一条　有下列行为之一，由公安部门依法给予处罚；构成犯罪的，依法追究刑事责任：

（一）违反本条例第二十三条第（二）项规定的；

（二）使用枪击、爆炸、电击、投毒等危险方式猎捕及其他违反治安管理规定的；

（三）违反消防管理规定的；

（四）拒绝、阻碍文物行政部门依法执行公务的。

第三十二条　违反本条例第二十四条规定的，由承德避暑山庄及周围寺庙保护管理机构责令其停止违法活动，可以并处五十元以上二百元以下罚款。

第三十三条　当事人对行政处罚决定不服的，可以依法申请行政复议或者提起行政诉讼。逾期不申请行政复议或者提起行政诉讼，又不履行处罚决定的，由作出处罚决定的行政机关申请人民法院强制执行。

第三十四条　违反本条例规定，造成承德避暑山庄及周围寺庙文物灭失、损坏的，依法承担民事责任。

第五章　附　　则

第三十五条　本条例所称承德避暑山庄周围寺庙，是指环列在避暑山庄周围的清代寺庙群，包括溥仁寺、溥善寺（遗址）、普乐寺、安远庙、普宁寺、普佑寺、广缘寺、须弥福寿之庙、普陀宗乘之庙、广安寺（遗址）、罗汉堂（遗址）和殊像寺。

第三十六条　本条例自2003年8月20日起施行。

山西省平遥古城保护条例

(1998年11月30日山西省第九届人民代表大会常务委员会第六次会议通过)

第一章 总 则

第一条 为全面保存、保护、恢复和展示列入《世界遗产目录》的平遥古城，根据国家有关法律、法规的规定，结合本省实际，制定本条例。

第二条 本条例所称平遥古城是指平遥古城墙及其以内的文物古迹、传统建筑、街巷风貌、古树名木，以及古城墙以外的按照规划确定的保护范围和建设控制地带，包括镇国寺、双林寺在内。

前款所称传统建筑是指尚未列入文物保护单位的，具有历史文化价值的民宅、商号、寺庙、祠堂等建筑物、构筑物。

传统建筑由平遥县人民政府会同省有关部门根据国家和省的有关规定予以鉴定确认，并设置明显保护标志。

第三条 平遥古城内的任何组织和个人及进入该区域内的任何组织和个人均须遵守本条例。

第四条 省人民政府应加强对平遥古城保护工作的领导，将其纳入国民经济和社会发展计划。

第五条 平遥县人民政府全面负责平遥古城的保护和管理工作。

省建设、文物行政部门按照各自的职责负责对平遥古城的保护、监督工作。

第六条 平遥古城保护应遵循"永久保存、永续利用"的原则，实行统筹规划，分级管理。

平遥古城保护应注重对具有地方特色的传统文化的保护、挖掘与发展。

第七条 平遥古城保护、维修、管理经费分别列入山西省、晋中地区行署、平遥县财政预算，并吸纳符合国家规定的拨款和资助。

第八条 任何组织和个人都有保护平遥古城的义务，并有权对损坏平遥古城的行为进行检举和控告。

第九条 省人民政府、平遥县人民政府应对保护、维修、研究、开发、利用平遥古城作出突出贡献的组织和个人给予表彰、奖励。

第二章 保 护

第十条 平遥县人民政府负责组织编制《平遥古城保护规划》（以下简称《保护规划》），经省人民政府批准后予以公布实施。

第十一条 平遥古城保护按照全面保护、突出重点的方针，实行分区、分级保护，保护范围划分为绝对保护区，一、二、三级保护区，一、二级建设控制地带和一、二、三级保护街巷。

第十二条 分区、分级保护应遵循下列标准：

（一）绝对保护区内严格按照文物保护法的规定保持传统建筑的原状；

（二）一级保护区内不得改变传统建筑的群体布局、形体、空间风貌、材料和色彩；

（三）二级保护区内保护现存传统建筑的布局和风貌，新建建筑物应与古城风貌相协调；

（四）三级保护区内保护传统建筑的布局和风貌，拆除或改造不协调的建筑物和构筑物；

（五）一级建设控制地带保留现有农田和北城居民新村，逐步拆除该地带内的其他建筑物和构筑物；

（六）二级建设控制地带建筑密度控制在20%以下，绿化覆盖率应达到40%，建筑物高度形成梯度变化，即建筑物高度不超过建筑物跨古城墙马面外散水边缘距离的0.06倍；

（七）一级保护街巷内保持沿街建筑外观，不得改变其立面形式、色彩和建筑材料，对已经改动的要逐步恢复传统特征；

（八）二级保护街巷内对不协调建筑物、构筑物逐步进行拆迁和改造，恢复传统建筑形式；

（九）三级保护街巷内保留传统建筑，新建、改建建筑物应同古城风貌和周围传统建筑物相协调。

第十三条　平遥古城内传统建筑中的民宅实施分类保护，对其中的典型民宅应建档、挂牌，并制定保护修复计划，保持其建筑外观。院内不得擅自拆除、改造和新建。

鼓励对传统建筑进行保护维修和开发利用。

第十四条　平遥古城内现有空地和拆迁后腾出的空地应逐步绿化，任何组织和个人不得擅自新建建筑物和构筑物。

平遥古城内的古树名木严禁采伐。

第十五条　平遥县人民政府各有关部门应按照各自职责对平遥古城的防火、防盗、防震、防汛等采取有效措施，保障平遥古城安全。

第三章　管　理

第十六条　平遥古城城门入口处和镇国寺、双林寺设世界遗产保护标志，国家、省、县级重点文物保护单位设重点文物保护标志。任何单位和个人不得损毁保护标志。

第十七条　平遥古城内的县级以上重点文物保护单位按照文物保护法和有关法律、法规的规定实行分级管理。

第十八条　平遥古城内现有建筑物、构筑物的改造、拆除及一切新建项目实行分级审批制度。未经批准，不得改造、拆除和新建。

第十九条　经批准的建设项目，应先进行文物调查或勘探。勘探费用列入建设单位工程预算。

第二十条　平遥县人民政府对平遥古城内单位和个人拥有的传统建筑，享有优先购买权。

对使用国家所有的传统建筑的单位和个人，不按要求采取保护措施的，平遥县人民政府可以责令搬迁。

第二十一条　平遥古城内禁止建设新的工业企业。现有工业企业应按要求进行逐步改造或搬迁。

第二十二条　平遥古城内的单位和个人应积极保护环境，推广应用低污染燃烧技术。户外饮食业经营者应采用型煤、液化石油气、煤气、电等清洁能源，禁止直接燃烧原煤。

第二十三条　平遥古城内应加强垃圾网点的标准化建设，推行生活垃圾袋装化。禁止在街道上堆放粪肥。

第二十四条　平遥古城内禁止焚烧沥青、油毡、橡胶、塑料、皮革等产生有毒有害烟尘和恶臭气体的物质。

第二十五条　平遥古城内沿街广告应与古城风貌相协调，设立沿街广告应经县建设行政部门审批。禁止在沿街建筑物、构筑物、设施以及树木上涂写刻画或者未经批准张挂、张贴宣传品。

第二十六条　任何单位和个人不得擅自占用道路摆设摊点、堆物作业和进行其他妨碍交通的活动。

第二十七条　平遥古城内现有的地上通讯、输电杆线应逐步转为地下管线。

第二十八条　平遥县人民政府应逐步改善平遥古城内道路交通状况。有关部门尖对进入车辆实行交通限制。

第四章　利　用

第二十九条　平遥古城的保护与利用遵循开发新区、保护古城、合理利用、发展经济的原则，鼓励国内外投资者投资开发新区、保护利用古城资源、发展旅游业及相关产业。

第三十条 开发新区、疏散古城内的产业和人口。平遥县人民政府应有计划地引导古城内的单位和人口向新城区分流，使古城人口密度达到合理水平。

第三十一条 平遥县人民政府应鼓励下列经营项目和活动：

（一）博物馆、旅行社团；

（二）传统手工作坊、民间工艺及旅游产品制作；

（三）民俗客栈、旅馆、饭店及非机动车运输；

（四）传统娱乐业及民间艺术表演活动；

（五）民间工艺品收藏、交易、展示活动。

第三十二条 平遥县人民政府应对具备开放条件的传统建筑中的民宅，在征得居民同意后，设立游览标志，开放游览。

第三十三条 平遥县人民政府应建立平遥古城保护档案，开展对平遥古城历史、文化及保护、开发、利用的研究。

第五章 法 律 责 任

第三十四条 违反本条例第十六条规定，损毁保护标志的，由平遥县公安部门依照治安管理处罚条例的有关规定予以处罚。

第三十五条 违反本条例规定，未经批准擅自改造、拆除传统建筑的，由平遥县建设行政部门责令其停止违法行为，恢复传统建筑原状，并可处以 5000 元以上 20000 元以下的罚款；擅自新建建筑物、构筑物的，由平遥县建设行政部门依照城市规划法的有关规定予以处罚。

第三十六条 违反本条例第二十二条规定，户外饮食业经营者直接燃烧原煤的，由平遥县环境保护行政部门责令其限期改进，并可处以 300 元以下的罚款。

第三十七条 违反本条例第二十三条规定，在街道上堆放粪肥影响市容的，由平遥县建设行政部门责令其清理街道，并可处以 100 元以上 300 元以下的罚款。

第三十八条 违反本条例第二十四条规定的，由平遥县环境保护行政部门处以 300 元以上 3000 元以下的罚款。

第三十九条 违反本条例第二十五条规定的，由平遥县建设行政部门责令其停止违法行为，采取补救措施，恢复原状，并处以 200 元以上 2000 元以下的罚款。

第四十条 违反本条例第二十六条规定的，由平遥县公安部门责令其停止违法行为，清理道路，并处以 50 元以下的罚款。

第六章 附　　则

第四十一条 本条例自 1999 年 4 月 1 日起施行。

太原市晋祠保护条例

(2002年2月22日太原市第十届人民代表大会常务委员会第三十七次会议通过，2002年3月21日山西省第九届人民代表大会常务委员会第二十八次会议批准)

第一条 为了加强对晋祠的保护和管理，根据《中华人民共和国文物保护法》以及其他有关法律、法规的规定，制定本条例。

第二条 晋祠保护区分重点保护区和建设控制区。

重点保护区的范围是晋祠围墙内和以围墙为基线，向东、南、北方向各延伸50米，向西延伸至悬瓮山主峰的区域。

建设控制区的范围是从重点保护区外围向东延伸至晋夏公路，向南延伸至马房峪沙河，向北延伸明仙峪沙河，向西延伸至悬瓮山西麓。

第三条 晋祠保护区内的所有单位和个人，以及进入晋祠保护区参观、游览、考察的单位和个人，均应遵守本条例。

第四条 市文物行政管理部门是晋祠保护和管理的工作的主要部门，负责组织协调有关部门做好晋祠的保护和管理工作。

市人民政府有关部门和晋源区人民政府，应当根据各自职责做好晋祠的保护工作。

第五条 晋祠保护、管理和维修经费的主要来源：

（一）国家、省人民政府和其他有关部门的专项拨款；

（二）市财政预算；

（三）国内外团体和个人的捐赠款。

第六条 单位和个人都有保护晋祠的义务，有权对盗窃、损坏文物的行为检举、控告。

第七条 市人民政府应当对在保护和管理晋祠文物工作中做出突出贡献的单位和个人，给予表彰和奖励。

第八条 市文物行政管理部门应当运用先进科学技术，建立严密的防范机制，切实加强放火、防盗，提高保护管理文物的水平。

第九条 市文物行政管理部门应当对圣母殿、鱼沼飞梁、献殿、周柏、唐槐、难老泉、宋塑侍女像等重点文物逐一制定出具体保护措施，给予特殊保护，并建立保护维修档案。

第十条 市文物行政管理部门应当在晋祠重点保护区和建设控制区设置明显保护标志。任何单位和个人不得擅自移动或者破坏保护标志。

第十一条 晋祠围墙内禁止下列行为：

（一）擅自拓印石刻、复制文物、测绘古建筑和纪念建筑物；

（二）擅自拍摄室内塑像、壁画；

（三）刻划、涂污文物；

（四）攀登、毁坏树木和毁坏绿地；

（五）捞鱼、扔杂物；

（六）燃放烟花爆竹、焚烧杂物。

第十二条 禁止机动车辆驶入晋祠围墙内，执行消防、急救、抢险任务的车辆除外。

第十三条 在晋祠保护区内拍摄电影、电视，应当经市文物行政管理部门批准，并在管理人员的监督下进行。

第十四条 在晋祠重点保护区内，不得建造影响晋祠文物保护的建筑、构筑物；已存在的，由市人民政府负责拆除或搬迁。

在晋祠建设控制区内，不得建设影响和危害晋祠安全的设施；不得新建与晋祠环境风貌和文化内涵不协调的建筑物、构筑物。

第十五条 新建过境晋祠重点保护区的通讯、输电线路应当铺设地下管线。已有的空架通讯、输电线路，应当逐步改为地下线路。

第十六条 凡在晋祠重点保护区从事经营活动的单位和个人，应当征得市文物行政管理部门的同意。

第十七条 在晋祠保护区内禁止下列行为：

（一）随意堆放、倾倒垃圾；

（二）超标排放废气、废水；

（三）堆放工业固体废物；

（四）砍伐树木、破坏植被；

（五）擅自打井、挖泉。

第十八条 禁止在悬瓮山修建坟墓、祭奠烧纸。

第十九条 违反本条例第十条规定，擅自移动或者破坏晋祠保护标志的，由市文物行政管理部门责令恢复原状；造成损失的，赔偿损失。

第二十条 违反本条例第十一条规定之一的，由市文物行政管理部门予以警告，并可处50元以上500元以下罚款；造成损失的，赔偿损失。

第二十一条 违反本条例第十四条第二款规定，在晋祠建筑控制区内建设影响和危害晋祠安全的设施，新建与晋祠环境风貌和文化内涵不协调的建筑物、构筑物的，由市文物行政管理部门责令改正；拒不改正的，可由规划行政主管部门处2万元以下罚款。

第二十二条 违反本条例第十七条规定的，除由市文物行政管理部门责令停止违法行为，采取补救措施，限期治理、赔偿损失外，对违反第（一）项的，可由环境卫生行政主管部门处5元以上100元以下罚款；违反第（二）项的，可由环境保护行政主管部门处2000元以上30000元以下罚款；违反第（三）项规定经限期治理预期未完成治理任务的，可由环境保护行政主管部门根据所造成的危害后果处10万元以下罚款；违反第（四）项的，可由林业行政主管部门处每株200元以上500元以下罚款；违反第（五）项的，可由水务行政主管部门处5000元以上50000元以下罚款。

第二十三条 违反本条例第十八条规定，在悬瓮山修建坟墓、祭奠烧纸的，由市文物行政管理部门责令改正；拒不改正的，由民政部门强制执行。

第二十四条 晋祠保护和管理工作人员玩忽职守造成文物失火、失盗和损毁的，由上级主管部门或行政监察机关给予行政处分；构成犯罪的，依法追究刑事责任。

第二十五条 本条例自公布之日起施行。

大同市云冈石窟保护管理条例

(1997年8月22日大同市第十届人民代表大会常务委员会第三十一次会议通过,1997年9月28日山西省第八届人民代表大会常务委员会第三十次会议通过)

第一章 总 则

第一条 为了加强对云冈石窟的保护和管理,根据《中华人民共和国文物保护法》、《中华人民共和国文物保护法实施细则》和《山西省实施〈中华人民共和国文物保护法〉办法》及其他有关法律法规,结合本市实际,制定本条例。

第二条 市人民政府应当依法加强对云冈石窟的保护和管理工作。

市文物行政管理部门是云冈石窟保护和管理工作的主管部门。

云冈石窟文物保护和管理机构,应当接受国家、省文物行政管理部门的业务指导,并根据市文物行政管理部门的委托,具体实施对云冈石窟的保护和管理工作。

市城市规划、环境保护、土地、煤炭、地质矿产、林业、公安、工商、建设、旅游等有关部门以及云冈石窟所在地区、镇政府,应当根据各自的职责配合市文物行政管理部门做好云冈石窟的保护和管理工作。

第三条 本市行政区域内的一切机关、部队、学校、团体、企业、事业单位及其他组织和个人,都有保护云冈石窟的义务。

凡进入云冈石窟参观游览或进行其他活动的组织和个人,都应当遵守本条例。

第四条 云冈石窟保护、维修经费和资金的来源:

(一)国家、省文物行政管理部门和其他有关部门划拨的专项经费;

(二)市级财政预算;

(三)国内外团体和个人募集、赞助的云冈石窟保护和维修资金;

(四)其他。

第五条 云冈石窟保护、维修经费和资金应当专款专用,使用情况应当接受财政、审计及文物部门的监督。

第二章 保护范围和控制地带

第六条 根据云冈石窟保护需要,云冈石窟保护范围分为绝对保护区、重点保护区和地下安全线。

云冈石窟绝对保护区是指云冈石窟保护性围墙以内的范围及云冈石窟前以清代戏台为中心的广场。

云冈石窟重点区是指:以云冈石窟崖上明代城堡东北角为基点,向东最远点七百八十米,向南最远点六百七十五米,顺十里河岸东西延伸,向西最远点四百八十米,顺十里河岸南北延伸,向北最远点四百三十五米的不规则区域。

云冈石窟地下安全线是指:以云冈石窟崖上明代城堡东北角为基点,向东一千二百三十米,向南九百米,向西九百六十米,向北六百六十米,依此基线各向外取七十度塌陷角一直向下延伸构成的范围。

第七条 根据云冈石窟的保护需要,云冈石窟建设控制地带由建设控制区和环境控制区组成。

云冈石窟建设控制区是指:以云冈石窟崖上明代城堡东北角为基点,向东一千一百二十米,向南七百九十五米,向西八百五十五米,向北五百五十五米所构成的范围。云冈石窟环境控制区是指:以云冈石窟建设控制区的四至分别向外延伸,向东最远点六百米,向南最远点九百米,向西最远点三百五十米，向北最远点九百米所构成的不规则区域。

第三章 保护和管理

第八条 云冈石窟的保护应当遵循不改变文物原状的原则。

第九条 《云冈石窟规划》是国家制定的云冈石窟保护和发展的依据和大纲，市人民政府及市文物行政管理部门应当积极推进《云冈石窟规划》的实施。

第十条 云冈石窟绝对保护区和重点保护区内不得建造与云冈石窟无关的建筑物、构筑物，已存在的，应当依照文物法律法规和《云冈石窟规划》，限期拆除、迁出或改造。

因特殊需要在云冈石窟绝对保护区和重点保护区内建设与云冈石窟有关的建筑物、构筑物，应当依照《中华人民共和国文物保护法》的规定逐级上报批准后，方可办理有关手续。

第十一条 云冈石窟绝对保护区和重点保护区内经批准建设的建筑物、构筑物，应当采用以下标准：

坡顶建筑高度小于九米；

平顶建筑高度小于七米；

建筑密度小于百分之四十；

建筑容积率小于零点八；

绿地率大于百分之二十。

第十二条 除消防和其他特殊情况外，未经云冈石窟保护和管理机构同意，各种机动车辆不得驶入云冈石窟保护性围墙以内。

云冈石窟保护性围墙以内严禁下列行为：

（一）翻拓云冈石窟雕刻品；

（二）在文物、景物上涂写、刻划、张贴和攀登、污损文物、景物；

（三）随地吐痰、便溺、乱扔杂物；

（四）倾倒垃圾和污水；

（五）燃烧树叶、荒草、垃圾；

（六）捕猎野生动物和放牧；

（七）在指定地点以外吸烟、野炊；

（八）翻越和损坏围墙；

（九）其他有损景物、有碍景观的行为。

第十三条 云冈石窟重点保护区四至界线设置云冈石窟保护界碑。

任何单位和个人不得擅自移动或破坏保护界碑。

第十四条 云冈石窟重点保护区界线向外一千五百米内，不得存放任何爆炸物。

第十五条 云冈石窟地下安全线内，不得进行任何采掘活动。

第十六条 云冈石窟地下安全线的监测工作由市地质矿产主管部门负责，每年至少一次向市人民政府书面报告监测情况，并抄送市文物行政管理部门。

第十七条 云冈石窟建设控制区内禁止建设工矿企业。新增居民点及其他服务性建筑，必须与云冈石窟的环境气氛相协调，设计方案依照《中华人民共和国文物保护法实施细则》的规定上报批准。

对影响云冈石窟景观的现有居民点、工矿企业应逐步改建或迁出。

第十八条 云冈石窟建设控制区的自然地形地貌应予保护。

禁止在云冈石窟建设控制区内开山爆破、采土采石和进行其他破坏自然地貌的活动。

第十九条 市文物行政管理部门和市林业行政管理部门，应做好云冈石窟环境控制区的绿化工作。

第二十条　在云冈石窟建设控制地带内，不得超标准排放废气、废水、废渣或进行其他污染环境的活动。

建设控制区内的公路，禁止未加盖苫布或不采取其他防污染措施的运煤车辆和拉运其他污染物的车辆通行。

第二十一条　拍摄电影、电视剧（片）、录像，或专业摄影需拍摄云冈石窟外景的，应当持有省文物行政管理部门的批准文件，并出示所属单位的介绍信或个人职业证件，在云冈石窟文物保护管理人员的监督下进行。

拍摄云冈石窟内景的，应当持有国家文物行政管理部门批准的文物拍摄计划和省文物行政管理部门的批准文件，出示所属单位的介绍信或个人职业证件，并按规定缴纳有关费用后，在云冈石窟文物保护管理人员监督下进行。

第二十二条　非文物单位和个人，临摹和测绘云冈石窟艺术品的，应当经省文物行政管理部门批准，在云冈石窟文物保护管理人员的监督下进行。

第四章　奖励和处罚

第二十三条　有下列行为之一的，市人民政府及其市文物行政管理部门应当给予表彰或奖励：

（一）在云冈石窟保护维修或科研工作中有发明创造，取得突出成绩的；
（二）在云冈石窟保护、管理、安全消防等工作中取得突出成绩的；
（三）长期从事云冈石窟保护和管理工作成绩显著的；
（四）积极推进《云冈石窟规划》实施，并取得实质性进展的；
（五）为治理云冈石窟环境污染取得明显成绩的。

第二十四条　违反本条例规定，在云冈石窟保护范围和建设控制地带内进行违法建设的，市城市规划行政管理部门应当根据文物行政管理部门的意见，责令停工和拆除违章建筑，并处以二万元以下的罚款。

第二十五条　违反本条例规定，擅自移动或破坏云冈石窟保护界碑的，由公安部门或文物行政管理部门给予警告，责令赔偿损失，对违法单位和个人分别处以二万元以下和二百元以下的罚款。

第二十六条　违反本条例第十四条规定的，公安部门应当给予警告，或者对违法单位和个人分别处以二万元以下和二百元以下的罚款。

第二十七条　违反本条例第十五条规定的，市地质矿产行政管理部门根据市文物行政管理部门的意见，没收违法所得，暂扣或者吊销采矿许可证，并处以一万五千元以上二万元以下的罚款。

第二十八条　违反本条例第十八条第二款规定的，公安部门或公安部门根据市文物行政管理部门的意见，责令停工，并对违法单位和个人分别处以二万元以下和二百元以下的罚款。

第二十九条　违反本条例第十二条第二款第一项规定的，由市文物行政管理部门对违法单位和个人分别处以二万元以下和二百元以下的罚款。违反本条例第十二条第二款第二项至第九项规定的，市文物行政管理部门处以十元以上二百元以下的罚款。

第三十条　在云冈石窟建设控制地带以内堆放垃圾，超标准排放废气、废水、废渣或进行其他污染活动的，由环境保护部门责令有关单位或个人，限期治理，并处以罚款，情节较重的，由其主管部门给予单位负责人和直接责任者以行政处分。

违反本条例第二十条第二款规定的，由公安交通部门或环境保护部门按照有关规定予以处罚。

第三十一条　对拒绝、阻碍行政执法人员依法执行公务尚不够刑事处罚的，应当依照《中华人民共和国治安管理处罚条例》的有关规定处罚。

第三十二条　当事人对行政处罚决定不服的，可依法申请行政复议，或依法向人民法院提起诉讼。逾期不申请复议，也不向人民法院提起诉讼，又不履行行政处罚决定的，作出处罚决定的机关可以申请人民法院强制执行或依法强制执行。

第三十三条 执行云冈石窟保护和管理公务的执法人员玩忽职守、滥用职权、徇私舞弊的，由其所在单位或上级主管部门给予行政处分。

第三十四条 违反本条例规定，情节严重，构成犯罪的，由司法机关依法追究刑事责任。

第五章 附 则

第三十五条 本条例具体应用中的问题，由市文物行政管理部门负责解释。

第三十六条 本条例自公布之日起施行。

内蒙古自治区文物保护条例

(2005年12月1日内蒙古自治区第十届人民代表大会常务委员会第十九次会议修订通过)

第一章 总 则

第一条 为了加强对文物的保护和管理,根据《中华人民共和国文物保护法》和国家有关法律法规,结合自治区实际,制定本条例。

第二条 在自治区行政区域内,下列文物受本条例保护:

(一)具有历史、艺术、科学价值的古文化遗址、古墓葬、古建筑、古长城、界壕、石窟寺、石刻、壁画、岩画等;

(二)与重大历史事件、革命运动或者著名人物有关的以及具有重要纪念意义、教育意义或者史料价值的近代现代重要史迹、实物、代表性建筑、遗址、纪念物;

(三)历史上各时代珍贵的艺术品、工艺美术品;

(四)历史上各时代重要的文献资料以及具有历史、艺术、科学价值的手稿、图书、影像资料以及古旧宗教经典、用品;

(五)反映历史上各时代、各民族社会制度、社会生产、社会生活的代表性实物、建筑和场所;

(六)具有考古学、人种学、民族学等价值的其他文物。

具有科学价值的古猿、古人类化石、与人类活动有关的第四纪古脊椎动物化石以及具有文物价值的名木古树,同文物一样受国家保护。

第三条 自治区行政区域内地下和水域中的一切文物属于国家所有。

国家机关、部队、国有企业、事业单位收藏的文物,属于国家所有。

第四条 属于集体所有和私人所有的古建筑、纪念建筑物、石刻和祖传文物以及依法取得的其他文物,其所有权受法律保护。文物的所有者应当遵守国家和自治区有关保护文物的规定。

第五条 各级人民政府负责保护本行政区域内的文物,加强对文物保护工作的领导,加强文物保护和文物知识的宣传教育,制止和惩处一切破坏文物的行为。

一切机关、组织和个人都有保护文物的义务。

第六条 旗县级以上人民政府应当成立文物保护委员会,负责协调解决本行政区域内文物保护工作中的重大问题。

旗县级以上人民政府文物行政部门对本行政区域内的文物保护实施监督管理。

人民法院、人民检察院和公安、工商、建设、交通、环保、海关等有关部门在各自的职责范围内,负责有关的文物保护工作。

第七条 文物特别丰富或者有重要文物遗存的苏木、乡镇,应当设置基层文物保护组织或者专、兼职文物保护管理人员。

第八条 旗县级以上人民政府应当将文物保护事业纳入国民经济和社会发展规划,所需经费列入财政预算,并随着财政收入的增长而逐年增加,特别是要增加民族文物征集和保护的经费。

文物保护事业经费应当专款专用,专户管理。

第九条 文化、宗教、园林等单位利用文物进行经营性活动,应当从每年的收入中提取适当经费,专门用于该文物保护单位或者文物古迹的保护和维修。

自治区鼓励一切单位和个人为文物保护事业给予物资和技术支持。

第十条 各级人民政府文物行政部门应当制定文物保护科学技术研究规划,提高文物保护的科学技术水平。

各级人民政府文物行政部门应当指导或者组织各种文物保护、收藏、科研单位，培养和培训当地文博专业技术人员，并提供经费保障。

第十一条 对于文物保护事业有贡献的单位和个人，各级人民政府应当给予精神鼓励或者物质奖励。

第二章 不可移动文物

第十二条 革命遗址、纪念建筑物、古文化遗址、古墓葬、古建筑、石窟寺、石刻、古长城、界壕、壁画、岩画等不可移动文物，应当根据它们的历史、艺术、科学价值，分别确定为国家级、自治区级、盟市级、旗县级文物保护单位。文物保护单位的核定公布、备案程序，按照有关法律法规的规定办理。

尚未核定公布为文物保护单位而确有保护价值的文物，当地人民政府应当采取保护措施，由旗县级以上人民政府文物行政部门予以登记并公布。

第十三条 各级文物保护单位，由同级人民政府划定保护范围，做出标志说明，建立记录档案，并区别情况设置专门机构或者专人负责管理，报上一级人民政府文物行政部门备案。

各级人民政府制定城乡建设规划时，事先应当由城乡建设规划部门会同文物行政部门商定对本行政区域内各级文物保护单位的保护措施，并纳入规划。

自治区人民政府文物行政部门应当负责组织制定自治区行政区域内国家级和自治区级文物保护单位的保护规划，报自治区人民政府公布实施。

第十四条 根据保护文物的实际需要，经自治区人民政府批准，可以在文物保护单位的周围划出一定的建设控制地带。在建设控制地带兴建建筑物，其设计方案，应当根据文物保护单位的级别，经相应的文物行政部门同意后，报城乡建设规划部门批准。

第十五条 在文物保护单位的保护范围和建设控制地带内，不得进行下列活动：

（一）存放爆炸性、易燃性、放射性、毒害性、腐蚀性等危害文物保护单位安全的物品；

（二）从事爆破、射击、开山、掘土、移土、采砂、采石、挖塘、烧砖等活动；

（三）占用或者破坏划定保留的绿地、河流水系、道路；

（四）擅自摆摊设点；

（五）排放污染物，随意倾倒废弃物；

（六）埋葬尸体，修建墓地；

（七）砍伐名木古树，种植危害文物保护单位的植物；

（八）其他对文物保护单位构成破坏的活动。

因特殊情况，需要在文物保护单位的保护范围和建设控制地带内，从事前款第（二）项所列活动的，应当按照有关法律法规的规定办理。

第十六条 任何单位和个人不得损毁、改建、添建、拆除和侵占各级文物保护单位。

《中华人民共和国文物保护法》颁布前被占用的文物保护单位，占用单位或者个人应当在当地人民政府文物行政部门的监督指导下保护文物；需要迁出的，由文物行政部门报请核定公布的人民政府决定，限期迁出。

对已核定为文物保护单位的建筑物，应当按照有关法律法规的规定，采取措施，做好防火、防震、防盗等安全防范工作。

第十七条 在自治区级以上文物保护单位的保护范围和建设控制地带内，拍摄电影、电视节目或者广告，应当向自治区人民政府文物行政部门提出申请，并提交剧本或者情节介绍的文字材料。

符合下列条件的，自治区人民政府文物行政部门应当予以批准：

（一）拍摄内容和形式，没有歪曲或者破坏文物保护单位的性质、功能、价值或者声誉的；

（二）拍摄活动不会危害文物保护单位安全的；

（三）拍摄活动不会损害文物本体的。

第十八条 文物保护单位由宗教、园林等部门管理的，当地人民政府文物行政部门应当对其文物保护进行监督指导。

第十九条 历史文化名城的保护和建设规划，应当由本级人民政府组织编制或者修订；经自治区人民政府审查同意后，报国务院批准实施。

历史文化街区、村镇（浩特）的保护和建设规划，应当由当地旗县级以上人民政府组织编制或者修订；经自治区人民政府文物行政部门会同建设行政部门组织有关专家进行科学论证后，报自治区人民政府批准实施。

第三章 考 古 发 掘

第二十条 各级人民政府文物行政部门应当对本行政区域内的文物进行考古调查，并将调查结果通知有关部门。

第二十一条 地下埋藏的文物，任何单位和个人不得非法挖掘和私自占有。

在自治区行政区域内进行考古发掘工作，必须由文物考古和科研单位向自治区人民政府文物行政部门提出申请，经自治区人民政府文物行政部门审查同意，报国务院文物行政部门批准后，方可发掘。

第二十二条 考古发掘单位应当向自治区人民政府文物行政部门提交发掘情况的报告，并组织编写考古学术报告。

第二十三条 考古发掘的文物，任何单位或者个人不得侵占。考古发掘单位应当按照有关法律法规的规定，按时将出土文物移交由自治区人民政府文物行政部门指定的国有文物收藏单位收藏。

第二十四条 进行大型基本建设项目和建设工程选址，建设单位应当按照《中华人民共和国文物保护法》等有关法律法规的规定办理，严格执行申报批准制度。

第二十五条 在进行基本建设和生产建设时，任何单位和个人发现文物，应当负责保护好现场，并立即报告当地人民政府文物行政部门。当地人民政府文物行政部门应当及时将情况报告上一级人民政府文物行政部门直至自治区人民政府文物行政部门。

第二十六条 需要配合建设工程进行的考古发掘工作，由自治区人民政府文物行政部门组织具有国家认定资质的文物考古单位在调查、勘探工作的基础上提出发掘计划，报国务院文物行政部门批准。

确因建设工程紧迫或者有自然破坏的危险，对古文化遗址、古墓葬等急需进行抢救的，由自治区人民政府文物行政部门组织力量进行清理发掘，并同时补办批准手续。清理发掘的范围，以坍塌、暴露或者短期内有破坏危险的部分为限。超过范围的，按照本条例第二十一条的规定办理。

第二十七条 凡因进行基本建设和生产建设需要文物考古调查、勘探、发掘，所需经费由建设单位列入建设工程预算。

第二十八条 外国团体或者个人来我区进行考古调查、勘探、发掘，按照有关法律法规的规定办理；拍摄考古发掘现场，应当经自治区人民政府文物行政部门同意，报国务院文物行政部门批准。

第四章 民 族 文 物

第二十九条 在自治区行政区域内，下列民族文物应当予以重点保护：

（一）具有民族特点、历史特点和研究价值的反映少数民族的社会制度、生产方式、生活方式、文化艺术、宗教信仰、节日活动等有代表性的实物或者场所；

（二）与少数民族的重大历史事件、革命运动和重要历史人物有关的建筑物和纪念物；

（三）具有重要价值的少数民族文献资料。

第三十条 对近代现代史上从事狩猎经济、游牧经济活动的各少数民族有代表性的实物，国有文物收藏单位应当加强收集、整理和保护。

第三十一条 对于历史悠久，具有建筑特点、民俗特色的典型民族村、浩特、苏木、乡镇，可根据其文物保护价值，由自治区文物行政部门会同同级城乡建设规划部门报自治区人民政府核定，公布为民族历史文化保护区。

第五章 馆藏文物

第三十二条 各级国有文物收藏单位，应当做好征集文物、丰富藏品的工作，应当加强民族文物的征集和收藏工作。

第三十三条 文物收藏单位对所收藏的文物，按文物等级分级管理，建立文物藏品管理制度，并报自治区人民政府文物行政部门登记备案。

第三十四条 对不具备保管条件的文物收藏单位所收藏的文物，当地人民政府文物行政部门应当指定具备文物保管条件的单位代为保管；原收藏单位具备文物保管条件后，经当地人民政府文物行政部门检查验收合格后，将文物交还原收藏单位。

第三十五条 文物收藏单位应当设置藏品档案，建立馆藏文物的接收、鉴定、登记、编目和档案制度，库房管理制度，出入库、注销和统计制度，保养、修复和复制制度，并报自治区人民政府文物行政部门备案。

第三十六条 国有文物收藏单位收藏文物的电子数据和其他应当保密的文物资料应当符合国务院文物行政部门的要求，达到真实、准确、全面、科学、便捷的标准。

前款规定的电子数据和其他应当保密的文物资料，非经自治区人民政府文物行政部门批准，不得任意公布。

第三十七条 各级图书馆、档案馆收藏的具有文物价值的图书、档案资料，参照本条例馆藏文物的有关规定保护管理。

第三十八条 自治区鼓励各种形式的博物馆建设。

设立国有博物馆，应当向盟行政公署或者设区的市人民政府文物行政部门提出申请，经审核后，报自治区人民政府文物行政部门备案。

各级人民政府文物行政部门应当为非国有博物馆建设提供技术支持和专业指导。

第三十九条 文物的鉴定，应当由自治区人民政府文物行政部门组织有关专家进行。

第六章 民间收藏文物

第四十条 文物收藏单位以外的公民、法人和其他组织可以收藏通过下列方式取得的文物：

（一）依法继承或者接受赠与；

（二）从文物商店购买；

（三）从经营文物拍卖的拍卖企业购买；

（四）公民个人合法所有的文物相互交换或者依法转让；

（五）国家规定的其他合法方式。

文物收藏单位以外的公民、法人和其他组织收藏的前款文物可以依法流通。

第四十一条 公民、法人和其他组织不得买卖下列文物：

（一）国有文物，但是国家允许的除外；

（二）非国有馆藏珍贵文物、民族珍贵文物；

（三）国有不可移动文物中的壁画、雕塑、建筑构件等，但是依法拆除的国有不可移动文物中的壁画、雕塑、建筑构件等不属于《中华人民共和国文物保护法》第二十条第四款规定的应由文物收藏单位收藏的除外；

（四）来源不符合本条例第四十条规定的文物。

第四十二条 文物市场由当地人民政府文物行政部门会同工商行政部门和公安机关统一管理。

第四十三条 银行、冶炼厂、造纸厂以及废旧物资回收单位或者个体工商户收进的文物，除依法供银行研究所必需的历史货币可以由人民银行留用外，其余移交当地人民政府文物行政部门，移交文物应当给予合理补偿。

第七章 法 律 责 任

第四十四条 违反本条例第十五条第一款第（二）项规定的，按照《中华人民共和国文物保护法》第六十六条的规定给予处罚。

违反本条例第十五条第一款其他各项规定的，由旗县级以上人民政府文物行政部门会同其他有关行政部门，按照各自的职责，责令停止或者改正；对文物保护单位造成损失的，予以赔偿。

第四十五条 擅自在自治区级以上文物保护单位的保护范围和建设控制地带内，拍摄电影、电视节目或者广告的，由旗县级以上人民政府文物行政部门责令停止；对文物保护单位造成损失的，予以赔偿。

第四十六条 擅自公布国有文物收藏单位收藏文物的电子数据和其他应当保密的文物资料的，由旗县级以上人民政府文物行政部门责令停止；对负有责任的主管人员和其他直接责任人员的国家工作人员，依法给予行政处分。

第四十七条 未经审核和备案设立国有博物馆的，由盟行政公署或者设区的市人民政府文物行政部门责令限期补办手续。

第四十八条 买卖有关法律法规禁止买卖的文物，尚不构成犯罪的，由旗县级以上人民政府文物行政部门责令改正，没收违法所得；违法经营额1万元以上的，并处违法经营额三倍以上五倍以下的罚款；违法经营额不足1万元的，并处5000元以上1万元以下的罚款。

第四十九条 有下列行为之一的，对当地人民政府及其相关部门负有责任的主管人员和其他直接责任人员依法给予行政处分；构成犯罪的，依法追究刑事责任：

（一）对盗掘古墓、古遗址和走私文物等犯罪活动，隐瞒不报，不及时立案，使国有文物造成损失的；

（二）因建设工程而破坏文物保护单位或者造成珍贵文物损毁的；

（三）对国有文物保管不善，不及时移交，或者因为非自然原因而使被缴文物造成损失的；

（四）对明知文物存在自然损毁的危险而不采取措施缓解危险或者予以治理的。

第五十条 文物行政部门、考古发掘单位、国有文物收藏单位的工作人员有下列行为之一的，依法给予行政处分；构成犯罪的，依法追究刑事责任：

（一）借用或者非法侵占国有文物的；

（二）因不负责任造成文物保护单位、珍贵文物损毁或者流失的；

（三）贪污、挪用文物保护经费的。

第五十一条 人民法院、人民检察院和公安、工商、海关等有关部门依法没收的文物，应当登记造册，妥善保管，结案后及时依法无偿移交人民政府文物行政部门，由人民政府文物行政部门指定国有文物收藏单位保管。

第八章 附 则

第五十二条 本条例自 2006 年 1 月 1 日起施行。

沈阳历史文化名城保护条例

(2009年6月30日沈阳市第十四届人民代表大会常务委员会第十一次会议通过，2009年7月31日辽宁省第十一届人民代表大会常务委员会第十次会议批准)

第一章 总 则

第一条 根据《中华人民共和国文物保护法》、《中华人民共和国城乡规划法》和国务院《历史文化名城名镇名村保护条例》等法律、法规的规定，结合本市实际，制定本条例。

第二条 本市行政区域内历史文化名城的保护，适用本条例故宫、福陵和昭陵以及其他地上不可移动文物和地下文物的保护和管理，依照相关法律、法规的规定执行。

第三条 市人民政府负责本市行政区域内历史文化名城的保护和监督管理工作。

区、县（市）人民政府负责本辖区内历史文化名城的保护和监督管理工作。

市规划行政部门负责本市历史文化名城保护的规划管理工作。

市文物行政部门负责文物保护工作，参与本市历史文化名城保护规划的管理工作。

房产、建设、公安、财政、旅游、宗教事务、民政、市容、园林等行政部门，应当按照各自职责，负责历史文化名城保护的相关管理工作。

第四条 沈阳历史文化名城的保护工作，应当坚持统筹规划、科学管理、保护为主、抢救第一、合理利用的原则，维护历史文化遗产的真实性和完整性，正确处理保护与发展的关系。

第五条 市和区、县（市）人民政府应当把历史文化名城保护纳入本级经济和社会发展规划；将历史文化名城保护资金列入本级财政预算。

第六条 鼓励单位和个人以捐赠、资助、提供技术服务或者提出建议等方式参与历史文化名城的保护工作。

第七条 任何单位和个人都有保护历史文化名城的义务，并有权劝阻、检举和控告破坏历史文化名城的行为。

第八条 市和区、县（市）人民政府及其有关行政部门应当对在历史文化名城保护工作中做出突出贡献的单位和个人，给予表彰和奖励。

第二章 保 护 规 划

第九条 市人民政府应当依法组织编制历史文化名城保护规划，并纳入城市总体规划。区、县（市）人民政府应当依法组织编制历史文化名镇、名村保护规划。

第十条 市规划行政部门应当会同市文物行政部门，根据历史文化名城保护规划的要求，组织编制专项保护规划和控制性详细规划，报市人民政府批准后公布施行。

专项保护规划和控制性详细规划的内容应当包括：保护范围，保护原则，需要保护的建筑物、构筑物和其他设施，保持传统风貌的建筑高度、体量、色彩等控制指标，土地使用功能，人口密度，市政基础设施的改善，不同建筑的分类保护和整治措施，保证保护规划实施的具体措施以及其他应当纳入专项保护规划和控制性详细规划的内容。

第十一条 历史文化名城保护规划在报经省人民政府审批前，应当经市人民代表大会常务委员会审议，常务委员会组成人员的审议意见交由市人民政府研究处理。

历史文化名镇、名村保护规划在上报审批前，应当经所在地的区、县（市）人民代表大会常务委员会审议，常务委员会组成人员的审议意见交由区、县（市）人民政府研究处理。

第十二条　历史文化名城保护规划经批准公布后，任何单位和个人不得擅自修改；确需修改的，应当按照本条例第十一条规定的程序执行。

第三章　保　护　内　容

第十三条　历史文化名城保护的主要内容包括：历史城区、历史文化街区、历史建筑、历史文化名镇名村和非物质文化遗产等。

第十四条　本市历史城区是指至建国初期形成的城区。主要包括明清时期形成的盛京城、民国时期形成的满铁附属地和商埠地等。

盛京城保护范围是清时期沈阳城外城（八关）以内的区域，位于惠工街、联合路、东边城街、南关路、青年大街以内。

满铁附属地保护范围是满铁附属地发展的核心区，东至和平大街，西至长大铁路，南至南五马路，北至北七马路。

商埠地保护范围是北至哈尔滨路、东至北京街和青年大街、南至南运河、西至和平大街和北七马路。

第十五条　历史文化街区包括方城、慈恩寺、沈阳站—中山路—中山广场、铁西工人村等。方城历史文化街区保护范围是西顺城街、北顺城路、东顺城街、南顺城路以内的区域。

慈恩寺历史文化街区保护范围是南至富教巷和般若寺巷、北至龙凤寺巷、东至大佛寺巷和慈恩寺东巷、西至大南街。

沈阳站—中山路—中山广场历史文化街区保护范围是西至长大铁路、东至和平大街、中山路沿线南北各一个街区以及沈阳站、中山广场周边地区。

铁西工人村历史文化街区保护范围是东至肇工街、南至南十一西路、西至重工街、北至南十西路。

第十六条　历史建筑是指具有一定历史意义和保护价值，能够反映沈阳历史风貌和地方特色的，未公布为文物保护单位，也未登记为不可移动文物的建筑物和构筑物。

历史建筑的认定标准和程序，由市人民政府制定并公布。

第四章　保　护　措　施

第十七条　体现历史文化名城特色的建筑物、构筑物等人文景观，未纳入保护规划的，由市规划行政部门会同市文物、房产等有关行政部门进行勘查。符合保护条件的，依法实施规划控制。

第十八条　在历史文化名城保护规划范围内不得有下列行为：

（一）违反保护规划进行拆除或者建设；

（二）改变保护规划确定的土地使用功能；

（三）突破建筑高度、容积率等控制指标，违反建筑体量、色彩等要求；

（四）其他不符合保护规划的行为。

第十九条　历史城区、历史文化街区、历史文化名村建设控制地带内的新建建筑物、构筑物，应当符合保护规划确定的建设控制要求。对不符合保护规划确定的建设控制要求的建设项目，发展改革行政部门不得立项，规划行政部门不得批准规划，建设行政部门不得批准开工。

第二十条　对历史文化名城保护规划范围内经批准建成的不符合保护规划要求的建筑物、构筑物和其他设施，建设单位应当按照保护规划的要求逐步改造、迁建或者拆除。

对历史文化名城保护规划范围内违法建设的并不符合保护规划要求的建筑物、构筑物和其他设施，规划行政部门及有关部门应当依法拆除或者责令改造。

第二十一条 市规划行政部门对历史文化名城保护规划范围内的建设项目进行规划审批时,应当对建设项目进行有关历史文化名城风貌影响的评估。未经评估,或者未通过评估的,不得进行审批。

第二十二条 在历史文化街区内进行建设,必须遵守保护规划和下列规定:

(一)符合保护规划确定保护的院落、街巷胡同的布局、格局和风貌要求;

(二)按照沈阳的地理、气候特点和园林景观要求,采取科学的绿化方式,配植绿化植物;

(三)在非建设地带,不得进行除绿化、道路及市政管线铺设之外的建设活动;

(四)按照有关保护要求和技术规范,配置和完善历史文化街区内的市政基础设施。

第二十三条 历史建筑不得违法拆除、改建、扩建。

依法拆除的国有历史建筑中具有收藏价值的壁画、雕塑、建筑构件等,由文物行政部门指定的文物收藏单位收藏。

第二十四条 历史建筑的所有权人应当按照保护规划和修缮标准的要求,负责历史建筑的维护和修缮。

所有权人和管理人、使用人对维护、修缮义务另有约定的,从其约定。

对于所有权人和管理人、使用人确不具备维护、修缮能力的历史建筑,市和区、县(市)人民政府应当采取措施进行保护。

第二十五条 在对历史建筑进行维护和修缮前,应当经文物行政部门会同规划行政部门批准,并依照有关法律、法规的规定办理相关手续。

第二十六条 市规划行政部门应当会同市文物行政部门对历史文化街区、历史建筑和重要历史遗址等设置保护标志或者纪念标志。

任何单位和个人不得擅自设置、移动、涂改或者损毁保护标志和纪念标志。

第二十七条 市和区、县(市)人民政府应当对著名村镇的历史文化进行挖掘和整理,符合历史文化名镇、名村条件的,应当依法申报。

石佛寺历史文化名村的保护,按照有关法律法规和本条例的规定执行。

第二十八条 体现沈阳工业历史文化内涵的遗产应当予以保护。

市和铁西、大东等区、县(市)人民政府应当依法加强对工业历史文化遗产的普查、认定、记录和研究,通过设立博物馆、纪念馆等方式,做好工业历史文化遗产的保护工作。

第二十九条 体现沈阳历史文化内涵的历史地名应当予以保留;确需更改或者取消的,地名行政部门应当征求文物行政部门的意见。

第三十条 市和区、县(市)人民政府应当根据实际情况做好有关非物质文化遗产的保护工作。

市和区、县(市)人民政府应当组织对本地的故事传说、地方戏曲、传统工艺、民间手艺、饮食文化、民风民俗等文化遗产,进行搜集、整理、研究、保护和开发利用。

鼓励和支持社会力量对民间传统文化艺术进行挖掘、整理,开设博物馆、纪念馆和陈列馆,举办各类展示和演艺活动;支持教育、研究机构培养专业人才以及名老艺人传徒授艺。

第五章 法 律 责 任

第三十一条 违反本条例规定,国家机关及其工作人员有下列情形之一的,由市和区、县(市)人民政府或者有关部门责令改正,并依法给予行政处分;构成犯罪的,依法追究刑事责任:

(一)擅自调整保护规划的;

(二)擅自批准拆除、改建、扩建、迁移历史建筑的;

(三)未按照保护规划要求审批建设项目的;

(四)其他违反法律法规和本条例规定的行为。

第三十二条 违反本条例规定,未经批准维护和修缮历史建筑,造成历史风貌破坏的,由市规划行政部门责令停止违法行为、限期恢复原状或者采取其他补救措施;有违法所得的,没收违法所得;逾期不恢复原状或者不采取其他补救措施的,市规划行政部门可以指定有能力的单位代为恢复原状或者采取其他补救措施,所需费用由违法者承担;造成严重后果的,对单位并处 5 万元以上 10 万元以下的罚款,对个人并处 1 万元以上 5 万元以下的罚款;造成损失的,依法承担赔偿责任。

第三十三条 违反本条例规定,损坏或者擅自迁移、拆除历史建筑的,由市规划行政部门责令停止违法行为、限期恢复原状或者采取其他补救措施;有违法所得的,没收违法所得;逾期不恢复原状或者不采取其他补救措施的,市规划行政部门可以指定有能力的单位代为恢复原状或者采取其他补救措施,所需费用由违法者承担;造成严重后果的,对单位并处 20 万元以上 50 万元以下的罚款,对个人并处 10 万元以上 20 万元以下的罚款;造成损失的,依法承担赔偿责任。

第三十四条 违反本条例规定,擅自在历史文化街区内新建、扩建、改建各类违反保护规划要求的建筑物、构筑物和其他设施,造成历史文化街区的传统风貌或者地方民族特色破坏的,由市规划行政部门责令停止违法行为、限期恢复原状或者采取其他补救措施;有违法所得的,没收违法所得;逾期不恢复原状或者不采取其他补救措施的,市规划行政部门可以指定有能力的单位代为恢复原状或者采取其他补救措施,所需费用由违法者承担;造成严重后果的,对单位并处 5 万元以上 10 万元以下的罚款,对个人并处 1 万元以上 5 万元以下的罚款;造成损失的,依法承担赔偿责任。

第三十五条 违反本条例规定,擅自设置、移动、涂改或者损毁各类保护标志和纪念标志的,由市规划行政部门责令限期改正;逾期不改正的,对单位处 1 万元以上 5 万元以下的罚款,对个人处 1000 元以上 1 万元以下的罚款。

第三十六条 当事人对行政处罚决定不服的,可以依法申请行政复议或者提起行政诉讼;逾期不申请行政复议也不提起行政诉讼又不履行行政处罚决定的,由作出处罚决定的行政机关申请人民法院强制执行。

第六章 附 则

第三十七条 本条例自 2009 年 9 月 1 日起施行。

吉林省文物保护条例

(1986年7月24日吉林省第六届人民代表大会常务委员会第二十次会议通过,2002年11月28日吉林省第九届人民代表大会常务委员会第三十四次会议修改,2007年5月24日吉林省第十届人民代表大会常务委员会第三十五次会议修订)

第一章 总 则

第一条 为了加强对文物的保护,根据《中华人民共和国文物保护法》、《中华人民共和国文物保护法实施条例》,结合本省实际,制定本条例。

第二条 凡在本省行政区域内涉及文物的保护、考古发掘、收藏及监督管理适用本条例。

第三条 下列文物受国家保护:

(一) 具有历史、艺术、科学价值的古文化遗址、古城址、古墓葬、古窑址、古建筑和石刻、壁画;

(二) 与重大历史事件、革命运动和著名人物有关的以及具有重要纪念意义、教育意义或者史料价值的近代现代重要史迹、实物、代表性建筑;

(三) 历史上各时代珍贵的艺术品、工艺美术品;

(四) 历史上各时代重要的文献资料以及具有历史、艺术、科学价值的手稿、图书资料等;

(五) 反映历史上各时代、各民族社会制度、社会生产、社会生活、社会文化的代表性实物;

具有科学价值的古脊椎动物化石和古人类化石同文物一样受国家保护。

第四条 县级以上人民政府文物行政部门对本行政区域内的文物保护实施监督管理。

公安、工商行政管理、建设、海关等有关部门,应当依法履行保护文物的职责。

第五条 文物保护经费由县级以上人民政府列入财政预算,并随着财政收入的增长而增加,专款专用。城市维护费中用于文物维修的费用按照国家和省有关规定执行。

鼓励公民、法人和其他组织对文物保护事业进行捐赠。对文物保护事业进行捐赠的公民、法人和其他组织,按照国家相关规定给予减免税的优惠待遇。

第六条 对在文物保护工作中做出突出贡献的单位或者个人,由当地人民政府及其文物行政部门或者有关部门给予奖励。

第二章 不可移动文物

第七条 省人民政府文物行政部门应当在市、县级文物保护单位中,选择具有重要历史、艺术、科学价值的建议确定为省级文物保护单位,或者直接建议确定为省级文物保护单位,报省人民政府核定公布。

市、县级文物保护单位分别由市、县级人民政府文物行政部门建议确定,报同级人民政府核定公布,并报省人民政府备案。

尚未核定公布为文物保护单位的不可移动文物,由县级人民政府文物行政部门组织调查和初步审核,并对其名称、类别、位置、范围等予以公布。

第八条 全国重点文物保护单位、省级文物保护单位的保护范围及建设控制地带由所在地市、县级人民政府文物行政部门会同规划行政部门在文物保护单位公布后一年内提出划定方案,经省人民政府文物行政部门会同规划行政部门审核后,报省人民政府审定公布。

市、县级文物保护单位的保护范围及建设控制地带由市、县级人民政府文物行政部门会同规划行政部门提出划定方案，报同级人民政府审定公布，并报上一级人民政府文物行政部门备案。

第九条 文物保护单位自核定公布起一年内，由所在地人民政府文物行政部门建立记录档案。全国重点文物保护单位和省级文物保护单位的记录档案一式五份；市级文物保护单位的记录档案一式四份；县级文物保护单位的记录档案一式三份。省级以下文物保护单位记录档案应当报该级文物保护单位的上级人民政府文物行政部门备案，全国重点文物保护单位记录档案报国务院文物行政部门备案。

各级文物保护单位自核定公布起一年内，由所在地人民政府文物行政部门设立保护标志和界桩。

第十条 任何单位和个人不得损毁或者擅自移动文物保护单位的标志说明和界桩以及其他保护设施。

第十一条 在文物保护单位的保护范围内，不得从事下列活动：

（一）存放或者排放危害文物安全的易燃易爆和腐蚀性物品；

（二）建造坟墓以及焚烧丧葬、祭祀用品；

（三）擅自从事取土、挖沙、采石和修筑沟渠等活动；

（四）危及或者可能损坏文物的其他活动。

第十二条 在地下文物较为集中的文物保护单位的保护范围内，不得种植可能危害地下文物的植物。

第十三条 尚未开放的不可移动文物，不得允许国内专业研究人员以外的人员参观、考察。

第十四条 使用不可移动文物的单位和个人，应当根据文物的保护级别与相应的文物行政部门签订使用协议，严格遵守不改变文物原状的原则，不得改建、损毁和拆除文物，并负责文物保护单位的安全和养护。

第十五条 有关地方人民政府应当加强本行政区域内的世界文化遗产的保护。按照世界文化遗产保护国际公约和国家有关规定制订保护规划和专项保护措施。

第三章 考 古 发 掘

第十六条 省人民政府文物行政部门负责组织全省的文物考古调查、勘探、发掘工作。

从事考古发掘工作，应当取得国务院文物行政部门颁发的考古发掘资质证书。

第十七条 进行大型基本建设工程和历史文化名城、名镇的改造与开发，建设单位应当事先报请省人民政府文物行政部门组织进行考古调查、勘探。

省人民政府文物行政部门应当在接到考古调查、勘探申请之日起十五日内，组织考古调查、勘探。考古调查、勘探、发掘所需费用由建设单位列入建设工程预算。

考古调查、勘探、发掘发现文物的，按照法律、行政法规的规定处理。未发现文物的，省人民政府文物行政部门应当在考古调查、勘探结束之日起三日内，书面通知建设单位。

第十八条 任何单位或者个人发现文物，应当保护现场，并立即报告当地人民政府文物行政部门。

第十九条 考古发掘中的重大发现，须由省人民政府文物行政部门或者其确定的单位对外公布。

第四章 馆 藏 文 物

第二十条 县级以上人民政府可以组织建立有地方特色的博物馆、纪念馆、陈列馆。优先发展门类空缺和体现地区文化、行业特点的专题性博物馆。

鼓励公民、法人和其他组织兴办博物馆、纪念馆、陈列馆。

第二十一条 有文物收藏的博物馆、纪念馆、陈列馆和其他文物收藏单位，应当接受县级以上人民政府文物行政部门的业务指导和监督管理。

第二十二条 省人民政府文物行政部门应当建立馆藏文物核查、鉴定制度。

第二十三条 国有文物收藏单位的法定代表人离任前,应当通过其主管部门或者文物行政部门的文物移交核查。

第二十四条 文物收藏单位应当建立、健全文物的收藏、保护、研究、展示等规章制度。

馆藏一级文物、二级文物,应当设专库、专柜保管,配备安全设备。不具备保管条件的,由省人民政府文物行政部门指定单位代为保管或者依法调拨。

第二十五条 内容涉及我国疆域、外交、民族关系或者天文、水文、地理等科学资料的石刻和未发表的墓志铭,禁止拓印出售或者翻刻出售。

第二十六条 任何单位和个人不得向国外提供我省尚未公开发表的文物拓片、照片、图纸、古墓壁画摹本及文字资料。

第二十七条 拍摄馆藏文物,需向当地文物行政部门提出申请,并承担因拍摄而产生的费用。其中,拍摄一级文物,应当提前二十日向省人民政府文物行政部门提出书面申请,经审核后,报国务院文物行政部门批准。

第五章 民间收藏文物

第二十八条 除法律规定不得买卖的文物外,公民、法人和其他组织依法取得的文物可以依法流通。

第二十九条 文物拍卖企业拍卖文物应当在文物拍卖公告发布三十日前,将文物拍卖资料报省人民政府文物行政部门审核。

第三十条 外省文物拍卖企业来本省举办文物拍卖活动,应当在拍卖活动开始七日前,向省人民政府文物行政部门备案,并提供下列材料:

(一)文物拍卖许可证复印件;

(二)拍卖文物清册;

(三)拍卖企业所在省文物行政部门对本次拍卖活动的审核意见。

第三十一条 设立文物商店应当向省人民政府文物行政部门提出申请并提供符合国家规定条件的证明。

省人民政府文物行政部门自收到申请之日起二十日内做出决定,并书面通知申请人。

第六章 法律责任

第三十二条 违反本条例第十条,损毁或者擅自移动文物保护设施和标志的,由县级以上人民政府文物行政部门给予警告,责令恢复原状;情节严重的,可并处二百元罚款。

第三十三条 违反本条例第十一条第三项,在文物保护单位的保护范围内擅自从事取土、挖沙、采石和修筑沟渠等活动,由县级以上人民政府文物行政部门责令改正;对文物造成损坏后果严重的,处五万元以上五十万元以下罚款。

第三十四条 违反本条例第十六条第二款,没有取得国务院文物行政部门颁发的考古发掘证书,擅自进行考古发掘的,对主管人员和直接责任人员依法给予行政处分;造成文物损坏的,按照法律、法规的规定处理。

第三十五条 违反本条例第十七条第一款,进行大型基本建设和历史文化名城名镇的改造与开发,施工前未经省人民政府文物行政部门考古调查、勘探强行开工的,由县级以上人民政府文物行政部门予以制止;对主管人员和直接责任人员依法给予行政处分;造成文物损坏的,按照法律、法规的规定处理。

第三十六条 违反本条例第十七条第二款、第三款,在接到申请后十五日内未组织考古调查、勘探或者考古调查、勘探结束后未在三日内书面通知建设单位的,由有关部门对主管人员和直接责任人员予以批评教育;造成后果的,依法给予行政处分;造成损失的,由其所在单位予以赔偿,所在单位赔偿后,可以向直接责任人员追偿。

第三十七条 文物拍卖企业违反本条例第二十九条和第三十条有关拍卖文物审核或者备案规定的,由县级以上人民政府文物行政部门责令改正。

第三十八条 文物行政部门以及有关部门和单位的工作人员在文物保护管理工作中玩忽职守、滥用职权、徇私舞弊的,依法给予行政处分;构成犯罪的,由司法机关依法追究刑事责任。

第七章 附　　则

第三十九条 本条例自公布之日起施行。

哈尔滨市历史文化名城保护条例

(2009年7月22日哈尔滨市第十三届人民代表大会常务委员会第十七次会议通过，2009年10月23日黑龙江省第十一届人民代表大会常务委员会第十三次会议批准)

第一章 总 则

第一条 为了加强哈尔滨历史文化名城（以下简称历史文化名城）的保护、管理和利用，维护历史文化遗产的真实性和完整性，继承和弘扬城市特色风貌，根据《中华人民共和国城乡规划法》、《中华人民共和国文物保护法》、《历史文化名城名镇名村保护条例》等法律、法规，结合本市情况，制定本条例。

第二条 本市建成区内的历史城区、历史文化街区、历史院落和历史建筑的保护、管理和利用，适用本条例。

涉及文物、古树名木的保护，法律、法规另有规定的，从其规定。

第三条 历史文化名城保护工作，应当遵循科学规划、严格保护、合理利用的原则。

第四条 本条例由市人民政府负责组织实施。

市城乡规划行政主管部门（以下简称市规划部门）负责历史文化名城保护、管理和利用的具体工作。

市文化、财政、建设、房产住宅、城市管理、国土资源、工商、宗教、旅游、公安等行政主管部门，按照各自职责权限，负责做好历史文化名城保护、管理和利用的相关工作。

第五条 本市设立历史文化名城保护专家委员会（以下简称专家委员会），对历史文化名城保护的有关事宜进行论证和评审。

专家委员会由规划、建筑、房产、园林、文化、文物、历史、社会和法律等方面的专家组成。具体组成办法和工作规则由市人民政府规定。

第六条 在不影响保护的前提下，可以采取商业运作等形式，有效利用历史文化街区、历史院落和历史建筑。

第七条 市人民政府应当积极组织开展历史文化名城保护的宣传活动，增强市民的保护意识，对在历史文化名城保护工作中做出突出贡献的单位和个人给予表彰、奖励。

第八条 任何单位或者个人都有保护历史文化名城的义务，对破坏历史文化名城的行为有权投诉和举报。

第二章 保护规划

第九条 市人民政府应当组织编制历史文化名城保护规划（以下简称保护规划），经省人民政府批准后，及时向社会公布。

保护规划应当包括下列内容：

（一）保护原则、保护内容和保护范围；
（二）保护措施、开发强度和建设控制要求；
（三）传统格局和历史风貌保护要求；
（四）历史城区的保护范围、历史文化街区的核心保护范围和建设控制地带；
（五）保护规划分期实施方案。

第十条 市规划部门应当根据保护规划，组织编制历史城区、历史文化街区、历史院落和历史建筑保护详细规划（以下简称详细规划），经市人民政府批准后，及时向社会公布。

第十一条 保护规划（含详细规划，下同）应当根据城市整体风貌进行编制。

编制城市其他专项规划或者详细规划等，应当与保护规划相协调。

第十二条 编制保护规划，应当征求有关部门和公众的意见，并由专家委员会进行评审；必要时，可以举行听证。

第十三条 经依法批准的保护规划，不得擅自修改；确需修改的，保护规划的组织编制机关应当向原审批机关提出专题报告，经同意后，方可编制修改方案。修改后的保护规划，应当按照原审批程序报送审批。

第十四条 市规划部门应当严格按照经依法批准的保护规划履行规划审批手续。

第十五条 历史城区和历史文化街区的确定，应当由市规划部门组织调查，经专家委员会评审通过，报市人民政府批准后向省人民政府申报。

历史院落和历史建筑的认定、调整、撤销，由市规划部门组织调查，征求有关方面意见，经专家委员会评审通过，报市人民政府批准后向社会公布。

第三章 保 护 措 施

第十六条 市和区人民政府应当把历史文化名城保护资金（以下简称保护资金）列入同级财政预算。

保护资金主要用于以下方面：

（一）濒危历史建筑的抢救工作；

（二）对历史院落、历史建筑的收购；

（三）对历史文化街区、历史院落和历史建筑等进行维护和修缮；

（四）对在历史文化名城保护工作中做出突出贡献的单位和个人给予奖励；

（五）与历史文化名城保护相关的其他工作。

第十七条 鼓励企业、事业单位、社会团体和个人以投资、捐赠等形式参与历史文化街区、历史院落和历史建筑的保护。

第十八条 保护资金和受赠款项，应当专项用于历史文化名城保护，不得挪作他用。

第十九条 市人民政府应当加强对历史城区的整体保护，保持传统的空间尺度、道路线形、城市风貌和建筑环境，严格控制历史城区内的建设强度，并按照保护规划要求，实施下列保护措施：

（一）合理确定历史城区用地构成；

（二）控制历史城区人口数量；

（三）完善历史城区的基础设施；

（四）增加历史城区绿化量。

第二十条 历史文化街区应当保持原有的空间尺度和道路线形，保留带有历史风貌特色和与历史风貌特色相协调的建筑物、广场、绿地、市政设施和地面铺装。

第二十一条 历史文化街区核心保护范围内的建筑物外装修、装饰、色彩，市政设施、雕塑等设计与安装位置，应当与历史文化街区的总体环境相协调。

第二十二条 在历史文化街区核心保护范围内，不得进行新建、扩建活动；但新建、扩建必要的基础设施和公共服务设施除外。

新建、扩建必要的基础设施和公共服务设施，应当符合保护规划确定的建设控制要求。

第二十三条 在历史城区和历史文化街区建设控制地带内，新建、改建、扩建建筑物、构筑物的高度、体量、色彩和风格，应当符合保护规划确定的建设控制要求。

第二十四条 对历史城区或者历史文化街区内的危旧房屋进行改造，不得破坏其传统格局和历史风貌。

建设单位在办理改造危旧房屋规划审批手续时，应当提交对历史城区或者历史文化街区传统格局和历史风貌产生影响的评估报告。

第二十五条 对历史院落应当保护其空间边界、空间尺度、道路和绿地等，完善必要的基础设施和公共服务设施，提高历史院落环境质量。

第二十六条 对历史院落应当注重保护原有传统建筑及其附属设施，并按照保护规划的要求，结合城市改造，拆除历史院落内与历史风貌不相协调的建筑物或者构筑物，并依法给予补偿。

第二十七条 对历史建筑按照下列规定实施分类保护：

（一）一类历史建筑，不得改变建筑原有的立面造型、表面材质、色调、结构体系、平面布局和有特色的室内装饰。

（二）二类历史建筑，不得改变建筑原有的立面造型、表面材质、色调和主要平面布局。

（三）三类历史建筑，不得改变建筑原有的立面造型、表面材质和色调。

历史建筑的分类标准由市人民政府制定，历史建筑的分类名单由市人民政府公布。

第二十八条 对历史建筑应当实施原址保护；任何单位或者个人不得擅自拆除、迁移历史建筑。

因公共利益需要进行建设活动，对历史建筑无法实施原址保护，必须迁移异地保护或者拆除的，经专家委员会评审通过后，由市规划部门会同同级文物部门报省有关部门批准。

经批准迁移或者拆除历史建筑的，建设单位应当自批准之日起30个工作日内，按照规定形成历史建筑测绘、图像等资料，报市规划部门备案。

第二十九条 任何单位或者个人不得实施下列行为：

（一）在历史建筑上设置户外广告；

（二）在历史建筑及其附属建筑设施内存放易燃、易爆、腐蚀性等危害历史建筑的物品；

（三）在历史建筑及其附属建筑设施内，安装影响历史建筑使用寿命的设备；

（四）在历史建筑上刻划、张贴、涂污；

（五）其他危害、损毁历史建筑或者影响历史建筑风貌的行为。

第三十条 单位或者个人实施下列行为，应当报市规划等部门审核同意后，按照法律、法规规定到有关部门办理审批手续：

（一）在历史建筑上设置牌匾、空调散热器、照明设备等设施；

（二）在历史文化街区内历史建筑以外的建筑物上设置牌匾或者户外广告；

（三）在历史文化街区核心保护范围内设置临时商服用房。

设置牌匾或者户外广告，所占面积、色彩、材料以及形式应当符合保护规划的要求，并与建筑立面相协调；可能影响历史建筑房屋安全的，应当提供房屋安全鉴定。

第三十一条 历史院落和历史建筑的所有权人，应当按照保护规划的要求，负责对历史院落和历史建筑适时进行维护和修缮。

市和区人民政府可以利用保护资金对历史院落和历史建筑的维护、修缮给予补助。

历史院落和历史建筑的使用人，应当为所有权人的维护和修缮提供方便条件。

第三十二条 对历史院落和历史建筑进行维护和修缮，其所有权人应当按照保护规划的要求，向市规划部门提出维护、修缮方案；可能影响历史建筑房屋安全的，应当提供房屋安全鉴定。

历史院落和历史建筑的维护、修缮方案经专家委员会评审后，由市规划部门按照程序办理审批手续。

历史院落和历史建筑的所有权人，应当按照经批准的维护、修缮方案对历史院落和历史建筑进行维护、修缮。

维护和修缮方案应当由具有甲级建筑设计资质的单位编制。

第三十三条 历史建筑的所有权人和使用人,应当按照建筑的使用性质对其进行使用。

改变历史建筑使用性质,应当经市规划部门批准,并依照法律、法规规定到房产部门办理相关手续。

第三十四条 历史院落和历史建筑有损毁危险,其所有权人不具备维护和修缮能力时,可以向市规划部门提出申请,由市人民政府委托专门机构予以收购。

第三十五条 市规划部门应当自历史文化街区被批准认定之日起30个工作日内,在核心保护范围的主要出入口设置标志牌。

市规划部门应当自历史院落和历史建筑被批准认定、调整之日起30个工作日内,设置标志牌,并向所有权人颁发保护确认证书。

任何单位或者个人不得涂改、损毁或者擅自设置、移动标志牌。

第三十六条 市规划部门应当加强对历史城区、历史文化街区、历史院落、历史建筑保护的日常监督、检查,对违反本条例规定的违法行为及时进行处理。

第三十七条 市规划部门应当建立历史城区、历史文化街区、历史院落和历史建筑档案。有关单位或者个人应当配合做好建档工作。

第四章 法 律 责 任

第三十八条 违反本条例规定,市、区人民政府及其有关主管部门的工作人员,不履行监督管理职责,发现违法行为不予查处或者有其他滥用职权、玩忽职守、徇私舞弊行为,构成犯罪的,依法追究刑事责任;尚不构成犯罪的,依法给予处分。

第三十九条 违反本条例规定,在历史城区和历史文化街区建设控制地带内,新建、改建、扩建建筑物、构筑物,高度、体量、色彩或者风格,不符合保护规划确定的建设控制要求的,由市规划部门责令停止违法行为、限期改正或者限期拆除,并处70万元以上100万元以下罚款。

第四十条 违反本条例规定,有下列行为之一的,由市规划部门按照下列规定给予处罚:

(一)擅自迁移、拆除历史建筑的,责令停止违法行为,限期原址恢复原状,或者由市规划部门指定有能力的单位代为恢复原状,所需费用由违法者承担,并处以70万元以上100万元以下罚款。

(二)未经市规划部门审核同意,改建、扩建历史建筑及其附属设施的,责令限期改正,对单位并处10万元以上20万元以下罚款,对个人并处5万元以上10万元以下罚款。

(三)在历史建筑及其附属建筑设施内安装影响历史建筑使用寿命的设备的,责令限期拆除,对单位并处2万元以上5万元以下罚款,对个人并处1万元以上2万元以下罚款。

第四十一条 违反本条例规定,建设单位未在规定期限内将批准迁移或者拆除的历史建筑的测绘、图像等资料备案的,由市规划部门责令限期补报备案;逾期未补报备案的,处以5千元以上1万元以下罚款;未形成历史建筑的测绘、图像等资料的,处以10万元以上20万元以下罚款。

第四十二条 违反本条例规定,未经市规划部门批准,对历史院落和历史建筑进行维护、修缮,或者未按照市规划部门批准的历史院落和历史建筑维护、修缮方案进行维护、修缮的,责令限期改正,对单位并处5万元以上10万元以下罚款,对个人并处1万元以上5万元以下罚款。

第四十三条 违反本条例规定,有下列行为之一的,由集中行使行政处罚权的行政执法机关按照下列规定给予处罚:

(一)在历史建筑上设置户外广告的,责令限期拆除;逾期未拆除的,对单位处以5万元以上10万元以下罚款,对个人处以2万元以上5万元以下罚款。

(二)未经批准在历史建筑上设置牌匾、空调散热器、照明设备等设施,或者在历史文化街区内历史建筑以外的建筑物上设置牌匾、户外广告的,责令限期拆除;逾期未拆除的,对单位处以2万元以上5万元以下罚款,对个人处以1万元以上2万元以下罚款。

（三）未经批准在历史文化街区核心保护范围内设置临时商服用房的，责令限期拆除；逾期未拆除的，对单位处以 5 万元以上 10 万元以下罚款，对个人处以 1 万元以上 5 万元以下罚款。

第四十四条 市规划部门、集中行使行政处罚权的行政执法机关作出责令停止违法行为、限期改正或者拆除的决定后，当事人未停止违法行为或者逾期未改正以及拆除的，市规划部门、集中行使行政处罚权的行政执法机关应当采取查封现场、强制拆除等措施。

第四十五条 违反本条例其他规定的，由市规划或者有关行政管理部门依照有关法律、法规的规定予以处罚。

第五章 附 则

第四十六条 本条例下列用语的含义：

（一）历史城区，是指经省人民政府核定公布，能体现哈尔滨城市历史发展过程或者某一发展时期风貌，历史范围清楚，历史建筑较多，需要保护控制的区域。

（二）历史文化街区，是指经省人民政府核定公布，保存文物特别丰富、历史建筑集中成片、能够较完整和真实地体现传统格局和历史风貌，并具有一定规模的区域，包括核心保护范围和建设控制地带。

（三）历史院落，是指经市人民政府确定公布，空间布局形态和建筑风格具有传统地方风貌特点，或者能够比较完整、真实地反映一定历史时期的历史事件、历史人物活动，主要由历史建筑所围合、限定的，有明确的空间边界和历史环境质量的院落。

（四）历史建筑，是指经市人民政府确定公布，具有较高历史、科学或者艺术价值，能够反映历史风貌和地方特色，未公布为文物保护单位，也未登记为不可移动文物的建筑物、构筑物。

第四十七条 本条例实施前公布的保护建筑纳入历史建筑保护范围。

第四十八条 县（市）历史文化街区、历史院落和历史建筑的保护、管理和利用，参照本条例执行。

第四十九条 本条例自 2010 年 1 月 1 日起施行。2001 年 10 月 19 日公布的《哈尔滨市保护建筑和保护街区条例》同时废止。

上海市历史文化风貌区和优秀历史建筑保护条例

(2002 年 7 月 25 日上海市第十一届人民代表大会常务委员会第四十一次会议通过)

第一章 总 则

第一条 为了加强对本市历史文化风貌区和优秀历史建筑的保护，促进城市建设与社会文化的协调发展，根据有关法律、行政法规，结合本市实际情况，制定本条例。

第二条 本市行政区域内历史文化风貌区和优秀历史建筑的确定及其保护管理，适用本条例。

优秀历史建筑被依法确定为文物的，其保护管理依照文物保护法律、法规的有关规定执行。

第三条 市规划管理部门负责本市历史文化风貌区和优秀历史建筑保护的规划管理。区、县规划管理部门按照本条例的有关规定，负责本辖区历史文化风貌区保护的规划管理。

市房屋土地管理部门负责本市优秀历史建筑的保护管理。区、县房屋土地管理部门按照本条例的有关规定，负责本辖区优秀历史建筑的日常保护管理。

本市其他有关管理部门按照各自职责，协同实施本条例。

第四条 历史文化风貌区和优秀历史建筑的保护，应当遵循统一规划、分类管理、有效保护、合理利用、利用服从保护的原则。

第五条 市和区、县人民政府对本行政区域内的历史文化风貌区和优秀历史建筑负有保护责任，应当提供必要的政策保障和经费支持。

优秀历史建筑的所有人和使用人，应当按照本条例的规定承担保护责任。

任何单位和个人都有保护历史文化风貌区和优秀历史建筑的义务，对危害历史文化风貌区和优秀历史建筑的行为，可以向规划管理部门或者房屋土地管理部门举报。规划管理部门或者房屋土地管理部门对危害历史文化风貌区和优秀历史建筑的行为应当及时调查处理。

第六条 历史文化风貌区和优秀历史建筑的保护资金，应当多渠道筹集。

市和区、县设立历史文化风貌区和优秀历史建筑保护专项资金，其来源是：

（一）市和区、县财政预算安排的资金；
（二）境内外单位、个人和其他组织的捐赠；
（三）公有优秀历史建筑转让、出租的收益；
（四）其他依法筹集的资金。

历史文化风貌区和优秀历史建筑保护专项资金由市和区、县人民政府分别设立专门账户，专款专用，并接受财政、审计部门的监督。

第七条 本市设立历史文化风貌区和优秀历史建筑保护专家委员会。

历史文化风貌区和优秀历史建筑保护专家委员会（以下简称专家委员会），按照本条例的规定负责历史文化风貌区和优秀历史建筑认定、调整及撤销等有关事项的评审，为市人民政府决策提供咨询意见。专家委员会由规划、房屋土地、建筑、文物、历史、文化、社会和经济等方面的人士组成，具体组成办法和工作规则由市人民政府规定。

第二章 历史文化风貌区和优秀历史建筑的确定

第八条 历史建筑集中成片，建筑样式、空间格局和街区景观较完整地体现上海某一历史时期地域文化特点的地区，可以确定为历史文化风貌区。

第九条 建成三十年以上，并有下列情形之一的建筑，可以确定为优秀历史建筑：

（一）建筑样式、施工工艺和工程技术具有建筑艺术特色和科学研究价值；

（二）反映上海地域建筑历史文化特点；

（三）著名建筑师的代表作品；

（四）在我国产业发展史上具有代表性的作坊、商铺、厂房和仓库；

（五）其他具有历史文化意义的优秀历史建筑。

第十条 建筑的所有人和使用人，以及其他单位和个人，都可以向市规划管理部门或者市房屋土地管理部门推荐历史文化风貌区或者优秀历史建筑。

历史文化风貌区的初步名单，由市规划管理部门研究提出，并征求市房屋土地管理部门、市文物管理部门和所在区县人民政府的意见，经专家委员会评审后报市人民政府批准确定。

优秀历史建筑的初步名单，由市规划管理部门和市房屋土地管理部门研究提出，并征求市文物管理部门、建筑所有人和所在区县人民政府的意见，经专家委员会评审后报市人民政府批准确定。

在市人民政府批准确定前，应当将历史文化风貌区和优秀历史建筑的初步名单公示征求社会意见。

第十一条 经批准确定的历史文化风貌区由市人民政府公布，并由市规划管理部门设立标志。

经批准确定的优秀历史建筑由市人民政府公布，并由市房屋土地管理部门设立标志。

第十二条 依法确定的历史文化风貌区和优秀历史建筑不得擅自调整或者撤销。确因不可抗力或者情况发生变化需要调整或者撤销的，应当由市规划管理部门和市房屋土地管理部门提出，经专家委员会评审后报市人民政府批准。

第十三条 城市建设中发现有保护价值而尚未确定为优秀历史建筑的建筑，经市规划管理部门和市房屋土地管理部门初步确认后，可以参照本条例的有关规定采取先予保护的措施，再按照本条例第十条规定的程序报批列为优秀历史建筑。

第三章 历史文化风貌区的保护

第十四条 市规划管理部门应当根据城市总体规划组织编制历史文化风貌区保护规划，并征求市房屋土地管理部门、市文物管理部门、所在区县人民政府和相关管理部门的意见，经专家委员会评审后报市人民政府批准。

第十五条 历史文化风貌区保护规划应当包括下列内容：

（一）该地区的历史文化风貌特色及其保护准则；

（二）该地区的核心保护范围和建设控制范围；

（三）该地区土地使用性质的规划控制和调整，以及建筑空间环境和景观的保护要求；

（四）该地区与历史文化风貌不协调的建筑的整改要求；

（五）规划管理的其他要求和措施。

第十六条 在历史文化风貌区核心保护范围内进行建设活动，应当符合历史文化风貌区保护规划和下列规定：

（一）不得擅自改变街区空间格局和建筑原有的立面、色彩；

（二）除确需建造的建筑附属设施外，不得进行新建、扩建活动，对现有建筑进行改建时，应当保持或者恢复其历史文化风貌；

（三）不得擅自新建、扩建道路，对现有道路进行改建时，应当保持或者恢复其原有的道路格局和景观特征；

（四）不得新建工业企业，现有妨碍历史文化风貌区保护的工业企业应当有计划迁移。

第十七条 在历史文化风貌区建设控制范围内进行建设活动，应当符合历史文化风貌区保护规划和下列规定：

（一）新建、扩建、改建建筑时，应当在高度、体量、色彩等方面与历史文化风貌相协调；

（二）新建、扩建、改建道路时，不得破坏历史文化风貌；

（三）不得新建对环境有污染的工业企业，现有对环境有污染的工业企业应当有计划迁移。

在历史文化风貌区建设控制范围内新建、扩建建筑，其建筑容积率受到限制的，可以按照城市规划实行异地补偿。

第十八条　历史文化风貌区的建设项目规划，由市规划管理部门审批。市规划管理部门审批时，应当征求市房屋土地管理部门的意见。

第十九条　历史文化风貌区土地的规划使用性质不得擅自改变。建筑的使用性质不符合历史文化风貌区保护规划要求的，应当予以恢复或者调整。

第二十条　经批准在历史文化风貌区内设置户外广告、招牌等设施，应当符合历史文化风貌区保护规划的要求，不得破坏建筑空间环境和景观。现有的户外广告、招牌等设施不符合历史文化风貌区保护规划要求的，应当限期拆除。

第二十一条　历史文化风貌区内的消防设施、通道应当按照有关的技术规范予以完善、疏通。因保护历史文化风貌需要无法达到规定的消防标准的，应当由市规划管理部门和市公安消防部门协商制定相应的防火安全措施。

第四章　优秀历史建筑的保护

第二十二条　市规划管理部门应当会同市房屋土地管理部门提出优秀历史建筑的保护范围和周边建设控制范围，经征求有关专家和所在区、县人民政府的意见后，报市人民政府批准。

第二十三条　在优秀历史建筑的保护范围内不得新建建筑；确需建造优秀历史建筑附属设施的，应当报市规划管理部门审批。市规划管理部门审批时，应当征求市房屋土地管理部门的意见。

第二十四条　在优秀历史建筑的周边建设控制范围内新建、扩建、改建建筑的，应当在使用性质、高度、体量、立面、材料、色彩等方面与优秀历史建筑相协调，不得改变建筑周围原有的空间景观特征，不得影响优秀历史建筑的正常使用。

在优秀历史建筑的周边建设控制范围内新建、扩建、改建建筑的，应当报市规划管理部门审批。市规划管理部门审批时，应当征求市房屋土地管理部门和所在区、县人民政府的意见。

第二十五条　优秀历史建筑的保护要求，根据建筑的历史、科学和艺术价值以及完好程度，分为以下四类：

（一）建筑的立面、结构体系、平面布局和内部装饰不得改变；

（二）建筑的立面、结构体系、基本平面布局和有特色的内部装饰不得改变，其他部分允许改变；

（三）建筑的立面和结构体系不得改变，建筑内部允许改变；

（四）建筑的主要立面不得改变，其他部分允许改变。

市房屋土地管理部门应当会同市规划管理部门提出每处优秀历史建筑的具体保护要求，经专家委员会评审后报市人民政府批准。

第二十六条　市和区、县房屋土地管理部门应当做好优秀历史建筑保护的指导和服务工作。区、县房屋土地管理部门应当将优秀历史建筑的具体保护要求书面告知建筑的所有人和有关的物业管理单位，明确其应当承担的保护义务。

优秀历史建筑转让、出租的，转让人、出租人应当将有关的保护要求书面告知受让人、承租人。受让人、承租人应当承担相应的保护义务。

第二十七条　市房屋土地管理部门应当组织区、县房屋土地管理部门定期对优秀历史建筑的使用和保护状况进行普查，并建立专门档案。普查结果应当书面告知建筑的所有人、使用人和有关的物业管理单位。

优秀历史建筑的所有人和使用人应当配合对建筑的普查。

第二十八条 严格控制在优秀历史建筑上设置户外广告、招牌等设施。经批准在优秀历史建筑上设置户外广告、招牌、空调、霓虹灯、泛光照明等外部设施，或者改建卫生、排水、电梯等内部设施的，应当符合该建筑的具体保护要求；设置的外部设施还应当与建筑立面相协调。

第二十九条 优秀历史建筑的所有人和使用人不得在建筑内堆放易燃、易爆和腐蚀性的物品，不得从事损坏建筑主体承重结构或者其他危害建筑安全的活动。

第三十条 优秀历史建筑的使用性质、内部设计使用功能不得擅自改变。

优秀历史建筑的所有人根据建筑的具体保护要求，确需改变建筑的使用性质和内部设计使用功能的，应当将方案报市房屋土地管理部门审核批准。市房屋土地管理部门在批准前应当听取专家委员会的意见；涉及改变建设工程规划许可证核准的使用性质的，应当征得市规划管理部门的同意。

第三十一条 优秀历史建筑的使用现状与建筑的使用性质、内部设计使用功能不一致，对建筑的保护产生不利影响的，建筑的所有人可以按照建筑的具体保护要求提出恢复或者调整建筑的使用性质、内部设计使用功能的方案，报市房屋土地管理部门审核批准。市房屋土地管理部门在批准前应当听取专家委员会的意见；涉及规划管理的，应当征得市规划管理部门的同意。

优秀历史建筑的使用现状与建筑的使用性质、内部设计使用功能不一致，对建筑的保护产生严重影响的，市房屋土地管理部门应当在听取专家委员会的意见后，作出恢复或者调整建筑的使用性质、内部设计使用功能的决定。

第三十二条 执行政府规定租金标准的公有优秀历史建筑，因保护需要恢复、调整或者改变建筑的使用性质、内部设计使用功能，确需承租人搬迁并解除租赁关系的，出租人应当补偿安置承租人；补偿安置应当高于本市房屋拆迁补偿安置的标准。市人民政府可以根据优秀历史建筑的类型、地段和用途等因素制定补偿安置的指导性标准。具体补偿安置的数额，由出租人和承租人根据指导性标准和合理、适当的原则协商确定。协商不成的，经当事人申请，由所在区、县人民政府裁决。当事人对裁决不服的，可以依法向人民法院提起诉讼。

执行市场租金标准的优秀历史建筑，因保护需要恢复、调整或者改变使用性质、内部设计使用功能，致使原租赁合同无法继续履行的，其租赁关系按照原租赁合同的约定处理。无约定的，出租人应当提前三个月书面告知承租人解除租赁合同，并依法承担相应的民事责任。

优秀历史建筑恢复、调整或者改变使用性质、内部设计使用功能后，仍然用于出租的，原承租人在同等条件下享有优先承租权；用于出售的，原承租人在同等条件下享有优先购买权。

第三十三条 优秀历史建筑的所有人应当按照建筑的具体保护要求或者普查提出的要求，及时对建筑进行修缮，建筑的使用人应当予以配合，区、县房屋土地管理部门应当予以督促和指导。

优秀历史建筑由所有人负责修缮、保养，并承担相应的修缮费用；所有人和使用人另有约定的，从其约定。建筑的所有人承担修缮费用确有困难的，可以向区、县人民政府申请从保护专项资金中给予适当补助。

执行政府规定租金标准的公有非居住优秀历史建筑的承租人，应当按照政府规定租金标准与房地产市场租金标准的差额比例承担部分修缮费用。

第三十四条 优秀历史建筑的所有人未按照建筑的具体保护要求及时修缮致使建筑发生损毁危险或者未定期整修建筑立面的，区、县房屋土地管理部门应当责令其限期抢救修缮或者整修；逾期仍不抢救修缮或者整修的，区、县房屋土地管理部门应当委托通过招投标方式确定的专业单位代为修缮或者整修，所需费用由建筑的所有人承担。

第三十五条 优秀历史建筑的修缮应当由建筑的所有人委托具有相应资质的专业设计、施工单位实施。

优秀历史建筑的所有人应当将修缮的设计、施工方案事先报送市房屋土地管理部门；涉及建筑主体承重结构变动的,应当向市规划管理部门申请领取建设工程规划许可证。市规划管理部门在核发建设工程规划许可证之前,应当征得市房屋土地管理部门的同意。

第三十六条 优秀历史建筑的修缮应当符合国家和本市的建筑技术规范以及优秀历史建筑的修缮技术规定。建筑的修缮无法按照建筑技术规范进行的,应当由市房屋土地管理部门组织有关专家和相关管理部门协调确定相应的修缮方案。

优秀历史建筑的修缮技术规定由市房屋土地管理部门会同市规划管理部门提出,经征求有关专家和相关管理部门的意见后确定。

第三十七条 经市规划管理部门许可的建筑修缮工程形成的文字、图纸、图片等档案资料,应当由优秀历史建筑的所有人及时报送市城市建设档案馆。

第三十八条 优秀历史建筑因不可抗力或者受到其他影响发生损毁危险的,建筑的所有人应当立即组织抢险保护,采取加固措施,并向区、县房屋土地管理部门报告。区、县房屋土地管理部门应当予以督促和指导,对不符合该建筑具体保护要求的措施应当及时予以纠正。

第三十九条 依法确定的优秀历史建筑不得擅自迁移、拆除。因特殊需要必须迁移、拆除或者复建优秀历史建筑的,应当由市规划管理部门和市房屋土地管理部门共同提出,经专家委员会评审后报市人民政府批准。

迁移、拆除和复建优秀历史建筑的,应当在实施过程中做好建筑的详细测绘、信息记录和档案资料保存工作,并按本市建设工程竣工档案管理的有关规定,及时报送市城市建设档案馆。

第五章 法 律 责 任

第四十条 违反本条例规定,擅自或者未按批准的要求,在历史文化风貌区或者优秀历史建筑的保护范围、周边建设控制范围内进行建设活动的,由市规划管理部门或者区、县规划管理部门按照《上海市城市规划条例》和《上海市拆除违法建筑若干规定》的有关规定处理。

第四十一条 违反本条例规定,未按建筑的具体保护要求设置、改建相关设施,擅自改变优秀历史建筑的使用性质、内部设计使用功能,或者从事危害建筑安全活动的,由市房屋土地管理部门或者区、县房屋土地管理部门责令其限期改正,并可以处该优秀历史建筑重置价百分之二以上百分之二十以下的罚款。

第四十二条 违反本条例规定,擅自迁移优秀历史建筑的,由市规划管理部门责令其限期改正或者恢复原状,并可以处该优秀历史建筑重置价一到三倍的罚款。

违反本条例规定,擅自拆除优秀历史建筑的,由市房屋土地管理部门或者区、县房屋土地管理部门责令其限期改正或者恢复原状,并可以处该优秀历史建筑重置价三到五倍的罚款。

第四十三条 违反本条例规定,对优秀历史建筑的修缮不符合建筑的具体保护要求或者相关技术规范的,由市房屋土地管理部门或者区、县房屋土地管理部门责令其限期改正、恢复原状,并可以处该优秀历史建筑重置价百分之三以上百分之三十以下的罚款。

第四十四条 违反本条例规定,未及时报送优秀历史建筑修缮、迁移、拆除或者复建工程档案资料的,由市规划管理部门责令其限期报送;逾期仍不报送的,依照档案管理法律、法规的有关规定处理。

第四十五条 规划管理部门、房屋土地管理部门和其他有关管理部门及其工作人员违反本条例规定行使职权,有下列情形之一的,由所在单位或者上级主管机关依法给予行政处分;给管理相对人造成经济损失的,按照国家有关规定赔偿;构成犯罪的,依法追究刑事责任:

(一)违反法定程序,确定、调整或者撤销历史文化风貌区和优秀历史建筑的,或者违法批准迁移、拆除优秀历史建筑的;

(二)擅自批准在历史文化风貌区、优秀历史建筑的保护范围内从事违法建设活动,或者违法批准改变优秀历史建筑的使用性质、内部设计使用功能的;

（三）对有损历史文化风貌区和优秀历史建筑的违法行为不及时处理的；

（四）其他属于玩忽职守、滥用职权、徇私舞弊的。

第四十六条 当事人对行政管理部门的具体行政行为不服的，可以依照《中华人民共和国行政复议法》或者《中华人民共和国行政诉讼法》的规定，申请行政复议或者提起行政诉讼。

第六章 附 则

第四十七条 本市城市总体规划确定的历史文化名镇的保护，参照本条例有关历史文化风貌区保护的规定执行。

第四十八条 本条例自 2003 年 1 月 1 日起施行。

江苏省历史文化名城名镇保护条例

(2001年12月27日江苏省第九届人民代表大会常务委员会第二十七次会议通过,根据2010年9月29日江苏省第十一届人民代表大会常务委员会第十七次会议《关于修改〈江苏省历史文化名城名镇保护条例〉的决定》修正)

第一章 总 则

第一条 为加强对历史文化名城、名镇和历史文化保护区的保护,继承优秀历史文化遗产,促进社会主义物质文明与精神文明建设,根据有关法律、法规,结合本省实际,制定本条例。

第二条 本省行政区域内历史文化名城、名镇和历史文化保护区的保护,适用本条例。

本条例所称历史文化名城,是指经国务院或者省人民政府批准并公布的保存文物古迹特别丰富、具有重要历史文化价值或者革命纪念意义的城市。

本条例所称历史文化名镇,是指经省人民政府批准并公布的保存文物古迹较为丰富、具有重要历史文化价值的建制镇和集镇。

本条例所称历史文化保护区,是指经省人民政府批准并公布的文物古迹比较集中,能够比较完整地反映一定历史时期的传统风貌和地方、民族特色的街区、建筑群、村落、水系等。

第三条 历史文化名城、名镇和历史文化保护区的保护内容主要是:

(一)城镇整体空间环境,包括古城格局、整体风貌、城镇空间环境等;

(二)历史街区和地下文物埋藏区;

(三)有历史价值的古文化遗址、古墓葬、古建筑、石窟寺、石刻、近代现代重要史迹和代表性建筑,以及古树名木、水系、村落、地貌遗迹等;

(四)城镇历史演变、建制沿革以及特有的传统文艺、传统工艺、传统产业及民风民俗等口述及其他非物质文化遗产。

第四条 历史文化名城、名镇和历史文化保护区的保护应当坚持统筹规划、有效保护、合理利用、科学管理的原则,正确处理保护与利用、继承与发展以及文物保护与经济建设、社会发展的关系。

历史文化名城、名镇和历史文化保护区内的文物保护应当坚持保护为主、抢救第一的方针。

第五条 省人民政府和历史文化名城、名镇和历史文化保护区所在地人民政府,统一领导和协调本行政区域内的历史文化名城、名镇和历史文化保护区的保护工作,将保护工作纳入国民经济和社会发展规划,并安排专项保护经费。

第六条 县级以上地方人民政府城乡规划主管部门,主管本行政区域内历史文化名城、名镇和历史文化保护区的规划工作。

县级以上地方人民政府文物行政主管部门,主管本行政区域内历史文化名城、名镇和历史文化保护区的文物保护工作。

建设、文化、旅游、公安、园林、民族宗教等行政管理部门,在各自的职责范围内,做好历史文化名城、名镇和历史文化保护区的有关保护工作。

第七条 任何单位和个人都有依法保护历史文化名城、名镇和历史文化保护区的义务,并有权检举、控告和制止破坏、损害历史文化名城、名镇和历史文化保护区的行为。

第八条 对在历史文化名城、名镇和历史文化保护区保护工作中做出显著成绩的单位和个人,由人民政府或者城乡规划主管部门、文物行政主管部门给予表彰、奖励。

第二章 申报与确定

第九条 省级历史文化名城,应当同时具备下列条件:

(一)古代区域性政治、经济或者文化中心,建城历史在明代或者明代以前,目前仍保存着丰富的地上、地下历史文化遗迹或者实物遗存,口述及其他非物质文化遗产丰富,具有重要的历史、艺术、科学价值;或者近代发生过重要历史事件,对近代历史产生过重要影响。

(二)城市传统风貌与格局具有特色,并具有代表古城风貌的历史街区。历史街区应当有一定的规模,且连成一片,至少要有一条以上的古街,其两侧古建筑仍为原物。

(三)文物古迹特别丰富,在市区或者近郊区的各级文物保护单位应当有十处以上,其中应当有省级以上文物保护单位四处以上,且文物古迹的保护与合理利用对城市的性质、布局、发展具有重要影响。

第十条 省级历史文化名镇,应当同时具备下列条件:

(一)城镇建成历史在清代或者清代以前,镇区传统风貌与格局具有特色,历史街区保存较为完整并有一定规模,其两侧古建筑基本为原物,具有较高历史文化价值。

(二)文物古迹较为丰富,保存完好。历史延续较为完整,具有特色鲜明的口述及其他非物质文化遗产。镇区的各级文物保护单位应当有五处以上,其中应当有省级以上文物保护单位。

(三)现存文物古迹、历史街区主要分布在镇区或者近郊区,对该镇的性质、布局、发展具有重要影响。

第十一条 省级历史文化保护区,应当同时具备下列条件:

(一)文物古迹比较集中,具有一定规模;

(二)区域内的建筑等要素能体现一定历史时期的传统风貌,建筑群体具有一定规模,历史建筑基本为原物;

(三)具有鲜明的地方、民族特色。

第十二条 省级历史文化名城、名镇和历史文化保护区由市、县(市)人民政府向省人民政府申报,经省城乡规划主管部门、省文物行政主管部门共同组织专家审核同意后,报省人民政府核准公布。

省级历史文化名镇、历史文化保护区的申报,必要时也可以直接由省城乡规划主管部门、省文物行政主管部门联合提出,报省人民政府核准公布。

省级历史文化名城、名镇和历史文化保护区因保护不力使其历史文化价值受到严重影响的,批准机关应当将其列入濒危名单,予以公布,并责成所在地市、县(市)人民政府限期采取补救措施,防止情况继续恶化,并完善保护制度,加强保护工作。

第十三条 国家历史文化名城的申报、确定,按照国家有关规定执行。

第三章 保护规划

第十四条 历史文化名城、名镇和历史文化保护区经核准公布后,其所在地县级以上人民政府应当在一年内组织编制完成历史文化名城、名镇和历史文化保护区保护规划,作为城镇总体规划的重要组成部分。

地方各级人民政府制定历史文化名城、名镇和历史文化保护区保护规划时,应当事先由城乡规划主管部门会同文物行政主管部门商定对本行政区域内文物保护单位的保护措施,纳入保护规划。

第十五条 历史文化名城、名镇和历史文化保护区所在地人民政府,应当组织文物等行政主管部门对保护范围内的地下文物埋藏情况进行普查,划定不宜安排大中型建设项目的地下文物埋藏区,其经费由同级人民政府统筹解决。

第十六条　编制历史文化名城、名镇和历史文化保护区保护规划，应当遵循以下原则：

（一）保护和延续历史文化的风貌特点，继承发扬传统特色文化，从城镇整体风貌上确定城镇功能的改善、用地布局的调整、空间形态的保护等；

（二）根据历史文化遗存的性质、形态、分布和空间环境等特点，确定保护原则和工作重点，挖掘和研究传统文化内涵，保护和利用人文资源；

（三）从总体上采取规划措施，以利于保护和利用历史文化遗产，促进经济和社会协调发展，适应城镇居民现代生活和工作环境的需要。

第十七条　编制历史文化名城、名镇保护规划，应当根据构成历史风貌的因素及现状，划定重点保护区。

前款所称重点保护区，是指历史街区和已探明的能体现城市发展脉络、遗存保存丰富的地下文物埋藏区。

地方各级人民政府应当在历史文化名城、名镇和历史文化保护区保护规划中，确定需要保护的文物保护单位以外的具有历史、科学、艺术价值的建筑物、构筑物及其他设施。

第十八条　编制历史文化名城、名镇和历史文化保护区保护规划，应当向社会公布，广泛征求专家、学者和社会公众以及有关部门的意见，进行科学论证。必要时，可以召开听证会。

第十九条　编制城镇总体规划时，应当同步编制专门的历史文化名城、名镇保护规划；已有城镇总体规划的，应当单独编制历史文化名城、名镇保护规划。历史文化名城、名镇和历史文化保护区的保护规划，由所在地城市、县人民政府报省人民政府审批。国家级历史文化名城保护规划和历史文化名镇保护规划，按照国家规定报国务院建设主管部门和文物主管部门备案。

历史文化名城、名镇和历史文化保护区的保护规划应当报经所在地城市、县人民代表大会常务委员会审议，审议意见交由城市、县人民政府研究处理。

第二十条　经依法批准的历史文化名城、名镇和历史文化保护区保护规划不得擅自修改；确需修改的，保护规划的组织编制机关应当向原审批机关提出专题报告，经同意后，方可编制修改方案。修改后的保护规划，应当按照原审批程序报送审批。

第二十一条　历史文化名城、名镇和历史文化保护区所在地人民政府应当依据已批准的保护规划，组织编制控制性详细规划，提出保护和建设的具体实施方案。

第二十二条　历史文化名城、名镇和历史文化保护区保护规划一经批准，所在地市、县（市）人民政府应当予以公布，并组织实施。

第四章　保　护　措　施

第二十三条　历史文化名城、名镇和历史文化保护区内的土地利用和各项建设，应当符合保护规划的规定。

第二十四条　历史文化名城、名镇和历史文化保护区范围内的建设项目，设计单位应当按照城乡规划主管部门根据保护规划提出的规划设计要求进行设计。

建设单位应当按照城乡规划主管部门核发的建设工程规划许可证的规定进行建设。

施工单位在施工过程中应当保护文物古迹及其周围的古树名木、水体、地貌，不得造成污染和破坏；发现地上、地下文物时，应当立即停止施工，保护现场，并及时向文物行政主管部门报告。

在历史文化名城、名镇的重点保护区内安排建设项目时，有关部门应当事先征得文物行政主管部门的同意。

第二十五条　旧城改造和新区建设不得影响历史文化名城、名镇和历史文化保护区的传统风貌和格局，不得破坏历史街区的完整。

第二十六条　保护规划确定保护的建筑物、构筑物及其他设施不得擅自迁移或者拆除。因建设工程特别需要而必须对历史文化街区、历史文化名镇保护范围内的文物保护单位、历史建筑进行迁移、拆除的，应当依照《中华人民共和国文物保护法》、国务院《历史文化名城名镇名村保护条例》的规定报批；确需拆除历史文化街区、历史文化名镇保护范围内文物保护单位、历史建筑以外的建筑物、构筑物及其他设施的，应当经城市、县人民政府城乡规划主管部门会同同级文物行政主管部门批准。

对保护规划确定保护的建筑物、构筑物及其他设施进行维修的，应当保持其原状风貌，不得任意改建、扩建。

第二十七条 在历史文化名城、名镇和历史文化保护区内，建设项目的性质、布局、高度、体量、建筑风格、色调等，应当服从保护规划确定的保护要求，并与周围环境、风貌相协调。

第二十八条 文物保护单位的保护范围内不得进行其他工程建设或者爆破、钻探、挖掘等作业，如有特殊需要，应当保证文物保护单位的安全并经原公布的人民政府批准，公布该文物保护单位的人民政府在批准前应当征得上一级人民政府文物行政主管部门同意。在全国重点文物保护单位的保护范围内进行工程建设或者爆破、钻探、挖掘等作业的，应当经省、自治区、直辖市人民政府批准，省、自治区、直辖市人民政府在批准前应当征得国务院文物行政主管部门同意。

在文物保护单位周围的建设控制地带内的建设工程，不得破坏文物保护单位的历史风貌，不得进行可能影响文物保护单位安全及其环境的活动。建设工程设计方案应当根据文物保护单位的级别征得相应文物行政主管部门同意后，报城乡规划主管部门批准。

历史文化名城、名镇和历史文化保护区范围内的建设工程，应当避开地下文物古迹。

第二十九条 历史文化名城、名镇和历史文化保护区内的文物古迹，应当加以保护，及时修缮。

被核定为文物保护单位的革命遗址、纪念建筑物、古墓葬、古建筑、石刻（包括建筑物的附属物）等，在进行修缮、保养和迁移时应当遵守不改变文物原状的原则，其设计施工方案应当根据文物保护单位的级别经相应的文物行政主管部门同意后实施。

第三十条 有文物保护单位的参观游览场所，应当从门票收入中提取一定比例用于文物保护。

文物保护单位的管理部门应当采取有效的保护措施，保证文物的安全。对客流量较大的文物保护单位必要时可以对游览人数予以限制。

参观游览者应当遵守文物保护法律、法规及文物保护单位的有关管理制度，爱护文物及其设施，不得刻划、涂污或者损坏。

第三十一条 历史文化名城、名镇和历史文化保护区所在地人民政府，应当采取措施支持历史街区的保护和改造，有计划、可持续地利用所保护的历史街区、建筑物等，不得超负荷使用。

有关部门应当有计划、有重点地对保护规划确定保护的建筑物、构筑物及历史地段进行维护和整治，改善设施与环境，对保护规划确定保护的濒危建筑物、构筑物及历史地段，及时组织抢修和整治。

第三十二条 历史文化名城、名镇和历史文化保护区所在地人民政府应当组织力量，整顿流散文物市场，防止珍贵文物流失。

第三十三条 历史文化名城、名镇和历史文化保护区所在地人民政府应当组织力量，加强对当地的历史沿革、风物特产、传统地名、环境风貌、民风民俗等口述及其他非物质文化遗产的搜集、整理、研究和保护利用。

历史文化名城、名镇和历史文化保护区所在地人民政府应当鼓励社会力量对流散在民间的传统文化艺术进行挖掘和整理，扶持教育研究机构培养有关专业人才以及名老艺人传徒、授艺。

文化、经贸等有关部门应当扶持具有地方特色的民间传统工艺和民间手艺的整理和研究，保护、利用和发展传统工艺。

第三十四条 历史文化名城、名镇和历史文化保护区所在地人民政府应当采取措施，有效治理废水、废气、固体废弃物的污染以及噪声、振动等公害改善环境质量。

对严重污染环境、危及文物安全、破坏环境风貌的单位，当地人民政府应当依法责令其限期治理、转产或者搬迁。

第三十五条 在历史文化名城、名镇的重点保护区范围内，禁止下列行为：

（一）修建损害传统风貌的建筑物、构筑物和其他设施；

（二）损毁保护规划确定保护的建筑物、构筑物及其他设施；

（三）进行危及文物古迹安全的建设以及改变文物古迹周围地形地貌的爆破、挖沙、取土等活动；

（四）占用或者破坏保护规划确定保护的道路街巷、园林绿地、河湖水系；

（五）对保护规划确定保护的建筑物、构筑物进行改变原风貌的维修或者装饰；

（六）设置破坏或者影响风貌的广告、标牌、招贴、小品；

（七）法律、法规禁止的其他行为。

第三十六条 历史文化名城、名镇和历史文化保护区所在地人民政府，应当鼓励社会力量捐资或者通过其他多种形式筹集资金，支持历史文化名城、名镇和历史文化保护区的保护。

第三十七条 城乡规划主管部门应当会同同级文物行政主管部门定期对历史文化名城、名镇和历史文化保护区的保护工作进行检查，及时处理违反本条例的行为，对严重违反保护规划的情况应当及时向同级人民政府和上级主管部门报告。

第五章 法 律 责 任

第三十八条 违反本条例规定，擅自改变或者不执行历史文化名城、名镇和历史文化保护区保护规划的，对有关负责人和直接责任人员由其所在单位或者上级主管机关给予行政处分。

第三十九条 违反本条例规定批准建设项目的，其批准行为无效，由批准机关的上级机关责令原批准机关予以变更或者撤销，对有关负责人由其上级主管机关给予行政处分；对直接责任人员由其所在单位给予行政处分。

第四十条 违反本条例第二十四条第二款规定，未按照建设工程规划许可证的规定进行建设的，由城乡规划主管部门责令停止建设，并依法给予处罚。

违反本条例第二十四条第三款规定，在施工中发现地上、地下文物时仍进行施工，不保护现场的，由文物行政主管部门予以制止，责令停止破坏行为，限期采取补救措施，并可处以五千元以上五万元以下的罚款。造成文物损坏的，依照国家有关法律、法规的规定予以处罚。

第四十一条 违反本条例第二十六条第一款规定，擅自迁移、拆除文物保护单位的，由文物行政主管部门依法予以处罚；擅自迁移、拆除历史建筑的，由城乡规划主管部门依法予以处罚。

违反本条例第二十六条第一款规定，擅自拆除历史文化街区、历史文化名镇保护范围内文物保护单位、历史建筑以外的建筑物、构筑物及其他设施的，由城市、县人民政府城乡规划主管部门责令停止违法行为、限期恢复原状或者采取其他补救措施；有违法所得的，没收违法所得；逾期不恢复原状或者不采取其他补救措施的，城乡规划主管部门可以指定有能力的单位代为恢复原状或者采取其他补救措施，所需费用由违法者承担；造成严重后果的，对单位并处五万元以上十万元以下的罚款，对个人并处一万元以上五万元以下的罚款；造成损失的，依法承担赔偿责任。

第四十二条 违反本条例第三十五条规定的，由文物、规划等有关部门在各自的职责范围内依照国家有关法律、法规的规定予以处罚。

第四十三条 行政机关及其工作人员玩忽职守、滥用职权、徇私舞弊，致使历史实物遗存、传统景观风貌遭受破坏的，由其所在单位或者上级主管机关给予行政处分；构成犯罪的，依法追究刑事责任。

第六章 附 则

第四十四条 本条例自 2010 年 11 月 1 日起施行。

南京市重要近现代建筑和近现代建筑风貌区保护条例

(2006年7月21日南京市第十三届人民代表大会常务委员会第二十三次会议通过，2006年9月27日江苏省第十届人民代表大会常务委员会第二十五次会议批准)

第一章 总 则

第一条 为了加强对本市重要近现代建筑和近现代建筑风貌区的保护，促进城市建设与社会文化的协调发展，根据有关法律、法规，结合本市实际情况制定本条例。

第二条 本市行政区域内的重要近现代建筑和近现代建筑风貌区的确定、保护、利用及管理，适用本条例。

重要近现代建筑被依法确定为文物保护单位的，近现代建筑风貌区被依法确定为历史文化街区的，其保护管理依照有关法律、法规的规定执行。

第三条 本条例所称的重要近现代建筑（以下简称重要建筑），是指从十九世纪中期至二十世纪五十年代建设的，具有历史、文化、科学、艺术价值，并依法列入保护名录的建筑物、构筑物。

本条例所称的近现代建筑风貌区（以下简称风貌区），是指近现代建筑集中成片，建筑样式、空间格局较完整地体现本市地域文化特点，并依法列入保护名录的区域。

第四条 重要建筑和风貌区的保护，应当遵循统一规划、依法管理、有效保护、合理利用的原则。

第五条 市、区、县人民政府对本行政区域内的重要建筑和风貌区负有保护责任，应当提供必要的政策保障和经费支持，负责实施本条例。

第六条 规划行政主管部门负责重要建筑和风貌区保护的规划管理。

房产行政主管部门负责重要建筑的修缮和使用保护管理。

文物、建设、市容、市政公用、园林、旅游、环保、宗教、国土资源、公安消防等部门应当按照各自职责，协同实施本条例。

第七条 市人民政府设立重要建筑和风貌区保护专项资金，用于规划编制、修缮维护、档案管理工作，专款专用，并接受财政、审计部门的监督。资金主要来源是：

（一）财政预算安排的资金；

（二）社会各界的捐赠；

（三）其他依法筹集的资金。

第八条 本市设立重要建筑和风貌区专家委员会（以下简称专家委员会），负责重要建筑和风貌区认定、调整和保护规划等有关评审工作。专家委员会由规划、建筑、文物、历史、房产、法律和经济等方面的专家组成。

第九条 重要建筑和风貌区内建筑的所有人、使用人和管理人应当依照本条例的有关规定承担保护义务。

任何单位和个人都有保护重要建筑和风貌区的义务，可以向市规划、房产等行政主管部门举报危害重要建筑和风貌区的行为。有关行政主管部门应当及时查处。

第十条 鼓励单位和个人以捐赠、资助、提供技术服务或者提出建议等方式参与本市重要建筑和风貌区的保护工作。

第二章 保 护 名 录

第十一条 本市实行重要建筑和风貌区保护名录制度。

第十二条 市规划行政主管部门应当会同市房产、文物行政主管部门对本市行政区域内的近现代建筑进行普查，做好资料收集、记录、统计等工作。

单位和个人可以向市规划行政主管部门建议将有关近现代建筑或者近现代建筑集中成片的区域列入保护名录。

在建设活动中发现有保留价值但尚未被确定为重要建筑的，建设、施工单位应当立即向市规划行政主管部门报告。

第十三条 有下列情形之一的建筑物、构筑物，可以列入重要建筑保护名录：

（一）建筑类型、建筑样式、工程技术和施工工艺等具有特色或者研究价值的；
（二）著名建筑师的代表作品；
（三）著名人物的故居；
（四）其他反映南京地域建筑特点或者政治、经济、历史文化特点的。

第十四条 重要建筑和风貌区保护名录由市规划行政主管部门会同市房产、文物行政主管部门提出，征求有关区、县人民政府和单位意见，并向社会公示，经专家委员会评审后，报市人民政府批准、公布。

第十五条 重要建筑和风貌区保护名录不得擅自调整。因不可抗力或者情况发生重大变化需要调整的，应当依照本条例第十四条规定的程序进行。

第三章 规 划 保 护

第十六条 列入保护名录的重要建筑和风貌区应当编制保护规划。保护规划是重要建筑和风貌区保护、利用和管理的依据，任何单位和个人不得违反。

第十七条 重要建筑和风貌区保护规划由市规划行政主管部门会同市房产、文物等行政主管部门编制，经专家委员会评审后，报市人民政府批准、公布。

保护规划确需调整的，应当依照前款规定的程序进行。

第十八条 重要建筑和风貌区保护规划应当包含下列内容：

（一）历史资料情况；
（二）历史、文化、科学、艺术价值评估情况；
（三）保护范围；
（四）保护要求。

前款规定的保护范围是指重要建筑和风貌区周边相应的自然界线或者根据保护需要划定的相应范围。

第十九条 根据历史、文化、科学、艺术价值以及建筑的完好程度，保护规划应当对每处重要建筑和风貌区的下列要素提出保护要求：

（一）建筑立面（含饰面材料和色彩）；
（二）结构体系和平面布局；
（三）有特色的内部装饰和建筑构件；
（四）有特色的院落、门头、树木、喷泉、雕塑和室外地面铺装；
（五）空间格局和整体风貌。

第二十条 重要建筑和风貌区内的建筑不得擅自拆除或者迁移。因重大市政基础设施建设和保护需要，必须拆除或者迁移的，由市规划行政主管部门会同市房产、文物行政主管部门提出，并征求有关区、县人民政府和单位意见，经专家委员会评审，报市人民政府批准。

第二十一条 禁止在重要建筑和风貌区内的建筑上，违法搭建建筑物、构筑物。

第二十二条 确需在重要建筑或者风貌区保护范围内进行新建、扩建、改建活动的，应当依照城市规划法律、法规的规定，经市规划行政主管部门审查批准后方可进行。

前款规定的新建、扩建、改建建筑，应当在高度、体量、立面、材料、色彩等方面与原有建筑的空间格局、景观特征、周边环境相协调，不得破坏风貌区的历史文化风貌。

第二十三条 区、县人民政府应当按照保护规划采取措施逐步降低风貌区内的人口密度，按照有关技术规范逐步建设和完善道路、供水、排水、供电、消防等配套设施，并保持当地传统风貌。

第二十四条 为保护重要建筑和风貌区需要搬迁住户的，由市房产行政主管部门会同有关区、县人民政府依法实施搬迁。搬迁安置的具体办法由市人民政府另行规定。

第四章 使 用 管 理

第二十五条 重要建筑和风貌区（含被依法确定为文物保护单位的重要建筑和被依法确定为历史文化街区的风貌区），由市房产行政主管部门设置统一的标志牌。标志牌中应当标明重要建筑或者风貌区的名称、文化艺术价值、历史背景等内容。

任何单位和个人不得擅自设置、移动、涂改或者损毁标志牌。

第二十六条 市房产行政主管部门应当根据保护规划对每处重要建筑制定修缮规定，并将修缮规定和保护规划确定的保护要求书面告知相关建筑的所有人、使用人和管理人，明确其维护、修缮义务。

第二十七条 重要建筑的所有人、使用人和管理人应当按照保护要求和修缮规定使用、维修建筑。转让、出租建筑的，转让人、出租人应当将有关保护要求和规定告知受让人、承租人。

第二十八条 重要建筑的所有人、使用人和管理人修缮房屋的，应当在施工前将修缮方案报市房产行政主管部门审查批准，市房产行政主管部门应当自接到方案之日起七日内作出决定。对符合修缮规定的，予以批准；不予批准的，书面说明理由。逾期未作书面答复的，视为批准。

重要建筑的所有人、使用人和管理人应当按照批准的修缮方案进行施工，不得擅自变更。市房产行政主管部门应当对上述修缮活动实施监督。

第二十九条 禁止在重要建筑和风貌区内的建筑上设置户外广告。在建筑上设置店招、标志等外部设施的，应当符合建筑的保护要求，与建筑立面相协调，并应当依法经市容行政主管部门批准。

第三十条 市房产行政主管部门应当定期组织有关部门对重要建筑和风貌区内建筑的使用和保护状况进行检查。检查结果应当书面告知建筑的所有人、使用人和管理人。建筑的所有人、使用人和管理人应当配合检查。

第三十一条 重要建筑和风貌区内的建筑发生损毁危险的，使用人应当立即采取应急措施，并及时向所在地区、县人民政府报告。区、县人民政府接到报告后应当会同市有关部门立即组织抢修工作。

第三十二条 重要建筑和风貌区内建筑的维护、修缮费用由所有人承担，所有人、使用人另有约定的，从其约定。承担维护、修缮费用确有困难的，可以向所在地区、县房产行政主管部门申请补贴，由区、县房产行政主管部门报市房产行政主管部门批准。建筑所有权不明或者被政府代管的，由市房产行政主管部门负责修缮。

第三十三条 市、区、县人民政府应当支持发展与重要建筑和风貌区风貌相适应的旅游业和相关产业。

鼓励、支持单位和个人以各种形式对本市重要建筑和风貌区进行保护、利用和恢复重建。鼓励重要建筑和风貌区内建筑的所有人、使用人和管理人利用建筑开办展馆，对外开放。

第三十四条 市房产行政主管部门应当建立重要建筑和风貌区档案，档案应当包括下列内容：

（一）建筑的有关技术资料；
（二）建筑的使用现状和权属变化情况；
（三）修缮、装饰装修形成的文字、图纸、图片、影像等资料；
（四）历史沿革、历史事件、地名典故、名人轶事等资料；
（五）规划、测绘信息记录和相关资料。

第五章 法 律 责 任

第三十五条 规划、房产、文物、建设、市容等有关部门及其工作人员不履行或者不正确履行法律、法规规定的职责，有下列情形之一的，由所在单位、本级人民政府或者上一级人民政府责令其改正，对直接负责的主管人员和其他直接责任人员依法给予行政处分；构成犯罪的，依法追究刑事责任。

（一）不按照法定程序确定、调整重要建筑和风貌区名录的；
（二）违法审批重要建筑和风貌区保护范围内建设活动的；
（三）违法审批拆除或者迁移重要建筑和风貌区内建筑的；
（四）违法审批重要建筑修缮方案的；
（五）不依法查处违法行为的；
（六）不按照规定设置标志牌的；
（七）不按照规定将修缮规定和保护要求书面告知重要建筑的所有人、使用人和管理人的；
（八）不依法对重要建筑修缮活动实施监督的；
（九）不及时组织重要建筑和风貌区内建筑的抢修工作的；
（十）不依法建立重要建筑和风貌区档案的；
（十一）法律、法规规定的其他违法行为。

第三十六条 违反本条例规定，擅自改变重要建筑和风貌区内的建筑立面或者擅自改变重要建筑和风貌区有特色的院落、门头、喷泉、雕塑和室外地面铺装等环境要素的，由规划行政主管部门责令其限期改正或者恢复原状；逾期不改正的，对个人可以处以二千元以上二万元以下罚款，对单位可以处以一万元以上十万元以下罚款。

第三十七条 违反本条例规定，在重要建筑和风貌区内的建筑上设置户外广告或者擅自设置店招、标志等外部设施的，由城市管理行政执法部门责令其限期改正或者恢复原状；逾期不改正的，对个人处以二百元以上二千元以下罚款，对单位可以处以二千元以上五万元以下罚款。

第三十八条 违反本条例规定，擅自设置、移动、涂改或者损毁标志牌的，由市房产行政主管部门处以一百元以上一千元以下罚款。

第三十九条 违反本条例规定，擅自拆除或者迁移重要建筑和风貌区内建筑的，由市房产行政主管部门责令其恢复原状，并可以处以该建筑重置价一至三倍的罚款。

第四十条 违反本条例规定，擅自修缮重要建筑或者未按照批准的修缮方案修缮的，由市房产行政主管部门责令其改正，并可以处以二百元以上二千元以下罚款；造成严重后果的，处以五千元以上五万元以下罚款。

第四十一条 违反本条例规定，法律、法规已有处罚规定的，从其规定。

第六章 附 则

第四十二条 本条例自 2006 年 12 月 1 日起施行。

浙江省历史文化名城名镇名村保护条例

(2012年9月28日浙江省第十一届人民代表大会常务委员会第三十五次会议通过)

第一章 总 则

第一条 为了加强历史文化名城、街区、名镇、名村的保护与管理，继承优秀历史文化遗产，根据国务院《历史文化名城名镇名村保护条例》和其他有关法律、行政法规的规定，结合本省实际，制定本条例。

第二条 本省行政区域内历史文化名城、街区、名镇、名村的保护与管理，适用本条例。

本省行政区域内历史建筑的保护与管理，按照本条例有关规定执行。

第三条 各级人民政府负责本行政区域内历史文化名城、街区、名镇、名村的保护与监督管理工作，将历史文化名城、街区、名镇、名村的保护纳入国民经济和社会发展规划，所需资金纳入本级财政预算。

第四条 历史文化名城所在地城市、县人民政府应当成立保护委员会，历史文化街区、名镇、名村所在地城市、县级人民政府可以成立保护委员会。

保护委员会由人民政府负责人、相关部门负责人以及有关专家和公众代表组成，负责研究历史文化名城、街区、名镇、名村保护和管理中的重大问题，协调和监督保护规划的实施等工作。

第五条 县级以上人民政府城乡规划主管部门会同同级文物主管部门，负责本行政区域内历史文化名城、街区、名镇、名村的申报、保护规划的编制与实施、监督检查等具体工作。

其他有关部门应当按照各自职责，共同做好历史文化名城、街区、名镇、名村的保护与监督管理工作。

村（居）民委员会应当配合做好历史文化名城、街区、名镇、名村的保护工作。

第六条 省人民政府和历史文化名城、街区、名镇、名村所在地城市、县级人民政府设立保护专项资金，用于保护规划编制、基础设施和居住环境改善以及历史建筑保护等工作。保护专项资金的来源包括：

（一）本级财政预算安排的资金；
（二）上级财政专项补助的资金；
（三）境内外单位和个人的捐赠；
（四）其他合法筹集的资金。

第七条 各级人民政府和有关部门应当组织开展历史文化遗产保护的宣传教育活动，普及保护知识，增强全社会保护意识。

第八条 历史文化街区、名镇、名村的保护与监督管理，应当保证原住居民的参与，保障原住居民的合法权益。

各级人民政府应当采取措施，鼓励和支持单位和个人以捐赠、资助、提供技术服务等方式，参与历史文化名城、街区、名镇、名村的保护。

第二章 申报与确定

第九条 历史文化名城包括国家历史文化名城和省历史文化名城。

历史文化名镇、名村和国家历史文化名城的申报、批准和直接确定的条件与程序，依照国务院《历史文化名城名镇名村保护条例》的规定执行。

第十条 具备下列条件的城市，可以申报省历史文化名城：

（一）保存文物特别丰富；

（二）历史建筑集中成片；

（三）保留着传统格局和历史风貌；

（四）历史上曾经作为政治、经济、文化、交通中心或者军事要地，或者发生过重要历史事件，或者其传统产业、历史上建设的重大工程对本地区的发展产生过重要影响；

（五）在所申报的历史文化名城保护范围内有两个以上经省人民政府批准公布的历史文化街区。

第十一条 具备下列条件的街区，可以申报历史文化街区：

（一）保存文物特别丰富；

（二）历史建筑集中成片；

（三）较完整和真实地保留着传统格局和历史风貌；

（四）规模达到国家规定的标准。

第十二条 具备下列条件之一，未公布为文物保护单位或者文物保护点的建筑物、构筑物，可以确定为历史建筑：

（一）建筑样式、结构、材料、施工工艺或者工程技术具有历史、科学、艺术价值的；

（二）反映当地历史文化和民俗传统，具有特定时代特征和地域特色的；

（三）在当地产业发展史上具有一定代表性的作坊、商铺、厂房和仓库；

（四）与历史事件、著名人物有关的近现代建筑物、构筑物；

（五）其他具有历史价值的建筑物、构筑物。

第十三条 申报省历史文化名城或者历史文化街区，应当提交说明下列情况的材料：

（一）历史沿革、地方特色和历史文化价值；

（二）传统格局和历史风貌的现状；

（三）保护范围；

（四）文物保护单位、文物保护点、历史建筑和非物质文化遗产的清单；

（五）保护工作情况、保护目标和保护要求。

申报省历史文化名城，还应当提交历史文化街区的清单和说明材料。

第十四条 申报省历史文化名城或者历史文化街区，由所在地城市、县人民政府提出申请，经省城乡规划主管部门会同省文物主管部门组织有关部门、专家进行论证，提出审查意见，报省人民政府批准公布。

第十五条 城市、县人民政府城乡规划主管部门应当会同同级文物主管部门组织本行政区域的历史建筑普查，提出历史建筑建议名录，并征求利害关系人和专家、公众的意见后，报本级人民政府确定公布。建筑的所有权人可以向所在地城乡规划主管部门或者文物主管部门提出确定为历史建筑的建议。

第三章 保 护 规 划

第十六条 历史文化名城、街区、名镇、名村经批准公布后，所在地城市、县级人民政府应当自批准公布之日起三十日内通过政府门户网站、现场公告牌、新闻媒体等形式，向社会公布经依法批准的保护范围。

历史文化名城、街区、名镇、名村所在地城市、县级人民政府，应当自批准公布之日起一年内组织编制完成相应的保护规划，并报送省人民政府审批。

第十七条 保护规划应当包括下列主要内容：

（一）保护原则、保护内容和保护范围；

（二）保护措施、改造利用强度和建设控制要求；

（三）传统格局、历史风貌和传统文化生态保护要求；

（四）历史文化街区、名镇、名村的核心保护范围、建设控制地带及其保护要求；

（五）文物保护单位、文物保护点名录及其保护措施；

（六）历史建筑名录及其保护要求；

（七）非物质文化遗产保护传承要求；

（八）保护规划分期实施方案。

第十八条 承担历史文化名城、街区、名镇、名村保护规划编制工作的单位，应当具有甲级城乡规划编制资质，或者同时具有乙级以上城乡规划编制资质和乙级以上文物保护规划编制资质。

第十九条 保护规划报送审批前，组织编制机关应当将保护规划草案予以公告，并通过论证会等方式征求专家和公众的意见。

公告时间不少于三十日。

保护规划草案涉及房屋征收、土地征用的，应当举行听证。

组织编制机关应当充分考虑专家和公众的意见，并在报送审批的材料中附具意见采纳情况以及理由；经听证的，还应当附具听证笔录。

第二十条 保护规划报送审批前，应当先经组织编制机关的本级人民代表大会常务委员会审议。保护规划报送审批时，应当将审议意见和根据审议意见修改规划的情况一并报送。

第二十一条 省城乡规划主管部门应当会同省文物主管部门自收到报批的保护规划之日起三个月内，组织有关部门、专家进行审查，提出审查意见，报省人民政府批准。

第二十二条 组织编制机关应当自保护规划批准之日起三十日内公布经依法批准的保护规划。

经依法批准的保护规划是保护和管理历史文化名城、街区、名镇、名村的依据。任何单位和个人应当遵守保护规划，服从规划管理。

第二十三条 经依法批准的历史文化名城、街区、名镇、名村保护规划，不得擅自修改。

有下列情形之一，确需修改保护规划的，城市、县级人民政府应当专题报经省人民政府同意后，方可编制修改方案；修改后的保护规划，应当按照本条例规定的程序重新报送审批和公布：

（一）保护规划所依据的法律、法规发生调整，影响原保护规划实施的；

（二）新发现地下遗址等重要历史文化遗存，确需修改的；

（三）因自然灾害或者重大事故等原因，致使历史文化名城、街区、名镇、名村保护范围内的历史文化遗存与环境发生重大变化的；

（四）因国家重大工程建设，确需修改的。

第二十四条 编制或者修改国民经济和社会发展规划、土地利用总体规划、城乡规划等规划，应当体现历史文化名城、街区、名镇、名村保护的要求。

经依法批准的历史文化街区、名镇、名村保护规划，应当作为建设项目规划许可的依据。历史文化街区、名镇保护范围内的区域，不再编制相应区域的城市、镇控制性详细规划。

第四章 保护措施

第二十五条 历史文化名城、街区、名镇、名村应当整体保护，保持传统格局、历史风貌和空间尺度，不得改变与其相互依存的自然景观和环境。

第二十六条 在历史文化名城、街区、名镇、名村保护范围内禁止进行下列活动：

（一）开山、采石、开矿等破坏传统格局和历史风貌的活动；

（二）占用保护规划确定保留的园林绿地、河湖水系、道路等；

（三）修建生产、储存爆炸性、易燃性、放射性、毒害性、腐蚀性物品的工厂、仓库等；

（四）法律、法规禁止的其他行为。

第二十七条 在历史文化街区、名镇、名村核心保护范围内，不得进行新建、扩建活动。但是，新建、扩建必要的基础设施和公共服务设施除外。

公路、铁路、高压电力线路、输油管线、燃气干线管道不得穿越历史文化街区、名镇、名村核心保护范围；已经建设的，应当按照保护规划逐步迁出。

第二十八条 在历史文化街区、名镇、名村保护范围内的建设活动，城乡规划主管部门依法核发选址意见书、提出规划条件或者核定规划要求前，应当征求同级文物主管部门的意见。

第二十九条 在历史文化街区、名镇、名村保护范围内的建设活动，城乡规划主管部门依法核发建设工程规划许可证或者乡村建设规划许可证前，应当将建设工程设计方案通过政府门户网站、现场公告牌等形式予以公示，征求公众意见，告知利害关系人有要求举行听证的权利。公示时间不少于二十日。必要时，可以组织专家论证。

利害关系人或者公众对建设工程设计方案提出异议的，城乡规划主管部门应当研究处理，并及时回复处理结果。利害关系人要求听证的，应当在公示期间提出，城乡规划主管部门应当在公示期满后及时举行听证。

第三十条 在历史文化街区、名镇、名村保护范围内新建、扩建基础设施以及进行绿化配置的，应当符合国家和省有关标准、规范。确因保护需要，无法按照标准、规范新建、扩建基础设施以及进行绿化配置的，由城市、县人民政府城乡规划主管部门会同相关主管部门制订相应的保障方案，明确相关布局、措施等。

在历史文化街区、名镇、名村保护范围内改建、翻建建筑物，因保持或者恢复其传统格局、历史风貌的需要，难以符合相关建设标准和规范的，在不突破原有建筑基底、建筑高度和建筑面积且不减少相邻居住建筑原有日照时间的前提下，可以办理规划许可手续。

第三十一条 城市、县级人民政府应当在历史文化街区、名镇、名村核心保护范围的主要出入口设置保护标志。保护标志应当在保护规划批准后三个月内设置完毕。

第三十二条 在历史文化街区、名镇、名村保护范围内，因实施保护规划需要依法征收房屋，以及依法批准设置的项目和设施需要停业、转产、关闭或者拆除，导致所有权人或者经营者的合法权益损害的，实施保护规划的人民政府应当依法予以补偿。

第三十三条 县级以上人民政府应当统筹安排建设用地指标，优先保障因历史文化名镇、名村保护规划实施需要进行的农村住宅建设。

第三十四条 城市、县人民政府应当对公布的历史建筑设置保护标志，依照国务院《历史文化名城名镇名村保护条例》规定的要求建立历史建筑档案，并报省城乡规划主管部门和省文物主管部门备案。

第三十五条 对历史建筑应当根据其历史、科学、艺术价值以及存续年份等不同情况，采取相应措施，实行分类保护。

第三十六条 城市、县人民政府城乡规划主管部门应当会同同级文物主管部门编制历史建筑保护图则，报本级人民政府批准后公布。

前款所称历史建筑保护图则，是指为历史建筑的保护、利用提供科学依据，包含历史建筑基本信息、保护范围、使用要求等内容的文本以及图纸。

第三十七条 城市、县人民政府城乡规划主管部门应当根据历史建筑保护图则，将历史建筑的保护和使用要求书面告知所有权人、使用人和物业管理单位。

第三十八条 历史建筑应当按照历史建筑保护图则的要求进行维护和修缮。国有历史建筑由使用人负责维护和修缮；非国有历史建筑由所有权人负责维护和修缮。非国有历史建筑所有权人维护和修缮历史建筑的，城市、县人民政府应当按照规定的标准给予补助。

城市、县人民政府可以与国有历史建筑使用人、非国有历史建筑所有权人签订历史建筑保护协议，对历史建筑的保护义务和享受补助等事项作出约定。

非国有历史建筑有损毁危险，所有权人应当及时予以维护和修缮。所有权人不具备维护和修缮能力的，城市、县人民政府应当采取措施进行保护。

城市、县人民政府应当根据本地实际，自本条例施行之日起一个月内确定负责历史建筑维护和修缮具体工作的部门或者机构，并报省城乡规划主管部门和省文物主管部门备案。

第三十九条 历史建筑可以结合其自身特点进行保护性利用。鼓励利用历史建筑开设博物馆、陈列馆、纪念馆和传统作坊、传统商铺等，对历史文化遗产进行展示。

历史建筑的保护性利用应当与其历史价值、内部结构相适应，不得擅自改变历史建筑主体结构和外观，不得危害历史建筑及其附属设施的安全。

第四十条 禁止任何单位或者个人进行下列活动：

（一）在历史建筑上刻划、涂污；

（二）在历史建筑内堆放易燃、易爆和腐蚀性的物品；

（三）拆卸、转让历史建筑的构件；

（四）擅自对历史建筑进行外部修缮装饰、添加设施以及改变历史建筑的结构或者使用性质；

（五）擅自迁移、拆除历史建筑；

（六）其他损害历史建筑的活动。

第四十一条 在历史文化名城、街区、名镇、名村保护范围内涉及文物和非物质文化遗产保护的，应当执行文物和非物质文化遗产保护相关法律、法规的规定。

第五章 监督检查

第四十二条 县级以上人民政府应当定期组织有关部门和专家对本行政区域内历史文化名城、街区、名镇、名村的保护情况进行检查与评估，检查与评估情况应当向本级人民代表大会常务委员会报告。

第四十三条 历史文化名城、街区、名镇、名村经批准公布后，省城乡规划主管部门应当会同省文物主管部门对保护状况和保护规划编制及实施情况进行定期检查和跟踪监测。

在定期检查和跟踪监测中，发现存在未及时组织编制保护规划、违反保护规划开发建设、对传统格局及历史建筑保护不力等问题的，省城乡规划主管部门应当会同省文物主管部门及时向所在地城市、县级人民政府提出整改意见。

定期检查和跟踪监测信息应当通过政府门户网站、新闻媒体等向社会公布，接受社会监督。

第四十四条 已批准公布的历史文化街区、名镇、名村和省历史文化名城，因保护不力导致历史文化价值受到严重影响的，由省城乡规划主管部门会同省文物主管部门组织专家进行评估论证后，提请省人民政府将其列入濒危名单并公布，并由省人民政府责成所在地城市、县级人民政府限期整改，采取补救措施。

整改期限届满后，由省城乡规划主管部门会同省文物主管部门组织专家进行审核。审核通过的，由省城乡规划主管部门会同省文物主管部门提请省人民政府不再列入濒危名单；审核未通过的，提请省人民政府撤销其称号。

第六章 法律责任

第四十五条 违反本条例规定的行为，法律、行政法规已有法律责任规定的，从其规定。

第四十六条 违反本条例规定，在历史文化名城、街区、名镇、名村保护范围内有下列行为之一的，由城市、县人民政府城乡规划主管部门责令停止违法行为、限期恢复原状或者采取其他补救措施；有违法所得的，没收违法所得；造成严重后果的，对单位并处五十万元以上一百万元以下的罚款，对个人并处五万元以上十万元以下的罚款：

（一）开山、采石、开矿等破坏传统格局和历史风貌的；

（二）占用保护规划确定保留的园林绿地、河湖水系、道路等的；

（三）修建生产、储存爆炸性、易燃性、放射性、毒害性、腐蚀性物品的工厂、仓库等的。

在历史文化街区、名镇、名村核心保护范围内实施前款所列行为，造成严重后果的，对单位并处七十万元以上一百万元以下的罚款，对个人并处七万元以上十万元以下的罚款。

第四十七条 违反本条例规定，在历史建筑内堆放易燃、易爆和腐蚀性的物品，或者拆卸、转让历史建筑的构件的，由城市、县人民政府城乡规划主管部门责令停止违法行为、限期恢复原状或者采取其他补救措施；有违法所得的，没收违法所得；造成严重后果的，对单位并处五万元以上十万元以下的罚款，对个人并处一万元以上五万元以下的罚款。

第四十八条 违反本条例规定，城市、县级人民政府有下列情形之一的，由上级人民政府责令改正；对直接负责的主管人员和其他直接责任人员，依法给予处分：

（一）未组织编制保护规划的；

（二）未按照法定程序组织编制保护规划的；

（三）未在规定期限内将保护规划报送审批的；

（四）擅自修改保护规划的；

（五）未将批准的保护规划予以公布的。

第四十九条 违反本条例规定，城市、县级人民政府因保护不力或者决策失误，导致已批准公布的历史文化名城、街区、名镇、名村被列入濒危名单或者撤销称号的，由省人民政府予以通报批评；对直接负责的主管人员和其他直接责任人员，依法给予处分。

第五十条 违反本条例规定，县级以上人民政府及其城乡规划主管部门、文物主管部门以及其他有关部门的工作人员有下列情形之一的，对直接负责的主管人员和其他直接责任人员，依法给予处分：

（一）不依法履行审批职责的；

（二）发现违法行为不依法查处的；

（三）不依法履行监督管理职责的；

（四）其他玩忽职守、徇私舞弊、滥用职权的行为。

第七章 附 则

第五十一条 本条例施行前已设立的市县级历史文化保护区，符合规定条件的，所在地城市、县级人民政府可以申报历史义化街区、名镇、名村。

第五十二条 本条例自 2012 年 12 月 1 日起施行。1999 年 7 月 25 日浙江省第九届人民代表大会常务委员会第十四次会议通过的《浙江省历史文化名城保护条例》同时废止。

杭州市历史文化街区和历史建筑保护办法

(2004年11月8日市人民政府第54次常务会议审议通过)

第一章 总 则

第一条 为加强对历史文化街区和历史建筑的保护，继承优秀历史文化遗产，促进城市建设与社会文化协调发展，根据《中华人民共和国文物保护法》、《中华人民共和国城市规划法》、《浙江省历史文化名城保护条例》等法律、法规的规定，结合本市实际，制定本办法。

第二条 本市市区范围内历史文化街区和历史建筑的保护和管理，适用本办法。

第三条 历史文化街区和历史建筑的保护，应当遵循统一规划、分类管理、有效保护、合理利用、利用服从保护的原则。

第四条 市规划行政主管部门负责历史文化街区和历史建筑的规划管理工作。

市房产行政主管部门负责历史文化街区和历史建筑保护的组织、协调和监督等管理工作。各区房产行政主管部门负责本辖区内历史建筑的日常保护管理工作。

各区人民政府或其组建的历史文化街区管理机构，负责本辖区内历史文化街区的日常保护管理工作。

市文物行政主管部门根据本办法的规定，负责历史文化街区和历史建筑保护的相关管理工作。

建设、财政、公安、工商、民族、宗教等有关行政主管部门应按照各自的职责，共同做好历史文化街区和历史建筑的保护管理工作。

第五条 各级人民政府应当加强对历史文化街区和历史建筑保护工作的领导，动员各种社会力量参与历史文化街区和历史建筑的保护工作，将历史文化街区和历史建筑保护工作纳入国民经济和社会发展规划以及城市总体规划，并提供必要的政策支持和经费保障。

第六条 市、区人民政府设立历史文化街区和历史建筑保护专项资金，用于历史文化街区和历史建筑的保护。专项资金的来源是：

（一）财政预算安排的资金；

（二）社会各界的捐赠；

（三）公有历史建筑或历史文化街区内其他公有建筑的转让、出租、举办展览等获得的收益；

（四）其他依法筹集的资金。

大力鼓励和支持社会捐助，开辟多种资金来源，用于历史文化街区和历史建筑的保护。

第七条 本市设立历史文化名城保护专家委员会。

历史文化名城保护专家委员会（以下简称专家委员会）按照本办法的规定，负责历史文化街区和历史建筑认定、调整、撤销等有关事项的评审工作，为市人民政府决策提供咨询意见。

专家委员会由规划、建筑、土地、文物、历史、文化、社会、法律和经济等方面的专业人士组成，具体组成办法和工作规则由市人民政府另行制订。

第八条 任何单位和个人都有依法保护历史文化街区和历史建筑及其附属设施的义务，对破坏、损害历史文化街区和历史建筑的行为有权进行劝阻、检举和控告。

对在历史文化街区和历史建筑保护、管理工作中做出显著成绩的单位和个人，各级人民政府应当给予表彰、奖励。

第二章　历史文化街区和历史建筑的确定

第九条　本办法所称历史文化街区，是指文物保护单位（文物保护点）、历史建筑、古建筑集中成片，建筑样式、空间格局和外部景观较完整地体现杭州某一历史时期的传统风貌和地域文化特征，具有较高历史文化价值的街道、村镇或建筑群。

本办法所称历史建筑，是指建成五十年以上，具有历史、科学、艺术价值，体现城市传统风貌和地方特色，或具有重要的纪念意义、教育意义，且尚未被公布为文物保护单位或文物保护点的建筑物。建成不满五十年的建筑，具有特别的历史、科学、艺术价值或具有非常重要纪念意义、教育意义的，经批准也可被公布为历史建筑。

第十条　历史文化街区和历史建筑的初步名录，由市规划行政主管部门会同市房产、文物行政主管部门提出，并征求所在地的区人民政府的意见，经专家委员会评审后，报市人民政府批准、公布。

第十一条　建筑的所有人、使用人，以及有关单位和个人，都可以向市规划、房产、文物等行政主管部门推荐历史文化街区或历史建筑。

第十二条　依法确定的历史文化街区和历史建筑不得擅自调整或者撤销。因不可抗力导致历史文化街区、历史建筑灭失或损毁、确已失去保护意义，或者情况发生重大变化需要调整、撤销的，由市规划行政主管部门会同市房产、文物行政主管部门提出意见，经专家委员会评审后报市人民政府批准。

第十三条　经批准公布的历史文化街区，由市规划行政主管部门设立标志。

经批准公布的历史建筑，由市房产行政主管部门设立标志。

第十四条　在城市建设中发现符合本办法第九条规定，但尚未被公布为历史文化街区或历史建筑的，建设单位或建筑的所有人、使用人应当暂时停止拆除或施工，采取临时保护措施，并立即向市规划、房产、建设、文物等行政主管部门报告。市规划行政主管部门应及时组织房产、文物等行政主管部门进行评估论证，提出处理意见。对符合条件的，应当采取先予保护的措施，并按照本办法的规定报批。

第十五条　国家级、省级历史文化街区的申报、确定及撤销，按照《浙江省历史文化名城保护条例》等有关法律、法规的规定执行。

第三章　历史文化街区的保护

第十六条　市规划行政主管部门应当根据城市总体规划和历史文化名城保护规划编制历史文化街区的保护规划，经专家委员会评审后报市人民政府批准。

第十七条　编制历史文化街区规划应当遵循以下原则：

（一）符合国家有关历史文化街区保护的规定；

（二）与国民经济和社会发展规划、城市总体规划相适应；

（三）注重保护和延续历史文化名城的传统风貌、空间格局，继承和发扬城市的传统文化；

（四）适应城市居民现代生活和工作环境的需要。

第十八条　历史文化街区保护规划应当包括下列内容：

（一）街区的历史文化风貌特色及其保护准则；

（二）街区的重点保护区和传统风貌协调区；

（三）街区土地使用性质的规划控制和调整，以及建筑空间环境和景观的保护要求；

（四）街区内历史文化风貌不协调的建筑的整改要求；

（五）规划管理的其他要求和措施。

第十九条　历史文化街区内土地的规划使用性质不得擅自改变。历史文化街区内现有建筑的使用性质不符合历史文化街区保护规划要求的，应当依法予以恢复或者调整。

第二十条 在历史文化街区的重点保护区范围内，不得进行新建、扩建活动。对现有建筑进行改建时，应当保持或者恢复其历史文化风貌。

第二十一条 在历史文化街区的风貌协调区内新建、扩建、改建建筑时，应当在高度、体量、色彩等方面与历史文化街区的风貌相协调。

第二十二条 在历史文化街区的重点保护区、传统风貌协调区内进行建设的，建设项目的选址及设计方案有关部门在批准前，应先征求市房产行政主管部门的意见。涉及文物行政主管部门职权的，按照有关文物保护法律、法规的规定执行。

第二十三条 对保护规划确定保护的建筑物、构筑物和其他设施，不得进行影响其传统风貌的改建和装修。

经批准在历史文化街区内设置户外广告、招牌等设施的，应当符合历史文化街区保护规划的要求，不得破坏建筑空间环境和景观。

第二十四条 历史文化街区保护规划确定保护的建筑物、构筑物和其他设施，所在地的区人民政府或其组建的历史文化街区管理机构应当与所有人、使用人签订保护责任书，明确保养、维修责任。

第二十五条 对历史文化街区的保护，应当逐步降低人口密度，改善居民的居住条件，保持原住居民的生活风貌。

第二十六条 历史文化街区内根据保护规划确定拆除的建筑物，按照城市房屋拆迁管理的规定执行。

历史文化街区内根据保护规划确定保留的建筑物、构筑物及其他设施，属公有的，由所在地的区人民政府或其组建的历史文化街区管理机构负责统一修缮；属私人所有的，由所有人按照保护规划的要求自行修缮，或委托其他专业机构修缮，所需费用由所有人承担。

为保护历史文化街区，确需对居民进行搬迁的，各区人民政府或其组建的历史文化街区管理机构可以对居民依法实施搬迁，搬迁安置的标准按照城市房屋拆迁管理的规定执行。居民可选择异地安置、货币安置或回迁安置等安置方式，其中选择回迁安置的，回迁后房屋面积增加的部分，按照市场价格购买。

所有人、使用人不愿履行或无力履行保护义务的，各区人民政府或其组建的历史文化街区管理机构可依法予以搬迁。

第二十七条 各区人民政府或其组建的历史文化街区管理机构应当逐步完善历史文化街区内的道路、供水、排水、消防等配套设施。

第四章 历史建筑的保护

第二十八条 市规划行政主管部门应当会同市房产、文物等行政主管部门和历史建筑所在地的区人民政府，根据历史建筑的具体情况，制定每处历史建筑的保护图则，经专家委员会评审后公布。

第二十九条 根据历史、科学和艺术价值以及完好程度，对历史建筑按以下分类进行保护：

（一）建筑的立面、结构体系、平面布局和内部装饰不得改变；

（二）建筑的立面、结构体系、基本平面布局和有特色的内部装饰不得改变，其他部分允许改变；

（三）建筑的立面和结构体系不得改变，建筑内部允许改变；

（四）建筑的主要立面不得改变，其他部分允许改变。

第三十条 房产行政主管部门应按照保护图则的规定，将历史建筑的具体保护要求书面告知建筑的所有人、使用人和有关物业管理单位，并与所有人、使用人签订保护责任书，明确其应当承担的保护义务。所有人、使用人转让或出租历史建筑的，应当将有关的保护要求告知受让人、承租人。

第三十一条 历史建筑的所有人、使用人应当按照建筑的具体保护要求负责修缮、保养历史建筑，并由所有人承担相应的修缮费用。

历史建筑的所有人未按照建筑的具体保护要求及时修缮的，房产行政主管部门应当责令其限期修缮或者整修。

对公有历史建筑（含代管产、包租产），房产行政主管部门可依法采用经济和行政手段筹集资金，用于该历史建筑的保护。

第三十二条 历史建筑的所有人和使用人应当按照历史建筑的设计使用性质使用历史建筑。

历史建筑因时代久远使原设计使用功能无法实现的，市房产行政主管部门为保护需要，在征得规划、土地行政主管部门的同意后，可以作出调整其使用性质的决定。历史建筑的所有人或使用人应按照法律、法规的规定办理相关手续，并按照调整后的使用性质使用历史建筑。

第三十三条 改建历史建筑的卫生、排水、电梯等内部设施的，应当符合该历史建筑的具体保护要求。

历史建筑的所有人、使用人和其他保护义务人，不得从事损坏建筑主体承重结构或者危害建筑安全的其他活动，不得私自拆卸历史建筑的构件。

第三十四条 历史建筑的外观不得擅自改变。严格控制在历史建筑上设置户外广告、招牌等设施。经依法批准在历史建筑上设置户外广告、招牌、霓虹灯、泛光照明，或者设置空调、遮雨篷等外部设施的，应当符合历史建筑的具体保护要求并与建筑立面相协调。

第三十五条 除因保护历史建筑需要必须建设的附属设施外，在历史建筑保护范围内不得进行任何工程建设。

在历史建筑建设控制地带内新建、扩建、改建建筑的，应当在使用性质、高度、体量、形式、色彩等方面与该历史建筑相协调，不得破坏其原有的历史环境和风貌，不得影响历史建筑的正常使用。

第三十六条 历史建筑因自然原因或者受到其他影响发生损毁危险的，建筑的所有人或使用人应当立即组织抢险保护，采取加固措施，并向所在地的区房产行政主管部门报告。各区房产行政主管部门应当加强监管和指导，对不符合该建筑具体保护要求的措施应当及时予以纠正。

第三十七条 历史建筑的所有人、使用人不履行或无力履行保护义务的，房产行政主管部门可对其实施搬迁，并按照城市房屋拆迁的标准予以补偿、安置。搬迁安置的具体办法由市房产行政主管部门制订，报市人民政府批准后执行。

第三十八条 经搬迁整修后的历史建筑，在不影响其保护的前提下，可以充分发挥它的使用功能，作为参观游览场所或经营活动场所。

鼓励国内外组织和个人购买或租用历史建筑。

第三十九条 依法确定的历史建筑不得擅自迁移、拆除。因重大公共工程建设需要必须迁移、拆除历史建筑的，应当经专家委员会评审后，报市规划行政主管部门批准。

第四十条 经批准迁移、拆除历史建筑的，应当在实施过程中做好建筑的详细测绘、信息记录和档案资料保存工作，并按照建设工程档案管理的有关规定，将有关档案资料及时报送相关档案机构。

市文物行政主管部门应及时对从历史建筑上拆卸的构件进行鉴定。属于文物的，按照有关文物管理的法律、法规规定处理。

第五章 法 律 责 任

第四十一条 对违反本办法的行为，《中华人民共和国城市规划法》、《浙江省历史文化名城保护条例》等法律、法规已有规定的，按照其规定处罚；没有规定的，按照本办法的规定予以处罚。

第四十二条 违反本办法规定，擅自摘除或破坏历史建筑标志的，由各区房产行政主管部门责令改正，并可处以200元以上500元以下罚款。

第四十三条 违反本办法规定，擅自改变历史建筑的外观，或设置的外部设施不符合历史建筑保护要求的，由各区房产行政主管部门责令恢复原状，并可处以500元以上2000元以下罚款。

第四十四条 违反本办法规定，擅自改变历史建筑内部结构，或者改建卫生、排水、电梯等内部设施不符合历史建筑保护要求的，由各区房产行政主管部门责令改正，并可处以500元以上2000元以下罚款。

第四十五条 违反本办法规定，历史建筑的所有人、使用人未按照历史建筑保护要求及时对历史建筑进行修缮、养护的，由各区房产行政主管部门责令改正，并可处以1000元以上2000元以下罚款。

第四十六条 规划、房产、文物等行政主管部门和其他有关行政主管部门及其工作人员违反本办法规定行使职权，或者玩忽职守、滥用职权、徇私舞弊的，由所在单位或者上级主管机关依法给予行政处分；构成犯罪的，依法追究刑事责任。

第六章 附 则

第四十七条 各县（市）历史文化街区和历史建筑的保护管理，参照本办法执行。

具有历史、科学、艺术价值且未被公布为文物保护单位或文物保护点的古牌坊、古桥梁、古码头、古驳岸、古井等构筑物的保护管理，可参照本办法关于历史建筑保护的相关规定执行。

第四十八条 位于历史文化街区内的历史建筑的修缮及日常维护管理由各区人民政府或其组建的历史文化街区管理机构负责，但涉及翻建、改建和居民搬迁等重大事项的，应征求市房产行政主管部门的意见。

第四十九条 本办法自2005年1月1日起施行。本办法实施前已经立项进行改造、整修的历史文化街区和历史建筑，其改造、整修按照原有政策执行。

合肥市文物保护办法

(2000年12月8日合肥市第十二届人民代表大会常务委员会第二十二次会议通过，2001年3月30日安徽省第九届人民代表大会常务委员会第二十二次会议批准)

第一条 为加强文物保护与管理，发挥文物在建设社会主义物质文明和精神文明中的作用，根据《中华人民共和国文物保护法》等法律、法规，结合本市实际，制定本办法。

第二条 在本市行政区域内，下列文物受国家保护：

（一）具有历史、艺术、科学价值的古文化遗址、古墓葬、古建筑、石刻；

（二）与重大历史事件、革命运动和著名人物有关的，具有重要纪念意义、教育意义和史料价值的建筑物、遗址、纪念物；

（三）历史上各时代珍贵的艺术品、工艺美术品；

（四）重要的革命文献资料和具有历史、艺术、科学价值的手稿、古旧图书资料等；

（五）反映历史上各时代、各民族社会制度、社会生产、社会生活的代表性实物。

具有科学价值的古脊椎动物化石和古人类化石同文物一样受国家保护。

第三条 本市行政区域内地下、水域中遗存的一切文物，属国家所有。古文化遗址、古墓葬等和机关、部队、国有企业、事业单位管理、收藏的文物，属国家所有。国家指定保护的纪念建筑、古建筑、石刻等，除国家另有规定外，属国家所有。

第四条 在本市的各级机关、团体、部队，企业、事业单位和个人都有保护文物的义务。

鼓励社会各界和个人向国有文物收藏单位捐赠文物。

第五条 市、县、乡（镇）人民政府负责保护本行政区域内的文物，按照有效保护、合理利用、加强管理的原则，将文物保护纳入当地经济、社会发展规划。

市人民政府应成立文物保护委员会，负责研究、协调、解决文物保护工作中的重大问题。

第六条 市、县文物行政管理部门负责本行政区域内的文物工作，行使对文物保护、管理、监督的职权。

建设、规划、公安、工商、土地、园林、宗教等有关部门和海关应按照各自的职责，配合文物行政管理部门做好文物保护工作。

乡、镇文化站在乡、镇人民政府领导下负责当地文物保护工作。

第七条 文物事业费和基本建设投资，应分别列入市、县人民政府的财政预算和基本建设计划。对文物事业的投入应随财政收入增长相应增加。

在收取的城市维护建设税中，市人民政府每年应安排100万元以上用于文物维修，由市文物行政管理部门管理，专款专用。

第八条 市、县人民政府在编制和调整城乡规划时，应有文物行政管理部门参与，以保证城乡建设规划和文物保护利用规划相衔接。

第九条 市、县人民政府应选择本行政区域内具有历史、艺术、科学价值的不可移动文物，公布为相应的文物保护单位。需要作为省级文物保护单位和全国重点文物保护单位的，依法核定公布。

市、县文物行政管理部门应选择尚未核定公布为文物保护单位，但具有重要价值的不可移动文物，以及本地区具有代表性的现代建筑物，公布为文物保护对象，设立保护标志，妥善保护。

前两款以外的不可移动文物，市、县文物行政管理部门应向其所在区域政府机关、单位或村（居）民委员会告知，予以妥善保护。

第十条 市、县级文物保护单位的保护范围和建设控制地带由文物行政管理部门会同规划行政管理部门共同划定，报同级人民政府批准。

市、县人民政府对公布的文物保护单位，应在一年内划定保护范围和建设控制地带，设立保护标志。文物行政管理部门和使用单位应建立档案，确定责任人。严禁移动和损毁保护标志。保护范围和建设控制地带，任何单位和个人不得擅自改变。

第十一条 不得擅自拆除、改建、迁移不可移动文物。如有特殊需要的，属已公布为文物保护单位的，应按文物保护单位的级别，报经同级人民政府和上级文物行政管理部门批准。

文物保护单位的维修，应遵守不改变文物原状的原则，设计、施工方案应分别报市、县文物行政管理部门审查同意。

第十二条 在文物保护单位保护范围内，禁止堆放易燃、易爆、放射性和腐蚀性的物品以及其他危害文物安全的活动。

在古文化遗址、古墓葬区内禁止进行深翻土、破坏地形地貌等扰乱古文化层的活动。

在未经批准为宗教活动场所的文物保护单位内，不得进行宗教活动。

第十三条 因对公众开放、科学研究和以其他形式利用文物的，其管理、使用单位须按规定报批，应接受当地文物行政管理部门指导、监督。

文物保护单位门票年收入的20％以上应当用于文物保护维修，其使用接受文物行政管理部门监督。

第十四条 考古发掘必须依法履行报批手续。文物调查、勘探活动应经市文物行政管理部门同意。未经批准，任何单位和个人不得擅自进行。

抢救性发掘，按国家有关规定办理。

第十五条 在文物保护单位的建设控制地带内不得进行违反《文物保护法》和有关规定的建设。确需进行基本建设项目的，其立项应事先征得文物行政管理部门的同意，由文物行政管理部门参与建设项目选址等有关文物保护设计方案的审核。

在进行大中型基本建设项目时，建设单位必须会同当地文物行政管理部门对工程项目范围内（包括全部动土区）可能埋藏文物的地方进行调查或勘探，文物行政管理部门应在30日以内，提出调查处理意见，经确认无重要文物埋藏或按规定发掘清理后，规划行政管理部门方可核发《建设工程规划许可证》。调查、勘探所需经费由项目建设单位列入投资计划。

建设工程应当避开文物行政管理部门已确认的地下文物埋藏丰富地段。确因特殊需要在上述地段进行建设工程，须经文物行政管理部门同意后，方可按规定程序办理报批手续，并依法对地下文物进行发掘清理。

第十六条 建设单位在工程建设中，应根据文物发掘需要，调整工程部署或允许施工单位顺延工期。如发现特别重要的文物，经省文物行政管理部门认定需要原地保护的，建设单位应当服从，并另行选址。

第十七条 任何单位、个人在生产建设中发现文物，不得隐匿、损毁，应立即局部停工并保护好现场，同时向当地文物行政管理部门或公安机关报告，文物行政管理部门应及时前往处理。

第十八条 市、县人民政府负责辖区内国有文物馆（库房）建设，按规定配备安全保护设施和保卫人员。

国有文物收藏单位不具备保管一、二级文物藏品条件的，其收藏的一、二级文物由省文物行政管理部门指定的单位代藏。

第十九条 国有文物收藏单位的文物藏品，禁止出售、赠送或擅自注销编号。

文物藏品的调拨、交换、借用，须依法履行报批手续。

第二十条 流散文物的征集、收购由文物行政管理部门按规定统一管理。任何单位和个人未经批准不得进行文物收购业务。

私人出售收藏的文物，应当到经过批准的文物购销经营单位出售或委托有文物拍卖资格的拍卖企业拍卖。委托拍卖的文物在拍卖前，应当经拍卖人住所地文物行政管理部门依法鉴定、许可。

严禁私自买卖文物，禁止将文物馈赠给外国组织、外国人或其他境外居民。

第二十一条 经营文物监管物品，按国家有关规定审查批准，接受当地文物行政管理部门监督、管理。

第二十二条 外地来本市收购、征集文物者，应按市文物行政管理部门指定的范围和方式收购、征集。文物运出本市，须经市文物行政管理部门审查同意。

本市各级各类图书馆、档案馆、纪念馆和文物收藏等单位收购、征集的文物，应及时造册报市文物行政管理部门备案。

第二十三条 公安、工商、海关等部门应依法打击盗掘、走私文物的行为，取缔非法文物经营活动；没收和查获的文物，应妥善保管，并在结案后一个月内无偿移交文物行政管理部门指定的单位收藏、保管。

第二十四条 将合法收藏的珍贵文物捐献给国家、发现出土文物上交国家、在文物保护中有突出贡献的单位或个人，由人民政府或文物行政管理部门给予奖励。

第二十五条 有下列行为之一的，给予处罚：

（一）刻划、涂污、损坏国家保护的文物尚不严重的，擅自移动、损毁文物保护标志，在文物保护单位保护范围内存放易燃、易爆等危险品尚未造成损害的，由公安机关处以200元以下罚款或责令赔偿损失，并建议其所在单位给予行政处分；

在生产建设中发现文物隐匿不报、不上交国家的，由公安机关依法处理；

（二）未经批准对文物保护单位进行迁移、拆毁或擅自改变古建筑原状的，由文物行政管理部门责令恢复原状，并处20000元以下罚款；

（三）未经批准在文物保护单位保护范围或建设控制地带内进行工程建设的，由规划行政管理部门根据文物行政管理部门的意见，责令停止建设，责令拆除并处以工程造价1‰的罚款，但最高不超过20000元；属于规划行政管理部门违反有关规定审批的，由同级人民政府责令纠正；

（四）违反规定拓印、仿制、复制文物或利用文物拍摄影视、图片及演出的，由文物行政管理部门责令停止，没收成品、半成品和违法所得，并处5000元以下罚款；

（五）在基本建设活动中，违反保护文物有关规定尚未造成严重后果的，由文物行政管理部门责令停工，对建设单位处以20000元以下罚款，对主管人员和直接责任人员处以500元以上3000元以下罚款，并建议其所在单位或其上级主管部门给予行政处分。

未经批准进行文物勘探和考古发掘，未造成严重后果的，由有关文物行政管理部门依法给予处罚。

第二十六条 在未经批准为宗教活动场所的文物保护单位内进行宗教活动的，由宗教事务部门或文物行政管理部门责令停止，造成经济损失的依法赔偿。

第二十七条 国有文物收藏单位出卖、私自赠送文物藏品给其他国有博物馆、图书馆等单位的，由文物行政管理部门责令追回，没收非法所得，可并处以非法所得2至5倍的罚款，对主管人员和直接责任人员由所在单位或其上级主管部门给予行政处分；擅自借出文物藏品，或因失职造成文物损失尚不严重的，由其所在单位或上级主管部门对主管人员和直接责任人员处以500元以下罚款，并给予行政处分；擅自注销编号、调拨、交换文物藏品，对主管人员和直接责任人员，由所在单位或其上级主管部门给予行政处分。

第二十八条 未经批准从事文物和文物监管物品经营活动的，由文物行政管理部门、工商行政管理部门在各自的职权范围内依法处理。

未经批准擅自携带、邮寄文物出境的，由海关依法处理。

第二十九条 违反文物保护法律、法规，情节严重构成犯罪的，由司法机关依法追究刑事责任。

第三十条 文物行政管理部门和其他有关主管部门的人员玩忽职守、滥用职权造成文物损毁或流失，由所在单位给予行政处分；构成犯罪的，由司法机关依法追究刑事责任。

第三十一条 当事人对文物行政管理部门或其他有关行政管理部门所作行政处罚决定不服的，可依法申请行政复议；对复议决定不服的，可以依法提起行政诉讼。

第三十二条 本办法自2001年5月1日施行。

福州市历史文化名城保护条例

(2013年6月28日福州市第十四届人民代表大会常务委员会第十一次会议通过,2013年7月25日福建省第十二届人民代表大会常务委员会第四次会议批准)

第一章 总 则

第一条 为了加强福州历史文化名城的保护和管理,继承和弘扬优秀历史文化,促进经济和社会协调发展,根据《中华人民共和国城乡规划法》、《中华人民共和国文物保护法》、《中华人民共和国非物质文化遗产法》、国务院《历史文化名城名镇名村保护条例》等有关法律、法规,结合本市实际,制定本条例。

第二条 福州历史文化名城的规划、保护、利用和管理,适用本条例。

法律、法规对文物、非物质文化遗产等的保护和管理另有规定的,从其规定。

第三条 历史文化名城保护应当遵循科学规划、严格保护的原则,维护历史文化遗产的真实性和完整性,正确处理历史文化遗产的保护传承与开发利用的关系。

第四条 市、区人民政府负责历史文化名城保护的监督管理工作。

第五条 市人民政府设立历史文化名城保护管理综合协调机构,对历史文化名城保护工作进行协调和指导。

市建设主管部门负责历史文化名城保护管理综合协调机构日常工作。

市城乡规划主管部门会同文化(文物)主管部门,负责组织实施本条例。

市财政、住房保障和房产管理、国土资源、园林、环境保护、旅游、市容管理、教育、民政等有关主管部门,应当按照各自职责,协同实施本条例。

第六条 市、区人民政府设立的历史文化街区保护管理机构,负责历史文化街区的日常保护和管理工作。

第七条 市、区人民政府应当将历史文化名城的保护和管理工作纳入国民经济和社会发展规划,并将历史文化名城保护专项资金列入本级财政预算。

第八条 任何单位和个人都有保护历史文化名城的义务,有权对破坏历史文化名城的行为进行劝阻、举报和控告。

鼓励单位和个人以捐赠、资助、提供技术服务或者提出建议等方式参与历史文化名城的保护和管理工作。

市、区人民政府及有关部门应当加强历史文化名城保护的宣传教育,增强全民保护意识,对在历史文化名城保护工作中做出突出贡献的单位和个人,给予表彰和奖励。

第二章 保 护 内 容

第九条 福州历史文化名城的保护内容主要包括:

(一)历史城区的传统格局、历史风貌;

(二)三坊七巷、朱紫坊、上下杭等历史文化街区;

(三)烟台山、冶山、马尾等历史文化风貌区;

(四)鼓岭、马厂街等历史建筑群,历史建筑;

(五)螺洲、闽安等历史文化名镇、名村;

（六）福州文庙、华林寺大殿等不可移动文物；

（七）非物质文化遗产；

（八）古河湖水系、古树名木等历史环境要素；

（九）市人民政府确定的其他保护内容。

前款所称的非物质文化遗产，主要包括：脱胎漆器、佛跳墙制作等传统手工技艺；寿山石雕、软木画等传统美术；闽剧、福州评话、伬艺等传统戏剧和曲艺；福州十番等民间音乐；诗钟等民间文学和福州方言；各种传统舞蹈、传统医药、杂技与竞技、健康的民俗活动；其他非物质文化遗产，以及与上述表现形式相关的实物和场所等。

第十条 福州历史文化名城实行保护名录制度。保护名录包括国务院和福建省人民政府批准公布的保护项目以及根据本条例第九条所列内容项下的保护项目。

第十一条 市建设主管部门负责组织编制和调整历史文化名城保护名录。

市建设、城乡规划、文化（文物）、园林等主管部门，应当普查本市的历史文化资源，发现具有保护价值的，及时提出将其列入保护名录的意见。

除国务院和福建省人民政府批准公布的保护项目外，对列入保护名录的保护项目，市建设主管部门应当会同有关部门组织专家论证并向社会公示，经历史文化名城保护管理综合协调机构审议，报市人民政府批准后公布。

第十二条 市人民政府应当根据保护名录建立档案数据库，并及时更新。

市城乡规划主管部门应当会同文化（文物）、住房保障和房产管理等主管部门建立历史建筑档案数据库。

第三章 保 护 规 划

第十三条 市人民政府应当组织城乡规划、建设、文化（文物）、历史文化街区保护管理机构等有关单位，编制福州历史文化名城保护规划，依法报经批准后，向社会公布，并将其纳入城市总体规划。

第十四条 市城乡规划主管部门应当根据历史文化名城保护规划，会同文化（文物）主管部门、历史文化街区保护管理机构，编制历史文化街区专项保护规划；会同文化（文物）、建设、园林、住房保障和房产管理等有关主管部门，编制历史文化风貌区、历史建筑群、历史建筑、历史环境要素的专项保护规划。各专项保护规划应当依法报经批准后，向社会公布。

第十五条 保护规划的编制应当进行科学论证，广泛征求有关部门、专家和公众的意见。

经依法批准的保护规划，不得擅自修改。确需修改的，应当征求有关部门、专家和公众的意见，按照法定程序批准并公布。

第十六条 历史文化街区、名镇、名村、风貌区和历史建筑群、历史建筑的保护范围包括核心保护范围、建设控制地带；必要时，可以在建设控制地带外划定环境协调区。具体范围由市城乡规划主管部门会同文化（文物）主管部门确定后，列入保护规划，报市人民政府批准并公布。

第十七条 市、区人民政府应当严格执行历史文化名城保护规划，加强对各有关部门实施情况的监督检查，对保护状况进行评估，并向同级人民代表大会常务委员会报告。

第四章 保 护 措 施

第十八条 市、区人民政府应当根据历史文化名城保护规划严格保护历史城区空间格局、自然地貌与外围山水环境，控制历史城区开发总量、人口规模、空间尺度，建筑物的高度、体量、色彩和立面风格，延续名城传统格局和历史风貌。

第十九条 历史城区中轴线沿线新建建筑的建筑高度、体量、色彩等方面应当符合保护规划的要求。

第二十条 于山、乌山、屏山之间视线走廊宽度为 100 米，视线走廊之内的建筑高度不得超过 24 米，围合范围内的其他区域、历史城区内白马河沿线建筑高度不得超过 48 米。闽江北岸解放大桥青年会广场周边区域建筑高度不得超过 18 米，闽江南岸应当凸显烟台山山体轮廓特征。

违反前款规定高度的建筑物，以及现有严重影响于山、乌山、屏山山体景观风貌的建筑物，应当按照历史文化名城保护规划的要求，依法进行整治。

第二十一条 市人民政府应当保护历史文化街区的整体风貌特色及空间形态，保护和修复三坊七巷的坊巷结构，保护和延续朱紫坊街区河坊一体的整体空间格局，保护和延续上下杭街区传统商业街巷、建筑、会馆的历史风貌。

第二十二条 历史文化街区范围内的商业经营布局，应当符合历史文化街区专项保护规划并与街区内环境、功能相配套，注重历史文化宣传，展示福州地方文化的项目和老字号。

第二十三条 市人民政府应当对公布的历史文化街区、名镇、名村、风貌区和历史建筑群、历史建筑设置明显的保护标志，标明保护范围。

任何单位或者个人不得擅自设置、移动、涂改或者损毁保护标志。

第二十四条 在历史文化风貌区和历史建筑群、历史建筑的核心保护范围内，除新增必要的公共基础设施和公共服务设施外，不得进行新建、扩建活动。

在历史文化风貌区和历史建筑群、历史建筑的核心保护范围内，新建、扩建公共基础设施、公共服务设施，应当报市城乡规划主管部门批准。市城乡规划主管部门在批准之前应当征求文化（文物）主管部门的意见。

对历史建筑进行修缮，改变历史建筑使用性质，或者在历史建筑上设置牌匾、空调设备、外部照明等设施，应当报城乡规划主管部门会同同级文化（文物）主管部门批准。

第二十五条 在历史文化街区、名镇、名村、风貌区和历史建筑群、历史建筑的建设控制地带内进行建设活动，应当维护传统格局，延续历史风貌。新建、改建建筑物、构筑物时，应当在高度、体量、色彩等方面与历史风貌相协调；新建、改建道路时，不得改变原有的道路格局和景观特征。

第二十六条 在历史文化街区、名镇、名村、风貌区和历史建筑群的环境协调区内进行建设活动，应当保护其依存的自然与人文环境，新建、改建的建筑物、构筑物应当与文物古迹及周边环境风貌相协调。

第二十七条 在历史文化街区、名镇、名村、风貌区和历史建筑群、历史建筑的保护范围内禁止进行下列活动：

（一）擅自爆破、取土、挖沙、围填水面、抽取地下水等；
（二）建设损害传统格局和历史风貌的建筑物、构筑物或者其他设施；
（三）损坏或者擅自拆除历史建筑构件；
（四）在历史建筑上张贴或者设置除店牌、店招外的户外广告；
（五）其他破坏传统格局、历史风貌或者历史建筑的活动。

第二十八条 历史文化街区、名镇、名村、风貌区和历史建筑群的整体开发利用，市人民政府应当征集市民意见，组织专家论证，制订建设方案，并向市人民代表大会常务委员会报告。

第二十九条 历史建筑的所有权人或者使用人应当合理使用建筑，负责建筑物的保养和安全防范，保持建筑的原有风貌，接受指导、检查和监督。

历史建筑的维护和修缮由所有权人负责，维护和修缮应当按照城乡规划主管部门会同同级文化（文物）主管部门审定的保护方案实施。

直管公房和政府代管的历史建筑，由政府确定的管理人或者使用人负责维护和修缮。

历史建筑有损毁危险，所有权人或者使用人确不具备维护和修缮能力的，市、区人民政府应当根据情况，进行补助、修缮或者采取置换等措施予以保护。

第三十条 经依法批准拆除的历史建筑中具有收藏价值的壁画、雕刻、建筑构件等，由市文化（文物）主管部门指定的文物收藏单位收藏。

第三十一条 尚未核定公布为文物保护单位的不可移动文物，区文化（文物）主管部门应当予以登记公布，并划定其保护范围。

市文化（文物）主管部门可以根据历史资料、考古调查划定地下文物埋藏区，并报市人民政府核定公布。在地下文物埋藏区进行工程建设的，应当根据法定程序组织考古调查、勘探或者发掘，所需费用由建设单位列入工程预算。

在工程建设过程中，任何单位和个人发现文物或者文物遗址的，应当立即报告当地文化（文物）主管部门；负责建设、施工的单位和个人必须立即停止施工并保护现场。

第三十二条 市、区人民政府对列入非物质文化遗产代表性项目名录所依存的文化空间发源地划定保护范围，设置保护标志，进行整体性保护。对传承非物质文化遗产所需的展示场所和传承场所，应当依法予以保障。

传统商业贸易、手工艺和地方传统饮食街区由所在地的区人民政府结合城市经济、建设活动统筹予以保护。

第三十三条 各级人民政府对有突出贡献的和积极开展传承、传播活动的非物质文化遗产代表性项目的代表性传承人，应当采取命名、授予称号、表彰奖励、资助扶持等方式予以鼓励和支持。

第三十四条 古河湖水系应当按照市人民政府制定的综合整治规划进行治理，保护和恢复西湖、白马河、晋安河、琼东河、安泰河、屏东河、东西河等的历史景观风貌，保护遗存的河桥、树木和石砌驳岸等。

任何单位或者个人不得擅自填盖、占用古河道或者改变古河道走向。

第三十五条 历史城区内体现福州历史文化内涵的街巷、区域和建筑的名称，不得擅自更改。因特殊情况确需更改的，在依法报经批准前，市民政主管部门应当征求文化（文物）主管部门的意见。

第五章 法 律 责 任

第三十六条 违反本条例第二十三条第二款规定的，由市规划主管部门责令限期改正；逾期不改正的，对单位处以一万元以上五万元以下的罚款，对个人处以一千元以上一万元以下的罚款。

第三十七条 违反本条例第二十四条第二款规定，未按照程序审批的，依法对直接负责的主管人员和其他直接责任人员给予处分。

第三十八条 违反本条例第二十七条第四项规定的，由市容管理主管部门责令限期改正；逾期不改正的，对单位处以五千元以上五万元以下的罚款，对个人处以二百元以上二千元以下的罚款。

第三十九条 违反本条例第二十九条第二款规定，未按照审定的保护方案实施维护和修缮历史建筑的，由城乡规划主管部门责令改正，对单位并处五万元以上十万元以下的罚款，对个人并处一万元以上五万元以下的罚款。

第四十条 对历史文化街区内违反本条例规定的经营活动、破坏街容街貌等行为，由历史文化街区保护管理机构依照相关法律法规予以处罚。

违反本条例其他行为的，由有关主管部门依照相关法律法规予以处罚。

第四十一条 市、区人民政府及有关主管部门工作人员在历史文化名城保护工作中，滥用职权、玩忽职守、徇私舞弊的，依法给予处分；构成犯罪的，依法追究刑事责任。

第六章 附 则

第四十二条 本条例下列用语的含义：

（一）三山两塔，是指乌山、于山、屏山、乌塔、白塔。

（二）三坊七巷，是指衣锦坊、文儒坊、光禄坊、杨桥巷、郎官巷、塔巷、黄巷、安民巷、宫巷、吉庇巷。

（三）历史城区，是指以三山两塔区域为核心，东起五一路、五四路，西至白马河（含西湖），北起屏山北麓，南至东西河的古城区和城廓外的滨江地区（含台江城区、仓前城区）构成的区域。

（四）历史城区中轴线，是指北起屏山，沿鼓屏路、八一七路、解放大桥至烟台山的历史城区沿线地段。

第四十三条 有关县（市）对历史文化名镇、名村保护和管理，参照本条例执行。

第四十四条 市人民政府应当根据本条例制定实施细则。

第四十五条 本条例自 2013 年 10 月 1 日起施行。1995 年 10 月 27 日福州市第十届人民代表大会常务委员会第十九次会议通过的《福州市历史文化名城保护条例》同时废止。

江西省文物保护条例

(2006年9月22日江西省第十届人民代表大会常务委员会第二十三次会议通过)

第一章 总 则

第一条 为了加强对文物的保护，继承中华民族优秀的历史文化遗产，根据《中华人民共和国文物保护法》、《中华人民共和国文物保护法实施条例》等有关法律、行政法规的规定，结合本省实际，制定本条例。

第二条 本省行政区域内文物的保护、利用和管理，适用本条例。

具有科学价值的古脊椎动物化石和古人类化石同文物一样受国家保护。

第三条 文物工作贯彻保护为主、抢救第一、合理利用、加强管理的方针。

基本建设、旅游发展和文物利用等活动必须遵守文物保护工作的方针，不得对文物造成损害。

第四条 各级人民政府负责本行政区域内的文物保护工作。

县级以上人民政府设立的文物保护管理委员会，负责协调、解决本行政区域内文物保护工作中的重大问题。

第五条 县级以上人民政府文物行政部门对本行政区域内的文物保护实施监督管理。

公安、工商行政管理、城乡建设规划、海关等相关部门在各自职责范围内，负责有关的文物保护工作。

第六条 县级以上人民政府应当将文物保护事业纳入国民经济和社会发展规划，所需经费列入本级财政预算，用于文物保护的财政拨款随着财政收入增长而增加。

县级以上人民政府应当根据文物调查、抢救、修缮、征集和安全设施建设等需要，设立专项经费。

第七条 对遗存在本行政区域内的与重大历史事件、革命运动有关的近现代重要史迹、陶瓷古窑遗址等重要文物保护单位，有关人民政府应当予以重点抢救、保护和管理。

民间收藏的近现代文物、古陶瓷、古青铜器等珍贵文物，国有文物收藏单位应当加强征集和收藏工作。

第八条 县级以上人民政府文物、教育、科技等部门以及报刊、广播、电视、网络等媒体，应当加强文物保护法律法规和优秀历史文化遗产保护的宣传教育工作，增强全社会的文物保护意识。

县级以上人民政府应当注重对文物、博物专业技术人才的培养。

第九条 所有单位和个人都有依法保护文物的义务，并有权检举、控告和制止破坏文物的行为。

第二章 不可移动文物

第十条 省人民政府文物行政部门在市级、县级文物保护单位中，选择具有重要历史、艺术、科学价值的确定为省级文物保护单位，或者直接确定省级文物保护单位，报省人民政府核定公布，并报国务院备案。

市级、县级文物保护单位，分别由设区市、县级人民政府文物行政部门确定，报市级、县级人民政府核定公布，并报省人民政府备案。

尚未核定为文物保护单位的不可移动文物，由所在地县级人民政府文物行政部门登记公布，建立档案，并报省、设区市人民政府文物行政部门备案。

第十一条 对保存文物丰富并且具有重要历史价值或者革命纪念意义和反映民族、民俗文化及地方特色的城市、街道、村镇，由所在地县级以上人民政府提出申请，经省人民政府城乡建设规划部门会同文物行政部门组织评审后，报省人民政府核定公布为省级历史文化名城或者历史文化街区、村镇，并报国务院备案。

国家历史文化名城、村镇的申报和确定，依照国家有关规定执行。

第十二条 世界文化遗产和文物保护单位所在地的县级以上人民政府应当组织编制保护规划。世界文化遗产、全国重点文物保护单位保护规划，由省人民政府公布实施；省级、市级、县级文物保护单位保护规划，分别由省、设区市、县级人民政府公布实施。

历史文化名城和历史文化街区、村镇所在地县级以上人民政府应当组织编制专门的历史文化名城和历史文化街区、村镇保护规划，并纳入城市总体规划。

第十三条 世界文化遗产、全国重点文物保护单位和省级文物保护单位由省人民政府文物行政部门组织制定具体保护措施，并公告施行。市级、县级文物保护单位和尚未核定为文物保护单位的不可移动文物，分别由设区市、县级人民政府文物行政部门组织制定具体保护措施，并公告施行。

保护措施应当符合保护规划的要求，内容包括不可移动文物的修缮保养、安全防范、合理利用和环境治理等。

第十四条 全国重点文物保护单位和省级文物保护单位，由省人民政府划定必要的保护范围，作出标志说明，建立记录档案；市级、县级文物保护单位分别由设区市、县级人民政府划定必要的保护范围，作出标志说明，建立记录档案。

全国重点文物保护单位和省级文物保护单位的建设控制地带，经省人民政府批准，由省级文物行政部门会同城乡规划行政主管部门划定并公布；市级、县级文物保护单位的建设控制地带，经省人民政府批准，由市级、县级文物行政部门会同城乡规划行政主管部门划定并公布。

第十五条 在文物保护单位的保护范围和建设控制地带内已有的非文物建筑物和构筑物，危害文物保护单位安全或者破坏文物保护单位历史风貌的，由县级以上人民政府依法调查处理，必要时，对该建筑物、构筑物依法予以拆迁。

在文物保护单位的建设控制地带内进行建设工程，不得破坏文物保护单位的历史风貌，其形式、高度、体量、色调应当与文物保护单位相协调；工程设计方案应当根据文物保护单位的级别，经相应的文物行政部门同意后，报城乡建设规划部门批准。

第十六条 在文物保护单位的建设控制地带内，禁止从事下列活动：

（一）建设污染文物保护单位及其环境的设施；

（二）存放易燃、易爆、易腐蚀等危及文物安全的物品；

（三）殡葬活动；

（四）其他可能影响文物保护单位安全及其环境的活动。

第十七条 在文物保护单位的保护范围内，除禁止从事前条所列活动外，还禁止从事下列活动：

（一）刻划、涂污、损坏文物；

（二）刻划、涂污、损毁或者擅自移动文物保护单位标志；

（三）损坏文物保护设施；

（四）毁林开荒、开挖沟渠、采石、取土；

（五）法律、法规禁止的其他活动。

第十八条 不可移动文物实行原址保护原则。因特殊情况无法实施原址保护的，经依法批准后，可以迁移或者拆除，所需费用由建设单位列入建设工程预算。

被批准迁移或者拆除的不可移动文物，建设单位应当事先做好测绘、摄像和文字记录等资料工作。不可移动文物迁移工程应当与异地保护工程同步进行，并且按照国务院文物行政部门的有关规定，由相应的文物行政部门组织验收。

第十九条 设区市、县级人民政府文物行政部门应当与不可移动文物的所有人、使用人或者管理人签订文物保护责任书，依法明确其享有的权利和承担的义务；不可移动文物的所有人、使用人或者管理人发生改变的，应当重新签订。

第二十条 文物保护单位被辟为参观游览场所的，其管理或者使用机构应当按照文物保护法律法规的有关规定，负责修缮、保养和安全管理，并接受文物行政部门的监督检查。

第二十一条 公布为文物保护单位的宗教活动场所，管理、使用该宗教活动场所的宗教组织应当按照文物保护法律法规的有关规定，负责修缮、保养和安全管理，并接受文物行政部门的监督检查。宗教组织不具备修缮能力的，当地人民政府应当给予帮助。

第三章 考 古 发 掘

第二十二条 在本省行政区域内进行考古发掘，必须依法履行报批手续。未经依法批准，所有单位或者个人不得私自发掘地下和水下文物。

第二十三条 县级以上人民政府文物行政部门应当加强对本行政区域内地下和水下文物的勘查工作。

县级以上人民政府文物行政部门应当会同城乡建设规划部门，根据本地区历史发展沿革及勘查发现地下文物的情况，划定地下文物埋藏区，报本级人民政府核定并公布。

第二十四条 大型基本建设工程选址，应当尽可能避开地下文物埋藏区；确实无法避开的，建设单位应当事先报请省人民政府文物行政部门组织考古发掘单位在工程范围内有可能埋藏文物的地方进行考古调查、勘探。

省人民政府文物行政部门应当自收到申请之日起 20 个工作日内，组织从事考古发掘的单位进行考古调查、勘探；从事考古发掘的单位应当自考古调查、勘探结束之日起 15 个工作日内完成考古调查、勘探报告。

省人民政府文物行政部门应当自收到考古调查、勘探报告之日起 10 个工作日内，将考古调查、勘探处理意见书告知建设单位。需要考古发掘的，由省人民政府文物行政部门组织发掘。

第二十五条 因进行基本建设和生产建设需要的考古调查、勘探、发掘，所需经费由建设单位列入建设工程预算。

考古调查、勘探、发掘所需经费的范围和标准，按照国家有关规定执行。

第二十六条 在进行建设工程或者在农业生产中，所有单位或者个人发现文物，应当保护现场，并及时报告当地文物行政部门。

文物行政部门接到报告后，应当在 24 小时内赶赴现场，并在 7 个工作日内提出处理意见。文物行政部门可以报请当地人民政府通知公安机关协助保护现场。

第二十七条 考古发掘单位依法进行考古调查、勘探和发掘活动，所有单位和个人不得阻挠。在考古发掘结束前，所有单位和个人不得擅自在考古发掘区域内进行施工或者生产活动。

第二十八条 考古发掘的文物及其相关资料，所有单位和个人不得私自占有。未经省人民政府文物行政部门同意，发掘单位不得将考古发掘中的重要发现对外公布。

第二十九条 国内新闻单位因新闻采访需要拍摄正在进行考古发掘的现场，应当经主持发掘单位的同意。但制作专题类、直播类节目应当报请国务院文物行政部门审批。境外机构和团体需要拍摄正在进行考古发掘的现场，应当征求主持发掘单位的意见，经省人民政府文物行政部门同意，报国务院文物行政部门批准后方可进行。

第四章 馆藏文物和民间收藏文物

第三十条 博物馆、图书馆和其他文物收藏单位可以根据其收藏的性质和职责征集藏品。对收藏的文物，文物收藏单位应当按照国家有关规定区分等级，编制目录，设置藏品档案，并报主管的文物行政部门备案。

鼓励单位和个人将收藏的文物捐赠、转让给国有文物收藏单位或者提供给文物收藏单位展览和研究。

第三十一条 文物收藏单位应当按照国家有关规定，在文物库房和文物陈列展览区配备防火、防盗、防自然损坏的安全设施和相应的安全保卫人员，并达到风险等级安全防护标准。公安机关应当将文物收藏单位列为治安保卫重点单位。

第三十二条 对不具备收藏珍贵文物条件的国有文物收藏单位收藏的珍贵文物，省人民政府文物行政部门可以指定具备条件的国有文物收藏单位代为收藏。非国有文物收藏单位不具备收藏珍贵文物条件的，可以委托具备条件的文物收藏单位代为收藏。

文物收藏单位与代为收藏单位的权利义务由双方协商确定。

第三十三条 文物收藏单位可以通过购买、接受捐赠、依法交换或者法律、行政法规规定的其他方式取得文物。

国有文物收藏单位还可以通过接受文物行政部门指定保管或者调拨方式取得文物。

文物收藏单位不得利用馆藏文物从事文物销售、拍卖经营活动。禁止国有文物收藏单位将馆藏文物赠与、出租或者出售给其他单位、个人。

第三十四条 文物行政部门和工商行政管理部门应当加强对文物商业经营活动的监督管理。

文物的购销经营活动，由依法设立的文物商店进行；文物的拍卖经营活动，由依法取得文物拍卖许可证的拍卖企业进行。其他单位和个人不得从事文物的购销、拍卖等商业经营活动。

第三十五条 文物商店销售的文物，在销售前应当经省人民政府文物行政部门核准同意，并加贴文物销售专用标识。

所有单位和个人不得买卖、出租、出借和以其他形式转让文物销售专用标识，不得涂改、伪造、变造文物销售专用标识。

文物拍卖企业拍卖的文物，在拍卖前应当经省人民政府文物行政部门核准同意，并报国务院文物行政部门备案。省人民政府文物行政部门不能确定是否可以拍卖的，应当自收到申请之日起20个工作日内报国务院文物行政部门核准。

第三十六条 文物商店、文物拍卖企业应当分别自购买或者销售文物之日、文物拍卖活动结束之日起30个工作日内，按照《中华人民共和国文物保护法实施条例》第四十三条第一款规定的内容，将所购买或者销售、拍卖文物的记录报核准其销售、拍卖文物的文物行政部门备案。

第三十七条 人民法院、人民检察院、公安机关、海关和工商行政管理部门依法扣押或者没收的文物应当登记造册，妥善保管，结案后30个工作日内无偿移交文物行政部门，由文物行政部门指定的国有文物收藏单位收藏。

第五章 文物利用

第三十八条 文物利用坚持合理、适度的原则。

禁止对文物进行破坏性利用。禁止将国有不可移动文物转让、抵押。禁止将国有文物保护单位作为或者变相作为企业资产经营。

文物行政部门对文物的利用实施监督管理，并提供指导和服务。

第三十九条 文物收藏单位应当充分发挥馆藏文物的作用，通过举办展览、科学研究等形式，加强对优秀历史文化遗产的宣传和利用。

鼓励文物收藏单位研发相关文化产品，传播科学文化知识，开展社会教育服务活动，参与当地文化建设。

第四十条 文物收藏单位应当采取多种形式，向公众陈列、展览所收藏的文物；陈列、展览中使用复制品、仿制品和辅助品的，应当予以明示。

第四十一条 国有文物保护单位和文物收藏单位应当在确保文物安全的前提下，尽可能向公众开放，其事业性收入用于文物保护事业。

国有文物保护单位和文物收藏单位对未成年人实行免费参观制度，对老年人、残疾人、现役军人和学校组织的学生实行减免费制度。

对具有重要价值的国有文物保护单位实行旅游者、参观者容量控制制度。

第四十二条 修复、复制、拓印馆藏珍贵文物的，应当经省人民政府文物行政部门批准；其中馆藏一级文物，应当经省人民政府文物行政部门审核后，报国务院文物行政部门批准。

省人民政府文物行政部门应当自收到申请之日起30个工作日内作出批准或者不予批准的决定，或者提出审核意见。

第四十三条 为制作出版物、音像制品等拍摄文物保护单位、馆藏珍贵文物的，应当经省人民政府文物行政部门批准；其中全国重点文物保护单位、馆藏一级文物，应当经省人民政府文物行政部门审核后，报国务院文物行政部门批准。

境外机构和团体拍摄文物的，应当经省人民政府文物行政部门审核后报国务院文物行政部门批准。

省人民政府文物行政部门应当自收到申请之日起20个工作日内作出批准或者不予批准的决定，或者提出审核意见。

拍摄单位和个人应当严格遵守有关文物保护的规定，确保文物安全，并服从文物行政部门的监督管理。

第四十四条 利用文物举办流动展览，或者利用文物保护单位举办大型活动的，举办单位应当制定文物保护预案，落实具体保护措施，并报所在地文物行政部门备案；应当取得公安、工商行政管理等相关部门批准的，举办单位应当向相关部门提出申请。

第四十五条 参观游览场所内有文物保护单位的，场所的管理或者使用机构应当从门票收入中安排一定的比例用于文物保护。

国有文物保护单位利用文物进行拍摄以及举办大型活动，其所得收入应当用于文物保护。

第六章 法 律 责 任

第四十六条 文物行政部门、其他有关行政部门、国有文物保护单位管理机构、国有文物收藏单位违反本条例规定，不履行文物保护和管理职责，或者玩忽职守、滥用职权、徇私舞弊的，对负有责任的主管人员和其他直接责任人员依法给予行政处分；构成犯罪的，依法追究刑事责任。

第四十七条 违反本条例规定，在文物保护单位的保护范围内，有下列行为之一，造成损害尚不严重的，由公安机关或者文物所在单位给予警告，可以并处200元以下的罚款：

（一）刻划、涂污、损坏文物的；

（二）刻划、涂污、损毁、擅自移动文物保护单位标志的；

（三）损坏文物保护设施的；

（四）毁林开荒、开挖沟渠、采石、取土的。

第四十八条 违反本条例规定，被批准迁移、拆除的不可移动文物，建设单位事先未进行测绘、摄像和文字记录等资料工作而迁移、拆除的，或者不可移动文物迁移工程未与异地保护工程同步进行的，由文物行政部门责令改正，并处1万元以上10万元以下的罚款。

第四十九条 违反本条例规定，有下列行为之一的，由文物行政部门责令改正；造成严重后果的，处1万元以上10万元以下的罚款：

（一）阻挠考古发掘单位进行考古工作的；

（二）擅自在考古发掘区域内进行施工或者生产活动的。

第五十条 违反本条例规定，擅自将考古发掘中的重要发现对外公布，造成严重后果的，对负有责任的主管人员和其他直接责任人员依法给予行政处分。

第五十一条 违反本条例规定，有下列行为之一的，由文物行政部门责令改正；逾期不改正或者造成严重后果的，对负有责任的主管人员和其他直接责任人员依法给予行政处分：

（一）国有文物收藏单位拒不执行指定代为收藏珍贵文物的；

（二）利用文物举办流动展览，或者利用文物保护单位举办大型活动，举办单位未制定文物保护预案、未报所在地文物行政部门备案的。

第五十二条 违反本条例规定，买卖、出租、出借和以其他形式转让文物销售专用标识，或者涂改、伪造、变造文物销售专用标识的，由文物行政部门责令改正，没收违法所得并处5000元以上5万元以下的罚款。

第五十三条 违反本条例规定，未经批准擅自为制作出版物、音像制品等拍摄文物保护单位或者制作考古发掘现场专题类、直播类节目的，由文物行政部门给予警告，收缴非法录制品；造成严重后果的，处2000元以上2万元以下的罚款；对负有责任的主管人员和其他直接责任人员依法给予行政处分。

第五十四条 违反本条例规定，境外机构和团体擅自拍摄文物或者考古发掘现场的，由文物行政部门给予警告，收缴非法录制品，并处2000元以上2万元以下的罚款；情节严重的，依法移送公安、司法机关处理。

第七章 附 则

第五十五条 本条例自2007年1月1日起施行。1995年6月30日江西省第八届人民代表大会常务委员会第十六次会议通过、1997年6月20日江西省第八届人民代表大会常务委员会第二十八次会议修正的《江西省文物保护管理办法》同时废止。

山东省历史文化名城保护条例

(1997年12月13日山东省人大常委会第八届人大常委会第31次会议通过)

第一章 总 则

第一条 为加强历史文化名城的保护,继承优秀历史文化遗产,促进社会主义精神文明建设,根据国家有关法律、法规,结合本省实际,制定本条例。

第二条 本条例适用于本省行政区域内的历史文化名城。

本条例所称历史文化名城,是指经国务院或者省人民政府批准的,保存文物特别丰富、具有重大历史价值的城市。

历史文化名城分为国家级和省级。

第三条 历史文化名城保护应当坚持保护与利用、继承与发展相结合的原则。

第四条 省城市规划行政主管部门主管全省历史文化名城的保护工作。历史文化名城城市规划行政主管部门主管本行政区域内的历史文化名城保护工作。

历史文化名城的文物保护工作由文物行政管理部门负责。

历史文化名城城市人民政府的建设、计划、土地、园林、旅游、环保等部门,应当按照各自的职责,密切配合,共同做好历史文化名城的保护工作。

第五条 历史文化名城城市人民政府及其有关部门应当利用历史文化名城中的历史遗存和革命遗迹进行爱国主义和革命传统教育,增强公民爱护历史文化名城和保护人文与自然资源的意识,提高城市的文明程度。

第六条 任何单位和个人都有保护历史文化名城的义务,并有权对破坏历史文化名城保护规划和文物的行为进行制止、检举和控告。

对在历史文化名城保护工作中做出突出贡献的单位和个人,由历史文化名城城市人民政府或者有关部门予以表彰和奖励。

第二章 规 划

第七条 历史文化名城经批准后,该城市人民政府应当组织规划、建设、文物、计划、土地、园林、旅游、环保等有关部门编制历史文化名城保护规划,并纳入城市总体规划。

城市园林绿化、道路交通、环境卫生、风景名胜等各项专业规划,必须与历史文化名城保护规划相协调。

第八条 历史文化名城城市人民政府编制历史文化名城保护规划,应当从城市整体风貌上确定古城功能的改善、用地布局的调整、空间形态或者视廊的保护等措施。

第九条 编制历史文化名城保护规划应当划定文物保护单位的保护范围和建设控制地带。

对具有传统风貌的商业、手工业、居住等街区以及文物古迹、革命纪念建筑集中连片的地区,或者在城市发展史上有重要历史、科学、艺术价值的建筑群等,应当划定为历史文化保护区,树立标志,予以保护。

第十条 编制历史文化名城保护规划,应当广泛征求社会公众、专家学者和有关部门的意见,并进行技术性论证。

第十一条 国家级历史文化名城保护规划,按国家规定审批;省级历史文化名城保护规划,由省人民政府审批。

历史文化名城保护规划在报请审批前，须经同级人民代表大会或者其常务委员会审查同意。

历史文化名城保护规划一经批准，城市人民政府应当予以公布，并组织实施。任何单位和个人都必须遵守，不得擅自变更。

第十二条 历史文化名城城市人民政府应当依据经批准的历史文化名城保护规划，组织编制历史文化名城重点保护区域的详细规划，提出保护和建设的具体实施方案。

第十三条 历史文化名城城市人民政府可以根据城市社会经济发展和历史文化名城保护的需要，对保护规划进行局部调整，并报同级人民代表大会常务委员会和原批准机关备案；但对保护规划确定的保护范围、建设控制地带或者历史文化保护区的界限和内容进行调整的，必须经同级人民代表大会或者其常务委员会审查同意后报原批准机关审批。

第三章 建 设

第十四条 历史文化名城城市规划区内的土地利用和各项建设必须符合历史文化名城保护规划。

第十五条 在保护规划确定的建设控制地带内进行建设的，建设项目设计方案在报城市规划行政主管部门批准前，应当先经文物行政管理部门审查同意。

建设控制地带和历史文化保护区内的建设项目的布局、性质、高度、容积率、建筑密度、造型和色彩等，必须与周围景观风貌相协调。

第十六条 在历史文化名城城市规划区内建设各类大型项目或者进行较大规模的旧城改造，城市人民政府应当事先组织有关专家进行论证，并广泛征求社会各方面的意见。

第十七条 历史文化名城城市规划区内建设项目的可行性研究报告报请批准时，必须附具城市规划行政主管部门核发的建设项目选址意见书；未附具建设项目选址意见书的，计划部门不得审批。

建设项目选址意见书由批准建设项目的计划部门的同级城市规划行政主管部门核发。但属于国家审批的大中型和限额以上的建设项目，由省城市规划行政主管部门核发；国家有关部门审批的小型和限额以下的建设项目，由项目所在地城市规划行政主管部门核发。

第十八条 在历史文化名城城市规划区内进行建设需要使用土地的，必须办理建设用地规划许可证。

建设用地规划许可证经批准用地人民政府的城市规划行政主管部门审查同意后，由当地城市规划行政主管部门核发。

第十九条 在历史文化名城城市规划区内新建、扩建和改建建筑物、构筑物、道路、管线和其他工程设施，必须办理建设工程规划许可证。

建设工程规划许可证按规定实行分级审查。经审查同意的建设工程规划许可证由当地城市规划行政主管部门核发。

第二十条 设计单位必须按照城市规划行政主管部门提出的规划设计要求进行设计。

第二十一条 建设单位或者个人在取得建设工程规划许可证和其他有关批准文件后，应当按规定办理开工手续；经城市规划行政主管部门现场验线后，方可正式施工。

第二十二条 施工单位必须按照建设工程规划许可证的规定进行施工，切实保护文物古迹及其周围的林木、植被、水体、地貌，不得造成污染和破坏。

第二十三条 建设工程竣工后，建设单位或者个人必须按规定报城市规划行政主管部门进行规划验收。

建设单位或者个人必须在建设工程竣工验收后六个月内，向城市规划行政主管部门报送有关竣工资料，办理存档手续。

第四章 管 理

第二十四条 历史文化名城城市人民政府应当采取措施，切实加强对历史文化名城的管理。

第二十五条 在历史文化名城城市规划区内从事挖取砂石、土方，围填水面，设置生产、生活废弃物堆放场所等改变地形、地貌的活动，必须经城市规划行政主管部门和有关部门批准。

第二十六条 建设工程投入使用后，未经城市规划行政主管部门批准，任何单位和个人均不得擅自变更其使用性质；涉及土地使用性质变更的，还应当报经土地管理部门批准。

第二十七条 历史文化名城中的文物古迹和重要人文景观，必须按照文物保护法律、法规的规定严加保护，及时修缮。

被核定为文物保护单位的革命遗址、纪念建筑物、古墓葬、古建筑、石刻等，在进行修缮、保养、迁移的时候，必须遵守不改变文物原状的原则，其修缮计划和施工方案须按规定经文物行政管理部门批准。

第二十八条 在历史文化名城中经批准使用文物保护单位的，应当与文物行政管理部门签订使用保护协议书，负责建筑物及其附属物的安全、保养和维修，接受文物行政管理部门的指导和监督。

第二十九条 对社会开放的文物保护单位和有文物保护单位的参观游览场所，其管理部门应当采取有效的保护措施，保证文物的安全，严禁破坏性使用。

参观游览者应当自觉遵守文物保护法律、法规及文物保护单位的各项管理制度，爱护文物及其设施，不得毁坏、刻划或者涂抹。

第三十条 文物保护单位应当加强消防安全措施。任何单位和个人都不得在保护范围内存放易燃、易爆、有毒、有腐蚀性等危害文物安全的物品。

第三十一条 历史文化名城中的古树名木，应当按国家规定登记造册，建立档案，设置保护标志，制定特别保护措施。

第三十二条 历史文化名城城市人民政府必须采取措施，集中处理生活污水、垃圾，不断改善环境卫生；不得新建污染环境的项目，严格限制新建影响城市风貌的项目；对现有污染严重且对文物古迹和风景名胜有严重影响的工矿企业，必须依法限期治理或者搬迁。

第三十三条 在历史文化名城城市规划区范围内，不得从事下列活动：

（一）损坏或者拆除保护规划确定保护的传统建筑物、构筑物、街区等；

（二）占用或者破坏保护规划确定保护的道路、园林绿地、河湖泉水系等；

（三）法律、法规禁止的其他活动。

第三十四条 历史文化名城各有关部门应当对历史文化名城的历史沿革、文物资源、范围界限、环境状况等进行收集整理和研究，形成完整的资料，妥善保存并合理利用。

第三十五条 省和历史文化名城城市人民政府应当视财力情况，每年安排一定的专项保护经费，用于历史文化名城的保护。

第五章 法 律 责 任

第三十六条 违反本条例的规定，擅自改变历史文化名城规划，造成重大损失或者严重后果的，对直接负责的主管人员应当依法给予行政处分；构成犯罪的，依法追究刑事责任。

城市规划行政主管部门违反本条例规定，未经审查而擅自核发建设用地规划许可证或者建设工程规划许可证的，其核发的证件无效，由上级城市规划行政主管部门责令其停止建设、限期改正，对直接负责的主管人员和其他直接责任人员，依法给予行政处分；造成损失的，应当予以赔偿；构成犯罪的，依法追究刑事责任。

第三十七条 在历史文化名城城市规划区内，未取得建设用地规划许可证或者违反建设用地规划许可证的规定而取得用地批准文件、占用土地的，批准文件无效，占用的土地由县级以上人民政府责令退回；构成犯罪的，依法追究刑事责任。

第三十八条 在历史文化名城城市规划区内，建设单位未取得建设工程规划许可证或者违反建设工程规划许可证的规定进行建设，严重影响历史文化名城保护规划的，由城市规划行政主管部门责令其停止建设、限期拆除或者没收违法建筑物、构筑物及其他设施；非法占用土地的，由县级以上人民政府依法收回土地使用权；影响历史文化名城保护规划，尚可采取改正措施的，由城市规划行政主管部门责令其停止建设、限期改正，并处以建设工程总造价百分之三至百分之十的罚款。

当事人自接到停工通知之日起，必须停止有关建设活动；对拒不停止违法行为继续施工的，作出处罚决定的机关可依法查封其施工设施和建筑材料，并拆除其续建部分，拆除费用由当事人承担。

第三十九条 设计单位违反本条例第二十条规定，未按规划设计要求进行设计的，由城市规划行政主管部门责令其限期改正，没收违法所得，并可处以违法所得一倍以上二倍以下的罚款。

第四十条 施工单位违反本条例规定，未按建设工程规划许可证的规定进行建设的，由城市规划行政主管部门责令其停止施工，并可处以一万元以上十万元以下的罚款。

第四十一条 违反本条例第二十六条规定，擅自变更建设工程使用性质的，由城市规划行政主管部门责令其限期改正，并可处以二千元以上一万元以下的罚款。

第四十二条 违反本条例第二十九条第一款规定，破坏性使用文物保护单位文物的，由文物行政管理部门责令其停止使用，赔偿损失，并可处以二万元以下的罚款。

第四十三条 违反本条例第三十三条第一项和第二项规定的，由城市规划行政主管部门责令其停止违法活动，限期采取补救措施或者恢复原状，并可处以一万元以上十万元以下的罚款。造成损失的，应当予以赔偿。

第四十四条 依照本条例规定实施罚款处罚时，必须使用省财政部门统一制发的罚没票据。罚没款项全部缴国库。

第四十五条 当事人对行政处罚决定不服的，可以依法申请复议或者向人民法院起诉。当事人逾期不申请复议也不起诉，又不履行处罚决定的，由作出处罚决定的机关申请人民法院强制执行。

第四十六条 从事历史文化名城保护工作的国家工作人员玩忽职守、滥用职权、徇私舞弊的，由其所在单位或者上级主管机关给予行政处分；构成犯罪的，依法追究刑事责任。

第六章 附　　则

第四十七条 本条例自公布之日起施行。

河南省历史文化名城保护条例

(2005 年 7 月 30 日河南省人民代表大会常务委员会第十八次会议通过)

第一条 为了加强历史文化名城的保护,根据《中华人民共和国文物保护法》、《中华人民共和国城市规划法》等有关法律、法规,结合本省实际,制定本条例。

第二条 本条例适用于本省行政区域内历史文化名城的保护、规划、建设、管理。

第三条 本条例所称历史文化名城,是指由国务院核定公布的保存文物特别丰富并且具有重大历史价值或者革命纪念意义的城市。

第四条 各级人民政府负责保护本行政区域内的历史文化名城,并把保护工作纳入国民经济和社会发展计划,将保护经费列入财政预算。

鼓励和支持社会各界以捐赠、资助等方式参与历史文化名城的保护工作。

第五条 历史文化名城的保护应当坚持科学规划、突出重点、有效保护、合理利用、加强管理的原则,正确处理保护与建设的关系。

第六条 历史文化名城所在地的人民政府及其有关部门应当利用历史遗存和革命遗迹进行爱国主义和革命传统教育,增强公民爱护历史文化名城、保护人文与自然资源的意识,提高城市的文明程度。

第七条 历史文化名城所在地的城市规划行政主管部门和文物行政主管部门依据各自职责,负责历史文化名城的规划、保护、管理和监督工作。

发展和改革、财政、旅游、交通、环保、公安、消防等有关部门应当依据各自的职责,共同做好历史文化名城的保护工作。

第八条 任何单位和个人都有保护历史文化名城的义务,有权劝阻、制止、检举破坏历史文化名城的行为。

各级人民政府和有关部门对在历史文化名城保护工作中做出突出贡献的单位和个人给予表彰或者奖励。

第九条 历史文化名城所在地的人民政府应当及时组织编制历史文化名城保护规划,经同级人民代表大会或者其常务委员会审查同意后,按照批准程序报批。

第十条 历史文化名城保护规划应当包括:保护的总体目标、保护内容、保护范围、保护标准、保护规划的实施保障措施等。

第十一条 编制历史文化名城保护规划应当符合以下要求:

(一)保持和延续历史文化名城的格局、风貌特征,保护文物古迹,继承传统文化;

(二)根据历史文化遗存的性质、形态、分布和空间环境等特点,确定保护原则和工作重点,保护和利用人文资源;

(三)对于具有传统风貌的商业区、手工业区、民居以及其他古迹区整体规划保护;

(四)保护重要革命遗址,弘扬革命传统;

(五)历史文化名城保护与经济、社会发展和人文、生态环境相协调。

第十二条 编制历史文化名城保护规划,应当进行科学论证,并广泛征求有关部门、专家学者和社会公众的意见。

第十三条 对历史文化名城保护规划中确定的重点保护区、传统风貌协调区、重点保护建筑物,应当由城市规划行政主管部门会同文物行政主管部门编制出详细规划,合理确定规划的主要控制指标,并由城市规划行政主管部门设立标志,标明保护范围。

历史文化名城重点保护区和传统风貌协调区的详细规划,由省城市规划行政主管部门征得省文物行政主管部门同意后审批。

第十四条 历史文化名城所在地的人民政府可以根据当地实际情况，对保护规划进行适当调整，并按原批准程序报批。属重大调整的，报批前须经同级人民代表大会或者其常务委员会审查同意。

第十五条 经批准的历史文化名城保护规划、重点保护区和传统风貌协调区的详细规划，所在地的人民政府应当及时予以公布。

第十六条 历史文化名城城市规划区内的土地利用和各项建设必须符合历史文化名城保护规划。

第十七条 未经省城市规划行政主管部门和省文物行政主管部门依法审查同意，历史文化名城所在地不得擅自拓宽保护规划范围内的道路或者进行旧城改造，不得在重点保护区和传统风貌协调区内安排建设项目。

第十八条 历史文化名城的新区建设和旧城改造，应当符合保护规划要求，不得破坏历史文化名城的传统风貌和格局。

第十九条 历史文化名城保护规划确定保护的建筑物、构筑物，确需整修的，应当原样整修，文物行政主管部门应当加强指导和监督。在传统风貌协调区内进行的建设项目，其布局、性质、高度、体量、造型、色彩和建筑密度等，必须与名城景观、风貌相协调。其规划或者设计方案应当报省城市规划行政主管部门和省文物行政主管部门依法审查同意。

第二十条 任何单位和个人不得有下列损害历史文化名城的行为：

（一）损坏或者拆毁保护规划确定保护的建筑物、构筑物及其他设施；

（二）进行危及文物古迹、革命遗址安全的建设或者爆破、挖砂、取土等活动；

（三）改变地形地貌，对历史文化名城保护构成危害；

（四）擅自占用或者破坏保护规划确定保留的绿地、河流水系、道路等；

（五）在历史文化名城重点保护区内违章搭建各种建筑物、构筑物；

（六）其他对历史文化名城保护构成破坏的活动。

第二十一条 历史文化名城所在地的城市规划行政主管部门和文物行政主管部门应当依法建立健全档案制度，收集、整理、保管有关城市变迁、历史沿革等资料。

第二十二条 对历史文化名城的环境造成严重污染、危及文物安全或者破坏历史文化名城风貌和景观的单位，当地人民政府应当依法责令其限期治理、关闭或者搬迁。

第二十三条 历史文化名城所在地的城市规划行政主管部门应当会同文物行政主管部门对历史文化名城保护工作进行监督检查，及时纠正和处理违反本条例的行为；对严重违反保护规划的情况，应当向同级人民政府和上级主管部门报告。

第二十四条 历史文化名城所在地的人民政府应当定期将历史文化名城保护工作情况向同级人民代表大会常务委员会报告并接受监督。

第二十五条 违反本条例规定，城市规划、文物保护及其他有关法律、法规有行政处罚规定的，从其规定。

第二十六条 违反本条例规定，历史文化名城所在地的人民政府或者其有关部门擅自改变或者不执行历史文化名城保护规划，造成重大损失或者严重后果的，对主管人员和直接责任人员依法给予行政处分；构成犯罪的，依法追究刑事责任。

第二十七条 有本条例第二十条第（一）项规定行为、不涉及文物的，由城市规划行政主管部门责令其停止损害，限期改正，并可处一万元以上五万元以下的罚款。造成损失的，应当赔偿损失。

有本条例第二十条第（二）项规定行为的，由文物行政主管部门责令其停止违法行为，限期采取补救措施，并依法处罚。

有本条例第二十条第（三）项规定行为的，由城市规划行政主管部门责令其停止违法行为，限期采取补救措施，并可处五千元以上二万元以下的罚款。

有本条例第二十条第（四）、（五）、（六）项规定行为的，由城市规划行政主管部门或者有关行政主管部门责令其停止违法行为，限期改正，并依法处罚。

第二十八条 城市规划、文物行政主管部门及其他有关部门的工作人员在历史文化名城的保护工作中有下列行为之一的，由其所在单位或上级主管部门责令改正或者给予行政处分；构成犯罪的，依法追究刑事责任：

（一）不按规定进行保护规划的编制、申报、审查的；

（二）不按保护规划组织实施保护，致使历史实物遗存、传统风貌遭受破坏的；

（三）有其他滥用职权、玩忽职守和徇私舞弊行为的。

第二十九条 本条例施行前省人民政府批准公布的省级历史文化名城的保护工作，参照本条例执行。

第三十条 本条例自 2005 年 10 月 1 日起施行。

郑州市嵩山历史建筑群保护管理条例

(2007年8月30日郑州市第十二届人民代表大会常务委员会第三十次会议通过，2007年12月3日河南省第十届人民代表大会常务委员会第三十四次会议批准)

第一条 为了加强对嵩山历史建筑群的保护和管理，根据《中华人民共和国文物保护法》等有关法律、法规，结合实际，制定本条例。

第二条 本条例所称嵩山历史建筑群，包括登封市行政区域内的太室阙和中岳庙、少室阙、启母阙、嵩岳寺塔、少林寺建筑群（常住院、初祖庵、塔林）、会善寺、嵩阳书院、观星台等被确定为全国重点文物保护单位和省级文物保护单位的历史建筑。

第三条 凡在嵩山历史建筑保护区域内从事保护管理、生产经营、开发建设和旅游、考察、宗教、文化等活动的组织和个人，均应遵守本条例。

第四条 郑州市人民政府负责对嵩山历史建筑群保护管理工作的领导，郑州市文物行政部门应当加强对嵩山历史建筑群保护管理工作的监督、指导。

登封市人民政府全面负责嵩山历史建筑群的保护管理工作，加强嵩山历史建筑群保护管理机构建设，加大经费投入，将保护管理工作纳入国民经济和社会发展计划，并编制保护规划，纳入土地利用总体规划和城乡建设规划。

登封市文物行政部门负责嵩山历史建筑群的保护管理工作，其所属的文物保护机构具体负责嵩山历史建筑的日常保护管理工作。

登封市宗教、旅游、规划、建设、财政、国土资源、环境保护、林业、公安、交通、水行政、工商行政等有关部门及嵩山历史建筑所在地的乡（镇）人民政府、街道办事处，应当在各自职责范围内做好嵩山历史建筑的保护工作。

第五条 嵩山历史建筑群的保护和管理应当坚持科学规划、有效保护、合理利用、加强管理的原则，实行保护与利用相结合、整体环境风貌控制与重点保护相结合、专门管理与群众参与相结合，确保嵩山历史建筑群的真实性和完整性。

第六条 嵩山历史建筑属于国家所有，不得出租、转让、抵押，不得作为企业资产经营。

任何单位和个人不得擅自占用嵩山历史建筑。

第七条 任何单位和个人都有保护嵩山历史建筑群的义务，并有权对违反本条例的行为进行制止、举报和控告。

对在嵩山历史建筑群保护、管理工作中作出突出成绩的单位和个人，由郑州市人民政府或登封市人民政府给予表彰、奖励。

第八条 嵩山历史建筑的保护范围和建设控制地带以省人民政府批复的范围为准，其四至界限的标志和界桩，由登封市人民政府设置。

任何单位、个人不得擅自移动、破坏界限标志和界桩。

第九条 嵩山历史建筑群的保护对象包括：

（一）保护范围内的历史建筑物、构筑物、附属建筑物及其遗址；

（二）历史建筑的附属文物；

（三）历史建筑保护管理机构保存、陈列的文物和重要资料；

（四）保护范围内的地下文物；

（五）保护范围内的古树名木；

（六）构成历史建筑整体的历史风貌和自然环境；

（七）其他依法应当保护的人文遗迹。

第十条 登封市人民政府及其文物、宗教、旅游、规划建设、国土资源等有关部门应当按照国家文物行政部门批准的嵩山历史建筑群总体保护规划和详细规划，组织实施嵩山历史建筑群保护管理工作。

嵩山历史建筑群总体保护规划和详细规划，必须严格执行，不得擅自变更；确需变更的，应当经原审核批准机关批准。

嵩山风景名胜区的总体规划、详细规划与嵩山历史建筑群的总体保护规划、详细规划应当相协调。

第十一条 郑州市文物行政部门应当会同有关职能部门和登封市人民政府，对嵩山历史建筑群的保护状况进行定期监测，提出监测评估报告，并报郑州市人民政府和上级文物行政部门。

第十二条 登封市人民政府应当组织文物、国土资源、水行政等有关部门加强对嵩山历史建筑周围的地质监测和地质灾害评估，防治山体滑坡、地面塌陷等灾害，确保文物安全。

第十三条 登封市有关部门和单位应当按照嵩山历史建筑群详细规划的要求，做好嵩山历史建筑保护范围和建设控制地带内的绿化工作，加强生态环境保护和污染防治监督管理，维护自然环境风貌。

第十四条 在嵩山历史建筑保护范围内植树，不得危及历史建筑安全。现有树木可能危及历史建筑安全的，经林业行政主管部门批准，文物保护管理机构或文物使用人应当及时移植或清除。

嵩山历史建筑保护管理机构或文物使用人应当加强对保护范围内的古树名木的养护管理。

第十五条 嵩山历史建筑所在区域的建设行为应当符合嵩山历史建筑群总体保护规划的要求，不得有损文物安全或损害构成历史建筑整体的历史风貌和自然环境。

禁止在嵩山历史建筑保护范围内进行与文物保护无关的建设工程或者爆破、钻探、挖掘等作业。

禁止在嵩山历史建筑保护范围和建设控制地带内进行下列建设行为：

（一）修建风格、高度、体量、色调等与文物及其环境不相协调的建筑物、构筑物；

（二）安装产生强烈震动可能危及文物安全或污染文物及其环境的设施；

（三）进行产生强烈震动可能危及文物安全的作业；

（四）其他可能有损文物历史风貌或文物安全的工程建设行为。

嵩山历史建筑保护范围和建设控制地带内已有的或在建的建筑物、构筑物及设施，不符合前款规定的，由登封市人民政府依法组织拆除或迁出。

第十六条 在嵩山历史建筑保护范围和建设控制地带内进行考古发掘，应持有经国务院或国务院文物行政部门批准的考古发掘计划。考古发掘结束后，应向当地文物行政部门提供发掘情况、出土文物清单和保护意见。

第十七条 在嵩山历史建筑保护范围内或以嵩山历史建筑为背景举办大型文化、体育及其他有组织的群众性活动，应当经登封市文物行政部门同意后，报相关部门批准。举办方应当按照批准的时间、地点、范围举办活动，并采取文物保护措施，确保文物安全。

第十八条 拍摄电影、电视剧（片）或专业录像、专业摄影，需拍摄嵩山历史建筑群外景或局部景观，以及测绘、复制、拓印嵩山历史建筑或其单体文物的，应当持有国家或省文物行政部门的批准文件，并在文物行政部门的监督下进行。

在宗教活动场所从事前款规定的活动，报批前应当征得宗教场所管理组织及宗教事务部门的同意。

第十九条 嵩山历史建筑群中属文物行政部门管理的历史建筑，由文物行政部门设立的保护管理机构负责保护管理；位于宗教活动场所内的历史建筑，由该场所的管理组织负责保护管理，并与文物行政部门签订保护责任书，接受文物行政管理部门指导和监督。

嵩山历史建筑保护管理机构和管理组织应当建立健全文物安全管理制度，制定火灾、水灾、地震等灾害发生时的应急措施。在重点、要害场所或部位，应设置禁止烟火的明显标志，配备防火、防盗、防自然损坏等文物安全设施，并保持完好有效。

嵩山历史建筑保护管理机构和管理组织应当建立历史建筑的日常巡查检查制度，发现危及古建筑安全隐患，应当及时报告或处理。

第二十条 在嵩山历史建筑保护范围内,禁止下列妨碍文物安全的行为:

(一) 破坏防火、防盗、防自然损坏的设施;

(二) 堵塞、侵占排水通道;

(三) 在设有禁止烟火标志的区域内吸烟、烧纸、焚香;

(四) 燃放烟花爆竹;

(五) 野炊,焚烧树叶、秸秆、荒草、垃圾等;

(六) 存储煤气、液化石油气等易燃易爆物品;

(七) 违规安装照明及其他电器设备;

(八) 堵塞、侵占消防通道;

(九) 妨碍文物安全的其他行为。

第二十一条 在嵩山历史建筑保护范围和建设控制地带内,禁止下列损毁、破坏文物及其保护设施或环境的行为:

(一) 违禁攀爬文物及其保护设施;

(二) 在文物及其保护设施上刻划、涂抹、张贴;

(三) 随地吐痰、便溺、乱扔杂物;

(四) 乱倒垃圾、排放污水;

(五) 设置户外广告;

(六) 擅自凿井取水;

(七) 修建坟墓;

(八) 擅自砍伐树木,破坏植被;

(九) 其他损毁、破坏文物及其保护设施或环境的行为。

第二十二条 嵩山历史建筑的修缮、保养,应当遵循不改变原状的原则,并依法办理有关批准手续。

嵩山历史建筑群中属文物行政部门管理的历史建筑,由文物行政部门负责修缮、保养;位于宗教活动场所内的历史建筑,由该场所的管理组织负责修缮、保养,并接受文物行政部门的指导和监督。

位于宗教活动场所内的历史建筑的管理组织应当按照文物行政部门的要求履行修缮、保养义务。拒不履行修缮、保养义务的,登封市文物行政部门应当责令其限期改正;逾期仍不履行修缮、保养义务的,由登封市人民政府组织抢救修缮,所需费用由使用人承担。

第二十三条 嵩山历史建筑修缮、保养经费由登封市人民政府或使用人负责筹措。

嵩山历史建筑修缮、保养经费来源包括:

(一) 国家、省专项拨款;

(二) 郑州市财政补助经费;

(三) 登封市的财政预算;

(四) 嵩山历史建筑群保护专项资金;

(五) 业务收入;

(六) 捐赠及其他合法收入。

修缮、保养经费应当专款专用,并接受财政、审计部门依法监督。

第二十四条 嵩山历史建筑修缮、保养的勘察、设计和施工,应当委托具备相应文物保护工程资质的单位承担。

嵩山历史建筑修缮、保养工程竣工后应当按规定由文物行政部门或其委托的单位验收;重大的修缮、保养项目工程应当按工序分阶段验收。

第二十五条 文物行政部门应当建立嵩山历史建筑群资料档案信息库,完善嵩山历史建筑群学术、史志、维修、监测等相关的文字和影像资料的搜集、编纂和管理制度。

第二十六条 文物行政部门应当建立嵩山历史建筑群保护管理专家咨询制度。在嵩山历史建筑群规划编制、修缮、保养、竣工验收等保护管理工作中应当听取专家意见。

第二十七条 违反本条例第八条第二款规定的,由登封市文物行政部门责令限期恢复原状或赔偿损失,并可处以五十元以上二百元以下罚款。

第二十八条 违反本条例第二十条规定的,由登封市文物行政部门责令改正,并按照下列规定予以处罚:

(一)有第(一)项、第(二)项行为的,责令限期恢复原状或赔偿损失,并处以五十元以上二百元以下罚款;

(二)有第(三)项行为的,处以二十元以上五十元以下罚款;

(三)有第(四)项、第(五)项行为的,处以五十元以上二百元以下罚款。

第二十九条 违反本条例第二十一条规定的,由登封市文物行政部门责令改正,并按下列规定予以处罚:

(一)有第(一)项、第(二)项、第(四)项行为的,处以五十元以上二百元以下罚款;

(二)有第(三)项行为的,处以二十元以上五十元以下罚款。

第三十条 违反本条例的行为,触犯其他法律、法规规定的,由有关部门依照有关法律、法规规定予以处罚。

第三十一条 从事嵩山历史建筑群保护管理的工作人员,有下列行为之一的,由其所在单位或有管理权限的部门依法给予行政处分;构成犯罪的,依法追究刑事责任:

(一)侵占、挪用文物保护资金的;

(二)违反规定借用或者非法侵占国有文物的;

(三)利用职务或者工作上的便利,侵吞、盗窃国有文物的;

(四)委托不具备相应资质的单位承担修缮、保养作业的;

(五)对发现危及历史建筑安全隐患未及时报告处理,造成严重后果的;

(六)对发现的违法行为不及时查处或有其他不依法履行职责行为,造成历史建筑或其他文物损坏、失窃或灭失的;

(七)违反法定权限和程序实施行政处罚和行政许可的;

(八)有其他滥用职权、玩忽职守、徇私舞弊行为的。

嵩山历史建筑使用人有前款第(一)项、第(二)项、第(三)项、第(四)项、第(五)项行为的,由有关部门依法处理;造成文物灭失、损毁的,依法承担民事责任;构成犯罪的,依法追究刑事责任。

第三十二条 本条例自 2008 年 1 月 1 日起施行。2003 年 6 月 27 日郑州市第十一届人民代表大会常务委员会第三十八次会议通过,2003 年 9 月 27 日河南省第十届人民代表大会常务委员会第五次会议批准的《郑州市登封观星台嵩岳寺塔少林寺塔林保护管理条例》同时废止。

湖南省文物保护条例

(2005年9月29日湖南省第十届人民代表大会常务委员会第十七次会议通过)

第一章 总 则

第一条 根据《中华人民共和国文物保护法》和《中华人民共和国文物保护法实施条例》，结合本省实际，制定本条例。

第二条 本省行政区域内属于《中华人民共和国文物保护法》第二条规定的文物的保护，适用本条例。

第三条 各级人民政府负责本行政区域内的文物保护工作。

县级以上人民政府文物行政部门对本行政区域内的文物保护实施监督管理；园林、宗教、旅游、房产管理、教育等单位，在文物行政部门的监督和指导下，对其所管理的文物保护单位进行保护和管理；其他有关部门在各自的职责范围内，负责做好文物保护工作。

第四条 县级以上人民政府应当将文物保护事业纳入国民经济和社会发展计划，所需文物保护经费列入本级财政预算，并随着财政经常性收入增长而增加。

鼓励通过捐赠等方式依法设立文物保护社会基金，专门用于文物保护。

第五条 各级人民政府应当重视文物保护，贯彻保护为主、抢救第一、合理利用、加强管理的方针，正确处理经济建设、社会发展与文物保护的关系，确保文物安全。

第六条 县级以上人民政府文物行政部门和教育、科技、新闻、出版、广播电视等行政部门应当做好文物保护的宣传教育工作，提高全社会的文物保护意识。

任何单位和个人都有依法保护文物的义务，并有权检举、控告和制止破坏文物的行为。

第七条 在文物保护工作中作出显著成绩的单位或者个人，由人民政府或者有关行政部门给予奖励。

第二章 不可移动文物

第八条 县级以上人民政府应当依法对各级文物保护单位划定必要的保护范围，作出标志说明，建立记录档案，并区别情况设置专门机构或者安排专人负责管理。

县级以上人民政府文物行政部门应当根据不同文物的保护需要，制定文物保护单位和尚未核定公布为文物保护单位的不可移动文物的具体保护措施，并公告施行。

对各级文物保护单位和尚未核定公布为文物保护单位的不可移动文物，任何单位和个人不得损毁、侵占。

第九条 全国重点文物保护单位和省级文物保护单位的保护范围，由当地县级人民政府文物行政部门会同规划行政部门提出意见，经省文物行政部门会同规划行政部门划定后，报省人民政府批准公布。其中，全国重点文物保护单位的保护范围，应当报国务院文物行政部门备案。

市级和县级文物保护单位的保护范围分别由设区的市、自治州和县级人民政府文物行政部门会同规划行政部门划定，报同级人民政府批准公布，并报上一级人民政府文物行政部门备案。

第十条 根据文物保护的实际需要，经省人民政府批准，可以在文物保护单位的周围划出一定的建设控制地带。

全国重点文物保护单位和省级文物保护单位的建设控制地带，由当地县级人民政府文物行政部门会同规划行政部门提出意见，经省文物行政部门会同规划行政部门划定后，予以公布；市级和县级文物保护单位的建设控制地带，分别由当地设区的市、自治州和县级人民政府文物行政部门会同规划行政部门划定后，予以公布。

第十一条 在文物保护单位的保护范围内不得有下列行为：

（一）进行其他工程建设或者爆破、钻探、挖掘等作业；

（二）射击、毁林开荒、葬坟等；

（三）存放易燃、易爆、放射性、腐蚀性物品；

（四）污染文物保护单位及其环境；

（五）其他危害文物保护单位安全及其环境的行为。

因特殊情况需要在文物保护单位的保护范围内进行其他工程建设或者爆破、钻探、挖掘等作业的，必须保证文物保护单位的安全，并经核定公布该文物保护单位的人民政府批准，在批准前应当征得上一级人民政府文物行政部门同意；在全国重点文物保护单位的保护范围内进行其他工程建设或者爆破、钻探、挖掘等作业的，必须经省人民政府批准，在批准前应当征得国务院文物行政部门同意。

第十二条 在文物保护单位建设控制地带内进行工程建设，不得破坏文物保护单位的历史风貌，其工程设计方案应当按文物保护单位的级别，事先征得相应的文物行政部门同意，并报规划行政部门批准。

在文物保护单位的保护范围和建设控制地带内，对已有的危害文物保护单位安全或者污染文物保护单位及其环境的设施，当地人民政府应当责令限期治理；对已有的影响文物保护单位历史风貌的建筑物或者构筑物，由当地人民政府组织改建或者搬迁。

第十三条 建设工程选址，应当尽可能避开不可移动文物；因特殊情况不能避开的，对文物保护单位应当尽可能实施原址保护。

尚未核定公布为文物保护单位的不可移动文物，因建设工程特殊需要必须迁移异地保护或者拆除的，经设区的市、自治州人民政府文物行政部门同意后，报县级人民政府批准。

第十四条 不可移动文物的修缮、保养、迁移，必须遵守不改变文物原状的原则。

文物保护单位修缮工程设计方案应当按文物保护单位的级别，报相应的文物行政部门批准；未核定为文物保护单位的不可移动文物修缮工程设计方案，应当报登记的县级人民政府文物行政部门批准。文物保护工程施工应当按照文物行政部门批准的修缮工程设计方案进行；如需变更已批准的修缮工程设计方案中的重要内容，必须经原审批机关批准。

文物保护单位的修缮、迁移、重建，由取得文物保护工程资质证书的单位承担。

第十五条 改变国有文物保护单位的管理体制，应当根据文物保护单位的级别征得上一级人民政府文物行政部门同意，报原核定公布该文物保护单位的人民政府批准。改变全国重点文物保护单位的管理体制，由省人民政府报国务院批准。

第十六条 国有不可移动文物不得转让、抵押。建立博物馆、保管所或者辟为参观游览场所的国有文物保护单位，不得作为企业资产经营。

第十七条 不可移动文物的使用单位，必须遵守不改变文物原状的原则，不得损毁、改建、添建或者拆除不可移动文物，并按照国家有关规定，设置安全消防设施，采取安全措施，负责保护建筑物及其附属文物的安全。

第十八条 县级以上人民政府应当组织规划、建设、文物、国土等部门编制历史文化名城和历史文化街区、村镇的保护规划。

在历史文化街区、村镇进行工程建设，不得破坏其布局、环境和历史风貌。

历史文化街区、村镇的布局、环境、历史风貌等遭到严重破坏，不再符合规定条件的，由省规划行政部门会同省文物行政部门报省人民政府核准撤销，并予以公布。

第三章 考 古 发 掘

第十九条 从事考古发掘工作的单位必须取得国务院文物行政部门批准的资质证书。

考古发掘必须按规定报国务院文物行政部门批准。因建设工程紧迫或者文物面临破坏进行的抢救性发掘，经省文物行政部门同意后可先行发掘，并及时补办发掘批准手续。

配合建设工程进行的考古调查、勘探、发掘，由省文物行政部门组织实施；遇有重要发现的，由省文物行政部门指定发掘单位。

第二十条 考古发掘出土的文物，按照国家规定由省文物行政部门或者国务院文物行政部门指定的国有文物收藏单位收藏，任何单位或者个人不得隐匿、侵占、扣留。经省文物行政部门或者国务院文物行政部门批准，从事考古发掘的单位可以保留少量出土文物作为科研标本。

第二十一条 县级以上人民政府应当组织文物等行政部门对本行政区域内的地下文物进行勘查，划定地下文物埋藏区，并予以公布。

第二十二条 在文物埋藏区内进行工程建设，建设单位取得建设项目选址意见书后，应当向省文物行政部门或者其委托的设区的市、自治州人民政府文物行政部门申请考古调查、勘探。

在文物埋藏区以外进行大型工程建设，建设单位应当按照前款规定的程序申请考古调查、勘探。

考古调查、勘探中发现文物的，由当地人民政府文物行政部门会同建设单位共同商定保护措施；遇有重要发现的，由省文物行政部门及时报国务院文物行政部门处理。

第二十三条 任何单位和个人在工程建设或者生产活动中，发现地下文物，应当立即停止施工或者生产，保护现场，并及时报告当地人民政府文物行政部门。

文物行政部门接到报告后，应当在二十四小时内赶到现场，并在三日内提出处理意见。

第二十四条 任何单位和个人不得阻挠文物行政部门和考古发掘单位的工作人员进行考古调查、勘探、发掘。在考古发掘结束前，任何单位和个人不得擅自在考古发掘区域内继续施工或者进行生产活动。

考古发掘结束后，组织发掘工作的文物行政部门应当立即将处理意见书面通知建设单位。

第二十五条 配合建设工程进行的考古调查、勘探、发掘所需费用，列入建设单位工程预算，由建设单位支付。具体办法按照国家有关规定执行。

第四章 馆藏文物和民间收藏文物

第二十六条 博物馆、纪念馆和其他文物收藏单位的文物库房和文物陈列展览区，应当按照国家有关规定，配备安全消防设施，并达到风险等级安全防护标准。公安机关应当将文物收藏单位列为重点安全防范单位。

对不具备收藏珍贵文物条件的国有文物收藏单位收藏的珍贵文物，省文物行政部门可以指定具备条件的文物收藏单位代为收藏。

第二十七条 文物收藏单位应当建立严格的管理制度，对收藏的文物进行鉴定，区分等级，逐件登记，设置藏品档案并报主管的文物行政部门备案。具体办法由省文物行政部门制定。

设区的市、自治州和县级人民政府文物行政部门应当建立本行政区域内的馆藏文物档案；省文物行政部门应当建立全省馆藏三级以上文物档案，并将一级文物藏品档案报国务院文物行政部门备案。

第二十八条 文物收藏单位的法定代表人对馆藏文物的安全负责。国有文物收藏单位的法定代表人离任时，应当办理馆藏文物移交手续，并接受文物行政部门的指导和监督。

第二十九条 省文物行政部门可以调拨本行政区域内国有文物收藏单位馆藏文物。

国有文物收藏单位文物藏品的交换，应当按国家规定，严格履行报批手续。交换馆藏二、三级文物，应当报省文物行政部门批准；交换馆藏一级文物，由省文物行政部门报国务院文物行政部门批准。

第三十条　文物收藏单位以外的公民、法人和其他组织，可以收藏通过合法方式取得的文物，其收藏的文物除国家禁止流通的以外，可以依法采取捐赠、交换、转让或者通过文物拍卖企业拍卖等方式进行流通。国家机关、部队、国有企业事业单位收藏、保管的文物属于国家所有，非经国家允许，不得进行买卖。

鼓励文物收藏单位以外的公民、法人和其他组织将其收藏的文物捐赠给国有文物收藏单位或者出借给文物收藏单位展览和研究。

第三十一条　文物行政部门和工商行政管理部门应当加强对文物经营活动的监督管理。

文物的购销，由国务院文物行政部门或者省文物行政部门依法批准设立的文物商店经营；文物的拍卖，由取得国务院文物行政部门颁发的文物拍卖许可证的拍卖企业经营。其他单位或者个人不得从事文物的购销、拍卖等商业经营活动。

第三十二条　人民法院、人民检察院、公安机关、海关和工商行政管理部门依法没收的文物，应当登记造册，妥善保管，结案后及时、无偿移交文物行政部门，由文物行政部门指定的国有文物收藏单位收藏。

第五章　文　物　利　用

第三十三条　各级人民政府应当重视文物保护，正确处理文物保护和利用的关系。

旅游发展应当遵守文物保护工作的方针，禁止对文物进行破坏性利用。

第三十四条　利用国有文物的参观游览场所，应当从所获得的门票收入中提取一定比例用于文物保护；国有博物馆、纪念馆、文物保护单位等的事业性收入，全部用于文物保护。具体办法由省财政行政部门会同省文物行政等有关部门制定。

第三十五条　文物收藏单位应当充分发挥馆藏文物的作用，通过举办展览、科学研究等活动，加强对中华民族优秀的历史文化和革命传统的宣传教育。

第三十六条　核定公布为文物保护单位的纪念建筑物、古建筑或者代表性建筑，可以在文物行政部门指导下，建立博物馆、纪念馆或者辟为参观游览场所。

第三十七条　博物馆、纪念馆的文物陈列品禁止拍摄的，应当有标志说明。

对文物保护单位进行电影电视拍摄，拍摄单位应当提前十五日向文物所在地文物行政部门提出申请。拍摄时，不得用文物作道具。申请拍摄文物的单位应当采取必要措施确保文物安全，并按照有关规定支付费用。

新闻单位因采访需要拍摄考古发掘现场的，应当经省文物行政部门批准，专题类、直播类拍摄活动应当由省文物行政部门报国务院文物行政部门批准。

第六章　法　律　责　任

第三十八条　违反本条例第十四条第二款规定，未经批准擅自对文物保护单位进行修缮或者擅自变更已批准的文物保护单位修缮工程设计方案中的重要内容进行施工的，由文物行政部门责令改正；明显改变文物原状的，处五万元以上五十万元以下罚款。

第三十九条　违反本条例第二十二条第一款、第二款规定，未经考古调查、勘探进行工程建设的，由文物行政部门责令改正。

第四十条　违反本条例第二十三条第一款、第二十四条第一款规定的，由文物行政部门责令停止施工或者生产活动；必要时，文物行政部门可以报请当地人民政府通知公安机关协助保护现场。

第四十一条　人民法院、人民检察院、公安机关、海关和工商行政管理部门违反本条例第三十二条规定，对依法没收的文物结案后不及时移交或者未按规定无偿移交文物行政部门的，对直接负责的主管人员和其他直接责任人员依法给予行政处分。

第四十二条 国家行政机关人员违反本条例规定，滥用职权、玩忽职守、徇私舞弊的，依法给予行政处分。

第四十三条 违反本条例规定，造成文物损毁、灭失的，依法承担民事责任；构成犯罪的，依法追究刑事责任。

第四十四条 违反本条例其他规定，《中华人民共和国文物保护法》和其他有关法律法规规定了法律责任的，依照有关法律法规给予处罚。

第七章 附 则

第四十五条 本条例自 2005 年 11 月 1 日起施行。1986 年 9 月 27 日湖南省第六届人民代表大会常务委员会第二十一次会议通过的《湖南省文物保护条例》同时废止。

长沙市历史文化名城保护条例

(2004年4月30日长沙市第十二届人大常委会第十一次会议通过，2004年7月30日湖南省第十届人大常委会第十次会议批准)

第一章 总 则

第一条 为加强对长沙市历史文化名城（以下简称历史文化名城）的保护，继承和弘扬优秀历史文化，根据有关法律法规和本市实际，制定本条例。

第二条 本市行政区域内历史文化名城的保护及其管理、利用，适用本条例。

第三条 历史文化名城的保护要突出楚汉名城、革命圣地、湖湘文化、山水洲城的人文和自然特色，保护的主要内容：

（一）历史文化风貌保护区和历史文化街区、村镇；
（二）文物和历史建筑、重要历史遗址（迹）及其周围相协调的环境；
（三）风景名胜、古井名泉、古树名木；
（四）传统文化艺术、传统工艺、老字号、百年名校和历史地名等非物质文化遗产；
（五）法律、法规和规章规定的其他保护内容。

第四条 历史文化名城的保护坚持统筹规划、有效保护、抢救第一、合理利用、科学管理的原则，正确处理保护与建设的关系。

第五条 市人民政府统一领导历史文化名城的保护工作。市、区（县、市）人民政府应当把历史文化名城的保护纳入国民经济和社会发展计划，并在财政预算中安排专项资金。

第六条 市规划行政管理部门会同市建设、文化行政管理部门主管历史文化名城的保护工作。

市国土、房产、旅游、环保、园林、宗教、商贸、民政、工商、新闻出版、广播电视、教育、城市管理等行政管理部门应当按照各自的职责做好历史文化名城的保护和宣传工作。

区、县（市）人民政府有关部门应当做好本辖区内历史文化名城保护的相关工作。

第七条 鼓励和支持公民、法人和其他组织，以投资、捐赠等方式依法参与历史文化名城的保护、开发利用和科学研究活动。

任何单位和个人都有保护历史文化名城的义务，并有权检举、控告和制止破坏历史文化名城的行为。

在历史文化名城保护工作中作出突出贡献的单位和个人，由市人民政府给予表彰和奖励。

第二章 历史文化名城保护规划

第八条 市人民政府应当根据城市总体规划组织编制历史文化名城保护专项规划，经批准后公布实施。

市规划行政管理部门应当会同建设、文化行政管理部门根据历史文化名城保护专项规划编制历史文化风貌保护区、历史文化街区、历史文化村镇控制性详细规划和修建性详细规划，经市人民政府批准后公布实施。

第九条 历史文化名城保护专项规划应当注重保护历史文化名城的风貌、格局和环境，并为合理利用创造条件；应当确定历史文化名城保护的总体目标、保护原则和保护内容，划定历史文化风貌保护区、历史文化街区、历史文化村镇、文物保护单位、其他不可移动文物、历史建筑的保护范围及建设控制地带，划定文物埋藏区，提出控制要求和保护措施。

第十条 任何单位和个人不得擅自修改、变更或者拒不执行已经批准的历史文化名城保护专项规划及其控制性、修建性详细规划。已公布的规划如需调整或者变更，应当按照原批准程序报批。

编制、修订历史文化名城保护专项规划及其控制性、修建性详细规划，应当广泛听取社会各界的意见，组织专家论证。

第十一条 规划、建设、文化等行政管理部门应当严格实施历史文化名城保护专项规划，加强对与历史文化名城保护有关的建设项目的审查、监督和对违法建设的查处。

不符合历史文化名城保护专项规划及其控制性、修建性详细规划的建筑和设施，应当按照规划的要求逐步改造或者拆除。

第三章 历史文化风貌保护区和历史文化街区、村镇的保护

第十二条 历史文化风貌保护区是指不可移动文物、历史建筑等历史遗存相对集中，能够反映一定时期长沙历史文化风貌的城市区域。

第十三条 岳麓山、小西门、天心阁、潮宗街、开福寺等历史文化风貌保护区的保护范围、重点保护内容由市人民政府依据已批准的城市总体规划公布。

第十四条 在历史文化风貌保护区的保护范围和建设控制地带内进行建设活动，应当尽量保持原有自然环境、风貌特色，保护反映历史文化风貌的不可移动文物、历史建筑和街巷格局。

新建或者改建的建筑物的高度、体量、形式、色彩、用途等，应当符合历史文化名城保护专项规划及其控制性、修建性详细规划和生态、环境保护的要求。

第十五条 在历史文化风貌保护区内设置户外广告等设施，应当与历史文化风貌保护区的环境、景观相协调。历史文化风貌保护区的标志性景观上禁止设置户外广告。

第十六条 本行政区域内保存文物特别丰富并且具有重大历史价值或者革命纪念意义的城镇、街道、村庄，市人民政府应当依法将其申报为历史文化街区、村镇。

第十七条 以太平街为中心，东至太平里、江宁里及其北端延长线，南至解放西路，西至卫国街，北至马家巷和太平街以东地段的五一大道南侧，应当保留明清至建国前为重点的历史建筑、街巷格局和整体风貌。

第十八条 历史文化街区经依法批准后由市人民政府设立保护标志。有关行政管理部门应当加强对历史文化街区的保护，完善街区内的基础设施和公用设施，改善人居环境。

第十九条 历史文化街区应当保留传统街巷格局和路面特色，保留历史地名；保护好街区内的历史建筑；恢复街区内的历史人文景观。

第二十条 历史文化街区内的新建、改建、修缮等建设活动，应当符合历史文化街区控制性和修建性详细规划的要求；对其设计方案，市规划行政管理部门应当会同市建设、文化行政管理部门在20日内提出审核意见并书面告知申请人。审核合格的，方可办理建设手续。

街区内的文化旅游设施和公用设施等应当与街区的传统风格相协调。

街区内禁止违反规划的拆除、开发活动；禁止修建、设置破坏历史文化街区传统风格的建筑和其他设施。

第二十一条 市人民政府应当组织对龙伏镇新开村、椰梨镇、铜官镇、文家市镇等著名村镇的历史文化进行挖掘和整理，符合历史文化村镇条件的，应当依法申报。

历史文化村镇的保护，按照本条例历史文化街区保护的有关规定执行。

第四章 文物、历史建筑和历史遗址（迹）的保护

第二十二条 各类文物按照文物保护的法律、法规进行保护。

第二十三条 使用不可移动文物的,应当与文化行政管理部门签订保护责任书,负责建筑物及其附属物的安全、保养和维修,接受文化行政管理部门的指导和监督。

对集中体现历史文化名城特色的铜官窑遗址、岳麓书院、谭嗣同故居、黄兴故居、秋收起义文家市会师旧址、马王堆汉墓、贾谊故居、曾国藩墓、湖南第一师范、中共湘区委员会旧址、白沙古井、浏城桥楚墓等不可移动文物应当重点保护,合理利用。

第二十四条 尚未核定公布为文物保护单位的不可移动文物,由县级人民政府文化行政管理部门依法登记、制定保护措施并公布;对其进行修缮,必须经县级人民政府文化行政管理部门同意。

第二十五条 文物保护单位辟为参观游览场所的,应当采取有效的保护措施,保证文物的完整与安全。

第二十六条 在公布的文物埋藏区内进行工程建设,建设单位应当事先报请市文化行政管理部门组织考古调查、勘探或者发掘,所需费用由建设单位列入投资计划。

在考古调查、勘探或者建设施工中发现文物的,由市文化行政管理部门根据文物保护的要求会同建设单位共同商定保护措施,依法予以保护。

第二十七条 具有一定历史意义、艺术特色或者科学研究价值的近现代保护建筑、传统民居、商铺及构筑物,由市人民政府组织调查、认定并公布为历史建筑,设置保护标志。

第二十八条 历史建筑应当原址原貌保护,不得擅自拆除。确需迁移的,迁移方案由市规划行政管理部门会同市建设、文化行政管理部门论证并提出书面意见报市人民政府批准。上述工作应当在 30 日内完成。

第二十九条 历史建筑分为重点保护建筑和一般保护建筑。重点保护建筑不得改变原有的外形、结构体系、平面布局和有特色的室内装修;一般保护建筑不得改变原有外形、结构体系。

禁止损坏或者以危及安全的方式使用历史建筑。

第三十条 市人民政府应当组织对历史建筑的安全使用等级进行鉴定,有关部门应当提出相应的整改措施。

产权所有人或者使用人应当负责历史建筑的安全、保养和修缮,确无修缮和维护能力的,市人民政府可视情况予以资助,或者依法置换历史建筑的产权。

第三十一条 市人民政府应当对下列重要历史遗址(迹)设置纪念标志,对其中具有特别重大历史价值的,可以创造条件予以恢复:

(一)重大历史事件的发生地点、名人故居或者其他重要活动场所;
(二)历史上有重要影响的行政、军事、文化教育机构或者其他团体的重要场所;
(三)历史上中外重要交往的场所和外国重要机构在长驻地;
(四)代表一定历史时期最高水平的建筑、桥梁和有影响的园林建筑的场所;
(五)重大考古发掘或者发现的场所;
(六)已消失的著名老街。

任何单位和个人不得破坏和占有重要历史遗址(迹)标志设施。

第五章 非物质文化遗产保护

第三十二条 各级人民政府应当根据实际情况做好下列有关非物质文化遗产的普查、收集、整理工作:

(一)湘剧、花鼓戏、长沙弹词、长沙评书、长沙渔鼓、长沙山歌、木偶戏、皮影戏、民间故事等地方文学艺术;
(二)湘绣、湘菜、石雕、陶艺、剪纸等传统工艺;
(三)老字号、百年名校等;

（四）民俗风情等。

第三十三条 文化、商贸等行政管理部门应当根据传统艺术、工艺的特点，建立传承人制度，兴建专题博物馆，提高传统艺术、工艺的水平。

对濒临失传的传统艺术、工艺应当采取抢救措施，对湘菜、湘绣等特色品牌应当制定扶持措施，促进发展。

第三十四条 鼓励和扶持社会力量对民间传统文化艺术进行挖掘、整理，开设博物馆、陈列馆，举办各类展示和演艺活动；支持教育、研究机构培养专业人才以及名老艺人传徒授艺。

第三十五条 体现长沙历史文化内涵的历史地名应当予以保留；确需更改或者取消的，地名管理机构应当听取有关方面的意见。

第六章 法 律 责 任

第三十六条 国家工作人员在历史文化名城保护工作中，违反本条例规定，有下列行为之一的，由上级主管机关或者所在单位依法追究直接负责的主管人员和其他直接责任人员的行政责任：

（一）违法调整历史文化名城各类保护规划的；

（二）违法批准新建、改建建筑或者拆除历史建筑的；

（三）其他不按照本条例的要求违法审批的。

第三十七条 违反本条例规定，未取得规划行政管理部门的规划许可或者违反规划许可要求的，由规划行政管理部门按照有关法律、法规的规定处理。

第三十八条 违法拆除或者严重损坏历史建筑的，由建设行政管理部门责令停止违法行为，恢复原状，对个人处二千元以上二万元以下的罚款；对单位处五万元以上二十万元以下罚款。

第三十九条 违反本条例规定，擅自移动、拆除、损毁历史文化街区（村镇）、历史建筑保护标志和历史遗址（迹）纪念标志的，由建设行政管理部门责令恢复原状，并可处二百元以上五百元以下罚款。

第四十条 违反本条例的其他行为，由相关行政管理部门依法处罚。

第七章 附 则

第四十一条 风景名胜和古树名木等其他保护内容按照有关法律法规实施保护。

第四十二条 本条例自 2004 年 11 月 1 日起施行。

湘西土家族苗族自治州凤凰历史文化名城保护条例

(2004年2月28日湘西土家族苗族自治州第十一届人民代表大会常务委员会第二次会议通过，2004年5月31日湖南省第十届人民代表大会常务委员会第九次会议批准，2011年2月25日湘西土家族苗族自治州第十二届人民代表大会常务委员会第四次会议修订，2011年9月30日湖南省第十一届人民代表大会常务委员会第二十四次会议批准)

第一章 总 则

第一条 为加强国家级凤凰历史文化名城的保护，根据国家有关法律、法规，制定本条例。

第二条 凤凰历史文化名城保护范围：《凤凰历史文化名城保护规划》（以下简称保护规划）确定的凤凰古城、黄丝桥古城、南方长城（湘西边墙，下同）以及其他应当保护的地带。

第三条 凤凰历史文化名城的保护，应当遵循科学规划，统一管理，严格保护，合理利用的原则。

第四条 湘西土家族苗族自治州人民政府（以下简称州人民政府）及其有关部门应加强对保护、建设和管理工作的监督。

凤凰县人民政府应当严格按照国家批准的保护规划，全面负责凤凰历史文化名城的保护、建设和管理工作。

凤凰历史文化名城保护管理机构与凤凰县人民政府有关部门按照各自职责负责保护和管理的具体工作。

凤凰县城区景区管理行政执法局（以下简称执法局）行使凤凰历史文化名城保护范围内的相对集中行政处罚权。

第五条 州人民政府、凤凰县人民政府应当将凤凰历史文化名城保护纳入国民经济和社会发展计划，并将保护、维修和管理经费列入本级财政预算，吸纳符合国家规定的拨款和社会资助。

凤凰历史文化名城维护资金按照国家、省有关规定筹集，专项用于凤凰历史文化名城的保护。

第六条 凡在保护范围内活动的单位和个人都有保护凤凰历史文化名城的义务，遵守本条例，对违反本条例的行为有检举和控告的权利。

州人民政府、凤凰县人民政府对保护凤凰历史文化名城成绩显著的单位和个人给予表彰和奖励。

第二章 凤凰古城保护

第七条 凤凰古城分为核心保护区、风貌协调区和区域控制区。具体分区按照保护规划确定。

凤凰县人民政府应当对核心保护区、风貌协调区和区域控制区设立明显标志。任何单位和个人不得擅自设置、移动、涂改或者损毁标志。

第八条 在核心保护区范围内，除经过审批的基础设施和公共服务设施外，不得进行任何新建、扩建活动。

核心保护区内的建筑物、构筑物的修缮、翻建，必须采取保留外壳、整修内部的保护措施，保持原有的历史风貌。其建筑风格、体量、色调必须保持明清时期的布局和风貌，修旧如旧。建筑物高度必须控制在二层以下，一层建筑檐口高度不超过三米，二层建筑檐口高度不超过五点六米，色调控制为黑、白、灰及灰褐色、原木色。

核心保护区内古建筑的所有权人或管理使用人对古建筑维修改造的，应当按照保护维修规划和要求进行施工。维修资金确有困难的，可以向凤凰历史文化名城保护管理机构申请适当补助。

风貌协调区内新建、改建、扩建的建筑物，其建筑风格应为木结构或小青砖墙，青瓦面坡屋顶，高度控制在二层以内，二层檐口高度不超过六米，色调、体量和建筑风格应当与核心保护区风貌相协调。

区域控制区新建、改建、扩建的建筑物，其建筑风格必须与凤凰古城风貌相协调，建筑高度控制在三层以内，三层檐口高度不超过八点五米。

第九条 核心保护区内的历史街道、巷道应保持原有的视线走廊及空间尺度，严禁拓宽或缩小，商业街巷立面应当保持历史样式。

严禁占用道路、古井、沿街沿河空地及绿化地等公共活动场所。临街建筑物不得新开门窗，严禁使用防盗门、卷帘门、铝合金门窗、水泥花板等现代建筑设施和材料。

第十条 凤凰古城内的建筑物或者构筑物、道路、水系和其他设施，需要进行保养、维修、改造、改建、新建的，应当根据保护规划确定的保护要求，按照保护管理等级分别由有关部门提出实施方案，经凤凰历史文化名城保护管理机构审核后，依照国家有关规定报批，由具有专业资质的施工单位实施。

第十一条 凤凰县人民政府应当控制凤凰古城的商业过度开发，对古城内的经营活动进行指导和监督，适时发布鼓励或者限制经营的项目目录，重点发展具有当地民族文化特色的无污染、无公害产业，合理安排古城内商品经营市场布局。凤凰历史文化名城保护管理机构负责具体实施。

第十二条 凤凰古城内的单位和个人应当积极保护环境，节能减排，推广应用低碳清洁能源。

第十三条 凤凰古城内应当加强垃圾站点的标准化建设，推行生活垃圾袋装化，禁止乱丢垃圾。

第十四条 凤凰历史文化名城保护区域应成立专职消防队，按照规定配备消防装备器材，承担凤凰古城的消防工作。

第十五条 凤凰古城内应按国家现行消防技术标准完善消防给水、消防车通道、消防通信等公共消防设施建设。无法按照标准和规范设置的，由凤凰县人民政府公安消防机构会同城乡规划主管部门制订相应的防火安全保障方案。

公共活动场所、居住场所的单位和个人必须做好消防安全工作，禁止燃放烟花爆竹。

第十六条 在凤凰古城内不得占道摆设摊点、乱放杂物、乱写乱画乱贴、运用音响设备叫卖；禁止设置与古城历史风貌不协调的广告、招牌。禁止存放、销售易燃易爆和有毒有害物品。

第十七条 在核心保护区内禁止除消防车、救护车以外的任何机动车辆通行，非机动车不得随意停放。

第十八条 沱江水体保护区为长潭岗至官庄河段及护城河。

严格保护沱江水体及两岸风光，保持沱江沿线的景观视线通廊，保持河水洁净和水质卫生。

在沱江水体保护范围内，禁止下列行为：

（一）从事对水体有污染的行业；

（二）在水面上擅自从事经营活动；

（三）向河道排放污水、倾倒固体废弃物；

（四）毒鱼、炸鱼、电鱼；

（五）兴办有污染的项目。

第十九条 凤凰县人民政府应当完善城市排污管网，收集城市污水，建设集中处理设施，保障正常运行。

第二十条 加强凤凰古城周边山体的保护，开展植树造林、封山育林，做好护林防火、森林病虫害防治工作。

在保护规划划定的南华山、八角楼、喜鹊坡、奇峰寺、北园等周边山体保护范围内禁止葬坟、采石、取土、伐木等破坏植被、景观的行为，未经批准不得兴建建筑物、构筑物。

第三章 黄丝桥古城和南方长城保护

第二十一条 黄丝桥古城保护范围分为核心保护区和风貌协调区、建设控制地带。具体分区按照保护规划确定。

南方长城保护范围为凤凰县域内长城沿线城墙、关门、碉卡、哨台、屯堡及靖边关、亭子关等。

黄丝桥古城的保护参照本条例第二章凤凰古城保护的有关规定执行。

第二十二条 黄丝桥古城所在地的镇人民政府，南方长城沿线的乡镇人民政府应当加强对黄丝桥古城、南方长城的保护管理工作，建立保护管理责任制。

第二十三条 在黄丝桥古城、南方长城保护范围内严禁放炮、采石及从事有损墙体保护的其他活动。

第二十四条 在黄丝桥古城、南方长城保护范围内的一切建设活动须经规划、建设、文物、环保、消防、旅游等部门审核批准。

第四章 规 划 与 管 理

第二十五条 凤凰县人民政府应当组织编制凤凰历史文化名城保护专项规划（以下简称专项规划），经省人民政府批准后公布实施。

县规划行政主管部门应当会同建设、文化、文物等行政管理部门根据专项规划编制历史文化街区、历史文化村镇控制性详细规划和修建性详细规划，经县人民政府批准后公布实施。

广州历史文化名城保护条例

(1998年6月12日广州市第十届人民代表大会常务委员会第四十二次会议通过，1998年11月27日广东省第九届人民代表大会常务委员会第六次会议批准)

第一条 广州是国家历史文化名城。为加强广州历史文化名城的保护，继承和弘扬优秀的民族传统文化，促进名城的发展，根据国家有关法律、法规，结合本市实际，制定本条例。

第二条 在广州历史文化名城（以下简称名城）内，应当予以保护的主要内容有：

（一）具有历史特色的城市格局和风貌；

（二）体现传统特色的街区、地段、村寨等；

（三）文物古迹和近现代史迹；

（四）风景名胜；

（五）传统文化艺术、民俗风情、民间工艺的精华和著名传统产品；

（六）法律、法规规定应予保护的其他内容。

第三条 名城保护的规划、建设、利用和管理，适用本条例。

第四条 名城的保护，必须贯彻保护为主、抢救第一的方针，坚持有效保护、合理利用、加强管理的原则，正确处理历史文化遗产的继承、保护、利用与经济社会发展的关系。

第五条 各级人民政府应当把名城保护纳入本级经济和社会发展计划。名城保护所需资金，由本级人民政府给予安排。

第六条 广州市历史文化名城保护委员会（以下简称名城保护委员会），是市人民政府名城保护工作的协调、指导、监督机构。

市人民政府各有关行政部门依照法律、法规和本条例规定做好名城保护工作。

第七条 名城保护委员会的主要职责是：

（一）审核名城保护工作重大事项；

（二）监督、指导名城保护工作；

（三）协调名城保护工作的相关事宜；

（四）组织审核历史文化保护区；

（五）法律、法规规定的其他职责。

第八条 名城保护应当依据国家有关历史文化名城保护规划的编制要求和本条例规定，制定专项保护规划，并纳入城市总体规划。

名城保护规划，由市城市规划行政部门会同市文化等行政部门编制，经名城保护委员会审核后，按规定程序报批准。

名城保护规划的调整，应当按照前款规定办理。

任何单位和个人不得擅自修改、变更或拒不执行已经批准的名城保护规划。

第九条 纳入名城保护规划的各类建（构）筑物、自然景观及人文景观，市城市规划行政部门应当按照规划要求做好规划控制工作。

体现名城特色的建（构）筑物、自然景观和人文景观，未纳入名城保护规划的经名城保护委员会拟定，由市城市规划行政部门会同文化等有关行政部门进行勘查；符合条件的，按规定程序报批准后，实施规划控制。

第十条 在名城内，文物古迹比较集中的区域，或比较完整地体现某一历史时期传统风貌或民族地方特色的街区、建筑群、镇、村寨、风景名胜，应当划定为历史文化保护区（以下简称保护区）。

保护区的划定与调整，由名城保护委员会组织市城市规划、文化等行政部门及所在地人民政府审核，按规定程序报批准后公布。

保护区应当划定保护范围和建设控制地带，设置保护标志，建立保护区档案，明确管理单位。

保护区的保护标志，由名城保护委员会设置，任何单位和个人不得损毁或擅自移动。

第十一条 保护区的保护重点，是传统的建筑特色和整体的环境风貌，以及文物保护单位。各级人民政府应当改善保护区的基础设施和生活服务设施，延续其使用功能。

第十二条 保护区所在地人民政府应当组织有关部门在保护区划定后十二个月内，制定具体保护办法，经名城保护委员会审核，报请市人民政府批准后实施。

第十三条 在保护区内，新建、扩建、改建各类建（构）筑物和其他设施，应当与保护区的传统风貌或民族地方特色相协调，以及符合名城保护的其他要求。

前款各类建（构）筑物和其他设施的设计方案，城市规划行政部门应当自批准之日起十个工作日内会知名城保护委员会。

第十四条 在保护区内，对中华老字号商铺、传统民居、名人故居、纪念性建（构）筑物、近现代优秀建（构）筑物的维修，应当保护原状及风貌。

前款各类建（构）筑物的维修方案，批准部门应当自批准之日起十个工作日内会知名城保护委员会。

第十五条 在保护区内，纳入保护对象的传统建（构）筑物和其他设施，所有权人或使用人不得擅自改变其传统风貌。

前款建（构）筑物和其他设施的维修和保养，由受益的所有权人或使用人负责。法律、法规另有规定的，从其规定。

第十六条 北起越秀山中山纪念碑，经中山纪念堂、市政府办公大楼、人民公园至海珠广场的城市传统中轴线和珠江广州河段两岸等景观带内，新建、扩建、改建的建（构）筑物，其建筑形式、体量高度和风格必须与自然景观和人文景观相协调。

第十七条 名城内的文物保护单位和风景名胜，分别按照文物保护和风景名胜保护的法律、法规实施保护和管理。

第十八条 各级人民政府应当鼓励传统文化艺术的挖掘和整理，扶持教育研究机构培养有关专业人才以及名老艺人传徒、授艺，继承和发扬优秀的传统文化艺术。

第十九条 市文化行政部门应当编制粤剧、广东音乐、岭南诗歌、岭南书画和地方典籍等传统文化艺术的挖掘和整理的中长期规划，报请市人民政府批准后，组织有关部门实施。

第二十条 举办迎春花市、端午龙舟竞渡、重阳登山、庙会等活动，应当体现广州民俗风情特色，禁止封建迷信活动。

第二十一条 市商业部门应当继承和发扬广州的饮食文化，保持和丰富其传统特色。

第二十二条 对具有广州传统特色的雕刻、彩瓷、广绣和金属器皿等工艺，有关部门应当进行挖掘、整理，并扶持传统工艺品的生产。

第二十三条 违反本条例第八条第四款规定的，由其上一级行政部门给予直接责任人员行政处分；构成犯罪的，依法追究刑事责任。

第二十四条 违反本条例第十条第四款规定的，由保护区管理部门责令其恢复原状或赔偿。

第二十五条 违反本条例第十三条第一款、第十四条第一款规定，由有关行政部门责令其停止违法行为，限期改正拆除，并恢复原状；批准部门违反规定的，由名城保护委员会提请市人民政府责令原批准部门将方案予以变更或撤销，并对直接责任人员给予行政处分。

第二十六条 违反本条例其他规定的，由有关行政部门依法进行处理。

第二十七条 阻挠、围攻、殴打依法执行公务人员，违反治安管理处罚条例的，由公安机关依法给予处罚；构成犯罪的，依法追究刑事责任。

第二十八条 当事人对行政处罚决定不服的可以依法提起行政复议或行政诉讼。逾期不申请复议，不起诉，又不履行处罚决定的，由作出行政处罚决定的行政机关依法申请人民法院强制执行。

第二十九条 执行公务人员玩忽职守、滥用职权、徇私舞弊的，由其所在单位或上一级行政部门给予行政处分；构成犯罪的，依法追究刑事责任。

第三十条 本条例自1999年3月1日起施行。

南宁市历史传统街区保护管理条例

(2001年3月24日广西壮族自治区第九届人民代表大会常务委员会第二十三次会议批准，根据2003年8月1日广西壮族自治区第十届人民代表大会常务委员会第三次会议批准的《南宁市人民代表大会常务委员会关于修改〈南宁市历史传统街区保护管理条例〉的决定》修正)

第一条 为保护南宁市城市历史传统街区风貌，促进城市可持续发展，根据《中华人民共和国城市规划法》的规定，结合本市的实际情况，制定本条例。

第二条 本条例所称历史传统街区是指具有一定保护价值、风貌特色和历史遗迹、延续城市历史的街区。

本条例确定保护范围：朝阳路以西、民族大道西段以北、当阳街以东、新华街以南围合区域和解放路沿街区域，其中兴宁路、民生路为重点保护区。

第三条 凡在历史传统街区范围内的土地利用和各项建设，必须遵守本条例。

历史传统街区范围内涉及文物保护的，按《中华人民共和国文物保护法》的规定执行。

第四条 历史传统街区的保护、建设和管理，由南宁市城市规划行政主管部门会同市建设、土地、文物等行政主管部门组织实施。

第五条 历史传统街区在保持原有文化风貌的前提下，应当逐步改善生活居住和交通条件，加强基础设施和公共设施的配套建设；注意调整居住人口密度和用地功能，逐步调整迁移街区内与街区环境不协调的单位。

第六条 兴宁路、民生路作为骑楼风格的特色街区，其沿街建设保护和改造应当遵循内部变外部不变、后面变前面不变、地下变地上（骑楼下）不变的原则，严格保护骑楼建筑传统立面风格和街区风貌。

第七条 市城市规划行政主管部门具体负责历史传统街区保护规划的组织编制工作。历史传统街区保护规划和重点保护区改造方案经市人民政府审查同意后，报市人民代表大会常务委员会审批。

市城市规划行政主管部门依据批准的历史传统街区保护规划组织制定相关的保护规划技术规定。

第八条 历史传统街区保护规划的设计工作由市城市规划行政主管部门委托具有相应设计资质的城市规划设计单位承担。

历史传统街区沿街建筑的改造修缮，应由具有相应施工资质的建筑施工单位承担。

第九条 历史传统街区的勘察、规划设计费用应当列入本级财政计划。重点保护区的建筑修缮、维护等费用，本级财政应当给予适当补贴。

第十条 历史传统街区内，总体拆建比不宜超过1∶1.5。应当保留质量较好、特色鲜明的建筑。

第十一条 保留建筑的产权人和使用人不得擅自改变其建筑现状及使用性质，或者从事有损保留建筑安全的活动。

建筑现状和使用性质与原建筑的设计性质不一致并影响到保留建筑安全的，产权主管部门或产权人应当调整或限制使用。

保留建筑的产权人和使用人，应当对保留建筑及其环境定期进行修缮，保持建筑完好。

第十二条 兴宁路、民生路街区的保护和改造必须遵守以下规定：

（一）沿街两侧建筑按原有高度控制，地面以上不得超过四层，总高度控制在16米以内。

（二）底层建筑高度4.2米，二层以上各层高度3～3.3米，檐高不小于3.5米，骑楼通廊净空不小于3.5米。

（三）廊道宽度控制在3～3.5米，柱距控制在3.5～4.5米。

（四）恢复外部色彩原貌或与其相近色彩。

（五）沿街骑楼建筑的外装修、装饰恢复原有的风格；骑楼敞廊内不得设置任何临时设施。

第十三条 沿街设置的市政设施、广告和牌匾应当统一规划设计并符合有关的技术要求。

第十四条 骑楼建筑后方毗邻建筑和高度、色彩、形式不得破坏骑楼的天际线和骑楼街区的视觉环境，严格控制建筑高度。

第十五条 在历史传统街区内，未取得建设工程规划许可证或者未按照建设工程规划许可证的规定进行建设的建设单位或者个人，市城市规划行政主管部门应当责令其立即停止施工，并按照下列规定给予处罚：

（一）有严重影响的，责令限期拆除，恢复原貌；

（二）有影响且无法采取措施消除的，按违法情况的轻重予以部分或全部没收；予以部分没收的，从地面首层开始依次往上进行；

（三）有影响尚可采取措施消除的，按《南宁市城市规划管理条例》第五十一条第（二）项的规定予以处罚。

第十六条 违反本条例第十一条第一款规定的，由市城市规划行政主管部门按《南宁市城市规划管理条例》第五十六条的规定给予处罚。

第十七条 对违反本条例规定造成违法建设的设计单位、施工单位，由市城市规划行政主管部门按《南宁市城市规划管理条例》第五十六条的规定给予处罚。

第十八条 城市规划管理检查人员依法进行检查时，被检查者拒绝或者不如实提供有关情况资料的，由市城市规划行政主管部门按《南宁市城市规划管理条例》第六十二条的规定给予处罚。

第十九条 违反本条例规定的单位和个人被处以罚款时，罚款必须在规定期限内缴纳，逾期不缴纳的，每日按罚款数额的3％加以处罚。

罚没款全部上缴本级财政。

第二十条 当事人对行政处罚决定不服的，可以依法申请复议或者提起诉讼。当事人逾期不申请复议，也不向人民法院起诉，又不履行处罚决定的，由作出处罚决定的行政机关申请人民法院强制执行。

对违反本条例规定的建（构）筑物，在市城市规划行政主管部门规定的自行拆除的期限内仍不拆除的，市城市规划行政主管部门可以强行予以拆除，拆除所需的费用由建设单位或个人承担。

第二十一条 城市规划行政工作人员玩忽职守，滥用职权，徇私舞弊的，由其所在单位或者上级主管机关给予行政处分，构成犯罪的，依法追究刑事责任。

第二十二条 本条例自2003年8月29日起施行。

海口市历史文化名城保护条例

(2010年4月16日海口市第十四届人民代表大会常务委员会第二十六次会议通过，2010年6月1日海南省第四届人民代表大会常务委员会第十五次会议批准)

第一章 总 则

第一条 为加强海口市历史文化名城的保护，继承和弘扬优秀历史文化，根据《中华人民共和国城乡规划法》、《中华人民共和国文物保护法》和国务院《历史文化名城名镇名村保护条例》等法律、法规，结合本市实际情况，制定本条例。

第二条 本市行政区域内历史文化街区、历史建筑、不可移动文物和非物质文化遗产的保护、管理和利用适用本条例。

古树名木、地质公园、自然保护区、可移动文物等的保护和管理，依照相关法律、法规的规定执行。

第三条 海口市历史文化名城的保护应当遵循科学规划、统一管理、严格保护、合理利用的原则，维护历史文化遗产的真实性和完整性，正确处理历史文化遗产的继承、保护、利用与城市建设、经济和社会协调发展的关系。

第四条 市、区人民政府负责本行政区域内历史文化名城的保护、管理和利用工作。市人民政府设立历史文化名城保护管理委员会，对历史文化名城保护工作进行协调和指导。

市规划行政主管部门负责历史文化名城保护的规划管理工作；市文物行政主管部门负责历史文化街区、历史建筑、不可移动文物的保护、管理和利用工作；市文化行政主管部门负责非物质文化遗产的保护、管理和利用工作。

发展和改革、财政、住房和城乡建设、土地、市政市容管理、公安、商贸、教育、旅游、侨务、宗教、地方史志、党史、档案等部门应当按照各自职责权限，协同做好本市历史文化名城保护、管理和利用的相关工作。

第五条 市、区人民政府应当将历史文化名城的保护和管理工作纳入国民经济和社会发展规划，并在本级财政预算中安排历史文化名城保护专项资金（以下简称保护专项资金），加大对历史文化名城保护的财政投入。

市人民政府依法设立海口市历史文化名城保护基金，鼓励单位和个人以捐赠、资助、提供技术服务或者提出建议等方式参与历史文化名城的保护。

鼓励国内外投资者对本市历史文化名城资源实施保护性开发利用，发展旅游业及相关产业。

第六条 市、区人民政府应当定期对历史文化名城的保护工作进行检查或评估，并向同级人民代表大会常务委员会报告。

市、区人民代表大会常务委员会应当加强对本市历史文化名城保护工作的监督。

第七条 各级人民政府应当组织开展历史文化名城保护的宣传教育活动，增强市民对历史文化名城的保护意识。

每年的三月十三日为海口市历史文化名城保护宣传日。

第八条 保护历史文化名城是全社会的责任，任何单位和个人都有权对破坏历史文化名城的行为进行劝阻和举报。

对历史文化名城保护工作中做出突出贡献的单位和个人，由市、区人民政府给予表彰和奖励。

第二章 保 护 规 划

第九条 市人民政府应当根据历史文化名城保护工作的要求,组织编制海口市历史文化名城保护规划(以下简称保护规划),报省人民政府批准后,及时向社会公布,并将其纳入海口市城市总体规划。

第十条 保护规划应当包括下列内容:

(一)保护原则、保护内容和保护范围;

(二)保护措施、开发强度和建设控制要求;

(三)传统格局和历史风貌保护要求;

(四)历史文化街区的核心保护范围和建设控制地带;

(五)保护规划分期实施方案。

第十一条 对海口市历史文化名城的保护,应当保持传统格局、历史风貌和空间尺度,保留与其相互依存的自然景观和环境。

第十二条 市规划行政主管部门应当会同市住房和城乡建设、文化、文物行政主管部门,根据保护规划,编制历史文化街区的专项保护规划,报市人民政府批准后公布实施。

第十三条 市规划、住房和城乡建设、文化、文物、市政市容管理等行政主管部门应当严格执行保护规划,加强对历史文化名城保护有关的建设项目的审查、监督和违法建设项目的查处。

第十四条 对不符合保护规划和历史文化街区专项保护规划的建筑和设施,由市规划和文物行政主管部门会同所在地的区人民政府或者产权人按照规划的要求,依法予以改造或拆建。

第十五条 任何单位和个人不得擅自修改已经批准的历史文化名城保护规划和历史文化街区专项保护规划。已公布的规划如需调整或者变更,应当广泛征求社会公众意见,并组织专家论证,按照原批准程序报批并公布。

第三章 历史文化街区的保护

第十六条 具有特定历史时期传统风貌或者地方特色的街区、建筑群等,应当由市规划行政主管部门会同市文物行政主管部门组织调查,经专家委员会评审通过,报市人民政府审定后向省人民政府申报为历史文化街区。

第十七条 经省人民政府依法核定,海口骑楼建筑街区和府城传统建筑街区为历史文化街区。

海口骑楼建筑街区位于长堤路以南,龙华路以东,和平路以西,解放西路和文明中路以北,主要是得胜沙路、博爱路、中山路、新华路、长堤路等老街。府城传统建筑街区范围是以文庄路、忠介路为东西轴线,中山路为南北轴线组成的错位"十"字型街道,主要是北胜街、绣衣坊、马鞍街、达士巷、鼓楼街、忠介路、福地巷等街道。

第十八条 对海口市历史文化街区采取"核心保护范围"和"建设控制地带"二级保护的措施。

历史文化街区的核心保护范围和建设控制地带的范围,由市规划行政主管部门会同市文物行政主管部门提出,列入保护规划,报市人民政府批准并公布。

市人民政府应当在历史文化街区的核心保护范围的主要出入口设置保护标志。任何单位和个人不得擅自设置、移动、涂改或者损毁标志。

第十九条 在历史文化街区的核心保护范围内进行建设活动,应当遵守保护规划,保持原有自然环境、风貌特色,保护反映历史文化风貌的不可移动文物、历史建筑、街巷格局和街道路面特色。

在历史文化街区的建设控制地带内的新建建筑物、构筑物,应当符合保护规划确定的建设控制要求。

第二十条 严格控制历史文化街区核心保护范围内特色街巷两侧的建筑高度,改造或拆建的建筑物的总高度控制在 15 米以下，并保持街巷两侧错落有致的建筑格局；建设控制地带内改建或新建的建筑物高度控制在 20 米以下。

保护和适度恢复府城传统建筑街区范围内的古城墙、传统民居建筑风格、传统街巷格局、历史地名及传统市井文化氛围。

第二十一条 在历史文化街区内禁止下列活动：

（一）违反保护规划进行拆除或者建设；

（二）改变保护规划确定的土地使用功能；

（三）突破建筑高度、容积率等控制指标，违反建筑体量、色彩等要求；

（四）破坏保护规划确定的院落布局、街巷格局和街道路面特色；

（五）其他不符合保护规划的行为。

第二十二条 在历史文化街区保护范围内进行下列活动，应当制订保护方案，经市规划行政主管部门会同市文物行政主管部门批准，并依照有关法律、法规的规定办理相关手续：

（一）改变园林绿地、河湖水系等自然状态的活动；

（二）在核心保护区内进行影视摄制、举办大型展览、大型演艺或大型游乐活动等；

（三）其他影响历史文化街区历史风貌、传统格局的活动。

第二十三条 对历史文化街区内的危旧房屋进行修复改造应当保持其传统格局和历史风貌。

建设单位在办理修复改造危旧房屋规划审批手续时，应当提交对历史文化街区传统格局和历史风貌产生影响的评估报告。

历史文化街区内危旧房屋修复改造的具体办法由市人民政府另行制定。

第二十四条 根据社会经济发展水平，市计划生育、公安、住房和城乡建设行政主管部门应按照保护规划，控制历史文化街区内的人口规模，改善历史文化街区的基础设施、公共服务设施和居住环境。市公安消防部门应当会同规划行政主管部门制定相应的防火安全保障措施，消除安全隐患。

第二十五条 市人民政府应当制定相关的优惠扶持政策，进行业态调整，逐步实现历史文化街区的社会功能转换，使其成为观赏、休闲、度假和商业服务的文化旅游休闲场所。

第二十六条 历史文化街区内的不可移动文物、历史建筑和一般建筑物的保护，按照专项保护规划和本条例第四、第五章以及相关法律、法规的规定执行。

第四章 历史建筑的保护

第二十七条 具有一定历史、艺术或科学价值的近现代建筑、传统民居、商铺及构筑物，由市文物行政主管部门协同市规划行政主管部门组织调查，征求有关方面意见，经专家委员会评审通过，报市人民政府批准后，公布为历史建筑，设置保护标志，建立历史建筑档案。

第二十八条 对历史建筑按照下列规定实施分类保护：

（一）一类历史建筑，不得改变建筑原有的立面造型、表面材质、色调、结构体系、平面布局和有特色的室内装饰。

（二）二类历史建筑，不得改变建筑原有的立面造型、表面材质、色调和主要平面布局。

（三）三类历史建筑，不得改变建筑原有的立面造型、表面材质和色调。

历史建筑的分类标准和分类名单由市人民政府制定并公布。

第二十九条 历史建筑的所有权人应当按照保护规划的要求和维护修缮标准，负责对历史建筑进行维护和修缮。维护修缮标准由市住房和城乡建设行政主管部门会同市文物行政主管部门制定。

历史建筑的所有权人与使用权人对维护、修缮有约定的，从其约定。

历史建筑的所有权人、使用权人确不具备维护和修缮能力的，市人民政府根据情况，从保护专项资金中安排经费予以资助，或者采取依法置换历史建筑产权等方式予以保护利用。

市、区人民政府应当制定相关的政策，鼓励历史建筑所有权人将历史建筑出售或者捐赠给国家。

第三十条 任何单位和个人不得实施下列行为：

（一）损坏或者擅自迁移、拆除历史建筑及其构件；

（二）在历史建筑及其附属建筑设施内，安装影响历史建筑使用寿命的设备；

（三）在历史建筑及其附属建筑设施内，修建生产、储存爆炸性、易燃性、放射性、毒害性、腐蚀性物品的工厂、仓库等；

（四）在历史建筑上刻划、张贴、涂污；

（五）其他危害、损毁历史建筑或者影响历史建筑风貌的行为。

第三十一条 建设工程选址，应当尽可能避开历史建筑；因特殊情况不能避开的，应当尽可能实施原址保护。

对历史建筑实施原址保护的，建设单位应当事先确定保护措施，报市规划行政主管部门会同市文物行政主管部门批准。

因建设工程特别需要，对历史建筑无法实施原址保护、必须迁移异地保护或者拆除的，应当由市规划行政主管部门会同市文物行政主管部门，报省建设行政主管部门会同省文物行政主管部门批准。

本条规定的历史建筑原址保护、迁移、拆除所需费用，由建设单位列入建设工程预算。

第三十二条 对历史建筑进行外部修缮装饰、添加设施以及改变历史建筑的结构或者使用性质的，应当经市规划行政主管部门会同市文物行政主管部门批准，并依照规定办理相关手续。

第三十三条 对具有特别重大历史价值的政治经济文化重要活动场所、历史上外国重要机构在海口长驻地等重要历史遗址（迹），由市人民政府设置保护标志，并创造条件予以恢复。

任何单位或者个人不得损坏重要历史遗址（迹）纪念标志。

第五章 不可移动文物的保护

第三十四条 不可移动文物包括古文化遗址、古墓葬、古建筑、石刻、近现代重要史迹和代表性建筑等。

第三十五条 对已经公布为各级文物保护单位的不可移动文物，按照法律规定的权限由相应的人民政府划定保护范围，设置保护标志，建立记录档案，设置专门机构或指定专人负责管理。

对尚未公布为文物保护单位的不可移动文物，由市文物行政主管部门依法登记、备案，制定保护措施并公布。

第三十六条 对集中体现海口市历史文化名城特色的海瑞墓、丘浚故居、丘浚墓、五公祠、中共琼崖第一次代表大会旧址、秀英炮台等文物保护单位，应当重点保护，合理利用。

市文物行政主管部门应当根据不同文物的保护需要，制定具体的保护措施，并公布施行。

第三十七条 不可移动文物的管理人、使用权人，应当遵守不改变不可移动文物原状的原则，保护建筑物及其附属文物的安全，不得损毁、迁移或者拆除不可移动文物，经文物行政主管部门批准进行迁移或拆除活动的除外。

对危害文物保护单位安全、破坏文物保护单位历史风貌的建筑物、构筑物，市人民政府应当及时调查处理，依法予以拆除或搬迁。

第三十八条 公民、非文物单位使用国有文物保护单位以及代表性纪念建筑的，使用权人应当与市文物行政主管部门签订《保护使用责任书》，负责建筑物的管理、维护和修复，接受文物行政主管部门的检查、监督和指导。

第三十九条 不可移动文物的管理人、使用权人应当按照规定加强火源、电源的管理，配备必要的灭火设备。在重点要害部位根据实际需要，安装自动报警、灭火、避雷、防水等设施。安装、使用设施不得对文物造成破坏。

遇有危及文物安全的重大险情，不可移动文物的管理人、使用权人应当及时采取措施消除险情，并及时向文物行政主管部门报告。

第四十条 开辟为参观旅游场所的文物保护单位，应当采取有效的保护措施，保证文物的完整和安全。

参观游览者应当遵守文物保护法律、法规及文物保护单位的有关管理制度，爱护文物及其他设施，不得刻划、涂污或者损坏。

第四十一条 文物保护的法律、法规对不可移动文物的保护另有规定的，从其规定。

第六章　非物质文化遗产的保护

第四十二条 非物质文化遗产包括口头传统、传统表演艺术、民俗活动、有关自然界和宇宙的民间传统知识及实践、传统手工技能以及与上述表现形式相关的文化空间等。

第四十三条 对非物质文化遗产的保护工作，贯彻"保护为主、抢救第一、合理利用、传承发展"的方针，坚持真实性和整体性的保护原则。

第四十四条 市文化行政主管部门应当建立本市非物质文化遗产名录体系。

市级非物质文化遗产名录项目，由市文化行政主管部门组织专家评审、向社会公示，由市人民政府批准公布，并报省人民政府备案。

国家级、省级非物质文化遗产的申报和评定，按照国家和省有关规定执行。

第四十五条 市文化行政主管部门应当根据实际情况做好下列非物质文化遗产项目的普查、收集、整理、建档和研究等工作：

（一）海南椰雕、龙塘民间雕刻艺术等传统美术项目；

（二）琼剧、公仔戏、海南斋戏等传统戏曲项目；

（三）海南八音器乐等传统音乐项目；

（四）海南黄花梨木家具制作工艺、传统土法制糖工艺、海南粉等传统手工技艺项目；

（五）麒麟舞、海南狮舞、海口虎舞、海口龙舞等传统舞蹈项目；

（六）海南军坡节、府城元宵换花节等民俗项目；

（七）传说、故事、歌谣等民间文学以及其他非物质文化遗产项目。

第四十六条 市人民政府对非物质文化遗产项目所依存的文化场所划定保护范围，设置保护标志，进行整体性保护。

对列入非物质文化遗产名录项目所涉及的建筑物、场所、遗迹等，市、区人民政府应当在城乡规划和建设中采取有效措施予以保护。

任何单位和个人不得侵占、破坏列入非物质文化遗产名录项目的资料、实物、建筑物、场所。

第四十七条 市文化、商贸行政主管部门应当根据传统艺术、工艺等特点，对列入市级以上非物质文化遗产名录的项目，建立代表性传承人制度。全面记录传承人所掌握的非物质文化遗产知识和技艺，提供必要的传习活动场所，对传承人授徒传艺或教育培训活动，从保护专项资金中安排经费给予适当资助；对生活确有困难的传承人在经济上给予适当补贴。

第四十八条 代表性传承人应当履行下列传承义务：

（一）保存、保护所掌握的知识、技艺及有关原始资料、实物、场所；

（二）积极开展展示、传播等活动；

（三）按照师承形式或者其他方式培养新的传承人；

（四）其他与非物质文化遗产保护相关的义务。

代表性传承人丧失传承能力、无法履行传承义务的，市文化、商贸行政主管部门应当按照程序，另行认定该项目代表性传承人；怠于履行前款所规定的传承义务的，由市文化、商贸行政主管部门取消其代表性传承人的资格。

第四十九条 市文化、商贸行政主管部门应当制定相应的政策，鼓励和扶持社会力量对民间传统艺术工艺进行挖掘、整理，允许私人开设专题博物馆、陈列馆，举办各类展示和演艺活动；鼓励和支持企事业单位、社会团体和个人捐赠非物质文化遗产实物。

第五十条 市文化、教育行政主管部门应当鼓励和支持教育、研究机构培养专业人才，支持名、老艺人传徒授艺。鼓励和支持通过节日、展览、培训、教育、大众传媒等手段，宣传、普及本地非物质文化遗产知识，促进其传承和社会共享。

第五十一条 利用本地非物质文化遗产项目进行艺术创作、产品开发、旅游活动等，应当尊重其原真形式和文化内涵，防止歪曲与滥用。

第七章 法 律 责 任

第五十二条 依法负有保护海口历史文化名城职责的国家机关及其工作人员，违反本条例规定，有下列情形之一的，对直接负责的主管人员和其他直接责任人员，依法给予行政处分；构成犯罪的，依法追究刑事责任：

（一）未组织编制保护规划和历史文化街区专项保护规划的；

（二）违法调整历史文化名城保护各类规划的；

（三）违法调整历史文化街区保护范围的；

（四）不按照本条例和保护规划的要求履行审批和其他监督管理职责的；

（五）其他滥用职权、徇私枉法、玩忽职守的行为。

第五十三条 在历史文化名城保护范围内，未办理建设工程规划许可证或者未按照建设工程规划许可证的规定进行施工建设的，由市规划行政主管部门责令停止建设，尚可采取改正措施消除对规划实施的影响的，限期改正，可以并处建设工程造价百分之五以上百分之十以下的罚款；无法采取改正措施消除影响的，限期拆除，可以并处建设工程造价的百分之十以下的罚款。

第五十四条 违反本条例第二十一条、第三十条第一项规定的，由市规划行政主管部门予以警告，责令停止违法行为、限期恢复原状或者采取其他补救措施；有违法所得的，没收违法所得；逾期不恢复原状或者采取其他补救措施的，市规划行政主管部门可以指定有能力的单位代为恢复或者补救，所需费用由违法者承担；造成严重后果的，对单位并处 20 万元以上 50 万元以下的罚款，对个人并处 10 万元以上 20 万元以下的罚款；造成损失的，依法承担赔偿责任。

第五十五条 违反本条例第二十二条的规定，未经批准在历史文化街区保护范围内进行改变园林绿地、河湖水系等自然状态的活动，或者在核心保护区内进行影视摄制、举办大型展览、大型演艺等活动的，由市规划行政主管部门责令停止违法行为、限期恢复原状或者采取其他补救措施；有违法所得的，没收违法所得；逾期不恢复原状或者不采取其他补救措施的，由市规划行政主管部门指定有能力的单位代为恢复或者补救，所需费用由违法者承担；造成严重后果的，对单位并处 5 万元以上 10 万元以下的罚款，对个人并处 1 万元以上 5 万元以下的罚款；造成损失的，依法承担赔偿责任。

有关单位或者个人经批准进行上述活动，但是在活动过程中对历史文化街区的传统格局或者历史风貌造成破坏性影响的，依照前款的规定予以处罚。

第五十六条 违反本条例第三十条第二项、第三十二条规定，有下列行为之一的，由市规划行政主管部门按照下列规定给予处罚：

（一）安装影响历史建筑使用寿命的设备的，责令限期拆除；逾期未拆除的，对单位处以 5 万元以上 10 万元以下罚款，对个人处以 2 万元以上 5 万元以下罚款。

（二）未经批准对历史建筑进行外部修缮装饰、添加设施以及改变历史建筑的结构或者使用性质的，责令限期拆除；逾期未拆除的，对单位处以 5 万元以上 10 万元以下罚款，对个人处以 1 万元以上 2 万元以下罚款。

第五十七条 违反本条例第三十条第三项规定，在历史建筑及其附属建筑设施内修建生产、储存爆炸性、易燃性、放射性、毒害性、腐蚀性物品的工厂、仓库等的，由市规划行政主管部门责令停止违法行为，限期恢复原状或者采取其他补救措施；有违法所得的，没收违法所得；逾期不恢复原状或者不采取其他补救措施的，市规划行政主管部门可以指定有能力的单位代为恢复原状或者采取其他补救措施，所需费用由违法者承担；造成严重后果的，对单位并处50万元以上100万元以下罚款，对个人并处5万元以上10万元以下罚款。

第五十八条 违反本条例第三十七条的规定，造成不可移动文物损毁、灭失的，依法承担民事责任，构成犯罪的，依法追究刑事责任。

未经文物行政主管部门批准，擅自迁移、拆除不可移动文物的，由文物行政主管部门责令限期改正，恢复原状，造成严重后果的，由文物行政主管部门处以10万元以上50万元以下的罚款。

第五十九条 违反本条例规定，有下列行为之一，由市文物行政主管部门责令限期改正，逾期不改正的，处5千元以上2万元以下罚款；构成犯罪的，依法追究刑事责任：

（一）违反本条例第三十九条第一款规定，安装、使用设施对文物造成破坏的；

（二）违反本条例第三十九条第二款规定，遇有危及文物安全的重大险情未及时采取措施消除险情或者未及时向文物行政主管部门报告的。

第六十条 违反本条例规定的行为，文物保护法律、法规有处罚规定的，从其规定。

第六十一条 违反本条例的规定，擅自设置、移动、涂改或者损毁历史文化街区、历史建筑、非物质文化遗产项目场所保护标志的，由市规划行政主管部门责令限期改正；逾期不改正的，对单位处1万元以上5万元以下的罚款，对个人处2千元以上1万元以下的罚款。

第六十二条 违反本条例的规定，在历史建筑上刻划、涂污的，由规划行政主管部门责令恢复原状或者采取其他补救措施，可以并处50元的罚款。

第六十三条 违反本条例规定，侵占、破坏列入非物质文化遗产名录项目的资料、实物、建筑物、场所的，由市文化行政主管部门责令改正、恢复原状或者赔偿损失，可处5千元以上2万元以下的罚款；情节严重的，处2万元以上10万元以下的罚款。有违法所得的，没收违法所得。

第八章　附　　则

第六十四条 本条例具体应用问题由市人民政府负责解释。

第六十五条 市人民政府可以根据本条例的规定制定相应的实施细则。

第六十六条 本条例下列用语的含义：

（一）历史文化街区，是指保存文物特别丰富、历史建筑集中成片、能够较完整和真实地体现传统格局和历史风貌，并具有一定规模的区域；

（二）历史建筑，是指具有一定保护价值，能够反映历史风貌和地方特色，未公布为文物保护单位，也未登记为不可移动文物的建筑物、构筑物；

（三）不可移动文物，是指文物保护单位和未公布为文物保护单位的不可移动的物质遗存；

（四）非物质文化遗产，是指各族人民世代相承、与群众生活密切相关的各种传统文化表现形式和文化空间。

第六十七条 本条例自2010年9月1日起施行。

重庆市实施《中华人民共和国文物保护法》办法

(2005年9月29日重庆市第二届人民代表大会常务委员会第十九次会议通过)

第一条 为加强文物的保护和管理，根据《中华人民共和国文物保护法》和《中华人民共和国文物保护法实施条例》，结合本市实际，制定本办法。

第二条 本市行政区域内的文物保护工作适用本办法。

第三条 市和区县（自治县、市）人民政府负责本行政区域内的文物保护工作。

市和区县（自治县、市）人民政府文物行政部门具体负责本行政区域内文物保护的监督管理工作。

规划、建设、园林、国土、工商、公安、发展改革、旅游、宗教等有关行政部门应当在各自的职责范围内依法做好文物保护工作。

第四条 市和区县（自治县、市）人民政府应当将文物保护事业纳入本级国民经济和社会发展规划，所需经费列入本级财政预算。用于文物保护的财政拨款随着财政收入增长而增加。

市和区县（自治县、市）人民政府应当根据本行政区域内文物保护工作的实际需要，设立文物保护专项经费用于文物保护。

鼓励公民、法人和其他组织通过捐赠等方式支持文物保护事业，设立文物保护社会基金，专门用于文物保护。

国有博物馆、纪念馆、文物保护单位的事业性收入，专门用于文物保护和事业发展，任何单位和个人不得侵占、挪用。

第五条 任何单位和个人都有依法保护文物的义务，并有权检举、制止破坏文物的行为。

鼓励单位和个人向国家捐赠文物。

对文物保护事业做出突出贡献的单位和个人，由市和区县（自治县、市）人民政府、文物行政部门和其他有关部门给予表彰和奖励。

第六条 市和区县（自治县、市）人民政府应当建立文物普查制度，定期组织开展文物普查工作。

第七条 市文物行政部门在县级文物保护单位中选择具有重要历史、艺术、科学价值的确定为市级文物保护单位，或者直接确定为市级文物保护单位，报市人民政府核定公布，并报国务院备案。

第八条 区县（自治县、市）人民政府应当对本行政区域内的不可移动文物进行登记，并向市文物行政部门备案。

第九条 三峡工程重庆库区搬迁后的不可移动文物，需重新确定文物保护单位级别的，应根据其原保护单位级别由市或区县（自治县、市）文物行政部门报同级人民政府核定公布；原为全国重点文物保护单位的，由市文物行政部门报国务院文物行政部门批准。

第十条 尚未核定公布为文物保护单位的不可移动文物，由区县（自治县、市）文物行政部门组织调查，对其名称、类别、位置、范围等事项予以登记和公布，设立保护标志，向所有者或使用者发出保护通知书，明确法定义务，并报市文物行政部门备案。

抗日战争时期、重庆开埠时期及其他具有历史价值的近现代建筑物、构筑物及其遗存，区县（自治县、市）文物行政部门组织调查后，由市文物行政部门会同市规划、建设行政部门组织核查、设立保护标志，并向所有者或使用者发出保护通知书，明确保护义务。

第十一条 不可移动文物的管理者或所有者、使用者，应当制定文物的保养、修缮计划以及自然灾害和突发事件的预防、处置方案，并按以下规定备案：

（一）全国重点文物保护单位和市级文物保护单位，报市文物行政部门备案；

（二）县级文物保护单位、尚未核定公布为文物保护单位的不可移动文物，报区县（自治县、市）

文物行政部门备案。

第十二条 对具有历史价值、反映民族、民俗文化和地方特色的乡镇、街区，由所在地区县（自治县、市）人民政府提出申请，并经市规划行政部门会同市建设行政部门、市文物行政部门组织初审后，报市人民政府核定公布为历史文化名镇或传统街区。

历史文化名镇、传统街区所在地区县（自治县、市）人民政府应当会同市规划、建设、文物行政部门共同编制专门的保护规划，并按法定程序报市人民政府批准后实施。

在历史文化名镇、传统街区内进行工程建设应当符合保护规划。

第十三条 市人民政府应当加强对大足石刻等世界文化遗产的保护和管理，按照世界文化遗产保护国际公约和国家有关规定制定保护规划和专项保护管理规定，并公布施行。

通过国家投入、社会捐赠、国际援助等渠道筹集的世界文化遗产保护经费，应当用于该世界文化遗产的保护，不得侵占、挪用。

第十四条 在建设拆迁过程中，发现尚未登记公布的不可移动文物及其附属物，拆迁实施单位必须立即停止实施，保护现场，并及时报告所在地区县（自治县、市）人民政府。区县（自治县、市）人民政府应当组织文物等有关行政部门及时赶到现场，必要时通知公安机关到现场维护秩序。文物行政部门应当在三个工作日内提出处理意见。

第十五条 文物保护工程中的修缮工程、保护性设施建设工程、迁移工程按国家规定实行项目法人责任制、招投标制、工程监理制和代理制等。

文物保护工程施工应当按照文物行政部门批准的修缮计划和工程设计方案进行。如需变更修缮计划和工程设计方案中的重要内容，应由原申报单位报原审批机关批准。

文物保护工程竣工后，应当按照国家有关规定组织验收。

第十六条 非国有文物保护单位的所有者或使用者，应按照文物行政部门制定的文物保护制度，履行文物保护职责，确保文物安全，接受市和区县（自治县、市）文物行政部门对文物保护的指导和监督。

第十七条 市文物行政部门应当根据全市地下文物分布状况，结合城市总体规划、历史文化名城保护规划和城镇体系规划，会同市规划行政部门划定地下文物保护控制地带，报市人民政府批准公布。

在地下文物保护控制地带内进行的建设工程，建设单位应当在办理用地手续时报请市文物行政部门依法组织考古调查、勘探。

在地下文物保护控制地带以外进行大型基本建设工程，建设单位应当在办理用地手续时报请市文物行政部门依法组织从事考古发掘的单位在工程范围内有可能埋藏文物的地方进行考古调查、勘探。

本条第二、三款所列建设工程未经考古调查、勘探不得进行施工。

第十八条 考古调查、勘探中发现文物的，由市文物行政部门根据文物保护的要求会同建设单位共同商定保护措施。在发现重要文物的区域，市文物行政部门可以会同市规划行政部门划定禁建区。

第十九条 凡因进行基本建设和生产建设需要的考古调查、勘探、发掘，所需费用列入建设工程预算。

因延期进行考古调查、勘探、发掘，或需要实施原址保护，给建设单位造成损失的，应当给予补偿。具体补偿范围和标准由市财政局会同市文物行政部门制定，报市人民政府批准后执行。

第二十条 任何单位和个人在建设和生产活动中，发现地下文物应当保护现场、并报告文物行政部门。市或区县（自治县、市）文物行政部门对保护现场、立即报告的单位和个人按照国家的有关规定给予奖励。

第二十一条 考古调查发掘的出土文物、标本及原始记录，考古调查发掘单位应当登记造册、建立档案，妥善保管，任何单位或个人不得侵占、扣押。

考古调查发掘单位应当将出土文物集中保管在具有安全保护条件的场所，进行文物修复、资料整理及考古调查发掘报告编写工作。完成考古调查发掘报告后，应依法向市文物行政部门办理出土文物移交手续。

出土文物，由市文物行政部门指定具备收藏条件的国有文物收藏单位收藏。经市文物行政部门或者国务院文物行政部门批准，从事考古调查发掘的单位可以保留少量出土文物作为科研标本。

任何单位和个人不得侵占、隐匿和扣押出土文物，阻挠文物移交。

第二十二条 文物行政部门应当加强对文物鉴定和定级工作的管理。一级文物按国家规定确定，二、三级文物和一般文物由市文物行政部门组织专家评审确定。

第二十三条 博物馆、图书馆和其他文物收藏单位应当对馆藏文物进行科学分类，妥善保管，建立藏品档案。

馆藏文物应当设立专库保管，馆藏一级文物应当单独设立专库或者专柜保管。

藏品档案应当按国家规定报文物行政部门备案。

第二十四条 国有文物收藏单位不具备收藏珍贵文物条件的，文物行政部门可以指定具备条件的国有文物收藏单位代藏。文物收藏单位与代藏单位的权利义务由双方协商确定。

第二十五条 复制、拓印文物按照国家有关规定办理审批手续。经营文物复制品应当有明确标识。

第二十六条 利用文物保护单位拍摄电影、电视以及举办其他活动必须保证文物安全。拍摄单位和举办者应当制定文物保护措施，并按以下规定履行审批手续：

（一）拍摄电影、电视，利用全国重点文物保护单位的，报国务院文物行政部门审批；利用市级或者县级文物保护单位的，报市文物行政部门审批。

（二）举办其他活动，利用全国重点文物保护单位或者市级文物保护单位的，报市文物行政部门审批；利用县级文物保护单位的，报区县（自治县、市）文物行政部门审批。

第二十七条 违反本办法第十条的规定，所有者或使用者未按保护通知书履行法定义务的，由市或区县（自治县、市）文物行政部门责令限期改正；逾期不改的，处一千元至一万元的罚款。

第二十八条 有下列行为之一的，由市或区县（自治县、市）文物行政部门责令改正，可处五万元至十万元的罚款；造成严重后果的，处十万元至五十万元罚款；构成犯罪的，依法追究刑事责任：

（一）违反本办法第十四条、第十八条和第二十条规定，发现不可移动文物及其附属物或地下文物后仍继续施工、不保护现场的，或在禁建区内继续施工的；

（二）违反本办法第十五条第二款规定，未经批准擅自进行文物保护工程施工或擅自变更修缮计划和工程设计方案中的重要内容进行施工的；

（三）违反本办法第十七条规定，建设单位施工前未经考古调查调查、勘探进行工程建设的；

（四）违反本办法第二十六条的规定，拍摄单位擅自拍摄电影、电视的，举办者擅自举办其他活动的。

第二十九条 地方各级人民政府及有关部门不履行文物保护和管理职责的，由上级或同级人民政府责令改正，并可以通报批评；对直接负责的主管人员和其他直接责任人员依法给予行政处分。

文物行政部门及其他有关部门的工作人员玩忽职守、滥用职权、徇私舞弊的，由其所在单位或者上级主管机关给予行政处分；构成犯罪的，依法追究刑事责任。

第三十条 法律、行政法规和本办法规定由文物行政部门实施的行政处罚，文物行政部门可以委托具备法定条件的组织实施。

第三十一条 本办法自 2005 年 11 月 1 日起施行。

四川省阆中古城保护条例

(2004年7月30日四川省第十届人民代表大会常务委员会第十次会议通过)

第一条 为加强阆中古城保护与管理，依据国家有关法律法规，结合阆中实际，制定本条例。

第二条 本条例所称阆中古城保护区是指张飞大道以西、新村路以南至嘉陵江北岸的区域和南津关古镇。

古城保护区分为重点保护区和建设控制区。重点保护区是指嘉陵江以北，张飞大道以西，嘉陵江一桥北岸，大步坎街、何家巷以西，三陈街以南，白果树街以西，东街小巷、内东街以南，盐市口街、官菜园街以西，古莲池街、火药局街以南，西至张桓侯祠，南至嘉陵江北岸和嘉陵江南岸的南津关古镇的区域。建设控制区是指重点保护区以外的古城保护区。

第三条 本条例所称阆中古城保护是指：

(一) 保护古城的整体环境风貌和传统格局；

(二) 保护古城文物古迹和具有历史传统特色的街区、古建筑、古民居、古民居院落、古树名木等；

(三) 保护古城的民族民间传统文化。

第四条 任何组织和个人都有保护古城的义务，并有权对损坏古城的行为进行检举和控告。

第五条 省人民政府及其有关部门应加强对阆中古城保护工作的监督。

阆中市人民政府负责古城保护工作。市人民政府有关部门按照各自职责负责古城保护的具体工作。

古城保护资金应通过政府投入、社会捐助、鼓励民间资本投入等渠道筹集。

第六条 古城保护区内的一切建设开发活动应当遵守国家有关法律法规和本条例规定，符合省人民政府批准的阆中市城市总体规划和历史文化名城保护规划。

古城保护详细规划应当按照保护为主、合理开发利用的方针编制。对古城保护区的历史传统街区、古民居、古民居院落应编制修缮指南，采取建档、挂牌等分类保护措施。

第七条 古城保护区内的人口应有计划地疏解。

古城保护区内水、电、气、交通、通信、环卫、消防等市政公用设施应逐步完善。

第八条 古城保护区内历史传统街区的整治，古建筑、挂牌保护的古民居院落、名胜古迹的修缮，应当由市人民政府古城保护管理部门会同建设、规划、文化等相关部门实地踏勘，确定修缮方案，经论证后按有关法律规定报批。

其他古民居、古民居院落的修缮，应向市人民政府古城保护管理部门申请，修缮方案须经建设、规划部门审查。

宗教活动场所的建设、修缮应当符合城市规划，并按规定程序报批。

第九条 古城保护区内禁止擅自拆除古民居、古建筑中的门、窗、牌、匾、枋等建筑、装饰构件。

第十条 古城保护区的沿街广告、店铺招牌、标识、标志应与古城风貌相协调。禁止任何单位和个人损毁古城保护标识、标志。

第十一条 古城保护区的古树名木实行统一建档，挂牌保护，任何单位和个人不得砍伐、毁坏和擅自迁移。

第十二条 古城保护区禁止生产、储存易燃易爆危险物品。禁止燃放烟花爆竹。

第十三条 古城保护区禁止饲养、屠宰猪、牛、羊等牲畜。

第十四条 古城保护区文物的保护和考古发掘应遵循文物保护法的有关规定。

第十五条 古城重点保护区内禁止新建工业企业和与古城建筑风貌不相协调的建筑物、构筑物。

与古城风貌不相协调的建筑物、构筑物和工业企业，应予以改造、拆除或搬迁。

第十六条 古城重点保护区内应推广使用清洁能源，逐步禁止使用原煤、柴禾。

禁止焚烧沥青、油毡、橡胶、塑料、皮革以及其他产生有毒有害烟尘和恶臭气体的物质。

第十七条 古城重点保护区内禁止开设产生噪声、粉尘、有毒有害气体等污染环境的加工作坊。

第十八条 古城重点保护区内应严格控制机动车辆通行。具体办法由阆中市人民政府制定。

第十九条 古城重点保护区内开设的娱乐场所应与古城传统文化相协调。

第二十条 古城建设控制区内一切建筑应与重点保护区的建筑风貌相协调。

建设控制区的建筑群体布局、高度、形体、色彩风格，不得影响古城的传统空间风貌，对妨碍视线走廊的多层、高层建筑和破坏重点保护区历史环境的建筑应有计划地予以降层改造或者拆除。

第二十一条 鼓励对古城传统文化、艺术、民俗和民族风情的发掘、收集、整理和研究。

第二十二条 古城资源应合理开发利用。在古城保护区内鼓励经营或者开展下列项目和活动：

（一）古城传统文化研究；

（二）兴建博物馆、民俗客栈；

（三）传统手工作坊、民间工艺及旅游产品制作和经营；

（四）传统饮食文化研究和开发经营；

（五）传统娱乐业及民间艺术表演活动；

（六）民间工艺品开发、收藏、展示、交易活动。

第二十三条 违反本条例第九条规定的，由市人民政府建设或者文物保护行政管理部门责令限期改正，情节严重的，可以并处 1000 元以上 1 万元以下的罚款。

第二十四条 违反本条例第十条规定的，由市人民政府工商等行政管理部门责令限期改正，造成损失的予以赔偿，情节严重的处以 200 元以下的罚款。

第二十五条 违反本条例第十五条第一款规定的，由市人民政府建设行政管理部门责令限期改正，并可处以工程总造价 0.5% 以上 2% 以下的罚款。

第二十六条 违反本条例第八条、第十一条、第十二条、第十三条、第十四条、第十六条第二款、第十七条、第十八条规定的，分别由市人民政府公安、环境保护、工商、文化、建设、规划行政管理部门依法给予行政处罚。

第二十七条 阆中市人民政府有关行政管理部门未按规定编制古城修缮指南、超越职权或擅自批准与古城风貌不相协调的建设活动的，由有关机关追究主管人员和直接责任人员的行政责任；国家机关工作人员玩忽职守、滥用职权，构成犯罪的，依法追究刑事责任。

第二十八条 本条例自 2004 年 10 月 1 日起施行。

黔东南苗族侗族自治州镇远历史文化名城保护条例

(2009年2月26日黔东南苗族侗族自治州第十二届人民代表大会第四次会议通过，2009年5月27日贵州省第十一届人民代表大会常务委员会第八次会议批准)

第一章 总 则

第一条 为加强对镇远历史文化名城（以下简称名城）的保护和管理，根据《中华人民共和国民族区域自治法》及有关法律、法规的规定，结合实际，制定本条例。

第二条 任何单位和个人在名城保护区内的活动，应当遵守本条例。

第三条 本条例所称名城保护区，是指以《镇远历史文化名城保护规划》界定的，包括镇远名城历史文化街区、舞阳河名城段水体景观、重点文物保护单位和名城生态环境功能保护区的范围。

第四条 名城的保护，应当遵循科学规划、严格保护的原则，保护和延续其传统格局和历史风貌，维护历史文化名城的真实性和完整性。

第五条 州人民政府建设行政主管部门会同州文物主管部门负责指导名城的保护和管理工作。

镇远县人民政府负责名城的保护和监督管理工作。镇远县建设行政主管部门具体负责名城的保护和管理工作；镇远县文物主管部门具体负责名城的文物保护和管理工作。

镇远县的相关部门依照工作职责，协助做好名城保护和管理工作。

第六条 名城的保护经费，由自治州人民政府、镇远县人民政府投入和上级拨付的名城维护费以及社会捐资等组成，专项用于名城的保护。

第七条 州人民政府或者镇远县人民政府应当对在名城保护工作中做出贡献的单位和个人，给予表彰或者奖励：

（一）保护名城有突出贡献的；

（二）建设、管理名城卓有成效的；

（三）发现或者保护各类文物有功绩的；

（四）制止、举报违反本条例的行为，避免重大损失或者表现突出的；

（五）执行本条例成绩显著的。

第二章 历史文化街区保护

第八条 名城历史文化街区保护范围分为核心保护范围和建设控制地带。对象为街区两侧建筑物、构筑物、街坊、巷道、民居院落原有的建筑风格和传统历史文化风貌。

府城街区为核心保护范围，其范围从北极宫下沿民主街、新中街、兴隆街、顺城街、铁溪街到榨房沟卫星桥，包括陈家井巷、米码头巷、冲子口巷、仁寿巷、复兴巷、四方井巷至石屏山脚的古巷道、古街坊、古民居、古院落、古泉井及给排水设施等。

卫城街区为建设控制地带，其范围从老西门沿和平街、联合街、周大街至东峡街两侧街区建筑物、构筑物以及道路设施等。

第九条 在核心保护范围内，新建、扩建必要的基础设施和公共服务设施，拆除历史建筑物以外的建筑物、构筑物或者其他设施的，应当依法报经有关行政主管部门批准。

在核心保护范围内，历史建筑物的维修、拆除，按有关法律、法规的规定办理。

第十条 保持府城街坊、巷道原有的线型、空间结构、石板地面装饰等特有的建筑风格。

建筑立面造型应当使用小青瓦、坡屋顶、封火墙、青灰白粉墙，门窗保持红褐色、原木色特征。建筑立面禁止使用与传统风格不相适应的现代建筑装饰材料。

第十一条 本条例施行前在核心保护范围内已建成的建筑物、构筑物，不符合本条例规定的，由镇远县人民政府依法做好拆迁和安置工作，拆除后的空地应当按《镇远历史文化名城保护规划》实施。

第十二条 严禁在核心保护范围内进行成片拆迁，开发经营成片土地。

核心保护范围内重大国有资产处置、土地用途的变更，须经自治州人民政府同意。

第十三条 在建设控制地带内，禁止建设与名城功能、性质无直接关系的建筑物、构筑物。确需改建、新建的建筑物、构筑物，其立面、功能、造型、高度、体量、色彩应当与名城风貌协调一致。

第十四条 本条例施行前在建设控制地带内已建成的建筑物、构筑物，不符合本条例规定的，限期进行改造；逾期不改造的，由镇远县人民政府依法予以拆除。

第十五条 名城历史文化街区内交通、给水、排水、垃圾处理等市政设施的外观设计、制作材料应当与历史文化街区的传统风貌总体环境相协调。

第十六条 名城历史文化街区内的单位和个人应当做好防火等安全工作，保持整洁、卫生的市容市貌。

第三章 文物及传统文化保护

第十七条 本条例保护下列文物：

（一）国家重点文物保护单位：青龙洞古建筑群、和平村旧址；

（二）省级文物保护单位：中共镇远支部旧址（周达文故居）、天后宫、四官殿、府城垣、卫城垣、吴王洞摩崖、谭钧培公馆、邹泗钟专祠；

（三）县级文物保护单位：北极宫、炎帝宫、文笔塔、火神庙等；

（四）名城范围内需要保护的其他文物。

第十八条 镇远县人民政府应当按照文物保护的有关规定，对国家重点、省级、州级、县级文物保护单位划定保护范围和建设控制地带。

第十九条 在文物保护单位周围的建设控制地带内新建建筑物、构筑物，其设计方案应当根据文物保护单位的级别，征得相应文物主管部门同意后，依照法律规定报经建设行政主管部门批准。

第二十条 各级文物保护单位由镇远县文物主管部门统一管理，任何单位和个人不得占用；需要使用文物保护单位的，必须经镇远县文物主管部门按级别界定，履行报批手续，接受文物主管部门的指导和监督管理。

国家重点文物保护单位和各级文物保护单位权属不得变更，不得转让，不得作为企业资产经营。

第二十一条 石屏山的文物保护应当以文物古迹为主，禁止新建有损于文物风貌和自然景观的建筑物，其非法建成的建筑物应当依法予以拆除。

第二十二条 任何单位和个人不得挖掘、破坏、占用府城垣石料；城墙内侧和外侧 200 米范围内原有的坟墓和建筑物，在视线范围内的应当采取有效措施进行绿化、美化或者搬迁。

第二十三条 文物保护单位应当加强安全管理，严禁存放易燃易爆、放射性、有毒、腐蚀性物品和其他危及文物安全的物品。

第二十四条 在文物保护管理中，禁止下列行为：

（一）擅自挖掘、私分文物；

（二）强占或者危害文物保护单位；

（三）破坏、损毁文物建筑及其保护设施；

（四）非法复制、仿制、伪造文物；

（五）非法隐匿、收购、倒卖文物；

（六）阻挠文物管理人员依法执行公务；
（七）其他违法行为。

第二十五条 保护名城内的民间传统文化、传统工艺；采取多种方式举办有民族特点和地方特色的各类民族民间传统文化活动；鼓励、支持发展镇远传统风味食品和工艺产品。

第四章 舞阳河名城段景观保护

第二十六条 舞阳河名城段景观保护范围为：东抵东峡电厂水坝，西抵中峡电厂水坝，两岸建筑物与构筑物的传统风貌、古码头遗址及水体自然景观。

第二十七条 禁止拆除、损毁、占用老西门码头、拱星门码头、吉祥寺码头、卫城大码头、杨柳湾码头、天后宫码头、冲子口码头、禹门码头、大河关码头、城隍庙码头、米码头、府城大码头等古码头遗址。已经占用的，依法予以逐步恢复。

第二十八条 镇远县人民政府相关管理部门应当加强对名城河网水系的建设和管理，完善污水收集和处理系统，加固和保养河堤，清除河床淤泥，保持河水洁净。

新建、改造和维修加固河流两岸的设施，应当符合法律、法规的规定和名城总体规划。

第二十九条 镇远县人民政府相关管理部门应当加强对名城沿岸河堤和护坡地绿化带的建设，恢复杨柳湾柳树群绿化景观，卫城垣外不得新建建筑物、构筑物，下北门以上现有房屋应当依法逐步迁移或者拆除。

第五章 名城生态环境功能保护区

第三十条 名城生态环境功能保护区的范围为：龙头山、岩门关、西秀山、狮子顶、尹坡、平冒山、文德关、韭菜坪、天枢山、石屏山、文笔山、五里牌坳至龙头山分水岭内侧。

第三十一条 名城生态环境功能保护区应当加强植树造林、封山育林、退耕还林还草工作，挂牌保护古树名木和风景林。

第三十二条 名城生态环境功能保护区内禁止设立工厂、垃圾场，以及改建、扩建污染环境和造成生态破坏的建设工程项目，已经建成的应当限期治理或者迁移；逾期不治理或者迁移的，应当依法拆除。

第三十三条 在名城生态环境功能保护区内，禁止下列行为：
（一）侵占土地、违法建筑；
（二）开山、采石、采矿、取土、烧窑、葬坟；
（三）毁林毁草、开荒种植农作物；
（四）在古树名木上刻划、涂写；
（五）野外用火；
（六）捕杀野生动物；
（七）其他破坏名城生态环境功能的行为。

第六章 法律责任

第三十四条 国家机关工作人员在名城保护和管理工作中玩忽职守、滥用职权、徇私舞弊，尚未构成犯罪的，由所在单位或者上级行政主管部门给予行政处分；造成损失的，依法予以赔偿。

第三十五条 有下列行为之一的，由镇远县建设行政主管部门按以下规定予以处罚：
（一）违反本条例第九条第一款规定的，责令停止违法行为，并处 1 万元以上 10 万元以下罚款；

（二）违反本条例第九条第二款、第十条规定的，责令停止违法行为，限期改正，并处 200 元以上 2000 元以下罚款；

（三）违反本条例第十三条规定的，责令停止违法行为、限期改正，并处 1000 元以上 1 万元以下罚款；

（四）违反本条例第十五条规定的，责令限期改正，并处 200 元以上 1000 元以下罚款。

第三十六条 有下列行为之一的，由镇远县文物主管部门按以下规定予以处罚：

（一）违反本条例第十九条、第二十一条、第二十二条、第二十七条规定，尚未构成犯罪的，责令限期改正；造成严重后果的，处 5 万元以上 50 万元以下的罚款；

（二）违反本条例第二十条规定的，责令限期改正，没收违法所得，其违法所得达 1 万元以上的，并处违法所得二倍以上五倍以下的罚款；其违法所得不足 1 万元的，并处 5000 元以上 2 万元以下的罚款；

（三）违反本条例第二十三条规定的，尚未构成犯罪的，责令限期改正，并处 1000 元以上 2 万元以下的罚款；

（四）违反本条例第二十四条规定的，尚未构成犯罪的，依法予以制止，没收非法所得，并处以相应罚款。

第三十七条 违反本条例第三十二条规定的，由镇远县环境保护行政主管部门责令停止违法行为，限期恢复原状，并处 300 元以上 5000 元以下罚款。

第三十八条 违反本条例第三十三条第（一）、（二）项规定的，由镇远县国土资源行政主管部门责令停止违法行为，并依照有关法律、法规的规定给予处罚。

第三十九条 违反本条例第三十三条第（三）、（四）、（五）、（六）项规定的，由镇远县林业行政主管部门责令停止违法行为，并依照有关法律、法规的规定给予处罚。

第四十条 本条例规定处罚以外的其他违法行为，由相关部门依法处理。

第七章　附　　则

第四十一条 镇远县境内名城保护范围以外的省级、州级、县级文物保护单位的保护和管理，参照本条例执行。

第四十二条 本条例自 2009 年 9 月 1 日起施行。

云南省历史文化名城名镇名村名街保护条例

(2007年11月29日云南省第十届人民代表大会常务委员会第三十二次会议通过)

第一章 总 则

第一条 为了加强对历史文化名城、名镇、名村、名街的保护和管理，继承优秀的历史文化遗产，根据《中华人民共和国文物保护法》等有关法律、法规，结合本省实际，制定本条例。

第二条 本条例所称历史文化名城、名镇、名村、名街，是指经国务院或省人民政府批准公布的具有重大历史、科学、文化价值或者纪念意义的城市、镇、村、街区。

第三条 本省行政区域内历史文化名城、名镇、名村、名街的保护和管理，适用本条例。

第四条 历史文化名城、名镇、名村、名街的保护坚持统筹规划、科学管理、保护为主、合理利用的原则。

第五条 县级以上人民政府应当加强对历史文化名城、名镇、名村、名街保护工作的领导，将其纳入国民经济和社会发展规划，组织编制、实施历史文化名城、名镇、名村、名街保护规划和保护详细规划。

第六条 县级以上人民政府规划（建设）行政主管部门会同同级文物行政主管部门负责历史文化名城、名镇、名村、名街的申报和保护工作。

发展和改革、国土资源、环境保护、民族宗教、旅游等行政主管部门按照各自的职责，做好保护工作。

第七条 历史文化名城、名镇、名村、名街所在地的县级以上人民政府应当设立保护专项资金，纳入同级财政预算，用于历史文化名城、名镇、名村、名街的普查、规划、保护等工作。

州（市）、县（市、区）人民政府可以从历史文化名城、名镇、名村、名街的旅游景区（点）收入中提取一定比例的费用，专项用于历史文化名城、名镇、名村、名街的保护。具体项目和标准由州（市）、县（市、区）人民政府按照程序报请省级有关部门批准。

鼓励企业、事业单位、社会团体和个人通过捐助、投资等方式参与保护历史文化名城、名镇、名村、名街。

第八条 县级以上人民政府应当对在历史文化名城、名镇、名村、名街保护工作中做出突出贡献的单位和个人给予表彰和奖励。

任何单位和个人都有依法保护历史文化名城、名镇、名村、名街的义务，对违反本条例规定的行为有权劝阻、举报。

第二章 确定与撤销

第九条 具备下列条件之一的城市、镇、村、街区，可以申报历史文化名城、名镇、名村、名街：

（一）古代区域性政治、经济、文化中心或者交通、军事要地等，保存有较多的历史文化实物和遗迹，或者近现代发生过重大历史事件仍有较多数量的文化遗存；

（二）具有一定数量的保存较为完好，有较高历史、科学、艺术价值的文物古迹，保存有一定数量的民族民间壁画、雕塑或者具有学术、史料、艺术价值的碑刻、楹联等；

（三）在地方发展史上具有重要意义，民族文化传统保留较为完整，具有民族民间传统文化特色的代表性建筑、设施、标识和特定的场所，或者在历史发展中占有重要地位，具有重大影响的传统工艺等；

（四）保存有较高历史文化和艺术价值的旧城街道、巷道、民居、寺观教堂，或者体现城市、镇、村、街区内涵的纪念设施和经鉴定公布的优秀建筑群；

（五）具有鲜明地方民族特色的城市、镇、村、街区。

申报省级历史文化名城的，在所申报的历史文化名城保护范围内至少有一个历史文化街区。

第十条 县级以上人民政府规划（建设）、文物行政主管部门应当加强对所在地历史文化名城、名镇、名村、名街资源的调查评价工作，确定其资源状况、特点和价值，具备条件的，应当及时予以保护，并按照程序申报。

具备条件未申报的，上级人民政府规划（建设）、文物行政主管部门应当建议或者督促下级人民政府或者有关部门申报。

第十一条 申报历史文化名城、名镇、名村、名街，应当提交下列申报材料：

（一）申请书；

（二）历史沿革和历史文化价值的说明；

（三）反映传统格局、历史风貌的音像资料；

（四）保护范围及其说明；

（五）文物保护单位、历史建筑、历史文化街区的清单及其位置示意图；

（六）保护目标和保护要求；

（七）有关专家的论证意见。

第十二条 申报省级历史文化名城、名镇、名村、名街的，应当由所在地县级人民政府报州（市）人民政府同意，经省建设行政主管部门会同省文物行政主管部门初审后，报省人民政府批准公布。

国家级的历史文化名城、名镇、名村按照国家有关规定申报。

第十三条 已批准公布的历史文化名城、名镇、名村、名街，因保护不力或者不可抗力原因导致其不再符合本条例第九条规定条件的，批准机关应当将其列入濒危名单予以公布，并责令所在地人民政府限期采取补救措施；确实丧失历史文化保护价值的，由原批准机关撤销其称号。

第三章 保 护 规 划

第十四条 历史文化名城、名镇、名村、名街各自的保护范围划分为三级保护区：

（一）核心保护区：指由历史建筑物、构筑物和其所处的环境风貌组成的核心区域；

（二）建设控制区：指在保护规划控制下可以进行适当整理、修建和改造的区域；

（三）风貌协调区：指建设控制区以外的保护区域。

核心保护区、建设控制区、风貌协调区的范围应当在保护规划中确定，由县级以上人民政府按照规划具体划定并设立标志。

第十五条 历史文化名城、名镇、名村、名街公布后，其所在地的县级以上人民政府应当组织编制保护规划和保护详细规划。

保护规划和保护详细规划的编制，应当保持传统风貌和格局，维护历史文化的完整性。

保护规划和核心保护区的保护详细规划，应当自历史文化名城、名镇、名村、名街公布之日起2年内组织编制完成。

第十六条 编制历史文化名城、名镇、名村、名街保护规划和保护详细规划，应当召开听证会、专家论证会并向社会公开征求意见。

第十七条 历史文化名城、名镇、名村、名街保护规划应当包括以下内容：

（一）保护原则、重点、范围；

（二）总体目标；

（三）建设控制地带保护要求、实施措施；
（四）发展利用的控制要求；
（五）各级文物保护单位的保护范围、建设控制地带和界线；
（六）其他应当包括的内容。

电力电信、道路交通、抗震防灾、公共消防、地下空间开发利用等专业规划，应当与经批准的保护规划相协调。

第十八条 历史文化名城、名镇、名村、名街保护详细规划应当包括以下内容：

（一）文物建筑控制地带的具体范围；
（二）保护范围的具体界线；
（三）保护方法、整治实施计划和措施；
（四）建筑物、构筑物的年代、价值、性质、结构、风格、体量、外观形态、材料、色彩、建筑高度、建筑密度、建筑间距、绿地等控制指标；
（五）重要节点或者建筑立面整治规划设计；
（六）历史建筑的保护名录和保护要求；
（七）古树名木保护档案、保护标志、保护措施。

第十九条 历史文化名城、名镇、名村、名街保护规划按照下列程序报批：

（一）省级历史文化名城、名镇、名村、名街保护规划，由所在地人民政府逐级上报省人民政府审批；保护详细规划，由所在地规划（建设）行政主管部门逐级上报省建设行政主管部门审批；
（二）国家级历史文化名城、名镇、名村的保护规划按照国家有关规定报批。

历史文化名城、名镇、名村、名街保护规划和保护详细规划自批准之日起 15 日内，由组织编制规划的人民政府予以公布。

第二十条 任何单位或者个人不得擅自改变或者拒不执行经批准的历史文化名城、名镇、名村、名街保护规划和保护详细规划。确需对规划进行调整的，应当按照原审批程序报批。

第四章 保 护 措 施

第二十一条 县级以上人民政府应当组织对历史文化名城、名镇、名村、名街中的建筑物、构筑物进行普查，确定公布历史建筑物、构筑物，设置保护标志。

第二十二条 历史文化名城、名镇、名村、名街所在地县级人民政府规划（建设）行政主管部门，应当根据保护规划，在核心保护区的主要出入口设立统一的标志牌，标明保护范围。

任何单位和个人不得擅自设置、移动、涂改或者损毁标志牌。

第二十三条 历史文化名城、名镇、名村、名街所在地县级人民政府规划（建设）、文物行政主管部门应当对保护区内的建筑物、构筑物进行全面调查，对重要的建筑物、构筑物建立档案，档案应当包括下列内容：

（一）建筑物、构筑物的有关技术资料；
（二）建筑物、构筑物的使用现状和权属变化情况；
（三）修缮、装饰装修形成的文字、图纸、图片、影像等资料；
（四）规划、测绘信息记录和相关资料。

第二十四条 对确定保护的建筑物、构筑物或者其他设施，使用人有保持原样和安全的义务，在修缮和改建时不得影响其传统格局和历史风貌，其设计方案应当征得所在地规划（建设）行政主管部门的同意，涉及文物保护单位的，还应当征得所在地文物行政主管部门的同意。

第二十五条 在国家级历史文化名城、名镇、名村保护范围内，拆除确定保护的建筑物、构筑物或者其他设施的，应当由州（市）规划（建设）行政主管部门审核后，报省建设行政主管部门审批，并报国务院建设行政主管部门备案后，依法办理相关手续。

在省级历史文化名城、名镇、名村、名街保护范围内，拆除确定保护的建筑物、构筑物或者其他设施的，应当由县级人民政府规划（建设）行政主管部门审核，报州（市）规划（建设）行政主管部门审批，并报省建设行政主管部门备案后，依法办理相关手续。

第二十六条 确定保护的建筑物、构筑物或者其他设施一般不得改变使用性质，确需改变使用性质的，产权人应当向产权所在地县级人民政府规划（建设）行政主管部门提出申请，由县级人民政府规划（建设）行政主管部门提出初审意见，经州（市）规划（建设）行政主管部门批准；进行产权转让的，应当依法办理相关手续，并自转让后 15 日内报所在地县级人民政府规划（建设）行政主管部门备案。

第二十七条 对确定保护的建筑物、构筑物，产权人应当进行维护、修缮。产权人有能力维护、修缮而不维护、修缮的，县级以上人民政府应当督促其维护、修缮；确实无力维护、修缮的，当地人民政府可以视情况予以资助，或者通过协商方式置换产权。

第二十八条 在历史文化名城、名镇、名村、名街保护范围内禁止下列活动：

（一）修建损害传统格局和历史风貌的建筑物、构筑物或者其他设施；
（二）损毁保护规划确定保护的建筑物、构筑物；
（三）擅自进行爆破、取土、挖沙、采石、围填水面等；
（四）侵占或者破坏保护规划确定保护的园林、绿地、水面、道路、街巷等；
（五）破坏原有建筑风格、景观、视廊、环境的整体性；
（六）设置、张贴损坏或者影响风貌的标牌、广告、招贴等。

在核心保护区内除前款禁止的活动外，禁止除修缮以外的新建、改建、扩建活动。

第二十九条 县级以上人民政府规划（建设）、文物行政主管部门应当对本行政区域内历史文化名城、名镇、名村、名街保护工作进行监督检查，并将有关情况报同级人民政府。

第五章 建设项目管理

第三十条 历史文化名城、名镇、名村、名街保护范围内的土地利用和各项建设，应当符合经批准的保护规划和保护详细规划。

第三十一条 历史文化名城保护范围内建设项目的相关审批手续，按照有关法律、法规的规定办理。

在历史文化名镇、名村、名街保护范围内进行建设，除应当依法办理相关审批手续外，还应当按照有关规定办理建设项目选址意见书、建设用地规划许可证、建设工程规划许可证。

经批准建设的项目在施工前，由项目所在地规划（建设）行政主管部门向社会公布。

第三十二条 历史文化名镇、名村、名街保护范围内建设项目的选址意见书，由建设单位或者个人持项目批准文件和申请书向县级以上人民政府规划（建设）行政主管部门申请办理。

第三十三条 在历史文化名镇、名村、名街保护范围内进行建设需要申请用地的，应当向建设项目所在地县级人民政府规划（建设）行政主管部门申请办理建设用地规划许可证后，方可向土地行政主管部门办理相关手续。

建设用地规划许可证办理程序为：

（一）建设单位或者个人持项目批准文件提出申请；
（二）规划（建设）行政主管部门依据保护规划和保护详细规划的要求，核定建设项目用地的具体位置、界限，提供规划设计条件；
（三）审核建设单位或者个人提交的规划设计总图或者初步设计方案；
（四）核发建设用地规划许可证。

建设用地规划许可证包括由规划用地界限的附图和明确具体规划要求的附件。附图和附件与建设用地规划许可证具有同等法律效力。

第三十四条 在历史文化名镇、名村、名街保护范围内进行项目建设的，应当向项目所在地县级人民政府规划（建设）行政主管部门申请办理建设工程规划许可证，其中在文物保护单位建设控制地带内的建设工程，应当先经文物行政主管部门审查同意。

建设工程规划许可证办理程序为：

（一）建设单位或者个人持建设项目有关批准文件和土地使用权属证件提出申请；

（二）规划（建设）行政主管部门依据保护规划和保护详细规划的规定，提出建设项目规划设计要求，作为工程设计的依据；

（三）审查建设项目设计方案；

（四）审查建设单位报送的施工图件，确认符合保护规划和保护详细规划的要求后，核发建设工程规划许可证。

施工单位应当按照规划（建设）行政主管部门核发的建设工程规划许可证的要求进行施工，并保护文物古迹及其周围的林木、植被、水体、地貌，不得造成污染和破坏。

第三十五条 建设工程竣工验收前，由县级人民政府规划（建设）行政主管部门对建设工程是否符合保护规划条件予以核实，符合条件的，出具规划认可文件。未取得规划认可文件的，建设单位不得组织竣工验收。

建设单位或者产权人应当在竣工验收后6个月内，向规划（建设）行政主管部门报送有关竣工验收资料，办理存档手续。

第六章 法 律 责 任

第三十六条 违反本条例第十三条规定，因保护不力导致已公布的历史文化名城、名镇、名村、名街被列入濒危名单或者被撤销称号的，由上级人民政府通报批评；对直接负责的主管人员和其他直接责任人员，依法给予处分。

第三十七条 违反本条例第二十五条规定，未经规划（建设）行政主管部门审核同意，擅自在历史文化名城、名镇、名村、名街保护范围内拆除确定保护的建筑物、构筑物或者其他设施的，由规划（建设）行政主管部门责令停止违法行为，未造成重大影响的，处1万元以上10万元以下的罚款；造成重大影响的，处10万元以上100万元以下的罚款；构成犯罪的，依法追究刑事责任。

第三十八条 违反本条例第二十八条第一款第（一）项规定的，由规划（建设）行政主管部门责令限期改正，恢复原状；逾期不改正的，由规划（建设）行政主管部门依法拆除，并处1万元以上10万元以下的罚款。

违反本条例第二十八条第一款第（三）至（五）项规定的，由规划（建设）行政主管部门责令停止违法行为，限期修复；逾期不修复的，由规划（建设）行政主管部门组织修复，所需修复费用由行为人承担，并对行为人处1万元以上10万元以下的罚款。

违反本条例第二十八条第一款第（六）项规定的，由规划（建设）行政主管部门责令限期改正，恢复原状；逾期不改正的，对个人处200元以上2000元以下的罚款；对单位处2000元以上2万元以下的罚款。

违反本条例第二十八条第一款第（二）项、第二款规定的，由规划（建设）行政主管部门责令停止违法行为，限期改正或者采取其他补救措施；逾期不改正或者未采取其他补救措施的，处1万元以上10万元以下的罚款；情节严重的，处10万元以上50万元以下的罚款；构成犯罪的，依法追究刑事责任。

第三十九条 违反本条例第三十二条、三十三条、三十四条规定，未办理选址意见书、建设用地规划许可证、建设工程规划许可证进行建设的，由规划（建设）行政主管部门责令停止建设，未造成重大影响的，限期补办手续，并处2000元以上2万元以下的罚款；造成重大影响的，由规划（建设）行政主管部门责令停止建设，限期拆除，并处 2 万元以上 10 万元以下的罚款；逾期不拆除的，依法强制拆除，并处 10 万元以上 50 万元以下的罚款。

第四十条 违反本条例第三十四条第三款规定，施工单位未按照建设工程规划许可证规定的要求进行施工的，由规划（建设）行政主管部门责令限期改正；逾期不改正的，由规划（建设）行政主管部门处 1000 元以上 1 万元以下的罚款。

第四十一条 违反本条例第三十五条规定，未取得规划认可文件组织验收或者工程验收合格后 6 个月内，未向规划（建设）行政主管部门报送有关竣工资料，办理存档手续的，由规划（建设）行政主管部门责令限期改正；逾期不改正的，处 1 万元以上 5 万元以下的罚款。

第四十二条 违反本条例规定有下列情形之一的，由县级以上人民政府规划（建设）或者文物行政主管部门责令限期补办手续；逾期未补办的，处 2000 元以上 2 万元以下的罚款：

（一）修缮、改建设计方案未经规划（建设）或者文物行政主管部门审查同意；

（二）改变建筑物、构筑物或者其他设施的使用性质，未经规划（建设）行政主管部门批准；

（三）转让建筑物、构筑物或者其他设施的产权，未向规划（建设）行政主管部门备案。

第四十三条 国家机关工作人员在历史文化名城、名镇、名村、名街保护工作中，滥用职权、玩忽职守、徇私舞弊的，依法给予处分；构成犯罪的，依法追究刑事责任。

第七章 附 则

第四十四条 本条例自 2008 年 1 月 1 日起施行。

昆明历史文化名城保护条例（2004年修正）

（1995年7月21日云南省第八届人民代表大会常务委员会第十四次会议批准，根据2004年6月16日昆明市第十一届人民代表大会常务委员会第二十二次会议《关于修改、删除和停止执行涉及行政许可的地方性法规有关条文的决定》修正，2004年6月29日云南省第十届人民代表大会常务委员会第十次会议批准）

第一章 总 则

第一条 为加强对国务院首批公布的昆明历史文化名城的保护和管理，促进社会主义物质文明和精神文明建设，根据《中华人民共和国城市规划法》、《中华人民共和国文物保护法》和有关法律、法规，结合昆明市实际，制定本条例。

第二条 昆明历史文化名城的保护范围（以下简称名城保护范围）为：昆明市一环路内的老城区；滇池地区；远郊风景名胜区。

第三条 昆明历史文化名城保护内容为：

（一）昆明旧城格局和具有传统风貌、历史文化特色的街区、民居和其他建筑物等；

（二）各级文物保护单位和具有历史、科学、艺术价值的地上或地下的各类文物古迹；

（三）风景名胜区、自然保护区内的人文景物和古树名木；

（四）经鉴定公布的优秀近代建筑、各种恢复的体现历史文化名城内涵的纪念设施；

（五）国家、省、市制定的有关法律法规中确定的保护内容。

第四条 历史文化名城的保护必须贯彻"保护为主，抢救第一"的方针，正确处理历史文化遗产的继承、保护、利用与城市建设和经济、社会发展的关系。

第五条 各级人民政府应当加强对名城保护工作的领导，把名城的保护和管理工作纳入经济和社会发展的总体规划，并在财力、物力、人力等方面给予支持。

市、区（县）人民政府应当把名城保护、管理工作情况和贯彻本条例的情况向同级人大常委会报告。

第六条 各级人民政府应当采取措施，加强对本条例和国务院批准的《昆明历史文化名城保护规划》（以下简称《名城保护规划》）的宣传，增强全社会对历史文化名城的保护意识。

第七条 昆明市规划行政主管部门和昆明市文化行政主管部门按照有关法律、法规的规定和市政府明确的职权划分，负责全市的历史文化名城保护工作。市、区（县）有关部门应依照国家有关法律、法规和本条例，配合做好历史文化名城的保护与管理工作。

第八条 在昆明市行政辖区内活动的一切单位和个人均应遵守本条例，履行保护历史文化名城的责任和义务。

第二章 规 划

第九条 《名城保护规划》由市人民政府组织实施。如需变动，应按规定报请批准。

第十条 名城保护范围内的重点保护地段及历史文化地段的分区规划和详细规划，由市规划行政主管部门会同市文化行政主管部门编制，报市人民政府批准后组织实施。

分区规划、详细规划的编制，应明确划定各级文物保护单位的保护范围和建设控制地带。

第十一条 根据昆明市经济和社会发展的需要，市规划行政主管部门对历史文化名城保护规划和分区规划、详细规划进行调整时，必须按规定程序报批。

第三章 建 设

第十二条 在名城保护范围内新建、扩建、改建各类建筑物、构筑物和其他设施，应符合本条例的规定和《名城保护规划》的要求。

第十三条 凡在圆通山、五华山、翠湖之间，东、西寺塔之间，胜利堂、大理国经幢、真庆观、金马碧鸡坊的建设控制地带内进行建设，必须依据《名城保护规划》作出控制性详细规划，其建筑高度、体量、形式、色调必须与周围的自然景观和传统的人文景物相协调。

第十四条 在名城保护范围内的重点保护地段进行旧城改造时，必须经市规划行政主管部门和市文化行政主管部门审核同意，报市人民政府批准后方可进行。

第十五条 各级文物保护单位的维修应按有关规定进行。

《名城保护规划》确定的传统风貌区、街巷地段的店铺、民居、名人故居、纪念建筑、优秀近代建筑的维修，应保持原状或风貌，不准任意改建、扩建和添建。

第十六条 各级文物保护单位的保护范围内不得进行其他工程建设。特殊情况需要建设的，必须按照文物保护法律、法规的有关规定办理。

在各级文物保护单位的建设控制地带内新建建筑物、构筑物，其设计方案应当根据文物保护单位的级别，经同级文化行政主管部门同意后，报同级规划行政主管部门批准。

第十七条 在名城保护范围内进行大中型工程建设，施工前，建设单位应会同市文化行政主管部门，在工程建设范围内进行文物勘探工作。施工过程中，发现文物应立即停止施工，保护现场，并按文物保护的有关规定处理。其所需费用按照国家《考古调查、勘探、发掘经费预算定额管理办法》执行。

第十八条 在名城保护范围内，应有计划地恢复一批具有昆明历史文化特点的纪念设施。可以利用优秀近代建筑、传统民居设立为各类博物馆或文化馆。

第四章 管 理

第十九条 在名城保护范围内进行国有土地使用权出让，市土地行政主管部门应征求市规划行政主管部门和市文化行政主管部门的意见。出让合同的有关内容，必须符合本条例的规定和《名城保护规划》的要求。

在传统风貌区和各级文物保护单位的建设控制地带，土地使用权一般不得出让。特殊情况需要出让的，必须征得市规划行政主管部门和市文化行政主管部门同意，并制定有效的保护措施，纳入出让合同的内容。

第二十条 《名城保护规划》中确定保护的传统建设物、构筑物和其他设施，产权变更必须报市规划行政主管部门和市文化行政主管部门备案。产权变更后，不得擅自改变其传统风貌及原使用性质。

第二十一条 凡在本条例第十三条、第十五条所指范围内，对建筑物、构筑物进行改建、扩建和重要维修的，建设单位必须向市规划行政主管部门办理报批手续。未经许可，一律不准擅自维修、改建和扩建。

第二十二条 优秀近代建筑物、构筑物的维修，属文物保护单位的，应当根据文物保护单位的级别报相应的文物行政部门批准；属尚未核定为文物保护单位的，应当报登记的县级人民政府文物行政部门批准；属挂牌、登录保护的，应当报市规划行政部门批准。

第二十三条 市规划行政主管部门和市文化行政主管部门应当定期对名城保护情况进行联合检查，对违反本条例的行为，应及时进行处理，并向市人民政府报告。

第五章 奖 惩

第二十四条 有下列事迹之一的单位或者个人，由市、区（县）规划行政主管部门、文化行政主管部门或者市、区（县）人政府分别给予奖励和表彰：

（一）依法保护历史文化名城卓有成效的；

（二）执行本条例成绩显著的；

（三）建设、管理历史文化名城有突出贡献的；

（四）发现或保护各类文物有功的；

（五）对违反本条例的行为进行揭发、制止表现突出的。

第二十五条 有下列行为之一的，给予行政或刑事处罚：

（一）不按批准的规划进行建设的单位和个人，由规划行政主管部门令其停止建设、限期改正或拆除，并处以违法建筑部分所投资的1%的罚款，同时对主管人员和直接责任人员处以1000～5000元的罚款；

（二）未经文化行政主管部门批准，对各级文物保护单位的建筑物和构筑物擅自添建、改建的，除限期拆除恢复原状外，由文化行政主管部门按《中华人民共和国文物保护法》的规定予以处罚；

（三）未经规划行政主管部门和文化行政主管部门批准，在各级文物保护单位的保护范围内搭盖临时建筑物或摆摊设点的，由规划行政主管部门会同文化行政主管部门，责令当事人限期拆除，并按所占面积每平方米处以100～1000元罚款；

（四）涂抹、刻画造成文物轻微污染的，由文物保护单位视情节轻重处以200元以内罚款；损坏文物和近代优秀建筑的，由文化行政主管部门责令其限期恢复，并处以造成损失的3～5倍的罚款；破坏文物构成犯罪的，由司法机关依法追究刑事责任。

第二十六条 规划行政主管部门和文化行政主管部门的工作人员违反本条例，玩忽职守，滥用职权，徇私舞弊的，由其所在单位或上级机关给予行政处分，构成犯罪的，依法追究刑事责任。

第二十七条 当事人对于行政处罚决定不服的，可在接到处罚决定之日起十五日内向作出处罚决定机关的上一级机关申请复议，也可以直接向人民法院起诉。当事人对复议决定不服的，可在接到复议决定书之日起十五日内，向人民法院起诉。当事人在法定期限内不申请复议，也不起诉，又不履行处罚决定的，由作出处罚决定的机关申请人民法院强制执行。

第六章 附 则

第二十八条 本条例具体应用的问题由昆明市规划行政主管部门会同文化行政主管部门负责解释。

第二十九条 本条例自公布之日起施行。

云南省丽江古城保护条例

（2005年12月2日云南省第十届人民代表大会常务委员会第十九次会议通过）

第一条 为了有效保护和合理利用丽江古城世界文化遗产，根据有关法律、法规，结合丽江实际，制定本条例。

第二条 本条例所称丽江古城，是指位于丽江市古城区、玉龙纳西族自治县行政区域内，列入联合国教科文组织《世界遗产名录》的大研古城（含黑龙潭）、白沙民居建筑群、束河民居建筑群三片区域。

第三条 在丽江古城内居住和从事保护、管理、利用及其他活动的单位和个人，应当遵守本条例。

第四条 丽江古城的保护管理，应当遵循科学规划、有效保护、合理利用、严格管理的原则。

第五条 丽江市及其所属古城区、玉龙纳西族自治县人民政府应当将丽江古城的保护管理纳入国民经济和社会发展计划。丽江市人民政府组织编制丽江古城保护规划。

第六条 丽江市人民政府设立丽江古城保护管理机构，负责丽江古城保护管理工作，其主要职责是：

（一）宣传、贯彻有关法律、法规；

（二）具体实施丽江古城保护规划；

（三）组织或者协助有关机构调查、收集、整理、研究丽江古城民族传统文化；

（四）修建和完善丽江古城基础设施和公共设施；

（五）依法征收丽江古城维护费和管理、使用丽江古城保护经费；

（六）组织开展丽江古城保护方面的宣传、教育、培训、学术研究和对外交流；

（七）依法集中行使丽江古城保护管理的部分行政处罚权。

丽江古城保护管理机构集中行使部分行政处罚权的实施方案由丽江市人民政府拟定，报省人民政府批准。

丽江市及其所属古城区、玉龙纳西族自治县人民政府有关行政主管部门按照各自职责，做好丽江古城的保护工作。

第七条 丽江古城的社区建设、社会治安、消防、食品卫生和清洁等工作，按照行政区划由属地有关部门分别负责。所需经费不足部分由丽江市人民政府给予补助。

第八条 利用丽江古城资源从事经营、旅游或者其他活动的单位和个人应当缴纳丽江古城维护费。具体征收办法和标准由省物价和财政部门规定。

丽江古城保护经费由古城维护费、政府投入、古城内国有资本收益、社会捐赠以及其他收入构成。丽江古城保护经费存入财政专户，实行收支两条线管理，专项用于丽江古城的保护，不得挪作他用。

第九条 保护原住居民的民风民俗，鼓励原住居民在丽江古城居住。对居住在丽江古城内的原住居民户由丽江古城保护管理机构按照有关规定给予补助。

第十条 丽江古城的修建活动应当按照保护规划进行，保持原有的总体布局、形式、风格、风貌。

对丽江古城实行分区保护，保护范围划分为保护区、建设控制缓冲区和环境协调区。保护区建设控制缓冲区和环境协调区的具体范围由丽江市人民政府在编制丽江古城保护规划时确定并予以公布。

保护区内的历史建筑禁止拆除，进行房屋、设施整修和功能配置调整时，外观必须保持原状；建设控制缓冲区内不得建设风貌与古城功能、性质无直接关系的设施，确需改建、新建的建筑物，其性质、体量、高度、色彩及形式应当与相邻部位的风貌相一致；环境协调区内不得进行与古城环境不相协调的建设。

第十一条 丽江古城的民居根据其保护价值由丽江古城保护管理机构划分为重点保护民居、保护民居和一般民居，并采取相应保护措施，对其保护、修复应当按照有关规定给予所有权人补助。

第十二条 未经丽江古城保护管理机构批准，丽江古城内的建（构）筑物不得擅自修缮、改造。

丽江古城内的街、巷、门应当按照历史状况及功能原样进行维护、修缮。

对影响丽江古城市容市貌和行人安全的残墙断壁、危险建筑物，丽江古城保护管理机构应当组织鉴定并按照鉴定结果要求所有权人予以整修，所有权人整修确有困难的，按照有关规定给予补助。

禁止在丽江古城安装太阳能、遮光篷、遮雨篷等影响丽江古城风貌的设施。

第十三条 丽江古城的道路和河道因通讯、电力、有线电视、供排水、消防等公益性基础设施建设需要开挖的，应当提出开挖和修复方案，向丽江古城保护管理机构提出申请，经批准后方可实施。

第十四条 丽江古城的电力、电信、有线电视和供排水等设施，用户不得随意接入。确需接入的应当经丽江古城保护管理机构及有关部门同意并按照要求组织施工。

第十五条 加强丽江古城水源、水系和水环境的保护。禁止覆盖、改道、堵截现有水系和缩小过水断面。不得随意在河道上搭建桥梁。

第十六条 丽江古城的所有单位、居民和商业店铺应当做好消防工作，并按照消防要求配备相应的消防器材，发现问题及时整改。

禁止在大研古城销售和燃放烟花爆竹。

第十七条 丽江古城的生活垃圾实行袋装收集。禁止将废弃物倾倒入排水管道。

丽江古城内应当建设与厕所相应的化粪设施，粪便未经处理不得排入污水管道。

第十八条 任何单位和个人不得损坏和擅自拆除、占用、迁移、封闭丽江古城的公共环境卫生设施；不得依附公共环境卫生设施搭建构筑物。

第十九条 禁止下列影响丽江古城市容环境卫生的行为：

（一）在河道内捕鱼、洗涤物品，向河道内排放污水、倾倒垃圾、粪便，扔动物尸体等废弃物；

（二）随地吐痰、便溺；

（三）扔果皮、纸屑、烟蒂、饮料罐、香口胶渣等；

（四）在露天场所和垃圾收容器内焚烧树叶、垃圾或者其他废弃物；

（五）焚烧沥青、油毡、橡胶、塑料、皮革等产生有毒有害烟尘和恶臭气体的物质；

（六）放养家禽家畜和宠物；

（七）设置宣传促销摊点、商业广告，发放促销传单；

（八）占道经营和流动经营；

（九）未经批准在建筑物、公共设施、树木上涂写、刻画、悬挂；

（十）其他有损市容环境卫生的行为。

第二十条 丽江古城内应当采用清洁燃料、能源，不得直接燃烧原煤。所有排烟装置应当采取消烟除尘措施。

第二十一条 丽江古城内的施工场地应当设置安全标志和护栏，未经批准不得占地占道堆放建筑材料以及其他堆积物。

第二十二条 丽江古城保护管理机构应当对丽江古城内的树木建立档案，设置标识。

禁止损坏丽江古城的花草、树木及园林绿化设施。

第二十三条 丽江古城的室外噪音白天控制在 55 分贝以内，夜间控制在 45 分贝以内。需要在室外开展的公益性活动、群众性民族文化活动、社区活动，组织者应当向丽江古城保护管理机构报告。

禁止在丽江古城内使用高音喇叭或者高声招揽生意。

第二十四条 大研古城内，除执行公务的环卫、公安、消防、邮政、救护等特种车辆外，其他机动车辆未经批准不得进入。

大研古城内，自行车和人力三轮车等非机动车辆应当下车推行，不得随意停放。

第二十五条 使用丽江古城标识、标志的，由丽江古城保护管理机构按照有关规定和要求授权；未经授权,任何单位和个人不得使用。

第二十六条 丽江市人民政府应当对丽江古城的经营活动进行指导和监督,适时发布鼓励或者禁止经营的项目目录,保持丽江古城的传统文化特色;重点发展具有当地民族特色的无污染、无公害的产业;合理安排丽江古城内商品经营市场布局。

丽江古城保护管理机构根据项目目录和古城市场规模、市场布局,确定古城内的经营位置及与之相应的经营项目,并在当地予以公告。

第二十七条 在丽江古城经营的店铺,其招牌、门面装修、店内设施、照明灯具和光色应当与古城风貌、氛围相协调。

第二十八条 对在丽江古城保护管理工作中作出显著成绩的单位和个人,由丽江市人民政府给予表彰奖励。

对违反本条例的行为,任何人都有检举和控告的权利。

第二十九条 违反本条例,有下列行为之一的,由丽江古城保护管理机构责令停止违法行为,限期改正或者恢复原状,有违法所得的,没收违法所得,并可以处以下罚款:

(一)未经批准,对重点保护民居擅自进行修缮改造的,处1万元以上2万元以下罚款,对保护民居擅自进行修缮改造的,处5000元以上1万元以下罚款,对一般民居和其他建(构)筑物擅自进行修缮改造的,处500元以上1000元以下罚款;

(二)未经批准,擅自开挖道路和河道的,处500元以上2000元以下罚款;

(三)擅自拆除、占用、迁移、封闭公共环境卫生设施或者损毁各类公共环境卫生设施的,依附公共环境卫生设施搭建构筑物的,直接燃烧原煤或者排烟装置未采取消烟除尘措施的,处200元上500元以下罚款;

(四)未经授权使用丽江古城标识、标志的,处1万元以上3万元以下罚款。

第三十条 违反本条例第十二条第四款、第十五条、第十七条、第十九条、第二十三条、第二十四条规定的,由丽江古城保护管理机构给予警告,责令改正或者恢复原状,并可以处100元以上500元以下罚款。

第三十一条 违反本条例第二十一条、第二十二条、第二十七条规定的,由丽江古城保护管理机构给予警告,责令改正或者恢复原状,并可以处30元以上50元以下罚款。

第三十二条 违反本条例第十六条第一款规定的,由公安消防部门按照有关法律法规予以处罚。

违反本条例第十六条第二款规定,销售烟花爆竹的,由丽江古城保护管理机构没收全部烟花爆竹和违法所得,并处500元以上1000元以下罚款;燃放烟花爆竹的,对单位处1000元以上3000元以下罚款,对个人予以警告,并可以处100元以上200元以下罚款。

第三十三条 国家机关及其工作人员违反本条例擅自改变或者不执行丽江古城保护规划的,对有关负责人和直接责任人给予行政处分。

第三十四条 国家工作人员在丽江古城保护管理工作中玩忽职守、滥用职权、徇私舞弊的,由其所在单位或者上级行政主管部门给予行政处分;构成犯罪的,依法追究刑事责任。

第三十五条 本条例自2006年3月1日起施行。

云南省大理白族自治州大理历史文化名城保护条例

(2007年2月11日云南省大理白族自治州第十一届人民代表大会第五次会议通过，2007年3月30日云南省第十届人民代表大会常务委员会第二十八次会议批准)

第一章 总 则

第一条 为加强国家级大理历史文化名城（以下简称名城）的保护和管理，根据《中华人民共和国文物保护法》、《中华人民共和国城市规划法》及有关法律法规的规定，结合实际，制定本条例。

第二条 名城保护范围：

（一）大理古城（以下简称古城）；

（二）喜洲、双廊古镇（以下简称古镇）和龙尾关历史文化街区；

（三）崇圣寺三塔、太和城遗址（含南诏德化碑）、元世祖平云南碑等市级以上重点文物保护单位。

第三条 名城保护范围内从事规划、建设、管理和其他活动的单位和个人都应当遵守本条例。

第四条 名城保护工作坚持科学规划、抢救为主、加强管理、合理利用、公众参与、社会监督的原则。

第五条 大理市（以下简称市）人民政府应当加强对名城的保护管理，将其纳入国民经济和社会发展规划。

第六条 名城保护规划由市人民政府组织编制，并纳入城市总体规划。规划应当统筹兼顾，严格保护，突出地方民族特色。

市规划行政管理部门应当根据名城保护规划编制古城、古镇、历史文化街区保护详细规划，经市人民政府审查后报州人民政府审批。

经批准的名城保护规划和详细规划，应当在30日内向社会公布，任何单位和个人不得擅自变更和调整。确需变更和调整的，应当实行听证，并按原批准程序报批后向社会公布。

第七条 市人民政府鼓励单位和个人参与名城的保护，投资开发利用民族民间文化艺术。

名城保护范围内白族及其他民族应当保持优秀的传统文化，提倡从事经营活动的人员和居民着民族服装。

第八条 市人民政府应当严格控制名城保护范围内国有土地使用权的出让。需要出让的，审批机关应当征求市文物行政管理部门的意见。

第九条 名城保护范围内的建设用地和建设项目应当依法办理审批手续。新建、改建和扩建建筑物、构筑物的，应当保持地方民族建筑风格，与名城风貌相协调。

第十条 名城保护范围内的单位和个人应当做好消防工作。名城保护范围内严格限制燃放烟花爆竹，限定燃放的时间和地段由市人民政府确定。

第十一条 名城保护经费由政府投入、名城维护费和社会捐赠等组成，专项用于名城的保护。

名城保护范围内从事生产经营、旅游活动的单位和个人应当缴纳名城维护费。征收办法和标准由市人民政府按规定报批。

第十二条 市人民政府对名城保护有突出贡献的单位和个人予以表彰和奖励。

第二章 古 城 保 护

第十三条 古城保护范围划分为重点保护区、建设控制区和环境协调区。

重点保护区：以古城为中心，北至双拥路，南至一塔路，西至大凤路，东至城东路。

建设控制区：重点保护区以外，北至桃溪，南至白鹤溪，西至苍山海拔2200米以下，东至大丽公路东侧200米。

环境协调区：建设控制区以外，北至上关，南至阳南河，西至苍山海拔2200米以下，东至洱海保护范围西岸界桩。

第十四条 市人民政府设立古城保护管理机构，负责古城重点保护区的保护管理工作。其主要职责是：

（一）宣传、贯彻有关法律法规及本条例；

（二）组织实施古城保护规划及措施；

（三）维护古城的园林绿化、环境卫生及市容市貌；

（四）维护、修建古城公共设施；

（五）征收、管理重点保护区的名城维护费；

（六）行使本条例赋予的行政处罚权。

第十五条 市人民政府文化、建设、规划、环保、园林、公安、旅游、工商、民族宗教等行政管理部门根据各自的职责，协同做好古城的保护管理工作。

古城建设控制区、环境协调区的保护管理工作，由市人民政府有关部门和有关乡镇人民政府，按照有关法律和本条例的规定各司其职。

第十六条 古城重点保护区的保护对象是：南诏国、大理国历史遗迹，历史文物及古建筑，传统街巷格局及名称，溪沟水系，古树名木和民族民间传统文化等。

第十七条 古城的城市功能以旅游、文化、教育、商贸和居住为主，与其功能不符的，应当逐步外迁。

第十八条 重点保护区内的传统建筑物、构筑物，应当严格保护，修旧如旧。

不符合保护规划的建筑物、构筑物及其他设施，由市人民政府组织改造、拆迁，并依法给予补偿。违法建设的，由古城保护管理机构会同规划行政管理部门依法予以拆除。

古城墙应当逐步修复。古城墙内侧13.5米、外侧20米以内禁止新建、改建、扩建建筑物或者构筑物。原有建筑物按规划逐步拆除，恢复沿墙马道或者划为绿化用地。

第十九条 重点保护区内的管网应当入地铺设。已建的空中管线，由市人民政府组织改造。

第二十条 重点保护区内应当划定特色街区，实行划行归市，规范经营。

重点保护区内设置步行街，限制机动车辆通行。

第二十一条 重点保护区内新建、改建、扩建建筑物或者构筑物，设置广告，建造屋顶水箱、水塔、烟囱，因建设需要开挖街道，开办临时性经营摊点等，有关行政管理部门应当先征求古城保护管理机构的意见，再办理相关批准手续。

第二十二条 重点保护区内禁止下列行为：

（一）开办工业企业；

（二）临街使用发电设备；

（三）向街道和水沟倾倒、排放污水或者扔弃垃圾、粪便、禽畜尸体，在水沟中洗涤衣物、拖把等；

（四）随地吐痰、便溺，乱扔果皮、纸屑等废弃物；

（五）使用高音喇叭、高分贝音响招揽生意；

（六）户外放养禽畜或者宠物；

（七）损毁路灯、宣传栏等市政公共设施，毁坏绿地，砍伐行道树。

第二十三条 重点保护区内的生活垃圾实行分类袋装，定时定点收集。古城保护管理机构应当对垃圾、粪便及其他废弃物及时清运，逐步实行无害化处理和综合利用。

第二十四条 古城保护管理机构应当与店铺经营者签订门前卫生、绿化协议，共同做好卫生、绿化工作。

第二十五条 建设控制区内应当保持原有村落格局，不得随意改变用地性质、建筑风格。已经影响重点保护区风貌的用地或者建筑，市人民政府应当进行调整或者组织改造。

第二十六条 环境协调区内应当控制影响古城环境的用地、建筑和村庄规模，保持原有自然田园风光和民族建筑风格。

第三章　古镇和历史文化街区保护

第二十七条 镇人民政府负责辖区内古镇和历史文化街区的保护管理，并组织实施名城保护规划。市文化、规划、建设等行政管理部门协同做好古镇和历史文化街区的管理工作。

第二十八条 古镇和历史文化街区保护范围分为重点保护区和建设控制区，具体界限由市人民政府确定，设立标识。

第二十九条 古镇和历史文化街区重点保护原有的整体格局、风貌、水系、古建筑、古井、古树、名居，具有文物价值的古文化遗址、地下文物、重要史迹和代表性建筑。

第三十条 古镇和历史文化街区的传统建筑物、构筑物，由市文化、建设行政管理部门建立档案，实行挂牌保护。不符合名城保护规划的建筑物、构筑物，由镇人民政府组织改造或者依法拆除。

第四章　文物保护单位的管理

第三十一条 名城保护范围内文物保护单位的管理工作由市文物行政管理部门负责。市建设、规划、园林、公安、工商、民族宗教、旅游、档案等行政管理部门应当依法做好文物保护工作。

第三十二条 文物保护单位的修缮，应当报市以上文物行政管理部门批准。

第三十三条 名城保护范围内列入国家、省、州、市级的文物保护单位，市人民政府应当在公布后六个月内划定文物保护范围和建设控制地带，设立标识。

第三十四条 在文物保护单位的建设控制地带新建或者改建建筑物、构筑物的，须经文物行政管理部门审核同意后，再办理相关审批手续。

第三十五条 名城保护范围内的国有不可移动文物不得转让、抵押。

基本建设项目涉及文物保护的，审批部门应当征求文物行政管理部门的意见，按规定办理审批手续。

第三十六条 名城保护范围内具有保护价值但尚未核定公布为文物保护单位的文物，由市文化、建设行政管理部门报市人民政府认定，实行挂牌保护。

第五章　法　律　责　任

第三十七条 违反本条例第九条规定的，由古城保护管理机构或者有关部门下达《违法用地和违法建设停工决定书》；逾期不停止施工的，查封施工设备、建筑材料、在建工程，处工程造价1％以上3％以下的罚款。

第三十八条 违反本条例第十条规定，在非规定的时间和地段燃放烟花爆竹的，由古城保护管理机构或者有关部门处50元以上500元以下的罚款。

第三十九条 违反本条例有下列行为之一的，由古城保护管理机构给予处罚。

（一）违反第十八条第三款规定的，责令停止违法行为，处违法工程总造价1％以上5％以下的罚款；

（二）违反第二十二条第（一）项规定的，责令限期搬迁或者拆除，可以并处500元以上5000元以

（三）违反第二十二条第（二）项规定的，责令停止违法行为，可以并处 100 元以上 500 元以下的罚款；

（四）违反第二十二条第（三）、（四）、（五）、（六）项规定的，责令停止违法行为，可以并处 20 元以上 200 元以下的罚款；

（五）违反第二十二条第（七）项规定的，责令赔偿损失，处 200 元以上 1000 元以下的罚款。

第四十条 违反本条例第三十四条规定的，由文物行政管理部门责令停止违法行为，处 500 元以上 5000 元以下的罚款。

第四十一条 本条例未作处罚规定的违法行为，由古城保护管理机构和相关行政管理部门依照有关法律法规和规章的规定实施处罚。构成犯罪的，依法追究刑事责任。

第四十二条 当事人对行政处罚决定不服的，可以依法申请行政复议或者提起诉讼。

第四十三条 国家机关工作人员有下列行为之一的，由本人所在单位或者上级行政管理部门给予行政处分；构成犯罪的，依法追究刑事责任。

（一）违反第六条第三款规定的；

（二）擅自批准新建、改建项目的；

（三）对审批许可事项监督不力的；

（四）不履行保护管理职责，造成名城布局、环境、历史风貌严重破坏的；

（五）其他玩忽职守、滥用职权、徇私舞弊的。

第六章 附 则

第四十四条 本条例经自治州人民代表大会审议通过，报云南省人民代表大会常务委员会批准，由自治州人民代表大会常务委员会公布施行。

第四十五条 本条例由自治州人民代表大会常务委员会负责解释。

云南省红河哈尼族彝族自治州建水历史文化名城保护管理条例

（1996年4月3日红河哈尼族彝族自治州第七届人民代表大会第四次会议通过，1996年5月27日云南省第八届人民代表大会常务委员会第二十一次会议批准，2002年11月21日红河哈尼族彝族自治州第八届人民代表大会第六次会议通过修改第十三条的决定，2003年5月29日云南省第十届人民代表大会常务委员会第三次会议批准）

第一条 为加强对建水历史文化名城和风景名胜区的保护、管理，根据《中华人民共和国民族区域自治法》、《中华人民共和国城市规划法》、《中华人民共和国文物保护法》及有关法律、法规，结合建水实际，制定本条例。

第二条 在建水县行政辖区内，任何单位和个人都必须遵守本条例，承担保护历史文化名城的义务。

第三条 建水历史文化名城的保护管理，坚持"保护为主，抢救第一"的方针，实行统一规划、分级负责和专业管理与群众管理相结合的原则，正确处理历史文化遗产的保护管理和开发利用的关系。

第四条 自治州人民政府建设行政管理部门和文化行政管理部门负责监督、指导、协调建水历史文化名城的保护管理和开发利用工作。

第五条 建水县建设行政管理部门是县人民政府主管建水历史文化名城和风景名胜区的职能部门，建水县文化行政管理部门是县人民政府主管文物工作的职能部门。上述两个部门，按照有关法律、法规的规定，履行职责。

建水县人民政府其他有关部门应当协助建设行政管理部门和文化行政管理部门做好历史文化名城的保护管理工作。

第六条 建水历史文化名城（以下简称名城）的保护范围是：

（一）古城片区：由石桥、朝阳东路至朝阳西路转清远路接环城南路沿铁路至石桥止，以及马市街——燃灯寺街传统风貌街区；

（二）燕子洞—颜洞岩溶洞群景区；

（三）红河—焕文山民族风情景区。

名城的重点保护对象是：朝阳楼、文庙、指林寺、燃灯寺、朱家花园、学政考棚、玉皇阁、土主庙、崇正书院、小桂湖、燕子洞、云龙山寺、东林寺、崇文书院、双龙桥、大缘桥、大新桥、义笔塔、碗窑村古窑址、纳楼司署、张家花园、黄龙寺、黑龙潭、东山坝龙潭等。重点保护对象实行三级区域保护。

第七条 古城片区的分区规划和详细规划，由建水县建设行政管理部门会同县文化行政管理部门，根据《建水历史文化名城保护规划》编制，经县人民政府批准实施。

风景名胜区详细规划由建水县人民政府根据《建水县风景名胜区总体规划》组织编制，经自治州人民政府批准实施。

编制分区规划、详细规划应当确定各级文物保护单位的保护范围和建设控制地带。

第八条 在古城片区内凡新建、扩建、改建各类建筑物、构筑物和其他设施，应符合本条例的规定和名城保护规划的要求。禁止建设污染环境或影响名城风貌的建筑物和构筑物。

本条例公布前已改建、扩建、添建的，经县建设、文化行政管理部门确认与人文景物、自然景观不相协调的设施，建设单位和个人应按要求进行整治或拆除。

第九条 禁止占用文物保护单位。已使用文物保护单位的，必须严格遵守不改变文物原状的原则，承担保护维修责任。并同建水县文化行政管理部门签订使用合同,接受县文化管理部门的指导和监督。

县级以上文物保护单位应立碑刻文,设置标志,标明保护范围。禁止破坏文物及其保护设施,禁止毁坏和移动保护标志。

对尚未公布为保护单位的文物点,应当造册登记,划定保护范围。

第十条 风景名胜区必须严格保持原有的文物古迹、自然风貌和人文景观。控制地带除按规定统一设置必要的保护设施和游览设施外,不得建设其他设施和搭建临时建筑物、构筑物。

在景区控制地带不得进行挖沙取土、开山采石、葬坟以及其他破坏景区的活动。

景区内应加强植树造林、封山管护。古树名木应当挂牌立标,建立档案。严禁砍伐和破坏。

加强风景名胜区野生动物栖息环境的保护。严禁捕杀珍稀禽、兽、昆虫。

第十一条 在名城保护范围内进行工程项目建设,建设单位必须持有关批准文件,按照下列程序办理手续:

(一)向县建设行政管理部门申报办理选址意见书;

(二)向县文化行政管理部门申报文物考古勘探工作,按照有关规定领取考古勘探调查结论书;

(三)在办理(一)、(二)项手续后再向县建设行政管理部门办理建设用地规划许可证和建设工程规划许可证。

第十二条 在名城保护范围内实施非农业建设用地的单位和个人,县土地行政管理部门应在征得县建设行政管理部门和县文化行政管理部门的同意后,按有关规定办理用地手续,并报经县级以上人民政府批准。

在各级文物保护单位和传统风貌街区的建设控制地带,不得擅自转让土地使用权。特殊情况确需转让的,必须征得县建设行政管理部门和县文化行政管理部门同意,并制定有效的保护措施,方可依法办理转让手续。

第十三条 名城保护规划中确定列级保护的传统建筑物、构筑物及其他设施的传统风貌不得改变。所有权和使用性质不得擅自变更,确需变更其所有权和使用性质的,必须报县建设行政管理部门、县文化行政管理部门和县国土资源行政管理部门同意,并按有关法律法规的规定办理报批手续。

第十四条 鼓励国内外组织或个人参与名城的开发与建设,开展旅游服务经营活动,其合法权益受法律保护。

第十五条 利用名城古建筑、历史文物和风景名胜进行录像、拍摄电视剧、电影等活动的组织或个人,须经建水县建设、文化行政管理部门批准,并缴纳风景名胜资源费和文物保护管理费。收费办法由县人民政府制定,报自治州人民政府批准。

第十六条 建水县人民政府设立历史文化名城保护基金。基金主要用于文物古迹和风景名胜区的保护和维修。

基金来源:

(一)财政拨款;

(二)资源费和文物保护费;

(三)社会赞助与捐赠;

(四)其他收入。

第十七条 对在名城和风景名胜区的保护管理和开发利用工作中做出显著成绩的单位或个人,由建水县人民政府给予表彰和奖励。

第十八条 有下列行为之一的,按以下规定给予行政处罚;构成犯罪的,由司法机关依法追究刑事责任:

(一)未经批准进行建设的单位和个人,由县建设行政管理部门责令其停止建设,限期改正或拆除,并处以违法建筑部分投资额的百分之三至五的罚款,同时,对建设单位的主管人员和直接责任人员分别处以一千元以上五千元以下的罚款;

（二）对各级文物保护单位的文物擅自改建、添建的，除限期拆除恢复原状外，由县文化行政管理部门给予责任人一千元以下罚款；

（三）涂抹、刻划文物，或移动、损坏文物保护标志的，由文物使用、管理单位视情节轻重处以二百元以下罚款。情节严重的，由县文化行政管理部门责令其限期恢复，并处以所受损失的三至五倍罚款；

（四）未经批准在文物保护单位的保护范围内和景区控制地带内搭建临时建筑物、构筑物或擅自挖沙取土、开山采石和葬坟的，由县文化行政管理部门、县建设行政管理部门责令当事人限期拆除，恢复原状，并处以一百元至一千元罚款；

（五）违反本条例第十条三、四款的，由县建设行政管理部门处罚：盗伐古树名木的，每株处以其价值二至三倍的罚款。捕杀野生珍稀动物，有捕获物的没收其捕获物，并处以相当捕获物价值八倍以下的罚款，没有捕获物的，处二千元以下罚款；

（六）文物使用单位在接到县文化行政管理部门的维修通知书以后，不按期进行修理致使文物建筑受损坍塌的，责令限期修复，造成损失的予以赔偿，并追究其单位领导和直接责任人的责任。

第十九条 建设行政管理部门和文化行政管理部门的工作人员违反本条例、玩忽职守、滥用职权、徇私舞弊的，由其所在单位或上级机关给予行政处分和经济处罚；构成犯罪的，由司法机关依法追究刑事责任。

第二十条 当事人对行政处罚决定不服的，依照《行政复议条例》和《中华人民共和国行政诉讼法》的规定办理。

第二十一条 本条例具体应用的问题由红河哈尼族彝族自治州人民政府负责解释。

本条例的具体实施办法，由建水县人民政府制定。

第二十二条 本条例报云南省人民代表大会常务委员会批准后公布施行。

西藏自治区文物保护条例

(1990年5月31日西藏自治区第五届人民代表大会第三次会议通过,1996年7月12日西藏自治区第六届人民代表大会常务委员会第二十次会议第一次修正,2007年7月27日西藏自治区第八届人民代表大会常务委员会第三十二次会议第二次修订)

第一章 总 则

第一条 为了加强对文物的保护和利用,根据《中华人民共和国文物保护法》及有关法律、法规,结合自治区实际,制定本条例。

第二条 自治区行政区域内下列文物受国家保护:(一)具有历史、艺术、科学价值的古文化遗址、古建筑、古墓葬、石窟寺、石刻、壁画、岩画及其附属物;(二)与重大历史事件、革命运动和著名人物有关的具有重要纪念意义、教育意义或者史料价值的重要史迹、实物、代表性建筑及其附属物;(三)历史上形成和遗存的具有一定宗教和社会影响的宗教器具、崇拜物;(四)历史上各时代各民族社会形态、社会制度、生产生活方式的代表性实物;(五)历史上各时代重要的文献资料以及具有历史、艺术、科学价值的手稿、古籍、古旧图书、经卷等;(六)历史上各时代珍贵的艺术品、工艺美术品。

具有科学价值的古脊椎动物化石及古人类化石,具有历史价值、纪念意义的古树名木,同文物一样受国家保护。

第三条 自治区行政区域内地下、水域中遗存的一切文物属国家所有。

古文化遗址、古墓葬、石窟寺和岩画属国家所有。国家指定保护的纪念建筑物、古建筑、石刻、壁画和近现代代表性建筑等不可移动文物,除国家另有规定的以外,属国家所有。

国有不可移动文物的所有权不因其所依附的土地所有权或使用权的改变而改变。

下列可移动文物,属于国家所有:

(一)自治区行政区域内出土的文物;

(二)自治区行政区域内国有文物收藏单位以及国家机关、部队、全民所有制企业、事业单位收藏、保管的文物;

(三)国家、自治区征集、购买的文物;

(四)公民、法人和其他组织捐赠给国家和国有文物收藏单位的文物;

(五)法律规定属于国家所有的其他文物。

可移动文物分为珍贵文物和一般文物;珍贵文物分为一级文物、二级文物、三级文物。

第四条 属于集体或个人所有的具有纪念性的建筑物、古建筑、祖传文物及通过合法途径获得的文物,其所有权受国家法律保护。文物所有者应当遵守国家有关文物保护管理规定。

第五条 文物工作贯彻保护为主、抢救第一、合理利用、加强管理的方针。

基本建设、旅游发展和宗教活动等应当遵守文物工作方针,其活动不得对文物造成损害。

第六条 各级人民政府应当重视文物保护工作,正确处理经济建设、社会发展与文物保护的关系;建立国家保护为主,全社会共同参与的文物保护体制。

县级以上人民政府应当把本行政区域内的文物保护工作纳入当地经济和社会发展规划,纳入城乡建设规划。

第七条 国家机关、社会团体、部队、企事业单位和个人都有保护文物的义务。

第八条 有下列事迹的单位和个人,由各级人民政府或文物行政部门给予表彰奖励:

(一)认真执行文物保护法律、法规和本条例,保护文物成绩显著的;

（二）为保护文物与违法犯罪行为作坚决斗争的；

（三）将个人收藏的重要文物捐献给国家的；

（四）发现文物及时上报或者上交，使文物得到保护的；

（五）在考古发掘工作中作出重大贡献的；

（六）在文物保护科学技术方面有重要发明创造或者为文物保护事业作出贡献的；

（七）在文物面临破坏危险时，抢救文物有功的；

（八）长期从事文物工作，作出显著成绩的；

（九）在文物保护单位内部安全保卫工作中作出显著成绩的。

第二章　监督管理和保障措施

第九条　自治区各地区应当健全文物保护机构。在文物相对集中或者有重要文物的县（市）应当设立文物保护机构。

在文物相对集中或者有重要文物的乡（镇），具备条件的应当设立文物保护专（兼）职人员，暂不具备条件的可以建立群众性文物保护组织。

第十条　各级人民政府负责本行政区域内的文物保护工作。

自治区、市（地）、县（市）承担文物保护工作的部门，具体负责对本行政区域内文物的保护、管理、监督和指导工作。

第十一条　公安、消防、建设、民族宗教、海关、工商、旅游等部门和其他有关国家机关，在各自职责范围内，依法做好文物保护工作，维护文物保护管理秩序。

第十二条　各级文物、教育、科技、新闻出版、广播影视等部门，应当做好文物保护的宣传教育工作。

第十三条　县级以上文物行政部门应当逐步建立健全文物行政执法机构，负责处理文物行政违法案件。

国有文物收藏单位内部应设置安全保卫组织，配备专职安全保卫人员，建立健全安全责任制度。

第十四条　自治区文物行政部门应当建立健全文物鉴定机构，负责自治区行政区域内馆藏文物、民间文物、涉案文物的鉴定工作。

第十五条　县级以上人民政府应当将文物保护经费纳入当地财政预算，并随着财政收入的增长而增加。

国家重点文物保护专项补助经费和自治区文物保护专项经费，由县级以上文物行政部门、财政部门按照国家有关规定共同实施管埋，专款专用，任何单位或者个人不得侵占、挪用。

国家重点文物保护专项补助经费和自治区文物保护专项经费的使用必须接受财政、审计等部门的监督和检查。

第十六条　博物馆、纪念馆等国有文物收藏单位的事业性收入，应当用于文物事业发展，任何单位或者个人不得侵占、挪用。

第十七条　法院、检察院、公安、海关和工商部门依法没收的文物应当登记造册，妥善保管，结案后无偿移交给原文物收藏单位或返还给个人；无法确定收藏单位或失主的，由文物行政部门指定的国有文物收藏单位收藏。

第三章　不可移动文物

第十八条　自治区行政区域内的文物保护单位分为全国重点文物保护单位、自治区级和市（地）、县级文物保护单位。

全国重点文物保护单位，由自治区文物行政部门报经自治区人民政府审核同意后，向国务院文物行政部门申报。

自治区级文物保护单位，由自治区文物行政部门向自治区人民政府申报核定公布，并报国务院备案。

市（地）、县级文物保护单位，由市（地）、县级文物行政部门向同级人民政府申报，由同级人民政府核定公布，并报自治区人民政府备案。

尚未核定公布为文物保护单位的不可移动文物，由县级人民政府予以登记，并妥善保护。

第十九条 各级文物保护单位，分别由自治区人民政府和市（地）、县级人民政府划定必要的保护范围，作出标志说明，建立记录档案，并区别情况分别设置专门机构或配备专人负责管理。全国重点文物保护单位的保护范围和记录档案，由自治区文物行政部门报国务院文物行政部门备案。

县级以上文物行政部门应当根据不同文物的保护需要，制定文物保护单位和未核定为文物保护单位的不可移动文物的具体保护措施，并公告施行。

第二十条 文物保护单位的标志说明，应当同时使用规范的藏、汉两种文字书写，标志说明包括文物保护单位的级别、名称、公布机关、公布日期、立标机关、立标日期等内容。

文物保护单位的保护标志，任何单位和个人不得移动、损毁。

第二十一条 文物保护单位保护范围内不得进行其他建设工程或者爆破、钻探、挖掘等作业。因特殊情况需要在文物保护单位的保护范围内进行其他建设工程或者爆破、钻探、挖掘等作业的，应当保证文物保护单位的安全，并经核定公布该文物保护单位的人民政府批准，在批准前应当征得上一级文物行政部门同意；在全国重点文物保护单位保护范围内进行其他建设工程或者爆破、钻探、挖掘等作业的，应当经自治区人民政府批准，并在批准前征得国务院文物行政部门同意。

第二十二条 根据保护文物的实际需要，可以在文物保护单位的保护范围以外划出一定的建设控制地带并予以公布。全国重点文物保护单位和自治区级文物保护单位的建设控制地带，由自治区文物行政部门会同建设行政部门划定，报自治区人民政府审核公布；市（地）、县级文物保护单位的建设控制地带由同级文物行政部门会同建设行政部门划定，报同级人民政府审核公布。

建设控制地带一经公布，应树立界桩，依法保护和控制。在建设控制地带内修建新的建筑物和构筑物，不得破坏文物保护单位的原有风貌。设计方案应根据文物保护单位的级别，经同级文物行政部门同意后，报建设行政部门审批。未经批准不得施工，强行修建的必须无条件拆除，其经济损失由建设单位自行承担。

在文物保护单位的建设控制地带内，不得修建有污染的设施或高层建筑物、构筑物；对已经存在的应当限期治理、改造、搬迁或拆除，所需经费由建设单位及其上级部门解决。

第二十三条 文物保护单位应当安装防火、防盗安全设备和设施。

文物保护单位消防通道的出入口，应当保持畅通，任何单位或个人不得堵塞和侵占。

第二十四条 工业、农业、水利、交通、军事、建设等部门，在进行工程规划、选址设计时，对于建设工程范围内的文物保护单位，根据其级别事先会同自治区或市（地）、县级文物行政部门确定保护措施，列入设计任务书。未经文物行政部门同意，有关部门不得批准建设项目和征地。

第二十五条 自治区文物行政部门负责本行政区域内文物保护工程立项、勘察设计、施工、监理和验收的管理。

全国重点文物保护单位保护工程，由自治区文物行政部门报国务院文物行政部门审批。

自治区级、市（地）、县级文物保护单位及未核定为文物保护单位的不可移动文物保护工程，由所在市（地）级文物行政部门报自治区文物行政部门审批。

第二十六条 文物保护单位的保养维护、抢险加固、修缮、保护性设施建设、迁移等工程，由各级文物行政部门依据国家有关规定，按照文物保护单位级别，对文物保护工程的立项、勘察设计、施工、监理及验收实行分级管理。

第二十七条 县级以上人民政府应当制定本行政区域内各级文物保护单位的保护规划，并应与城乡总体规划、历史文化名城（街区、村镇）保护规划、环境整治规划、土地利用总体规划相衔接。

全国重点文物保护单位的保护规划，在自治区文物行政部门的指导下，由所在地县级以上人民政府组织编制。

第二十八条 保存文物特别丰富或具有显著地域特色、民族特色和重大历史价值或者革命纪念意义的街区、村镇，由自治区建设行政部门会同自治区文物行政部门报自治区人民政府核定公布为历史文化街区、村镇，并报国务院备案。

第二十九条 在历史文化名城中的历史文化街区或历史文化村镇内进行工程建设，建设单位应当事先征得同级文物行政部门和建设行政部门的同意，经上一级文物行政部门、建设行政部门审核后，报自治区人民政府批准。

历史文化街区、村镇的布局、环境、历史风貌等遭到严重破坏，不符合作为历史文化街区、村镇条件的，由自治区建设部门会同文物行政部门上报自治区人民政府核准撤销，并予以公布。

第四章 考 古 发 掘

第三十条 自治区行政区域内一切考古发掘工作，应当按法定程序履行报批手续。未经批准，任何单位或个人不得擅自发掘。

从事考古发掘的单位，应当具备相应的考古团体领队和个人领队资质。在进行考古发掘前提出发掘计划，经自治区文物行政部门审核后，报国务院文物行政部门批准。

国内科研机构和高等院校为了科学研究、教学实习，需要在自治区行政区域内进行文物考古调查、勘探，应当事先征得自治区文物行政部门的同意。

第三十一条 考古调查、勘探、发掘的结果，应当报国务院文物行政部门和自治区文物行政部门。考古发掘单位对所有出土文物应登记造册，妥善保管，除特殊情况外，考古发掘结束后六个月之内，应当将出土文物交由自治区文物行政部门指定的收藏单位保管。

一切考古发掘资料均为国家档案，由发掘单位妥善保管。发掘者不得私自占用考古发掘资料。未经文物行政部门和原发掘单位同意，任何单位和个人不得自行发表尚未公开的文物和考古资料。

第三十二条 进行大型基本建设工程，建设单位应当事先报请自治区文物行政部门，组织具有相应资质的考古发掘单位，在工程范围内对有可能埋藏文物的地方进行考古调查、勘探。发现文物的，由自治区文物行政部门根据文物保护的要求，会同建设单位共同商定保护措施。所需费用由建设单位列入建设工程预算，由自治区文物行政部门组织实施。

第三十三条 在基本建设勘察、勘探、施工或生产建设中发现文物，建设单位或生产者应当立即停工并保护现场，及时报告当地文物行政部门处理。重要发现由当地文物行政部门及时报请上一级文物行政部门处理。

任何单位和个人不得哄抢、私分、藏匿文物。

第五章 馆 藏 文 物

第三十四条 博物馆、图书馆、宗教活动场所和其他文物收藏单位对收藏的文物，应当建立严格的藏品保护管理制度和藏品档案。对所收藏的文物应当逐件划分等级、登记造册、建立档案。藏品档案应当报相应的文物行政部门备案，其中一级藏品档案应当报国务院文物行政部门备案。

县级以上文物行政部门应当建立本行政区域内文物收藏单位的馆藏文物档案。

馆藏文物档案应当用藏汉两种文字记录。

第三十五条 馆藏珍贵文物应当设立专库专柜，重点保管，并每年复核一次；不具备收藏一级藏品安全条件的单位，所收藏的文物藏品，自治区文物行政部门可以指定具备收藏条件的国有文物收藏单位负责保管，待原收藏单位具备收藏条件后予以返还。

第三十六条 自治区文物行政部门经自治区人民政府批准，可以调拨本行政区域内已建立馆藏文物档案的文物收藏单位馆藏文物。馆藏一级文物的调拨，应当报国务院文物行政部门备案。

第三十七条 禁止国有文物收藏单位将馆藏文物赠与、出租或者出售给其他单位。经当地文物行政部门报自治区文物行政部门批准，已经建立馆藏文物档案的国有文物收藏单位之间可以交换、借用文物藏品。一级文物藏品的交换、借用应当报国务院文物行政部门批准。

调拨、交换、借用的文物必须严格保管，不得丢失、损毁。借用期限最长不超过二年。

第三十八条 馆藏文物中既是文物又是档案（典籍）的，经自治区文物行政部门批准，国有文物收藏单位可以与档案馆、图书馆、纪念馆、科研等单位相互交换复印件或者目录，共同编辑出版有关史料或者进行史料研究。

第三十九条 博物馆、图书馆、被确定为文物保护单位的宗教活动场所和其他收藏文物的单位应当按照国家和自治区的有关规定配备防火、防盗、防虫、防尘、防震等设备和设施，严禁存放易燃、易爆、易腐蚀等危险物品，确保安全。

第四十条 文物收藏单位的法定代表人或负责人对文物安全负责。文物收藏单位的法定代表人或负责人离任时，依照馆藏文物档案清单办理文物移交手续。

第六章 民间收藏文物

第四十一条 文物收藏单位以外的公民、法人或其他组织可以收藏通过以下方式取得的文物：
（一）依法继承或者接受赠与；
（二）从文物商店购买；
（三）从经营文物拍卖企业购买；
（四）公民个人合法所有的文物相互交换或者依法转让；
（五）国家规定的其他合法方式。

文物收藏单位以外的公民、法人或其他组织合法收藏的文物应当向当地文物行政部门备案并可以依法流通。任何单位和个人不得无偿占有。

第四十二条 文物商店应当由国务院文物行政部门或自治区文物行政部门批准设立，并依法取得工商行政管理部门颁发的营业执照后，方可进行文物销售。文物商店不得从事文物拍卖经营活动，不得设立经营文物拍卖的企业。

第四十三条 依法设立的拍卖企业经营文物拍卖的，应当经自治区文物行政部门审核同意后，向国务院文物行政部门申请，并取得国务院文物行政部门颁发的文物拍卖许可证。

经营文物拍卖的拍卖企业不得从事文物购销经营活动，不得设立文物商店。

第四十四条 除经批准的文物商店、经营文物拍卖的企业外，其他单位和个人不得进行文物的销售、拍卖或文物商业经营活动。

第四十五条 在文物商店销售文物、拍卖企业拍卖文物之前，经自治区文物行政部门审核，拍卖的文物报国务院文物行政部门备案。

允许销售的文物，自治区文物行政部门应当作出标识。文物商店和文物拍卖企业不得剥除、更换、挪用、损毁或者伪造该标识。

第四十六条 流通市场内涉及文物的由文物行政部门会同公安、工商部门统一管理，发现非法从事文物商业经营活动的，应当对涉案文物予以依法没收，取缔场所；从事文物走私活动的，由文物行政部门会同公安、海关部门严厉打击。

第七章　文物拍摄、拓印、复制

第四十七条　全国重点文物保护单位内景和馆藏一级文物的拍摄，应当由国务院文物行政部门审批；自治区、市（地）、县级文物保护单位内景和馆藏二级及以下文物的拍摄由自治区文物行政部门审批。

对外宣传工作需要拍摄文物保护单位内景和馆藏文物的，经自治区文物行政部门审查后，报自治区人民政府和国务院文物行政部门审批。

文物拍摄单位在取得国务院文物行政部门或自治区文物行政部门颁发的《文物拍摄许可证》，并与文物保护单位或文物收藏单位签订《文物拍摄安全责任书》缴纳文物利用费后，方可进行文物拍摄。文物利用费的缴纳标准按照国家文物行政部门和自治区有关规定执行。

经批准收取的文物保护利用费，应当用于文物保护，任何单位或者个人不得侵占、挪用。

第四十八条　考古发掘现场不得拍摄。国内新闻单位因新闻采访需要拍摄正在进行的考古发掘现场，应当征得主持发掘单位同意后，经自治区文物行政部门批准。

制作专题片、直播类节目应报请国务院文物行政部门审批。

第四十九条　境外机构和团体需要拍摄文物，不分文物保护单位级别和馆藏文物等级，由负责接待的部门征得自治区文物行政部门同意后，报自治区人民政府和国务院文物行政部门批准。

第五十条　影视片、商业广告片的拍摄仅限于对公众开放的文物保护单位外景。确需拍摄文物保护单位内景及馆藏文物的，拍摄单位应当事先提出计划报自治区文物行政部门批准。

第五十一条　文物保护单位、文物收藏单位与国内出版单位合作发行以文物为主要内容的出版物，应当向当地文物行政部门报送有关合作意向书和图片文字内容，并经自治区文物行政部门批准。

不得擅自提供未发表的文物资料。

第五十二条　自治区行政区域内的金石铭文、壁画、岩画和石窟造像，未经自治区文物行政部门批准不得拓印、复制和临摹。经批准拓印、复制和临摹的，其数量应当严格控制，禁止翻印出售，禁止向国外提供拓片。

第五十三条　文物复制和修复由自治区文物行政部门统一管理。一级品文物的复制和修复，应当报国务院文物行政部门批准。二级品及以下文物的复制，报自治区文物行政部门批准。未经批准，任何单位和个人不得进行文物的复制和修复。

第八章　文物出境进境

第五十四条　自治区行政区域内的国有文物、非国有文物中的珍贵文物和国家禁止出境的其他文物，除经国家批准出境展览与对外文化交流和国务院文物行政部门批准外，一律禁止出境。

第五十五条　除国家指定的报运文物出境的口岸外，其他口岸一律禁止报运文物出境。

第五十六条　文物出境展览，应当经自治区文物行政部门审核，报国务院文物行政部门批准。

第五十七条　临时进境的文物，经海关将文物加封后，交由当事人报文物进出境审核机构审核、登记。文物进出境审核机构查验海关封志完好无损后，对每件临时进境文物标明文物临时进境标识，并登记拍照。

第九章　法　律　责　任

第五十八条　有下列行为之一，尚不构成犯罪的，由县级以上文物行政部门责令改正，造成严重后果的，处 5 万元以上 20 万元以下的罚款；情节严重的，由原发证机关吊销资质证书：

（一）擅自在文物保护单位的保护范围内进行建设工程或爆破、钻探、挖掘等作业的；

（二）在文物保护单位的建设控制地带内进行建设工程，其工程设计方案未经文物行政部门同意、报建设部门批准，对文物保护单位的原有风貌造成破坏的。

第五十九条 违反本条例第四十五条第二款规定的，文物商店和文物拍卖企业剥除、更换、挪用、损毁或者伪造该标识，由文物行政部门责令改正，并处 5000 元以上 5 万元以下的罚款。

第六十条 文物行政部门、国有文物收藏单位、文物商店、经营文物拍卖的拍卖企业的工作人员，有下列行为之一的，依法给予行政处分，情节严重的，依法开除公职或者吊销其从业资格；构成犯罪的，依法追究刑事责任：

（一）文物行政部门的工作人员违反本条例规定，滥用审批权限、不履行职责或者发现违法行为不予查处，造成严重后果的；

（二）文物行政部门的工作人员借用或者以其他方式非法侵占国有文物；

（三）文物行政部门的工作人员举办或者参与文物购销经营单位或者经营文物拍卖的拍卖企业的；

（四）因不履行职责造成文物保护单位、珍贵文物损毁或者流失的；

（五）贪污、挪用文物保护经费的。

前款被开除公职或者被吊销从业资格的人员，自被开除公职或者吊销从业资格之日起 10 年内不得担任文物管理人员或者从事文物经营活动。

第六十一条 公安、工商、海关、建设部门和其他国家机关，违反本条例规定滥用职权、玩忽职守、徇私舞弊，造成国家珍贵文物损毁或者流失的，对负有责任的主管人员和其他直接责任人员依法给予行政处分；构成犯罪的，依法追究刑事责任。

第六十二条 当事人对行政处罚决定不服的，可以依法申请行政复议或者提起行政诉讼。逾期不履行行政处罚决定的，作出处罚决定的行政机关可以申请人民法院强制执行。

第十章　附　　则

第六十三条 本条例自公布之日起施行。

西安历史文化名城保护条例

(2002年2月6日西安市第十二届人民代表大会常务委员会第三十次会议通过，2002年6月7日陕西省第九届人民代表大会常务委员会第三十次会议批准)

第一章 总 则

第一条 为了加强西安历史文化名城的保护，继承和弘扬优秀历史文化遗产，促进城市建设和经济发展，根据《中华人民共和国城市规划法》、《中华人民共和国文物保护法》及有关法律、法规规定，结合本市实际，制定本条例。

第二条 西安历史文化名城保护范围是指在西安市行政区域内体现西安历史文化的古遗址区域、古城墙及其以内区域和历史文化风貌区域。

第三条 在西安历史文化名城保护范围内从事规划、建设、保护、管理和其他活动的，均应遵守本条例。

第四条 西安历史文化名城的保护，实行统筹规划、有效保护、合理利用、科学管理的原则。

第五条 市人民政府应当把历史文化名城的保护和管理工作纳入国民经济和社会发展计划，并将保护、管理和编制规划的经费列入财政预算。

第六条 市规划行政管理部门和市文物行政管理部门主管本市历史文化名城保护管理工作。

市建设、土地、园林、文化、宗教、旅游、环保等行政管理部门，按照法律、法规的规定和市人民政府确定的权限，协同做好历史文化名城的保护管理工作。

区、县人民政府负责本辖区内历史文化名城保护管理工作。

第七条 市人民政府应当组织对西安的历史事件、地名典故、诗词歌赋、地方戏曲、传统工艺、饮食文化、民风民俗等文化遗产，进行搜集、整理、研究、保护和开发利用。

第八条 保护历史文化名城是全社会的责任。任何组织和个人都有保护历史文化名城的义务。

市人民政府应当组织开展历史文化名城保护的宣传教育，增强市民的保护意识。

第九条 鼓励社会各界、国内外组织和个人，以投资、捐赠等形式参与历史文化名城的保护和开发利用。

对在历史文化名城保护工作中做出显著成绩的单位和个人，由市人民政府予以表彰和奖励。

第二章 历史文化名城的规划

第十条 市人民政府应当根据城市总体规划编制西安历史文化名城保护专项规划，制定保护图则。

第十一条 市城市规划行政管理部门应当根据西安历史文化名城保护专项规划编制古遗址区域、古城墙及其以内区域、历史文化风貌区域的控制性详细规划和实施性详细规划。

第十二条 西安历史文化名城保护专项规划应当突出保护明城的完整格局，显示唐城的宏大规模，加强周秦汉唐重大遗址保护管理，并应符合以下要求：

(一) 与国民经济和社会发展计划、城市总体规划、土地利用总体规划相衔接；

(二) 注重保护古城历史风貌、城市格局和空间环境，体现古城特色；

(三) 按照历史文化名城保护的要求，严格控制建筑的高度、体量、色彩和风格；

(四) 适应城市居民现代化生活和工作环境的需要。

第十三条 编制历史文化名城保护专项规划、控制性详细规划和实施性详细规划，应当广泛听取社会各界的意见，组织专家论证。

第十四条 西安历史文化名城保护专项规划、保护图则，报经市人大常委会批准后实施。

控制性详细规划和实施性详细规划，报市人民政府批准后实施。

历史文化名城保护专项规划、控制性详细规划和实施性详细规划批准后，应当向社会公布。

历史文化名城保护专项规划、控制性详细规划、实施性详细规划和保护图则需要作局部变更和调整的，应当按原批准程序报批并公布。

第十五条 在历史文化名城保护范围内进行工程建设的，应当报市城市规划行政管理部门批准。对不符合保护规划要求的，不予办理规划建设审批手续，建设单位不得施工建设。

在文物保护单位周边建设的，建设单位应当向市文物行政管理部门提出申请，按规定程序审查同意后，方可办理规划建设审批手续。

在历史文化名城保护范围内，任何组织和个人不得越权审批建设项目。

第十六条 城市规划行政管理部门应当严格执行和组织实施历史文化名城保护专项规划，加强对历史文化名城保护范围内建设项目的检查、监督和对违法建设的查处。

第十七条 古遗址保护区域、古城墙及其以内区域、历史文化风貌区域内不符合历史文化名城保护专项规划、控制性详细规划、实施性详细规划的建筑物、构筑物及其他设施，应当改造、迁建或者依法拆除。

依照前款规定迁建、拆除建筑物、构筑物及其他设施，属于历史上所形成或者经批准建成的，由所在地的区、县人民政府分期分批组织实施，并按规定予以安置和补偿；属于违法建设的，由市城市规划和文物行政管理部门会同所在地的区、县人民政府组织实施。

第三章 古遗址区域的保护

第十八条 古遗址区域是指被列为文物保护单位的古代所遗留下来的村落、城苑、宫殿等基址保护区域。主要包括：蓝田猿人遗址、半坡遗址、周丰镐遗址、秦阿房宫遗址、汉长安城遗址、唐大明宫和华清宫遗址等。

第十九条 古遗址的重点保护区内，应当保持古遗址的历史风貌和原始地形；禁止挖沙取土、挖建池塘，不得进行与遗址保护无关的工程建设或者从事其他有损遗址的活动。

第二十条 在古遗址保护区域内因特殊需要进行工程建设的，建设单位应当向市文物行政管理部门提出申请，按规定程序审查同意后，方可办理规划建设审批手续。

第二十一条 经批准在古遗址保护区域内进行工程建设的，应当按照规划许可证的要求施工，不得破坏遗址的历史风貌，不得污染环境，不得危及文物安全。

第二十二条 古遗址区域的开发利用应当保持古遗址的完整性，根据西安历史文化名城保护专项规划和遗址保护实施性详细规划，结合古遗址的特点和地理环境，植树种草，改善环境，建设遗址公园、博物苑，提高古遗址的旅游观光价值。

第四章 古城墙及其以内区域的保护

第二十三条 古城墙及其以内区域是指明洪武年在隋唐皇城基础上扩建保留至今的西安城墙区域和城墙以内的区域。

古城墙区域包括西安城墙、护城河、环城林带和环城路。

第二十四条 古城墙以内区域的保护，应当体现历史风貌，保持原有路网格局、街巷特色和名称，其城市功能应当以商贸、旅游为主，逐步降低古城墙以内区域的居住人口密度。

古城墙以内区域的国家机关、城市居民和事业单位的用房建设应当从严限制；不适应城市功能的企业事业单位，应当限期调整或者外迁。

第二十五条 市人民政府应当加强对古城墙、护城河、环城林带的保护管理，修复城墙，治理污染，改善护城河水质，建设环城林带，形成具有古城特色的环城公园。

禁止向护城河排放污水、倾倒垃圾、抛撒废弃物。

第二十六条 严格控制古城墙内、外侧的建筑高度和风格。古城墙内、外侧的工程建设应当符合下列规定：

（一）古城墙内侧 20 米以内的建筑物、构筑物应予拆除，沿墙恢复为马道或者建设为绿地；100 米以内建筑高度不得超过 9 米，建筑形式应当采取传统风格；100 米以外，应当以梯级形式过渡，过渡区的建筑形式应当为青灰色全坡顶建筑；

（二）以东、西、南、北城楼内沿线中心为点，半径 100 米范围内为广场、绿地和道路，周边的建筑物、构筑物应当与城楼的建筑风格、色彩相协调；

（三）以东、西、南、北城楼外沿线中心为点，半径 200 米范围内为广场、绿地和道路，半径 200 米外，建筑高度各以 60 米距离为过渡区，从 24 米以下向 36 米以下、50 米以下递升；

（四）古城墙外侧至环城路林带绿地按照规划只允许建设高度不超过 6 米的园林式公共服务设施；

（五）护城河至环城路之间的地带，应当建设为绿地，已有的建筑物、构筑物应当按照专项规划拆除、改造；

（六）环城路外侧红线以外的建筑高度，应当各以 60 米距离为过渡区，从 24 米以下向 36 米以下、50 米以下递升。

第二十七条 古城墙以内区域的建设项目，应当符合所在保护区的规划要求。新建、改建、扩建的建筑物、构筑物，其体量、造型和色彩应当体现传统建筑风格和特色。

古城墙以内区域的建筑高度实行分区控制，整体建筑控制高度不超过 36 米；综合容积率控制在 2.5 米以下；在单位和居民院落内不得插建建筑物。

维修、改建、翻建传统建筑物、构筑物和传统民居、店铺，应当修旧如旧，保持原貌。

第二十八条 古城墙以内区域的北院门、三学街、竹笆市、德福巷、湘子庙街区为历史街区。

北院门街区东至社会路、西至早慈巷、北至红阜街、南至西大街，三学街街区东至开通巷、西至南大街、南至城墙、北至东木头市，其街区内的建筑应当保持传统庭院式格局和建筑风格。

竹笆市、德福巷、湘子庙街区的临街建筑，应当保持、恢复为传统建筑风格。

第二十九条 钟楼、鼓楼、碑林、宝庆寺塔、城隍庙、化觉巷清真寺以及八路军西安办事处、西安事变旧址等古城墙以内的文物保护单位，应当按照文物保护法的规定予以保护，其周边的建筑高度、风格应当与保护对象相协调。

第三十条 钟楼至东、西、南、北城楼划定文物占迹通视走廊。钟楼至东门城楼通视走廊宽度为 50 米，通视走廊内建筑高度不得超过 9 米，通视走廊外侧 20 米以内建筑高度不得超过 12 米；钟楼至西门城楼通视走廊宽度为 100 米，通视走廊内建筑高度不得超过 9 米；钟楼至南门城楼通视走廊宽度为 60 米；钟楼至北门城楼通视走廊宽度为 50 米。

第三十一条 在古城墙以内区域设置户外广告，应当符合户外广告设置规划。在钟楼盘道和东、西、南、北城楼盘道内侧以及外侧周边的建筑物上，不得设置户外广告牌。

第三十二条 市人民政府应当加强古城墙以内区域园林、绿地、古树名木和广场的保护管理工作，有计划地新建、扩建城市街心花园、街头绿地、休闲广场，增加行道树木，扩大植被。

第五章 历史文化风貌区域的保护

第三十三条 历史文化风貌区域是指除古遗址区域、古城墙及其以内区域外，以文物古迹为依托，所形成的体现文物景观、环境风貌和其所在历史时期文化特色的一定范围的区域。主要包括：秦始皇陵园、霸陵、大雁塔、小雁塔、华清池、楼观台、大兴善寺、兴教寺、青龙寺、草堂寺、八仙庵、水陆庵等保护区域。

第三十四条 历史文化风貌区域应当保持文物古迹所在地的自然环境、整体格局和空间形态,保护反映历史风貌的建筑物、构筑物、道路、河流、树木和绿地等。

第三十五条 历史文化风貌区域的改造、建设,应当以开辟绿地、广场为主,根据保护规划需要建设少量的文化旅游设施和管理用房的,其建筑物的体量、造型、风格和色彩,应当与文物古迹相协调。

第六章 法 律 责 任

第三十六条 在历史文化名城保护范围内,有下列行为之一的,其批准文件无效,对直接负责的主管人员和其他直接责任人员依法给予行政处分;给当事人造成损失的,依法予以赔偿:

(一)无权批准而非法批准建设工程的;

(二)超越批准权限批准建设工程的;

(三)违反本条例规定的审批程序颁发建设工程规划许可证的。

第三十七条 违反本条例规定,在历史文化名城保护范围内,有下列行为之一的,由城市规划行政主管部门责令拆除或者限期改正,并可处违法建设工程总造价百分之三至百分之十的罚款:

(一)未办理建设规划方案审批手续进行施工建设的;

(二)违反建设工程规划许可证的规定,改变建筑物、构筑物使用性质、造型、立面、色彩、面积、高度、密度、容积率的。

第三十八条 在历史文化名城保护范围内,违反文物保护法律、法规规定,进行勘探、建设或者损坏文物及文物保护标志的,由文物行政管理部门依照有关法律、法规的规定,给予行政处罚;构成犯罪的,依法追究刑事责任。

第三十九条 违反本条例的其他行为,由建设、土地、旅游、园林、环保等行政管理部门依照有关法律、法规的规定,给予行政处罚。

第四十条 依照本条例实施行政处罚,应当按照《中华人民共和国行政处罚法》规定的程序和执行措施进行。

对单位罚款 100 万元以上、对个人罚款 10 万元以上或者作出拆除违法建筑决定的,当事人有权要求听证。

第四十一条 城市规划、文物行政管理部门及其工作人员,玩忽职守、滥用职权、徇私舞弊、索贿受贿、拖延或者拒绝履行法定职责,造成历史文化名城保护对象受到损害的,对直接负责的主管人员和其他直接责任人员依法给予行政处分;构成犯罪的,依法追究刑事责任。

第七章 附 则

第四十二条 本条例自 2002 年 8 月 1 日起施行。

银川市历史文化名城保护条例

(2005年8月5日银川市第十二届人民代表大会常务委员会第十一次会议通过，2005年9月16日宁夏回族自治区第九届人民代表大会常务委员会第十八次会议批准)

第一条 为加强对银川历史文化名城的保护，根据《中华人民共和国文物保护法》和《中华人民共和国城市规划法》等法律、法规，结合本市实际，制定本条例。

第二条 历史文化名城保护（以下简称名城保护）的规划、建设和管理，适用本条例。

第三条 名城保护应当坚持统筹规划、统一管理、保护为主、合理利用的原则。

第四条 市人民政府统一领导名城保护工作。

县（区、市）、乡镇人民政府负责本辖区内有关名城保护的具体工作。

市规划行政部门负责名城保护的规划管理工作。

市文物行政部门负责名城保护的日常管理工作。

市发改委、财政、建设、宗教、公安、民政、园林、水务、环保、城管等部门，应当按照各自职责，协同做好名城保护的相关工作。

第五条 名城保护应当体现塞上江南、西夏古都、回族风情的文化特色，保护的主要内容：

（一）银川旧城格局、城墙遗存和具有传统风貌、历史文化特色的街区、民居及其他建筑；

（二）磁窑堡南磁湾恐龙化石群、水洞沟旧石器时代文化遗址、贺兰山岩画、马鞍山岩画、长城、兵沟汉墓群及贺兰山东麓的文化遗存和生态景观；

（三）秦渠、汉渠、汉延渠、唐徕渠等古灌溉渠系和宝湖、鸣翠湖、西湖（阅海）、鹤泉湖等湖泊湿地生态景观；

（四）西夏陵、承天寺塔及寺院、拜寺口双塔、宏佛塔、磁窑堡西夏瓷窑遗址等西夏遗存；

（五）海宝塔及寺院、鼓楼、玉皇阁、南薰门楼、文昌阁、灵武古城墙、镇河塔、李俊塔、马鞍山甘露寺等古建筑；

（六）纳家户清真寺、清真中寺、滚钟口克马伦丁长老拱北清真寺等；

（七）经确定公布的古树名木和近现代优秀建筑、雕塑；

（八）各级文物保护单位和具有历史、科学、艺术价值的地上、地下文物古迹；

（九）风景名胜区、自然保护区内的人文景观；

（十）法律、法规中确定的保护内容。

第六条 各级人民政府应当组织相关部门对下列确有价值的非物质文化遗产进行搜集、整理、研究和开发利用：

（一）历史事件、地名典故、诗词歌赋、地方戏曲、民风民俗；

（二）贺兰石石雕工艺；

（三）具有民族和地方特色的饮食、服饰等生活实物的传统制作工艺；

（四）体现银川历史文化内涵的地名、老字号等；

（五）其他具有开发利用价值的文化遗产。

第七条 加强传统文化艺术的挖掘和整理，扶持教育、文化、研究机构培养有关专业人才，鼓励名老艺人传徒、授艺，继承和发扬优秀的传统文化艺术。

第八条 各级人民政府应当将名城保护工作纳入国民经济和社会发展规划，所需经费列入本级财政预算。

鼓励单位和个人以捐赠、资助、提供技术服务等方式参与名城保护与开发利用工作。

第九条 名城保护规划由市人民政府组织编制实施。

在名城保护范围内，文物古迹比较集中的区域，或比较完整地体现某一历史时期传统风貌或民族地方特色的街区、建筑群等，应当划定历史文化保护区及重点保护区。

名城保护范围内的历史文化保护区及重点保护区的详细规划，由市规划行政部门会同文物行政部门编制，报市人民政府批准后组织实施。

保护区的划定与调整，由市规划、文物等行政部门及所在地人民政府审核，按规定程序报批后公布。

第十条 保护区应当划定保护范围和建设控制地带，设置保护标志，建立记录档案，明确管理单位。

保护区的保护标志，由市人民政府设置，任何单位和个人不得损毁或擅自移动。

第十一条 未列入名城保护，但能够体现名城特色的建筑物、构筑物、人文景观，由市文物行政部门会同规划等有关部门进行勘查，符合条件的，按照规定程序报批后实施规划控制。

第十二条 名城保护确定的民居、近现代优秀建筑等的维修，应保持原状及原有风貌。确需改建、扩建和维修的，市规划行政部门和市文物行政部门应当进行听证，经市规划行政部门和市文物行政部门审核同意后，报市人民政府批准实施。

第十三条 确定保护的传统建筑物、构筑物和其他设施，产权变更应当报市规划行政部门和文物行政部门备案。产权变更后，不得擅自改变其传统风貌。

第十四条 在文物保护单位的建设控制地带内进行建设工程，不得破坏文物保护单位的历史风貌；工程设计方案应当根据文物保护单位的级别，经相应的文物行政部门同意后，报规划部门批准。

第十五条 名城保护范围内进行的建设工程涉及文物保护单位的，应当符合有关文物保护的法律、法规的规定。

施工过程中发现文物应当立即停止施工，保护现场，并报告市文物行政部门，任何人不得哄抢、私分、藏匿文物。

第十六条 任何单位和个人都有保护名城的义务。

对名城保护工作中做出成绩的单位和个人，各级人民政府给予表彰奖励。

第十七条 违反本条例第十条第二款规定，损毁或擅自移动保护区的保护标志的，除应当赔偿外，由市文物行政部门给予警告，可以并处200元以下的罚款。

第十八条 违反本条例第十二条规定，擅自维修名城保护确定的民居、近现代优秀建筑等，或任意改建、扩建和添建，尚不构成犯罪的，由市文物行政部门责令改正；造成严重后果的，处1万元以上10万元以下罚款。

第十九条 违反本条例第十三条规定，擅自改变确定保护的传统建筑物、构筑物和其他设施传统风貌的，由市文物行政部门责令改正，造成严重后果的，处以1万元以上10万以下的罚款。

第二十条 违反本条例第十四条规定，擅自在文物保护单位的建设控制地带内进行建设工程，或对文物保护单位历史风貌造成严重后果的，由市文物行政部门处5万元以上50万元以下罚款；构成犯罪的依法追究刑事责任。

第二十一条 违反本条例第十五条规定，发现文物哄抢、私分的，由司法机关依法追究刑事责任；发现文物藏匿不报或者拒不上交，尚不构成犯罪的，由市文物行政部门会同公安机关追缴文物；情节严重的，处5000元以上5万元以下的罚款。

第二十二条 行政机关及其工作人员玩忽职守、滥用职权、徇私舞弊，致使历史文物、传统风貌遭受破坏的，对负有责任的主管人员和其他直接责任人员依法给予行政处分；构成犯罪的，依法追究刑事责任。

第二十三条 当事人对行政部门所做的行政处罚不服的，可依法申请行政复议或提起诉讼。当事人在法定期限内不申请复议也不起诉又不履行处罚决定的，由做出处罚决定的行政机关申请人民法院强制执行。

第二十四条 本条例自2005年11月1日施行。

甘肃省文物保护条例

(2005年9月23日甘肃省第十届人大常委会第十八次会议通过)

第一条 根据《中华人民共和国文物保护法》、《中华人民共和国文物保护法实施条例》和有关法律法规，结合本省实际，制定本条例。

第二条 本省行政区域内文物和具有科学价值的古脊椎动物化石、古人类化石的保护、利用和管理，适用本条例。

第三条 各级人民政府负责本行政区域内的文物保护工作。

县级以上人民政府承担文物保护工作的行政部门（以下简称文物行政部门）对本行政区域的文物保护工作实施监督和管理。其他有关部门在各自职责范围内依法做好文物保护工作。

第四条 县级以上人民政府应当将文物保护事业纳入本级国民经济和社会发展规划，将文物保护所需经费列入同级财政预算。

政府的财政拨款应当保障国有文物保护单位的修缮、保养，考古发掘，国有文物的安全保护，以及国有博物馆和文物收藏单位收藏、展示文物的基本经费需求。

第五条 各级人民政府应当合理利用文物资源，鼓励和支持社会各方面参与文物的保护和利用。

各级人民政府应当加强对近现代文物、少数民族文物和宗教文物的搜集、整理、研究、保护和利用工作。

各级文物行政部门应当会同教育、科技、新闻出版、广播电视等部门，做好文物保护的宣传教育工作。

第六条 各级人民政府应当对下列文物实行重点保护：

（一）长城、石窟寺、大型古文化遗址和古墓葬、古建筑；

（二）彩陶、简牍等馆藏文物；

（三）有重大纪念意义的革命历史文物；

（四）其他需要重点保护的文物。

第七条 依法核定公布的历史文化名城、街区和村镇，所在地人民政府应当按照国家和省有关规定制定保护规划和具体保护措施。

在历史文化名城、街区和村镇内进行工程建设，应当符合文物保护规划，其建设单位应当事先征求文物行政部门的意见，制定保护方案。

第八条 省文物行政部门负责组织制定省级以上文物保护单位的具体保护措施，并公告施行。

市（州）、县级文物行政部门负责组织制定本级文物保护单位的具体保护措施，并公告施行。

第九条 尚未核定公布为文物保护单位的不可移动文物，由县级文物行政部门组织调查，对其名称、类别、位置、范围等予以登记和公布，报上一级文物行政部门备案，并建立记录档案，制定保护管理措施。

第十条 未经文物行政部门同意，不得在文物保护单位的保护范围和建设控制地带内修建建筑物和构筑物，确需修建的，其形式、高度、体量、色调等应当符合文物保护单位的环境风貌。

第十一条 使用、管理不可移动文物的公民、法人和其他组织应当保持文物原有的整体性，对其附属物不得随意进行彩绘、添建、改建、迁建、拆毁，不得改变文物的结构和原状，并与当地文物行政部门签订保护协议，接受文物部门的业务指导和监督。

第十二条 不可移动文物经批准迁移异地保护的，建设单位应当制定迁移保护方案，落实移建地址和经费，做好测绘、文字记录和摄像等档案工作。移建工程应当与不可移动文物的迁移同步进行，并由文物行政部门组织专家进行指导和验收。

第十三条 国有不可移动文物不得转让、抵押，不得作为企业资产经营。改变国有文物保护单位的管理体制，应当由核定公布该文物保护单位的人民政府征得上一级文物行政部门的意见后批准。

第十四条 在古建筑内安装电器设备和设置生产用火，应当按照文物保护单位的级别报相关的文物行政部门和所在地公安消防机构批准。

第十五条 市（州）、县级人民政府可以组织文物等行政部门对本行政区域内有可能集中埋藏文物的地区进行勘查，经核实后划定公布为地下文物埋藏区。

任何单位和个人未经文物行政部门批准，不得在划定的地下文物埋藏区域内擅自挖掘和进行工程建设。

第十六条 因自然原因发现地下文物，当地文物行政部门在接到发现人报告后应当立即保护现场，组织有关单位进行清理，并向省文物行政部门报告，必要时可以由省文物行政部门组织进行考古发掘。

第十七条 因自然或者人为原因构成文物灭失或者损毁危险的，当地人民政府应当及时组织有关部门进行抢救。

第十八条 考古发掘中的重要发现如需对外公布，考古发掘单位应当向省文物行政部门报告。

第十九条 国有博物馆和文物收藏单位收藏、陈列、展出文物应当具备下列条件：

（一）有固定的场所、库房；

（二）有必要的经费保障；

（三）有相应的文物保存柜架，一级文物和经济价值贵重的藏品，要设有专柜；

（四）有与文物收藏、陈列、展出等活动相适应的专业技术人员和安全保卫人员；

（五）有符合规定的安全、消防设施；

（六）法律、法规规定的其他条件。

第二十条 国有博物馆和文物收藏单位应当按照国家有关规定确认风险等级，并达到安全防护级别要求。没有达到安全防护要求的，不得陈列、展出文物，其收藏的珍贵文物由省文物行政部门指定具备条件的单位代为保管。

第二十一条 国有博物馆和文物收藏单位应当建立文物的总账、分类账、编目卡片等档案，并建立馆藏文物核查制度，定期进行检查。

第二十二条 馆藏文物的级别由文物行政部门组织专家鉴定。一、二级文物由省文物行政部门组织专家确认；三级文物由省文物行政部门或者受其委托的市（州）文物行政部门组织专家确认。

第二十三条 国有博物馆和文物收藏单位申请交换馆藏二级以下文物的，交换双方应当向省文物行政部门提出书面申请，经省文物行政部门审核批准后方可交换。

馆藏文物交换双方应当对文物交换情况予以记录，对文物档案作相应变更。

第二十四条 非国有文物收藏单位举办展览借用国有馆藏二级以下文物的，应当提供不低于所借文物估价的相应担保。出借方应当向主管的文物行政部门提出书面申请，获准后方可借出。

第二十五条 国有博物馆和文物收藏单位的新建、改建和扩建设计方案，应当符合城市建设规划和国家或者行业有关标准。

第二十六条 国有博物馆和文物收藏单位应当将其收藏的文物或者图片资料尽可能向社会开放，对展示的文物应当采取保护措施。

第二十七条 国有博物馆和文物收藏单位公开展出的文物，参观者可以拍摄留念。不能拍摄的，应当设置明显标识。

第二十八条 国有博物馆和文物收藏单位处置不够入藏标准的文物和标本，应当经省文物行政部门审批。

第二十九条 鼓励公民、法人和其他组织设立博物馆，依法收藏文物。

依照前款规定设立的博物馆应当将其文物收藏清单报主管的文物行政部门备案；其中珍贵文物收藏情况如有变动，应当及时报告原备案的文物行政部门。

第三十条 文物商店不得剥除、更换、挪用、损毁或者伪造省文物行政部门粘贴在允许销售的文物上的标识，不得买卖国家禁止买卖的文物或者销售未经省文物行政部门审核的文物。

第三十一条 文物商店应当对购买、销售的文物作出记录，并于购买、销售之日起 60 日内向省文物行政部门备案。

第三十二条 拍卖企业拍卖的文物，在拍卖前应当经省文物行政部门审核，对拍卖的文物作出记录，并于拍卖活动结束之日起 60 日内向省文物行政部门备案。

第三十三条 有文物保护单位的参观游览场所，应当从门票收入中提取一定的比例用于文物保护单位的修缮、保养和安全管理。其经费应当在财政部门的监管下，由该文物保护单位的管理机构使用。

第三十四条 拓印内容涉及我国疆域、外交、民族关系的古代石刻，应当报省文物行政部门批准。

第三十五条 利用文物保护单位拍摄电影、电视和其他资料以及举办大型活动的，拍摄单位或者举办者应当按照审批权限报相应的人民政府文物行政部门批准。更改拍摄计划或者活动计划的，应当报原批准的文物行政部门重新批准。

拍摄单位和举办者应当制定文物保护预案，落实保护措施。文物行政部门应当对拍摄单位和举办者的活动进行监督。

利用文物保护单位拍摄电影、电视和其他资料以及举办大型活动的，文物保护单位的管理机构所得收益应当用于文物保护。

第三十六条 违反本条例第十一条规定，使用、管理不可移动文物的公民、法人和其他组织对文物擅自进行彩绘、添建、改建、迁建、拆毁，改变文物的结构和原状的，由县级以上文物行政部门责令改正，限期恢复原状，造成严重后果的，处五万元以上五十万元以下的罚款。

第三十七条 违反本条例第十五条第二款规定，在划定的地下文物埋藏区域内擅自挖掘和进行工程建设，由县级以上文物行政部门责令其立即停止挖掘和工程施工，限期恢复原状。

第三十八条 违反本条例第三十条规定，文物商店剥除、更换、挪用、损毁或者伪造省文物行政部门粘贴在允许销售的文物上的标识，销售未经审核文物的，由省文物行政部门责令改正，并通报工商行政管理部门依法处理；买卖国家禁止买卖的文物的，由县级以上文物行政部门依照国家有关规定处理。

第三十九条 违反本条例第三十五条规定，拍摄单位擅自拍摄电影、电视和其他资料或者更改拍摄计划的，由省文物行政部门予以警告，并收缴非法摄、录制品；造成严重后果的，并处二千元以上二万元以下的罚款；对负有责任的主管人员和其他直接责任人员依法给予行政处分。举办大型活动造成文物损坏的，依法承担相应的民事责任。

第四十条 地方各级人民政府及有关部门不履行文物保护和管理职责的，由上级人民政府责令改正，并予以通报批评；对直接负责的主管人员和其他直接责任人员依法给予行政处分。

第四十一条 文物行政部门和其他有关部门的工作人员玩忽职守、滥用职权、徇私舞弊的，由其所在单位或者上级主管机关给予行政处分；构成犯罪的，依法追究刑事责任。

第四十二条 违反本条例规定，法律、法规已有处罚规定的，从其规定。

第四十三条 本条例自 2005 年 12 月 1 日起施行。

新疆维吾尔自治区历史文化名城街区建筑保护条例

(2002年5月31日新疆维吾尔自治区第九届人大常委会第二十八次会议通过)

第一章 总 则

第一条 为了加强自治区历史文化名城、街区、建筑的保护和管理,继承历史文化遗产,保护城市传统风貌及地方、民族特色,根据《中华人民共和国城市规划法》、《中华人民共和国文物保护法》和有关法律、法规,结合自治区实际,制定本条例。

第二条 自治区行政区域内历史文化名城,以及具有较高历史文化价值的街区、建筑的确定、规划、保护和利用,适用本条例。

第三条 县级以上人民政府依照本条例履行历史文化名城、街区、建筑的保护职责。县级以上人民政府规划行政主管部门,负责本行政区域内历史文化名城、街区、建筑的保护工作。文物、土地、环境保护、旅游等部门,依据有关法律法规,在各自职责范围内,做好与历史文化名城、街区、建筑相关的自然资源、人文资源的保护工作。

第四条 对历史文化名城、街区、建筑应当坚持有效保护、合理利用、科学管理的原则。

第五条 各级人民政府应当鼓励和支持公民、法人和其他组织依法从事历史文化名城、街区、建筑的保护、维修与科学研究活动,对在历史文化名城、街区、建筑保护工作中做出突出贡献的单位和个人给予表彰和奖励。任何单位和个人都有保护历史文化名城、街区、建筑的义务,有权检举、控告和制止破坏、损害历史文化名城、街区、建筑的行为。

第二章 历史文化名城街区建筑的确定

第六条 历史文化名城分为国家级和自治区级。国家级历史文化名城申报审批条件和程序,依据国家有关规定执行。自治区级历史文化名城,由县级以上人民政府组织规划、文物等部门按照下列条件审查,报自治区人民政府批准公布:

(一)古代政治、经济、文化、民族发展史上的重要城镇或近代重大历史事件发生地,有丰富的历史文化遗迹和实物遗存;

(二)文物古迹丰富,具有较高的历史文化价值,对城市性质、发展方向具有重要影响;

(三)城市传统风貌与格局独具特色,反映历史风貌的建筑物、构筑物、道路、河流、树木等环境要素保存完整。

第七条 历史文化街区,由市、县人民政府规划行政主管部门会同文物等有关部门组织鉴定,符合下列条件之一的,由市、县人民政府批准后公布,报自治区人民政府规划行政主管部门备案:

(一)历史文化建筑集中连片;

(二)街区内有丰富的传统文化艺术、民风民俗遗存和传统民间工艺制作。

第八条 历史文化建筑,由市、县人民政府规划行政主管部门会同文物等有关部门组织鉴定,符合下列条件之一的,由市、县人民政府批准后公布:

(一)具有重要的政治、经济、历史、文化、科学、艺术价值;

(二)能够较完整真实地体现地方、民族特色和传统风貌;

(三)建筑类型、空间形式和建筑艺术独具特色。历史文化建筑依法确定后,其原权属关系不变。

第九条 历史文化名城、街区、建筑审查审批前,应当由审查鉴定机关组织专家委员会进行评审。

第十条　市、县人民政府规划行政主管部门应当在历史文化名城、街区主要出入口和历史文化建筑上设置保护标志。保护标志主要包括历史文化名城、街区和建筑的名称、内容、年代、批准机关、树立标志机关以及实施保护的期间。任何单位和个人不得涂抹、刻划、损毁或者擅自移动保护标志。

第十一条　各级人民政府应当组织规划、文物等有关部门开展历史文化名城、街区、建筑的普查，发掘历史人文资源，积极做好历史文化名城、街区、建筑的申报和审批工作。

第三章　历史文化名城街区建筑的保护

第十二条　历史文化名城经批准公布后，市、县人民政府应当在一年内组织规划、文物、土地、环境保护、旅游等有关部门编制历史文化名城保护规划。历史文化街区经批准公布后，市、县人民政府规划行政主管部门应当在6个月内会同有关部门编制历史文化街区保护规划。

第十三条　编制历史文化名城和街区保护规划，应当依据国家、自治区规划编制要求，科学论证，广泛征求有关部门、专家学者、社会公众的意见。

第十四条　历史文化名城保护规划按照《新疆维吾尔自治区实施〈城市规划法〉办法》的规定审批。历史文化街区保护规划，经自治区人民政府规划行政主管部门审核同意后，由市、县人民政府批准。

第十五条　历史文化名城和历史文化街区的保护规划一经批准，市、县人民政府应当予以公布，公布的保护规划，任何单位和个人都必须遵守，不得擅自变更。

第十六条　在历史文化名城、街区保护规划范围内从事工程建设活动，应当符合保护规划的要求，保持历史文化名城的传统风貌与格局。建设项目的布局、造型、体量、高度、色调等，应当与周围景观风貌相协调。

第十七条　在历史文化名城、街区保护规划范围内进行新区建设和旧城改造，市、县人民政府应当事先组织有关专家对建设方案进行论证，并广泛听取社会各方面意见。

第十八条　市、县人民政府规划行政主管部门应当会同有关部门，在历史文化建筑周围划定工程建设控制区。控制区根据建筑的类别、规模、周边环境和相邻关系等因素合理确定。工程建设控制区范围报市、县人民政府批准后公布。在控制区内从事工程建设不得改变地形地貌，损坏历史文化建筑，或者影响历史文化建筑的景观效果。

第十九条　历史文化建筑的所有权人或者使用人，应当合理利用历史文化建筑，不得损毁历史文化建筑或者擅自改变历史文化建筑的造型、高度、体量、色调，实施清洁、维修活动必须保持其原貌。对历史文化建筑进行维修、装修，应当制定设计、施工方案，报市、县人民政府规划行政主管部门审查同意后，方可实施。因禁止拆除、改扩建历史文化建筑，直接影响产权所有人利益的，市、县人民政府应对产权所有人另行安置，原建筑由市、县人民政府作价收回，归国家所有。

第二十条　严禁擅自拆除历史文化建筑。因特殊需要必须拆除历史文化建筑的，由所在地市、县人民政府规划行政主管部门会同有关部门提出审查意见，经自治区人民政府规划行政主管部门审核同意后，由市、县人民政府批准。

第二十一条　市、县人民政府应当采取有效措施，不断改善历史文化名城基础设施条件，防止环境污染，有计划、有步骤地组织对历史文化名城、街区、建筑进行维护，对濒危的或者遭到破坏的历史文化街区和建筑，及时组织抢修、整治。

第二十二条　县级以上人民政府应当将历史文化名城、街区、建筑保护经费纳入财政预算，保护经费必须专项用于历史文化名城、街区、建筑的保护工作。在保持历史文化名城、街区、建筑风格和原貌的前提下，鼓励单位和个人通过多种形式投资历史文化名城、街区、建筑，进行开发利用、维修和保护等活动。

第二十三条 市、县人民政府规划行政主管部门应当建立健全历史文化名城、街区、建筑档案，收集有关历史沿革、城市变迁等资料，做好保护工作的记载。

第二十四条 经批准的历史文化名城、街区因保护不善或者其他原因，已经不具备规定的条件，历史文化建筑已经丧失保护价值的，按照审批程序由原批准机关取消其历史文化保护名称。

第二十五条 历史文化名城、街区内的文物保护，依照《中华人民共和国文物保护法》规定执行。已经依法确定为文物保护单位的建筑，不重复进行历史文化建筑鉴定登记。县级以上人民政府规划行政主管部门应当配合文物部门做好相关的保护工作。

第四章 法 律 责 任

第二十六条 违反本条例规定，市、县人民政府不履行组织编制历史文化名城或街区保护规划职责，不执行保护规划，擅自调整保护规划，或者建设方案未经论证擅自进行新区建设和旧城改造的，由其上一级人民政府规划行政主管部门提请自治区人民政府，予以通报批评，并责令限期改正；逾期仍不改正的，按管理权限对负有领导责任的人员给予行政处分。

第二十七条 违反本条例第十条第二款规定，由市、县人民政府规划行政主管部门责令改正，造成损失的，依法承担赔偿责任，并处 50 元以上 500 元以下罚款。

第二十八条 违反本条例第十六条规定，由市、县人民政府规划行政主管部门责令停止违法行为，采取补救措施；严重影响保护规划的，限期拆除，并处 1 万元以上 5 万元以下罚款。

第二十九条 违反本条例第十八条第二款规定，由市、县人民政府规划行政主管部门责令停止违法行为，恢复原状，采取补救措施，并处 1 万元以上 2 万元以下罚款；造成严重后果的，处 2 万元以上 5 万元以下罚款。

第三十条 违反本条例第十九条第一、二款规定，由市、县人民政府规划行政主管部门责令停止违法行为，恢复原状，并处 500 元以上 5000 元以下罚款；无法恢复原状的，处被损坏建筑价值 1 倍以上 3 倍以下罚款；对所有权人造成损失的，依法承担赔偿责任。

第三十一条 违反本条例第二十条规定，由市、县人民政府规划行政主管部门责令按原貌恢复重建，并处被拆除建筑价值 1 倍以上 3 倍以下罚款；无法恢复重建的，处建筑价值 3 倍以上 5 倍以下罚款；对所有权人造成损失的，依法承担赔偿责任。

第三十二条 违反本条例规定，县级以上人民政府规划行政主管部门不履行历史文化名城、街区、建筑的管理、保护和监督执法职责的，由同级人民政府或者上一级人民政府规划行政主管部门责令限期改正；情节严重，造成历史文化名城、街区、建筑损坏后果的，对主要负责人和直接责任人员给予行政处分。

第五章 附 则

第三十三条 历史文化建筑的价值，由市、县人民政府规划行政主管部门会同文物、房产等有关部门组织专家论证，予以确定。

第三十四条 本条例自 2002 年 8 月 1 日起施行。

第二篇

规章规范

四、部门规章

城市紫线管理办法

(2003年11月15日建设部第22次常务会议审议通过，2004年2月1日起施行)

第一条 为了加强对城市历史文化街区和历史建筑的保护，根据《中华人民共和国城市规划法》、《中华人民共和国文物保护法》和国务院有关规定，制定本办法。

第二条 本办法所称城市紫线，是指国家历史文化名城内的历史文化街区和省、自治区、直辖市人民政府公布的历史文化街区的保护范围界线，以及历史文化街区外经县级以上人民政府公布保护的历史建筑的保护范围界线。本办法所称紫线管理是划定城市紫线和对城市紫线范围内的建设活动实施监督、管理。

第三条 在编制城市规划时应当划定保护历史文化街区和历史建筑的紫线。国家历史文化名城的城市紫线由城市人民政府在组织编制历史文化名城保护规划时划定。其他城市的城市紫线由城市人民政府在组织编制城市总体规划时划定。

第四条 国务院建设行政主管部门负责全国城市紫线管理工作。

省、自治区人民政府建设行政主管部门负责本行政区域内的城市紫线管理工作。

市、县人民政府城乡规划行政主管部门负责本行政区域内的城市紫线管理工作。

第五条 任何单位和个人都有权了解历史文化街区和历史建筑的紫线范围及其保护规划，对规划的制定和实施管理提出意见，对破坏保护规划的行为进行检举。

第六条 划定保护历史文化街区和历史建筑的紫线应当遵循下列原则：

（一）历史文化街区的保护范围应当包括历史建筑物、构筑物和其风貌环境所组成的核心地段，以及为确保该地段的风貌、特色完整性而必须进行建设控制的地区。

（二）历史建筑的保护范围应当包括历史建筑本身和必要的风貌协调区。

（三）控制范围清晰，附有明确的地理坐标及相应的界址地形图。

城市紫线范围内文物保护单位保护范围的划定，依据国家有关文物保护的法律、法规。

第七条 编制历史文化名城和历史文化街区保护规划，应当包括征求公众意见的程序。审查历史文化名城和历史文化街区保护规划，应当组织专家进行充分论证，并作为法定审批程序的组成部分。

市、县人民政府批准保护规划前，必须报经上一级人民政府主管部门审查同意。

第八条 历史文化名城和历史文化街区保护规划一经批准，原则上不得调整。因改善和加强保护工作的需要，确需调整的，由所在城市人民政府提出专题报告，经省、自治区、直辖市人民政府城乡规划行政主管部门审查同意后，方可组织编制调整方案。

调整后的保护规划在审批前，应当将规划方案公示，并组织专家论证。审批后应当报历史文化名城批准机关备案，其中国家历史文化名城报国务院建设行政主管部门备案。

第九条 市、县人民政府应当在批准历史文化街区保护规划后的一个月内，将保护规划报省、自治区人民政府建设行政主管部门备案。其中国家历史文化名城内的历史文化街区保护规划还应当报国务院建设行政主管部门备案。

第十条 历史文化名城、历史文化街区和历史建筑保护规划一经批准，有关市、县人民政府城乡规划行政主管部门必须向社会公布，接受公众监督。

第十一条 历史文化街区和历史建筑已经破坏，不再具有保护价值的，有关市、县人民政府应当向所在省、自治区、直辖市人民政府提出专题报告，经批准后方可撤销相关的城市紫线。

撤销国家历史文化名城中的城市紫线，应当经国务院建设行政主管部门批准。

第十二条 历史文化街区内的各项建设必须坚持保护真实的历史文化遗存，维护街区传统格局和风貌，改善基础设施、提高环境质量的原则。历史建筑的维修和整治必须保持原有外形和风貌，保护范围内的各项建设不得影响历史建筑风貌的展示。

市、县人民政府应当依据保护规划，对历史文化街区进行整治和更新，以改善人居环境为前提，加强基础设施、公共设施的改造和建设。

第十三条 在城市紫线范围内禁止进行下列活动：

（一）违反保护规划的大面积拆除、开发；

（二）对历史文化街区传统格局和风貌构成影响的大面积改建；

（三）损坏或者拆毁保护规划确定保护的建筑物、构筑物和其他设施；

（四）修建破坏历史文化街区传统风貌的建筑物、构筑物和其他设施；

（五）占用或者破坏保护规划确定保留的园林绿地、河湖水系、道路和古树名木等；

（六）其他对历史文化街区和历史建筑的保护构成破坏性影响的活动。

第十四条 在城市紫线范围内确定各类建设项目，必须先由市、县人民政府城乡规划行政主管部门依据保护规划进行审查，组织专家论证并进行公示后核发选址意见书。

第十五条 在城市紫线范围内进行新建或者改建各类建筑物、构筑物和其他设施，对规划确定保护的建筑物、构筑物和其他设施进行修缮和维修以及改变建筑物、构筑物的使用性质，应当依照相关法律、法规的规定，办理相关手续后方可进行。

第十六条 城市紫线范围内各类建设的规划审批，实行备案制度。

省、自治区、直辖市人民政府公布的历史文化街区，报省、自治区人民政府建设行政主管部门或者直辖市人民政府城乡规划行政主管部门备案。其中国家历史文化名城内的历史文化街区报国务院建设行政主管部门备案。

第十七条 在城市紫线范围内进行建设活动，涉及文物保护单位的，应当符合国家有关文物保护的法律、法规的规定。

第十八条 省、自治区建设行政主管部门和直辖市城乡规划行政主管部门，应当定期对保护规划执行情况进行检查监督，并向国务院建设行政主管部门提出报告。

对于监督中发现的擅自调整和改变城市紫线，擅自调整和违反保护规划的行政行为，或者由于人为原因，导致历史文化街区和历史建筑遭受局部破坏的，监督机关可以提出纠正决定，督促执行。

第十九条 国务院建设行政主管部门，省、自治区人民政府建设行政主管部门和直辖市人民政府城乡规划行政主管部门根据需要可以向有关城市派出规划监督员，对城市紫线的执行情况进行监督。

规划监督员行使下述职能：

（一）参与保护规划的专家论证，就保护规划方案的科学合理性向派出机关报告；

（二）参与城市紫线范围内建设项目立项的专家论证，了解公示情况，可以对建设项目的可行性提出意见，并向派出机关报告；

（三）对城市紫线范围内各项建设审批的可行性提出意见，并向派出机关报告；

（四）接受公众的投诉，进行调查，向有关行政主管部门提出处理建议，并向派出机关报告。

第二十条 违反本办法规定，未经市、县人民政府城乡规划行政主管部门批准，在城市紫线范围内进行建设活动的，由市、县人民政府城乡规划行政主管部门按照《城市规划法》等法律、法规的规定处罚。

第二十一条 违反本办法规定，擅自在城市紫线范围内审批建设项目和批准建设的，对有关责任人员给予行政处分；构成犯罪的，依法追究刑事责任。

第二十二条 本办法自 2004 年 2 月 1 日起施行。

历史文化名城名镇名村保护规划编制要求（试行）

（2012年11月16日发布）

第一章 总 则

第一条 为规范历史文化名城、名镇、名村保护规划的编制工作，提高规划的科学性，根据《中华人民共和国城乡规划法》、《中华人民共和国文物保护法》、《历史文化名城名镇名村保护条例》和《中华人民共和国文物保护法实施条例》的有关规定，制定本要求。

第二条 历史文化名城、历史文化街区、历史文化名镇、名村保护规划的编制工作，适用本要求。

第三条 历史文化名城、名镇保护规划的规划范围与城市、镇总体规划的范围一致，历史文化名村保护规划与村庄规划的范围一致。

历史文化名城、名镇保护规划应单独编制。历史文化名村的保护规划与村庄规划同时编制。

凡涉及文物保护单位的，应考虑与文物保护单位保护规划相衔接。

第四条 编制历史文化名城保护规划应同时包括历史文化街区保护规划。

第五条 编制保护规划，应当保护历史文化遗产及其历史环境，保护和延续传统格局和风貌，继承和弘扬民族与地方优秀传统文化。

第六条 编制保护规划，应当以科学发展观为指导，遵循保护遗产本体及环境的真实性、完整性和保护利用的可持续性的原则，保护历史文化遗产，改善人居环境，促进经济社会协调发展。

第七条 编制保护规划，应当坚持保护为主、合理利用、改善环境、有效管理的指导思想。

第八条 历史文化名城、历史文化街区、名镇、名村保护规划的编制应遵守本要求规定，符合国家有关法律法规、标准规范的规定，采用符合国家有关规定的基础资料。

第九条 编制保护规划，应当进行科学论证，并广泛征求有关部门、专家和公众的意见。

第二章 编制基本要求

第十条 保护规划的主要任务是：提出保护目标，明确保护内容，确定保护重点，划定保护和控制范围，制定保护与利用的规划措施。

第十一条 历史文化名城、名镇、名村的保护内容，一般包括：

（一）保护和延续古城、镇、村的传统格局、历史风貌及与其相互依存的自然景观和环境；

（二）历史文化街区和其他有传统风貌的历史街巷；

（三）文物保护单位、已登记尚未核定公布为文物保护单位的不可移动文物；

（四）历史建筑，包括优秀近现代建筑；

（五）传统风貌建筑；

（六）历史环境要素，包括反映历史风貌的古井、围墙、石阶、铺地、驳岸、古树名木等；

（七）保护特色鲜明与空间相互依存的非物质文化遗产以及优秀传统文化，继承和弘扬中华民族优秀传统文化。

第十二条 编制保护规划，应当对自然与人文资源的价值、特色、现状、保护情况等进行调研与评估，一般主要包括以下内容：

（一）历史沿革：建制沿革、聚落变迁、重大历史事件等。

（二）文物保护单位、历史建筑、其他文物古迹和传统风貌建筑等的详细信息。

（三）传统格局和历史风貌：与历史形态紧密关联的地形地貌和河湖水系、传统轴线、街巷、重要公共建筑及公共空间的布局等情况。

（四）具有传统风貌的街区、镇、村：人口、用地性质，建筑物和构筑物的年代、质量、风貌、高度、材料等信息。

（五）历史环境要素：反映历史风貌的古塔、古井、牌坊、戏台、围墙、石阶、铺地、驳岸、古树名木等。

（六）传统文化及非物质文化遗产：包括方言、民间文学、传统表演艺术、传统技艺、礼仪节庆等民俗、传统体育和游艺等。

（七）基础设施、公共安全设施和公共服务设施现状。

（八）保护工作现状：保护管理机构、规章制度建设、保护规划与实施、保护资金等情况。

第十三条 编制保护规划，应对历史文化名城、历史文化街区、名镇、名村的传统格局、历史风貌、空间尺度、与其相互依存的自然景观和环境提出保护要求。

第十四条 编制保护规划，应当确定历史文化街区的保护范围和保护要求，提出保护范围内建筑物、构筑物、环境要素的分类保护整治要求和基础设施改善方案。

第十五条 编制保护规划，应当依据文物保护规划，对文物保护单位、尚未核定公布为文物保护单位的登记不可移动文物提出必要的保护措施建议。

第十六条 编制保护规划，应当对历史建筑，以及符合历史建筑认定标准、尚未被列为历史建筑的建筑物、构筑物提出总体保护要求和保护整治措施。

第十七条 编制保护规划，应当发掘传统文化内涵，对非物质文化遗产的保护和传承提出规划要求。

第十八条 在综合评价历史文化遗产价值、特色的基础上，结合现状，划定历史文化名城、历史文化街区、名镇、名村的保护范围。历史文化街区、名镇、名村保护范围包括核心保护范围和建设控制地带。

第十九条 历史文化名城、历史文化街区、名镇、名村的保护范围按照如下方法划定。

（一）各级文物保护单位的保护范围和建设控制地带以及地下文物埋藏区的界线，以各级人民政府公布的保护范围、建设控制地带为准。

（二）历史建筑的保护范围包括历史建筑本身和必要的建设控制区。

（三）历史文化街区、名镇、名村内传统格局和历史风貌较为完整、历史建筑和传统风貌建筑集中成片的地区划为核心保护范围。在核心保护范围之外划定建设控制地带。

核心保护范围和建设控制地带的确定应边界清楚，便于管理。

（四）历史文化名城的保护范围，应包括历史城区和其他需要保护、控制的地区。

第二十条 编制保护规划，应当在保护的前提下，明确历史文化遗产展示与利用的目标和内容，核定展示利用的环境容量，提出展示与合理利用的措施与建议。

第二十一条 保护规划应提出实施管理措施，包括法规、政策和资金的保障、人才的培养、宣传教育工作等。

第二十二条 在具有传统风貌的街区、镇村，对文物保护单位、尚未核定公布为文物保护单位的登记不可移动文物、历史建筑之外的建筑物、构筑物，划分为传统风貌建筑、其他建筑。

第二十三条 传统风貌建筑，指具有一定建成历史，能够反映历史风貌和地方特色的建筑物。

第二十四条 修编保护规划时，应对原保护规划实施情况进行分析总结。

第三章　历史文化名城保护规划编制

第二十五条 历史文化名城保护规划与城市总体规划的深度相一致，重点保护的地区应当进行深化。

第二十六条 历史文化名城保护规划应当包括下列内容：

（一）评估历史文化价值、特色和现状存在问题；

（二）确定总体目标和保护原则、内容和重点；

（三）提出市（县）域需要保护的内容和要求；

（四）提出城市总体层面上有利于遗产保护的规划要求；

（五）确定保护范围，包括文物保护单位、地下文物埋藏区、历史建筑、历史文化街区的保护范围，提出保护控制措施；

（六）划定历史城区的界限，提出保护名城传统格局、历史风貌、空间尺度及其相互依存的地形地貌、河湖水系等自然景观和环境的保护措施；

（七）提出继承和弘扬传统文化、保护非物质文化遗产的内容和措施；

（八）提出在保护历史文化遗产的同时完善城市功能、改善基础设施、提高环境质量的规划要求和措施；

（九）提出展示和利用的要求与措施；

（十）提出近期实施保护内容；

（十一）提出规划实施保障措施。

第二十七条 编制历史文化名城保护规划应根据历史文化名城、历史文化街区、文物保护单位和历史建筑的三个保护层次确定保护方法框架。

第二十八条 编制历史文化名城保护规划，应当对所在行政区范围内具有历史文化价值的村镇、文物保护单位、已登记尚未核定公布为文物保护单位的不可移动文物、历史建筑、古城的山川形胜及其他需要保护的内容提出保护要求。其中对文物保护单位提出的保护要求应符合文物保护规划的规定。

第二十九条 编制历史文化名城保护规划，应从总体层面上提出保护规划要求，包括城市发展方向、山川形胜、布局结构、城市风貌、道路交通、基础设施等方面，协调新区与历史城区的关系。

第三十条 编制历史文化名城保护规划，应当提出历史城区的传统格局和历史风貌的保护延续，历史街巷和视线通廊的保护控制，建筑高度和开发强度的控制等规划要求。

第四章　历史文化街区保护规划编制

第三十一条 历史文化街区保护规划，规划深度应达到详细规划的深度。

第三十二条 历史文化街区保护应当遵循下列原则：保护历史遗存的真实性，保护历史信息的真实载体；保护历史风貌的完整性，保护街区的空间环境；维持社会生活的延续性，继承文化传统，改善基础设施和居住环境，保持街区活力。

第三十三条 历史文化街区保护规划应当包括以下内容：

（一）评估历史文化价值、特点和现状存在问题；

（二）确定保护原则和保护内容；

（三）确定保护范围，包括核心保护范围和建设控制地带界线，制定相应的保护控制措施；

（四）提出保护范围内建筑物、构筑物和环境要素的分类保护整治要求；

（五）提出保持地区活力、延续传统文化的规划措施；

（六）提出改善交通和基础设施、公共服务设施、居住环境的规划方案；

（七）提出规划实施保障措施。

第三十四条 对历史文化街区保护范围内的建筑物、构筑物进行分类保护，分别采取修缮、改善、整治和更新等措施。

（一）文物保护单位：按照批准的文物保护规划的要求落实保护措施。

（二）历史建筑：按照《历史文化名城名镇名村保护条例》要求保护，改善设施。

（三）传统风貌建筑：不改变外观风貌的前提下，维护、修缮、整治，改善内部设施。

（四）其他建筑：根据对历史风貌的影响程度，分别提出保留、整治、改造要求。

第三十五条 历史文化街区核心保护范围内，按照建筑物保护分类提出建筑高度、体量、外观形象及色彩、材料等控制要求。建设控制地带应当按照与历史风貌相协调的要求控制建筑高度、体量、色彩等。

第三十六条 在不改变街道空间尺度和风貌的情况下，优化历史文化街区内的交通环境。

第三十七条 在不改变街道空间尺度和风貌的情况下，提出历史文化街区内基础设施改善和消防等防灾规划措施。

第三十八条 对户外广告、招牌、空调室外机、太阳能热水器等建筑外部设施以及垃圾箱、电话亭、铺地、检查井盖等街道公共设施的尺寸、形式、材料和位置等提出规划控制要求。

第五章 历史文化名镇名村保护规划编制

第三十九条 历史文化名镇保护规划与镇总体规划的深度要求相一致，重点保护的地区应当进行深化。历史文化名村保护规划的深度要求与村庄规划相一致，其保护要求和控制范围的规划深度应能够指导保护与建设。

第四十条 历史文化名镇名村保护规划应当包括以下内容：

（一）评估历史文化价值、特色和现状存在问题；

（二）确定保护原则、保护内容与保护重点；

（三）提出总体保护策略和镇域保护要求；

（四）提出与名镇名村密切相关的地形地貌、河湖水系、农田、乡土景观、自然生态等景观环境的保护措施；

（五）确定保护范围，包括核心保护范围和建设控制地带界线，制定相应的保护控制措施；

（六）提出保护范围内建筑物、构筑物和历史环境要素的分类保护整治要求；

（七）提出延续传统文化、保护非物质文化遗产的规划措施；

（八）提出改善基础设施、公共服务设施、生产生活环境的规划方案；

（九）保护规划分期实施方案；

（十）提出规划实施保障措施。

第四十一条 编制历史文化名镇保护规划，应当对所在行政区范围内的有历史文化价值的村、文物古迹和风景名胜等提出保护要求。

第四十二条 编制历史文化名镇、名村保护规划应提出总体保护策略和规划措施，包括：

（一）协调新镇区与老镇区、新村与老村的发展关系。

（二）保护范围内要控制机动车交通，交通性干道不应穿越保护范围，交通环境的改善不宜改变原有街巷的宽度和尺度。

（三）保护范围内市政设施，应考虑街巷的传统风貌，要采用新技术、新方法，保障安全和基本使用功能。

（四）对常规消防车辆无法通行的街巷提出特殊消防措施，对以木质材料为主的建筑应制定合理的防火安全措施。

（五）保护规划应当合理提高历史文化名镇名村的防洪能力，采取工程措施和非工程措施相结合的防洪工程改善措施。

（六）保护规划应对布置在保护范围内的生产、储存爆炸性、易燃性、放射性、毒害性、腐蚀性物品的工厂、仓库等，提出迁移方案。

（七）保护规划应对保护范围内污水、废气、噪声、固体废弃物等环境污染提出具体治理措施。

第四十三条 编制历史文化名镇名村保护规划，应当对核心保护范围提出保护要求与控制措施。包括：

（一）提出街巷保护要求与控制措施。

（二）对保护范围内的建筑物、构筑物进行分类保护，分别采取以下措施：

（1）文物保护单位：按照批准的文物保护规划的要求落实保护措施；

（2）历史建筑：按照《历史文化名城名镇名村保护条例》要求保护，改善设施；

（3）传统风貌建筑：不改变外观风貌的前提下，维护、修缮、整治，改善设施；

（4）其他建筑：根据对历史风貌的影响程度，分别提出保留、整治、改造要求；

（5）对基础设施和公共服务设施的新建、扩建活动，提出规划控制措施。

第四十四条 编制历史文化名镇名村保护规划，应当对建设控制地带内的新建、扩建、改建和加建等活动，在建筑高度、体量、色彩等方面提出规划控制措施。

第四十五条 历史文化名镇名村保护规划的近期规划措施，应当包括以下内容：

（一）抢救已处于濒危状态的文物保护单位、历史建筑、重要历史环境要素；

（二）对已经或可能对历史文化名镇名村保护造成威胁的各种自然、人为因素提出规划治理措施；

（三）提出改善基础设施和生产、生活环境的近期建设项目；

（四）提出近期投资估算。

第六章 成 果 要 求

第四十六条 保护规划的成果应当包括规划文本、规划图纸和附件，规划说明书、基础资料汇编收入附件。规划成果应当包括纸质和电子两种文件。

保护规划文本应当完整、准确地表述保护规划的各项内容。语言简洁、规范。规划说明书包括历史文化价值和特色评估、历版保护规划评估、现状问题分析、规划意图阐释等内容。调查研究和分析的资料归入基础资料汇编。

第四十七条 历史文化名城保护规划图纸要求清晰准确，图例统一，图纸表达内容应与规划文本一致。图纸应以近期测绘的现状地形图为底图进行绘制，规划图上应显示出现状和地形。图纸上应标注图名、比例尺、图例、绘制时间、规划设计单位名称。

历史文化名城保护规划的图纸要求如下：

（一）历史资料图，包括历史地图、照片和图片。

（二）现状分析图，包括现状照片和图片。

1. 区位图。

2. 市域文化遗产分布图：图中标注各类文物古迹、名镇、名村、风景名胜的名称、位置、等级。

3. 文物古迹分布图：图中标注各类文物古迹、历史文化街区、风景名胜的名称、位置、等级和已公布的保护范围。

4. 格局风貌及历史街巷现状图。

5. 用地现状图。

6. 建筑高度现状图。

（三）保护规划图。

1. 市域文化遗产保护规划图。

2. 保护区划总图。图中标绘名城保护范围，及各类保护区和控制界线，包括文物保护单位、历史文化街区、地下文物埋藏区、风景名胜的界线和保护范围。

3. 视廊和高度控制规划图。

4. 历史文化街区规划图。图中标绘历史文化街区的核心保护范围和建设控制地带，文物保护单位和历史建筑、传统风貌建筑和其他建筑。

5. 用地规划图。

6. 表达总体层次规划要求的规划图纸。

7. 近期保护规划图。

历史文化名城保护规划各项图纸比例一般用 1/5000 或 1/10000。市域文化遗产分布图和保护规划图的比例尺可适当缩小。根据历史文化名城的不同规模和特点，规划图纸可以适当合并或增减，其比例尺、范围宜与现状分析图一致。

第四十八条 历史文化街区保护规划图纸要求清晰准确，图例统一，图纸表达内容应与规划文本一致。图纸应以近期测绘的现状地形图为底图进行绘制，规划图上应显示出现状和地形。图纸上应标注图名、比例尺、图例、绘制时间、规划设计单位名称。

历史文化街区保护规划的图纸要求如下：

（一）历史资料图。

（二）现状分析图。

1. 区位图。

2. 文物古迹分布图。

3. 用地现状图。

4. 反映建筑年代、质量、风貌、高度等的现状图。

5. 历史环境要素现状图。

6. 基础设施、公共安全设施与公共服务设施等现状图。

（三）保护规划图。

1. 保护区划图。

2. 建筑分类保护规划图。标绘文物保护单位、历史建筑、传统风貌建筑、其他建筑的分类保护措施，其中其他建筑要根据对历史风貌的影响程度再行细分。

3. 高度控制规划图。

4. 用地规划图。

5. 道路交通规划图。

6. 基础设施、公共安全设施和公共服务设施规划图。

7. 主要街道立面保护整治图。

8. 规划分期实施图。

历史文化街区保护规划各项图纸比例一般用 1/2000，也可用 1/500 或 1/1000。保护规划图比例尺、范围宜与现状分析图一致。

第四十九条 历史文化镇村保护规划图纸要求清晰准确，图例统一，图纸表达内容应与规划文本一致。图纸应以近期测绘的现状地形图为底图进行绘制，规划图上应显示出现状和地形。图纸上应标注图名、比例尺、图例、绘制时间、规划设计单位名称。

历史文化名镇名村保护规划的图纸要求如下：

（一）历史资料图。

（二）现状分析图。

1. 区位图。

2. 镇域文化遗产分布图：比例尺为 1/5000～1/25000。图中标注各类文物古迹、名村、风景名胜的名称、位置、等级。

3. 文物古迹分布图：图中标注各类文物古迹、风景名胜的名称、位置、等级和已公布的保护范围。

4. 格局风貌及历史街巷现状图。

5. 用地现状图。

6. 反映建筑年代、质量、风貌、高度等的现状图。

7. 历史环境要素现状图。

8. 基础设施、公共安全设施与公共服务设施等现状图。

（三）保护规划图。

1. 保护区划总图。图中标绘名镇名村保护范围，及各类保护区和控制界线，包括文物保护单位、地下文物埋藏区的界线和保护范围。

2. 建筑分类保护规划图。标绘核心保护范围内文物保护单位、历史建筑、传统风貌建筑、其他建筑的分类保护措施，其中其他建筑要根据对历史风貌的影响程度再行细分。

3. 高度控制规划图。

4. 用地规划图。

5. 道路交通规划图。

6. 基础设施和公共服务设施规划图。

7. 近期保护规划图。

历史文化名镇、名村保护规划各项图纸比例一般用 1/2000，也可用 1/500 或 1/5000。保护规划图比例尺、范围宜与现状分析图一致。

第七章 附 则

第五十条 保护规划制图标准详见附件。

第五十一条 本办法自发布之日起施行。1994 年 9 月 5 日原建设部和国家文物局颁布的《历史文化名城保护规划编制要求》同时废止。

关于切实加强中国传统村落保护的指导意见

(2014年4月25日发布)

各省、自治区、直辖市住房城乡建设厅（建委，北京市农委）、文化厅（局）、文物局、财政厅（局）：

传统村落传承着中华民族的历史记忆、生产生活智慧、文化艺术结晶和民族地域特色，维系着中华文明的根，寄托着中华各族儿女的乡愁。但是，近一个时期以来，传统村落遭到破坏的状况日益严峻，加强传统村落保护迫在眉睫。为贯彻落实党中央、国务院关于保护和弘扬优秀传统文化的精神，加大传统村落保护力度，现提出以下意见：

一、指导思想、基本原则和主要目标

（一）指导思想。以党的十八大、十八届三中全会精神为指导，深入贯彻落实中央城镇化工作会议、中央农村工作会议、全国改善农村人居环境工作会议精神，遵循科学规划、整体保护、传承发展、注重民生、稳步推进、重在管理的方针，加强传统村落保护，改善人居环境，实现传统村落的可持续发展。

（二）基本原则。坚持因地制宜，防止千篇一律；坚持规划先行，禁止无序建设；坚持保护优先，禁止过度开发；坚持民生为本，反对形式主义；坚持精工细作，严防粗制滥造；坚持民主决策，避免大包大揽。

（三）主要目标。通过中央、地方、村民和社会的共同努力，用3年时间，使列入中国传统村落名录的村落（以下简称中国传统村落）文化遗产得到基本保护，具备基本的生产生活条件、基本的防灾安全保障、基本的保护管理机制，逐步增强传统村落保护发展的综合能力。

二、主要任务

（一）保护文化遗产。保护村落的传统选址、格局、风貌以及自然和田园景观等整体空间形态与环境。全面保护文物古迹、历史建筑、传统民居等传统建筑，重点修复传统建筑集中连片区。保护古路桥涵垣、古井塘树藤等历史环境要素。保护非物质文化遗产以及与其相关的实物和场所。

（二）改善基础设施和公共环境。整治和完善村内道路、供水、垃圾和污水治理等基础设施。完善消防、防灾避险等必要的安全设施。整治文化遗产周边、公共场地、河塘沟渠等公共环境。

（三）合理利用文化遗产。挖掘社会、情感价值，延续和拓展使用功能。挖掘历史科学艺术价值，开展研究和教育实践活动。挖掘经济价值，发展传统特色产业和旅游。

（四）建立保护管理机制。建立健全法律法规，落实责任义务，制定保护发展规划，出台支持政策，鼓励村民和公众参与，建立档案和信息管理系统，实施预警和退出机制。

三、基本要求

（一）保持传统村落的完整性。注重村落空间的完整性，保持建筑、村落以及周边环境的整体空间形态和内在关系，避免"插花"混建和新旧村不协调。注重村落历史的完整性，保护各个时期的历史记忆，防止盲目塑造特定时期的风貌。注重村落价值的完整性，挖掘和保护传统村落的历史、文化、艺术、科学、经济、社会等价值，防止片面追求经济价值。

（二）保持传统村落的真实性。注重文化遗产存在的真实性，杜绝无中生有、照搬抄袭。注重文化遗产形态的真实性，避免填塘、拉直道路等改变历史格局和风貌的行为，禁止没有依据的重建和仿剖。注重文化遗产内涵的真实性，防止一味娱乐化等现象。注重村民生产生活的真实性，合理控制商业开发面积比例，严禁以保护利用为由将村民全部迁出。

（三）保持传统村落的延续性。注重经济发展的延续性，提高村民收入，让村民享受现代文明成果，实现安居乐业。注重传统文化的延续性，传承优秀的传统价值观、传统习俗和传统技艺。注重生态环境的延续性，尊重人与自然和谐相处的生产生活方式，严禁以牺牲生态环境为代价过度开发。

四、保护措施

（一）完善名录。继续开展补充调查，摸清传统村落底数，抓紧将有重要价值的村落列入中国传统村落名录。做好村落文化遗产详细调查，按照"一村一档"要求建立中国传统村落档案。统一设置中国传统村落的保护标志，实行挂牌保护。

（二）制定保护发展规划。各地要按照《城乡规划法》以及《传统村落保护发展规划编制基本要求》[（建村 2013）130 号]抓紧编制和审批传统村落保护发展规划。规划审批前应通过住房城乡建设部、文化部、国家文物局、财政部（以下简称四部局）组织的技术审查。涉及文物保护单位的，要编制文物保护规划并履行相关程序后纳入保护发展规划。涉及非物质文化遗产代表性项目保护单位的，要由保护单位制定保护措施，报经评定该项目的文化主管部门同意后，纳入保护发展规划。

（三）加强建设管理。规划区内新建、修缮和改造等建设活动，要经乡镇人民政府初审后报县级住房城乡建设部门同意，并取得乡村建设规划许可，涉及文物保护单位的应征得文物行政部门的同意。严禁拆并中国传统村落。保护发展规划未经批准前，影响整体风貌和传统建筑的建设活动一律暂停。涉及文物保护单位区划内相关建设及文物迁移的，应依法履行报批手续。传统建筑工匠应持证上岗，修缮文物建筑的应同时取得文物保护工程施工专业人员资格证书。

（四）加大资金投入。中央财政考虑传统村落的保护紧迫性、现有条件和规模等差异，在明确各级政府事权和支出责任的基础上，统筹农村环境保护、"一事一议"财政奖补及美丽乡村建设、国家重点文物保护、中央补助地方文化体育与传媒事业发展、非物质文化遗产保护等专项资金，分年度支持中国传统村落保护发展。支持范围包括传统建筑保护利用示范、防灾减灾设施建设、历史环境要素修复、卫生等基础设施完善和公共环境整治、文物保护、国家级非物质文化遗产代表性项目保护。调动中央和地方两个积极性，鼓励地方各级财政在中央补助基础上加大投入力度。引导社会力量通过捐资捐赠、投资、入股、租赁等方式参与保护。探索建立传统建筑认领保护制度。

（五）做好技术指导。四部局制定全国传统村落保护发展规划，组织保护技术开发研究、示范和技术指南编制工作，组级培训和宣传教育。省级住房城乡建设、文化、文物、财政部门（以下简称省级四部门）做好本地区的技术指导工作，成立省级专家组并报四部局备案。每个中国传统村落要确定一名省级专家组成员，参与村内建设项目决策，现场指导传统建筑保护修缮等。

五、组织领导和监督管理

（一）明确责任义务。四部局按照职责分工共同开展传统村落保护工作，公布中国传统村落名录，制定保护发展政策和支持措施，组织、指导和监督保护发展规划的编制和实施、非物质文化遗产保护和传承、文物保护和利用，会同有关部门审核、下达中央财政补助资金。

省级四部门负责本地区的传统村落保护发展工作，编制本地区传统村落保护发展规划，制定支持措施。地市级人民政府负责编制本地区传统村落保护整体实施方案，制定支持措施，建立健全项目库。县级人民政府对本地区的传统村落保护发展负主要责任，负责传统村落保护项目的具体实施。乡镇人民政府要配备专门工作人员，配合做好监督管理。

村集体要根据保护发展规划，将保护要求纳入村规民约，发挥村民民主参与、民主决策、民主管理、民主监督的主体作用。村两委主要负责人要承担村落保护管理的具体工作，应成为保护发展规划编制组主要成员。传统建筑所有者和使用者应当按规划要求进行维护和修缮。

（二）建立保护管理信息系统。四部局建立中国传统村落保护管理信息系统，登记村落各类文化遗产的数量、分布、现状等情况，记录文化遗产保护利用、村内基础设施整治等项目的实施情况。推动建立健全项目库，为传统村落保护项目选择、组织实施、考核验收和监督管理奠定基础。

（三）加强监督检查。四部局组织保护工作的年度检查和不定期抽查，通报检查结果并抄送省级人民政府。省级四部门要组织开展本地区的检查，并于每年 2 月底前将上年度检查报告报送四部局。四部局将利用中国传统村落保护管理信息系统和中国传统村落网站公开重要信息，鼓励社会监督。项目实施主体应公开项目内容、合同和投资额等，保障村民参与规划、建设、管理和监督的权利。

（四）建立退出机制。村落文化遗产发生较严重破坏时，省级四部门应向村落所在县级人民政府提出濒危警示通报。破坏情况严重并经四部局认定不再符合中国传统村落入选条件的，四部局将该村落从中国传统村落名录予以除名并进行通报。

六、中央补助资金申请、核定与拨付

中央补助资金申请原则上以地级市为单位。省级四部门汇总初审后向四部局提供如下申请材料：申请文件、各地级市整体实施方案（编制要求见附件1）、本地区项目需求汇总表（格式见附件2）、传统村落保护发展规划。相关专项资金管理办法有明确要求的，应当同时按照要求另行上报2014年申请中央补助的地区，省级四部门应于5月20日前完成报送工作。

四部局根据各地申请材料，研究确定纳入支持的村落范围，结合有关专项资金年度预算安排和项目库的情况，核定各地补助资金额度，并按照原专项资金管理办法下达资金。各地要按照资金原支持方向使用资金，将中央补助资金用好用实用出成效。

附件：1. 地级市传统村落保护整体实施方案编制要求
   2. 项目需求表格式

住房城乡建设部
文化部
国家文物局
财政部
2014年4月25日

传统村落保护发展规划编制基本要求（试行）

（2013年9月18日发布）

为切实加强传统村落保护，促进城乡协调发展，根据《中华人民共和国城乡规划法》、《中华人民共和国文物保护法》、《中华人民共和国非物质文化遗产法》、《村庄和集镇规划建设管理条例》、《历史文化名城名镇名村保护条例》等有关规定，制定传统村落保护发展规划编制基本要求（试行），适用于各级传统村落保护发展规划的编制。

一、规划任务

传统村落保护发展规划必须完成以下任务：调查村落传统资源，建立传统村落档案，确定保护对象，划定保护范围并制订保护管理规定，提出传统资源保护以及村落人居环境改善的措施。

二、总体要求

编制保护发展规划，要坚持保护为主、兼顾发展，尊重传统、活态传承，符合实际、农民主体的原则，注重多专业结合的科学决策，广泛征求政府、专家和村民的意见，提高规划的实用性和质量。有条件的村落，要在满足本要求的基础上，根据村落实际需求结合经济发展条件，进一步拓展深化规划的内容和深度。

三、传统资源调查与档案建立

保护发展规划应对传统村落有保护价值的物质形态和非物质形态资源进行系统而详尽的调查，并建立传统村落档案。调查范围包括村落及其周边与村落有较为紧密的视觉、文化关联的区域。调查内容、调查要求以及档案制作参照《住房城乡建设部 文化部 财政部关于做好2013年中国传统村落保护发展工作的通知》（建村〔2013〕102号）进行。

四、传统村落特征分析与价值评价

对村落选址与自然景观环境特征、村落传统格局和整体风貌特征、传统建筑特征、历史环境要素特征、非物质文化遗产特征进行分析。通过与较大区域范围（地理区域、文化区域、民族区域）以及邻近区域内其他村落的比较，综合分析传统村落的特点，评估其历史、艺术、科学、社会等价值。对各种不利于传统资源保护的因素进行分析，并评估这些因素威胁传统村落的程度。

五、传统村落保护规划基本要求

（一）明确保护对象

依据传统村落调查与特征分析结果，明确传统资源保护对象，对各类各项传统资源分类分级进行保护。

（二）划定保护区划

传统村落应整体进行保护，将村落及与其有重要视觉、文化关联的区域整体划为保护区加以保护；村域范围内的其他传统资源亦应划定相应的保护区；要针对不同范围的保护要求制订相应的保护管理规定。保护区划的划定方法与保护管理规定可参照《历史文化名城名镇名村保护规划编制要求（试行）》。

（三）明确保护措施

明确村落自然景观环境保护要求，提出景观和生态修复措施，以及整改办法。明确村落传统格局与整体风貌保护要求，保护村落传统形态、公共空间和景观视廊等，并提出整治措施。保护传统建（构）筑物，参考《历史文化名城名镇名村保护规划编制要求（试行）》提出传统建（构）筑物分类及相应的保护措施。保护传承非物质文化遗产，提出对非物质文化遗产的传承人、场所与线路、有关实物与相关原材料的保护要求与措施，以及管理与扶持、研究与宣教等的规定与措施。

（四）提出规划实施建议

提出保障保护规划实施的各项建议。

（五）确定保护项目

明确5年内拟实施的保护项目、整治改造项目以及各项目的分年度实施计划和资金估算。提出远期实施的保护项目、整治改造项目以及各项目的分年度实施计划。

六、传统村落发展规划基本要求

（一）发展定位分析及建议

分析传统村落的发展环境、保护与发展条件的优劣势，提出村落发展定位及发展途径的建议。

（二）人居环境规划

改善居住条件，提出传统建筑在提升建筑安全、居住舒适性等方面的引导措施。完善道路交通，在不改变街道空间尺度和风貌的情况下，提出村落的路网规划、交通组织及管理、停车设施规划、公交车站设置、可能的旅游线路组织。提升人居环境，在不改变街道空间尺度和风貌的情况下，提出村落基础设施改善、公共服务提升措施，安排防灾设施。

七、传统村落保护发展规划成果基本要求

保护发展规划成果包括规划文本、规划图纸和附件、规划说明书、传统村落档案。其中规划文本、规划图纸和附件、规划说明书的具体要求参照《历史文化名城名镇名村保护规划编制要求（试行）》。保护发展规划图纸要求如下：

（一）现状分析图

1. 村落传统资源分布图。标明村落现状总平面，村落内各类有形传统资源的位置、范围，非物质文化遗产活动场所与线路，村落各主要视觉控制点上的整体风貌等。

2. 格局风貌和历史街巷现状图。

3. 反映传统建筑年代、质量、风貌、高度等的现状图。

4. 基础设施、公共安全设施及公共服务设施等现状图。

（二）保护规划图

5. 村落保护区划总图。标绘保护范围及各类保护区和控制界线。

6. 建筑分类保护规划图。标绘保护范围内文物保护单位、历史建筑、传统风貌建筑、其他建筑的分类保护措施。其中其他建筑要根据对历史风貌的影响程度进行细分。

（三）发展规划图

7. 道路交通规划图。提出村落路网、交通组织及管理、停车设施规划、公交车站设置、可能的旅游线路组织等。

8. 人居环境改善措施图。提出传统村落基础设施、公共服务设施、防灾减灾改善和提升的规划措施。

各项图纸比例一般用1/2000，也可用1/500或1/5000。地形图比例尺不足用时，应配合手绘图解进行标绘。

五、地方政府规章

河北省历史文化名城名镇名村保护办法

(2013年7月16日河北省政府第6次常务会议通过)

第一章 总 则

第一条 为加强对历史文化名城、名镇、名村的保护，继承优秀历史文化遗产，根据国务院《历史文化名城名镇名村保护条例》和其他有关法律、法规的规定，结合本省实际，制定本办法。

第二条 本省行政区域内历史文化名城、名镇、名村的申报、批准、规划、保护和监督管理，适用本办法。

本办法所称历史文化名城、名镇、名村，是指经国务院批准公布的国家历史文化名城，国务院住房城乡建设主管部门、国务院文物主管部门公布的中国历史文化名镇、名村，以及经省人民政府批准公布的河北省历史文化名城、名镇、名村。

第三条 历史文化名城、名镇、名村的保护应当坚持统筹规划、科学管理、保护为主、合理利用的原则。

历史文化名城、名镇、名村的保护与监督管理，应当保证原住居民的参与，保障原住居民的合法权益。

第四条 县级以上人民政府负责本行政区域内历史文化名城、名镇、名村的保护和监督管理工作。

设区的市、县级人民政府应当设立历史文化名城、名镇、名村保护委员会，并报省住房城乡建设主管部门和省文物主管部门备案。具体工作由城乡规划（建设）主管部门负责。

历史文化名城、名镇、名村保护委员会由本级人民政府及其相关主管部门负责人、专家和公众代表组成，专家和公众代表由本级人民政府选聘。历史文化名城、名镇、名村保护委员会应当根据本级人民政府确定的工作职责，建立健全审议制度。

第五条 县级以上人民政府城乡规划（建设）主管部门会同同级人民政府文物主管部门，具体负责本行政区域内历史文化名城、名镇、名村保护和监督管理的有关工作。

县级以上人民政府有关部门应当按各自职责，做好历史文化名城、名镇、名村保护和监督管理的相关工作。

乡（镇）人民政府、街道办事处及村（居）民委员会应当配合做好历史文化名城、名镇、名村的保护工作。

第六条 县级以上人民政府应当将所在地历史文化名城、名镇、名村的保护纳入国民经济和社会发展规划，并安排保护专项资金，用于历史文化名城、名镇、名村、历史文化街区、历史建筑的普查、规划、保护等工作。

保护专项资金的来源包括本级财政预算安排的资金、上级财政专项补助的资金、境内外单位和个人的捐赠及其他合法筹集的资金。

第七条 鼓励和支持企事业单位、社会团体和个人通过捐赠、投资、提供技术服务等方式，参与历史文化名城、名镇、名村保护工作。

第八条 各级人民政府和有关部门应当组织开展历史文化名城、名镇、名村保护的宣传教育活动，普及保护知识，增强全社会保护意识。

第二章 申报与批准

第九条 国家历史文化名城，中国历史文化名镇、名村的申报、批准程序，按国务院《历史文化名城名镇名村保护条例》有关规定执行。

第十条 具备下列条件的城市及县级人民政府所在地镇、镇、村庄，可以申报河北省历史文化名城、名镇、名村：

（一）文物比较丰富；

（二）历史建筑集中成片；

（三）保留着传统格局和历史风貌；

（四）历史上曾经作为政治、经济、文化、交通中心或者军事要地，或者发生过重要历史事件，或者其传统产业、历史上建设的重大工程对本地的发展产生过重要影响，或者能够集中反映本地建筑的文化特色、民族特色。

申报河北省历史文化名城的，在所申报的历史文化名城保护范围内应当有两个以上经省人民政府核定公布的历史文化街区。

第十一条 申报河北省历史文化名城、名镇、名村，应当提交下列材料：

（一）历史沿革、地方特色和历史文化价值的说明；

（二）反映传统格局和历史风貌现状的材料；

（三）有关保护范围的材料；

（四）不可移动文物、历史建筑、历史文化街区的清单；

（五）反映当地非物质文化遗产资源及存续状况的材料；

（六）有关保护工作情况、保护目标和保护要求的材料。

第十二条 申报本办法第十条第二款所称的历史文化街区，应当具备下列条件：

（一）保留着较完整的传统格局和历史风貌；

（二）构成历史风貌的历史建筑和历史环境要素可以是不同时代的，但必须是真实的历史实物；

（三）历史文化街区用地面积一般不小于一公顷；

（四）历史文化街区内文物古迹、历史建筑及能够展现当地历史风貌特色的建筑物、构筑物的用地面积达到保护范围内建筑总用地的百分之六十以上。

第十三条 申报历史文化街区，应当提交下列材料：

（一）地理区位、历史沿革和历史文化价值综述；

（二）反映传统格局和历史风貌现状的材料；

（三）反映核心保护范围和建设控制地带的材料；

（四）不可移动文物、历史建筑和历史环境要素清单；

（五）有关保护工作情况、保护目标和保护要求的材料。

第十四条 申报河北省历史文化名城、名镇、名村和历史文化街区，由设区的市人民政府提出申请，经省住房城乡建设主管部门会同省文物主管部门组织专家进行论证，提出审查意见后报省人民政府批准公布。

第十五条 已经批准的河北省历史文化名城、名镇、名村和历史文化街区，因保护不力或者其他原因，使其历史文化价值受到严重影响的，省人民政府将其列入濒危名单，予以公示，并责成所在地人民政府限期采取补救措施；若情况继续恶化，不再符合本办法规定条件的，由省人民政府撤销其称号，并向社会公布。

第十六条 对符合本办法第十条、第十二条规定条件而没有申报河北省历史文化名城、名镇、名村和历史文化街区的，省住房城乡建设主管部门会同省文物主管部门，可以向其所在地人民政府提出申报建议；仍不申报的，可以直接向省人民政府提出确定为河北省历史文化名城、名镇、名村和历史文化街区的建议。

第三章 保护规划

第十七条 历史文化名城、名镇、名村和历史文化街区经批准公布后，所在地设区的市、县级人民政府应当自批准公布之日起 30 日内通过政府门户网站、现场公告牌、新闻媒体等形式向社会公布。

设区的市、县级人民政府组织编制历史文化名城、名镇、名村保护规划，同级人民政府城乡规划主管部门负责编制历史文化街区保护规划。保护规划应当自历史文化名城、名镇、名村和历史文化街区批准公布之日起 1 年内编制完成。

第十八条 承担历史文化名城、历史文化街区保护规划编制工作的单位，应当具有甲级城乡规划编制资质，承担历史文化名镇、名村保护规划编制工作的单位，应当具有乙级以上城乡规划编制资质。

第十九条 历史文化名城、名镇、名村保护规划应当包括下列内容：

（一）历史文化价值与特色；
（二）总体目标，保护原则、内容和重点；
（三）总体保护策略和市（县、镇、村）域保护要求；
（四）保护范围，包括文物保护单位、地下文物埋藏区、历史建筑的保护范围，历史文化街区、名镇、名村的核心保护范围和建设控制地带，保护范围内相应的保护控制措施；
（五）名城历史城区的界限，提出与名城、名镇、名村传统格局、历史风貌、空间尺度及其相互依存的地形地貌、河湖水系等自然景观和环境的保护措施；
（六）完善城市、镇、村功能、改善基础设施、提高环境质量的规划要求和措施；
（七）保护范围内建筑物、构筑物和历史环境要素的分类保护整治要求；
（八）对建设控制地带内建筑物、构筑物的性质、开发强度、体量、高度、形式、色彩等控制要求；
（九）继承和弘扬传统文化、保护非物质文化遗产的内容和措施；
（十）利用和展示的要求与措施；
（十一）规划实施管理措施；
（十二）保护规划分期实施方案。

第二十条 历史文化街区保护规划应当包括以下内容：

（一）历史文化价值和特点；
（二）保护原则和保护内容；
（三）保护范围，包括核心保护范围和建设控制地带界线；
（四）保护范围内建筑物、构筑物和环境要素的分类保护整治要求；
（五）重要节点或者建筑立面整治规划设计方案；
（六）保持地区活力、延续传统文化的规划措施；
（七）改善交通和基础设施、公共服务设施、居住环境的规划方案；
（八）古树名木保护措施；
（九）规划实施管理措施。

第二十一条 历史文化名城、名镇保护规划的规划期限应当与所在城市、镇总体规划的规划期限相一致。历史文化名村保护规划的规划期限应当与村庄规划的规划期限相一致。

第二十二条 历史文化名城、名镇、名村和历史文化街区保护规划报送审批前，保护规划的组织编制机关应当予以公告，公告时间不少于 30 日，广泛征求有关部门、专家和公众的意见，必要时可以举行听证。保护规划草案涉及房屋征收、土地征用的，应当举行听证。

保护规划报送审批文件中应当附具意见采纳情况及理由，经听证的，还应当附具听证笔录。

第二十三条 历史文化名城、名镇、名村保护规划由设区的市人民政府报省人民政府审批。

历史文化街区保护规划由组织编制机关报街区所在地设区的市、县级人民政府审批，报省住房城乡建设主管部门、省文物主管部门备案。

第二十四条 历史文化名城、名镇、名村和历史文化街区保护规划经批准后，组织编制机关应当及时公布。

第二十五条 经依法批准的保护规划，不得擅自修改。确需修改的，保护规划的组织编制机关应当向原审批机关提出专题报告，经同意后，方可编制修改方案。修改后的保护规划，应当按原审批程序报送审批。

第二十六条 编制或者修改国民经济和社会发展规划、土地利用总体规划、城乡规划等规划，应当体现历史文化名城、名镇、名村和历史文化街区保护的要求。

经依法批准的历史文化名镇、名村和历史文化街区保护规划，应当作为建设项目规划许可的依据。名镇和历史文化街区保护范围内的区域，不再编制相应区域的城市、镇控制性详细规划。

第二十七条 省住房城乡建设主管部门应当会同省文物主管部门，加强对保护规划实施情况的监督检查。对存在保护不力等问题的，应当及时向设区的市、县级人民政府提出整改意见。

设区的市、县级人民政府应当对本行政区域内历史文化名城、名镇、名村和历史文化街区保护工作定期进行监督检查和评估。检查和评估信息应当通过政府门户网站、新闻媒体等向社会公布，接受社会监督。对发现的问题，应当及时纠正、处理。

第四章 保 护 措 施

第二十八条 历史文化名城、名镇、名村和历史文化街区应当整体保护，保持传统格局、历史风貌和空间尺度，不得改变与其相互依存的自然景观和环境。

在历史文化街区、名镇、名村保护范围内应当保持环境整洁，不得建设污染环境的设施，不得进行可能影响环境的活动。

第二十九条 设区的市、县级人民政府应当根据当地经济社会发展水平，按照保护规划，控制历史文化街区、名镇、名村核心保护范围内的人口数量，改善历史文化名城、名镇、名村和历史文化街区的基础设施、公共服务设施和居住环境。

第三十条 县级以上人民政府应当统筹安排建设用地指标，优先保障因历史文化名城、名镇、名村和历史文化街区保护规划实施需要进行的住宅建设。

第三十一条 在历史文化名城、名镇、名村和历史文化街区保护范围内从事建设活动，应当符合保护规划的要求，不得损害历史文化遗产的真实性和完整性，不得对其传统格局和历史风貌造成破坏性影响。

第三十二条 在历史文化街区、名镇、名村保护范围内新建、扩建基础设施及进行绿化配置的，应当符合国家和本省有关标准、规范。确因保护需要，无法按标准、规范新建、扩建基础设施及进行绿化配置的，由设区的市、县级人民政府城乡规划（建设）主管部门会同相关主管部门制定相应的保障方案，明确相关布局、措施等。

在历史文化街区、名镇、名村保护范围内改建、翻建建筑物，因保持或者恢复其传统格局、历史风貌的需要，难以符合相关建设标准和规范的，在不突破原有建筑基底、建筑高度和建筑面积且不减少相邻居住建筑原有日照时间的前提下，可以办理规划许可手续。

第三十三条 在历史文化街区、名镇、名村核心保护范围内，不得进行新建、扩建活动。但是，新建、扩建必要的基础设施和公共服务设施除外。

新建、扩建基础设施和公共服务设施的，设区的市、县级人民政府城乡规划主管部门在核发建设工程规划许可证、乡村建设规划许可证前，应当征求同级文物主管部门的意见。

公路、铁路、高压电力线路、输油管线、燃气干线管道不得穿越历史文化街区、名镇、名村核心保护范围；已经建设的，应当按保护规划逐步迁出。

第三十四条 设区的市、县级人民政府应当组织对本行政区域内建成年代较久远的建筑物、构筑物进行普查，对具有一定保护价值，能够反映历史风貌和地方特色，未公布为文物保护单位，也未登记为不可移动文物的建筑物、构筑物，确定公布为历史建筑并建立档案。

历史建筑档案包括下列内容：

（一）区位图、保护范围边界示意图；
（二）建筑艺术特征、历史特征、建设年代及稀有程度；
（三）建筑的有关技术资料；
（四）建筑的使用现状和权属变化情况；
（五）建筑的修缮、装饰装修过程中形成的文字、图纸、图片、影像等资料；
（六）建筑的测绘信息记录和相关资料。

第三十五条 设区的市、县级人民政府应当组织编制历史建筑保护图则，向社会公布，并将保护和使用要求书面告知所有权人、使用人和物业管理单位。

前款所称历史建筑保护图则，是指为保护、利用历史建筑提供科学依据的文本及图纸，包含历史建筑基本信息、保护范围、使用要求等内容。

第三十六条 单位和个人实施下列行为，应当报设区的市、县级人民政府城乡规划（建设）主管部门会同同级文物主管部门批准：

（一）在历史建筑上设置牌匾、空调散热器、照明设备等设施；
（二）在历史文化街区、名镇、名村保护范围内历史建筑以外的建筑物上设置牌匾或者户外广告；
（三）在历史文化街区、名镇、名村核心保护范围内设置临时用房。

第三十七条 历史建筑应当按保护图则的要求进行维护和修缮。国有历史建筑由使用人负责维护和修缮，非国有历史建筑由所有权人负责维护和修缮，设区的市、县级人民政府可以给予资金补助。所有权人不具备维护和修缮能力的，设区的市、县级人民政府应当采取措施进行保护。

设区的市、县级人民政府应当与国有历史建筑使用人、非国有历史建筑所有权人签订历史建筑保护协议，对历史建筑的保护义务和享受补助等事项作出约定。

第三十八条 任何单位和个人不得损坏或者擅自迁移、拆除历史建筑。因公共利益需要进行建设活动，对历史建筑无法实施原址保护，必须调整、撤销其历史建筑称号，迁移异地保护或者拆除的，应当由所在地人民政府城乡规划（建设）主管部门会同同级人民政府文物主管部门，报省住房城乡建设主管部门会同省文物主管部门批准。

第三十九条 设区的市、县级人民政府应当在历史文化街区、名镇、名村核心保护范围的主要出入口、历史建筑主入口一侧设立统一的标志牌，并标明保护范围。

任何单位和个人不得擅自设置、移动、涂改或者损毁标志牌。

第四十条 在历史文化名城、名镇、名村，以及历史文化街区、历史建筑的保护范围内禁止进行下列活动：

（一）开山、采石、开矿等破坏传统格局和历史风貌的活动；
（二）占用或者破坏保护规划确定保留的园林绿地、河湖水系、道路等；
（三）修建生产、储存爆炸性、易燃性、放射性、毒害性、腐蚀性物品的工厂、仓库等；
（四）修建损害传统风貌的建筑物、构筑物和其他设施；
（五）损毁保护规划确定保护的建筑物、构筑物及其他设施；
（六）对保护规划确定保护的建筑物、构筑物进行改变原风貌的维修或者装饰；
（七）设置破坏或者影响风貌的广告、标牌、招贴；

（八）在历史建筑上刻划、涂污；

（九）随处倾倒垃圾、排放污水等污染环境的行为；

（十）损毁属于非物质文化遗产组成部分的实物和场所；

（十一）法律、法规禁止和违反保护规划的其他行为。

第四十一条 历史文化名城、名镇、名村和历史文化街区所在地设区的市、县级人民政府应当组织力量，加强对当地历史沿革、风物特产、民间文学、传统技艺、民风民俗等非物质文化遗产的搜集、整理、研究和保护工作。

历史文化名城、名镇、名村和历史文化街区所在地设区的市、县级人民政府应当鼓励社会力量对当地传统文化艺术进行挖掘和整理，扶持有关专业人才以及民间艺人传徒、授艺。

第五章 法 律 责 任

第四十二条 违反本办法第三十八条规定，擅自批准调整、撤销历史建筑称号的，其批准无效，由批准机关的上级机关责令其予以变更或者撤销，对直接负责的主管人员和其他直接责任人员，依法给予处分。

第四十三条 违反本办法第四十条第（四）项、第（五）项、第（六）项、第（七）项规定的，由城乡规划（建设）主管部门或者城市管理综合执法部门责令其停止违法行为、限期改正；逾期不改正的，处五千元以上一万元以下罚款；有违法所得的，处违法所得一倍以上三倍以下但最高不超过三万元的罚款；造成损失的，依法承担赔偿责任。

第六章 附 则

第四十四条 本办法自 2013 年 10 月 1 日起施行。

苏州市历史文化名城名镇保护办法

(2003年3月25日苏州市人民政府第3次常务会议审议通过)

第一章 总 则

第一条 为加强历史文化名城名镇保护，继承和发展优秀历史文化遗产，根据《中华人民共和国规划法》、《中华人民共和国文物保护法》、《江苏省历史文化名城名镇保护条例》等法律、法规的规定，结合本市实际，制定本办法。

第二条 本市行政区域内历史文化名城名镇的保护，适用本办法。

第三条 历史文化名城名镇所在地人民政府应当设立历史文化名城名镇保护管理委员会，组织、协调、监督本辖区历史文化名城名镇保护工作。

市、县级市规划行政主管部门，主管本行政区域内历史文化名城名镇保护的规划工作。

市、县级市（区）文物行政主管部门，主管本行政区域内历史文化名城名镇的文物保护工作。

第四条 建设、国土、房管、公安、财政、环保、城管、水务、旅游、园林和绿化、民族宗教等行政管理部门根据各自的职责，共同做好历史文化名城名镇的有关保护工作。

第五条 历史文化名城名镇所在地人民政府，应当将保护工作纳入国民经济和社会发展规划以及城乡建设规划，并安排专项保护经费。

历史文化名城名镇的保护，必须坚持统筹规划、有效保护、合理利用、科学管理的原则，正确处理保护与利用、继承与发展以及文物保护与经济建设、社会发展的关系。

第六条 任何单位和个人都有保护历史文化名城名镇的权利和义务，对违反本办法的行为予以制止和举报。

第二章 一 般 规 定

第七条 历史文化名城名镇由市、县级市（区）人民政府按下列规定申报：

（一）苏州市人民政府申报的，由市规划行政主管部门和文物行政主管部门组织申报材料，向省人民政府申报；

（二）县级市（区）人民政府申报的，由县级市（区）人民政府组织申报材料，经苏州市人民政府同意后转报省人民政府核准公布。

第八条 对尚未核定公布为历史文化名城名镇，经调查确有保护价值的，由苏州市人民政府予以登记公布为控制性保护古镇、古村落、历史街区、古建筑群。

第九条 历史文化名城名镇的保护内容主要是：

（一）城镇原有的整体空间环境，包括古城（镇）格局、整体风貌等；

（二）历史街区的传统风貌；

（三）水系；

（四）地下文物埋藏区；

（五）具有文物价值的古文化遗址、古建筑、石刻、近代现代重要史迹和代表性建筑、古树名木、地貌遗迹等；

（六）具有地方特色的传统戏曲、传统工艺、传统产业、民风民俗等口述或其他非物质文化遗产。

第十条 历史文化名城名镇保护规划的编制与审批：

(一)历史文化名城名镇保护规划的编制和审批按国家、省的有关规定执行;

(二)苏州市人民政府确定的控制性保护古镇、古村落、历史街区、古建筑群的保护规划在该名称公布后两年内由所在地县级以上人民政府组织编制完成,并报苏州市人民政府批准,作为城镇总体规划的重要组成部分;

(三)编制历史文化名城名镇保护规划,应当向社会公布,确定前广泛征求专家、学者和社会公众以及有关部门的意见,进行科学论证,必要时应当召开听证会;

(四)涉及保护规划调整的,按原审批程序执行。

第十一条 编制历史文化名城名镇保护规划,应当根据构成历史风貌的因素及现状,划定重点保护区。保护规划应当包括重点地区的城市景观设计或城市设计的内容,严格控制建筑密度和建筑高度。

第十二条 各级人民政府应当设立历史文化名城名镇的专项保护经费。经费可通过下列渠道筹集:

(一)财政资金;

(二)银行贷款;

(三)民间资金;

(四)经营收入;

(五)捐赠;

(六)其他合法来源。

第十三条 历史文化名城名镇的保护措施:

(一)土地利用和各项建设必须符合经批准的保护规划;

(二)土地利用和各项建设必须按法定程序进行申报和审批;

(三)施工单位必须按建设工程规划许可证要求进行施工,并切实保护文物古迹及其周边的古树名木、水系、地貌等,不得造成污染和破坏;

(四)施工单位在施工过程中发现地上、地下文物时,应当立即停止施工,保护现场,并及时向文物行政主管部门报告;

(五)建筑物、构筑物的使用功能符合保护规划的要求,在使用过程中必须安全、合理;

(六)旅游活动和其他活动不得破坏传统文化、风貌、格局,不得污染、破坏环境和水系。

第十四条 历史文化名城名镇重点保护区内不得进行下列活动:

(一)破坏传统风貌的广告和门面装修、屋顶广告;

(二)阻挡有远眺功能的重要文物景点的规划视线走廊;

(三)破墙开店;

(四)从事地下矿藏开采等资源开发;

(五)法律、法规禁止的其他行为。

第十五条 古村落应当编制相应的保护规划。对基本格局、整体风貌、空间环境、文物古迹、古树名木、河道水系等明确具体保护措施。

古村落保护范围内的建设项目,在高度、形式、体量、色彩等方面应当予以控制,并与周边环境相协调。

第三章 苏州古城保护

第十六条 苏州古城保护实行全面保护古城风貌的原则,保护整个古城以及与古城有密切历史、文化、景观联系的地段和风景名胜区。

第十七条 苏州古城的保护范围为外城河以内区域、山塘线、上塘线、虎丘片、留园片和寒山寺片。

第十八条 古城内应当控制古城容量,改善环境质量:

（一）古城内应当控制居住人口至 25 万人。

（二）调整工业布局，不再新增工业和仓储用地。现有工厂、仓库不得扩建，影响古城保护的，应当逐步搬迁。土地利用必须符合规划要求。

（三）改善环境质量，河道水质不低于地面水Ⅳ类，大气质量优于二级，声环境达到功能区标准。

（四）控制过境车辆进城，改善古城周边道路交通状况，优先发展公共汽车、轻轨等城市公共交通，缓解古城交通压力。

（五）增加绿地面积，居住用地的绿地率不低于 25%，公共设施用地的绿地率不低于 30%。现状不符合要求的，该用地内不得新建任何建筑。

第十九条 古城内的各项建设工程必须符合下列规定：

（一）新建大型公共设施必须符合规划布局要求。

（二）不得新建与古城风貌不相协调的水塔、烟囱、电视塔、微波塔等构筑物，已有的逐步拆除。

（三）不得新建、扩建医院、学校及行政办公楼。

（四）根据不同区域的规划要求，严格控制建筑高度。

（五）户外广告必须与建筑风貌协调，不得遮挡原建筑的细部处理。

（六）沿街设置的空调应当进行遮蔽，不得影响建筑立面效果。沿人行道的底层立面不得设置空调，不得设置突出开敞式阳台。

（七）禁止新建架空线路，已有架空线路逐步进入地下。

第二十条 古城内应当保持路河平行双棋盘格局的河道景观和道路景观，保护传统的街道空间形态与尺度。

第二十一条 古城内应当保持三横三直加一环的水系及小桥流水的水巷特色：

（一）保障水系的完整、畅通，在重点地区应当恢复骨干水系。不得占用、破坏或者填埋、堵塞、缩小现有河道。

（二）定期对河道清淤、分类保洁，保持水面清洁。

（三）保持原有驳岸、古桥、河埠等河道设施完好，新建的驳岸、河埠、桥梁不得破坏传统风貌。

（四）河道内现有排污口逐步取消，实行污水集中处理，不得擅自向河道内排放污水、倾倒垃圾或设置水障碍物。

（五）严格控制河道两岸的建设，沿河建筑高度与形式保持与河道景观相协调。

（六）实施城市引水工程，提高水体稀释和自净能力，改善水质。

（七）新治理的河道沿河应当设置必要的保护范围。

第二十二条 古城内的文物保护单位、尚未公布为文物保护单位但有较高文物价值的控制保护建筑和有关文物遗存的保护，依照有关法律、法规和规章的规定执行。

第二十三条 文物保护单位和控制保护建筑应当按照保护规划的要求确定保护范围和建设控制地带或者风貌协调区，并设立保护标志，设置专门机构或人员负责保护管理。

第二十四条 古城内的古典园林、古建筑、古城墙遗址、古树名木、古桥、牌坊、石刻等历史遗存，应当清理登记，制定具体的保护计划。

第二十五条 重点保护平江、拙政园、怡园、山塘、阊门五个历史街区，采取有效措施进行保护：

（一）遵循原貌保护的原则，保护好真实的历史遗存。历史街区内的道路、河道的空间格局和原有形式不得破坏。

（二）对历史街区内的每一幢建筑应当进行定性、定位分析，提出保护修缮与更新的措施，保存好风貌较好的建筑物的外貌，内部设施可合理改善以适应现代生活的需要。

（三）对历史街区内的古井、古桥、古牌坊等不得破坏。

（四）历史街区内限制通行汽车。

（五）在历史街区内禁止建设影响历史街区风貌的建筑物、构筑物，现有损害历史街区风貌的建筑物、构筑物应当逐步拆除。

（六）历史街区内的文物保护单位和控制保护建筑按有关规定执行。

第二十六条 盘门、观前、十全街三个地区为传统风貌地区。应当保护区域内文物古迹及有价值的历史建筑，新建建筑物应体现苏州传统的建筑和空间形态，集中体现苏州地方文化和城市独特风貌。

第二十七条 古城保护范围内建筑的形式、体量、高度和色彩，保持苏州建筑固有的体量适中或适度、造型轻巧、色彩淡雅、清幽整洁、粉墙黛瓦的特色，体现苏州古城的传统风貌。

第二十八条 对不符合古城保护要求、损害古城风貌的现有建筑物、构筑物，应当予以改造或者拆除。

第二十九条 继承和弘扬优秀的地方文化艺术，研究与发展具有苏州特色的丝绸、纺织、刺绣、雕刻、食品和吴门画派、吴门书法、吴门医派、昆曲、评弹等地方传统文化艺术，以及轧神仙、石湖赏月、虎丘庙会等有益的民俗活动。

第四章 历史文化名镇保护

第三十条 甪直、同里、周庄、东山、西山、木渎、光福、震泽、沙溪为江苏省历史文化名镇。其他符合申报条件的古镇可按照《江苏省历史文化名城名镇保护条例》和本办法的规定进行申报。

第三十一条 历史文化名镇保护管理委员会及其专门管理机构，根据国家的有关法律、法规和规章，结合当地实际，负责具体的名镇保护和日常管理工作。

市、县级市规划行政主管部门会同文物行政主管部门应当对历史文化名镇的保护工作加强指导和检查。

第三十二条 历史文化名镇的土地利用和各项建设必须有利于名镇的保护，延续名镇原有的历史文脉和传统风貌。在保护范围周边地区的建设必须与名镇风貌相协调。在保护范围内原有损害名镇风貌的建筑物、构筑物应当有计划地进行改造或者拆除。

第三十三条 保护历史文化名镇的水系、道路、空间格局和传统文化，并按照有关规定，保护好古建筑、古桥、园林、驳岸等历史遗存。

第三十四条 历史文化名镇应以旅游及文化为主要产业，不得影响名镇的保护，防止无序和过度开发。

第三十五条 人文景观和历史遗迹的恢复必须有充分依据并组织专家论证，经规划行政主管部门和文物行政主管部门批准后实施。

第五章 附 则

第三十六条 常熟历史文化名城和经苏州市人民政府确定的控制性保护古镇、古村落、历史街区、古建筑群的保护参照本办法执行。

第三十七条 本办法所称历史文化名城，是指经国务院或者省人民政府核定公布的保存文物特别丰富、具有重大历史价值或者革命纪念意义的城市。

本办法所称历史文化名镇，是指经省人民政府核定公布的保存文物'特别丰富、具有重大历史价值或者革命纪念意义的建制镇和集镇。

本办法所称重点保护区，是指历史街区和已探明的能体现城市发展脉络、遗存保存丰富的地下文物埋藏区。

第三十八条 本办法自 2003 年 6 月 1 日起施行。

无锡市历史街区保护办法

(2003年12月26日无锡市人民政府第15次常务会议审议通过,修正本于2007年9月20日经无锡市政府第67次常务会议通过)

第一条 为加强对历史街区的保护,继承优秀历史文化遗产,根据《中华人民共和国文物保护法》和《江苏省历史文化名城名镇保护条例》等法律法规,结合本市实际,制定本办法。

第二条 在本市行政区域范围内历史街区的保护和管理适用本办法。

第三条 本办法所称历史街区是指古建筑、近代现代代表性建筑比较集中,能够基本完整地反映一定历史时期的传统风貌和地方特色的古镇、街巷或地段。

第四条 市、市(县)、区文物行政主管部门负责本辖区内历史街区的保护、管理和监督工作。

规划、建设、房管、国土、工商、园林、旅游等有关行政管理部门,应当按照各自职责,做好历史街区的相关管理工作。

第五条 历史街区的保护应当坚持保护为主、抢救第一和有效保护、合理利用、加强管理的原则。

第六条 历史街区经市、市(县)规划行政主管部门会同文物行政主管部门组织评审,列为相应级别的保护单位,报同级人民政府核定并予以公布。

第七条 各级人民政府应当将历史街区保护工作纳入国民经济和社会发展计划,保护工作所需经费列入同级财政预算。

鼓励和支持社会捐助,开辟多种资金来源,用于历史街区的保护。

第八条 各级规划行政主管部门应当组织编制历史街区保护专业规划,经本级政府批准后纳入城市总体规划。经批准的历史街区保护规划,任何单位和个人都必须严格执行,不得擅自改变。

第九条 经批准的历史街区保护规划由同级政府统一协调组织实施保护和改造。

第十条 历史街区范围内的土地利用和各项建设,必须符合历史街区保护规划的要求。在历史街区的重点保护区和建设控制地带范围内进行建设的,其设计方案应当事先听取文物行政主管部门的意见,并报规划行政主管部门批准。

第十一条 历史街区范围内,根据批准的相关保护规划和修缮利用方案,按照历史街区保留建筑认定规定,确需拆除或者迁移房屋及其他设施的,按照房屋拆迁的有关规定执行。

历史街区范围内,为改善历史街区的居住环境,根据批准的相关保护规划和修缮利用方案,按照历史街区保留建筑认定规定,确需保留房屋及其他设施而必须对其产权人或者使用人实施搬迁的,参照房屋拆迁的有关规定执行。

历史街区范围内,根据批准的相关保护规划和修缮利用方案,按照历史街区保留建筑认定规定,不需拆除或者迁移房屋及其他设施、也不需对其产权人或者使用人实施搬迁、只需对房屋及其他设施实行统一修缮的,该房屋及其他设施的产权人必须履行统一修缮义务。产权人拒不履行或者无力履行修缮义务的,当地人民政府可以对该房屋及其他设施实行产权调换或者购买后组织统一修缮。实行产权调换或者购买的,参照房屋拆迁补偿安置的规定执行。

历史街区范围外,列入保护的古建筑、近代现代代表性建筑确需拆除、迁移或者对产权人、使用人实施搬迁的,参照本条第一款、第二款规定执行。

产权人或者使用人在搬迁中必须遵守不改变原状的原则,不得损坏或者拆除原房屋及其他设施的构件。

第十二条 对历史街区保护规划需要保留的房屋及其他设施,不得进行影响其传统风貌的改建和装修;确需改建和装修的,规划、文物行政主管部门应当按照历史街区保护规划要求严格把关,保证延续其原状及风貌。

第十三条 实行自行保护和改造的房屋及其他设施，其产权人应当与文物行政主管部门签订保护和改造协议，履行保护和改造的义务，遵守保护和改造的规范。

第十四条 拆除或迁移历史街区内的房屋及其他设施过程中发现古建筑、近代现代代表性建筑的，拆迁实施单位必须立即停止施工，保护好现场，及时向所在地文物行政主管部门报告。

第十五条 鼓励历史街区内古建筑、近代现代代表性建筑的产权人将其建筑物出卖或捐赠给国家。

第十六条 单位和个人自筹资金维修历史街区内古建筑、近代现代代表性建筑的，当地人民政府可以根据其维修的面积和程度给予适当奖励；古建筑、近代现代代表性建筑属于国有的，可以允许其在规定的年限内免费使用。

第十七条 历史街区内非国有的古建筑、近代现代代表性建筑发生损毁危险，产权人具备修缮能力而拒不履行修缮义务的，当地人民政府可以给予抢救修缮，所需费用由产权人负担。

第十八条 历史街区内的古建筑、近代现代代表性建筑除可以作为参观游览场所外，需作其他活动的，必须符合历史街区保护规划确定的区块功能和业态布局，体现历史街区文化氛围。

第十九条 任何单位和个人不得在历史街区内从事下列行为：

（一）损坏或拆毁保护规划确定的古建筑、近代现代代表性建筑、构筑物及其附属设施；

（二）进行危及文物古迹安全的活动；

（三）改变地形地貌，对历史街区保护构成危害的；

（四）擅自占用或破坏保护规划确定保留的绿地、水系、道路等；

（五）擅自侵占历史街区的房屋、改变业态布局或经营范围的；

（六）法律法规规定的其他行为。

第二十条 禁止走私、盗卖、哄抢历史街区内古建筑、近代现代代表性建筑物的构件和附属物。

拆除的古建筑、近代现代代表性建筑物构件必须交文物行政主管部门处理，不得擅自买卖。

第二十一条 违反本办法第十二条规定，对历史街区保护规划确定保留的房屋及其他设施，擅自进行影响其传统风貌的改建和装修的，由规划行政主管部门责令其停止施工。尚可采取补救措施的，责令其限期改正，补办有关手续，并可处以 200 元以上 1000 元以下罚款。

第二十二条 违反本办法第十四条规定，拆除或迁移历史街区内的房屋及其他设施过程中发现古建筑、近代现代代表性建筑，拆迁实施单位仍进行施工不保护好现场的，由文物行政主管部门责令停止施工，限期采取补救措施，并可处以 200 元以上 1000 元以下罚款。

第二十三条 违反本办法第十九条第一项规定的，由文物行政主管部门责令其停止损害，并可处以 1000 元以上 10000 元以下罚款。

违反本办法第十九条第二项规定的，由文物行政主管部门责令其停止破坏活动，限期采取补救措施，并可处以 5000 元以上 10000 元以下罚款。

第二十四条 违反本办法第二十条第二款规定，拆除的古建筑、近代现代代表性建筑物构件未交文物行政主管部门处理擅自买卖的，由文物行政主管部门责令改正，并可处以 2000 元以上 10000 元以下罚款。

第二十五条 违反本办法其他规定，由有关部门按照各自职责，依据有关法律法规的规定予以处罚。

第二十六条 当事人对行政处罚不服的，可以依法申请行政复议或提起行政诉讼。

第二十七条 国家机关及其工作人员玩忽职守、滥用职权、徇私舞弊的，由其所在单位或上级主管部门依法给予行政处分；构成犯罪的，依法追究刑事责任。

第二十八条 江阴市、宜兴市可以根据本办法制定具体实施细则。

第二十九条 本办法自 2004 年 2 月 15 日起施行。

武汉市旧城风貌区和优秀历史建筑保护管理办法

(2003年2月24日武汉市人民政府第2次常务会议审议通过)

第一章 总 则

第一条 为了加强本市旧城风貌区和优秀历史建筑的保护,促进城市建设与社会文化的协调发展,根据《中华人民共和国文物保护法》、《中华人民共和国城市规划法》、《城市房屋拆迁管理条例》等有关法律、法规,结合本市实际情况,制定本办法。

第二条 本市行政区域内旧城风貌区和优秀历史建筑的保护和管理,适用本办法。

优秀历史建筑被依法确定为文物的,其保护管理依照文物保护法律、法规的有关规定执行。

第三条 城市规划管理部门负责对本市旧城风貌区和优秀历史建筑保护的规划管理。

房产管理部门负责对本市优秀历史建筑的安全、使用、修缮的日常监督管理。

文物管理部门负责按照文物保护的有关法律、法规,对本市旧城风貌区和优秀历史建筑的保护实施监督管理。

其他有关管理部门按照各自职责实施本办法。

第四条 本市旧城风貌区和优秀历史建筑的保护,纳入本市国民经济和社会发展计划,遵循统一规划、分类管理、有效保护、合理利用的原则。

第五条 市、区人民政府对本行政区域内的旧城风貌区和优秀历史建筑的保护提供必要的政策保障和经费支持。

第二章 旧城风貌区和优秀历史建筑的确定

第六条 本市城市规划确定的历史建筑集中成片,建筑样式、空间格局和街区景观较完整地体现武汉某一历史时期地域文化特点的地区,为旧城风貌区。旧城风貌区由市人民政府予以公布。

第七条 建成30年以上,并有下列情形之一的建筑,可以确定为优秀历史建筑:

(一)建筑样式、施工工艺和工程技术具有建筑艺术特色和科学研究价值;

(二)反映武汉地域建筑历史文化特点;

(三)著名建筑帅的代表作品;

(四)在我市各行业发展史上具有代表性的建筑物;

(五)其他具有历史文化意义的建筑。

对符合前款规定的建筑,由市房产管理部门会同市文物管理部门和市城市规划管理部门提出审查意见,报市人民政府批准后,确定为优秀历史建筑,并予以公布。

第八条 城市建设中发现有保护价值而尚未确定为优秀历史建筑的建筑,经市房产管理部门会同市文物管理部门和市城市规划管理部门初步确认后,可以参照本办法的有关规定采取先予保护的措施,再按照本办法第七条的规定报批,列为优秀历史建筑。

第三章 旧城风貌区的保护

第九条 市城市规划管理部门应当会同市文物管理部门根据城市总体规划组织编制旧城风貌区保护规划,经征求有关方面意见后,报市人民政府批准。

旧城风貌区保护规划应包括旧城风貌区特色及保护准则、保护范围、建筑空间环境和景观保护要求，以及规划管理的其他要求和措施。

第十条 市人民政府根据城市规划和城市建设发展的需要，可以确定对旧城风貌区实施保护改造。旧城风貌区内建筑的使用性质不符合旧城风貌区保护规划要求的，应当予以恢复或调整。

确定保护改造旧城风貌区，由市城市规划管理部门会同市文物管理部门和市房产管理部门提出，经征求所在区人民政府和有关方面意见后，报市人民政府批准。

经市人民政府批准实施保护改造的旧城风貌区，由市城市规划管理部门组织编制规划控制导则，提出设计要求。

第十一条 旧城风貌区的保护改造遵循政府主导、企业开发、市场运作、社会参与的原则，对承担保护改造任务的企业由政府给予优惠政策。

第十二条 经市人民政府确定保护改造的旧城风貌区，有关单位和个人应当服从，并配合做好保护改造工作。

旧城风貌区保护改造范围内的单位和个人在改造期间不得从事下列活动，有关管理部门不得办理相关手续：

（一）新建、扩建、改建房屋；
（二）改变房屋和土地用途；
（三）出售或出租房屋。

第十三条 政府确定保护改造的旧城风貌区，需对保护改造范围内住户实施动迁的，按照《城市房屋拆迁管理条例》和《武汉市城市房屋拆迁管理实施办法》的规定执行。

第十四条 在旧城风貌区保护范围内进行建设活动，应当遵守下列规定：

（一）新建、扩建、改建建筑时，应当在高度、体量、色彩等方面与历史文化风貌相协调；
（二）对现有道路进行改建时，应当保持或者恢复其原有的道路格局和景观特征；
（三）对现有妨碍旧城风貌区保护的企业应当迁移。

第十五条 经保护改造的旧城风貌区，由所在区人民政府组织城市规划、文物、房产、城市管理等部门依法严格进行管理，及时查处不符合旧城风貌区保护规划和违反城市管理法规的行为。

第四章 优秀历史建筑的保护

第十六条 在优秀历史建筑的保护范围内新建、扩建、改建建筑的，应当在使用性质、高度、体量、立面、材料、色彩等方面与优秀历史建筑相协调，不得影响优秀历史建筑的正常使用。

第十七条 房产管理部门应当做好优秀历史建筑保护的指导和服务工作。

区房产管理部门应当将优秀历史建筑的具体保护要求书面告知建筑的所有人和有关的物业管理单位，明确其应当承担的保护义务。

第十八条 优秀历史建筑的使用现状与建筑的使用性质、内部设计使用功能不一致，对建筑的保护产生不利影响的，建筑的所有人可以按照建筑的具体保护要求提出恢复或者调整建筑的使用性质、内部设计使用功能的方案，报市房产管理部门批准。

优秀历史建筑的使用现状与建筑的使用性质、内部设计使用功能不一致，对建筑的保护产生严重影响的，市房产管理部门应当作出恢复或者调整建筑的使用性质、内部设计使用功能的决定。

第十九条 优秀历史建筑的所有人应当按照建筑的具体保护要求，及时对建筑进行修缮，建筑的使用人应当予以配合，区房产管理部门应当予以督促和指导。

优秀历史建筑由所有人负责修缮、保养，并承担相应的修缮费用；所有人和使用人另有约定的，从其约定。

第二十条 优秀历史建筑的所有人未按照建筑的具体保护要求及时修缮，致使建筑发生损毁危险或者未定期整修建筑立面的，房产管理部门应当责令其限期抢救修缮或者整修；逾期仍不抢救修缮或者整修的，房产管理部门可以委托专业单位代为修缮或者整修，所需费用由建筑的所有人承担。

第二十一条 优秀历史建筑的修缮应当由建筑的所有人委托具有相应资质的设计、施工单位实施。依法应当招标的优秀历史建筑修缮项目，应当按照有关招标投标的法律、法规的规定进行招标。

第二十二条 优秀历史建筑的修缮应当符合国家和本市的建筑技术规范。建筑的修缮无法按照建筑技术规范进行的，应当由市房产管理部门组织有关专家和相关管理部门协调确定相应的修缮方案。

第二十三条 优秀历史建筑因不可抗力或者受到其他影响发生损毁危险的，建筑的所有人应当立即组织抢险保护，采取加固措施，并向房产管理部门报告。房产管理部门应当予以督促和指导，对不符合该建筑具体保护要求的措施应当及时予以纠正。

第二十四条 依法确定的优秀历史建筑不得擅自拆除。因特殊需要必须拆除或者复建优秀历史建筑的，应当由市房产管理部门会同市城市规划管理部门和市文物管理部门共同提出，经征求有关专家的意见后报市人民政府批准。

第五章 法 律 责 任

第二十五条 违反本办法规定，擅自或者未按批准的要求，在旧城风貌区或者优秀历史建筑的保护范围内进行建设活动的，按照城市规划和其他有关法律、法规的规定处理。

第二十六条 违反本办法规定，有下列行为之一的，由房产管理部门责令改正或者恢复原状，并按下列规定进行处罚：

（一）未按建筑的具体保护要求设置、改建相关设施，擅自改变优秀历史建筑的使用性质、内部设计使用功能，或者从事危害建筑安全活动的，可处 1000 元以上 10000 元以下的罚款；

（二）擅自拆除优秀历史建筑的，处 10000 元以上 30000 元以下的罚款；

（三）对优秀历史建筑的修缮不符合建筑的具体保护要求或者相关技术规范的，可处 1000 元以上 10000 元以下的罚款。

违反前款规定，造成损失的，应当依法承担赔偿责任。

第二十七条 违反本办法规定，同时违反文物保护法律、法规规定的，按照文物保护法律、法规的规定处理。

第二十八条 城市规划、房产、文物和其他相关管理部门及其工作人员违法行使职权，有下列情形之一的，由所在单位或者上级主管机关依法给予行政处分；给管理相对人造成损失的，按照国家有关规定赔偿；构成犯罪的，提请司法机关依法追究刑事责任：

（一）违法批准拆除优秀历史建筑的；

（二）擅自批准在旧城风貌区、优秀历史建筑的保护范围内从事违法建设活动，或者违法批准改变优秀历史建筑的使用性质、内部设计使用功能的；

（三）对有损旧城风貌区和优秀历史建筑的违法行为不及时处理的；

（四）其他玩忽职守、滥用职权、徇私舞弊的。

第二十九条 当事人对行政管理部门的具体行政行为不服的，可以依法申请行政复议或者提起行政诉讼。

第六章 附 则

第三十条 本办法的具体应用问题，由市城市规划管理部门、市房产管理部门和市文物管理部门依照各自职责负责解释。

第三十一条 本办法自 2003 年 4 月 1 日起施行。

太原历史文化名城保护办法

(2009年11月12日太原市人民政府第15次常务会议通过,根据2010年12月30日太原市人民政府第12次常务会议通过的《太原市人民政府关于废止和修改部分政府规章的决定》修改)

第一章 总 则

第一条 为了加强太原历史文化名城的保护与管理,继承和弘扬优秀历史文化遗产,根据《中华人民共和国城乡规划法》、《中华人民共和国文物保护法》、《历史文化名城名镇名村保护条例》等有关法律、法规规定,结合本市实际,制定本办法。

第二条 在太原市区历史文化名城保护范围内从事规划、建设、管理和其他活动的,均应遵守本办法。

第三条 太原历史文化名城的保护,实行科学规划、严格保护、抢救第一、合理利用的原则。正确处理历史文化名城保护与城市建设和经济社会发展的关系。

第四条 市、区、镇人民政府应当加强对历史文化名城保护工作的领导,把历史文化名城保护工作纳入国民经济和社会发展计划,将保护经费列入本级财政预算并逐年增加。

第五条 市人民政府设立历史文化名城保护委员会,其主要职责:

(一)指导历史文化名城的保护工作;

(二)审议历史文化名城保护工作的重大事项;

(三)协调历史文化名城保护工作的相关事项。

历史文化名城保护委员会下设办公室,办公室设在市规划主管部门,具体负责其日常事务工作。

第六条 市规划主管部门会同市文物主管部门负责对历史文化名城的保护、监督和管理工作。

发展改革、住房和城乡建设、国土资源、房产、城管、财政、园林、水务、文化广电新闻出版、宗教、民政、旅游等有关部门,按照各自职责做好历史文化名城的保护工作。

第七条 任何单位和个人都有保护历史文化名城的义务,并有权对保护规划的制定和实施提出建议,对破坏历史文化名城的行为进行劝阻、检举和控告。

第八条 政府应当对保护历史文化名城做出突出成绩的单位和个人,予以表彰奖励。

第二章 保 护 内 容

第九条 太原历史文化名城的保护内容包括:府城整体格局、历史文化街区、历史文化风貌区、历史建筑以及历史文化名城依法应当保护的其他内容。

第十条 府城保护内容包括:河湖水系、传统街巷格局、建筑高度、城市景观线、建筑色彩等。

府城保护应当针对不同区域采取不同方式。

第十一条 历史文化街区包括:南华门历史文化街区、东三道巷历史文化街区、明太原县城历史文化街区、矿机苏式住宅历史文化街区、太重苏联专家楼历史文化街区等。根据历史文化街区保护的原则,应当保持其历史遗存真实性、传统风貌完整性与历史文化街区居民生活的延续性。

第十二条 历史文化风貌区包括:文庙—文瀛湖历史文化风貌区、督军府—钟楼街历史文化风貌区、迎泽大街历史文化风貌区、城西水系历史文化风貌区、小东门街历史文化风貌区等。

第十三条 历史建筑包括:太原古县城关帝庙、市政府南北办公楼、原晋绥铁路银行大楼、迎泽宾馆西楼、工人文化宫、山西大学主楼、太原火车站、太重一金工二金工厂房、太重苏联专家住宅楼等建（构）筑物。

第三章 保 护 规 划

第十四条 市规划主管部门会同市文物主管部门应当依据国家有关历史文化名城保护规划的编制要求，组织编制历史文化名城保护规划，由市人民政府报省人民政府批准后公布实施。

保护规划报送审批前，应当广泛征求社会公众和专家的意见。

其他各类专项规划和详细规划应当符合历史文化名城保护规划。

第十五条 经依法批准的历史文化名城保护规划公布后，任何单位和个人不得擅自修改；确因公共利益需要调整的，应当广泛征求社会公众意见，并组织专家论证，报原批准机关批准后公布实施。

第十六条 历史文化名城保护规划应当符合以下要求：

（一）与国民经济和社会发展计划相衔接；

（二）注重保护传统格局、历史风貌和空间尺度；

（三）严格控制建筑的高度、体量、色彩和风格；

（四）适应城市居民生活和工作环境的需要。

第十七条 对历史文化名城保护范围内不符合历史文化名城保护规划、详细规划的建（构）筑物及其他设施，应当按照规划要求进行改造。不能改造的，依法迁建或者拆除。

未纳入历史文化名城保护规划，但能体现历史文化名城特色的建（构）筑物、自然景观和人文景观，由市规划主管部门会同有关部门进行勘查。对符合条件的，报市人民政府批准后，纳入规划控制范围并向社会公布。

第四章 保 护 措 施

第十八条 建设单位和个人在保护规划范围内进行建设，应当符合修建性详细规划的要求，依法取得市规划主管部门的批准。未经批准，不得擅自开工建设。

设计单位应当按照保护规划的要求进行设计，不得违反规划要求向建设单位提供设计图纸。

市规划主管部门对保护规划范围内的建设项目进行审批时，应当征求市文物主管部门和专家的意见，不得违反保护规划要求进行项目审批。

第十九条 具有保护价值的建筑，不得违法拆除、改建和扩建。

建设项目选址应当避开具有保护价值的建筑、古树名木和人文景观等；确因公共利益需要不能避开的，应当对其尽可能实施原址保护。

实施原址保护的，建设单位应当事先确定保护措施，报相关部门批准，并将保护措施列入可行性研究报告或者设计任务书。

无法实施原址保护且必须迁移异地保护或者拆除的，建设单位应当提供可行性论证报告、迁移新址资料以及其他相关资料，由市规划主管部门会同相关部门进行审查后，报市人民政府批准。

拆除国有保护类建筑中具有收藏价值的壁画、雕塑、建筑构件等文物，由市文物主管部门指定的文物收藏单位收藏。

第二十条 对历史文化街区内的建筑，应当按照下列规定进行分类保护：

（一）不可移动的文物，依照文物保护法律、法规的规定进行保护；

（二）具有保护价值的建筑，按照本办法规定进行保护；

（三）其他建筑，按照历史文化街区保护规划的要求进行保护。

第二十一条 列入历史文化名城保护范围内的历史建筑，存在安全隐患的应当进行维修和防汛排险。

历史建筑内的住户，因政府规划确需搬迁的，由政府拨款迁出并妥善安置。

第二十二条 市规划主管部门应当会同市文物主管部门组织对历史文化街区和具有保护价值的历史建筑进行普查，制定图则，建立保护档案，向社会公布并进行挂牌监督。

市规划主管部门应当与挂牌区域的单位或者个人签订保护管理协议，同时将管理协议抄送给所在地的街办、乡（镇），进行监督管理。

第二十三条 市人民政府应当对历史文化街区和具有保护价值的建筑，自公布之日起设置保护标志。

任何单位和个人不得涂改、损毁、非法移动、拆除保护标志。

第二十四条 对保护类建筑，所有人、管理人、使用人应当按照有关保护规划和修缮标准使用、管理、维护和修缮。修缮标准由市房产主管部门会同市规划、文物主管部门制定。

保护类建筑由所有人负责维护和修缮。所有人、管理人和使用人另有约定的，从其约定。

所有人不具备修缮能力的，经所有人同意，保护类建筑所在区人民政府可以决定以支付现金或者产权调换的方式收购。

第二十五条 对保护类建筑进行修缮前，应当按照规划要求申报修缮设计方案，由市规划主管部门会同相关部门进行审批。

任何单位和个人不得擅自改建、扩建、维修或者拆除保护类建筑。

第二十六条 任何单位和个人不得擅自更改具有保护价值的传统街巷、区域等历史名称；确需更名的，应当依法向市地名主管部门申请并征求规划、文物主管部门的意见。

第二十七条 任何单位和个人不得在历史建筑上设置户外广告、存放易燃易爆物品、安装影响其安全的设施。

第五章 保护利用

第二十八条 在历史文化名城保护范围内，应当有计划地恢复能够反映本市历史风貌和地方特色的、有纪念意义的建筑物和设施，并可以利用具有代表性建筑物、传统民居设立博物馆、文化馆等公共文化场所。

第二十九条 对下列重要历史遗址应当设置纪念性保护标志：

（一）重大历史事件发生地、名人古居或者重要活动场所；
（二）历史上有重要影响的行政、军事、文化教育机构或者其他团体的重要场所；
（三）重大考古发掘或者发现的场所；
（四）历史形成的著名老街。

上述历史遗址具有重要价值的应当恢复。

第三十条 在历史文化街区、历史文化风貌区、历史建筑区域，鼓励社会各界、国内外组织和个人，以投资、捐赠、提供技术服务等多种方式参与历史文化名城的保护和合理利用。

在保护历史风貌特色的前提下，可以进行餐饮、书画、娱乐、旅游等项目的开发利用。

第三十一条 市文化广电新闻出版、商务、民政等主管部门，应当对本市的历史事件、地名典故、诗词歌赋、地方戏曲、传统工艺、饮食文化、民风民俗等文化遗产，进行搜集、整理、研究和利用。

第三十二条 鼓励举办具有太原民俗风情特色的各类传统文化活动。

第六章 罚 则

第三十三条 在历史文化名城保护范围内，依法负有保护职责的国家机关及其工作人员，违反本办法规定，有下列情形之一的，由其上级行政机关或者监察机关依法追究其行政责任；构成犯罪的，依法追究其刑事责任：

（一）擅自修改历史文化名城保护规划的；

（二）违法调整历史文化街区范围的；

（三）违反规划要求进行审批的。

第三十四条　违反本办法规定，设计单位违反规划要求向建设单位提供设计图纸的，由规划主管部门责令限期改正，可处合同约定设计费1倍以上2倍以下的罚款，但最高罚款不得超过3万元。

第三十五条　违反本办法规定，涂改、损毁、非法移动、拆除保护标志牌的，由规划主管部门责令限期改正。逾期不改正的，对单位处1万元以上3万元以下的罚款，对个人处1000元以上1万元以下的罚款。

第三十六条　违反本办法规定，擅自改建、扩建、维修或者拆除保护类建筑的，由规划主管部门责令限期改正、恢复原貌或者采取其他补救措施。造成严重后果的，依照《历史文化名城名镇名村保护条例》处罚。

第三十七条　违反本办法规定，在历史建筑上设置户外广告、存放易燃易爆物品、安装影响其安全的设施的，由规划主管部门责令限期改正。造成严重后果的，对单位处1万元以上3万元以下的罚款；对个人处1000元以上1万元以下的罚款。

第三十八条　当事人对行政处罚决定不服的，可依法申请行政复议或者提起行政诉讼。逾期不申请行政复议、不起诉，又不履行处罚决定的，由作出行政处罚决定的行政机关申请人民法院强制执行。

第七章　附　　则

第三十九条　本办法中，府城是指：东至建设路，西至新建路，南至迎泽大街，北至北大街的区域。

历史文化街区是指经省人民政府公布的保存文物特别丰富、历史建筑成片集中、能够较完整和真实地体现传统格局和历史风貌并具有一定规模的区域。

历史文化风貌区是指历史建筑或者传统建筑比较集中，且该地段在城市发展各个历史阶段一直保持某种特殊文化内涵或者表现城市发展的某个阶段独特城市面貌的片区。

历史建筑是指经市人民政府确定公布的具有一定保护价值，能够反映历史风貌和地方特色，未公布为文物保护单位，也未登记为不可移动文物的建筑物、构筑物。

第四十条　在历史文化名城保护范围内，涉及文物、晋阳古城遗址、古树名木等的保护，法律、法规另有规定的，从其规定。

第四十一条　本办法自2009年12月16日起施行。

六、技 术 规 范

历史文化名城保护规划规范 GB 50357—2005

1 总 则

1.0.1 为确保我国历史文化遗产得到切实的保护，使历史文化遗产的保护规划及其实施管理工作科学、合理、有效进行，制定本规范。

1.0.2 本规范适用于历史文化名城、历史文化街区和文物保护单位的保护规划。

1.0.3 保护规划必须遵循下列原则：
（1）保护历史真实载体的原则；
（2）保护历史环境的原则；
（3）合理利用、永续利用的原则。

1.0.4 保护规划应全面和深入调查历史文化遗产的历史及现状，分析研究文化内涵、价值和特色，确定保护的总体目标和原则。

1.0.5 保护规划应在有效保护历史文化遗产的基础上，改善城市环境，适应现代生活的物质和精神需求，促进经济、社会协调发展。

1.0.6 保护规划应研究确定历史文化遗产的保护措施与利用途径，充分体现历史文化遗产的历史、科学和艺术价值，并应对历史文化遗产利用的方式和强度提出要求。

1.0.7 历史文化名城保护规划应纳入城市总体规划。历史文化名城的保护应成为城市经济与社会发展政策的组成部分。城市用地布局的调整、发展用地的选择、道路与工程管网的选线以及其他大型工程设施的选址应有利于历史文化名城的保护。

1.0.8 对确有历史、科学和艺术价值，未列入文物保护单位的文物古迹和未列入历史文化街区的历史地段，保护规划应提出申报建议。

1.0.9 非历史文化名城的历史城区、历史地段、文物古迹的保护规划以及历史文化村、镇的保护规划可依照本规范执行。

1.0.10 历史文化名城保护规划除应遵守本规范规定外，尚应符合国家现行有关标准、规范的规定。

2 术 语

2.0.1 历史文化名城 historic city
经国务院批准公布的保存文物特别丰富并且具有重大历史价值或者革命纪念意义的城市。

2.0.2 历史城区 historic urban area
城镇中能体现其历史发展过程或某一发展时期风貌的地区。涵盖一般通称的古城区和旧城区。本规范特指历史城区中历史范围清楚、格局和风貌保存较为完整的需要保护控制的地区。

2.0.3 历史地段 historic area
保留遗存较为丰富，能够比较完整、真实地反映一定历史时期传统风貌或民族、地方特色，存有较多文物古迹、近现代史迹和历史建筑，并具有一定规模的地区。

2.0.4 历史文化街区 historic conservation area

经省、自治区、直辖市人民政府核定公布应予重点保护的历史地段，称为历史文化街区。

2.0.5 文物古迹 historic monuments and sites

人类在历史上创造的具有价值的不可移动的实物遗存，包括地面与地下的古遗址、古建筑、古墓葬、石窟寺、古碑石刻、近代代表性建筑、革命纪念建筑等。

2.0.6 文物保护单位 officially protected monuments and sites

经县以上人民政府核定公布应予重点保护的文物古迹。

2.0.7 地下文物埋藏区 underground archaeological remains

地下文物集中分布的地区，由城市人民政府或行政主管部门公布为地下文物埋藏区。地下文物包括埋藏在城市地面之下的古文化遗址、古墓葬、古建筑等。

2.0.8 历史文化名城保护规划 conservation planning of historic city

以保护历史文化名城、协调保护与建设发展为目的，以确定保护的原则、内容和重点，划定保护范围，提出保护措施为主要内容的规划，是城市总体规划中的专项规划。

2.0.9 建设控制地带 development control area

在保护区范围以外允许建设，但应严格控制其建（构）筑物的性质、体量、高度、色彩及形式的区域。

2.0.10 环境协调区 coordination area

在建设控制地带之外，划定的以保护自然地形地貌为主要内容的区域。

2.0.11 风貌 townscape

本规范指反映历史文化特征的城镇景观和自然、人文环境的整体面貌。

2.0.12 保护建筑 candidacy listing building

具有较高历史、科学和艺术价值，规划认为应按文物保护单位保护方法进行保护的建（构）筑物。

2.0.13 历史建筑 historic building

有一定历史、科学、艺术价值的，反映城市历史风貌和地方特色的建（构）筑物。

2.0.14 历史环境要素 historic environment element

除文物古迹、历史建筑之外，构成历史风貌的围墙、石阶、铺地、驳岸、树木等景物。

2.0.15 保护 conservation

对保护项目及其环境所进行的科学的调查、勘测、鉴定、登录、修缮、维修、改善等活动。

2.0.16 修缮 preservation

对文物古迹的保护方式，包括日常保养、防护加固、现状修整，重点修复等。

2.0.17 维修 refurbishment

对历史建筑和历史环境要素所进行的不改变外观特征的加固和保护性复原活动。

2.0.18 改善 improvement

对历史建筑所进行的不改变外观特征，调整、完善内部布局及设施的建设活动。

2.0.19 整修 repair

对与历史风貌有冲突的建（构）筑物和环境因素进行的改建活动。

2.0.20 整治 rehabilitation

为体现历史文化名城和历史文化街区风貌完整性所进行的各项治理活动。

3 历史文化名城

3.1 一般规定

3.1.1 历史文化名城保护的内容应包括：历史文化名城的格局和风貌；与历史文化密切相关的自然地貌、水系、风景名胜、古树名木；反映历史风貌的建筑群、街区、村镇；各级文物保护单位；民俗精华、传统工艺、传统文化等。

3.1.2 历史文化名城保护规划必须分析城市的历史、社会、经济背景和现状，体现名城的历史价值、科学价值、艺术价值和文化内涵。

3.1.3 历史文化名城保护规划应建立历史文化名城、历史文化街区与文物保护单位三个层次的保护体系。

3.1.4 历史文化名城保护规划应确定名城保护目标和保护原则，确定名城保护内容和保护重点，提出名城保护措施。

3.1.5 历史文化名城保护规划应包括城市格局及传统风貌的保持与延续，历史地段和历史建筑群的维修改善与整治，文物古迹的确认。

3.1.6 历史文化名城保护规划应划定历史地段、历史建筑群、文物古迹和地下文物埋藏区的保护界线，并提出相应的规划控制和建设的要求。

3.1.7 历史文化名城保护规划应合理调整历史城区的职能，控制人口容量，疏解城区交通，改善市政设施，以及提出规划的分期实施及管理的建议。

3.1.8 地下文物埋藏区保护界线范围内的道路交通建设、市政管线建设、房屋建设以及农业活动等，不得危及地下文物的安全。

3.1.9 历史城区内除文物保护单位、历史文化街区和历史建筑群以外的其他地区，应考虑延续历史风貌的要求。

3.2 保护界线划定

3.2.1 历史文化街区应划定保护区和建设控制地带的具体界线，也可根据实际需要划定环境协调区的界线。

3.2.2 文物保护单位应划定保护范围和建设控制地带的具体界线，也可根据实际需要划定环境协调区的界线。

3.2.3 保护建筑应划定保护范围和建设控制地带的具体界线，也可根据实际需要划定环境协调区的界线。

3.2.4 当历史文化街区的保护区与文物保护单位或保护建筑的建设控制地带出现重叠时，应服从保护区的规划控制要求。当文物保护单位或保护建筑的保护范围与历史文化街区出现重叠时。应服从文物保护单位或保护建筑的保护范围的规划控制要求。

3.2.5 历史文化街区内应保护文物古迹、保护建筑、历史建筑与历史环境要素。

3.2.6 历史文化街区建设控制地带内应严格控制建筑的性质、高度、体量、色彩及形式。

3.2.7 位于历史文化街区外的历史建筑群，应按照历史文化街区内保护历史建筑的要求予以保护。

3.3 建筑高度控制

3.3.1 历史文化名城保护规划必须控制历史城区内的建筑高度。

在分别确定历史城区建筑高度分区、视线通廊内建筑高度、保护范围和保护区内建筑高度的基础上，应制定历史城区的建筑高度控制规定。

3.3.2 对历史风貌保存完好的历史文化名城应确定更为严格的历史城区的整体建筑高度控制规定。

3.3.3 视线通廊内的建筑应以观景点可视范围的视线分析为依据，规定高度控制要求。视线通廊应包括观景点与景观对象相互之间的通视空间及景观对象周围的环境。

3.4 道路交通

3.4.1 历史城区道路系统要保持或延续原有道路格局；对富有特色的街巷，应保持原有的空间尺度。

3.4.2 历史城区道路规划的密度指标可在国家标准规定的上限范围内选取,道路宽度可在国家标准规定的下限范围内选取。

3.4.3 有历史城区的城市在进行城市规划时,该城市的最高等级道路和机动车交通流量很大的道路不宜穿越历史城区。

3.4.4 历史城区的交通组织应以疏解交通为主,宜将穿越交通、转换交通布局在历史城区外围。

3.4.5 历史城区应鼓励采用公共交通,道路系统应能满足自行车和行人出行,并根据实际需要相应设置自行车和行人专用道及步行区。

3.4.6 道路桥梁、轨道交通、公交客运枢纽、社会停车场、公交场站、机动车加油站等交通设施的形式应满足历史城区历史风貌要求;历史城区内不宜设置高架道路、大型立交桥、高架轨道、货运枢纽;历史城区内的社会停车场宜设置为地下停车场,也可在条件允许时采取路边停车方式。

3.4.7 道路及路口的拓宽改造,其断面形式及拓宽尺度应充分考虑历史街道的原有空间特征。

3.5 市政工程

3.5.1 历史城区内应完善市政管线和设施。当市政管线和设施按常规设置与文物古迹、历史建筑及历史环境要素的保护发生矛盾时。应在满足保护要求的前提下采取工程技术措施加以解决。

3.5.2 历史城区内不宜设置大型市政基础设施,市政管线宜采取地下敷设方式。市政管线和设施的设置应符合下列要求:

(1) 历史城区内不应新建水厂、污水处理厂、枢纽变电站,不宜设置取水构筑物。

(2) 排水体制在与城市排水系统相衔接的基础上,可采用分流制或截流式合流制。

(3) 历史城区内不得保留污水处理厂、固体废弃物处理厂。

(4) 历史城区内不宜保留枢纽变电站,变电站、开闭所、配电所应采用户内型。

(5) 历史城区内不应保留或新设置燃气输气、输油管线和贮气、贮油设施,不宜设置高压燃气管线和配气站。一P低压燃气调压设施宜采用箱式等小体量调压装置。

3.5.3 当多种市政管线采取下地敷设时,因地下空问狭小导致管线问、管线与建(构)筑物间净距不能满足常规要求时,应采取工程处理措施以满足管线的安全、检修等条件。

3.5.4 对历史城区内的通信、广播、电视等无线电发射接收装置的高度和外观应提出限制性要求。

3.6 防灾和环境保护

3.6.1 防灾和环境保护设施应满足历史城区保护历史风貌的要求。

3.6.2 历史城区必须健全防灾安全体系.对火灾及其他灾害产生的次生灾害应采取防治和补救措施。

3.6.3 历史城区内不得布置生产、贮存易燃易爆、有毒有害危险物品的工厂和仓库。

3.6.4 历史城区内不得保留或设置二、三类工业,不宜保留或设置一类工业,并应对现有工业企业的调整或搬迁提出要求。当历史城区外的污染源对历史城区造成大气、水体、噪声等污染时,应进行治理、调整或搬迁。

3.6.5 历史城区防洪堤坝工程设施庇与自然环境和历史环境协调,保持滨水特色,重视历史上防洪构筑物、码头等的保护与利用。

4 历史文化街区

4.1 一般规定

4.1.1 历史文化街区应具备以下条件:
(1) 有比较完整的历史风貌;
(2) 构成历史风貌的历史建筑和历史环境要素基本上是历史存留的原物;
(3) 历史文化街区用地面积不小于 $1hm^2$;

（4）历史文化街区内文物古迹和历史建筑的用地面积宜达到保护区内建筑总用地的60%以上。

4.1.2 历史文化街区保护规划应确定保护的目标和原则，严格保护该街区历史风貌．维持保护区的整体空间尺度，对保护区内的街巷和外围景观提出具体的保护要求。

4.1.3 历史文化街区保护规划应按详细规划深度要求，划定保护界线并分别提出建（构）筑物和历史环境要素维修、改善与整治的规定，调整用地性质，制定建筑高度控制规定，进行重要节点的整治规划设计，拟定实施管理措施。

4.1.4 历史文化街区增建设施的外观、绿化布局与植物配置应符合历史风貌的要求。

4.1.5 历史文化街区保护规划应包括改善居民生活环境、保持街区活力的内容。

4.1.6 位于历史文化街区外的历史建筑群，应依照历史文化街区的保护要求进行管理。

4.2 保护界线划定

4.2.1 历史文化街区保护界线的划定应按下列要求进行定位

（1）文物古迹或历史建筑的现状用地边界；

（2）在街道、广场、河流等处视线所及范围内的建筑物用地边界或外观界面；

（3）构成历史风貌的自然景观边界。

4.2.2 历史文化街区的外围应划定建设控制地带的具体界线，也可根据实际需要划定环境协调区的界线。建设控制地带内的控制要求应符合本规范3.2.6条的规定。

4.2.3 历史文化街区内的文物保护单位、保护建筑的保护界线划定和具体规划控制要求，应符合本规范3.2.2、3.2.3、3.2.4条的规定。

4.3 保护与整治

4.3.1 对历史文化街区内需要保护的建（构）筑物应根据各自的保护价值按表4.3.1的规定进行分类，并逐项进行调查统计。

表4.3.1 历史文化街区保护建（构）筑物一览表

类别＼状况	序号	名称或地址	建造时代	结构材料	建筑层数	使用功能	建筑面积（m²）	用地面积（m²）	备注
文物保护单位	▲	▲	▲	▲	▲	▲	▲	▲	△
保护建筑	▲	▲	▲	▲	▲	▲	▲	▲	△
历史建筑	▲	▲	△	▲	▲	▲	△	△	△

注：1 ▲为必填项目，△为选填项目，
   2 备注中可说明该类别的历史概况和现存状况。

4.3.2 历史文化街区内的历史环境要素应列表逐项进行调查统计。

4.3.3 历史文化街区内所有的建（构）筑物和历史环境要素应按表4.3.3的规定选定相应的保护和整治方式。

表4.3.3 历史文化街区建（构）筑物保护与整治方式

分类	文物保护单位	保护建筑	历史建筑	一般建（构）筑物	
				与历史风貌无冲突的建（构）筑物	与历史风貌有冲突的建（构）筑物
保护与整治方式	修缮	修缮	维修改善	保留	整修改造拆除

注：表中"与历史风貌无冲突的建构筑物"和"与历史风貌有冲突的建构筑物"是指文物保护单位、保护建筑和历史建筑以外的所有新旧建筑。

4.3.4 历史文化街区内的历史建筑不得拆除。

4.3.5 历史文化街区内构成历史风貌的环境要素的保护方式应为修缮、维修。

4.3.6 历史文化街区内与历史风貌相冲突的环境要素的整治方式应为整修、改造。

4.3.7 历史文化街区外的历史建筑群的保护方式应为维修、改善。

4.3.8 历史文化街区内拆除建筑的再建设，应符合历史风貌的要求。

4.4 道路交通

4.4.1 历史文化街区的道路交通规划应符合本规范3.4节的规定，并对限制性内容的限制程度适度强化。

4.4.2 历史文化街区应在保持道路的历史格局和空间尺度基础上，采用传统的路面材料及铺砌方式进行整修。

4.4.3 历史文化街区内道路的断面、宽度、线型参数、消防通道的设置等均应考虑历史风貌的要求。

4.4.4 从道路系统及交通组织上应避免大量机动车交通穿越历史文化街区。历史文化街区内的交通结构应满足自行车及步行交通为主。根据保护的需要，可划定机动车禁行区。

4.4.5 历史文化街区内不应新设大型停车场和广场，不应设置高架道路、立交桥、高架轨道、客运货运枢纽、公交场站等交通设施，禁设加油站。

4.4.6 历史文化街区内的街道应采用历史上的原有名称。

4.5 市政工程

4.5.1 历史文化街区的市政工程规划应符合本规范3.5节的规定，并对限制性内容的限制程度适度强化。

4.5.2 历史文化街区不应设置大型市政基础设施，小型市政基础设施应采用户内式或适当隐蔽，其外观和色彩应与所在街区的历史风貌相协调。

4.5.3 历史文化街区内的所有市政管线应采取地下敷设方式。

4.5.4 当市政管线布设受到空间限制时，应采取共同沟、增加管线强度、加强管线保护等措施，并对所采取的措施进行技术论证后确定管线净距。

4.6 防灾和环境保护

4.6.1 历史文化街区的防灾和环境保护规划应符合本规范3.6节的规定，并对限制性内容的限制程度适度强化。

4.6.2 历史文化街区和历史地段内应设立社区消防组织，并配备小型、适用的消防设施和装备。在不能满足消防通道要求及给水管径 $DN<100mm$ 的街巷内，应设置水池、水缸、沙池、灭火器及消火栓箱等小型、简易消防设施及装备。

4.6.3 在历史文化街区外围宜设置环通的消防通道。

5 文物保护单位

5.0.1 文物保护单位应按照《文物保护法》的规定进行保护。

5.0.2 保护建筑应划定保护范围和建设控制地带的具体界线。

也可根据实际需要划定环境协调区的界线，并按被保护的文物保护单位的保护要求提出规划措施。

本规范用词说明

1 为便于在执行本规范条文时区别对待，对要求严格程度不同的用词说明如下：
（1）表示很严格，非这样做不可的用词：
正面词采用"必须"；
反面词采用"严禁"。

（2）表示严格，在正常情况下均应这样做的用词：
　　正面词采用"应"；
　　反面词采用"不应"或"不得"。
（3）表示允许稍有选择，在条件许可时，首先应这样做的用词：
　　正面词采用"宜"或"可"；
　　反面词采用"不宜"。

2 条文中指明应按其他有关标准执行的写法为："应按……执行"或"应符合……规定"。

第三篇

党和国家文件

七、党中央文件

中共中央关于深化文化体制改革推动社会主义文化大发展大繁荣若干重大问题的决定

(2011年10月18日中国共产党第十七届中央委员会第六次全体会议通过)

中国共产党第十七届中央委员会第六次全体会议全面分析形势和任务，认为总结我国文化改革发展的丰富实践和宝贵经验，研究部署深化文化体制改革、推动社会主义文化大发展大繁荣，进一步兴起社会主义文化建设新高潮，对夺取全面建设小康社会新胜利、开创中国特色社会主义事业新局面、实现中华民族伟大复兴具有重大而深远的意义。全会作出如下决定。

一、充分认识推进文化改革发展的重要性和紧迫性，更加自觉、更加主动地推动社会主义文化大发展大繁荣

文化是民族的血脉，是人民的精神家园。在我国五千多年文明发展历程中，各族人民紧密团结、自强不息，共同创造出源远流长、博大精深的中华文化，为中华民族发展壮大提供了强大精神力量，为人类文明进步作出了不可磨灭的重大贡献。

中国共产党从成立之日起，就既是中华优秀传统文化的忠实传承者和弘扬者，又是中国先进文化的积极倡导者和发展者。我们党历来高度重视运用文化引领前进方向、凝聚奋斗力量，团结带领全国各族人民不断以思想文化新觉醒、理论创造新成果、文化建设新成就推动党和人民事业向前发展，文化工作在革命、建设、改革各个历史时期都发挥了不可替代的重大作用。

改革开放特别是党的十六大以来，我们党始终把文化建设放在党和国家全局工作重要战略地位，坚持物质文明和精神文明两手抓，实行依法治国和以德治国相结合，促进文化事业和文化产业同发展，推动文化建设不断取得新成就，走出了中国特色社会主义文化发展道路。我们坚持解放思想、实事求是、与时俱进，不断推进马克思主义中国化时代化大众化，形成和发展了中国特色社会主义理论体系，为开辟和拓展中国特色社会主义道路、确立和完善中国特色社会主义制度提供了科学理论指导；坚持推进社会主义核心价值体系建设，用马克思主义中国化最新成果武装全党、教育人民，用中国特色社会主义共同理想凝聚力量，用以爱国主义为核心的民族精神和以改革创新为核心的时代精神鼓舞斗志，用社会主义荣辱观引领风尚，巩固了全党全国各族人民团结奋斗的共同思想道德基础；坚持为人民服务、为社会主义服务的方向和百花齐放、百家争鸣的方针，发扬广大人民群众和文化工作者的创造精神，推动优秀文化产品大量涌现，丰富了人民精神文化生活；坚持推进文化体制改革，创新文化发展理念，解放和发展文化生产力，推动文化事业全面繁荣、文化产业健康发展，大幅度提高了人民基本文化权益保障水平，大幅度提高了文化在经济社会发展中的地位和作用；坚持发展多层次、宽领域对外文化交流格局，借鉴吸收人类优秀文明成果，实施文化走出去战略，不断增强中华文化国际影响力，向世界展示了我国改革开放的崭新形象和我国人民昂扬向上的精神风貌。我国文化改革发展，显著提高了全民族思想道德素质和科学文化素质、促进了人的全面发展，显著增强了国家文化软实力，为坚持和发展中国特色社会主义提供了强大精神力量。

当今世界正处在大发展大变革大调整时期，世界多极化、经济全球化深入发展，科学技术日新月异，各种思想文化交流交融交锋更加频繁，文化在综合国力竞争中的地位和作用更加凸显，维护国家文化安全任务更加艰巨，增强国家文化软实力、中华文化国际影响力要求更加紧迫。当代中国进入了全面建设小康社会的关键时期和深化改革开放、加快转变经济发展方式的攻坚时期，文化越来越成为民族凝聚力和创造力的重要源泉、越来越成为综合国力竞争的重要因素、越来越成为经济社会发展的重要支撑，丰富精神文化生活越来越成为我国人民的热切愿望。我国仍处于并将长期处于社会主义初级阶段，人民日益增长的物质文化需要同落后的社会生产之间的矛盾仍然是社会主要矛盾。全面建成惠及十几亿人口的更高水平的小康社会，既要让人民过上殷实富足的物质生活，又要让人民享有健康丰富的文化生活。我们必须抓住和用好我国发展的重要战略机遇期，在坚持以经济建设为中心的同时，自觉把文化繁荣发展作为坚持发展是硬道理、发展是党执政兴国第一要务的重要内容，作为深入贯彻落实科学发展观的一个基本要求，进一步推动文化建设与经济建设、政治建设、社会建设以及生态文明建设协调发展，更好满足人民精神需求、丰富人民精神世界、增强人民精神力量，为继续解放思想、坚持改革开放、推动科学发展、促进社会和谐提供坚强思想保证、强大精神动力、有力舆论支持、良好文化条件。

我国文化领域正在发生广泛而深刻的变革，推动文化大发展大繁荣既具备许多有利条件，也面临一系列新情况新问题。我国文化发展同经济社会发展和人民日益增长的精神文化需求还不完全适应，突出矛盾和问题主要是：一些地方和单位对文化建设重要性、必要性、紧迫性认识不够，文化在推动全民族文明素质提高中的作用亟待加强；一些领域道德失范、诚信缺失，一些社会成员人生观、价值观扭曲，用社会主义核心价值体系引领社会思潮更为紧迫，巩固全党全国各族人民团结奋斗的共同思想道德基础任务繁重；舆论引导能力需要提高，网络建设和管理亟待加强和改进；有影响的精品力作还不够多，文化产品创作生产引导力度需要加大；公共文化服务体系不健全，城乡、区域文化发展不平衡；文化产业规模不大、结构不合理，束缚文化生产力发展的体制机制问题尚未根本解决；文化走出去较为薄弱，中华文化国际影响力需要进一步增强；文化人才队伍建设急需加强。推进文化改革发展，必须抓紧解决这些矛盾和问题。

全党必须深刻认识到，社会主义先进文化是马克思主义政党思想精神上的旗帜，文化建设是中国特色社会主义事业总体布局的重要组成部分。没有文化的积极引领，没有人民精神世界的极大丰富，没有全民族精神力量的充分发挥，一个国家、一个民族不可能屹立于世界民族之林。物质贫乏不是社会主义，精神空虚也不是社会主义。没有社会主义文化繁荣发展，就没有社会主义现代化。在新的历史起点上深化文化体制改革、推动社会主义文化大发展大繁荣，关系实现全面建设小康社会奋斗目标，关系坚持和发展中国特色社会主义，关系实现中华民族伟大复兴。我们要准确把握我国经济社会发展新要求，准确把握当今时代文化发展新趋势，准确把握各族人民精神文化生活新期待，增强责任感和紧迫感，解放思想，转变观念，抓住机遇，乘势而上，在全面建设小康社会进程中、在科学发展道路上奋力开创社会主义文化建设新局面。

二、坚持中国特色社会主义文化发展道路，努力建设社会主义文化强国

坚持中国特色社会主义文化发展道路，深化文化体制改革，推动社会主义文化大发展大繁荣，必须全面贯彻党的十七大精神，高举中国特色社会主义伟大旗帜，以马克思列宁主义、毛泽东思想、邓小平理论和"三个代表"重要思想为指导，深入贯彻落实科学发展观，坚持社会主义先进文化前进方向，以科学发展为主题，以建设社会主义核心价值体系为根本任务，以满足人民精神文化需求为出发点和落脚点，以改革创新为动力，发展面向现代化、面向世界、面向未来的，民族的科学的大众的社会主义文化，培养高度的文化自觉和文化自信，提高全民族文明素质，增强国家文化软实力，弘扬中华文化，努力建设社会主义文化强国。

建设社会主义文化强国，就是要着力推动社会主义先进文化更加深入人心，推动社会主义精神文明和物质文明全面发展，不断开创全民族文化创造活力持续迸发、社会文化生活更加丰富多彩、人民基本文化权益得到更好保障、人民思想道德素质和科学文化素质全面提高的新局面，建设中华民族共有精神家园，为人类文明进步作出更大贡献。

按照实现全面建设小康社会奋斗目标新要求,到二〇二〇年,文化改革发展奋斗目标是:社会主义核心价值体系建设深入推进,良好思想道德风尚进一步弘扬,公民素质明显提高;适应人民需要的文化产品更加丰富,精品力作不断涌现;文化事业全面繁荣,覆盖全社会的公共文化服务体系基本建立,努力实现基本公共文化服务均等化;文化产业成为国民经济支柱性产业,整体实力和国际竞争力显著增强,公有制为主体、多种所有制共同发展的文化产业格局全面形成;文化管理体制和文化产品生产经营机制充满活力、富有效率,以民族文化为主体、吸收外来有益文化、推动中华文化走向世界的文化开放格局进一步完善;高素质文化人才队伍发展壮大,文化繁荣发展的人才保障更加有力。全党全国要为实现这些目标共同努力,不断提高文化建设科学化水平,为把我国建设成为社会主义文化强国打下坚实基础。

实现上述奋斗目标,必须遵循以下重要方针。

——坚持以马克思主义为指导,推进马克思主义中国化时代化大众化,用中国特色社会主义理论体系武装头脑、指导实践、推动工作,确保文化改革发展沿着正确道路前进。

——坚持社会主义先进文化前进方向,坚持为人民服务、为社会主义服务,坚持百花齐放、百家争鸣,坚持继承和创新相统一,弘扬主旋律、提倡多样化,以科学的理论武装人,以正确的舆论引导人,以高尚的精神塑造人,以优秀的作品鼓舞人,在全社会形成积极向上的精神追求和健康文明的生活方式。

——坚持以人为本,贴近实际、贴近生活、贴近群众,发挥人民在文化建设中的主体作用,坚持文化发展为了人民、文化发展依靠人民、文化发展成果由人民共享,促进人的全面发展,培育有理想、有道德、有文化、有纪律的社会主义公民。

——坚持把社会效益放在首位,坚持社会效益和经济效益有机统一,遵循文化发展规律,适应社会主义市场经济发展要求,加强文化法制建设,一手抓繁荣、一手抓管理,推动文化事业和文化产业全面协调可持续发展。

——坚持改革开放,着力推进文化体制机制创新,以改革促发展、促繁荣,不断解放和发展文化生产力,提高文化开放水平,推动中华文化走向世界,积极吸收各国优秀文明成果,切实维护国家文化安全。

三、推进社会主义核心价值体系建设,巩固全党全国各族人民团结奋斗的共同思想道德基础

社会主义核心价值体系是兴国之魂,是社会主义先进文化的精髓,决定着中国特色社会主义发展方向。必须强化教育引导,增进社会共识,创新方式方法,健全制度保障,把社会主义核心价值体系融入国民教育、精神文明建设和党的建设全过程,贯穿改革开放和社会主义现代化建设各领域,体现到精神文化产品创作生产传播各方面,坚持用社会主义核心价值体系引领社会思潮,在全党全社会形成统一指导思想、共同理想信念、强大精神力量、基本道德规范。

(一)坚持马克思主义指导地位。马克思主义深刻揭示了人类社会发展规律,坚定维护和发展最广大人民根本利益,是指引人民推动社会进步、创造美好生活的科学理论。要毫不动摇地坚持马克思主义基本原理,紧密结合中国实际、时代特征、人民愿望,用发展着的马克思主义指导新的实践。坚持不懈用中国特色社会主义理论体系武装全党、教育人民,推动学习实践科学发展观向深度和广度拓展,引导党员、干部深入学习贯彻党的基本理论、基本路线、基本纲领、基本经验,学习马克思主义经典著作,系统掌握马克思主义立场、观点、方法。科学分析世情、国情、党情新变化,深入研究解决改革开放和社会主义现代化建设新课题,不断深化对共产党执政规律、社会主义建设规律、人类社会发展规律的认识,不断把党带领人民创造的成功经验上升为理论,不断赋予当代中国马克思主义鲜明的实践特色、民族特色、时代特色。坚持以领导班子和领导干部为重点,以提高思想政治素养为根本,以建设学习型党组织为抓手,大力推进马克思主义学习型政党建设。深入推进马克思主义理论研究和建设工程,实施中国特色社会主义理论体系普及计划,加强重点学科体系和教材体系建设,推动中国特色社会主义理论体系进教材、进课堂、进头脑,加强和改进学校思想政治教育。

（二）坚定中国特色社会主义共同理想。中国特色社会主义是当代中国发展进步的根本方向，集中体现了最广大人民根本利益和共同愿望。要深入开展理想信念教育，引导干部群众深刻认识中国共产党领导和中国特色社会主义制度的历史必然性和优越性，深刻认识中国特色社会主义道路既是实现社会主义现代化和中华民族伟大复兴的必由之路，也是创造人民美好生活的必由之路，自觉把个人理想融入中国特色社会主义共同理想之中，最大限度把广大人民团结和凝聚在中国特色社会主义伟大旗帜之下。紧密结合中国特色社会主义成功实践，联系干部群众思想实际，针对社会热点难点问题，从理论和实践结合上作出有说服力的回答，引导干部群众在重大思想理论问题上划清是非界限、澄清模糊认识，有力抵制各种错误和腐朽思想影响。深入开展形势政策教育、国情教育、革命传统教育、改革开放教育、国防教育，组织学习中国近现代史特别是党领导人民进行革命、建设、改革的历史，坚定广大干部群众对中国特色社会主义的信心和信念。

（三）弘扬以爱国主义为核心的民族精神和以改革创新为核心的时代精神。爱国主义是中华民族最深厚的思想传统，最能感召中华儿女团结奋斗；改革创新是当代中国最鲜明的时代特征，最能激励中华儿女锐意进取。要广泛开展民族精神教育，大力弘扬爱国主义、集体主义、社会主义思想，增强民族自尊心、自信心、自豪感，激励人民把爱国热情化作振兴中华的实际行动，以热爱祖国和贡献自己全部力量建设祖国为最大光荣、以损害祖国利益和尊严为最大耻辱。广泛开展时代精神教育，引导干部群众始终保持与时俱进、开拓创新的精神状态，永不自满、永不僵化、永不停滞，以思想不断解放推动事业持续发展。大力弘扬一切有利于国家富强、民族振兴、人民幸福、社会和谐的思想和精神，大力发扬艰苦奋斗、劳动光荣、勤俭节约的优良传统。加强民族团结进步教育，增进对伟大祖国和中华民族的认同，促进各民族共同团结奋斗、共同繁荣发展。加强爱国主义教育基地建设，用好红色旅游资源，使之成为弘扬培育民族精神和时代精神的重要课堂。

（四）树立和践行社会主义荣辱观。社会主义荣辱观体现了社会主义道德的根本要求。要深入开展社会主义荣辱观宣传教育，弘扬中华传统美德，推进公民道德建设工程，加强社会公德、职业道德、家庭美德、个人品德教育，评选表彰道德模范，学习宣传先进典型，引导人民增强道德判断力和道德荣誉感，自觉履行法定义务、社会责任、家庭责任，在全社会形成知荣辱、讲正气、作奉献、促和谐的良好风尚。深化群众性精神文明创建活动，广泛开展志愿服务，拓展各类道德实践活动，倡导爱国、敬业、诚信、友善等道德规范，形成男女平等、尊老爱幼、扶贫济困、扶弱助残、礼让宽容的人际关系。全面加强学校德育体系建设，构建学校、家庭、社会紧密协作的教育网络，动员社会各方面共同做好青少年思想道德教育工作。深入开展学雷锋活动，采取措施推动学习活动常态化。深化政风、行风建设，开展道德领域突出问题专项教育和治理，坚决反对拜金主义、享乐主义、极端个人主义，坚决纠正以权谋私、造假欺诈、见利忘义、损人利己的歪风邪气。把诚信建设摆在突出位置，大力推进政务诚信、商务诚信、社会诚信和司法公信建设，抓紧建立健全覆盖全社会的征信系统，加大对失信行为惩戒力度，在全社会广泛形成守信光荣、失信可耻的氛围。加强法制宣传教育，弘扬社会主义法治精神，树立社会主义法治理念，提高全民法律素质，推动人人学法遵法守法用法，维护法律权威和社会公平正义。加强人文关怀和心理疏导，培育自尊自信、理性平和、积极向上的社会心态。弘扬科学精神，普及科学知识，倡导移风易俗、抵制封建迷信。深入开展反腐倡廉教育，推进廉政文化建设。

四、全面贯彻"二为"方向和"双百"方针，为人民提供更好更多的精神食粮

创作生产更多无愧于历史、无愧于时代、无愧于人民的优秀作品，是文化繁荣发展的重要标志。必须全面贯彻为人民服务、为社会主义服务的方向和百花齐放、百家争鸣的方针，立足发展先进文化、建设和谐文化，激发文化创作生产活力，提高文化产品质量，发挥文化引领风尚、教育人民、服务社会、推动发展的作用。

（一）坚持正确创作方向。正确创作方向是文化创作生产的根本性问题，一切进步的文化创作生产都源于人民、为了人民、属于人民。必须牢固树立人民是历史创造者的观点，坚持以人民为中心的创作导向，热情讴歌改革开放和社会主义现代化建设伟大实践，生动展示我国人民奋发有为的精神风貌和创造历史的辉煌业绩。要引导文化工作者牢记为人民服务、为社会主义服务的神圣职责，坚持正确文化立场，认真对待和积极追求文化产品社会效果，弘扬真善美，贬斥假恶丑，把学术探索和艺术创作融入实现中华民族伟大复兴的事业之中。坚持发扬学术民主、艺术民主，营造积极健康、宽松和谐的氛围，提倡不同观点和学派充分讨论，提倡体裁、题材、形式、手段充分发展，推动观念、内容、风格、流派积极创新。把创新精神贯穿文化创作生产全过程，弘扬民族优秀文化传统和五四运动以来形成的革命文化传统，学习借鉴国外文化创新有益成果，兼收并蓄、博采众长，增强文化产品时代感和吸引力。

（二）繁荣发展哲学社会科学。坚持和发展中国特色社会主义，必须大力发展哲学社会科学，使之更好发挥认识世界、传承文明、创新理论、咨政育人、服务社会的重要功能。要巩固发展马克思主义理论学科，坚持基础研究和应用研究并重，传统学科和新兴学科、交叉学科并重，结合我国实际和时代特点，建设具有中国特色、中国风格、中国气派的哲学社会科学。坚持以重大现实问题为主攻方向，加强对全局性、战略性、前瞻性问题研究，加快哲学社会科学成果转化，更好地服务经济社会发展。实施哲学社会科学创新工程，发挥国家哲学社会科学基金示范引导作用，推进学科体系、学术观点、科研方法创新，重点扶持立足中国特色社会主义实践的研究项目，着力推出代表国家水准、具有世界影响、经得起实践和历史检验的优秀成果。整合哲学社会科学研究力量，建设一批社会科学研究基地和国家重点实验室，建设一批具有专业优势的思想库，加强哲学社会科学信息化建设。

（三）加强和改进新闻舆论工作。舆论导向正确是党和人民之福，舆论导向错误是党和人民之祸。要坚持马克思主义新闻观，牢牢把握正确导向，坚持团结稳定鼓劲、正面宣传为主，壮大主流舆论，提高舆论引导的及时性、权威性和公信力、影响力，发挥宣传党的主张、弘扬社会正气、通达社情民意、引导社会热点、疏导公众情绪、搞好舆论监督的重要作用，保障人民知情权、参与权、表达权、监督权。以党报党刊、通讯社、电台电视台为主，整合都市类媒体、网络媒体等宣传资源，构建统筹协调、责任明确、功能互补、覆盖广泛、富有效率的舆论引导格局。加强和改进正面宣传，加强社会主义核心价值体系宣传，加强舆情分析研判，加强社会热点难点问题引导，从群众关注点入手，科学解疑释惑，有效凝聚共识。做好重大突发事件新闻报道，完善新闻发布制度，健全应急报道和舆论引导机制，提高时效性，增加透明度。加强和改进舆论监督，推动解决党和政府高度重视、群众反映强烈的实际问题，维护人民利益，密切党群关系，促进社会和谐。新闻媒体和新闻工作者要秉持社会责任和职业道德，真实准确传播新闻信息，自觉抵制错误观点，坚决杜绝虚假新闻。

（四）推出更多优秀文艺作品。文学、戏剧、电影、电视、音乐、舞蹈、美术、摄影、书法、曲艺、杂技以及民间文艺、群众文艺等各领域文艺工作者都要积极投身到讴歌时代和人民的文艺创造活动之中，在社会生活中汲取素材、提炼主题，以充沛的激情、生动的笔触、优美的旋律、感人的形象，创作生产出思想性艺术性观赏性相统一、人民喜闻乐见的优秀文艺作品。实施精品战略，组织好"五个一工程"、重大革命和历史题材创作工程、重点文学艺术作品扶持工程、优秀少儿作品创作工程，鼓励原创和现实题材创作，不断推出文艺精品。扶持代表国家水准、具有民族特色和地方特色的优秀艺术品种，积极发展新的艺术样式。鼓励一切有利于陶冶情操、愉悦身心、寓教于乐的文艺创作，抵制低俗之风。

（五）发展健康向上的网络文化。加强网上思想文化阵地建设，是社会主义文化建设的迫切任务。要认真贯彻积极利用、科学发展、依法管理、确保安全的方针，加强和改进网络文化建设和管理，加强网上舆论引导，唱响网上思想文化主旋律。实施网络内容建设工程，推动优秀传统文化瑰宝和当代文化精品网络传播，制作适合互联网和手机等新兴媒体传播的精品佳作，鼓励网民创作格调健康的网络文化作品。支持重点新闻网站加快发展，打造一批在国内外有较强影响力的综合性网站和特色网站，发挥主要商业网站建设性作用，培育一批网络内容生产和服务骨干企业。发展网络新技术新业态，占领网络信息传播制高点。广泛开展文明网站创建，推动文明办网、文明上网，督促网络运营服务企业履行法律义务和社会责任，不为有害信息提供传播渠道。加强网络法制建设，加快形成法律规范、行政监管、行业自律、技术保障、公众监督、社会教育相结合的互联网管理体系。加强对社交网络和即时通信工具等的引导和管理，规范网上信息传播秩序，培育文明理性的网络环境。依法惩处传播有害信息行为，深入推进整治网络淫秽色情和低俗信息专项行动，严厉打击网络违法犯罪。加大网上个人信息保护力度，建立网络安全评估机制，维护公共利益和国家信息安全。

（六）完善文化产品评价体系和激励机制。坚持把遵循社会主义先进文化前进方向、人民群众满意作为评价作品最高标准，把群众评价、专家评价和市场检验统一起来，形成科学的评价标准。要建立公开、公平、公正评奖机制，精简评奖种类，改进评奖办法，提高权威性和公信度。加强文艺理论建设，培养高素质文艺评论队伍，开展积极健康的文艺批评，褒优贬劣，激浊扬清。加大优秀文化产品推广力度，运用主流媒体、公共文化场所等资源，在资金、频道、版面、场地等方面为展演展映展播展览弘扬主流价值的精品力作提供条件。设立专项艺术基金，支持收藏和推介优秀文化作品。加大知识产权保护力度，依法惩处侵权行为，维护著作权人合法权益。

五、大力发展公益性文化事业，保障人民基本文化权益

满足人民基本文化需求是社会主义文化建设的基本任务。必须坚持政府主导，按照公益性、基本性、均等性、便利性的要求，加强文化基础设施建设，完善公共文化服务网络，让群众广泛享有免费或优惠的基本公共文化服务。

（一）构建公共文化服务体系。加强公共文化服务是实现人民基本文化权益的主要途径。要以公共财政为支撑，以公益性文化单位为骨干，以全体人民为服务对象，以保障人民群众看电视、听广播、读书看报、进行公共文化鉴赏、参与公共文化活动等基本文化权益为主要内容，完善覆盖城乡、结构合理、功能健全、实用高效的公共文化服务体系。把主要公共文化产品和服务项目、公益性文化活动纳入公共财政经常性支出预算。采取政府采购、项目补贴、定向资助、贷款贴息、税收减免等政策措施鼓励各类文化企业参与公共文化服务。鼓励国家投资、资助或拥有版权的文化产品无偿用于公共文化服务。加强文化馆、博物馆、图书馆、美术馆、科技馆、纪念馆、工人文化宫、青少年宫等公共文化服务设施和爱国主义教育示范基地建设并完善向社会免费开放服务，鼓励其他国有文化单位、教育机构等开展公益性文化活动，各类公共场所要为群众性文化活动提供便利。统筹规划和建设基层公共文化服务设施，坚持项目建设和运行管理并重，实现资源整合、共建共享。加强社区公共文化设施建设，把社区文化中心建设纳入城乡规划和设计，拓展投资渠道。完善面向妇女、未成年人、老年人、残疾人的公共文化服务设施。引导和鼓励社会力量通过兴办实体、资助项目、赞助活动、提供设施等形式参与公共文化服务。推进国家公共文化服务体系示范区创建。制定公共文化服务指标体系和绩效考核办法。

（二）发展现代传播体系。提高社会主义先进文化辐射力和影响力，必须加快构建技术先进、传输快捷、覆盖广泛的现代传播体系。要加强党报党刊、通讯社、电台电视台和重要出版社建设，进一步完善采编、发行、播发系统，加快数字化转型，扩大有效覆盖面。加强国际传播能力建设，打造国际一流媒体，提高新闻信息原创率、首发率、落地率。建立统一联动、安全可靠的国家应急广播体系。完善国家数字图书馆建设。整合有线电视网络，组建国家级广播电视网络公司。推进电信网、广电网、互联网三网融合，建设国家新媒体集成播控平台，创新业务形态，发挥各类信息网络设施的文化传播作用，实现互联互通、有序运行。

（三）建设优秀传统文化传承体系。优秀传统文化凝聚着中华民族自强不息的精神追求和历久弥新的精神财富，是发展社会主义先进文化的深厚基础，是建设中华民族共有精神家园的重要支撑。要全面认识祖国传统文化，取其精华、去其糟粕，古为今用、推陈出新，坚持保护利用、普及弘扬并重，加强对优秀传统文化思想价值的挖掘和阐发，维护民族文化基本元素，使优秀传统文化成为新时代鼓舞人民前进的精神力量。加强文化典籍整理和出版工作，推进文化典籍资源数字化。加强国家重大文化和自然遗产地、重点文物保护单位、历史文化名城名镇名村保护建设，抓好非物质文化遗产保护传承。深入挖掘民族传统节日文化内涵，广泛开展优秀传统文化教育普及活动。发挥国民教育在文化传承创新中的基础性作用，增加优秀传统文化课程内容，加强优秀传统文化教学研究基地建设。大力推广和规范使用国家通用语言文字，科学保护各民族语言文字。繁荣发展少数民族文化事业，开展少数民族特色文化保护工作，加强少数民族语言文字党报党刊、广播影视节目、出版物等译制播出出版。加强同香港、澳门的文化交流合作，加强同台湾的各种形式文化交流，共同弘扬中华优秀传统文化。

（四）加快城乡文化一体化发展。增加农村文化服务总量，缩小城乡文化发展差距，对推进社会主义新农村建设、形成城乡经济社会发展一体化新格局具有重大意义。要以农村和中西部地区为重点，加强县级文化馆和图书馆、乡镇综合文化站、村文化室建设，深入实施广播电视村村通、文化信息资源共享、农村电影放映、农家书屋等文化惠民工程，扩大覆盖、消除盲点、提高标准、完善服务、改进管理。加大对革命老区、民族地区、边疆地区、贫困地区文化服务网络建设支持和帮扶力度。深入开展全民阅读、全民健身活动，推动文化科技卫生"三下乡"、科教文体法律卫生"四进社区"、"送欢乐下基层"等活动经常化。引导企业、社区积极开展面向农民工的公益性文化活动，尽快把农民工纳入城市公共文化服务体系。建立以城带乡联动机制，合理配置城乡文化资源，鼓励城市对农村进行文化帮扶，把支持农村文化建设作为创建文明城市基本指标。鼓励文化单位面向农村提供流动服务、网点服务，推动媒体办好农村版和农村频率频道，做好主要党报党刊在农村基层发行和赠阅工作。扶持文化企业以连锁方式加强基层和农村文化网点建设，推动电影院线、演出院线向市县延伸，支持演艺团体深入基层和农村演出。中央、省、市三级设立农村文化建设专项资金，保证一定数量的中央转移支付资金用于乡镇和村文化建设。

六、加快发展文化产业，推动文化产业成为国民经济支柱性产业

发展文化产业是社会主义市场经济条件下满足人民多样化精神文化需求的重要途径。必须坚持社会主义先进文化前进方向，坚持把社会效益放在首位、社会效益和经济效益相统一，按照全面协调可持续的要求，推动文化产业跨越式发展，使之成为新的经济增长点、经济结构战略性调整的重要支点、转变经济发展方式的重要着力点，为推动科学发展提供重要支撑。

（一）构建现代文化产业体系。加快发展文化产业，必须构建结构合理、门类齐全、科技含量高、富有创意、竞争力强的现代文化产业体系。要在重点领域实施一批重大项目，推进文化产业结构调整，发展壮大出版发行、影视制作、印刷、广告、演艺、娱乐、会展等传统文化产业，加快发展文化创意、数字出版、移动多媒体、动漫游戏等新兴文化产业。鼓励有实力的文化企业跨地区、跨行业、跨所有制兼并重组，培育文化产业领域战略投资者。优化文化产业布局，发挥东中西部地区各自优势，加强文化产业基地规划和建设，发展文化产业集群，提高文化产业规模化、集约化、专业化水平。加大对拥有自主知识产权、弘扬民族优秀文化的产业支持力度，打造知名品牌。发掘城市文化资源，发展特色文化产业，建设特色文化城市。发挥首都全国文化中心示范作用。规划建设各具特色的文化创业创意园区，支持中小文化企业发展。推动文化产业与旅游、体育、信息、物流、建筑等产业融合发展，增加相关产业文化含量，延伸文化产业链，提高附加值。

（二）形成公有制为主体、多种所有制共同发展的文化产业格局。加快发展文化产业，必须毫不动摇地支持和壮大国有或国有控股文化企业，毫不动摇地鼓励和引导各种非公有制文化企业健康发展。要培育一批核心竞争力强的国有或国有控股大型文化企业或企业集团，在发展产业和繁荣市场方面发挥主导作用。在国家许可范围内，引导社会资本以多种形式投资文化产业，参与国有经营性文化单位转企改制，参与重大文化产业项目实施和文化产业园区建设，在投资核准、信用贷款、土地使用、税收优惠、上市融资、发行债券、对外贸易和申请专项资金等方面给予支持，营造公平参与市场竞争、同等受到法律保护的体制和法制环境。加强和改进对非公有制文化企业的服务和管理，引导他们自觉履行社会责任。

（三）推进文化科技创新。科技创新是文化发展的重要引擎。要发挥文化和科技相互促进的作用，深入实施科技带动战略，增强自主创新能力。抓住一批全局性、战略性重大科技课题，加强核心技术、关键技术、共性技术攻关，以先进技术支撑文化装备、软件、系统研制和自主发展，重视相关技术标准制定，加快科技创新成果转化，提高我国出版、印刷、传媒、影视、演艺、网络、动漫等领域技术装备水平，增强文化产业核心竞争力。依托国家高新技术园区、国家可持续发展实验区等建立国家级文化和科技融合示范基地，把重大文化科技项目纳入国家相关科技发展规划和计划。健全以企业为主体、市场

为导向、产学研相结合的文化技术创新体系，培育一批特色鲜明、创新能力强的文化科技企业，支持产学研战略联盟和公共服务平台建设。

（四）扩大文化消费。增加文化消费总量，提高文化消费水平，是文化产业发展的内生动力。要创新商业模式，拓展大众文化消费市场，开发特色文化消费，扩大文化服务消费，提供个性化、分众化的文化产品和服务，培育新的文化消费增长点。提高基层文化消费水平，引导文化企业投资兴建更多适合群众需求的文化消费场所，鼓励出版适应群众购买能力的图书报刊，鼓励在商业演出和电影放映中安排一定数量的低价场次或门票，鼓励网络文化运营商开发更多低收费业务，有条件的地方要为困难群众和农民工文化消费提供适当补贴。积极发展文化旅游，促进非物质文化遗产保护传承与旅游相结合，发挥旅游对文化消费的促进作用。

七、进一步深化改革开放，加快构建有利于文化繁荣发展的体制机制

文化引领时代风气之先，是最需要创新的领域。必须牢牢把握正确方向，加快推进文化体制改革，建立健全党委领导、政府管理、行业自律、社会监督、企事业单位依法运营的文化管理体制和富有活力的文化产品生产经营机制，发挥市场在文化资源配置中的积极作用，创新文化走出去模式，为文化繁荣发展提供强大动力。

（一）深化国有文化单位改革。以建立现代企业制度为重点，加快推进经营性文化单位改革，培育合格市场主体。科学界定文化单位性质和功能，区别对待、分类指导、循序渐进、逐步推开，推进一般国有文艺院团、非时政类报刊社、新闻网站转企改制，拓展出版、发行、影视企业改革成果，加快公司制股份制改造，完善法人治理结构，形成符合现代企业制度要求、体现文化企业特点的资产组织形式和经营管理模式。创新投融资体制，支持国有文化企业面向资本市场融资，支持其吸引社会资本进行股份制改造。着眼于突出公益属性、强化服务功能、增强发展活力，全面推进文化事业单位人事、收入分配、社会保障制度改革，明确服务规范，加强绩效评估考核。创新公共文化服务设施运行机制，吸纳有代表性的社会人士、专业人士、基层群众参与管理。推动党报党刊、电台电视台进一步完善管理和运行机制。推动一般时政类报刊社、公益性出版社、代表民族特色和国家水准的文艺院团等事业单位实行企业化管理，增强面向市场、面向群众提供服务能力。

（二）健全现代文化市场体系。促进文化产品和要素在全国范围内合理流动，必须构建统一开放竞争有序的现代文化市场体系。要重点发展图书报刊、电子音像制品、演出娱乐、影视剧、动漫游戏等产品市场，进一步完善中国国际文化产业博览交易会等综合交易平台。发展连锁经营、物流配送、电子商务等现代流通组织和流通形式，加快建设大型文化流通企业和文化产品物流基地，构建以大城市为中心、中小城市相配套、贯通城乡的文化产品流通网络。加快培育产权、版权、技术、信息等要素市场，办好重点文化产权交易所，规范文化资产和艺术品交易。加强行业组织建设，健全中介机构。

（三）创新文化管理体制。深化文化行政管理体制改革，加快政府职能转变，强化政策调节、市场监管、社会管理、公共服务职能，推动政企分开、政事分开，理顺政府和文化企事业单位关系。完善管人管事管资产管导向相结合的国有文化资产管理体制。健全文化市场综合行政执法机构，推动副省级以下城市完善综合文化行政责任主体。加快文化立法，制定和完善公共文化服务保障、文化产业振兴、文化市场管理等方面法律法规，提高文化建设法制化水平。坚持主管主办制度，落实谁主管谁负责和属地管理原则，严格执行文化资本、文化企业、文化产品市场准入和退出政策，综合运用法律、行政、经济、科技等手段提高管理效能。深入开展"扫黄打非"，完善文化市场管理，坚决扫除毒害人们心灵的腐朽文化垃圾，切实营造确保国家文化安全的市场秩序。

（四）完善政策保障机制。保证公共财政对文化建设投入的增长幅度高于财政经常性收入增长幅度，提高文化支出占财政支出比例。扩大公共财政覆盖范围，完善投入方式，加强资金管理，提高资金使用效益，保障公共文化服务体系建设和运行。落实和完善文化经济政策，支持社会组织、机构、个人捐赠和兴办公益性文化事业，引导文化非营利机构提供公共文化产品和服务。加大财政、税收、金融、用地等方面对文化产业的政策扶持力度，鼓励文化企业和社会资本对接，对文化内容创意生产、非物质文化遗产项目经营实行税收优惠。设立国家文化发展基金，扩大有关文化基金和专项资金规模，提高各级彩票公益金用于文化事业比重。继续执行文化体制改革配套政策，对转企改制国有文化单位扶持政策执行期限再延长五年。

（五）推动中华文化走向世界。开展多渠道多形式多层次对外文化交流，广泛参与世界文明对话，促进文化相互借鉴，增强中华文化在世界上的感召力和影响力，共同维护文化多样性。创新对外宣传方式方法，增强国际话语权，妥善回应外部关切，增进国际社会对我国基本国情、价值观念、发展道路、内外政策的了解和认识，展现我国文明、民主、开放、进步的形象。实施文化走出去工程，完善支持文化产品和服务走出去政策措施，支持重点主流媒体在海外设立分支机构，培育一批具有国际竞争力的外向型文化企业和中介机构，完善译制、推介、咨询等方面扶持机制，开拓国际文化市场。加强海外中国文化中心和孔子学院建设，鼓励代表国家水平的各类学术团体、艺术机构在相应国际组织中发挥建设性作用，组织对外翻译优秀学术成果和文化精品。构建人文交流机制，把政府交流和民间交流结合起来，发挥非公有制文化企业、文化非营利机构在对外文化交流中的作用，支持海外侨胞积极开展中外人文交流。建立面向外国青年的文化交流机制，设立中华文化国际传播贡献奖和国际性文化奖项。

（六）积极吸收借鉴国外优秀文化成果。坚持以我为主、为我所用，学习借鉴一切有利于加强我国社会主义文化建设的有益经验、一切有利于丰富我国人民文化生活的积极成果、一切有利于发展我国文化事业和文化产业的经营管理理念和机制。加强文化领域智力、人才、技术引进工作。吸收外资进入法律法规许可的文化产业领域，保障投资者合法权益。鼓励文化单位同国外有实力的文化机构进行项目合作，学习先进制作技术和管理经验。鼓励外资企业在华进行文化科技研发，发展服务外包。开展知识产权保护国际合作。

八、建设宏大文化人才队伍，为社会主义文化大发展大繁荣提供有力人才支撑

推动社会主义文化大发展大繁荣，队伍是基础，人才是关键。要坚持尊重劳动、尊重知识、尊重人才、尊重创造，深入实施人才强国战略，牢固树立人才是第一资源思想，全面贯彻党管人才原则，加快培养造就德才兼备、锐意创新、结构合理、规模宏大的文化人才队伍。

（一）造就高层次领军人物和高素质文化人才队伍。高层次领军人物和专业文化工作者是社会主义文化建设的中坚力量。要继续实施"四个一批"人才培养工程和文化名家工程，建立重大文化项目首席专家制度，造就一批人民喜爱、有国际影响的名家大师和民族文化代表人物。加强专业文化工作队伍、文化企业家队伍建设，扶持资助优秀中青年文化人才主持重大课题、领衔重点项目，抓紧培养善于开拓文化新领域的拔尖创新人才、掌握现代传媒技术的专门人才、懂经营善管理的复合型人才、适应文化走出去需要的国际化人才。创新人才培养模式，实施高端紧缺文化人才培养计划，搭建文化人才终身学习平台。鼓励和扶持高等学校和中等职业学校优化专业结构，与文化企事业单位共建培养基地。完善人才培养开发、评价发现、选拔任用、流动配置、激励保障机制，深化职称评审改革，为优秀人才脱颖而出、施展才干创造有利制度环境。重视发现和培养社会文化人才。对非公有制文化单位人员评定职称、参与培训、申报项目、表彰奖励同等对待。完善相关政策措施，多渠道吸引海外优秀文化人才。落实国家荣誉制度，抓紧设立国家级文化荣誉称号，表彰奖励成就卓著的文化工作者。

（二）加强基层文化人才队伍建设。基层文化人才队伍是文化改革发展的基础力量。要制定实施基层文化人才队伍建设规划，完善机构编制、学习培训、待遇保障等方面的政策措施，吸引优秀文化人才服务基层。配好配齐乡镇、街道党委宣传委员、宣传干事和乡镇综合文化站专职人员。设立城乡社区公共文化服务岗位，对服务期满高校毕业生报考文化部门公务员、相关专业研究生实行定向招录。重视发现和培养扎根基层的乡土文化能人、民族民间文化传承人特别是非物质文化遗产项目代表性传承人，鼓励和扶持群众中涌现出的各类文化人才和文化活动积极分子，促进他们健康成长、发挥作用。壮大文化志愿者队伍，鼓励专业文化工作者和社会各界人士参与基层文化建设和群众文化活动，形成专兼结合的基层文化工作队伍。

（三）加强职业道德建设和作风建设。文化工作者要成为优秀文化的生产者和传播者，必须加强自身修养，做道德品行和人格操守的示范者。要引导广大文化工作者特别是名家名人自觉践行社会主义核心价值体系，增强社会责任感，弘扬科学精神和职业道德，发扬严谨笃学、潜心钻研、淡泊名利、自尊自律的风尚，努力追求德艺双馨，坚决抵制学术不端、情趣低俗等不良风气。鼓励文化工作者特别是文化名家、中青年骨干深入实际、深入生活、深入群众，拜人民为师，增强国情了解，增加基层体验，增进群众感情。文化工作者要相互尊重、平等交流、取长补短，共同营造风清气正、和谐奋进的良好氛围。

九、加强和改进党对文化工作的领导，提高推进文化改革发展科学化水平

加强和改进党对文化工作的领导，是推进文化改革发展的根本保证，也是加强党的执政能力建设和先进性建设的内在要求。必须从战略和全局出发，把握文化发展规律，健全领导体制机制，改进工作方式方法，增强领导文化建设本领。

（一）切实担负起推进文化改革发展的政治责任。各级党委和政府要把文化建设摆在全局工作重要位置，深入研究意识形态和宣传文化工作新情况新特点，及时研究文化改革发展重大问题，加强和改进思想政治工作，牢牢把握意识形态工作主导权，掌握文化改革发展领导权。把文化建设纳入经济社会发展总体规划，与经济社会发展一同研究部署、一同组织实施、一同督促检查。把文化改革发展成效纳入科学发展考核评价体系，作为衡量领导班子和领导干部工作业绩的重要依据。制定社会主义核心价值体系建设实施纲要。在全党深入开展社会主义核心价值体系学习教育，使广大党员、干部成为实践社会主义核心价值体系的模范，做共产主义远大理想和中国特色社会主义共同理想的坚定信仰者。深入做好文化领域知识分子工作，充分尊重知识分子创造性劳动，善于同知识分子特别是有影响的代表人士交朋友，把广大知识分子紧紧团结在党的周围。

（二）加强文化领域领导班子和党组织建设。坚持德才兼备、以德为先用人标准，选好配强文化领域各级领导班子，把政治立场坚定、思想理论水平高、熟悉文化工作、善于驾驭意识形态领域复杂局面的干部充实到领导岗位上来，把文化领域各级领导班子建设成为坚强领导集体。加强领导班子思想政治建设，增强政治敏锐性和政治鉴别力，筑牢思想防线，确保文化阵地导向正确。各级领导干部要高度重视并切实抓好文化工作，加强文化理论学习和文化问题研究，提高文化素养，努力成为领导文化建设的行家里手。把文化建设内容纳入干部培训计划和各级党校、行政学院、干部学院教学体系。结合文化单位特点加强和创新基层党的工作，发挥文化事业单位、国有和国有控股文化企业党组织的领导核心和政治核心作用，重视文化领域非公有制经济组织、新社会组织党的组织建设。注重在文化领域优秀人才、先进青年、业务骨干中发展党员。文化战线全体共产党员要牢固树立党的观念、党员意识，讲党性、重品行、作表率，在推进文化改革发展中创先争优、发挥先锋模范作用。

（三）健全共同推进文化建设工作机制。推动社会主义文化大发展大繁荣是全党全社会的共同责任。要建立健全党委统一领导、党政齐抓共管、宣传部门组织协调、有关部门分工负责、社会力量积极参与的工作体制和工作格局，形成文化建设强大合力。文化领域各部门各单位要自觉贯彻中央决策部署，落实文化改革发展目标任务，发挥文化建设主力军作用。支持人大、政协履行职能，调动各部门积极性，支持民主党派、无党派人士和人民团体发挥作用，共同推进文化改革发展。推动文联、作协、记协等文化领域人民团体创新管理体制、组织形式、活动方式，履行好联络协调服务职能，加强行业自律，依法维护文化工作者权益。全面贯彻党的宗教工作基本方针，发挥宗教界人士和信教群众在促进文化繁荣发展中的积极作用。

（四）发挥人民群众文化创造积极性。人民是推动社会主义文化大发展大繁荣最深厚的力量源泉。要牢固树立马克思主义群众观点，自觉贯彻党的群众路线，为广大群众成为社会主义文化建设者提供广阔舞台。广泛开展群众性文化活动，提高社区文化、村镇文化、企业文化、校园文化等建设水平，引导群众在文化建设中自我表现、自我教育、自我服务。积极搭建公益性文化活动平台，依托重大节庆和民族民间文化资源，组织开展群众乐于参与、便于参与的文化活动。支持群众依法兴办文化团体，精心培育植根群众、服务群众的文化载体和文化样式。及时总结来自群众、生动鲜活的文化创新经验，推广大

众文化优秀成果，在全社会营造鼓励文化创造的良好氛围，让蕴藏于人民中的文化创造活力得到充分发挥。

中国人民解放军和中国人民武装警察部队文化建设工作，由中央军委根据本决定精神作出部署。

中华民族伟大复兴必然伴随着中华文化繁荣兴盛。全党要紧密团结在以胡锦涛同志为总书记的党中央周围，满怀信心带领全国各族人民在坚持和发展中国特色社会主义的伟大实践中进行文化创造，为把我国建设成为社会主义文化强国而努力奋斗！

中共中央国务院关于加快发展现代农业进一步增强农村发展活力的若干意见（节录）

(2012年12月31日)

制定专门规划，启动专项工程，加大力度保护有历史文化价值和民族、地域元素的传统村落和民居。农村居民点迁建和村庄撤并，必须尊重农民意愿，经村民会议同意。不提倡、不鼓励在城镇规划区外拆并村庄、建设大规模的农民集中居住区，不得强制农民搬迁和上楼居住。

八、国务院文件

国务院
批转国家基本建设委员会等部门
关于保护我国历史文化名城的请示的通知

（1982年2月8日）

国务院同意国家基本建设委员会、国家文物事业管理局，国家城市建设总局《关于保护我国历史文化名城的请示》，现发给你们，请研究执行。

我国是一个历史悠久的文明古国。保护一批历史文化名城，对于继承悠久的文化遗产，发扬光荣革命传统，进行爱国主义教育，建设社会主义精神文明，扩大我国的国际影响，都有着积极地意义。各级人民政府要切实加强领导，采取有效措施，并在财力物力、人力等方面给予应有的支持，进一步做好这些城市的保护和管理工作。

关于加强历史文化名城规划工作的几点意见

（1983年2月20日）

（一）

为了做好历史文化名城的保护工作，国务院一九九二年二月八日批转了国家建委、国家文物局、国家城建总局《关于保护我国历史文化名城的报告》。国务院的批语中指出："保护一批历史文化名城，对于继承悠久的文化遗产，发扬光荣的革命传统，进行爱国主义教育，建设社会主义精神文明，扩大我国的国际影响，都有着积极的意义。"历史文化名城集中体现了中华民族的悠久历史、灿烂文化和光荣革命传统，是全国人民极其宝贵的物质和精神财富。把历史文化名城保护好、规划好、建设好，是城市规划工作的一项重要任务。

党和国家十分重视历史文化名城和文物的保护工作。国务院多次公布了有关文物保护和管理的指示和条例，一九六一年和一九八二年两次公布了全国重点文物保护单位，一九八二年人大常委会公布了《中华人民共和国文物保护法》。一九八二年二月，国务院又公布了国家第一批历史文化名城名单，引起了各级领导的重视和各界人士的热烈反映，不少历史文化名城的有关部门协同配合，做了许多有益的工作。他们广泛宣传和组织群众，有计划、有步骤地开展调查研究工作；通过多种途径，采取了一系列保护文物古迹的具体措施：有的对历史文化名城规划的原则和方法进行了多方面的探索，有的编制了专门的历史文化名城保护规划。最近在西安召开的历史文化名城规划与保护座谈会上，交流了经验，明确了开展历史文化名城规划工作的方向，在党的十二大精神鼓舞下，开创历史文化名坡规划工作新局面有了一个良好的开端。

（二）

当前，历史文化名城保护和规划建设中存在的主要问题是：

一、有些建设项目不当，影响了城市的环境和布局。一方面是不顾历史文化名城的特定性质和要求，在市区建设了一些不该建设的项目；另一方面是项目选址不当，打乱了城市的合理布局。有些历史文化名城被工业、仓库或其他城市设施包围、分割，城市环境受到污染，城市的自然景观、人文景观和传统风貌受到损害。

二、城市的文物古迹、风景名胜遭受到不同程度的自然和人为的破坏。许多具有重大历史价值的名胜古迹被一些工厂、仓库、机关、部队、学校、社队甚至私人长期占用，使一些珍贵的历史文物建筑得不到应有的维修、保护。有的常年失修、破烂不堪；有的则辟为禁区，不向群众开放。不少名山大川、河湖水面，不按规划要求，任意开山取石、乱搭乱建、修路架桥、筑坝取水、围湖造田、开渠垦植、开掘矿藏，古树名木和大面积植被被毁，古城、古墓被乱平乱挖，文物古迹受到摧残，自然面貌、生态平衡受到破坏。

三、历史文化名城的保护与建设和旅游事业的发展不相适应。由于城市行政管理和投资体制的影响，一些城市丰富的自然风景资源和文物古迹得不到应有的保护和开发，降低了旅游价值。

四、历史文化名城，特别是经济基础比较薄弱的中小城镇，对文物古迹、风景名胜的保护与开发，缺乏必要的资金、材料和技术队伍，管理机构不健全，有关部门分工不明、职责不清，缺乏必要的条法和规章制度。

造成以上问题的原因是多方面的，从根据上来说是长期以来，"左"倾思想影响，否定历史文化传统思潮的冲击，特别是十年动乱，造成了我国历史文化遗产的一场浩劫，教训是深刻的。从认识上分析，主要有几方面原因：一是片面强调发展生产，较多地考虑建设项目本身的建设条件和经济效益，较少考虑城市的性质和特点，忽视整个城市的经济效益、社会效益和环境效益的统一；二是城市规划工作长期废地，城市管理不善，不按规划办事；三是对保护历史文化名城的重要性认识不足，措施不力。

（三）

对历史文化名城规划的原则、内容和方法有以下几点意见：

一、历史文化名城规划的概念和基本内容历史文化名城这一基本概念，反映了城市的特定性质，作为一种总的指导思想和原则，应当在城市规划中体现出来，并对整个城市形态、布局、土地利用、环境规划设计等方面产生重要的影响。历史文化名城规划首先应注意继承和发扬本城市的历史优秀传统，其目的就是要使城市的发展和建设，既符合现代生产、生活要求，又保持其特有的历史文化风貌。历史文化名城保护规划就是以保护城市地区文物古迹、风景名胜及其环境为重点的专项规划，是城市总体规划的重要组成部分，广义地说也包含有保护城市的优秀历史传统和合理布局的内容。编制保护规划时，一般应根据保护对象的历史价值、艺术价值，确定保护项目的等级及其重点，对单独的文物古迹、古建筑或建筑群连片地段和街区、古城遗址、古墓葬区、山川水系等，按重要程度不同，以点、线、面的形式划定保护区和一定范围的建设控制地带，制定保护和控制的具体要求和措施。

二、深入调查研究、突出名城特点

历史文化名城的规划必须建立在对城市历史和现状深入调查研究的基础上。调查的内容包括从"横的"方面摸清文物古迹、风景名胜在地域和空间的分布；从"纵的"方面掌握城市发展不同历史阶段文物古迹的宪政体系。我国的历史文化名城丰富多彩，各有特色。有的是革命圣地，以光荣的革命斗争传统著称；有的是历代王朝的都城，以丰富的历史文化遗产取胜；有的是风景胜地，以山川河湖和文物古迹结合见长。调查的目的在于逐步摸清文物古迹的数量和分布，并对其历史价值、艺术价值和科学价值作出评价，以便准确地把握城市的特点，形成完整的规划构思，力求反映城市历史优秀传统发展的连续性以及城市特有的自然和传统风貌，保持与发展古城的合理的规划格局。注意实事求是和科学性，避免牵强附会或追求形式。

三、协调几方面的关系

1. 发展生产和保护历史文化名城的关系

从理论上讲，在社会主义制度下，生产发展和生产力的布局是由国民经济计划和区域经济发展规划决定的，生产的发展促进整个城市的发展，城市则通过合理的规划为生产发展提供必要的条件，二者应该是协调一致的。但是由于国民经济计划体制和某些具体环节上的缺陷，长期以来又没有区域规划为城市发展提供必要的依据，在一些历史文化名城（包括在著名胜的都城遗址上）建了许多严重破坏地下埋藏的文物遗址、污染环境、外观上又很不协调的工厂企业，发展生产和保护历史文化名城存在着某些现实的矛盾。今后如不通过全面规划加以必要的引导和控制，这种矛盾将进一步加剧。因此，在历史文化名城的规划中，对新建工业项目应有严格的选择，对有害于环境和城市面貌的工业项目必须严加控制，非建不可的也要尽可能安排到远离市区的特定的地段。对现有混杂在市区的工厂企业或单位要认真调查研究，分别情况，妥善处理；乱占乱建、污染严重，至今仍造成对重要文物古迹、风景名胜严重破坏的，要采取转产、搬迁等措施，加以解决；影响环境协调、有一般污染，近期又没有条件搬迁的，应严格控制其发展，并通过改革工艺、治理污染，逐步改善其环境质量，同时在规划中考虑远期搬迁的可能性；没有污染危害、又不影响保护文物和环境协调的可予以保留。

2. 城市现代化建设特别是旧城改造和保护古城风貌的关系

随着国家经济和社会的发展，旧城市要逐步改造，城市设施和社会生活要逐步现代化，历史文化名城也将不断充实、发展并赋予新的生命力，这是一种必然的发展趋势。但是，历史文化名城的建设和发展应特别注意整个空间环境的协调。《文物保护法》明确规定各级文物保护单位都应划定必要的保护范围，并根据保护文物的实际需要，可以在文物保护单位的周围划出一定的控制地带。在文物保护单位的保护范围内一般不得进行其他工程建设，在建设控制地带既要求对新建工程的高度、体量进行必要的控制，又要求建筑的形式、风格和古城环境相协调。建筑形式和风格既没有固定的模式可以遵循，又不能用行政命令加以规定，需要规划、设计部门密切配合，通过多方案比较，在实践中不断探索、创新；有条件的地方可采取规划设计竞赛、开展学术讨论和交流的办法，求得规划设计水平的共同提高。在历史文化名城保护规划中，确定保护项目，划定保护范围和建设控制地带都要十分慎重，必须通过调查研究和科学鉴定，按不同情况区别对待。

3. 发展旅游事业和保护历史文化名城的关系

历史文化名城一般都以其悠久的历史文化传统和美丽的自然风光而驰名，吸引着国内外旅游者。我国历史文化名城今后的旅游事业将会有很大发展，这对社会主义物质文明和精神文明建设、扩大我国的国际影响都是十分必要的。当前，一些历史文化名城为了解决接待国外旅游者的困难，在重要的风景名胜区或文物古迹保护区内和周围大兴土木，建设现代化的高层宾馆、饭店，甚至无科学根据地随意复原古建筑，破坏了考古学遗址和整个环境的协调；有的名胜古迹对外开放，由于管理不善，也造成了一些人为的破坏。因此，有必要强调一切旅游设施的建设都要纳入城市的统一规划，遵照城建、文物、园林等部门的有关规定进行管理。历史文化名城的规划建设也要为旅游事业的发展创造必要的条件，按照本城市的具体条件开发建设新的旅游点，扩大旅游环境容量。

4. 工作关系的协调

历史文化名城的保护规划建设，涉及计划、规划、设计、文物、园林、宗教等许多部门，需要密切协作配合。实际上，文物古迹、宗教寺院和园林风景区常常是融为一体的，是一种相互依存、相互补充的关系，它们都需要通过规划，有机地组织到城市的整体环境中去，并得到妥善的保护和管理。建筑工程和市政工程设计是城市规划构思的具体化，也是实施规划过程的重要环节，对形成历史文化名城的面貌有重要影响。规划、文物、园林以及有关设计部门都要密切配合，协调行动。历史文化名城的保护和建设，需要有必要的资金，因此还必须取得计划部门的支持。

四、历史文化名城规划的编制与审批

国务院公布的历史文化名城都要编制保护规划，并按审批权限，随同城市总体规划一并上报审批，没有做的要补做，没有报的要补报。在编制总体规划的基础上，还应根据需要编制重要保护项目地段、街区、风景名胜区等的详细规划．提出保护和建设的具体实施方案。

(四)

随着对保护祖国历史文化遗产的认识不断深化，保护历史文化名城的工作已提上了议事日程，并取得了进展。但是工作才刚刚开始，发展还很不平衡，有待进一步统一认识，加深理解，不断提高规划质量和管理水平。实践证明，历史文化名城急需有一个统一规划，通过规划，对城市有个全面系统的认识，并从整体出发，在大轮廓上进行控制。但是，规划的实施必然会受到许多现实条件的制约，需要进一步加强领导，充分依靠群众，加强管理和法制建设，积极培养人才，建立一支比较稳定的规划、设计、考古勘探和文物古建维修保护技术队伍。要开辟投资渠道，保证各项保护，维修经费专款专用，在全面规划的基础上，逐步实现。

城乡建设环境保护部
关于加强历史文化名城规划工作的通知

(1983年3月9日)

一九八二年二月八日，国务院批转原国家建委等部门《关于保护我国历史文化名城的报告》，并公布了国家第一批历史文化名城名单。一九八二年七月二十八日，中央领导同志在萨空了等八位政协委员关于历史文化名城保护问题的调查报告上又作了重要批示。

最近，我部城市规划局会同文化部文物局在西安召开了"历史文化名城规划与保护座谈会"，研究了当前历史文化名城规划与保护工作面临的形势和存在的问题，交流了经验，提高了认识。为了进一步统一思想，推动历史文化名城规划与保护工作的开展，我们拟定了《关于加强历史文化名城规划工作的几点意见》，现随文印发，请各地在历史文化名城规划工作中参照执行。

国家基本建设委员会、国家文物事业管理局、国家城市建设总局
关于保护我国历史文化名城的请示

(1981年12月28日)

我国是一个历史悠久的文明古国，许多历史文化名城是我国古代政治、经济、文化的中心，或者是近代革命运动和发生重大历史事件的重要城市。在这些历史文化名城的地面和地下，保存了大量的历史文物与革命文物，体现了中华民族的悠久历史，光荣的革命传统与光辉灿烂的文化。做好这些历史文化名城的保护和管理工作，对建设社会主义精神文明和发展我国的旅游事业都起着重要的作用。但是随着经济建设的发展，城市规模一再扩大，在城市规划和建设过程中又不注意保护历史文化古迹，致使一些古建筑、遗址、墓葬、碑碣、名胜遭到了不同程度的破坏。近几年来，在基本建设和发展旅游事业的过程中，又出现了一些新情况和新问题。有的城市，新建了一些与城市原有格局很不协调的建筑，特别是大工厂和高楼大厦，使城市和文物古迹的环境风貌进一步受到损害。如听任何这种状况继续发展下去，这些城市长期积累起来的宝贵的历史文化遗产，不久就会被断送，其后果是不堪设想的。

世界上许多国家都十分注意保护历史名城。意大利的威尼斯完全保存了原来的风貌。法国巴黎旧城区基本保存了原有的布局。美国按照独立战争前的样子，恢复和保护了威廉斯堡十八世纪风光的古城镇。日本在一九七一年专门发布了《关于古都历史风土保存的特别措施法》。苏联在一九四九年公布了历史名城名单，把这些城市置于建筑纪念物管理总局的特殊监督之下。

经过商议和征求有关省市自治区建委、文物局、文化局、城建局的意见，我们选择了二十四个有重大历史价值和革命意义的城市（名单附后），作为国家第一批历史文化名城加强管理和保护。对于这些城市，我们的意见是：

一、城市的性质和发展方向，要根据其历史特点和国民经济中的地位与作用加以确定。今后的建设，既要考虑如何有利于逐步实现城市的现代化，又必须充分考虑如何保存和发扬其固有的历史文化特点，力求把两者有机结合起来。搞现代化，并不等于所有的城市都要建设很多工厂、大马路和高层建筑。特别是对集中反映历史文化的老城区、古城遗址、文物古迹、名人故居、古建筑、风景名胜、古树名木等，更要采取有效措施，更加保护，绝不能因进行新的建设使其受到损害或任意迁动位置。要在这些历史遗迹周围划出一定的保护地带。对这个范围内的新建、扩建、改建工程应采取必要的限制措施。

二、过去在市区已经建成的工矿企业或其他单位，凡三废污染严重的，要限期整理，危害特别严重的，要结合经济调整，实行关停并转或搬迁；正在建设的工程，凡是有损于这些名城保护的，要妥善处理。今后在这些城市安排较大的基本建设项目，事先应征得当地城建、文物部门同意。

三、认真执行一九八〇年五月《国务院关于加强历史文物保护工作的通知》和《国务院批转国家文物事业管理局、国家基本建设委员会关于加强古建筑和文物古迹保护管理工作的请示报告》。在城市的规划和建设中，要切实做好历史和革命文物以及名胜古迹的保护，禁止乱占、乱拆、乱挖、乱建。对非法占用文物古迹、风景园林、不利于文物安全和妨碍旅游开放的，不论涉及哪个部门、单位，都应限期迁出。

四、各有关省、市、自治区的城建部门和文物、文化部门应即组织力量，对所在地区的历史文化名城进行调查研究，提出保护规划。在接到本通知后一年左右的时间内，将历史名城的保护规划说明和图纸（万分之一比例尺）以及城市的重点文物、名胜古迹的保护规划说明和图纸（千分之一或五百分之一比例尺）报国家城市建设总局和国家文物事业管理局审查。

五、考虑到历史文化名城目前维护建设的任务较重，经征得财政部同意，从一九八二年起，对扬州、景德镇、绍兴三个城市分别实行每年从上年工商利润中提成百分之五的办法，以增加其维护、建设资金的来源（其余城市已先后实行这个办法或已另有规定）。

以上报告当否，请批示。

附：第一批国家历史文化名城名单（二十四个）

北京　承德　大同　南京　苏州　扬州　杭州　绍兴　泉州　景德镇　曲阜　洛阳　开封　江陵　长沙　广州　桂林　成都　遵义　昆明　大理　拉萨　西安　延安

国务院
批转建设部、文化部关于请公布
第二批国家历史文化名城名单报告的通知

(1986年12月8日)

国务院同意建设部、文化部《关于请公布第二批国家历史文化名城名单的报告》，现转发给你们，请研究执行。

各地区，各部门要按照《中华人民共和国文物保护法》《国务院批转国家建委等部门〈关于保护我国历史文化名城的请示〉的通知》（国发〔1982〕26号）的要求，切实做好历史文化名城的保护、建设和管理工作。

关于请公布第二批
国家历史文化名城名单的通知

(1986年4月24日)

一九八二年二月，国务院批转原国家建委等部门《关于保护我国历史文化名城的请示》，公布了第一批国家历史文化名城的名单，对保护我国历史文化名城、优秀历史文化遗产的工作起了重要的推动作用。几年来个历史文化名城都积极开展工作，进行调查研究，编制保护规划，采取保护措施，加强维护管理，处理好保护与开发建设的关系，取得了较大的成绩。国家历史文化名城名单的公布，也带动了其他城市在发展建设中注意保护历史文化遗产和城市特色。当前，城乡经济十分活跃，各项建设和旅游事业发展很快，为使保护历史文化名城的工作进一步深入，适时公布第二批国家历史文化名城名单，强调在现代化建设中切实保护好优秀的历史文化遗产，加强精神文明建设，发展旅游事业，是十分必要的。

经请示国务院办公厅同意，依据《中华人民共和国文物保护法》的有关规定，我们于一九八四年四月着手第二批国家历史文化名城名单的准备工作，考虑到由国家公布的历史文化名城对国内外的影响甚大，为慎重起见，我们采取了自上而下推荐，广泛征求意见的办法。各省、自治区、直辖市先后推荐了八十个城市，我们就这些城市征求了各有关方面和专家的意见，并重点作了实地调查。全国政协文化组织经济建设组曾专门召集政协委员和专家对第二批国家历史文化名城的名单进行了讨论，提山了建议。此后，我们邀请全国历史、文物、考古、革命史、建筑、城市规划、地理等各界的知名专家、教授开会，对第二批国家历史文化名城名单进行了审议。我们在各省、自治区、直辖市推荐的名单基础上，综合各方面的意见，这次，确定三十八个城市（名单及简介附后）作为第二批国家历史文件名城，报请国务院核定公布（台湾省的历史文化名城待以后公布）。

为了切实保护和管理好历史文化名城，我们提出以下建议：

一、我国是一个有着悠久历史和灿烂文化的国家，值得保护的古城很多，但考虑到作为国家公布的历史文化名城在国内外均有重要的影响，为数不宜过多，建议根据具体城市的历史、科学、艺术价值分为两级，即国务院公布国家历史文化名城，各省、自治区、直辖市人民政府公布省、自治区、直辖市一级的历史文化名城。

二、关于历史文化名城的标准，根据《中华人民共和国文物保护法》的规定，历史文化名城应是"保存文物特别丰富，具有重大历史价值和革命意义的城市"。在具体审定工作中要掌握以下几点原则：

第一，不但要看城市的历史，还要着重看当前是否保存有较为丰富、完好的文物古迹和具有重大的历史、科学、艺术价值。

第二，历史文化名城和文物保护单位是有区别的。作为历史文化名城的现状格局和风貌应保留着历史特色，并具有一定的代表城市传统风貌的街区。

第三，文物古迹主要分布在城市市区或郊区，保护和合理使用这些历史文化遗产对该城市的性质、布局、建设方针有重要影响。

三、做好历史文化名城保护规划。要保护文物古迹及具有历史传统特色的街区，保护城市的传统格局和风貌，保护传统的文化、艺术、民族风情的精华和著名的传统产品。保护规划要纳入城市总体规划，按《城市规划条例》规定的程序上报审批。各历史文化名城要制定保护、管理的地方法规，明确保护对象及其保护范围和建设控制地带，分别采取相应的保护措施。

四、对一些文物古迹比较集中，或能较完整地体现出某一历史时期的传统风貌和民族地方特色的街区、建筑群、小镇、村寨等，也应予以保护。各省、自治区、直辖市或市、县人民政府可根据他们的历史、科学、艺术价值，核定公布为当地各级"历史文化保护区"。对"历史文化保护区"的保护措施可参照文物保护单位的做法，着重保护整体风貌、特色。

五、继续加强宣传，提高广大干部和群众对保护历史文化名城、历史文化保护区重要意义的认识。开展科学研究，为历史文化名城的保护、建设及其社会、经济、文化的发展提供科学依据。同时，加强对保护历史文化遗产专门人才的培养工作。

六、保护历史文化名城和历史文化保护区需要一定的资金，中央有关部门及各级地方政府在财力可能的条件下，应给予支持；同时可依靠社会力量，开辟多种资金来源。

以上报告如无不妥，请批转各地区、各部门研究执行。

附：第二批国家历史文化名城名单（三十八个）

上海　天津　沈阳　武汉　南昌　重庆　保定　平遥　呼和浩特　镇江　常熟　徐州　淮安　宁波　歙县　寿县　亳州　福州　漳州　济南　安阳　南阳　商丘（县）　襄樊　潮州　阆中　宜宾　自贡　镇远　丽江　日喀则　韩城　榆林　武威　张掖　敦煌　银川　喀什

国务院
批转建设部、国家文物局
关于审批第三批国家历史文化名城和
加强保护管理的请示通知

(1994年1月4日)

国务院同意建设部、国家文物局《关于审批第三批国家历史文化名城和加强保护管理的请示》，现转发给你们，请研究执行。

在建设具有中国特色的社会主义的宏伟事业中，既要重视物质文明建设，又要重视精神文明建设。我国的历史文化名城体现了中华民族的悠久历史、灿烂文化和光荣革命传统，保护历史文化名城是社会主义精神文明建设的重要内容。各地区、各部门要按照《中华人民共和国文物保护法》、《中华人民共和国城市规划法》等有关法规和本通知的要求，切实处理好历史文化名城的开发建设与保护抢救工作的关系，把历史文化名城保护好、建设好、管理好。

建设部、国家文物局
关于审批第三批国家历史文化名城
和加强保护管理的请示

(1993年6月10日)

1982年和1986年，国务院先后批准了两批共62个城市为国家历史文化名城，这对促进文物古迹的保护抢救，制止"建设性破坏"，保护城市传统风貌等起了重要的作用。

我国地域辽阔，历史悠久，除已批准的国家历史文化名城外，还有一些城市文物古迹十分丰富，具有重要历史文化价值及革命纪念意义。为进一步保护好这些城市的历史文化遗产，我们从1991年起即请各省、自治区、直辖市人民政府在认真调查研究的基础上，慎重提出第三批国家历史文化名城推荐名单。对各地区提出的推荐名单，经有关城市规划、建筑、文物、考古、地理等专家，按照《国务院批转建设部、文化部关于请公布第二批国家历史文化名城名单报告的通知》（国发〔1986〕104号）文件关于审定国家历史文化名城的原则，进行反复酝酿，讨论审议，提出37个城市，建议作为第三批国家历史文化名城（名单附后），报请国务院审核批准并予以发布。

为了加强历史文化名城的保护管理，要认真做好以下工作：

一、提高对保护历史文化名城重要性的认识。近年来，城市开发建设速度很快，一些历史文化名城，片面追求近期经济利益，在建设时违反城市规划和有关法规规定的倾向又有所抬头，必须引起各级政府和有关部门的高度重视，及时予以纠正和处理。历史文化名城体现出了中华民族的悠久历史，灿烂文化及光荣革命传统，是我国宝贵的财富，也是建设社会主义现代化城市的优势。各级领导要充分认识当前做好保护历史文化名城工作的重要性和紧迫性，从国家和民族的长远利益以及城市发展的全局出发，肩负起历史赋予的责任。

二、认真贯彻"保护为主、抢救第一"的方针，切实做好历史文化名城的保护、建设工作。要加强文物古迹的管理，搞好修缮。文物古迹尚未定级的要抓紧定级，并明确划定保护范围和建设控制地带。在涉及文物古迹的地方进行建设和改建，要处理好与保护抢救的关系，建设项目要经过充分论证，并严格按照《中华人民共和国文物保护法》和建设部、国家计委，《关于印发〈建设项目选址规划管理办法〉

的通知》（建规［1991］583号）等规定履行审批手续。今后审定国家历史文化名城，要按照条件从严审批，严格控制新增数量。对于不按规划和法规进行保护、失去历史文化名城条件的城市，应撤销其国家历史文化名城的名称；对于确实符合条件的城市，也可增定为国家的历史文化名城。

近期内，各历史文化名城要对保护工作进行一次自查，重点检查文物古迹的保护、抢救情况，以及各项建设与改造是否符合保护规划要求等，并将检查结果报建设部，国家文物局。

三、抓紧制定历史文化名城的保护管理办法，使保护工作走上规范化、法制化的轨道。要抓紧组织编制、修订和审批历史文化名城保护规划。第一二批国家历史文化名城保护规划尚未报批的，应尽快报送审批。第三批国家历史文化名城保护规划，要在1994年底前编制完成，并按规定上报审批。历史文化名城的重点区域还要做出控制性详细规划。各项开发建设必须符合保护规划的要求，规划确定的有关控制指标，必须严格执行。城市规划和文物保护主管部门有责任检查督促保护规划的实施。有些文物古迹集中，并有反映某历史时期传统风貌和体现民族地方特色的街区、建筑群等的地方，尚未定为国家历史文化名城，但这些地方的文物、街区、建筑群等也是重要的历史文化遗产，同样具有珍贵的保护价值，各地要注意重点保护好它们的传统建筑风格和环境风貌。

保护历史文化名城需要一定的资金，各有关地方人民政府和城市规划、文物保护等有关部门应给予积极支持。各地要根据实际情况，制定有关政策，动员社会力量，促进历史文化名城的保护工作。

以上请示如无不妥，请批转各地区、各部门研究执行。

附件：第三批国家历史文化名城名单（三十七个）

正定　邯郸　新绛　代县　祁县　哈尔滨　吉林　集安　衢州　临海　长汀　赣州　青岛　聊城　邹城　临淄　郑州　浚县　随州　钟祥　岳阳　肇庆　佛山　梅州　海康　柳州　琼山　乐山　都江堰　泸州　建水　巍山　江孜　咸阳　汉中　天水　同仁

全国历史文化名城保护工作会议纪要

(1993年10月6日至9日)

经国务院批准,建设部、国家文物局于1993年10月6日至9日在湖北省襄樊市联合召开了全国历史文化名城保护工作会议。各省、自治区、直辖市主管历史文化名城保护工作的建委主任(建设厅厅长)、文化厅厅长(文物局局长或文管会主任),国家历史文化名城城市市长(县长),中宣部、国务院办公厅、国家计委、文化部、国家旅游局、有关新闻单位代表以及特邀专家共180多人参加了会议。中国历史文化名城第六次研讨会的代表列席了会议。湖北省、襄樊市领导同志出席了会议开幕式并讲了话。建设部叶如棠副部长作了题为《正确处理保护与发展的关系努力开创历史文化名城保护工作新局面》的工作报告。建设部原副部长周干峙、廉仲出席会议并讲了话。国家文物局张柏副局长作了会议总结。

这次会议是自1982年国务院公布第一批国家历史文化名城以来召开的第一次全国性历史文化名城保护工作会议。会议总结交流了十一年来全国历史文化名城保护工作的成绩和经验,研究探讨了在新的历史条件下如何进一步做好历史文化名城的保护工作,并将当前的保护工作提出了明确要求。会议提出,十一年来,我国的历史文化名城保护工作进入了一个新的阶段,取得了可喜的成绩,积累了有益的经验。历史文化名城保护的人才培训和国际交流有所加强。国家公布历史文化名城,不仅推动了名城保护工作的开展,还促进了名城经济特别是旅游经济的发展。

会议以为,由于我国开展历史文化名城保护工作时间不长,缺乏经验,在历史文化名城保护工作中仍然存在着一些亟待解决的问题。一是"建设性"破坏现象日趋严重。有些同志包括领导同志,对保护历史文化名城的重要意义缺乏足够的认识,在旧城改造特别是引进外资进行开发建设过程中,严重违反城市规划,建设项目任意选址定点,随意改变规划确定的建筑密度、容积率、建筑高度等控制指标,损害了风景名胜和文物古迹的环境风貌;有的在重点保护的历史地段违反规划大拆大建;有的甚至随意拆除或任意改建已经定为保护的古代和近代优秀建筑。二是法制建设薄弱。一方面缺乏有关名城保护方面的专门法规,另一方面对已经颁布施行的相关法规的执行情况监督检查不力,执法不严,违法行为时有发生。三是一些历史名城的保护规划深度不够,不能有效地知道名城的保护和建设。四是资金匮乏,直接影响了名城保护和建设工作的开展。要解决上述问题,会议提出,必须认真抓好以下几项工作。

一、要进一步提高对做好历史文化名城保护工作重要意义的认识。保护优秀的历史文化遗产,是社会主义物质文明和精神文明建设的重要组成部分,对于培养广大群众的民族自豪感、献身精神和爱国主义精神具有十分重要的作用。在建立社会主义市场经济体制、加快改革开放和现代化建设的新形势下,正确处理名城保护和发展的关系,是增强名城吸引力,创造良好的投资环境,促进经济发展特别是旅游经济发展的重要条件。各级党委和政府,特别是名城的党委和政府,要切实加强对历史文化名城保护工作的领导,以高度的历史责任感,保护好祖先留下的优秀历史文化遗产,担负起时代赋予我们的历史使命。

二、加强法制建设,依法加强对历史文化名城保护的管理工作。当前法制建设的重点是加快立法步伐。建设部、国家文物局草拟的《历史文化名城保护条例》,要根据会议提出的意见,抓紧进行修改和报批工作,争取早日公布施行。同时,部门规章的制定工作也要抓紧进行。各地主管部门和名城政府要结合当地具体情况,研究制定名城保护的地方法规、规章和管理办法。要加强法制宣传教育,增强法制观念和名称意识,严格执行《城市规划法》和《文物保护法》的有关规定。建设项目的选址建设必须符合名城保护的要求,坚持制止"建设性"破坏现象的发生,对违法行为要坚决查处,切实做到执法必严、违法必究。建设部、国家文物局将对全国历史文化名城保护规划的制定和实施工作进行检查。要充分发挥专家委员会的作用，使其能够有效地进行使技术咨询、执法监督等方面的职能。

三、精心组织制定和完善历史文化名城保护规划，提高规划设计水平。历史文化名城保护规划应当纳入城市总体规划。各名城政府要组织力量，精心制定和完善历史文化名城保护规划。保护规划必须明确界定保护和控制的区域范围，制定有效的保护管理措施。名城的旧城改造要认真贯彻《城市规划法》确定的"加强维护、合理使用、调整布局、逐步改造"的原则，稳妥审慎地段的规划设计水平。重点保护地段的规划设计要邀请规划、建筑、文物等方面的专家进行充分论证。特殊需要在文物保护区进行建设的项目，必须经过城市规划部门和文物管理部门的同意，按法定程序报批。要严格保护规划的审批制度。由国务院审批城市总体规划的历史文化名城，其保护规划由国务院审批；其余国家历史文化名城的保护规划，其建设部和国家文物局审批；省级历史文化名城的保护规划，由所在省、自治区人民政府审批。

四、抓住重点，做好历史文化保护区的保护工作。在历史文化名城中，古城传统格局和风貌保存比较完整，需要全面保护的只是少数。将大多数历史文化名城中保持着传统格局和风貌的历史地段，划定为历史文化保护区加以保护，是展示城市发展的历史地段，划定为历史文化保护区加以保护，是展示城市发展的历史延续性和文化特色，反映名城传统格局和风貌的现实可行的做法。国家准备在各省、自治区、直辖市已经公布的省级历史文化保护区的基础上，对一些保护较好、价值较高、影响较大的设立为国家级历史文化保护区。各地可根据具体情况，划定省级、市级和县级历史文化保护区。对不是历史文化名城或历史文化名城城区以外具有保护价值的历史地段，也要划定为历史文化保护区加以保护。保护的重点是传统的建筑风格和整体的环境风貌，采取逐步整治的办法，改善基础设施和生活居住条件。历史文化保护区的设定标准和审批办法，将另行制定公布。

五、广开门路，多渠道筹集历史文化名城保护和建设资金。当前历史文化名城保护工作面临的一个主要问题是缺乏保护和建设资金。在中央财政不可能给予适应安排。在房地产综合开发中，开发公司要按照规划对历史地段进行保护和维修，同时筹集名城保护和建设资金。此外，要积极利用外资和国内外贷款，广泛开展"人民城市人民建"活动。

六、加强宣传工作和人才培训，提高队伍素质。要采取多种形式，广泛深入地宣传保护历史文化名城的意义、作用和有关法规，强化名城人民爱名城的思想意识。要加强人才培训工作，建设部、国家文物局将与中国市长协会联合举办名城市长培训，继续委托有关院校举办在职干部培训班，提高队伍的政治素质和业务素质。同时要加强与有关国家和国际组织的合作交流，共同培训人才。

国务院关于加强文化遗产保护的通知

(2005年12月22日发布)

各省、自治区、直辖市人民政府，国务院各部委、各直属机构：

我国是历史悠久的文明古国。在漫长的岁月中，中华民族创造了丰富多彩、弥足珍贵的文化遗产。党中央、国务院历来高度重视文化遗产保护工作，在全社会的共同努力下，我国文化遗产保护取得了明显成效。与此同时，也应清醒地看到，当前我国文化遗产保护面临着许多问题，形势严峻，不容乐观。为了进一步加强我国文化遗产保护，继承和弘扬中华民族优秀传统文化，推动社会主义先进文化建设，国务院决定从2006年起，每年六月的第二个星期六为我国的"文化遗产日"。现就加强文化遗产保护有关问题通知如下：

一、充分认识保护文化遗产的重要性和紧迫性

文化遗产包括物质文化遗产和非物质文化遗产。物质文化遗产是具有历史、艺术和科学价值的文物，包括古遗址、古墓葬、古建筑、石窟寺、石刻、壁画、近代现代重要史迹及代表性建筑等不可移动文物，历史上各时代的重要实物、艺术品、文献、手稿、图书资料等可移动文物；以及在建筑式样、分布均匀或与环境景色结合方面具有突出普遍价值的历史文化名城（街区、村镇）。非物质文化遗产是指各种以非物质形态存在的与群众生活密切相关、世代相承的传统文化表现形式，包括口头传统、传统表演艺术、民俗活动和礼仪与节庆、有关自然界和宇宙的民间传统知识和实践、传统手工艺技能等以及与上述传统文化表现形式相关的文化空间。

我国文化遗产蕴含着中华民族特有的精神价值、思维方式、想象力，体现着中华民族的生命力和创造力，是各民族智慧的结晶，也是全人类文明的瑰宝。保护文化遗产，保持民族文化的传承，是连结民族情感纽带、增进民族团结和维护国家统一及社会稳定的重要文化基础，也是维护世界文化多样性和创造性，促进人类共同发展的前提。加强文化遗产保护，是建设社会主义先进文化，贯彻落实科学发展观和构建社会主义和谐社会的必然要求。

文化遗产是不可再生的珍贵资源。随着经济全球化趋势和现代化进程的加快，我国的文化生态正在发生巨大变化，文化遗产及其生存环境受到严重威胁。不少历史文化名城（街区、村镇）、古建筑、古遗址及风景名胜区整体风貌遭到破坏。文物非法交易、盗窃和盗掘古遗址古墓葬以及走私文物的违法犯罪活动在一些地区还没有得到有效遏制，大量珍贵文物流失境外。由于过度开发和不合理利用，许多重要文化遗产消亡或失传。在文化遗存相对丰富的少数民族聚居地区，由于人们生活环境和条件的变迁，民族或区域文化特色消失加快。因此，加强文化遗产保护刻不容缓。地方各级人民政府和有关部门要从对国家和历史负责的高度，从维护国家文化安全的高度，充分认识保护文化遗产的重要性，进一步增强责任感和紧迫感，切实做好文化遗产保护工作。

二、加强文化遗产保护的指导思想、基本方针和总体目标

（一）指导思想：坚持以邓小平理论和"三个代表"重要思想为指导，全面贯彻和落实科学发展观，加大文化遗产保护力度，构建科学有效的文化遗产保护体系，提高全社会文化遗产保护意识，充分发挥文化遗产在传承中华文化、提高人民群众思想道德素质和科学文化素质，增强民族凝聚力，促进社会主义先进文化建设和构建社会主义和谐社会中的重要作用。

（二）基本方针：物质文化遗产保护要贯彻"保护为主、抢救第一、合理利用、加强管理"的方针。非物质文化遗产保护要贯彻"保护为主、抢救第一、合理利用、传承发展"的方针。坚持保护文化遗产的真实性和完整性，坚持依法和科学保护，正确处理经济社会发展与文化遗产保护的关系，统筹规划、分类指导、突出重点、分步实施。

（三）总体目标：通过采取有效措施，文化遗产保护得到全面加强。到2010年，初步建立比较完备的文化遗产保护制度，文化遗产保护状况得到明显改善。到2015年，基本形成较为完善的文化遗产保护体系，具有历史、文化和科学价值的文化遗产得到全面有效保护；保护文化遗产深入人心，成为全社会的自觉行动。

三、着力解决物质文化遗产保护面临的突出问题

（一）切实做好文物调查研究和不可移动文物保护规划的制定实施工作。加强文物资源调查研究，并依法登记、建档。在认真摸清底数的基础上，分类制定文物保护规划，认真组织实施。国务院文物行政部门要统筹安排世界文化遗产、全国重点文物保护单位保护规划的编制工作，省级人民政府具体组织编制，报国务院文物行政部门审查批准后公布实施。国务院文物行政部门要对规划实施情况进行跟踪监测，检查落实。要及时依法划定文物保护单位的保护范围和建设控制地带，设立必要的保护管理机构，明确保护责任主体，建立健全保护管理制度。其他不可移动文物也要依据文物保护法的规定制定保护规划，落实保护措施。坚决避免和纠正过度开发利用文化遗产，特别是将文物作为或变相作为企业资产经营的违法行为。

（二）改进和完善重大建设工程中的文物保护工作。严格执行重大建设工程项目审批、核准和备案制度。凡涉及文物保护事项的基本建设项目，必须依法在项目批准前征求文物行政部门的意见，在进行必要的考古勘探、发掘并落实文物保护措施以后方可实施。基本建设项目中的考古发掘要充分考虑文物保护工作的实际需要，加强统一管理，落实审批和监督责任。

（三）切实抓好重点文物维修工程。统筹规划、集中资金，实施一批文物保护重点工程，排除重大文物险情，加强对重要濒危文物的保护。实施保护工程必须确保文物的真实性，坚决禁止借保护文物之名行造假古董之实。要对文物"复建"进行严格限制，把有限的人力、物力切实用到对重要文物、特别是重大濒危文物的保护项目上。严格工程管理，落实文物保护工程队伍资质制度，完善从业人员管理制度，建立健全各类文物保护技术规范，确保工程质量。

（四）加强历史文化名城（街区、村镇）保护。进一步完善历史文化名城（街区、村镇）的申报、评审工作。已确定为历史文化名城（街区、村镇）的，地方人民政府要认真制定保护规划，并严格执行。在城镇化过程中，要切实保护好历史文化环境，把保护优秀的乡土建筑等文化遗产作为城镇化发展战略的重要内容，把历史名城（街区、村镇）保护规划纳入城乡规划。相关重大建设项目，必须建立公示制度，广泛征求社会各界意见。国务院有关部门要对历史文化名城（街区、村镇）的保护状况和规划实施情况进行跟踪监测，及时解决有关问题；历史文化名城（街区、村镇）的布局、环境、历史风貌等遭到严重破坏的，应当依法取消其称号，并追究有关人员的责任。

（五）提高馆藏文物保护和展示水平。高度重视博物馆建设，加强对藏品的登记、建档和安全管理，落实藏品丢失、损毁追究责任制。实施馆藏文物信息化和保存环境达标建设，加大馆藏文物科技保护力度。提高陈列展览质量和水平，充分发挥馆藏文物的教育作用。加强博物馆专业人员培养，提高博物馆队伍素质。坚持向未成年人等特殊社会群体减、免费开放，不断提高服务质量和水平。

（六）清理整顿文物流通市场。加强对文物市场的调控和监督管理，依法严格把握文物流通市场准入条件，规范文物经营和民间文物收藏行为，确保文物市场健康发展。依法加强文物商店销售文物、文物拍卖企业拍卖文物的审核备案工作。坚决取缔非法文物市场，严厉打击盗窃、盗掘、走私、倒卖文物等违法犯罪活动。严格执行文物出入境审核、监管制度，加强鉴定机构队伍建设，严防珍贵文物流失。加强国际合作，对非法流失境外的文物要坚决依法追索。

四、积极推进非物质文化遗产保护

（一）开展非物质文化遗产普查工作。各地区要进一步做好非物质文化遗产的普查、认定和登记工作，全面了解和掌握非物质文化遗产资源的种类、数量、分布状况、生存环境、保护现状及存在的问题，及时向社会公布普查结果。3年内全国基本完成普查工作。

（二）制定非物质文化遗产保护规划。在科学论证的基础上，抓紧制定国家和地区非物质文化遗产

保护规划，明确保护范围，提出长远目标和近期工作任务。

（三）抢救珍贵非物质文化遗产。采取有效措施，抓紧征集具有历史、文化和科学价值的非物质文化遗产实物和资料，完善征集和保管制度。有条件的地方可以建立非物质文化遗产资料库、博物馆或展示中心。

（四）建立非物质文化遗产名录体系。进一步完善评审标准，严格评审工作，逐步建立国家和省、市、县非物质文化遗产名录体系。对列入非物质文化遗产名录的项目，要制定科学的保护计划，明确有关保护的责任主体，进行有效保护。对列入非物质文化遗产名录的代表性传人，要有计划地提供资助，鼓励和支持其开展传习活动，确保优秀非物质文化遗产的传承。

（五）加强少数民族文化遗产和文化生态区的保护。重点扶持少数民族地区的非物质文化遗产保护工作。对文化遗产丰富且传统文化生态保持较完整的区域，要有计划地进行动态的整体性保护。对确属濒危的少数民族文化遗产和文化生态区，要尽快列入保护名录，落实保护措施，抓紧进行抢救和保护。

五、明确责任，切实加强对文化遗产保护工作的领导

（一）加强领导，落实责任。地方各级人民政府和有关部门要将文化遗产保护列入重要议事日程，并纳入经济和社会发展计划以及城乡规划。要建立健全文化遗产保护责任制度和责任追究制度。成立国家文化遗产保护领导小组，定期研究文化遗产保护工作的重大问题，统一协调文化遗产保护工作。地方各级人民政府也要建立相应的文化遗产保护协调机构。要建立文化遗产保护定期通报制度、专家咨询制度以及公众和舆论监督机制，推进文化遗产保护工作的科学化、民主化。要充分发挥有关学术机构、大专院校、企事业单位、社会团体等各方面的作用，共同开展文化遗产保护工作。

（二）加快文化遗产保护法制建设，加大执法力度。加强文化遗产保护法律法规建设，推进文化遗产保护的法制化、制度化和规范化。积极推动《非物质文化遗产保护法》、《历史文化名城和历史文化街区、村镇保护条例》等法律、行政法规的立法进程，争取早日出台。抓紧制定和起草与文物保护法相配套的部门规章和地方性法规。抓紧研究制定保护文化遗产知识产权的有关规定。要严格依照保护文化遗产的法律、行政法规办事，任何单位或者个人都不得作出与法律、行政法规相抵触的决定；各级文物行政部门等行政执法机关有权依法抵制和制止违反有关法律、行政法规的决定和行为。严厉打击破坏文化遗产的各类违法犯罪行为，重点追究因决策失误、玩忽职守，造成文化遗产破坏、被盗或流失的责任人的法律责任。充实文化遗产保护执法力量，加大执法力度，做到执法必严，违法必究。因执法不力造成文化遗产受到破坏的，要追究有关执法机关和有关责任人的责任。

（三）安排专项资金，加强专业人才队伍建设。各级人民政府要将文化遗产保护经费纳入本级财政预算，保障重点文化遗产经费投入。抓紧制定和完善有关社会捐赠和赞助的政策措施，调动社会团体、企业和个人参与文化遗产保护的积极性。加强文化遗产保护管理机构和专业队伍建设，大力培养文化遗产保护和管理所需的各类专门人才。加强文化遗产保护科技的研究、运用和推广工作，努力提高文化遗产保护工作水平。

（四）加大宣传力度，营造保护文化遗产的良好氛围。认真举办"文化遗产日"系列活动，提高人民群众对文化遗产保护重要性的认识，增强全社会的文化遗产保护意识。各级各类文化遗产保护机构要经常举办展示、论坛、讲座等活动，使公众更多地了解文化遗产的丰富内涵。教育部门要将优秀文化遗产内容和文化遗产保护知识纳入教学计划，编入教材，组织参观学习活动，激发青少年热爱祖国优秀传统文化的热情。各类新闻媒体要通过开设专题、专栏等方式，介绍文化遗产和保护知识，大力宣传保护文化遗产的先进典型，及时曝光破坏文化遗产的违法行为及事件，发挥舆论监督作用，在全社会形成保护文化遗产的良好氛围。

与此同时，国务院有关部门也要切实研究解决自然遗产保护中存在的问题，加强自然遗产保护工作。

国务院
二〇〇五年十二月二十二日

第四篇

讲话辑要

九、习近平总书记重要讲话精神

中共中央宣传部《习近平总书记系列重要讲话读本》摘录

一个国家、一个民族的强盛，总是以文化兴盛为支撑的。没有文明的继承和发展，没有文化的弘扬和繁荣，就没有中国梦的实现。中华民族创造了源远流长的中华文化，也一定能够创造出中华文化新的辉煌。

核心价值体系和核心价值观，是决定文化性质和方向的最深层次要素，是一个国家的重要稳定器。"人类社会发展的历史表明，对一个民族、一个国家来说，最持久、最深层的力量是全社会共同认可的核心价值观。核心价值观，承载着一个民族、一个国家的精神追求，体现着一个社会评判是非曲直的价值标准。"

培育和弘扬社会主义核心价值观，必须立足中华优秀传统文化。牢固的核心价值观，都有其固有的根本。习近平总书记指出："中华文明绵延数千年，有其独特的价值体系。中华优秀传统文化已经成为中国民族的基因，植根在中国人内心，潜移默化影响着中国人的思想方式和行为方式。今天，我们提倡和弘扬社会主义核心价值观，必须从中汲取丰富营养，否则就不会有生命力和影响力。"要利用好中华优秀传统文化蕴含的丰富的思想道德资源，使其成为涵养社会主义核心价值观的重要源泉。

"中华优秀传统文化是中华民族的突出优势，中国民族伟大复兴需要以中华文化发展繁荣为条件，必须大力弘扬中华优秀传统文化。"

中华民族具有五千多年连绵不断的文明历史，创造了博大精深的中华文化，为人类文明进步作出了不可磨灭的贡献。中华文化积淀着中华民族最深沉的精神追求，包含着中华民族最根本的精神基因，代表着中华民族独特的精神标识，是中华民族生生不息、发展壮大的丰厚滋养。中国共产党自成立之日起，就既是中华优秀传统文化的忠实传承者和弘扬者，又是中国先进文化的倡导者和发展者。要用中华民族创造的一切精神财富来以文化人、以文育人，决不可抛弃中华民族的优秀传统文化传统。

要以科学态度对待传统文化。习近平总书记指出："不忘本来才能开辟未来，善于继承才能更好创新。"中华传统文化是我们民族的"根"和"魂"，如果抛弃传统、丢掉根本，就等于割断了自己的精神命脉。要坚持马克思主义的方法，采取马克思主义的态度，坚持古为今用、推陈出新，有鉴别地加以对待，有扬弃地予以继承，既不能片面地讲厚古薄今，也不能片面地讲厚今薄古。

要很好地传承和弘扬传统文化。要讲清楚中华优秀传统文化的历史渊源、发展脉络、基本走向，讲清楚中华文化的独特创造、价值理念、鲜明特色，增强文化自信和价值观自信。系统梳理传统文化资源，让收藏在禁宫里的文物、陈列在广阔大地上的遗产、书写在古籍里的文字都活起来。认真汲取中华优秀传统文化的思想精华，深入挖掘和阐发其仁爱、重民本、守诚信、崇正义、尚和合、求大同的时代价值。

弘扬中华优秀传统文化，要处理好继承和创造性发展的关系，重点做好创造性转化和创新性发展。创造性转化，就是要按照时代特点和要求，对那些至今仍有借鉴价值的内涵和陈旧的表现形式加以改造，赋予其新的时代内涵和现代表达形式，激活其生命力。创新性发展，就是要按照时代的新进步新发展，对中华优秀传统文化的内涵加以补充、拓展、完善，增强其影响力和感召力。

十、国家主管部门领导讲话

建设部副部长叶如棠在历史文化名城保护工作会议上的讲话

(1993年10月7日)

同志们：

由建设部和国家文物管理局联合召开的全国历史文化名城保护工作会议，是自1982年国务院公布第一批国家历史文化名城以来召开的第一次全国性历史文化名城保护工作做会议，也是在我国加快改革开放和现代化建设，积极发展社会主义市场经济的新形势下召开的一次重要会议。会议的主要任务是，认真总结11年来全国历史文化名城保护工作的成绩与经验，研究探讨在新的历史条件下如何进一步做好历史文化名城的保护工作。会议开幕时，国家文物管理局张柏副局长作了重要讲话，干峙同志讲了很好的意见。今天，我着重就正确处理发展与保护的关系，努力开创历史文化名城保护工作新局面问题讲几点意见，供大家讨论时参考。

一、我国历史文化名城保护工作取得了可喜的成绩，积累了有益的经验

我国是一个历史悠久的文明古国，在众多的历史名城中，有我国古代的政治、经济、文化中心，有近代革命运动的发祥地，有至今还保留着鲜明的民族、地方特色的城市。这些名城保存了丰富的历史文物与革命文物，充分体现了中华民族悠久的历史、光荣的革命传统和灿烂文化。党中央、国务院一向重视这些优秀历史文化遗产的保护工作。尤其是1982年国务院公布第一批国家历史文化名城以来，我国历史文化名城保护工作进入了一个新的阶段，取得了可喜的成绩。

一是通过公布历史文化名城，推动了名城保护与经济发展。1982年2月，国务院首次公布了北京、南京、杭州、广州、西安等24个城市为国家第一批历史文化名城；1986年12月，国务院再次公布了上海、天津、沈阳、武汉、重庆等38个城市为国家第二批历史文化名城。各省、自治区也相继公布了120个省级历史文化名城，国家通过公布历史文化名城，连同确定"历史文化保护区"和各级重点文物保护单位，将形成我国保护历史文化遗产的完整体系。不仅使文物古迹及其赖以存在的历史环境可以得到全面保护，充分展示文物估计的历史价值、艺术价值和科学价值，而且从单个的文物古迹、成片的历史地段，到更大范围的古城、包括古城鲜明的规划格局和传统风貌特色，都可以得到有效的保护，有利于从整体上提高我国历史文化遗产的保护水平。这些历史文化名城的公布，还促进了名城的经济发展、特别是旅游经济的发展。历史文化名城以其特有的历史文物和环境，吸引着国内外游客，成为世界了解中国、认识中国的重要"窗口"。据对44个国家历史文化名城的统计，仅1992年的旅游外汇收入就达103.3亿元外汇人民币，占当年全国旅游外汇总收入的67.7%。

二是历史文化名城保护规划工作取得了一定进展，一批保护和改建工程相继按规划实施。1983年，原城乡建设环境保护部发出了《关于加强历史文化名城规划工作的通知》之后，建设部、国家文物管理局多次发出通知，要求编制历史文化名城保护规划。到目前为止，绝大多数历史文化名城已经编制了保护规划，有的在城市总体规划中还包括了名城保护的专项规划，有的还编制了专门的历史文化名城保护专项规划，制定了一系列保护文物古迹和实施规划的具体措施，划定了保护范围和建设控制地带。这些保护规划的制定和实施，对于保护、拯救我国优秀的历史文化遗产，使城市建设较好地体现名城风貌和时代精神，起到了重要的推动作用。在规划的指导下，各地相继实施了一批涉及城市全局的保护工程。

苏州市从旧城中迁出了一些不符合名城保护要求的工厂；承德市避暑山庄内不利于山庄保护的设施迁了出来；杭州市打通了环西湖游览路，引钱塘江水改善了西湖水质；西安市修复了明代城墙，突出了古都形象，带动了环城公园的建设；北京古城高度控制区的实施、元大都土城遗址的保护等，都是成功的实例。这些保护和改建工程的实施，不仅取得了从整体上保护历史文化名城的较好效果，而且得到了社会的认可，有力地推动了历史文化名城的保护工作。

三是历史文化名城保护法制建设取得一定成效。加强法制建设，依法保护名城，是搞好历史文化名城保护工作的重要保证。许多名城在法制建设方面做了大量工作，北京、西安、韩城、丽江等城市已经颁布实施了有关历史文化名城保护的条例和办法，使名城的保护和建设做到了有法可依。在进行深入调查研究，吸取各地经验的基础上，建设部和国家文物管理局共同草拟了《历史文化名城保护条例》，这次也拿到会上请大家讨论修改。

四是历史文化名城保护的人才培训和国际交流有所加强。为了培养从事历史文化名城保护工作的干部和专业技术人员，我部委托同济大学等院校举办了多期历史文化名城保护干部培训班。1987年，我部组织历史文化名城的市长去德国进行名城保护的考察。去年，又通过联合国人居中心邀请国外专家来华讲授古城保护的专门知识，介绍国外古城保护的经验和办法。今年，在联合国区域发展中心的资助下，组织有关专家和技术人员对日本的古城保护进行了实地考察。与有关国际组织和国家的交往也日益增多。通过交流与考察，开阔了眼界，拓宽了思路，学到了经验，有助于提高我国的历史文化名城保护水平。

从各地开展历史文化名城保护工作中，我们有这样几点体会：

（一）领导重视是搞好名城保护工作的关键。许多古城的经验证明，搞好历史文化名城的保护工作，首先取决于领导的重视。襄樊市委、市政府为了加强名城保护工作，专门成立了由市委书记亲自挂帅、有关部门负责同志共同组成的委员会实施领导。云南省政府在经费十分紧张的情况下，拨出专款用于历史文化名城保护工作并形成制度。北京市委、市政府把保护"古都风貌"放在城市建设工作的重要位置上，形成了包括专家咨询、联合办公、逐级审批等行之有效的管理制度和管理体制。最近，北京市领导邀请专家学者共商北京市规划和名城保护大计，针对古城风貌不断丧失的危险、强调保护历史名城要有紧迫感、危机感，要加大力度，充分体现了北京市委、市政府对做好历史文化名城保护工作的坚定决心。从各地反映的情况看，凡是领导重视，名城保护工作的成效都比较显著。

（二）公众的名城意识是搞好名城保护工作的基础。各地在实践中体会到，搞好历史文化名城的保护工作，是离不开广大公众的参与支持的。因此，名城保护工作的一项重要任务，是使广大市民认识名城，热爱名城，增强名城意识，树立名城市民的光荣感、自豪感和保护与建设名城的责任感。广州市有计划地开展"识名城，爱广州"宣传月活动，使名城意识深入人心；广泛开展名城历史文化研究，用研究成果推动名城宣传工作的不断深入。他们动员社会各方面力量作好宣传和研究，使宣传和研究工作更具广泛性和群众性，对促进广州市历史文化名城保护工作起到了很好的效果。

（三）正确处理保护与发展的关系是搞好名城保护工作的重点。苏州、丽江等一些名城政府在旧城改造工作中，虚心听取专家意见，认真贯彻保护与发展相结合的原则，严格按照规划实施，既保护了古城的历史特色和环境风貌，又加快了旧城改造的步伐。襄樊市为保护襄阳夫人城，本着"宁肯多几千万，也要保住夫人城"的原则，将通过襄阳夫人城附近的汉江长虹大桥桥址西移500米，虽然预算经费比原方案多出4000万元，却使这一重要文物及古城墙的环境风貌受到有效保护。苏州、韩城、成都、常熟、扬州、潮州等历史文化名城，向新区开发，逐步拉开城市布局，正在探索走出一条符合本地实际的古城现代化建设之路。

（四）多方筹集资金是搞好名城保护工作的保证。一些历史文化名城针对保护建设资金长期匮乏的局面，充分运用市场经济的办法，变过去单一靠政府财政拨款、给多少钱、办多少事，为土地综合开发、利用外资、贷款建设滚动发展和"人民城市人民建"等多种方式筹集资金，形成了多层次、多渠道的投资结构，为历史文化名城的保护和建设提供了重要保证。例如，襄樊市按城市维护建设税等经费的正常投入，每年用于名城保护建设的可用资金是 3000～4000 万元。近三年来，由于走改革新路，实际投入名城保护和城市基础设施建设的资金累计达 5.18 亿元。

同志们，我国历史文化名城保护工作所以能够取得上述成绩，与党中央、国务院和地方各级党委与政府的关心和重视是分不开的，与广大名城保护、规划、建设和管理干部职工的辛勤工作是分不开的。长期以来，许多同志热心于历史文化名城的保护事业，以高度的历史责任感艰苦创业，无私奉献，付出了艰苦劳动和大量心血。在此，我代表建设部向所有奋斗在历史文化名城保护工作占线上的同志们向所有关心和支持历史文化名城保护工作的同志们，表示衷心的感谢！

二、进一步提高认识，正确处理好名城保护与发展的关系

我们应当清醒地看到，由于我国开展历史文化名城保护工作还缺乏经验，特别是在当前加快改革开放和现代化建设，建立社会主义市场经济体制的新形势下，如何处理好经济建设与名城保护的关系，是一个亟待探讨和解决的重要课题。从全国的情况看，当前历史文化名城保护工作存在的突出问题是在不少城市"建设性"破坏现象越来越严重，已经到了必须严加制止的时候了。

近几年来，随着我国经济的迅速发展，城市建设呈现出蓬勃发展的新局面。长期以来因资金紧缺而起步艰难的旧城改造，由于推行了城市土地有偿使用和房屋商品化的改革而出现了生机，许多名城也开始了大面积的旧城改造。这对于改善投资环境，促进经济发展，提高广大群众的居住水平，是十分必要的。但是，一些名城在旧城改造、特别是引进外资进行开发建设的过程中，出现了大量的"建设性"破坏现象。具体体现在，有的违反城市规划，建设项目任意选址定点，随意改变规划确定的建筑密度容积率、高度控制等指标，损害了风景名胜和文物古迹的环境风貌；有的在重点保护的历史地段，违反规划大拆大建；有的甚至随意拆除或任意改建已经明确需要保护的古代和近代建筑，等等。这些破坏历史文化遗产的行为，在不少城市都不同程度地存在，有的城市甚至有日益扩大的趋势，尽管建设部，国家文物局以及地方各级城市规划、文物管理部门已经采取了一些措施，做了大量工作，纠正了一些地方的错误做法，但总体上依然没有根本扭转，特别是在一些既是景观保护重点、又是开发建设热点的地段，矛盾十分突出。在杭州西湖湖滨地带修建违反城市规划的高层建筑就是一个例子。虽然不少著名专家多次呼吁，上级行政主管部门以致中央领导同志多次进行干预，但问题仍时有发生。8 月 23 日，李瑞环同志专门在 12 位专家《呼请制止在杭州西湖边上盲目建设高层建筑》的报告上批示："这是一个十分重大和必须迅速解决的问题。" 9 月 20 日上午，万里同志与侯捷、李振东、周干峙和储传亨同志又一次谈到杭州规划问题。万里同志说，杭州市应该按国家批准的规划严格控制，我听说现在又要在西湖边上盖高楼，湖光山色都没有了，也就没有游览的必要了，像这样的问题你们一定要抓住，根据瑞环同志的批示和万里同志的谈话精神，我们将促请杭州市政府认真研究解决这一问题。再如，有的城市在著名的石窟入口处，不按法定程序报批，擅自动工建设违反保护要求的项目。国家文物局三令五申予以制止，有关专家也专程前往进行劝阻，但该市有关部门竟继续施工，企图造成既成事实，如此目无法纪的行为发生在政府部门是尤其不能容许的。"建设性"破坏现象如不及时制止，任其蔓延，将使城市的传统风貌和特色受到严重破坏，甚至丧失殆尽，城市的吸引力也必须随之减弱，给城市的发展带来了不利的影响。历史经验告诉我们，许多国家在经济发展的起步阶段，急于改变物质生活条件，往往忽视历史文化遗产的保护工作；待经济发展到一定水平，重新追求精神生活的丰富、重视社会的文化渊源时，优秀的历史文化遗产已大量遭到破坏，造成无可挽回的遗憾。我们切不可犯这种历史性的错误。对于只顾当前局部利益，损害长远整体利益的作法必须坚决予以制止。如果有的历史文化名城非但不认真保护，还一再自我破坏，我们将不得不考虑重新审查其名城资格。

造成"建设性"破坏现象的根源，主要是对保护城市历史文化遗产的重要性和紧迫性缺乏足够的认识。与此相关的是工作的深度不够，管理的措施也不够有力。名城保护工作搞了十几年，我们有些同志包括有些领导同志，对这项工作的重要性仍然认识不足，特别是在发展社会主义市场经济的大潮下，有的同志片面地以为，保护历史文化名城妨碍了城市经济发展，影响了改革开放，以至由此演化成破坏性

建设行为，教训是深刻的。

关于保护历史文化遗产的意义和作用问题，李瑞环同志在去年召开的全国文物工作会议上曾深刻指出："历史文物是我们学习历史唯物主义的直观、生动、形象的教材。它把各个时代的社会制度、社会生产、社会生活以实物的形式展现在人们面前，帮助我们了解社会发展规律和历史演变进程，了解中华民族长期居于世界领先地位的古代文明，了解近百年来中国人民前赴后继、争取民族独立解放的英勇斗争。"因此，保护历史文化名城，对于培养人们的民族自豪感、献身精神和爱国主义精神，加强社会主义物质文明和精神文明建设是十分重要的。再则，优秀历史文化遗产的价值是无法用金钱来衡量的，特别是文物古迹具有不可再生性，一旦遭受破坏就无法恢复。这在不断扩大对外开放的新形势下更具有重要的作用。我国实行对外开放政策，重要的优势之一就是我国有几千年的文明史和丰富的历史文化遗产，它对国际友人具有强大的吸引力，这一点已经在许多名城扩大对外交往的实践中得到证明。历史文化名城旅游事业的迅速发展也说明了这一点，历史文化遗产是发展旅游业的宝贵资源，如果这种宝贵的资源一旦遭到破坏，名城的优势就将丧失，对外开放和旅游业得发展都会受到影响。由此可见，在发展社会主义市场经济中，历史文化名城保护的重要性不仅丝毫没有降低，相反是更加提高了，我们务必进一步提高对历史文化名城保护的重要性和紧迫性的认识，正确处理好名城保护与城市发展的关系，积极推进名城保护工作。

正确处理保护与发展的关系，是当前历史文化名城保护工作的重点和难点，必须从认识到实践认真解决好。国外以及近年来我国部分历史文化名城建设和发展的实践证明，通过制定适合名城特定的城市经济和社会发展战略，通过科学合理的城市规划布局和高水平的规划设计，并严格实施管理，不仅可以处理好名城保护与经济建设的关系，而且名城的建设也可以取得良好的经济效益、社会效益和环境效益。意大利的威尼斯完全保存了原来的风貌，罗马城内保存了大量古代广场和建筑遗迹，法国巴黎旧城区基本保存了原有的布局，日本的京都、奈良保存了大量文物建筑及其历史环境，都是较好地处理了名城保护与发展关系的成功例子。他们的经验概括起来主要有这样几点：一是教育城市居民树立强烈的保护意识，自觉地保护古城已成为社会良好风尚；二是规划完备，严格实施；三是法制健全，依法管理；四是发挥中央、地方政府和民间三方面积极性，为古城保护提供资金保障。这些做法和经验值得我们借鉴。

正确处理历史文化名城保护与发展的关系，要重点处理好两个问题。一是旧城改造与保护的关系。在旧城改造中，要坚持以规划为指导，进行成片开发、合理开发，对重要的文物古迹和历史文化，一定要遵循"保护为主，抢救第一"的方针，严加控制。特别应把握古城区的布局、容积率和层高，使古城的环境风貌和历史特色不因旧城的改造而受到影响和损害。二是处理好新区开发与古城保护的关系。要搞好新区开发，逐步拉开城市布局，减轻旧城压力。这是当前协调名城保护和经济建设的一项重要抉择。苏州市实施二元式城市规划布局，在大力搞好古城保护的同时，加快新区开发建设，合理调整产业结构和生产力布局，创造出优于旧城的方便、舒适、宜人的生活环境，有力地吸引旧城住户外迁，减轻了旧城改造的人口压力，走出了一条正确处理名城保护与发展的新路子。

当前，历史文化名城保护法制建设薄弱、资金匮乏等也是普遍存在的突出问题。还有一些历史文化名城的保护规划深度不够，保护措施不具体，不能有效地指导名城的保护和建设；监督检查和日常管理工作仍很薄弱，对违法行为的处罚责任不清、执行不严。这些问题，同样需要我们认真研究解决。

经济要发展，城市要建设，名城要保护，在发展中保护好名城，是时代赋予我们的历史责任。李瑞环同志在去年召开的全国文物工作会议上指出："强调保护文物是我们应尽的历史责任，是搞好两个文明建设的重要组成部分，是各级党政领导进行四化建设和改革开放不可忽视的一项工作。""如果我们目光短浅，在文物保护方面该花的钱不花，该办的事不办，致使文物保护长期处于一种较低的水平，那么我们还有什么资格自称文物大国，在世界文化舞台上还有什么光彩？我们各位领导，包括各位当省长、当市长、当县长的，都要以对祖国、对民族、对历史、对子孙高度负责的态度，把自己管辖范围内的文物保护好。"李瑞环同志的论述，对于搞好历史文化名城保护工作具有重要的指导意义，我们应当深刻领会，认真贯彻执行。一个城市成为历史文化名城，给这个城市增添了荣誉，扩大了社会影响，提高了城市的知名度，同时给城市的党政领导增加了一份责任。特别是在发展社会主义市场经济的新形势下，历史文化名城的保护工作既面临着历史性的机遇，又面临着严重挑战。因此，我们要以高度的历史责任感和时代紧迫感，兢兢业业，真抓实干，担负起历史赋予我们的光荣使命，为保护好祖先留下的优秀历史文化遗产作出重要贡献。

三、适应新的形势，努力开创我国历史文化名城保护工作的新局面

党的十四大明确提出，我们经济体制改革的目标是建立社会主义市场经济体制。因此，适应发展社会主义市场经济的要求，努力做好我国历史文化名城保护工作，既是一项新的任务，也是一项长期的艰巨任务。从当前来看，应着重做好以下几项工作。

（一）稳妥审慎地进行旧城改造，保护好名城风貌。

我国历史文化名城的悠久历史，给我们留下了风格各异，形式多样的旧城。这里文物古迹荟萃，传统格局显著，民居民俗富有特色，在很大程度上体现着名城的风貌，成为名城的象征，在名城的经济、社会和文化生活中占有重要地位。因此，对名城的旧城改造工作一定要特别重视。

历史文化名城的旧城改造关系到工业布局的调整，城市基础设施的改善，过密人口的疏散，文物古迹和历史文化地段的保存以及名城风貌的保护等一系列问题，是极为复杂又耗资巨大的工程，绝不仅仅是拆平房盖楼房的问题。当前，我们还没有足够的财力物力，也没有必要全面改造名城的旧城，只能在需要与可能的条件下逐步进行改造。《城市规划法》规定的"加强维护、合理使用、调整布局、逐步改造"的旧城改造原则，对历史文化名城也同样适用。因此，我们要根据经济实力和名城保护的要求，以科学的态度，精心规划，认真实施，讲求实效，稳妥审慎地进行改造，保护好名城风貌。切忌仓促行事，急于求成，给历史文化遗产的保护带来无法弥补的损失。

名城的旧城改造要严格执行《文物保护法》和《城市规划法》的有关规定，要制定科学合理的规划，明确划定历史文化保护区、文物古迹的保护范围和建设控制地带，提出具体的保护、控制措施和要求。对地下文物古迹的处理更要采取慎重态度。旧城内建设项目的选址，必须符合保护规划的要求，尽可能避开文物保护单位和地下文物丰富的地段。特殊需要在文物保护区选址建设的，必须经过城市规划部门和文物管理部门的同意，按法定程序报批。建设项目选址确定后，文物管理部门要组织力量进行工程范围内的考古调查、勘察和发掘工作，然后才能开工建设。

（二）精心组织力量，制定和完善历史文化名城保护规划。

历史文化名城保护规划应当纳入城市总体规划，在调整或修改总体规划时应当相应调整或继续肯定保护规划的内容。历史文化名城的发展建设必须保护好文物古迹和历史地段，保护和延续古城的风貌特色，继承和发扬城市的传统文化。历史文化名城保护规划要突出保护重点，要从城市总体上采取规划措施，为保护名城创造条件，要划定各级文物保护单位的保护范围和建设控制地带，以及历史文化保护区的范围界限，要提出有效的保护管理措施。该保护的全力保护，该控制的严格控制，该放开的就适应放开，毕竟我们不可能也不需要原样修复整座古城。城市千百年一直在变，我们要着力保护的是其中少数有代表性的建筑物、建筑群或街区地段。即使是列为全面保护的某些古城，对古城内大部分地段来说也只是控制建筑高度或适应注意建筑风格的协调问题。所以，我以为在编制名城保护规划中，必须明确界定保护和控制的地域范围，其中重点保护的地段并非越多越好。更不能为了申报名城，任意扩大保护范围，而在以后的开发建设中又随意拆毁真该保护的地段，各名城政府要精心组织力量，做好历史文化名城保护规划的编制或修改调整工作，要不断提高保护规划的科学性、可操作性，以有效地指导名城的保护和建设。

要严格保护规划的审批制度。今后，凡由国务院审批城市总体规划的历史文化名城，其名城保护规划也由国务院审批；其余国家历史文化名城的保护规划，由建设部和国家文物管理局审批；省级历史文化名城的保护规划，由所在省、自治区人民政府审批。各地要根据上述要求，尽快制定和完善历史文化名城保护规划，力争早日上报批准。历史文化名城保护规划一经批准，即具有法律效力，各历史文化名

城要做好保护管理工作。

（三）加快立法步伐，依法加强历史文化名城的保护管理工作。

要把法制建设的重点，放到加快立法步伐上。《历史文化名城保护条例》将根据大家提出的意见抓紧进行修改和报批工作，力争早日颁布实施，同时抓紧其他配套规章的拟定工作。各地主管部门和名城政府也要把加强法制建设作为一项重要工作列入议事日程，研究制定名城保护的地方性法规、规章和管理办法。通过上下共同努力，逐步建立健全法规体系，使历史文化名城保护工作走上法制轨道。

历史文化名城保护的管理工作一直是个薄弱环节，必须大力加强。名城政府要把保护、规划、建设和管理好名城作为主要职责，做好宣传教育工作，增强有关部门和全体市民的名城意识和法制观念，共同担负起保护和建设名城的历史责任；同时，要加强名城保护机构的建设，强化主管部门的职能，在人力、物力等方面给予必要的支持和保证。各级主管部门要切实把好保护规划的审查关，依法行使监督检查职能，严肃查处破坏名城保护的行为。经国务院同意，建设部、国家文物管理局将对全国历史文化名城保护工作进行检查。检查的重点是名城保护规划的制定和实施，国家有关名城保护，文物保护的法规、政策的贯彻执行情况等。请大家做好准备工作，检查的具体安排将另行通知。

为了发挥专家的作用，充分听取专家对名城保护工作的意见和建议，建设部、国家文物管理局决定，聘请各方面的专家，共同组成专家委员会并赋予相应的职责，使他们能够有效地行使技术咨询、执法监督等方面的职能，提高历史文化名城保护工作的水平。

（四）广开门路，多渠道筹集保护建设资金。

保护建设资金缺乏，是至今历史文化名城保护工作面临的一个主要困难。文物古迹的保护、维修，国家每年都相应拨出专款，而一些迫切需要保护的历史地段、保护和维修资金却没有稳定来源。当前，在中央财政不可能给予专项经费补贴的情况下，要积极争取各方面的支持，多方努力，筹集经费。在可能的情况下，由地方财政给予适当安排。在房地产综合开发中，可以要求开发企业按照规划对历史地段进行保护和维修，同时在其他地区的开发中给予补偿，在有条件的地段尽可能发挥土地的级差效益，迁移一部分住户，降低人口密度，改变建筑物的用途，争取改造资金就地平衡。苏州桐芳巷的改造就是个成功的例子，基本可以做到保持该地段的传统风貌、改善基础设施与环境质量、降低人口密度、平衡改造资金，可谓一举数得。桐芳巷的改造是经过长时间研究，周密计划才开始实施。它说明只要恰如其分地运用房地产开发的手段，不仅无损于古城风貌，而且可以开辟历史文化名城保护与建设资金来源的重要渠道。此外，还要积极利用外资和国内外贷款，广泛开展"人民城市人民建"活动。

（五）抓住重点，做好历史文化保护区的保护工作。

由于多年来城市的发展变化，在历史文化名城中，传统格局的风貌保存比较完整，需要全面保护的只是少数。对大多数历史文化名城来说，将保存有某历史时期传统风貌和民族地方特色的历史地段，划定为历史文化保护区加以保护，是展示城市发展的历史延续性和文化特色，反映名城传统风貌的现实可行的做法。这样做可以较少影响旧城改造，减少与城市现代化建设的矛盾，对妥善处理名城保护与发展的关系具有重大意义。因此，这是我们名城保护工作的范畴。我们准备在各省、自治区、直辖市已经公布的省级历史文化保护区的基础上，对其中一些保护较好、价值较高、影响较大的报请国务院批准为国家级历史文化保护区。各地可根据本地具体情况，划定省级或市、县级历史文化保护区。确定为历史文化保护区的，要划定保护范围，制定保护措施，并向社会公布。

此外，在我国广大地区还保存着不少具有重要历史文化小镇、村寨、建筑群等历史地段，虽然不在城区范围内，也有必要划定为历史文化保护区加以保护。关于历史文化保护区的设定标准与审批办法，将另行发文公布。

（六）开展人才培训工作，提高队伍素质。

建设部、国家文物管理局和各地主管部门，都要采取多种方式，有计划地对从事历史文化名城保护工作的在职干部进行培训，提高队伍的政治素质和业务素质。我们计划与市长协会联合举办名城市长培训班，继续委托有关院校举办主管部门领导干部培训班。要鼓励与名城保护有关的专业，如城市规划、建筑、考古等专业的毕业生从事名城保护工作，充实名城保护专业队伍。同时要继续加强对在职干部的培训，不断提高队伍的业务水平。要加强与有关国家和国际组织的合作交流，共同培训人才。

（七）加强宣传工作，强化名城人民爱名城的思想意识。

要采取多种形式，广泛深入地宣传保护历史文化名城的意义、作用和有关法规，培养名城人民的荣誉感、自豪感、责任感，强化名城人民爱名城的思想意识。要充分利用名城文博单位的优势，举办专题陈列和展览，使广大群众了解名城的历史和文化，了解丰富多彩的风俗民情，激发名城人民爱国爱家的详图感情；利用名城历史上有纪念意义的事件、著名历史人物的诞辰日等，开展纪念活动；举办名城保护法规宣传日、宣传周活动，对破坏名城保护的违法行为公开曝光，严肃查处。通过宣传活动，使有关部门和广大群众做到自觉遵纪守法，关心和支持名城保护工作，为把历史文化名城保护好、建设好而共同努力。

开展学术研讨和交流，对于深化名城认识、开展保护工作具有重要的指导意义，也是加强舆论宣传工作的重要方面。要着重就发展社会主义市场经济的新形势下出现的重点、难点问题，如正确处理好保护和发展的关系、旧城改造与新城建设的关系、如何搞好对古城风貌的保护、名城保护工作如何适应社会主义市场经济发展的需要，等等，广泛开展多层次、多形式的学术研讨活动，以指导和推动历史文化名城保护工作的实践。出席此次会议的有不少是名城保护方面的专家，希望你们今后发挥更大的作用。

同志们，优秀的历史文化遗产是全国的，也是全人类的共同财富。搞好历史文化名城的保护是我们这一代人，乃至今后几代人的历史使命。我们一定要在致力于现代化建设的同时，切实搞好历史文化遗产的保护、抢救工作，知难而进，奋力开拓，严格管理，扎实工作，为开创新时期我国历史文化名城保护工作的新局面而努力奋斗。

国家文物局副局长张柏在全国历史文化名城保护工作会议上的总结讲话

(1993年10月9日)

各位代表，同志们：

由建设部和国家文物局联合召开的这次全国历史文化名城保护工作会议，经过全体代表四天紧张的共同工作，今天就要圆满结束了。会议期间，叶如棠副部长代表建设部和国家文物局作了工作报告，周干峙、廉仲同志讲了话，专家们作了专题发言。代表们对报告、讲话和《历史文化名城保护条例》（讨论稿）进行了认真讨论并交流了经验。历史文化名城保护工作的主要经验、问题、当前的任务和工作安排都已明确了，因此总结中就不再重复了。这次会议是全国第一次历史文化名城保护工作会议，参加这次会议我很受教育，在许多问题上有很大的启发、收获也不小。

我们这次会议的目的是为了总结交流各地十一年来在历史文化名城保护、规划、建设和管理方面的经验教训；征询各位代表对建设部和国家文物局草拟的《历史文化名城保护条例》（讨论稿）的修改意见，同时也积极地研究、摸索和探讨在改革开放新形势下如何进一步做好历史文化名城保护工作的新鲜经验和方法，布置当前的主要工作。通过大会交流和分组讨论，许多代表发表了极富建设性的意见和建议，各地相互交流了在历史文化名城保护、规划、建设和管理方面的措施、方法、成绩和经验，特别是我国著名的城市规划和文物保护方面的专家、学者的发言和建设部副部长叶如棠同志的报告，对我们与会的全体代表对加强历史文化名城保护工作的重要性、必要性和紧迫感、责任感的认识，起到了进一步深化、进一步推动的作用，对各地今后进一步采取切实措施，继续做好历史文化名城的保护、规划、建设和管理工作，会产生重要影响。可以说，我们的这次会议，达到了预期的目的，获得了圆满的成功。

各位代表，会议就要结束了，会议结束后各地要认真贯彻落实这次会议精神。希望代表们返回各地以后，要向当地党委和政府的领导认真汇报这次会议精神，积极争取党委和政府的领导和支持；要向城市规划部门、文物部门的干部职工，认真传达会议精神，组织他们认真学习叶如棠副部长的报告和周干峙、廉仲同志的重要讲话，领会其精神实质；同时也要组织他们认真学习会上所发的材料，学习各地在名城保护工作方面的经验，取人之长、补己之短、互相学习、共同提高。各地的城市规划部门和文物部门要对本地历史文化名城保护工作进行一次认真的检查总结，根据本次会议精神，结合当地名城保护工作的实际情况，研究好贯彻和落实的措施，认真做好名城的保护规划；制定有关名城保护工作的地方法规和规章，依法管理、照章办事；加强管理机构，提高管理人员的业务素质；落实名城保护资金；充分利用报纸杂志、广播、电视等传播媒介，加强名城保护的宣传。做好这些工作不是一件容易的事情，因此一定要按照这次会议的要求把各项工作抓紧落实。贯彻落实这次会议精神，要强调一个"实"字，检查要实，实地查看，不能只听汇报；总结要实，主要领导要亲自抓。通过落实这次会议精神，进一步推动历史文化名城的保护工作向前发展。

下面，我就历史文化名城保护问题，谈几点意见，供同志们参考。

一、进一步深化历史文化名城保护工作重要性、必要性、紧迫性和责任感的认识，努力做好历史文化名城的保护工作。

历史文化名城的保护工作，是我国社会主义物质文明和精神文明建设的重要组成部分。做好这项工作，对于保护我国优秀的历史文化遗产，继承和发扬我国各民族优良的民族传统和革命斗争精神至关重要。有的代表在讨论中说，在我们的名城保护工作中，将我国古代的城市布局、优秀建筑、历史的和革命的遗址、遗迹以及民俗精华尽可能多地保存下来，这些古代文明载体，会对今天的人民群众，特别是青少年，起到直观的、形象的教育作用，从而使人们对各个时代的社会制度、社会生产、社会生活和社会发展的规律和历史的演变过程有所了解。有位专家在讨论中讲，中华民族的传统文化，保存好文物，对子子孙孙进行教育，这是关系到我们这个民族和国家生存、发展、统一的大事。这个重要性从长远看不是钱能换来的。代表们在讨论中对保护历史文化名城重要性的认识非常深刻，同时在如何认识保护和发展的关系方面提出了不少好的见解。有一位同志说，历史上经济和文化的发展从来就是相辅相成、互相促进的，社会主义市场经济要克服资本主义市场经济的弊病，要全面发展，经济发展和文化发展从根本上说不是对立的。文物是旅游的重要资源，只有使保护文物和发展旅游有机地结合好才能促进旅游事业的发展，但如果仅仅看到这一结合，那是一种不全面的认识，因此历史文化名城的发展和保护也不是矛盾的，而是统一的。只要我们在认识上明确，工作方针上正确，就能使二者互相促进。代表们在讨论中表示，我们要有一种紧迫感和责任感、自信心，责任在身，当仁不让，身体力行，率先垂范，为做好名城的保护工作，为推动当地的经济建设，作出自己应有的贡献。同志们的这些认识就是这次会议的认识，这些认识的不断统一和深化必将推动历史文化名城保护工作的深入发展。

二、在历史文化名城保护工作中，要坚决贯彻"保护为主、抢救第一"的方针，保护好历史文化名城中的文物古迹。

去年在西安召开的全国文物工作会议上，中央确定了当前文物保护工作的方针是"保护为主、抢救第一"。贯彻这个方针就是在历史文化名城保护工作中，要抓住重点坚决保住。重点是保护好文物古迹和历史地段，同时要保护好古城的风貌特色。要保护名城中的历史文化遗址、遗迹，包括地上的文物建筑，地下的文化遗址以及所有的文物保护单位和文物点。这些是历史文化名城中的精华，没有这些，也就不称其为历史文化名城了。如何保护就是要按照《文物保护法》的规定，划定出必要的重点保护范围和建设控制地带，树立标志，建立档案，并有专人或机构进行管理，维修时必须遵循不改变文物原状的原则。保护范围内和建设控制地带里面进行任何建设都必须经过批准。历史文化名城的保护经费要重点投到保护名城的精华上来，而不是那些假古迹。在历史文化名城中有不少文物建筑基址，按《文物保护法实施细则》规定，一般不能搞复建，这一条也严格执行。另外名城中地下都蕴藏着极其丰富的历史文化遗产。在进行任何建设时都应当进行考古钻探和发掘。成都市、洛阳市在这方面做得比较好。最近成都市市人大通过了《市文物保护条例》，其中规定有三条：第一，在城市维护费中每年有一定比例作为文物保护经费；第二，文物单位有一定的执法权；第三，在室内搞建设都要通过文物部门钻探后才能进行。这个条例还有其他一些规定，下发后对保护历史文化名城中的文物古迹有着极为重要的作用。希望各历史文化名城保护工作就有了保证。在这方面也有教训，有一个历史文化名城在一个全国文物保护单位的保护区里进行了十四项违章建设，有的建设项目文物部门发现后依法制止，有关方面根本不听文物部门的意见，造成了极坏的社会影响和损失，此项违章建设现在已经停下来了，有待处理。希望各地都能汲取这样的教训。历史文化名城和文物保护单位的保护工作是一项社会事业，应当受到全社会的重视，特别是各级政府领导同志的重视。这对做好保护工作，办好这项事业尤为重要。我们希望各地各级人民政府的领导同志对此能给予必要的支持和关心，加强领导，我们希望各地的城市规划部门和文物管理部门的相互支持、相互协作形成一股合力，在当地党委和政府的领导下，共同把历史文化名城和重点文物保护单位工作都做得更好。

三、加强法制建设，加强科学研究，把历史文化名城保护工作不断推向深入。

在国家逐步建立和健全社会主义市场经济条件下，加强法制建设，制定有关法规，依法进行管理，对办好各项事业，使各项事业适应社会主义市场经济不断发展的需要，都是十分重要的。我们要做好历史文化名城的保护工作，也必须加强法制，制定必要的行之有效的规章，依法实行管理，做到有法必依、执法从严、违法必究，使历史文化名城的保护能得到法律的保障。我们高兴地看到许多名城在加强法制建设方面已经做了大量工作，北京、西安、上海、南京、韩城、丽江等城市，已经颁布了历史文化名城保护条例，使名城的保护、规划、建设和管理，有法可依、有章可循，从而使历史文化名城保护法规性文件颁布实施。最近，建设部和国家文物局在深入进行调查研究，认真吸取各地经验，广泛征求有关专家和各地管理部门意见，反复进行科学论证的基础上，共同草拟了《历史文化名城保护条例》（讨论稿），这次会议发给了各位代表，请大家讨论，提出修改意见。希望大家回去后要将修改后的稿子尽快寄给我们，我们将根据大家的意见修改，使之更臻完善，更加科学，更加符合我国历史名城保护工作的实际，以便颁布实施。搞好名城的保护，要靠科学手段，历史文化名城的保护、规划、建设和管理，都应当建设在科学研究的基础上。我们提倡有关城市规划和文物保护方面的专家、管理工作者，对历史文化名城的内涵、类型、形态、社区结构和特征；对制定名城保护有关法规的内容和名城保护规划的技术要求；对历史文化名城环境风貌的保护工作以及应采取的对策和政策等诸多问题，开展科学研究，在繁荣学术、开展争鸣的基础上，逐步取得共识，以达到认识的统一和行动的一致。为加强历史文化名城保护工作的法制建设，为今后做好历史文化名城的保护工作打下坚实的基础，请专家们在这方面尽可能地多写文章多提建议。建设部、国家文物局所有的刊物、报纸都要多刊登这方面的文章，以期引起讨论，促进研究工作的深入。名城专家委员会应当组织学术研究会和有关的活动，结合名城保护中当前急需解决的一些重大问题进行研讨，为保护工作和制定有关政策提供科学依据，把名城保护工作推向深入。

四、努力开创我国历史文化名城保护工作的新局面

当前，党的改革开放的方针政策，为我们的名城保护工作，既带来了极好的机遇，又带来了严峻的挑战。我们的任务是面对挑战，把握机遇，化解矛盾，知难而进，认真做好历史文化名城的保护工作。自国务院公布第一批历史文化名城至今，已经有十一年了，十一年来在党中央和国务院的关怀下，在各级党委政府的领导下，各地的城市规划部门和文物部门以及各方面专家都做了大量工作，使我国的名城保护工作取得了不少的成绩。但是，这仅仅是初步的成绩，今后有许多工作要我们花大力气去做。例如，名城保护的法规还不健全；名城保护的科学研究还不深入；名城保护的专业队伍，无论从数量或业务素质上，都还比较薄弱；全民的名城保护意识还需进一步提高等等。凡此种种，说明我们今后还要加倍努力去工作。目前我们所做的工作在某些方面，还只是刚刚起步。因此我们要在"保护为主、抢救第一"的方针指引下，认清形势，发扬成绩，吸取经验，抓住机遇，奋发努力，知难而进，为保护历史文化名城，为保护人类历史文化遗产作出新的贡献。

同志们，我们这次会议得到了党中央、国务院以及有关部委的关心和大力支持，国务院办公厅、中宣部、国家计委、文化部、国家旅游局都派代表参加了这次会议。这次会议也得到了湖北省人民政府、襄樊市人民政府、湖北省建设厅、湖北省文化厅和襄樊市建设、文化部门及有关新闻单位的大力支持和配合，也得到了各方面的专家的大力支持。在此，我代表建设部和国家文物局以及与会的全体代表，对他们表示由衷的感谢！

最后，祝各位代表旅途愉快，一路顺风！祝各位返回原单位后，在当地的名城保护和文物保护事业中，取得更加丰硕的成果！

住建部副部长仇保兴在第四批中国历史文化名镇名村授牌仪式暨历史文化资源保护研讨会上的讲话

(2008年12月23日)

同志们：

今天，我们在这里举行第四批中国历史文化名镇名村授牌仪式。首先，我对获得此项称号的94个中国历史文化名镇名村表示祝贺！至此，住房和城乡建设部和国家文物局已公布251个中国历史文化名镇名村，覆盖了全国31个省份，充分反映了我国不同地域历史村镇的传统风貌和建筑艺术，它们的保护与发展将对传承我国优秀文化，延续历史文脉，促进当地经济社会的发展起到重要作用。下面，我结合近年来历史文化名镇名村的保护情况，就做好今后一个时期历史文化名镇名村保护工作，讲三点意见，供大家参考。

一、五年来历史文化名镇名村保护工作的回顾

2003年，建设部和国家文物局联合公布了第一批22个中国历史文化名镇名村。五年来，历史文化名镇名村保护工作得到了各级政府的高度重视，社会各界也给予了极大的关注和支持，取得了令人可喜的成绩，主要表现在以下四的方面：

（一）历史文化名镇名村保护体系日臻完善。

截至目前，住房和城乡建设部和国家文物局已公布四批共251个中国历史文化名镇名村，各省、自治区、直辖市人民政府公布的省级历史文化名镇名村已达529个，基本形成了我国历史文化名镇名村的保护体系。在这些历史文化名镇名村内，依然保持着较为完整的空间格局、古建筑群和历史环境，而传统民居和古老街巷，都真实记载和延续了不同地域和民族的历史文化，历史文化名镇名村已经成为我国文化遗产保护领域的重要组成部分。

（二）历史文化名镇名村保护法制化和规范化工作不断加强。

2003年，我部和国家文物局在联合制定《中国历史文化名镇（村）评选办法》前提下，为进一步细化评选标准，增加定量可比性，充分反映出名镇（村）的典型代表性和建筑文化价值，又正式颁布了《中国历史文化名镇名村评价指标体系》，形成了历史文化名镇名村申报评选和实施动态监管的有效依据。2008年4月国务院颁布了《历史文化名城名镇名村保护条例》，第一次在国家法规上提出了名城名镇名村的保护，为进一步规范历史文化名城名镇名村的申报、批准、规划和保护工作奠定了法制的基础，这是我国文化遗产保护的里程碑式的文件。

（三）历史文化名镇名村保护日益受到地方政府的高度重视。

近年来，随着历史文化名镇名村申报命名工作的开展，各地纷纷出台政策措施，促进历史文化名镇名村保护的健康发展。截至目前，全国已有60%的省、市、自治区积极开展了省级历史文化名镇名村的命名工作，极大地推动了地方乡村文化遗产的保护工作。《江苏省历史文化名城和名镇保护条例》、《云南省历史文化名城名镇名村名街保护条例》、《湘西土家族苗族自治州里耶历史文化名镇保护条例》等一批地方法规的出台，使地方历史文化名镇名村保护有法可依。山西省人民政府下发了《关于加强历史文化名镇（村）保护的意见》，省建设厅制定了《历史文化名镇名村保护规划编制和实施办法》；江西省制定了《历史文化名村名镇保护规划编制与实施暂行办法》，分别从政策和技术层面对历史文化名镇名村的工作提出了明确要求。河北、山西、北京、福建等省市还开展了历史文化村镇的普查工作，并结合全国第三次文物普查，对有价值的古镇、古村落以及乡土建筑进行抢救性的挖掘和保护。

（四）历史文化名镇名村保护措施的力度不断加大。

"十一五"期间，发改委与建设部、国家文物局共同完成了《全国"十一五"历史文化名城名镇名村保护设施建设规划》，争取中央财政9.8亿元的补助资金，专项用于103个历史文化名城、80个历史文化名镇名村的基础设施改造和环境整治工作。从目前已开展的项目来看，地方政府积极进行保护资金的配套，一些历史街区和历史文化名镇名村内的基础设施水平已明显提高，居民生活居住环境得到逐步改善，有价值的历史环境得到了保护和整治，通过保护资金的补助和项目的实施，为地方带来了较好的社会和经济效益。不少省、市还以历史文化名镇名村申报和命名为契机，采取了许多卓有成效的措施，极大地促进了历史文化名镇名村建筑遗产及其环境的改善。这项工作可以说是从无到有的，从少到多，从不重视到重视，从社会不关注到全面的关注，真是来之不易。我记得，2003年SARS流行期间百业消停，我部发起并会同国家文物局研究怎样开展历史文化名镇名村保护工作，正是那段时间我们做了详细的调查和研究，此项工作才逐步开展起来。

二、历史文化名镇名村保护工作中存在的问题

在看到成绩的同时，我们还要看到历史文化名镇名村保护仍然存在一些问题，成绩不说跑不了，问题不说不得了。所以我要说说这些问题，这些问题可以分为五类：

一是对历史文化名镇名村保护的认识不到位。

一些历史文化名镇名村在当前城镇化发展和新农村建设过程中，由于一些领导的保护意识不强，有的历史文化名镇名村的传统风貌仍在遭受不同程度的破坏。究其原因，主要是由于对历史文化资源稀缺价值和不可再生性认识不够。有的地方把历史建筑拆毁，使古村落的历史风貌遭到破坏；也有的地方重申报、轻管理，重建设、轻保护，没有处理好保护与发展的关系；有的地方片面理解农民迫切需要改善居住条件和生活环境的愿望，采取"拆旧建新"、"弃旧建新"的做法，对原有传统格局和历史风貌造成破坏；有些古村落仍保留着原有空间格局，但是村里面插建了一些现代建筑，与历史形成的村容村貌很不协调，破坏了历史文脉的延续，破坏了与自然和谐相处的传统景观。

二是历史文化名镇名村保护规划严重滞后。

一些历史文化名镇名村由于经费所限，没有及时编制保护规划，在保护整治和建设发展中缺少必要的依据，随意性大；虽然有的历史文化村镇编制了保护规划，但内容深度不够，往往只注重"点"的保护，而忽视"线"和"面"的整个空间结构的保护；另外，一些历史文化名镇名村在保护规划的实施过程中，由于管理不到位，保护措施难以落实，以致部分村民随意进行建设，建设性破坏时有发生。

三是历史文化名镇名村的历史环境亟待改善。

从目前全国的历史文化名镇名村来看，大多分布在中西部和少数民族地区，经济发展相对落后。随着时间的推移，很多传统建筑年久失修，随时都有倒塌的可能，为保存其完整性带来了困难；有些历史文化名镇名村给排水、供电等基础设施陈旧简陋，远不能满足人们日常生活的需要，给改善和整治环境带来了困难，同时也存在一些安全隐患。对这些问题，有些地方改善的方式简单化，仅考虑满足专业部门的要求而忽视了历史文化名镇名村保护的一些基本规定，拆除了一些非常宝贵的历史建筑，造成的损失是不可挽回的。

四是历史文化资源信息档案亟待建立。

不少历史文化村镇对自身拥有的历史文化资源底数不清，对资源的种类、数量、年代、工艺、材料等基本信息没有建立档案，导致在保护管理中缺乏科学的安排，影响了历史建筑的挂牌保护和宣传展示工作的开展，不利于公众参与和社会监督，妨碍了历史文化资源的合理利用。许多历史建筑的建造年代、工艺、结构和建筑材料本身就是一个精彩的故事，通过对这些精湛技艺的展示，可以直观地宣传古代民间的传统工艺，激发人们的探究好奇心和观赏的兴趣，增强人们的保护意识，如果对这些不清楚，不但影响历史文化资源的保护，也不利于历史文化资源的合理开发利用。

五是旅游开发性破坏时有发生。

一些历史文化名镇名村在旅游开发过程中，过于强调商业利益而对历史建筑及其环境进行改变，严重破坏了名镇名村的历史原真性。有一次我到云南，该省第一批公布的一个历史文化名镇的镇长对我讲："我们想请著名电影导演拍武打片，将这些历史建筑全部打通，里面建走廊，让武打高手飞来飞去，这样我们镇就出名了。"我说，"如果这样，你还没开始建，你就会因犯破坏罪而进监狱，你会成为历史的罪人。"他听后恍然大悟地说："还有这样的事情，我以为这些古建筑我想怎么动就怎么动呢"。这些人缺乏基本的保护知识和法制观念。某些领导和开发企业，也想把这些古建筑推倒，然后搞一批仿古建筑，这好比拿一幅祖传的古代名画去换了一张非常精美的现代印刷品一样愚蠢。所以，现代的仿古建筑与具有艺术价值、文化价值和历史价值很高的原真古建筑是无法相比的。一些地方将十分珍贵和脆弱的文化遗产作为普通的旅游资源开发，有的干脆将古村落整体出让给旅游企业经营，将原住民迁出，结果使整个村的内涵完全变了，把历史的信息、历史文化和生活的延续性都破坏了。当地群众无法享受历史文化资源产生的增值，而历史文化资源被少数企业垄断，往往容易造成严重的开发性破坏，或者说建设性破坏，这种建设性破坏可能比因时间推移而产生的自然损坏来得更快，造成的后果更严重。

我们不反对利用历史文化名镇名村来开发旅游，但要防止以发展旅游为名对历史文化名镇名村的破坏。旅游业的发展是一个历史的趋势，发展旅游可以使人们认识到历史文化资源是值得珍惜的，促使村民们注重保护古建筑和古村落的格局。没有旅游业，在深山坳里宝贵的历史建筑就会被误认为是祖宗留下来的破烂，价值得不到公众的肯定，就会以新村建设或以低级开发的方式将其破坏。但是，搞旅游也常被误认为是赚快钱的行业，赚快钱那只是满足目前一批"上车睡觉，到点拍照，"低素质游客的市场需求。一些同志认为历史建筑的维修多难，不如把老房子推倒，建一批仿古建筑。历史建筑是古人结合当地的材料、以充裕的时间精心雕琢出来的东西，而现代的建筑几天时间就拔地而起，用的材料都是现代的、速成的，完全没有文化价值，是个假古董。现在有些旅游企业就干这个傻事，把真宝贝毁了，去搞赚快钱、造那些投入少产出快的假古董。

不少地方政府希望获得历史文化名镇名村的称号，其用意并不是想要保护宝贵的历史资源，而是急于圆发财梦。所以，我们必须强调，如果造成了对历史文化资源的破坏，那将成为历史的罪人。这一点一定要引起高度重视。当然也不能否认，这些历史文化遗产一旦得到了很好的保护将成为源源不断的自动增值的旅游资源。例如，安徽省黟县宏村，2000年列为世界文化遗产后，加强了保护整治工作，为旅游业发展奠定了基础，极大地促进了当地农民生活水平的提高；2000年旅游门票收入由170万元增至2007年的3811万元；人均收入水平由2500元提高到5600元。北京市门头沟区爨底下村，2003年被命名为第一批中国历史文化名村后，旅游产业也得到了极大发展，2003年旅游总收入320万元，2007年发展到865万元；农民人均收入由6900元提高到一万多元。所以只要保护好历史文化资源，它是可以世世代代不断增值的，世世代代可用下去，还不消耗能源和原材料。但在这一点上，很多人没有深刻的认识，所以我们谈了保护方面存在的问题，找准问题，就为问题的解决奠定了基础。

三、今后一个时期历史文化名镇名村保护的主要任务和措施

针对历史文化名镇名村保护工作面临的机遇和形势，以及存在的严重问题，我们要进一步增强历史文化名镇名村保护的信心和责任感，要理清思路要求，明确任务措施。总的要求是，要在科学发展观的指引下，坚持科学规划、严格保护、合理利用、加强监管，保持和延续其传统格局和历史风貌，继承和弘扬中华民族优秀传统文化。有以下几个方面的措施：

（一）继续加强历史文化名镇名村的普查、保护经费的投入。

一要摸清历史资源，二要加大保护经费的投入。"十一五"期间，国家财政计划投入9.8亿元，用于历史文化名城名镇名村的保护，这9.8亿元虽然数量不多，但是，省市县各级政府都要配套，再加上居民个人的投入，投资总额就可以翻好几番。这对于当前在新农村建设中，抢救性地保护不可再生的历史文化资源，启动内需，发展当地的经济都具有重要的促进作用。启动内需有三类项目，一类是对历史文化保护的可持续性，第二类是对资源保护的可持续性，第三类就是经济社会发展的可持续性。历史文化名镇名村的保护符合以上三个要求。首先，它符合历史文化的可持续性，传承了中华民族的优秀文化；第二，它是绿色资源，是节能减排的，只要把这些资源保护好，只需很少的保护性投入就可以不断增值，世世代代用下去，不仅满足了当代的需要，还能满足子子孙孙的需要；第三，它满足了当代人快速致富的需求，能创造许多就业岗位，是最好的启动内需项目。在当前保增长、扩内需、调结构的形势

下，一定要抓住机会，加大历史文化名镇名村保护的投入。

（二）完善历史文化名镇名村保护的法规体系。

各地都要在国务院颁布的《历史文化名城名镇名村保护条例》基础上，进一步细化深化有关保护规划与管理的规定。制订本地的《历史文化名镇名村保护规划编制办法》，对保护规划的编制要求、编制内容、编制成果做出明确规定，因为历史文化名镇名村的范围大，种类多，地域广，各地在制定保护办法时，要因地制宜，体现地方的实际和特点。

（三）加强历史文化名镇名村保护规划的编制、实施和备案管理。

保护规划要全面覆盖国家和省级历史文化名镇名村，各省要加大对保护规划的审查力度，确保规划编制的质量水平，更要实事求是地组织好实施。要动员当地民众实施好《历史文化名城名镇名村保护条例》，把规划实施与当地的乡规民约结合起来，成为当地百姓的共同行动。这一点非常重要，从我们了解的情况看，凡是保护好的，都是将保护开发工作与当地的乡规民约能够紧密结合的。历史文化名镇名村保护规划首先要摸清家底，明确历史文化名镇名村内历史建筑、历史环境要素、历史街巷的基本信息，把这些内容在整个村镇空间层次上都列为保护的内容，建立历史建筑档案，在此基础上提出不同保护范围、不同类型建筑的保护整治措施。同时，要明确保护范围内基础设施的规划建设内容，切不可只重视历史建筑遗产的保护，而忽略居住生活环境的改善。从2009年开始，住房城乡建设部和国家文物局将组织专家，陆续对中国历史文化名镇名村的保护规划成果进行备案审查，凡不合格的规划要重新编制。

（四）建立历史文化名镇名村动态监管信息系统。

开展名镇名村历史文化资源的调查建档工作，对构成历史文化名镇名村主要要素的历史文化遗存状况进行摸底调查。要明确文化遗存的类型、保护等级、各类遗存的数量、遗存的保护状况、现存的遗存与名镇名村申报时的情况对比等。通过调查，发现问题，掌握情况，提出措施。在此基础上，以《中国历史文化名镇名村评价指标体系》和《中国历史文化名镇名村基础数据》为基本单元，建立历史文化名镇名村动态监管信息系统，对历史文化资源的保存状况和保护规划实施进行跟踪监测。建立和完善历史文化名镇名村保护的统计制度，定期反馈历史文化名镇名村保护的各项数据指标变化情况。

（五）加强对历史文化名镇名村的监督检查。

为落实《全国"十一五"历史文化名城名镇名村保护设施建设规划》，住房城乡建设部将加强对于专项资金的监督管理，出台相关的管理办法，切实发挥专项资金对于名镇名村保护的作用。各地要对已命名的中国历史文化名镇名村保护状况进行自查，在地方自查的基础上，住房城乡建设部将组织专家和相关部门组成检查组进行抽查，对保护不力的要提出整改要求，对整改不力的取消其称号。同时，要结合城乡规划效能监察工作，逐步建立历史文化名镇名村保护监督员制度，加强对历史文化名镇名村保护的监督管理，保护脆弱的历史文化资源，确保名镇名村的可持续发展。

（六）建立历史文化名镇名村保护的技术支撑和服务体系。

历史文化名镇名村应当坚持整体保护的原则，保持传统格局、历史和自然风貌以及空间尺度，不改变与其相互依存的自然景观和环境。这是一项技术性很强的工作，要依靠有关高校和科研单位，建立历史文化名镇名村的技术支撑体系和服务体系，为各地开展系统的研究和技术服务提供帮助。在此基础上，加强对不同地域、不同保护对象的政策研究，结合名镇名村保护实际，突出重点，分层次制订保护对策。

（七）开展历史文化名镇名村保护的培训工作。

要加强对中国历史文化名镇名村单位主管领导和基层专业技术人员的培训，尤其要增强主管市长、县长、乡镇长等领导对历史文化遗产保护的意识，提高他们保护历史文化名镇名村的自觉性，避免在保护与发展的决策过程中造成偏差。要加强历史文化名镇名村基层单位专业技术人员的培养，避免在保护性修缮建设和利用中造成新的破坏，这事关名镇名村保护工作的成败。

同志们，历史文化名镇名村的保护，事关中华民族优秀历史文化的延续和传承，事关经济社会的协调发展，意义重大、影响深远。我们要树立强烈的责任感和事业心，积极探索，勇于进取，努力做好历史文化名镇名村的保护工作，为我国文化遗产保护事业和经济的可持续发展做出更大贡献。

第五篇

附 录

十一、香港《古物及古迹条例》

(1975年第286号法律公告，1976年1月1日起实施2005年2月12日最终释义)

本条例旨在就保存具有历史、考古及古生物学价值的物体，以及为附带引起的事宜或相关事宜，制定条文。

第1条 释义——

在本条例中，除文意另有所指外——

"土地注册处"（LRegistry）指——根据《土地注册条例》（第128章）设立的土地注册处；（由1993年第8号第2条修订；由2002年第20号第5条修订）

"古代遗物"（relic）指——

（a）1800年前人为制作、塑造、绘画、雕刻、题写或以其他方式创造、制造、生产或修改的可移动物体，而不论是否已于1799年后予以修改、增补或修复；及

（b）化石的遗存或压痕；

"古物"（antiquity）指——

（a）古代遗物；及

（b）1800年前人为建立、辟设或建造的地方、建筑物、地点或构筑物或该等地方、建筑物、地点或构筑物的遗迹或遗存，而不论是否已于1799年后予以修改、增补或修复；

"古迹"（monument）指——根据第3条宣布为古迹、历史建筑物、考古或古生物地点或构筑物的地方、建筑物、地点或构筑物；（由1982年第38号第2条代替）

"可移动物体"（movableobject）指——并非属于土地一部分的物体；

"主管当局"（Authority）指——民政事务局局长；（由1982年第38号第2条代替。由1985年第67号法律公告修订；由1989年第242号法律公告修订；由1997年第362号法律公告修订；由1998年第192号法律公告修订；由1998年第206号法律公告修订）

"私人土地"（privatel）指——

（a）根据得自政府的租契、有关租契的协议、租赁协议、特许、许可证、拨地契约或备忘录或其他有效业权而持有的土地；及（由1998年第29号第105条修订）

（b）根据租契、特许、许可证、拨地契约或备忘录、征用或其他永久或临时业权而由英军占用或凭联合王国女皇陛下政府的权利而占用作其他官方用途的土地；

"政府土地"（Governmentl）指——私人土地以外的土地；（由1998年第29号第105条修订）

"委员会"（Board）指——根据第17条设立的古物咨询委员会；

"金属探测器"（metaldetector）指——为探测或寻找地层内的任何金属或矿物而设计或改装的任何器件；（由1982年第38号第2条增补）

"指定人士"（designatedperson）指——

（a）主管警署的人员；

（b）督察或以上职级的警务人员；及

（c）任何由主管当局借宪报公告指明的人；

"许可证"（permit）指——根据第6条批给的许可证；

"假定古物"（supposedantiquity）指——可合理假定为古物或内有古物的物体或地点；

在香港发现有古物或假定古物指——

(a) 在土地或海之内、之上或之下；

(b) 在土地上生长的任何东西之内或之上；或

(c) 附于土地或海之内、之上或之下的构筑物的结构或地基之上或在其内，而该土地或构筑物的拥有人以往并不知道该古物或假定古物的存在；

"牌照"（licence）指——根据第13条批给的牌照；

"暂定古迹"（proposedmonument）指——根据第2A条宣布为暂定古迹、暂定历史建筑物，或暂定考古或古生物地点或构筑物的地方、建筑物、地点或构筑物；（由1982年第38号第2条增补）

"拥有人"（owner）就土地而言，指——根据政府租契或有关租契的协议或政府给予的其他形式的有效业权而有权管有土地的人。（由1998年第29号第105条修订）

第2A条 暂定古迹等的宣布及其图则（版本日期 12/02/2005）

古迹

（1）为考虑某地方、建筑物、地点或构筑物是否应该宣布为古迹，主管当局可于咨询委员会后，借宪报公告宣布该处为暂定古迹、暂定历史建筑物或暂定考古或古生物地点或构筑物。

（2）根据第（1）款作出的宣布可包括该地方、建筑物、地点或构筑物的任何邻接土地，作为暂定古迹的一部分，但该土地须是用作设栏围绕、遮盖或保护暂定古迹，或用作提供信道或利便前往暂定古迹的。

（3）根据第（1）款发出的公告，须包括对根据第（4）款存放的适当图则的提述。

（4）根据第（1）款作出的宣布刊登后——

(a) 主管当局须在清楚显示暂定古迹位置的图则上签署，并将该图则存放于土地注册处；（由1993年第8号第2条修订；由2002年第20号第5条修订）及

(b) 如该项宣布与位于私人土地范围的暂定古迹有关，主管当局须——

(i) 将该项宣布在土地注册处注册；（由1993年第8号第2条修订）

(ii) 将该项宣布的公告的副本，连同有关图则的副本，送达该私人土地的拥有人及任何合法占用人；及

(iii) 将该项宣布的公告的副本，连同有关图则的副本，张贴于该私人土地。

（5）主管当局须——

(a) 在其办事处备存根据第（4）款存放的每份图则的副本，供公众人士在任何合理时间查阅；及

(b) 应如此存放的图则所显示的暂定古迹的拥有人或合法占用人提出的要求，免费将有关图则的副本交付该拥有人或占用人。（由1982年第38号第3条增补）

第2B条 暂定古迹的宣布的期限（版本日期 01/07/1997）

附注

具追溯力的适应化修订——见2000年第59号第3条

（1）除第（2）款另有规定外，根据第2A条作出的宣布，除非由主管当局提前撤回，否则在作出宣布起计的12个月期间内有效。

（2）除非宣布是与位于私人土地范围的暂定古迹有关，否则主管当局可于咨询委员会，并获行政长官批准后，不时将第（1）款所提述的期间延展12个月；（由2000年第59号第3条修订）但每次延展不得超过12个月。（由1982年第38号第3条增补）

第2C条 反对位于私人土地范围的暂定古迹的宣布（版本日期 01/07/1997）

附注

具追溯力的适应化修订——见2000年第59号第3条

（1）如经宣布的暂定古迹位于私人土地范围，该私人土地的拥有人或任何合法占用人可随时向主管当局申请撤回该项宣布。

（2）主管当局须于收到申请的一个月内——

(a) 撤回该项宣布；或

(b) 拒绝上述申请，并须随即将其决定通知该拥有人或占用人。

（3）该拥有人或占用人可于获通知主管当局的决定的一个月内，向行政长官提出呈请，反对该项宣布。

（4）行政长官考虑根据第（3）款提出的反对后，可指示——

(a) 撤回该项宣布；或

(b) 将反对转交行政长官会同行政会议。

（5）行政长官会同行政会议考虑根据第（4）款转交的反对后，可指示——

(a) 该项宣布维持不变；

(b) 该项宣布维持不变，但须作出其认为适当的更改或附加其认为恰当的条件；或

(c) 撤回该项宣布。

（6）行政长官根据第（4）款或行政长官会同行政会议根据第（5）款作出的指示，即为最终决定。（由1982年第38号第3条增补。由2000年第59号第3条修订）

第3条 古迹及其图则的宣布（版本日期 12/02/2005）

（1）除第4条另有规定外，主管当局如认为任何地方、建筑物、地点或构筑物因具有历史、考古或古生物学意义而符合公众利益，可于咨询委员会，并获行政长官批准后，借宪报公告宣布该处为古迹、历史建筑物或考古或古生物地点或构筑物。（由1982年第38号第4条修订；由2000年第59号第3条修订）

（2）根据第（1）款作出的宣布可包括该地方、建筑物、地点或构筑物的任何邻接土地，作为古迹的一部分，但该土地须是用作设栏围绕、遮盖或保护古迹，或用作提供通道或利便前往古迹的。

（3）根据第（1）款发出的公告，须包括对根据第（4）款存放的适当图则的提述。

（4）在根据第（1）款作出的宣布刊登前——

(a) 主管当局须在清楚显示其拟宣布为古迹的地方、建筑物、地点或构筑物的位置的图则上签署，并将该图则存放于土地注册处；（由1982年第38号第4条修订；由2002年第20号第5条修订）及

(b) 如该宣布与位于私人土地范围的古迹有关，主管当局须将该项宣布在土地注册处注册。（由1993年第8号第2条修订）

（5）主管当局须——

(a) 在其办事处备存根据第（4）款存放的每份图则的副本，以供公众人士在任何合理时间查阅；及

(b) 应如此存放的图则所显示的古迹的拥有人或合法占用人提出的要求，免费将有关图则的副本交付该拥有人或占用人。

第4条 反对位于私人土地范围的古迹的宣布（版本日期 01/07/1997）

附注

具追溯力的适应化修订——见2000年第59号第3条

（1）如主管当局拟宣布为古迹的地方、建筑物、地点或构筑物位于私人土地范围，则本条条文在作出该项宣布前有效。

（2）主管当局须将宣布位于私人土地范围的古迹的意向书面通知，连同清楚显示拟宣布为古迹的位置的图则，送达该私人土地的拥有人及任何合法占用人。

（2A）主管当局须将根据第（2）款送达的通知及图则的副本，张贴于该私人土地。（由1982年第38号第5条增补）

（3）该拥有人或合法占用人可在第（2）款所指的通知送达后1个月内或在行政长官就个别情况所容许的较长期限内，向行政长官提出呈请，反对该项拟作出的宣布。

（4）行政长官考虑根据第（3）款提出的反对后，可指示——

(a) 不得作出该项拟作出的宣布；或

(b) 将反对转交行政长官会同行政会议。

(5) 行政长官会同行政会议考虑根据第（4）款转交的反对后，可指示——

(a) 主管当局按照第 3 条作出该项拟作出的宣布；

(b) 作出该项拟作出的宣布，但须作出其认为适当的更改或附加其认为恰当的条件；或

(c) 不得作出原拟作出的宣布。

(6) 行政长官根据第（4）(a) 款或行政长官会同行政会议根据第（5）款作出的指示，即为最终决定。（由 1982 年第 38 号第 5 条修订；由 2000 年第 59 号第 3 条修订）

第 5 条 对古迹的一般管制（版本日期 01/07/1997）

附注

具追溯力的适应化修订——见 2000 年第 59 号第 3 条

(1) 在符合本条的规定下，主管当局及其以书面授权的任何指定人士，为施行本条例——

(a) 可于任何合理时间进入及视察任何暂定古迹或古迹；

(b) 可在事先获行政长官批准下，于任何合理时间（由 2000 年第 59 号第 3 条修订）——

(i) 设栏围绕、修葺、维修、保存或修复任何暂定古迹或古迹；

(ii) 在任何暂定古迹或古迹内挖掘或搜寻古代遗物，并将任何至今始被发现的古代遗物移走。（由 1982 年第 38 号第 6 条修订）

(2) 主管当局及其授权的指定人士在行使第（1）款赋予的权力时，不得进入任何住用处所，除非——

(a) 先行取得该处所的合法占用人的书面同意；或

(b) 在不少于 48 小时前，向该处所的合法占用人发出拟进入的书面通知。

(3) 本条并不授权——

(a) 不准以下人士进入暂定古迹或古迹的任何部分——

(i) 该暂定古迹或古迹的拥有人或合法占用人；

(ii) 享有该暂定古迹或古迹的实益权益的人；或

(iii) 上述拥有人、占用人或享有暂定古迹或古迹的实益权益的人所授权的人；或

(b) 未经住用处所拥有人及合法占用人同意而于其住用处所内挖掘暂定古迹或古迹或搜寻古代遗物。（由 1982 年第 38 号第 6 条修订）

第 6 条 除持有许可证外禁止作出涉及某些古迹的作为（版本日期 01/07/1997）

附注

具追溯力的适应化修订——见 2000 年第 59 号第 3 条

(1) 除第（4）款另有规定外，任何人均不得——

(a) 在暂定古迹或古迹之上或之内挖掘，进行建筑或其他工程，种植或砍伐树木，或堆积泥土或垃圾；或

(b) 拆卸、移走、阻塞、污损或干扰暂定古迹或古迹，但如按照主管当局批给的许可证的规定进行，则不在此限。（由 1982 年第 38 号第 7 条修订）

(2) 任何人因主管当局拒绝批给许可证而感到受屈，可于被拒绝后 14 天内，以呈请形式向行政长官提出上诉，行政长官可维持、更改或推翻该项拒绝。

(3) 行政长官对上诉作出的决定，即为最终决定。

(4) 主管当局经咨询委员会，并获行政长官批准后，可借宪报公告宣布豁免任何暂定古迹或古迹受本条规限。（由 1982 年第 38 号第 7 条修订）（由 2000 年第 59 号第 3 条修订）

第 7 条 为古迹的保存等而拨款（版本日期 01/07/1997）

附注

主管当局可在事先获行政长官批准下，向建议进行工程以维修、保存或修复古迹的人，拨付主管当局认为恰当的款项，以协助该人进行有关工程。（由 2000 年第 59 号第 3 条修订）

第 8 条 补偿（版本日期 01/07/1997）

附注

具追溯力的适应化修订——见 1998 年第 25 号第 2 条；2000 年第 59 号第 3 条

（1）在符合本条的规定下，主管当局可在事先获行政长官批准下，支付款项予暂定古迹或古迹的拥有人或合法占用人，以补偿其因以下各项而蒙受或相当可能蒙受的经济损失（由 2000 年第 59 号第 3 条修订）——

（a）主管当局或其授权的指定人士行使第 5（1）条所指明的权力；或

（b）被拒绝批给许可证或在许可证上附加任何条件。

（2）补偿额可——

（a）由主管当局与暂定古迹或古迹的拥有人或合法占用人协议；或

（b）由区域法院根据第 9 条评定。（由 1998 年第 25 号第 2 条修订）

（3）根据第 2A（4）或 4（2）条送达通知后，暂定古迹或古迹的拥有人或合法占用人因其后订立的合约或作出的任何事情而蒙受或可能蒙受的经济损失，不得根据本条定给补偿。（由 1982 年第 38 号第 8 条修订）

第 9 条 区域法院对补偿的评定（版本日期 01/07/1997）

附注

具追溯力的修订——见 1998 年第 25 号第 2 条

（1）在没有第 8（2）（a）条所指协议的情况下，拥有人或合法占用人可向区域法院申请评定根据第 8 条应支付的补偿额。

（2）区域法院可应上述申请而按情况判给申请人区域法院认为合理的补偿。（由 1998 年第 25 号第 2 条修订）

第 10 条 某些古代遗物为政府财产（版本日期 30/06/1997）

古代遗物

（1）除本条例另有规定外，于本条例生效日期后在香港发现的每件古代遗物的拥有权，由发现之时起即归属香港政府。

（2）主管当局可代表政府卸弃如此发现的古代遗物的拥有权，一经卸弃——

（a）政府对该古代遗物的拥有权即告终绝；及

（b）该古代遗物的拥有权须归属若非因本条例的制定则应拥有该古代遗物的人。

第 11 条 古物的发现（版本日期 01/07/1997）

附注

具追溯力的适应化修订——见 2000 年第 59 号第 3 条

古物的发现及挖掘

（1）任何人发现古物或假定古物，或知道古物或假定古物的发现，须随即向主管当局或指定人士报告。

（2）任何人根据第（1）款作出报告后，如主管当局或指定人士有所要求，须对主管当局或指定人士辨认其报告所指的古物或假定古物。

（3）任何人发现古物或假定古物，须采取一切合理措施予以保护。

（4）主管当局可在事先获行政长官批准下，向根据第（1）款作出报告的人定给其认为恰当的款项作为报酬。（由 2000 年第 59 号第 3 条修订）

（5）收到根据本条作出的报告的指定人士，须随即以书面将该报告通知主管当局。

（6）在符合第（7）款的规定下，主管当局及其以书面授权的任何指定人士，可进入及视察发现古物或假定古物的地点。

（7）主管当局及其授权的指定人士在行使第（6）款赋予的权力时，不得进入任何住用处所，除非——

(a) 先行取得该处所的合法占用人的书面同意；或

(b) 在不少于48小时前，向该处所的合法占用人发出拟进入的书面通知。

第12条 无牌照不得进行古物的挖掘等（版本日期　30/06/1997）

除主管当局及其授权的指定人士外，任何人不得——

(a) 挖掘或搜寻古物，但如按照获批给的牌照的规定进行，则不在此限；

(aa) 在任何暂定古迹或古迹使用金属探测器，但如按照他获批给的挖掘及搜寻古物的牌照的规定进行，则不在此限；（由1982年第38号第9条增补）

(b) 从暂定古迹或古迹将任何至今始被发现的古代遗物移走，或从他发现假定为古代遗物的物体的地点收集或移走该物体，但为保护该物体或按照他获批给的牌照的规定进行，则不在此限。（由1982年第38号第9条修订）

第13条　牌照的批给（版本日期　30/06/1997）

（1）在符合本条例的规定下，主管当局可批给任何人挖掘及搜寻古物的牌照。

（2）除非主管当局信纳某人具备下述条件，否则不得批给牌照——

(a) 有足够科学训练或经验，使其能进行令人满意的挖掘及搜寻工作；

(b) 有足够人手及财务资源或其他资源供其运用，使其能进行令人满意的挖掘及搜寻工作；及

(c) 能对挖掘及搜寻所发现的任何古物进行或安排进行妥善的科学研究。（由1982年第38号第10条修订）

（3）在符合第（2）款的规定下，可批给牌照或将牌照续期，牌照有效期不得超过12个月。

（4）牌照须以订明表格发出，并须指明批给该牌照所涉及的土地范围。

（5）牌照不得转让。

（6）主管当局可在牌照内附加其认为适当的条件，而在不损害本款的概括性的原则下，尤可就挖掘及搜寻工作的进行，有关报告、地图及文件的制订，金属探测器的使用，被发现的对象的保存，该等对象的移走、检验及交还，以及模制品、摹拓品、压印品及其他复制品的制造及交付，附加条件。（由1982年第38号第10条修订）

第14条　持牌人的权利（版本日期　01/07/1997）

附注

具追溯力的修订——见1998年第29号第105条

（1）持牌人可在符合牌照条件的规定下，进入下述土地，并在该土地之内、之上或之下挖掘及搜寻古物——

(a) 牌照所指明的范围内任何政府土地；及（由1998年第29号第105条修订）

(b) 牌照所指明的范围内任何私人土地，但须符合第（2）款的规定。

（2）除非持牌人先行取得私人土地拥有人及任何合法占用人的书面同意，否则无权进入私人土地，亦无权在私人土地之内、之上或之下挖掘或搜寻古物。

第15条　牌照的取消（版本日期　30/06/1997）

（1）在符合第（2）款的规定下，主管当局可取消任何牌照。

（2）除非持牌人获给予合理机会向主管当局申述其牌照为何不应取消，否则不得取消其牌照。

（3）主管当局取消牌照后，须尽快向被取消牌照的人面交送达或以挂号邮递送达书面通知，告知其牌照已被取消及取消的理由。

（4）没有遵从第（3）款的规定，并不使牌照的取消无效。

第 16 条 拒绝批给牌照的上诉（版本日期 01/07/1997）

附注

具追溯力的适应化修订——见 2000 年第 59 号第 3 条

（1）任何人因主管当局拒绝批给牌照或拒绝将其牌照续期或因其牌照被取消而感到受屈，可于被拒绝或被取消牌照后 14 天内，以呈请形式向行政长官提出上诉，行政长官可维持、更改或推翻该项拒绝或取消。

（2）行政长官对上诉作出的决定，即为最终决定。（由 2000 年第 59 号第 3 条修订）

第 17 条 古物咨询委员会的设立及其会议（版本日期 01/07/1997）

附注

具追溯力的适应化修订——见 2000 年第 59 号第 3 条

古物咨询委员会

（1）现设立古物咨询委员会，成员由行政长官委任，其中一人由行政长官委任为主席。（由 1986 年第 29 号第 2 条代替。由 2000 年第 59 号第 3 条修订）

（2）委员会须按主席所指示的时间及地点举行会议。

（3）委员会任何会议均须由主席主持，如主席缺席，则由出席会议的成员选出一名成员作为主席，主持会议。（由 1986 年第 29 号第 2 条代替）

（4）委员会会议的法定人数不得少于委员会成员的半数。（由 1986 年第 29 号第 2 条修订）

（5）委员会会议程序由委员会决定。

第 18 条 委员会可向主管当局提供意见（版本日期 30/06/1997）

委员会可就任何与古物、暂定古迹或古迹有关的事宜，或根据第 2A（1）、3（1）或 6（4）条向其咨询的事宜，向主管当局提供意见。（由 1982 年第 38 号第 12 条修订）

第 19 条 罪行（版本日期 30/06/1997）

杂项

（1）任何人——

(a) 明知而就发现古物的位置或情况向主管当局或指定人士作出虚假陈述；

(b) 违反第 11（1）或 12 条的规定；（由 1982 年第 38 号第 13 条修订）

(c) 无合理辩解而不遵从主管当局或指定人士根据第 11（2）条提出的要求；或

(d) 故意妨碍主管当局或其授权的任何指定人士行使第 5（1）或 11（6）条所赋予的权力，即属犯罪，一经定罪，可处罚款＄5000 及监禁 6 个月。

（2）任何人违反第 6（1）条的规定，即属犯罪，一经定罪，可处罚款＄100000 及监禁 1 年。（由 1982 年第 38 号第 13 条增补）

第 20 条 证据（版本日期 30/06/1997）

（1）除本条另有规定外，在任何民事或刑事法律程序中，如某古代遗物或指称的古代遗物被证明于本条例生效日期后在香港范围内，则直至相反证明成立为止，须推定该古代遗物或指称的古代遗物在该日期后始被发现。

（2）如法院信纳该古代遗物或指称的古代遗物——

(a) 于法律程序展开前不少于 6 年的期间，已由法律程序的一方管有，或由法律程序的一方连同让该方取得管有而身份可予辨认的人所管有；或

(b) 于法律程序展开前的任何时间已被运入香港，则根据第（1）款作出的推定须予推翻。

（3）在任何民事或刑事法律程序中，凡看来是由主管当局签署并述明某物品为古物的证明书，须为可接纳的证据，并为其内所述事实的表面证据。

第 20A 条 邮递送达（版本日期 30/06/1997）

根据本条例须送达或发出的任何文件或通知，可以挂号邮递送达或发出。（由 1982 年第 38 号第 14

条增补)

第 21 条 由立法会拨给的款项中支付的付款(版本日期 01/07/1997)

附注

具追溯力的适应化修订——见 2000 年第 59 号第 3 条

以下款项——

(a) 根据第 7 条拨付的款项;

(b) 根据第 8 或 9 条定给作为补偿的款项;

(c) 根据第 11(4)条定给的款项,须由立法会不时拨款支付。(由 2000 年第 59 号第 3 条修订)

第 22 条 规例(版本日期 01/07/1997)

附注

具追溯力的适应化修订——见 2000 年第 59 号第 3 条

(1) 行政长官会同行政会议可订立规例(由 2000 年第 59 号第 3 条修订)——

(a) 订明牌照及许可证的表格;

(b) 订明申请牌照及许可证的方式;

(c) 订明获批给牌照或将牌照续期时须向主管当局缴付的费用(如有的话);

(d) 规管挖掘及搜寻古物工作的进行;

(e) 订定对古物、暂定古迹及古迹的管理及控制;(由 1982 年第 38 号第 15 条修订)

(f) 订定进入挖掘点、暂定古迹、古迹及遗址的禁制及控制,并订定上述各处的入场费的缴付、限制及规管事宜;及(由 1982 年第 38 号第 15 条修订)

(g) 概括而言,订定更有效施行本条例条文的方法。

(2) 根据本条例订立的规例,不得——

(a) 禁制或限制暂定古迹或古迹的拥有人或合法占用人或享有关实益权益的人,或该拥有人、占用人或上述享有实益权益的人所授权的任何人,进入该暂定古迹或古迹;或(由 1982 年第 38 号第 15 条修订)

(b) 赋予任何人任何权利进入其本来无权进入的私人土地。

十二、澳门文化遗产保护法

(澳门特别行政区立法会根据《澳门特别行政区基本法》第七十一条(一)项,制定本法律。第 11/2013 号法律 2013 年 8 月 12 日通过)

第一章 一般规定

第一节 文化遗产

第一条 标的

本法律订定澳门特别行政区文化遗产保护制度。

第二条 文化遗产的概念

一、为适用本法律规定,凡作为重要文化价值的文明或文化见证,且应特别加以维护和弘扬的财产,均属文化遗产。

二、上款所指财产具有的文化价值,特别是历史、古生物学、考古、建筑、语言、文献、艺术、民族学、科学、社会、工业或技术方面,呈现纪念性、古老性、真实性、原始性、稀有性、独特性或模范性。

第三条 文化遗产的范围

一、文化遗产的组成如下:

(一)物质文化遗产,包括被评定的不动产及动产;

(二)非物质文化遗产。

二、基于适用于澳门特别行政区的国际公约而被视为文化遗产的其他财产,亦属文化遗产。

第四条 澳门特别行政区的义务

一、澳门特别行政区应籍保护文化遗产,确保澳门文化遗产得以发扬光大和世代传承。

二、澳门特别行政区以维护和弘扬文化遗产,作为实现人类尊严的重要举措及基本权利的标的。

三、认识、研究、维护、弘扬和宣传文化遗产,属澳门特别行政区的义务。

第五条 定义

在不影响适用于澳门特别行政区的国际公约规定的其他定义的情况下,为使用本法律的规定,下列词语的定义为:

(一)"被评定的不动产"是指纪念物、具建筑艺术价值的楼宇、建筑群及场所;

(二)"被评定的动产"是指具重要文化价值的动产以及与被评定的动产实质且长期相连接的具重要文化价值的动产;

(三)"非物质文化遗产"是指社群、群体及在特定情况下被个人认为文化遗产组成部分的各种实践、观念表述、表现形式、知识、技能以及相关的工具、物件、手工艺品及文化空间;有关文化遗产世代相传,被社群、群体因应周围环境、与自然的互动及历史不断地再创造,为社群、群体及个人孕育认同感和持续感;

(四)"纪念物"是指具重要文化价值的建筑物、碑雕、碑画、属考古性质的元素或构造体、铭刻、窑洞及含文明或文化价值元素的组合体;

(五)"具建筑艺术价值的楼宇"是指因本身原有的建筑艺术特征而成为澳门发展过程中特定时期具代表性的不动产;

（六）"建筑群"是指因具重要文化价值的、其建筑风格统一、与周围景观相融合而划定的建筑物与空间的组合体；

（七）"场所"是指具重要文化价值的人类创造或人类与大自然的共同创造，包括具有考古价值的地方；

（八）"保护"是指维护和弘扬属文化遗产的财产及项目的一系列措施，包括识别、研究、保存、维护、修复、宣传、展示、弘扬该等财产及项目，以及对文化遗产的各方面进行活化；

（九）"评定"是指为使文化遗产受法律制度保护而借以确定某动产或不动产具有重要文化价值的行政程序的最终行为；

（十）"缓冲区"是指维护被评定的不动产的观感，又或基于空间或审美整合的理由而与被评定的不动产不可分割的自然形成或修筑而成的周边范围；

（十一）"产生巨大影响的工程"是指可能导致被评定的不动产或其缓冲区破损、毁坏或价值降低的风险的公共或私人过程，尤指楼宇、水利工程、基础建设、交通道路及其他都市化工程；

（十二）"澳门历史城区"是指被联合国教育、科学及文化组织的世界遗产委员会列入《世界文化遗产名录》，且根据本法律的规定被评定为具有重要文化价值的，由纪念物、具建筑艺术价值的楼宇、建筑群、场所，以及其缓冲区所组成的建筑组群，其图示范围载于为本法律组成部分的附件；

（十三）"考古工作"是指以发现、认识、维护和弘扬考古遗产为目的而进行的一切挖掘、勘探及其他调查的工作；

（十四）"古树名木"是指因树龄逾一百年、树种珍贵、树形奇特、稀有或具特殊的历史或文化意义而列入《古树名木保护名录》的树木。

第六条　一般原则

实施本法律时，须遵循下列一般原则：

（一）平衡原则：采取适当手段，以确保促使经济增长和社会进步的政策与保护文化遗产的政策相互配合，从而推动澳门特别行政区的综合、和谐及可持续发展；

（二）机构协调原则：各公共部门的工作，尤其为保护文化遗产的都市整治、环境、教育及旅游方面的工作，应互相配合和协调；

（三）预防原则：防止文化遗产的组成部分破损、毁坏或灭失；

（四）规划原则：确保动用的工具、资源和采取的措施均以事先制定的适当计划及方案为依据；

（五）拟定清单原则：以有系统、适时及尽量详细的方式拟定澳门特别行政区现存具重要文化价值的财产及项目清单，从而识别、维护和弘扬有关财产及项目；

（六）参与原则：确保尊重宗教信仰、传统习俗及文化表现形式；

（七）推广原则：推动有系统收集资料的工作，并为澳门特别行政区居民、任何感兴趣的实体及有关国际组织查阅该等资料提供便利；

（八）适度原则：确保对可能影响文化遗产完整性的工作、法律行为或实质行为做出事先及有系统的考量；

（九）衡平原则：确保合理分担和分配因实施文化遗产保护制度而产生的开支、负担及利益。

第二节　文化遗产保护政策

第七条　保护文化遗产的目的

作为澳门特别行政区的义务及其居民的义务，维护和弘扬文化遗产的目的为：

（一）促使并确保澳门特别行政区的文化遗产得以保存；

（二）促进并确保人们共享文化遗产；

（三）彰显澳门特别行政区及其社群的共有文化的特性；

（四）促进澳门特别行政区居民的社会福祉及经济的增长和生活素质的提升；

（五）维护澳门特别行政区环境景观的品质。

第八条　文化遗产保护政策的特定内容

文化遗产保护政策主要包含下列内容：

（一）制定保护文化遗产的策略性指引；

（二）综合管理"澳门历史城区"；

（三）借制定计划、方案及指令，设定文化遗产保护工作的优先顺序；

（四）调动保护文化遗产所需的人力、技术及财政资源；

（五）订定文化遗产保护政策与其他领域的政策之间的协调模式；

（六）维护文化遗产所有人的权利；

（七）开展专业技术人员及专业技工的专业培训；

（八）增强公众对文化遗产的珍视；

（九）推动可持续及优质的旅游。

第三节　居民的权利及义务

第九条　共享文化遗产的权利

一、任何人均有权享用属澳门特别行政区文化遗产的有价物及财产，以此作为发展其人格的方式。

二、公众共享属文化遗产的私有或受制于其他用益物权的财产，受该等财产的所有人与文化局或其他公共部门订立的协议规范。

三、公众共享澳门特别行政区的文化遗产时，应配合文化遗产在功能、安全、维护及弘扬上的要求。

第十条　保存、维护和弘扬文化遗产的义务

一、任何人均有义务保存文化遗产，不得侵犯属文化遗产的财产的完整性，且不得协助以法律不容许的方式将有关财产转离澳门特别行政区。

二、任何人均有义务维护和保存文化遗产，尤其在本身的法定权能下，防止属文化遗产的财产破损、毁坏或灭失。

三、任何人均有义务弘扬文化遗产，在不影响其权利的前提下，按其所能力推广、提供分享渠道和丰富文化遗产所呈现的文化价值。

第四节　被评定的财产所有人的权利及义务

第十一条　被评定的财产所有人的权利

被评定的财产所有人享有下列权利：

（一）取得由公共部门或根据第十五条的规定与其订立协议的实体作出的、可能影响其权利及义务的法律行为或实质行为的资料；

（二）知悉为保护文化遗产而设定的优先顺序及政策措施；

（三）因采取文化遗产保护措施而导致被禁止或严格限制使用被评定的财产，又或被限制行使法律规定的其他权利时，获得补偿性赔偿；

（四）因采取文化遗产保护措施而导致既得权利受限制时，申请按公用征收制度征收；

（五）享受税务优惠、税收鼓励、财政支援计划及其他性质的志愿计划。

第十二条　被评定的财产所有人的义务

被评定的财产所有人须履行下列的一般义务：

（一）适当使用有关财产，以确保其保存及完整，避免该等财产破损、毁坏或灭失；

（二）向主管的公共部门提供执行本法律所需的资料；

（三）执行主管的公共部门认为对保护被评定的财产属必要的过程或工作；

（四）拟出售被评定或待评定的不动产或根据第二十九条（五）项规定所指明的不动产，或以该等不动产作代物清偿时，须事先以书面方式通知文化局有关意向和列明相关条件，以便该局行使优先权。

第十三条 延伸适用

为适用本法律的规定，被评定的财产的所有人所享受的权力及所承担的义务经作出适当配合后，适用于被评定的财产的占有人及其他物权权利人。

第五节 公共行政当局的一般义务

第十四条 公共部门的一般义务

一、澳门特别行政区所有公共部门须在维护和弘扬澳门特别行政区文化遗产方面相互合作。

二、澳门特别行政区其他公共部门应将可能威胁属文化遗产的财产的风险情况立即通知文化局。

三、澳门特别行政区其他公共部门尚需主动或应文化局要求，协助该局维护和弘扬澳门特别行政区的文化遗产。

四、如有需要补充或补足具重要文化价值的收藏或资料记录，文化局应促成与其他公共部门或其他实体的合作，以让与或交换属文化遗产的财产。

五、如文化遗产受严重威胁或其社会功能受损害，导致其正常运作受影响且危害公共利益，文化局可介入并临时接管有关文化遗产，直至情况恢复正常为止。

第十五条 订立协议

一、澳门特别行政区文化局及其他公共部门，可按法律的规定与属文化遗产的私人财产的所有人、占有人、其他物权权利人、持有人、有意保存和弘扬该等财产的其他实体或专门企业订立协议，以实现文化遗产范畴内的公共利益。

二、上款所指的协议得以相互协作为标的，以便识别、认可、保存、护卫、修复、弘扬和推广属文化遗产的财产，并特许或授予工作为标的，但不得涉及作出评定的行政行为的资格。

第二章 文化遗产委员会

第十六条 设立文化遗产委员会

一、设立文化遗产委员会，作为澳门特别行政区政府的咨询机构，负责按本法律的规定就征求其意见的事项发表意见，以促进对文化遗产的保护。

二、文化遗产委员会的组成、组织及运作，由行政法规规范。

第三章 被评定的不动产

第一节 评定

第十七条 保护方式

一、为依法保护具重要文化价值的不动产，须事先对其进行评定。

二、根据本法律的规定，不动产可按纪念物、具建筑艺术价值的楼宇、建筑群及场所四项进行评定。

第十八条 评定标准

将不动产评定为上条所指的任何类别，须至少符合下列一项标准：

（一）在作为生活方式或历史事实的特殊见证方面具重要性；

（二）具美学、艺术、技术或物质上的固有价值；

（三）具建筑艺术的设计，以及其与城市或景观的整合；

（四）在作为象征意义或宗教意义的见证方面具价值；
（五）在文化、历史、社会或科学的研究方面的重要性。

第二节 评定程序

第十九条 发起程序

一、评定程序，可由文化局、其他公共部门或不动产所有人发起。

二、为适用本节的规定，澳门特别行政区居民可向文化局提交评定具重要文化价值的不动产的建议，有关建议应包括下条第一款（三）至（六）项所指的资料。

第二十条 发起申请

一、发起评定，须以书面方式为之，并应附同下列资料：

（一）发起人的身份资料；
（二）不动产登记的证明文件；
（三）不动产所在位置；
（四）不动产的描述材料、目前用途及保全状况；
（五）图示、照片或录像资料以及其他相关资料，尤其是有关不动产与城市或景观相融合的资料；
（六）按第十八条规定的标准陈述申请评定的理由。

二、文化局认为有需要时，亦可要求提交在发起评定及调查阶段属关键的其他资料。

第二十一条 程序的调查

程序的调查属文化局的职权，包括启动程序、事先听取不动产所有人的意见、文化局评估及由文化遗产委员会发表意见。

第二十二条 启动程序

一、文化局就启动评定程序一事应通知不动产所有人、土地工务运输局、民政总署、有利害关系的其他公共部门及被特许实体，并须通知物业登记局有关事实，以便其作出第四十二条第一款所规定的附注。

二、自在房地产标示内作出有关事实附注之日起，不动产视为处于待评阶段。

三、启动程序时，应文化局的建议，监督文化范畴的司长得以公布于《澳门特别行政区公报》的批示，可按经作出适当配合的第三章第三节的规定订定临时缓冲区。

四、如基于维护待评定的不动产周围的城市结构或景观而显示有必要，方设定临时缓冲区。

第二十三条 期间

不动产的评定程序，由文化局自上条第二款所附注日起，经咨询文化遗产委员会的意见，于十二个月内完成。

第二十四条 公开咨询

评定不动产的建议须公开咨询；咨询期不得少于三十日，以行政长官批示订定。

第二十五条 决定的理据

为评定程序作出决定的理据，须符合《行政程序法典》第一百一十五条所定要件，且须考虑下列因素：

（一）对第十八条所指标准做出的审议；
（二）不动产所有人在事先陈述意见时做出的回应；
（三）文化遗产委员会的意见；
（四）公开咨询的结果；
（五）有必要设立缓冲区时，缓冲区的范围及内容；
（六）倘有的与不动产连结的被评定的动产。

第二十六条 评定的决定

评定以行政法规核准。

第二十七条 变更或撤销程序

本节的规定经作出适当配合后，适用于与评定、订定缓冲区或相关内容有关的变更或撤销程序。

第三节 缓 冲 区

第二十八条 设立

一、如为维护和弘扬被评定的不动产而显示属不可或缺时，可为该不动产设立缓冲区。

二、缓冲区的范围及内容，由核准评定的法规设定。

三、为一切效力，列入《世界文化遗产名录》的不动产的缓冲区，按本法律的规定受保护。

第二十九条 内容

为维护和弘扬被评定的不动产，须为其缓冲区设定适当的范围、限制级制约条件，并可指明在缓冲区内：

（一）受不同程度限制的区域，尤其是在楼宇的体量、形态、街道准线、高度、色彩及完成面受限制的区域；

（二）非建筑区域；

（三）须完整保存且可作保养、加固和维修工程的不动产；

（四）除非属特殊情况，否则不得拆除不动产；

（五）属出售或作代物清偿的情况，澳门特别行政区拟行使优先权取得的不动产。

第三十条 缓冲区的更改

缓冲区的扩大或缩小，以及其内容的更改，由行政法规核准。

第三十一条 缓冲区的限制

一、判给或发出缓冲区及临时缓冲区内的新建筑工程或任何工程、工作的准照，取决于文化局具强制性及约束力的意见，但室内的改造、保养及维修工程除外；而文化局须自接获要求之日起三十日内发表意见。

二、发出准照的期间，于接获上款所指意见前中止计算。

三、被禁止进行建筑工程的土地的所有人或承批人，有权就其损失获补偿性赔偿。

第四节 被评定的不动产的制度

第三十二条 拆除被评定的不动产

一、禁止拆除被评定或待评定的不动产。

二、拆除具建筑艺术价值的楼宇或属组成建筑群、场所的不动产，由行政长官经听取文化局具强制性及约束力的意见和咨询文化遗产委员会后，以批示核准。

三、上款所指拆除的许可，其必要前提是存在倒塌风险或具体出现较保护被评定的不动产更优先的法益，但在任一情况下，均须显示以其他方式保护或迁移该被评定的不动产属不可行和不合理。

四、以上数款的规定亦适用于根据第二十九条（三）至（五）项规定所指明的位于缓冲区的不动产。

五、不尊重本条规定而拆除不动产，将不获发进行新建筑工程准照；但属恢复建筑物拆除前的原状者除外。

六、经咨询文化局具强制性及约束力的意见后，土地工务运输局具职权责成违反本条规定进行拆除的责任人重建不动产，以恢复拆除前的原状。

第三十三条 迁移

一、任何被评定或待评定的不动产，不得部分或全部迁移或移离其所在地。

二、依循法律所定程序后仍基于下列原因认为必须迁移或移离的情况，不受上款限制：

（一）不可抗力的原因；

（二）重大的公共利益；

（三）因实质保护被评定或待评定的不动产而属必需者。

三、属上款所指的情况，主管当局应提供拆卸、移离及在适当地点重建不动产的一切必要保障。

第三十四条 使用

一、被评定或待评定的不动产的文化功能应收尊重。

二、经咨询文化遗产委员会意见后，监督文化范畴的司长具职权许可更改上款所指属澳门特别行政区所有的不动产的使用。

第三十五条 在被评定的不动产上刻画、张贴和装置

一、禁止在被评定或待评定的不动产上刻画或涂鸦。

二、禁止在纪念物上张贴或装置任何宣传品。

三、属特殊情况，在纪念物上装置与之相关的资讯性物品，须事先经文化局评估，并取决于该局具约束力的意见。

四、在法律生效后，按适用法律由主管的公共部门发出准照的续期申请，取决于文化局的评估及具约束力的意见。

五、文化局应自接获有关要求之日起三十日内发表本条所指的意见。

第三十六条 就风险情况作出通知后的义务

被评定或待评定的不动产以及根据第二十九条（三）至（五）项规定所指明的不动产的所有人、持有人、占有人或其他物权权利人，应将可能导致该等不动产破损、毁坏或灭失的情况立即通知文化局。

第三十七条 取得时效

被评定或待评定的不动产，不得因取得时效而取得。

第三十八条 研究报告及计划

一、关于被评定或待评定的不动产的任何工程或工作，须按情况由具有法定资格的建筑师或技术人员制作研究报告及计划并签署，以此作为其所负责工程或工作的技术指导。

二、上款的规定适用于根据第二十九条（三）至（五）项规定所指明的位于缓冲区的不动产。

三、在例外情况下，为确保被评定或待评定的不动产的原真性、完整性、美学价值，可在工程或工作的报告及计划内提出有别于都市建筑相关法规的解决办法，尤其是消防设施和疏散计划确实无法符合现行消防技术规定时，应由文化局与其他主管的公共部门共同制定适当的措施。

四、本条所指的研究报告及计划，应附具关于不动产状况的评估报告及描述施工方法的资料；文化局认为有需要时，尚需附具与该卷宗有关的图示资料。

五、就本条规定的工程及工作，以及被评定的建筑群或场所内的新建筑工程或拆除工程发出准照，须先取得文化局具强制性及约束力的意见，而该局须自接获要求之日起三十日内发表意见。

六、发出准照的时间，与接获上款所指意见前中止计算。

七、土地工务运输局、文化局、其他主管的公共部门及被特许实体具职权监督和跟进本条所指的工程或工作，并应就相关职权互相协调。

八、第一款所指的工程或工作竣工后，应通知文化局查验。

第三十九条 强制保育的工程

一、被评定或待评定的不动产或根据第二十九条（三）至（五）项规定所指明的不动产的所有人及其他物权权利人，应实施文化局经查验后认为对保护该等不动产属必要的工程或工作。

二、为适用上款的规定，被评定或待评定的不动产或根据第二十九条（三）至（五）项规定所指明的不动产的所有人及其他物权权利人，应允许文化局的相关工作人员进入该不动产进行相关的查验。

三、如发生拒绝进入或阻碍进行上款所指工作的情况，文化局可向法院申请以其批准取代许可。

四、如第一款所指的工程未能于规定的期限内开展或完成，文化局可按现行法例的规定促成强制实施，而有关费用由不动产所有人承担。

五、如自作出通知之日起二十日内不自行缴付上款所指的费用，则根据税务执行程序的规定，以文化局发出的证明作为执行凭证，强制征收。

六、如不动产所有人向文化局适当证明其无经济能力支付本条所指工程的全部开支，或该等工程对其构成过度经济负担时，文化局将视乎每一个案中所查证的情况承担工程的全部或部分开支。

第四十条　移转

一、为行使优先权的目的，凡出售被评定或待评定的不动产或根据第二十九条（五）项规定所指明的位于缓冲区的不动产，又或以该等不动产作代物清偿，须事先以书面方式通知文化局。

二、将上款所指的不动产以遗产或馈赠方式移转，应由待分割财产管理人自管理财产开始之日起六个月内通知文化局。

三、违反第一款所指的通知义务的移转无效；为该款所指不动产订立买卖公证书或代物清偿公证书，须向公证员提交由文化局发出的关于澳门特别行政区无意行使优先权的声明。

四、如第一款所指的通知做出超过九十日而行使优先权的明确决定仍未发出，则上款规定的声明得以证明此事实的文件代替。

五、如于公证行为中缺漏第三款及第四款规定的文件，物业登记局应拒绝相应的登记行为。

六、物业登记局应最迟于每月十五日将上一个月于该局登记的关于第一款所指的不动产以遗产或馈赠方式移转的事实通知文化局，但不影响第二款规定的义务。

第四十一条　优先权

一、属被评定或待评定的不动产或根据第二十九条（五）项规定所指明的位于缓冲区的不动产，或以该等不动产作代物清偿，澳门特别行政区享有取得该等不动产的优先权，但不影响《民法典》第一千三百零八条第一款规定的适用。

二、行使优先权，由监督文化范畴的司长经咨询文化遗产委员会的意见后决定。

三、行使优先权的期限为九十日，自作出上条第一款所指通知之日起计。

四、如上款所指期间届满而无明示决定，则推定为不行使优先权。

五、《民法典》第四百一十条第一款、第四百一十一条、第四百一十二条以及第一千三百零九条的规定经作出适当配合后，适用于本条规定的优先权。

第四十二条　物业登记

一、被评定或待评定的不动产，以及位于缓冲区或临时缓冲区的不动产，应按其所属类别在相关的房地产标示内附注。

二、附注及注销，由文化局通知并依据职权免费办理。

第四十三条　城市规划

一、任何性质的城市规划，均应遵守本法律在保护文化遗产方面的规定。

二、城市规划应包含维护被评定的不动产的特定措施。

三、涉及"澳门历史城区"、被评定的不动产或缓冲区的城市规划，须在文化局参与下制定。

四、发出涉及"澳门历史城区"、被评定的不动产或缓冲区的正式街道准线图或规划条件图，须事先取得文化局具约束力的意见。

第四十四条　产生巨大影响的工程

一、如公共部门根据公共或私人工程的研究报告及计划预计工程产生巨大影响，有关规划条件图和工程计划须由文化局评估。

二、文化局经咨询文化遗产委员会的意见后，须就上款所指的规划条件图及工程计划发表具约束力的意见。

三、审议产生巨大影响的工程的计划时，须考虑工程的体量、建筑总面积、坐地面积、高度、建筑设计及施工方法。

四、为保护因产生巨大影响的工程而可能受损的被评定的不动产，公共部门应互相合作，在本身职权范围内采取可将影响减至最低的必要及适当措施。

第四十五条 中止和修改工程准照或计划

一、启动评定程序的行为一经通知，除本法律规定的其他效力外，尚需按法律订定的期间及条件中止待评定的不动产或位于临时缓冲区内不动产的规划条件图发出程序、土木工程准照发出程序及工程判给程序；对已发出的有关准照或判给，则中止其效力；但室内的改造、保养及维修工程除外。

二、土木工程计划与保护文化遗产须互相兼容且获文化局证实，方可发出规划条件图、发出准照、重新施工或判给工程。

三、为适用第一款的规定，该款所指的中止情况持续至评定程序有最终决定为止，但在启动有关程序的决定另订期间者除外。

四、如工程不能继续进行或须修改已获准照的工程的计划，利害关系人有权就其损失获得补偿性赔偿。

五、不遵守本条的规定所实施的工程均属违法，土地工务运输局经咨询文化局具强制性及约束力的意见后，可根据都市建筑法例的规定，按情况责成违法者重建或拆除，恢复中止时建筑物的原状或承担有关的费用。

第四十六条 禁制

一、土地工务运输局须主动或应文化局的要求，对不遵守本法律的规定所实施的任何工程或工作采取行政禁制，尤其：

（一）有迹象显示将导致被评定或待评定的不动产受损失者；

（二）有迹象显示将导致根据第二十九条（三）至（五）项规定所指明的不动产受损失者；

（三）属第四十五条所指准照被中止或不能继续进行工程的情况者；

二、都市建筑法例所规范的工程禁制制度经作出适当配合后，适用于本条所指的行政禁制。

第四十七条 取得和征收

一、属下列情况，文化局经咨询文化遗产委员会的意见后，应促成取得或征收被评定或待评定的不动产：

（一）由于不动产所有人严重违反法定或合同规定的义务而产生的责任，使得不动产面临破损或毁坏的严重风险；

（二）根据经适当说明的法律、技术或科学理由，显示取得或征收不动产为保护有关不动产的最适当的方式；

（三）不动产所有人提出公用征收的申请。

二、如位于缓冲区的不动产妨碍妥善保存被评定或待评定的不动产，或损害其特征周边环境，又或使其贬值，对前者亦可取得或征收。

三、八月十七日第12/92/M号法律通过并经十月二十日第43/97/M号法令充实的《因公益而征收的制度》，适用于本法律规定的征收。

第四十八条 交换

一、澳门特别行政区政府经咨询文化遗产委员会的意见后，可与建筑群、场所及缓冲区内的土地所有人协议，以国有土地的权利交换该等土地，并适用《土地法》的制度。

二、澳门特别行政区政府经咨询文化遗产委员会的意见后，可与被评定或待评定的不动产所有人协议，以国有土地的权力交换该等不动产，并适用经作出适当配合的《土地法》有关交换国有土地权利的制度。

第四十九条 补偿性赔偿

一、本法律规定的补偿性赔偿，得以下列方式订定：

（一）澳门特别行政区政府与利害关系人的协议；
（二）仲裁，属利害关系人提出申请且获监督文化范畴的司长同意的情况；
（三）司法裁判。

二、经五月十一日第19/98/M号法令及十二月十二日第110/99/M号法令修改的六月十一日第29/96/M号法令，适用于上款规定的仲裁。

第四章　澳门历史城区

第五十条　特征说明

一、"澳门历史城区"及其缓冲区的图示范围载于为本法律组成部分的附件，并受特别制度保护。

二、"澳门历史城区"的缓冲区应确保保存其特色，以配合澳门特别行政区特色生活的方式，尤其是保存其地貌及形态、自然物与环境景观的结合、往昔港口城市的城市布局，以及保存被评定的不动产在建筑艺术上的完整性。

第五十一条　保护及管理计划

一、"澳门历史城区"受保护及管理计划的规范。

二、文化局具职权与其他在其本身职权范围内行驶与"澳门历史城区"相关的权力的公共部门，尤其是土地工务运输局及民政总署，合作制订和执行上款所指计划。

三、保护及管理计划须符合本法律的规定和联合国教育、科学及文化组织的指引，并应载明特定措施，以确保"澳门历史城区"所处空间在城市生活、文化、环境方面可持续地发挥作用。

第五十二条　保护及管理计划的内容

为有效保护"澳门历史城区"，保护及管理计划应包括下列内容：

（一）景观管理监督，尤其是街道景观、景观视廊等方面的规定；
（二）建筑限制条件，尤其是建筑的高度、体量、样式等方面的规定；
（三）城市肌理的维护措施及改造限制；
（四）建筑修复准则。

第五十三条　局部计划

一、文化局可于保护及管理计划获准前，与第五十一条第二款所指的其他公共部门合作，就"澳门历史城区"制订局部计划。

二、局部计划，应遵守经作出适当配合的本章中为保护及管理计划制订的制度。

第五十四条　公开咨询

一、"澳门历史城区"的保护及管理计划或局部计划的方案，须作公开咨询；咨询期不得少于六十日，以行政长官批示订定。

二、公开咨询的结果，须并入送交文化遗产委员会的卷宗。

第五十五条　核准保护及管理计划

一、"澳门历史城区"的保护及管理计划或局部计划，经咨询文化遗产委员会的意见后，由行政法规核准。

二、任何性质的城市规划，均须遵守"澳门历史城区"的保护及管理计划和局部计划的规定。

第五十六条　检讨

保护及管理计划应自下列日期起五年后检讨和修改：

（一）保护及管理计划生效日；
（二）保护及管理计划经修改，自修改生效日起计；
（三）如决定不修改现行的保护及管理计划，自该次检讨程序开始日起计。

第五十七条　修改保护及管理计划

一、如出现下列的情况，可修改根据本法律的规定制订的保护及管理"澳门历史城区"计划，且不影响上条规定的适用：

（一）变更或撤销不动产的评定；

（二）被评定的不动产的文化价值明显受损；

（三）纯属技术性修改，尤其修正错漏；

（四）为谋求公共利益，尤其为避免或应对自然灾害的发生；

（五）其他不可抗力的情况。

二、经作出适当配合的第五十一条至第五十五条的规定，适用于修改保护及管理计划。

三、属第一款（三）至（五）项的情况，不适用第五十四条的规定。

第五章　被评定的动产

第五十八条　动产的法定保护

本章所规定的被评定的动产的法定保护制度，仅针对公共部门持有的动产。

第五十九条　目的

保护被评定的动产的目的在于：

（一）确保属于文化遗产的动产获妥善处理、保存、修复和储存，免遭自然或认为的破损、散失和灭失；

（二）促进将属文化遗产的动产应用于文化、历史、艺术、科学范畴的研究、展示及教育活动。

第六十条　范围

一、具重要文化价值的动产，均为被评定对象，尤其是下列者：

（一）考古物；

（二）宗教圣物、祭祀器物及宗教物品；

（三）玉石、瓷器、陶器、青铜器、玻璃器、搪瓷器；

（四）金银器、珠宝、钟表、纪念章、钱币；

（五）绘画、版画、书法、篆刻、雕塑、雕刻；

（六）乐器；

（七）纺织品，包括地毯及服装；

（八）家具，包括装饰构件；

（九）科学及工业器具；

（十）交通工具；

（十一）武器、火器及其他军事物品；

（十二）珍贵的手抄本；

（十三）罕有的书籍、地图、印刷品及其他文件；

（十四）档案及典籍；

（十五）摄影、电影摄影及声音的记录载体。

二、对重要文化价值的动产做评定，可针对集合物，尤其是其组成部分不应被分割的财产、收藏或资料记录。

第六十一条　拟定动产清单

一、维护具重要文化价值的动产，须为保存和推广有关动产而拟定清单，以免其早破损或灭失。

二、为适用上款的规定，其他公共部门须按文化局发出的清单式样及指引，向该局提交一份其所拥有的具重要文化价值的动产的清单。

三、其他公共部门在文化局的协助下，具职权拟定具重要文化价值的财产的清单。

第六十二条 评定

第三章所定的制度经作出适当配合后，适用于被评定的动产。

第六十三条 启动评定程序

公共部门所持有具重要文化价值的动产，均须作评定，由文化局启动有关程序。

第六十四条 保存

一、被评定或待评定的动产，应保存在适当的环境；该等动产所属的公共部门应防止其遭受自然或人为的破损、散失或灭失。

二、如被评定或待评定的动产破损、散失或灭失，该等动产所属的公共部门应为有关效力，于五个工作日内通知文化局及警察当局。

三、拥有被评定或待评定的动产的公共部门，应每年向文化局提交一份有关动产的保养及使用状况报告作记录。

第六十五条 出境

一、评定或待评定的动产的暂时处境，须由监督文化范畴的司长许可，且仅可作教育、文化或科学用途。

二、在例外情况下，行政长官经咨询文化遗产委员会的意见后，得许可被评定或待评定的动产永久处境。

第六章 考 古 遗 产

第六十六条 公共部门的特别义务

一、文化局有下列特别义务：

（一）拟定、保持和更新澳门特别行政区的考古遗产清单；

（二）促进或许可进行考古工作。

二、其他主管的公共部门及被特许实体的特别义务，为保证在由其本身进行的以及由其发出准照或判给的、涉及在地面、地底或水中进行改造、挖掘、翻动或移动土地、底土的工程及工作，以及拆除或改建工程的情况下，均确保可进行考古物及考古遗迹的识别、研究和收集工作。

第六十七条 考古工作

进行任何考古工作，均须经文化局许可，而有关申请应附同一份详尽的考古计划。

第六十八条 考古发现

一、如因挖掘或进行其他工作而发现任何考古物或考古遗迹，尤其是铭刻、钱币或具考古价值的其他物件时，有关工作应当立即中止，并于二十四小时内将发现通知文化局、土地工务运输局及其他主管的公共部门。

二、如在已获发准照的工程进行期间发现考古物或考古遗迹，则适用第四十五条有关中止和修改工程准照的规定。

三、文化局可要求警察当局或其他公共部门协助，并采取适当措施以保持考古物及考古遗迹的完整，并对其加以保护。

四、对于考古物及考古遗迹的发现者，可由行政长官经咨询文化遗产委员会的意见后，以批示订定给予适当奖励。

五、就第一款及第二款所指中止工作所引致的损失，须作出补偿性赔偿。

第六十九条 考古发现物的所有权

在澳门发现的考古发现物，均属澳门特别行政区所有，并应由文化局收集于博物馆或其他适当地方。

第七章　非物质文化遗产

第七十条　保护非物质文化遗产的目的
（一）促使延续非物质文化遗产项目并发扬其地方特色；
（二）确保非物质文化遗产的多样性和持续再创造；
（三）拯救濒临灭失的非物质文化遗产；
（四）加强澳门特别行政区居民对澳门文化及其特性的意识；
（五）尊重并重视社群、群体或个人对澳门文化的贡献；
（六）鼓励澳门特别行政区居民，以及文化、艺术、教育、科研的机构及组织，积极参与非物质文化遗产的保护、延续和推广工作。

第七十一条　非物质文化遗产的范围
一、非物质文化遗产主要包括下列文化项目：
（一）传统及口头表现形式，包括传承非物质文化遗产所用使得语言；
（二）艺术表现形式及属表演性质的项目；
（三）社会实践、宗教实践、礼仪及节庆；
（四）有关对自然界及宇宙的认知、实践；
（五）传统手工艺技能。
二、为实施本法律的规定，与澳门特别行政区的法律规定，适用于澳门特别行政区的人权方面的国际公约，以及社群、群体及个人之间相互尊重的要求无抵触的遗产，方视为非物质文化遗产。
三、非物质文化遗产的真实性、完整性、形式、内容应尊重，并应避免在演示或传承期间遭扭曲或蔑视。
四、与非物质文化遗产项目有关的场地、工具、物件、手工艺品，应受保护，借以确保该等项目的延续性及真实性。

第七十二条　保护方式
一、保护非物质文化遗产，以拟订清单为基础。
二、为保护澳门特别行政区的非物质文化遗产而作的识别工作，以拟订和定期更新有关的清单为基础。
三、本条所指的拟订清单的工作，包括以图示、声音、视听、数码或其他使得对非物质文化遗产的保护具可行性的、更为合适的方法或工具，对非物质文化遗产进行识别、建档和研究。
四、非物质文化遗产项目的实物载体，应存放于博物馆或坏境合适的其他地方。

第七十三条　特别义务
一、为保护非物质文化遗产，文化局尤其具下列职权：
（一）拟订非物质文化遗产项目的清单；
（二）促进识别、建档、调查和研究非物质文化遗产项目；
（三）鼓励私人实体参与非物质文化遗产拟订清单的工作；并向该等实体提供适当的技术支援；
（四）确保收集非物质文化遗产项目的资料和作数码处理，并提供给公众查阅。
二、为保护非物质文化遗产项目，文化局应制定非物质文化遗产的管理指引。
三、上款所指的管理指引，由监督文化范畴的司长经咨询非物质文化遗产委员会的意见后，以公布于《澳门特别行政区公报》的批示核准。

第七十四条　拟订清单的程序
拟订非物质文化遗产清单时，须考虑下列标准：
（一）项目对社群或群体的重要性；

（二）项目的社会及文化背景，以及在历史、空间方面的代表性；
（三）项目在社群或群体间的实际生产或再生产；
（四）项目的实际传承及传承方式；
（五）可能导致项目处于部分或全部消失风险的状况；
（六）项目能配合可持续发展以及社群、群体及个人的相互尊重的要求。

第七十五条　发起

拟订清单，可由文化局、其他公共部门、社群、群体或个人发起。

第七十六条　拟订清单的程序

一、发起人的身份资料。

二、关于非物质文化遗产项目及其对澳门特别行政区的重要性的陈述。

（一）关于非物质文化遗产项目当前状况的资讯，尤其是其所面临的部分或全部消失风险的资讯；

（二）拟采取的保护计划，其内应指出建议采取的措施，尤其是技术、行政及财政措施，以及拟进行的研究和调研方法；

（三）为识别、建档和研究非物质文化遗产项目而以图示、声音或视听的方法或工具所作的记录。

三、文化局可要求提交其认为对组成拟订清单的申请属重要的其他资料。

四、非物质文化遗产清单，须咨询文化遗产委员会的意见。

第七十七条　清单

拟订非物质文化遗产清单，属文化局的职权；符合本法律所订标准的非物质文化遗产项目，均列入有关清单。

第七十八条　紧急保护

如某项非物质文化遗产项目经证实急需保护，拟订清单时应确定：

（一）第七十六条第一款（一）至（三）项所指的资料；

（二）涉及的社区、群体或个人，以及说明获其事先知情同意。

第七十九条　非物质文化遗产名录

一、建立《非物质文化遗产名录》，已确认对澳门特别行政区具重要价值的非物质文化遗产项目。

二、根据本法律的规定列入清单的项目，方可入选《非物质文化遗产名录》。

三、将项目入选《非物质文化遗产名录》的建议，须公开咨询；咨询期不得少于三十日，以行政长官批示订定。

四、将项目入选《非物质文化遗产名录》，由监督文化范畴的司长经咨询文化遗产委员会的意见后，以公布于《澳门特别行政区公报》的批示为之。

第八十条　非物质文化遗产传承人

一、非物质文化遗产传承人，是指负责保护和推广列入《非物质文化遗产名录》的项目的社群、群体或个人。

二、文化局经咨询文化遗产委员会的意见后，具职权识别和确认非物质文化遗产传承人。

第八十一条　非物质文化遗产传承人的义务

一、非物质文化遗产传承人，应组织旨在保护非物质文化遗产的活动，尤其宣传活动，并应定期向文化局提交报告。

二、如非物质文化遗产传承人不履行或放弃其义务，文化局经咨询文化遗产委员会的意见后，可指定其他的社群、群体或个人履行该等义务。

第八十二条　从《非物质文化遗产名录》中除名

已列入《非物质文化遗产名录》的项目无法传承时，监督文化范畴的司长经咨询文化遗产委员会的意见后，以公布于《澳门特别行政区公报》的批示将之从名录中除名。

第八章　奖励、优惠和支援

第一节　奖　　励

第八十三条　奖项

为表彰在保护文化遗产方面有突出贡献者，设下列奖励：

（一）建筑设计奖；

（二）保养和修复文化遗产奖；

（三）保护非物质文化遗产奖；

（四）弘扬文化遗产奖。

第八十四条　施行细则

评审委员会的组成、奖项申报程序，以及订定奖励的目的、条件及说明，由公布于《澳门特别行政区公报》的行政长官批示规范。

第二节　税务优惠及税收豁免

第八十五条　税务优惠的范围

本节规定的税务优惠的涵盖范围，包括被评定的不动产及位于其缓冲区内的不动产。

第八十六条　市区房屋税

一、经进行保养、维修或修复工程，且保养状况良好的被评定的不动产，获豁免市区房屋税。

二、为适应上款的规定，按本法律的规定进行的工程方予考虑。

三、对豁免权予以确认，属财政局局长的职权；进行有关确认，须有利害关系人提交的申请，附同由文化局发出的、证明不动产保养状况的文件，以及其他作为事实依据的证明资料。

四、豁免市区房屋税，须每年重新申请，受惠人应于房地产记录作结九十日前提交不动产保养状况良好的证明。

五、逾期不提交上款所指的证明，豁免即告失效。

第八十七条　营业税

一、并进行保养、维修或修复工程，且保养状况良好的被评定的不动产，其内所设的商业或工业场所获豁免营业税。

二、为适用上款的规定，按本法律的规定进行的工程方予考虑。

三、营业税的豁免为期四年，自第一款所指的工程竣工时起计。

四、对豁免权予以确认，属财政局局长的职权；进行有关确认，须有利害关系人提交的申请，附同由文化局发出的、证明不动产保养状况的文件，以及其他作为事实依据的证明资料。

五、再次豁免营业税，须重新申请，受惠人应于当期豁免到期三十日前提交不动产保养状况良好的证明。

第八十八条　所得补充税及职业税

一、用于被评定的不动产的保养、修复、维修或加固工程的费用，可从所得补充税的可课税金额中扣减，为期五年。

二、有关扣减，适应于须缴纳所得补充税且已支付上款所指工程费用的自然人或法人。

三、对于仅须缴纳职业税的自然人，可从职业税的可课税金额中做出第一款所指的扣减，为期五年。

四、以上数款所指的扣减，自工程竣工当年开始作出；如该年已发出征收凭单，则自翌年开始扣减。

五、为适用本条的规定，按本法律的规定进行的工程方予考虑。

第八十九条 印花税

一、移转被评定的不动产获豁免附于六月二十七日第 17/88/号法律通过的《印花税规章》的《印花税缴税总表》第四十二条所指的印花税。

二、对豁免权予以确认，属财政局局长的职权；进行有关确认，须有利害关系人提交的申请，附同物业登记证明书以及由文化局发出的、证明不动产保养状况的文件。

三、利害关系人应在签署因财产移转而须缴纳印花税的文件、文书或行为之前提出申请。

四、或豁免本条规定的印花税的纳税义务主体，仍须履行《印花税规章》规定的申报义务。

五、如获豁免印花税的受惠人自豁免之日起四年内拆除在移转时获豁免该税项的不动产，须缴纳移转之日原应缴纳的印花税。

第九十条 证明文件

不动产的保养状况证明文件，由文化局自利害关系人提出申请之日起十五日之内发出。

第三节 支 援

第九十一条 性质及宗旨

文化局及其他主管的公共部门负责为保护属文化遗产的财产提供支援，尤其：

（一）为内部结构保养状况良好的被评定的不动产进行外观保养工程；

（二）由文化局就被评定的不动产的保护工程计划发表技术建议和意见；

（三）由公共部门经咨询文化遗产委员会的意见后，视乎实际情况对保护具文化价值的不动产的工程提供财政或技术支援；

（四）由公共部门视乎实际情况对进行与已列入清单的非物质文化遗产项目有关的传承及推广活动，提供财政或其他性质的支援。

第九章 处 罚 制 度

第一节 刑 事 制 度

第九十二条 《刑法典》规定的犯罪

《刑法典》的规定以及本法律所载的特别规定，适用于对文化遗产实施的犯罪。

第九十三条 不法迁移罪

除第三十三条第二款规定的情况外，迁移被评定或待评定的不动产，处最高三年徒刑，或科最高三百六十日罚金。

第九十四条 不法出境罪

违反第六十五条的规定将被评定或待评定的动产运出境，处最高五年徒刑，或科最高六百日罚金。

第九十五条 毁坏考古物或考古遗迹罪

不遵守本法律的规定而毁坏考古物或考古遗迹，处最高五年徒刑，或科最高六百日罚金。

第九十六条 违令罪

不遵守下列规定者，按《刑法典》第三百一十二条第二款的规定，处加重违令罪：

（一）第三十二条第六款规定的重建命令；

（二）第四十五条第五款规定的重建或拆除命令；

（三）第四十六条第一款规定的禁制命令。

第九十七条 法人的责任

一、如出现下列任一情况，则法人，即使属不合规范设立者，以及无法律人格的社团，须对第九十二条至第九十六条规定的犯罪负责：

（一）其机关或代表以该等实体的名义及为其利益而实施犯罪；

（二）听命于上项所指机关或代表的人以该等实体的名义及为其利益而实施犯罪，且因该机关或代表故意违反本身所负的监管或控制义务而使该犯罪得以实施；

二、上款所指实体的责任并不排除有关行为人的个人责任。

三、就第一款所指的犯罪，对该款所指的实体科罚金；罚金以日数订定，最低限度为一百日，最高限度为一千日。

四、罚金的日额为澳门币一百元至二万元。

五、对无法律人格的社团科罚金，该罚金以该社团的公共财产支付；如无公共财产或公共财产不足，则以各社员的财产按连带责任方式支付。

第二节 行政处罚制度

第九十八条 行政处罚

一、违反下列规定，构成行政违法行为，并科下列罚款：

（一）违反第十二条（一）至（三）项所指的义务，科澳门币一万元至二十万元罚款；

（二）在第三十二条规定以外的情况下拆除被评定或待评定的不动产，科澳门币一百万元至五百万元罚款；

（三）违反第三十五条第一款的规定，科澳门币二千元至二万元罚款；

（四）违反第三十五条第二款至第四款的规定，科澳门币一万元至五万元罚款；

（五）违反第三十六条所指的通知义务，科澳门币二万元至十万元罚款；

（六）未领有相关准照或不符合第三十八条所指经核准的计划在被评定或待评定的不动产实施工程或工作而导致该不动产受损，科澳门币五万元至一百万元罚款；

（七）违反第六十八条所指的通知义务，科澳门币五千元至二十万元罚款；

（八）违反第一百零六条第五款及第六款的规定，科澳门币二千元至十万元罚款。

二、违反本法律的其他规定，科澳门币二千元至五万元罚款。

三、过失行为亦予处罚。

第九十九条 对法人科处的处罚

一、如上条第一款所指的行为由法人作出，则科下列罚款：

（一）属（一）项的情况，科澳门币十万元至一百万元罚款；

（二）属（二）项的情况，科澳门币二百五十万元至一千五百万元罚款；

（三）属（三）项的情况，科澳门币一万元至十万元罚款；

（四）属（四）项的情况，科澳门币二万元至五十万元罚款；

（五）属（五）项的情况，科澳门币五万元至五十万元罚款；

（六）属（六）项的情况，科澳门币二十万元至二百万元罚款；

（七）属（七）项的情况，科澳门币十万元至五十万元罚款；

（八）属（八）项的情况，科澳门币十万元至二十万元罚款。

二、如上条第二款所指的行为由法人作出，则科澳门币一万元至二十五万元罚款。

三、过失行为亦予处罚。

第一百条 附加处罚

一、除以上两条规定的主要处罚外，尚可对违法者科处下列任一项附加处罚：

（一）剥夺享有公共部门为保护文化遗产而给予的税务优惠或税收豁免的权利；

（二）剥夺参与为保护文化遗产而开展的公开竞投的权利；

（三）中止许可、准照及执照，但仅适用于在该许可、准照及执照许可、准照及执照的范围内实施违法行为者。

二、上款所指的附加处罚为期最长两年，自作出确定性处罚决定起计。

三、科处第一款所指的附加处罚，取决于具职权给予税务优惠及税收豁免、开展公开竞投或发出许可、准照、执照的公共部门所发表具强制性及约束力的意见。

第一百零一条 履行尚未履行的义务

如行政违法行为因未履行义务而产生，且尚有履行该义务的可能，则科处处罚和缴付罚款并不免除违法者履行该义务。

第一百零二条 累犯

一、为适用本法律的规定，自处罚的行政决定已转为不可申诉起两年内实施性质相同的行政违法行为者，视为累犯。

二、属累犯的情况，付款的最低限度提高四分之一，而其最高限度则维持不变。

第一百零三条 职权

就本节所定的行政违法行为提起程序和科处处罚，属下列公共部门的职权：

（一）文化局，如违法行为属第九十八条第一款（一）（三）（五）至（七）项及第二款和第九十九条第一款（一）（三）（五）至（七）项及第二款规定者；

（二）土地工务运输局，如违法行为属第九十八条第一款（二）项及第九十九条第一款（二）项规定者；

（三）民政总署，如违法行为属第九十八条第一款（八）项及第九十九条第一款（八）项规定者；

（四）文化局或民政总署，视乎属第九十八条第一款（四）项及第九十九条第一款（四）项的违法行为在私人或在公共的不动产或设施外实施。

第一百零四条 程序

一、如发现作出行政违法行为且经组成卷宗，须提出控诉，并通知违法者。

二、控诉通知内须订定十五日的期间，以便违法者提出辩护。

三、罚款须自作出处罚决定通知之日起三十日内缴付。

四、罚款所得，为下列公共部门的收入：

（一）文化局，属上条（一）项的情况；

（二）土地工务运输局，属上条（二）项的情况；

（三）民政总署，属上条（三）项的情况；

（四）文化局或民政总署，属上条（四）项的情况。

第一百零五条 通知义务

科处本法律所定的处罚，文化局、土地工务运输局及民政总署应为有关的效力通知其他具相关职权的公共部门。

第十章 最后及过渡规定

第一百零六条 古树名木

一、《古树名木保护名录》由具职权维护树木的公共部门评估、拟订和更新。

二、上款所指的名录，以公布于《澳门特别行政区公报》的行政长官批示核准。

三、《古树名木保护名录》所载树木的所有人、持有人、占有人或其他物权权利人，应将可能导致该等树木破损、毁坏或灭失的情况立即通知文化局或具职权维护树木的公共部门。

四、《古树名木保护名录》所载树木的所有人、持有人、占有人或其他物权权利人，有义务维护该等树木；如有需要，可要求具职权维护树木的公共部门提供技术支援。

五、禁止拔除、砍伐或以任何方式毁损古树名木的整部分或部分；但属维护的情况则除外。

六、禁止移植或移除《古树名木保护名录》所载的任何树木；但属重大的公共利益或具职权维护树木的公共部门宣告为预防危害公众安全而采取相应措施的情况除外。

第一百零七条 识别标记

许可将澳门特别行政区纪念物的名称、图像复制品、外形或仿制品用于经十二月十三日第97/99/M号法令核准的《工业产权法律制度》所指的识别标记，属文化局的职权。

第一百零八条 通知方法

一、就本法律范围内作出的行为，须按第一百零九条至一百一十一条的规定作出通知。

二、在不影响以下各条所定的特别规定下，所有通知均须按十月十一日第57/99/M号法令核准的《行政程序法典》的规定作出。

第一百零九条 直接通知

一、文化局工作人员可直接通知应被通知人，并缮立证明，经应被通知人签署作实。

二、如应被通知人拒绝接受通知或拒绝签署证明，文化局工作人员应告知其可前往文化局领取通知，并在通知的证明上注明有关情况。

三、属上款所指的情况，文化局工作人员尚应以挂号信通知应被通知人前往文化局领取通知副本。

四、如认为措施有用，可事先以挂号信传召被通知人前往文化局，以便作出通知。

第一百一十条 邮寄通知

一、文化局得以单挂号信的方式通知有关对象。

二、按下列地址做出的通知，均以单挂号信为之，并推定应被通知人于寄出单挂号信后第三日接获通知；如第三日非为工作日，则推定在紧接该日的首个工作日接获通知：

（一）如应被通知人为澳门特别行政区居民，按身份证明局的档案所载的最后住所作出通知；

（二）如应被通知人为法人且其住所或常设代表处于澳门特别行政区，按身份证明局以及商业及动产登记局的档案所载的最后住所作出通知；

（三）如应被通知人为根据有关投资者、管理人员及具特别资格技术人员临时居留的规定获准临时居留者，按澳门贸易投资促进局的档案所载的最后通讯地址或住址作出通知；

（四）如应被通知人持有治安警察局发出的身份证明文件，按该局的档案所载的最后地址作出通知；

（五）如应被通知人曾在本法律所指的行政违法行为程序中最后指定的通讯地址或住址。

三、如上款所指应被通知人的地址位于澳门特别行政区以外的地方，则于十月十一日第57/99/M号法令核准的《行政程序法典》第七十五条所定的延期期间届满后，方开始计算上款所指的时间。

四、在因可归咎于邮政服务的事由而令应被通知人在推定接获通知的日期后接获通知的情况下，方可由应被通知人推翻第二款所指的推定。

第一百一十一条 公示通知

如无法采用第一百零九条及一百一十条所指的任一通知方式、应被通知的利害关系人不详或该等通知方式基于应被通知人的利害关系人的人数而属不可行，则于常贴告示处张贴告示、并于澳门特别行政区的两份报章上刊登公告，其中一份为中文报章，另一份为葡文报章。

第一百一十二条 补充法律

对于本法律规定的行政程序，凡在本法律未有明文规定和规范者，补充适用于十月十一日第57/99/M号法令核准的《行政程序法典》的原则及规定。

第一百一十三条 行政违法行为的程序

科处本法律规定的罚款及其他处罚，以及有关的程序步骤，须遵守行政违法行为的一般制度。

第一百一十四条 准用

其他法律准用的六月三十日第56/84/M号法令及十二月三十一日第83/92/M号法令的规定，视为准用本法律的相关规定。

第一百一十五条 过渡规定

一、为适用本法律的规定，十二月三十一日第83/92/M号法令附件一至附件四所载的纪念物、具建筑艺术价值建筑物、建筑群及地点，视为纪念物、具建筑艺术价值的楼宇、建筑群及场所。

二、为适用本法律的规定，十二月三十一日第83/92/M号法令附件五以及第202/2006号行政长官批示附件一所载的保护区，视为缓冲区。

三、以上两款所指纪念物、具建筑艺术价值的楼宇、建筑群、场所及其缓冲区的名录及图示，以行政法规公布于《澳门特别行政区公报》。

第一百一十六条　待评定的财产

本法律所定的制度适用于待决程序。

第一百一十七条　废止

一、废止下列法规：

（一）六月三十日第56/84/M号法令；

（二）十二月三十一日第83/92/M号法令；

（三）第202/2006号行政长官批示。

二、在第一百一十五条第三款所指的行政法规生效前，十二月三十一日第83/92/M号法令附件一至附件五及第202/2006号行政长官批示附件一，不受上款的规定限制，继续生效。

第一百一十八条　生效及实施

一、本法律自二零一四年三月一日起生效。

二、上款的规定不适用于第十六条第二款及第四十三条第四款，该等条文自本法律公布翌日起实施。

二零一三年八月十三日通过。　　　　　　　　　　　　　　　　　　　立法会主席　刘焯华

二零一三年八月二十二日签署。

命令公布。　　　　　　　　　　　　　　　　　　　　　　　　　　　行政长官　崔世安

十三、台湾文化资产保存法

(2005 年 2 月 5 日修正实行)

第一章	总则	329
第二章	古迹、历史建筑及聚落	330
第三章	遗址	333
第四章	文化景观	335
第五章	传统艺术、民俗及有关文物	335
第六章	古物	336
第七章	自然地景	337
第八章	文化资产保存技术及保存者	338
第九章	奖励	338
第十章	罚则	339
第十一章	附则	340

第一章 总 则

第一条 （立法目的）

为保存及活用文化资产，充实国民精神生活，发扬多元文化，特制定本法。

第二条 （法律适用）

文化资产之保存、维护、宣扬及权利之转移，依本法之规定。本法未规定者，依其他有关法律之规定。

第三条 （文化资产之定义）

本法所称文化资产，指具有历史、文化、艺术、科学等价值，并经指定或登录之下列资产：

一、古迹、历史建筑、聚落：指人类为生活需要所营建之具有历史、文化价值之建造物及附属设施群。

二、遗址：指蕴藏过去人类生活所遗留具历史义化意义之遗物、遗迹及其所定着之空间。

三、文化景观：指神话、传说、事迹、历史事件、社群生活或仪式行为所定着之空间及相关联之环境。

四、传统艺术：指流传于各族群与地方之传统技艺与艺能，包括传统工艺美术及表演艺术。

五、民俗及有关文物：指与国民生活有关之传统并有特殊文化意义之风俗、信仰、节庆及相关文物。

六、古物：指各时代、各族群经人为加工具有文化意义之艺术作品、生活及仪礼器物及图书文献等。

七、自然地景：指具保育自然价值之自然区域、地形、植物及矿物。

第四条 （主管机关一）

前条第一款至第六款古迹、历史建筑、聚落、遗址、文化景观、传统艺术、民俗及有关文物及古物之主管机关：在"中央"为"行政院"文化建设委员会（以下简称"文建会"）；在直辖市为直辖市政府；在县（市）为县（市）政府。

前条第七款自然地景之主管机关：在"中央"为"行政院"农业委员会（以下简称"农委会"）；在直辖市为直辖市政府；在县（市）为县（市）政府。

前条具有二种以上类别性质之文化资产，其主管机关，与文化资产保存之策划及共同事项之处理，由"文建会"会同有关机关决定之。

第五条 （主管机关二）

文化资产跨越二以上直辖市、县（市）辖区，其地方主管机关由所在地直辖市、县（市）主管机关商定之；必要时得由"中央"主管机关协调指令。

第六条 （审议委员会）

主管机关为审议各类文化资产之指定、登录及其他本法规定之重大事项，应设相关审议委员会，进行审议。

前项审议委员会之组织准则，由"文建会"会同"农委会"定之。

第七条 （地方主管机关）

主管机关得委任、委办其所属机关（构）或委托其他机关（构）、文化资产研究相关之学术机构、团体或个人办理文化资产调查、保存及管理维护工作。

第八条 （公有文化资产之管理）

公有之文化资产，由所有或管理机关（构）编列预算，办理保存、修复及管理维护。

第九条 （私有文化资产）

主管机关应尊重文化资产所有人之权益，并提供其专业咨询。

前项文化资产所有人对于其财产被主管机关认定为文化资产之行政处分不服时，得依法提请诉愿及行政诉讼。

第十条 （接受政府补助文化资产相关资料之列册及公开）

接受政府补助之文化资产，其调查研究、发掘、维护、修复、再利用、传习、记录等工作所绘制之图说、摄影照片、搜集之标本或印制之报告等相关资料，均应予以列册，并送主管机关妥为收藏。

前项数据，除涉及文化资产之安全或其他法规另有规定外，主管机关应主动公开。

第十一条 （专责机构之设置）

主管机关为从事文化资产之保存、教育、推广及研究工作，得设专责机构；其组织另以法律或自治法规定之。

第二章 古迹、历史建筑及聚落

第十二条 （普查及接受提报）

主管机关应普查或接受个人、团体提报具古迹、历史建筑、聚落价值建造物之内容及范围，并依法定程序审查后，列册追踪。

第十三条 （建立完整个案数据）

主管机关应建立古迹、历史建筑及聚落之调查、研究、保存、维护、修复及再利用之完整个案数据。

第十四条 （古迹指定）

古迹依其主管机关区分为国定、直辖市定、县（市）定三类，由各级主管机关审查指定后，办理公告。直辖市、县（市）定者，并应报"中央"主管机关备查。

古迹灭失、减损或增加其价值时，应报"中央"主管机关核准后，始得解除其指定或变更其类别。

前二项指定基准、审查、废止条件与程序及其他应遵行事项之办法，由"中央"主管机关定之。

建造物所有人得向主管机关申请指定古迹，主管机关受理该项申请，应依法定程序审查之。

第十五条 （历史建筑之登录及辅助）

历史建筑由直辖市、县（市）主管机关审查登录后，办理公告，并报"中央"主管机关备查。对已登录之历史建筑，"中央"主管机关得予以辅助。

前项登录基准、审查、废止条件与程序、辅助及其他应遵行事项之办法，由"中央"主管机关定之。

建造物所有人得向主管机关申请登录历史建筑，主管机关受理该项申请，应依法定程序审查之。

第十六条 （聚落之登录及备查）

聚落由其所在地之居民或团体，向直辖市、县（市）主管机关提出申请，经审查登录后，办理公告，并报"中央"主管机关备查。

"中央"主管机关得就前项已登录之聚落中择其保存共识及价值较高者，审查登录为重要聚落。

前二项登录基准、审查、废止条件与程序、辅助及其他应遵行事项之办法，由"中央"主管机关定之。

第十七条 （暂定古迹之审查等）

进入古迹指定之审查程序者，为暂定古迹。

具古迹价值之建造物在未进入前项审查程序前，遇有紧急情况时，主管机关得径列为暂定古迹，并通知所有人、使用人或管理人。

暂定古迹于审查期间内视同古迹，应予以管理维护；其审查期间以六个月为限。但必要时得延长一次。主管机关应于期限内完成审查，期满失其暂定古迹之效力。

建造物经列为暂定古迹，致权利人之财产受有损失者，主管机关应给与合理补偿；其补偿金额，以协议定之。

第二项暂定古迹之条件及应践行程序之办法，由"中央"主管机关定之。

第十八条 （古迹管理维护之权责）

古迹由所有人、使用人或管理人管理维护。

公有古迹必要时得委任、委办其所属机关（构）或委托其他机关（构）、登记有案之团体或个人管理维护。

私有古迹依前项规定办理时，应经主管机关审查后为之。

公有古迹及其所定着之土地，除政府机关（构）使用者外，得由主管机关办理拨用。

第十九条 （古迹管理维护衍生收益之使用）

公有古迹因管理维护所衍生之收益，其全部或一部得由各管理机关（构）作为古迹管理维护费用，不受"国有财产法"第七条规定之限制。

第二十条 （管理维护之事项）

古迹之管理维护，系指下列事项：

一、日常保养及定期维修。

二、使用或再利用经营管理。

三、防盗、防灾、保险。

四、紧急应变计划之拟定。

五、其他管理维护事项。

古迹于指定后，所有人、使用人或管理人应拟定管理维护计划，并报主管机关备查。

古迹所有人、使用人或管理人拟定管理维护计划有困难时，主管机关应主动协助拟定。

第一项管理维护办法，由"中央"主管机关定之。

第二十一条 （古迹修复之程序）

古迹应保存原有形貌及工法，如因故毁损，而主要构造与建材仍存在者，应依照原有形貌修复，并得依其性质，由所有人、使用人或管理人提出计划，经主管机关核准后，采取适当之修复或再利用方式。

前项修复计划，必要时得采用现代科技与工法，以增加其抗震、防灾、防潮、防蛀等机能及存续年限。

第一项再利用计划，得视需要在不变更古迹原有形貌原则下，增加必要设施。

古迹修复及再利用办法，由"中央"主管机关定之。

第二十二条 （建筑管理、土地使用、消防安全另定办法）

为利古迹、历史建筑及聚落之修复及再利用，有关其建筑管理、土地使用及消防安全等事项，不受都市计划法、建筑法、消防法及其相关法规全部或一部之限制；其审核程序、查验标准、限制项目、应备条件及其他应遵行事项之办法，由"中央"主管机关会同"内政部"定之。

第二十三条 （重大灾害之紧急修复）

因重大灾害有办理古迹紧急修复之必要者，其所有人、使用人或管理人应于灾后三十日内提报抢修计划，并于灾后六个月内提出修复计划，均于主管机关核准后为之。

私有古迹之所有人、使用人或管理人，提出前项计划有困难时，主管机关应主动协助拟定抢修或修复计划。

前二项规定，于历史建筑所有人、使用人或管理人同意时，准用之。

古迹及历史建筑重大灾害应变处理办法，由"中央"主管机关定之。

第二十四条 （古迹管理不当之处置）

古迹经主管机关审查认因管理不当致有灭失或减损价值之虞者，主管机关得通知所有人、使用人或管理人限期改善，届期未改善者，主管机关得径为管理维护、修复，并征收代履行所需费用，或强制征收古迹及其所定着土地。

第二十五条 （办理修复之采购程序）

政府机关办理古迹、历史建筑及聚落之修复或再利用有关之采购，应依"中央"主管机关订定之采购办法办理，不受政府采购法限制。但不得违反我国缔结之条约及协议。

第二十六条 （私有古迹管理维护经费之补助）

私有古迹、历史建筑及聚落之管理维护、修复及再利用所需经费，主管机关得酌予补助。

依前项规定接受政府补助之历史建筑，其保存、维护、再利用及管理维护等，准用第二十条及第二十一条之规定。

第二十七条 （开放参观）

公有及接受政府补助之私有古迹、历史建筑及聚落，应适度开放大众参观。

依前项规定开放参观之古迹、历史建筑及聚落，得酌收费用；其费额，由所有人、使用人或管理人拟订，报经主管机关核定。公有者，并应依规费法相关规定程序办理。

第二十八条 （所有权之移转）

古迹及其所定着土地所有权移转前，应事先通知主管机关；其属私有者，除继承者外，主管机关有依同样条件优先购买之权。

第二十九条 （发现古迹之通知义务）

发现具古迹价值之建造物，应即通知主管机关处理。

第三十条 （营建或开发工程之义务）

营建工程及其他开发行为，不得破坏古迹之完整、遮盖古迹之外貌或阻塞其观览之通道；工程或开发行为进行中，发现具古迹价值之建造物时，应即停止工程或开发行为之进行，并报主管机关处理。

第三十一条 （都市计划）

古迹所在地都市计划之订定或变更，应先征求主管机关之意见。

政府机关策定重大营建工程计划时，不得妨碍古迹之保存及维护，并应先调查工程地区有无古迹或具古迹价值之建造物；如有发现，应即报主管机关依第十四条审查程序办理。

第三十二条 （保存原貌）

古迹除因国防安全或国家重大建设，经提出计划送"中央"主管机关审议委员会审议，并由"中央"主管机关核定者外，不得迁移或拆除。

第三十三条 （古迹保存区）

为维护古迹并保全其环境景观，主管机关得会同有关机关拟具古迹保存计划后，依区域计划法、都市计划法或国家公园法等有关规定，编定、划定或变更为古迹保存用地或保存区、其他使用用地或分区，并依本法相关规定予以保存维护。

前项古迹保存用地或保存区、其他使用用地或分区，对于基地面积或基地内应保留空地之比率、容积率、基地内前后侧院之深度、宽度、建筑物之形貌、高度、色彩及有关交通、景观等事项，得依实际情况为必要规定及采取奖励措施。

主管机关于拟定古迹保存区计划过程中，应分阶段举办说明会、公听会及公开展览，并应通知当地居民参与。

第三十四条 （聚落保存计划）

为维护聚落并保全其环境景观，主管机关得拟具聚落保存及再发展计划后，依区域计划法、都市计划法或国家公园法等有关规定，编定、划定或变更为特定专用区。

前项保存及再发展计划之拟定，应召开公听会，并与当地居民协商沟通后为之。

第三十五条 （古迹容积之移转）

古迹除以政府机关为管理机关者外，其所定着之土地、古迹保存用地、保存区、其他使用用地或分区内土地，因古迹之指定、古迹保存用地、保存区、其他使用用地或分区之编定、划定或变更，致其原依法可建筑之基准容积受到限制部分，得等值移转至其他地区建筑使用或享有其他奖励措施；其办法，由"内政部"会商"文建会"定之。

前项所称其他地区，系指同一都市主要计划地区或区域计划地区之同一直辖市、县（市）内之地区。

第一项之容积一经移转，其古迹之指定或古迹保存用地、保存区、其他使用用地或分区之管制，不得解除。

第三十六条 （保存区之限制）

依第三十三条及第三十四条规定划设之古迹保存用地或保存区、其他使用用地或分区及特定专用区内，关于下列事项之申请，应由目的事业主管机关会同主管机关办理：

一、建筑物与其他工作物之新建、增建、改建、修缮、迁移、拆除或其他外形及色彩之变更。

二、宅地之形成、土地之开垦、道路之整修、拓宽及其他土地形状之变更。

三、竹木采伐及土石之采取。

四、广告物之设置。

第三章 遗 址

第三十七条 （普查及接受提报）

主管机关应普查或接受个人、团体提报具遗址价值者之内容及范围，并依法定程序审查后，列册追踪。

第三十八条 （建立完整个案数据）

主管机关应建立遗址之调查、研究、发掘及修复之完整个案资料。

第三十九条 （培训人才及建立系统）

主管机关为维护遗址之需要，得培训相关专业人才，并建立系统性之监管及通报机制。

第四十条 （遗址之分类及灭失、减损、增加价值之处理程序）

遗址依其主管机关，区分为国定、直辖市定、县（市）定三类，由各级主管机关审查指定后，办理公告。直辖市、县（市）定者，并应报"中央"主管机关备查。

遗址灭失、减损或增加其价值时，主管机关得废止其指定或变更其类别，并办理公告。直辖市、县（市）定者，应报"中央"主管机关核定。

前二项指定基准、审查、废止条件与程序及其他应遵行事项之办法，由"中央"主管机关定之。

第四十一条 （列册遗址之监管）

具遗址价值者，经依第三十七条规定列册处理后，于审查指定程序终结前，直辖市、县（市）主管机关应负责监管，避免其遭受破坏。

第四十二条 （管理维护及监管保护）

遗址由主管机关拟具遗址管理维护计划，进行监管保护。

前项监管保护，必要时得委任、委办其所属机关（构）或委托其他机关（构）、登记有案之团体或个人为之。

遗址之监管保护办法，由"中央"主管机关定之。

第四十三条 （遗址保存用地或保存区之划定等）

为维护遗址并保全其环境景观，主管机关得会同有关机关拟具遗址保存计划，并依区域计划法、都市计划法或国家公园法等有关规定，编定、划定或变更为保存用地或保存区、其他使用用地或分区，并依本法相关规定予以保存维护。

前项保存用地或保存区、其他使用用地或分区范围、利用方式及景观维护等事项，得依实际情况为必要之规定及采取奖励措施。

划入遗址保存用地或保存区、其他使用用地或分区之土地，主管机关得办理拨用或征收之。

第四十四条 （遗址容积移转之准用）

遗址之容积移转，准用第三十五条规定。

第四十五条 （遗址发掘之资格限制、审查程序等）

遗址之发掘，应由学者专家、学术或专业机构向主管机关提出申请，经审议委员会审议，并由主管机关核定后，始得为之。

前址发掘者，应制作发掘报告，于主管机关所定期限内，报请主管机关备查，并公开发表。

遗址发掘之资格限制、条件、审查程序及其他应遵行事项之办法，由"中央"主管机关定之。

第四十六条 （外国人参与发掘之许可）

外国人不得在我国领土及领海范围内调查及发掘遗址。但与国内学术或专业机构合作，经"中央"主管机关许可者，不在此限。

第四十七条 （遗址出土之古物）

遗址发掘出土之古物，应由其发掘者列册，送交主管机关指定古物保管机关（构）保管。

第四十八条 （征求同意及损失补偿）

为保护或研究遗址，需要进入公、私有土地者，应先征得土地所有人、使用人或管理人之同意。

为发掘遗址，致土地权利人受有损失者，主管机关应给与合理补偿；其补偿金额，以协议定之。

第四十九条 （遗址调查等采购之准用）

政府机关办理遗址调查、研究或发掘有关之采购，准用第二十五条规定。

第五十条 （发现通报之义务）

发现疑似遗址，应即通知所在地直辖市、县（市）主管机关采取必要维护措施。

营建工程或其他开发行为进行中，发现疑似遗址时，应即停止工程或开发行为之进行，并报所在地直辖市、县（市）主管机关处理。

第五十一条 （各项计划之订定及变更）

遗址所在地都市计划之订定或变更，应先征求主管机关之意见。

政府机关策定重大营建工程计划时，不得妨碍遗址之保存及维护，并应先调查工程地区有无遗址或疑似遗址；如有发现，应即报主管机关依第四十条审查程序办理。

第五十二条 （遗址发掘、采购及出土古物保管之准用）

疑似遗址之发掘、采购及出土古物之保管等事项，准用第四十五条至第四十九条规定。

第四章 文 化 景 观

第五十三条 （普查及接受提报）

直辖市、县（市）主管机关应普查或接受个人、团体提报具文化景观价值之内容及范围，并依法定程序审查后，列册追踪。

第五十四条 （文化景观之登录及备查）

文化景观由直辖市、县（市）主管机关审查登录后，办理公告，并报"中央"主管机关备查。

前项登录基准、审查、废止条件与程序及其他应遵行事项之办法，由"中央"主管机关定之。

第五十五条 （文化景观保存及管理原则）

文化景观之保存及管理原则，由直辖市、县（市）主管机关设立之审议委员会依个案性质决定，并得依文化景观之特性及实际发展需要，作必要调整。

直辖市、县（市）主管机关应依前项原则，拟定文化景观之保存维护计划，进行监管保护，并辅导文化景观所有人、使用人或管理人配合办理。

第五十六条 （保存计划及保存用地或保存区）

为维护文化景观并保全其环境，主管机关得会同有关机关拟具文化景观保存计划，并依区域计划法、都市计划法或国家公园法等有关规定，编定、划定或变更为保存用地或保存区、其他使用用地或分区，并依本法相关规定予以保存维护。

前项保存用地或保存区、其他使用用地或分区用地范围、利用方式及景观维护等事项，得依实际情况为必要规定及采取奖励措施。

第五章 传统艺术、民俗及有关文物

第五十七条 （普查及接受提报）

直辖市、县（市）主管机关应普查或接受个人、团体提报具传统艺术、民俗及有关文物保存价值之项目、内容及范围，并依法定程序审查后，列册追踪。

第五十八条 （建立完整个案数据）

直辖市、县（市）主管机关应建立传统艺术、民俗及有关文物之调查、采集、整理、研究、推广、保存、维护及传习之完整个案数据。

第五十九条 （传统艺术、民俗及有关文物之登录及备查）

传统艺术、民俗及有关文物由直辖市、县（市）主管机关审查登录后，办理公告，并报"中央"主管机关备查。

"中央"主管机关得就前项已登录之传统艺术、民俗及有关文物中择其重要者，审查指定为重要传统艺术、重要民俗及有关文物，并办理公告。

传统艺术、民俗及有关文物灭失或减损其价值时，主管机关得废止其登录、指定或变更其类别，并办理公告。直辖市、县（市）登录者，应报"中央"主管机关核定。

前三项登录、指定基准、审查、废止条件与程序及其他应遵行事项之办法，由"中央"主管机关定之。

第六十条 （保存维护计划）

主管机关应拟具传统艺术及民俗之保存维护计划，并应就其中濒临灭绝者详细制作纪录、传习或采取为保存所作之适当措施。

第六十一条 （鼓励民间办理记录保存传习工作）

主管机关应鼓励民间办理传统艺术及民俗之记录、保存、传习、维护及推广等工作。

前项工作所需经费，主管机关得酌予补助。

第六十二条 （学校课程）

为进行传统艺术及民俗之传习、研究及发展，主管机关应协调各级教育主管机关督导各级学校于相关课程中为之。

第六章 古　物

第六十三条 （古物之分级）

古物依其珍贵稀有价值，分为国宝、重要古物及一般古物。

第六十四条 （暂行分级及列册）

国立古物保管机关（构）应就所保存管理之古物暂行分级，并就其中具国宝、重要古物价值者列册，报"中央"主管机关审查。

第六十五条 （审查、登录、公告、备查）

私有及地方政府机关（构）保管之古物，由直辖市、县（市）主管机关审查登录后，办理公告，并报"中央"主管机关备查。

第六十六条 （国宝、重要古物之指定或灭失、减损、增加价值之公告）

"中央"主管机关应就前二条所列册或登录之古物，择其价值较高者，审查指定为国宝、重要古物，并办理公告。

前项国宝、重要古物灭失、减损或增加其价值时，"中央"主管机关得废止其指定或变更其类别，并办理公告。

古物之分级、登录、指定基准、审查、废止条件与程序及其他应遵行事项之办法，由"中央"主管机关定之。

第六十七条 （保管机关及管理维护办法）

公有古物，由保存管理之政府机关（构）管理维护。

国立古物保管机关（构）应就所保管之古物，订定其管理维护办法，报"中央"主管机关备查。

第六十八条 （没入、没收或外国政府交付之古物保管）

有关机关依法没收、没入或收受外国政府交付之古物，由主管机关指定或认可之公立古物保管机关（构）保管之。

第六十九条 （公有古物复制及监制）

公立古物保管机关（构）为研究、宣扬之需要，得就保管之公有古物，具名复制或监制。他人非经原保管机关（构）准许及监制，不得再复制。

前项公有古物复制及监制管理办法，由"中央"主管机关定之。

第七十条 （申请专业维护）

私有国宝、重要古物之所有人，得向公立古物保存或相关专业机关（构）申请专业维护。

"中央"主管机关得要求公有或接受前项专业维护之私有国宝、重要古物，定期公开展览。

第七十一条 （国宝、重要古物之运出外）

"中华民国"境内之国宝、重要古物，不得运出国外。但因战争、必要修复、国际文化交流举办展览或其他特殊情况有必要运出国外，经"中央"主管机关报请"行政院"核准者，不在此限。

依前项规定核准出国之国宝、重要古物，应办理保险、妥慎移运、保管，并于规定期限内运回。

第七十二条 （古物进口、出口之申请）

因展览、销售、鉴定及修复等原因进口之古物，须复运出口者，应事先向主管机关提出申请。

第七十三条 （私有国宝、重要古物所有权之移转）

私有国宝、重要古物所有权移转前，应事先通知"中央"主管机关。除继承者外，公立古物保管机关（构）有依同样条件优先购买之权。

第七十四条 （无主古物之通知义务）

发见具古物价值之无主物，应即通知所在地直辖市、县（市）主管机关，采取维护措施。

第七十五条 （营建或开发工程之义务）

营建工程或其他开发行为进行中，发见具古物价值者，应即停止工程或开发行为之进行，并报所在地直辖市、县（市）主管机关依第六十五条审查程序办理。

第七章 自 然 地 景

第七十六条 （自然地景之范围）

自然地景依其性质，区分为自然保留区及自然纪念物；自然纪念物包括珍贵稀有植物及矿物。

第七十七条 （普查及接受提报）

主管机关应普查或接受个人、团体提报具自然地景价值之内容及范围，并依法定程序审查后，列册追踪。

第七十八条 （建立完整个案数据）

主管机关应建立自然地景之调查、研究、保存、维护之完整个案资料。

第七十九条 （自然地景之分类及灭失、减损、增加价值之处理程序）

自然地景依其主管机关，区分为国定、直辖市定、县（市）定三类，由各级主管机关审查指定后，办理公告。直辖市、县（市）定者，并应报"中央"主管机关备查。

自然地景灭失、减损或增加其价值时，主管机关得废止其指定或变更其类别，并办理公告。直辖市、县（市）定者，应报"中央"主管机关核定。

前二项指定基准、审查、废止条件与程序及其他应遵行事项之办法，由"中央"主管机关定之。

具自然地景价值之所有人得向主管机关申请指定，主管机关受理该项申请，应依法定程序审查之。

第八十条 （自然地景之管理维护）

自然地景由所有人、使用人或管理人管理维护；主管机关对私有自然地景，得提供适当辅导。

自然地景得委任、委办其所属机关（构）或委托其他机关（构）、登记有案之团体或个人管理维护。

自然地景之管理维护者应拟定管理维护计划，报主管机关备查。

第八十一条 （管理不当之处置）

自然地景管理不当致有灭失或减损价值之虞之处理，准用第二十四条规定。

第八十二条 （暂定自然地景之审查等）

进入自然地景指定之审查程序者，为暂定自然地景。

具自然地景价值者遇有紧急情况时，主管机关得指定为暂定自然地景，并通知所有人、使用人或管理人。

暂定自然地景之效力、审查期限、补偿及应践行程序等事项，准用第十七条规定。

第八十三条 （自然纪念物之保护）

自然纪念物禁止采摘、砍伐、挖掘或以其他方式破坏，并应维护其生态环境。但原住民族为传统祭典需要及研究机构为研究、陈列或国际交换等特殊需要，报经主管机关核准者，不在此限。

第八十四条 （自然保留区原有自然状态之维护）

自然保留区禁止改变或破坏其原有自然状态。

为维护自然保留区之原有自然状态，非经主管机关许可，不得任意进入其区域范围；其申请资格、许可条件、作业程序及其他应遵行事项之办法，由"中央"主管机关定之。

第八十五条 （都市计划）

自然地景所在地订定或变更区域计划或都市计划，应先征求主管机关之意见。

政府机关策定重大营建工程计划时，不得妨碍自然地景之保存及维护，并应先调查工程地区有无具自然地景价值者；如有发现，应即报主管机关依第七十九条审查程序办理。

第八十六条 （发现自然地景价值之处理）

发现具自然地景价值者，应即报主管机关处理。

营建工程或其他开发行为进行中，发现具自然地景价值者，应即停止工程或开发行为之进行，并报主管机关处理。

第八章　文化资产保存技术及保存者

第八十七条 （普查及接受提报）

主管机关应普查或接受个人、团体提报具保护需要之文化资产保存技术及其保存者，并依法定程序审查后，列册追踪。

前项保存技术及其保存者，主管机关应建立基础数据之调查与登录及其他重要事项之纪录。

第八十八条 （文化资产保存技术、保存者指定、废止事项）

"中央"主管机关对于文化资产保存及修复工作中不可或缺，且必须加以保护之技术及其保存者，应审查指定，并办理公告。

前项指定之保存技术无再加以保护之必要时，"中央"主管机关得于审查后废止该项技术及其保存者之指定。

第一项保存技术之保存者因身心障碍或其他特殊情事，经审查认定不适合继续作为保存者时，"中央"主管机关得废止其指定。

第八十九条 （对保存技术及保存者应行之保存及传习措施）

主管机关应协助经指定之保存技术及其保存者进行技术保存及传习，并活用该项技术于保存修复工作。

前项保存技术之保存、传习、活用与其保存者之工作保障、人才养成及辅助办法，由"中央"主管机关定之。

第九章　奖　　励

第九十条 （奖励或补助之事项）

有下列情形之一者，主管机关得给予奖励或补助：

一、捐献私有古迹、遗址或其所定着之土地或自然地景予政府。

二、捐献私有国宝、重要古物予政府。

三、发见第二十九条之建造物、第五十条之疑似遗址、第七十四条之具古物价值之无主物或第八十六条第一项之具自然地景价值之区域或纪念物，并即通报主管机关处理。

四、维护文化资产具有绩效。

五、对阐扬文化资产保存有显著贡献。

六、主动将私有古物申请登录，并经"中央"主管机关依第六十六条规定审查指定为国宝、重要古物者。

前项奖励或补助办法，由"文建会"、"农委会"分别定之。

第九十一条 （房屋税及地价税之减免）

私有古迹、遗址及其所定着之土地，免征房屋税及地价税。

私有历史建筑、聚落、文化景观及其所定着土地，得在百分之五十范围内减征房屋税及地价税；其减免范围、标准及程序之法规，由直辖市、县（市）主管机关订定，报"财政部"备查。

第九十二条 （遗产税及继承）

私有古迹及其所定着之土地，因继承而移转者，免征遗产税。

本法公布生效前发生之古迹继承，于本法公布生效后，尚未核课或尚未核课确定者，适用前项规定。

第九十三条 （赞助经费）

出资赞助办理古迹、历史建筑、古迹保存区内建筑物、遗址、聚落、文化景观之修复、再利用或管理维护者，其捐赠或赞助款项，得依所得税法第十七条第一项第二款第二目及第三十六条第一款规定，列举扣除或列为当年度费用，不受金额之限制。

前项赞助费用，应交付主管机关、"国家文化艺术基金会"、直辖市或县（市）文化基金会，会同有关机关办理前项修复、再利用或管理维护事项。该项赞助经费，经赞助者指定其用途者，不得移作他用。

第十章 罚 则

第九十四条 （罚则）

有下列行为之一者，处五年以下有期徒刑、拘役或科或并科新台币二十万元以上一百万元以下罚金：

一、违反第三十二条规定迁移或拆除古迹。

二、毁损古迹之全部、一部或其附属设施。

三、毁损遗址之全部、一部或其遗物、遗迹。

四、毁损国宝、重要古物。

五、违反第七十一条规定，将国宝、重要古物运出国外，或经核准出国之国宝、重要古物，未依限运回。

六、违反第八十三条规定，擅自采摘、砍伐、挖掘或以其他方式破坏自然纪念物或其生态环境。

七、违反第八十四条第一项规定，改变或破坏自然保留区之自然状态。

前项之未遂犯，罚之。

第九十五条 （罚则）

有前条第一项各款行为者，其损害部分应回复原状；不能回复原状或回复显有重大困难者，应赔偿其损害。

前项负有回复原状之义务而不为者，得由主管机关代履行，并向义务人征收费用。

第九十六条 （罚则）

法人之代表人、法人或自然人之代理人、受雇人或其他从业人员，因执行职务犯第九十四条之罪者，除依该条规定处罚其行为人外，对该法人或自然人亦科以同条所定之罚金。

第九十七条 （罚则）

有下列情事之一者，处新台币十万元以上五十万元以下罚锾：

一、古迹之所有人、使用人或管理人，对古迹之修复或再利用，违反第二十一条规定，未依主管机关核定之计划为之。

二、古迹之所有人、使用人或管理人，对古迹之紧急修复，未依第二十三条规定期限内提出修复计划或未依主管机关核定之计划为之。

三、古迹、自然地景之所有人、使用人或管理人经主管机关依第二十四条、第八十一条规定通知限期改善，届期仍未改善。

四、营建工程或其他开发行为，违反第三十条、第五十条第二项、第七十五条或第八十六条第二项规定者。

五、发掘遗址或疑似遗址，违反第四十五条、第四十六条或第五十二条规定。

六、再复制公有古物，违反第六十九条第一项规定，未经原保管机关（构）核准者。

有前项第一款、第二款及第四款至第六款情形之一，经主管机关限期通知改正而不改正，或未依改正事项改正者，得按次分别处罚，至改正为止；情况急迫时，主管机关得代为必要处置，并向行为人征收代履行费用；第四款情形，并得勒令停工，通知自来水、电力事业等配合断绝自来水、电力或其他能源。

有第一项各款情形之一，其产权属公有者，主管机关并应公布该管理机关名称及将相关人员移请权责机关惩处或惩戒。

第九十八条 （罚则）

有下列情事之一者，处新台币三万元以上十五万元以下罚锾：

一、移转私有古迹及其定着之土地、国宝、重要古物之所有权，未依第二十八条、第七十三条规定，事先通知主管机关者。

二、发现第二十九条之建造物、第五十条之疑似遗址、第七十四条之古物价值之无主物或第八十六条第一项之具自然地景价值之区域或纪念物，未通报主管机关处理。

三、违反第八十四条第二项规定未经主管机关许可，任意进入自然保留区者。

第九十九条 （强制执行）

依本法所处之罚锾，经限期令其缴纳，届期仍不缴纳者，依法移送强制执行。

第一百条 （公务员加重其刑）

公务员假借职务上之权力、机会或方法，犯第九十四条之罪者，加重其刑至二分之一。

第十一章 附 则

第一百零一条 （"中央"主管机关之代行处理）

直辖市、县（市）主管机关依本法应作为而不作为，致危害文化资产保存时，得由"行政院"、"中央"主管机关命其于一定期限内为之；届期仍不作为者，得代行处理。但情况急迫时，得径予代行处理。

第一百零二条 （本法修正前公告之古迹及自然文化景观之处置）

本法修正前公告之古迹，其属传统聚落、古市街、遗址及其他历史文化遗迹者，由主管机关自本法施行之日起六个月内依本法规定，完成重新指定、登录及公告程序；本法修正前公告之自然文化景观，亦同。

第一百零三条 （施行细则）

本法施行细则，由"文建会"会同"农委会"定之。

第一百零四条 （施行日）

本法施行日期，由"行政院"以命令定之。

十四、国内外文献

雅 典 宪 章

[国际现代建筑协会（CIAM）第四次会议于1933年8月在雅典通过]

一 概 论

城市及其区域

现 象

（1）城市只是构成区域经济、社会、政治复合体中的一个元素。

城市的行政地域很少能与其地理单元保持一致。在它确定之初，就被打上了人工的烙印，并随着后来的不断扩张而与其他城市建成区逐渐连为一体，最终必将吞噬其他镇区。这时候，人为定义的行政界限就开始阻碍人们对新的城市聚合体进行良好的管理。于是，人们任由某些郊区城镇以积极或消极的、不可预知的不同方式发展，如发展成豪华住宅区，或者成为重工业中心，或者把不幸的底层工人阶级挤到一起。在这些例子中，行政边界把城市复合体分割得支离破碎，几近瘫痪。实际上，城市聚合体才是地域的真正核心，地域的边界仅仅取决于另一聚合区块的影响范围。而这种聚合体存在的前提条件，是要确保它与所在区域进行交换和保持联系的路径的畅通。要研究城市规划的问题，我们只需持续关注该地区的组成元素，主要是其地理环境，因为这注定是解决该问题的决定性因素——分水岭的走向和周边的山峰，描绘出自然的轮廓，突显出自然系统在大地上运行的轨迹。我们永远不能脱离整个地区的和谐统一来孤立地看待城市问题，城市规划仅是组成区域规划的诸多元素之一。

（2）与经济、社会和政治价值相提并论的是人的生理和心理本原的价值，它们与人类密不可分，并将个体和群体秩序引入了人们考虑的范畴。只有当个体与群体这两个支配人性的对立原则达到和谐时，社会才能够繁荣发展。

孤立的人会感到缺乏保护的危机感，于是自然而然地加入群体之中。凭个体的能力，一个人最多只能建造起小小的棚屋，过着危险、疲于奔命而又寂寞的生活，而在群体之中，个体虽然会感到社会规则的束缚力，然而作为回报，他也得到一定程度的保护，免受暴力、疾病和饥饿之苦。他可以追求更高质量的居住条件和更深层次的社会需求。一旦个体成为社会的一分子，他必然直接或间接地为不计其数的社会事业做出贡献，而正是这些社会事业为他提供了物质生活的和精神生活的保障。他所做出的努力得到更丰厚的回报，他的自由得到更充分的保护——只有当他的自由威胁到别人的自由时才会受到限制。假如群体能做出明智的决策，那么其中个体的生活质量就会由此得到提升和发展。然而假如懒惰、愚昧和自私占了上风，群体就将变得衰败而混乱，其成员陷入敌对、仇恨的状态，一事无成。良好的规划能在群体内部形成有效的合作关系，同时又给个人自由以最大限度的保障，让个人在公共责任的框架内焕发出最炫目的光彩。

（3）生物和心理上的恒定性会受到地理、地形条件和政治、经济形势等的影响。首先会受地理、地形条件、元素构成、土地和水、自然、土壤、气候的影响。

地理与地形对人类的命运至关重要。太阳主宰一切，所有旨在维护人类利益的事业都必须服从它的法则。平原、丘陵、山脉也是塑造意识、激发精神的媒介。例如，山地居民乐于下到平原去，然而平原居民却很少去攀越山谷、探寻山中隘口。在山脉分水岭的影响下，人类渐渐按照各自的风俗习性分类集

341

聚，形成不同的部落、宗氏，这就形成了"聚类区"。土地与水这两种元素的组成比例，也是人们在自身的行为活动中以及在住宅、村庄和城市等环境中所展现的精神状态的塑造因素之一，无论这一比例来自地表上的河流湖泊与大草原的对比，还是表现为以相对降水量的形式造就了此处的繁茂牧场和彼处的荒地沙漠。太阳高度角决定了季节变化是突然转变还是和缓过渡；而在地球连续的圆形表面，地块与地块之间虽然没有突变，却形成了无数组合，每一块都各具特色。最后，各个种族及其不同的宗教与哲学也大大增强了人类活动的多样性，他们都在演绎着各自对世界的不同理解及其自身存在的理由。

（4）其次，生物和心理的恒定性还受到经济环境、区域资源及与外界自然和人为接触的影响。

无论是富裕还是贫困，经济条件都是决定人类生活进步或衰退的主要推动力之一。它发挥着引擎的作用，其脉动的强弱决定了人们相应地采取粗放或集约的经济方式，保持一个必要的清醒头脑；因此在不同的经济条件下，村庄、城市和国家的历史发展轨迹也各不相同。周边是良田沃野的城市能够自给自足。而资源丰裕有余、能够投入流通领域的城市将变得富裕，特别是当具备便利的交通网络、并能与周边远近地区保持密切联系时就更加富足。尽管部分环境因素是相对稳定的，但经济动力机制的强度还是可能受到一些不可预测的随机作用力的影响，而人类主观能动性在这其中的作用也时强时弱。无论是有待开发的潜在财富，还是个体的能量，都不能起决定性的作用。一切都在变化之中。从长期的过程来看，经济所衡量的只不过是瞬间的价值。

（5）第三，这种恒定性还受到政治形势和行政管理体系的影响。

政治形势是更加敏感易变的现象，是一个国家活力的标志，是一个文明处于巅峰时期还是滑坡阶段的象征。尽管政治本身是不稳定的，然而作为其产物的行政管理体系却具有与生俱来的稳定性，能够持续较长的时间并滤除过于频仍的更替。作为可变政策的外在体现，行政管理体系由于其自身的特质和事物本身的力量而相对稳定。它是一个系统，以一定程度的刚性限制对领土和社会进行管理控制，以统一的法则施加其上，并且通过各种控制杠杆，在整个国家范围内确定一致的行为模式。然而，虽然这种经济和政治框架具有很多优点，但长期的经验也已证实，它会在短时间内受到动摇，无论是其中的某一部分还是其整体。有时，一项科学发明就足以颠覆整个平衡，从而暴露出过时的行政管理体系与当前的紧张现实之间的矛盾。也许不同社群会力图建立自己的独特框架，但它们往往会被国家的整体框架所压垮；随后，一国的结构也无法抵挡世界大潮的冲击。因此，永恒不变的行政体系是不存在的。

（6）纵观人类历史，各种特殊的需要均决定了城市的特征，如军事防御、科技发明、管理制度延续、交流手段的进步，以及水陆空等交通方式的不断发展。

我们可以从城市布局和建筑形式中看出城市的历史。依然存在的城市布局、建筑以及文字和图形记载，能够帮助我们重新发现过去的图景。建造城市的动机是多种多样的。有时它是一处防御性的要塞——往往建在高耸的山巅且环以护城河，这些都见证着曾经山河拱卫的堡垒成长为村落的过程，另一些城市由于地处道路交叉口、桥头堡或是海岸线的凹入之处，交通的便利吸引了最初的居民。城市的形态多为圆形或半圆形，但并无定法。譬如作为殖民地中心的城镇通常是中轴对称、栅栏包围的矩形。所有的形式都遵从比例、等级和便利的需要。马路以城门为起点，蜿蜒伸向远方的目的地。今天，我们从城市的平面图中仍能看出早期集市的雏形、连续的封闭围墙以及分岔的道路。人们聚集在围墙内，根据其文明程度的不同享受着不同的福乐康宁。有些地方有非常人性化的法典，而在另一些地方却是专制、独裁，毫无公平可言。机械时代到来以后，人类前进的步伐大大加快了——如果把古代几乎难以察觉的进化速度比作步行，那么机械时代的速度就好比滚滚向前的车轮。

（7）因此，影响城市发展的根本原因是不断变化的。

人口的增减、城市的兴衰、封闭城墙的打破、交换范围在新交通方式下的扩展、政策抉择积极或消极的影响、机械的出现……所有这些，不过只是运动而已。随着时光的流逝，关于城市、国家或整个人类的某些价值观念被深深地根植于传统之中，而具体的建筑和道路的聚合体则终将归于寂灭。人类的作品与其创造者一样会死去。那么是谁在主宰着永生与灭亡的命运呢？一个城市的精神是长时期形成的，而象征着群体精神的最为简单的建筑往往具有隽永的寓意；它们是传统的灵魂——这种传统决不意味着对未来发展的限制，它只是将气候、地形、区域、种族、习俗等融汇为一体。作为无所不包的文明发祥地，城市包含了具有永恒约束力的各种道德价值观念。

（8）机械时代的到来引发了巨大的混乱，包括人们的行为以及他们在地球表面的聚居方式：在机械化速度的推动下，失控的人流涌入城市，这是前所未有的。因而，现代城市的混乱是机械时代无计划和无秩序的发展造成的。

机器的使用彻底改变了工作环境。它打破了古老的平衡，给手工艺者以致命的打击。它使田野荒芜、城市拥塞，并破坏了长达几个世纪的和谐，扰乱了居住地与工作场所长久以来形成的自然联系。近乎疯狂的生活节奏，伴随着令人沮丧的不确定性，使人们的生活环境变得混乱，妨碍了人们最基本的需求的满足。住所仅能为家庭提供可怜的遮护，损害着居住者的生命健康；对工人物质和精神上的基本需求的漠视导致了疾病、经济衰退、暴乱等一连串恶果。灾难是普遍性的——城市在拥挤中陷入一片混乱；而与此同时，郊区却有大量农田荒草丛生。

二　城市的四大主要活动——审视与解决方式

居　住
现　象

（9）城市历史核心区的人口密度太大了，就像19世纪某些城市外部的工业区一样，达到了1000～1500人/hm²，人口与其占地面积之比称为人口密度。密度可以随建筑高度的变化而完全改变。然而限于今天的技术水平，建筑高度一般在6层左右，对这种类型的建筑而言，可以接受的人口密度大约250～500人/hm²。当许多地区的密度提高到600人/hm²、800人/hm²，甚至1000人/hm²时，就形成了贫民窟。它一般有以下特征：

- 人均居住空间严重不足；
- 缺乏户外活动空间；
- 终日不见阳光（由于建筑朝北，或者受街道、院落中的房屋阴影的遮挡）；
- 腐烂和污浊的环境，成为致命细菌肆虐的温床（如肺结核）；
- 卫生设施缺乏或数量不足；
- 住宅内部结构及社区布局不合理，造成邻里环境恶劣和杂乱无章。

因为被防御性城墙包围，旧城中心充斥着封闭的建筑，缺乏开放空间。然而作为补偿，绿地就在城门之外，方便可达，可以对空气质量起到积极的作用。但城市经过数个世纪的不断扩张，砖石吞噬了植被，破坏了绿地环境也就破坏了城市的绿肺。在这种条件下，城市人口的高密度就意味着旷日持久的疾病和低劣的生活质量。

（10）在这些拥挤的地区中，生活环境是很糟糕的。其原因包括缺乏足够的用地来安排住宅和绿地，建筑本身也由于投机开发而疏于维护。居民的微薄收入使得他们的灾难更加深重，他们无力采取自我保护措施，死亡率高达20%。

居住环境的恶劣不仅制造了贫民窟，它的阴霾甚至还通过阴郁逼仄的街道向外延伸，吞噬了城外所有的绿地——氧气的制造者，也是孩童的游戏空间。那些数百年前建造的老房屋，其价值早已折旧殆尽；但其狡黠的主人却仍把它们当作商品来交易。即便这些房子已完全不能满足居住的需求，它们还是为投机取巧的主人带来了可观的收入。一个卖腐肉的屠户会遭到严厉的谴责，而向穷人倾销破烂房屋的行为却得到建筑法规的认可。在少数自私者大发横财的背后，整个社区正经受着骇人听闻的高死亡率和多种疾病的深重灾难。

（11）城市的扩展不断吞噬着风景优美的周边绿色地带。人们离自然越来越远，公众健康进一步遭到威胁。

城市扩张得越大，其中的自然环境就越会被忽视。所谓自然环境（condition of nature），是指一些对生命必不可少的要素,如阳光、空间、草木等。缺乏控制的城市扩张剥夺了人们身心受到滋养的权利,这包括生理和心理两方面的状态。任何个体一旦在城市迷幻般的暂时享乐中与自然隔绝,其身心必将萎缩衰退,付出机体患病、道德堕落等代价。在这点上,所有的底限都在近百年中被超越了。然而造成我们今天的世界如此糟糕的原因还远不止于此。

(12) 居住建筑布满整个城市,这与公共健康的需求是背道而驰的。

城市规划的首要责任是满足人类最基本的需要。一个人的健康很大程度上取决于他接触的"自然环境"的情况。太阳主宰着万物生长,应该能照射到每一处居所的内部,没有它,生命必将枯萎。空气应该清新纯净,免受惰性烟尘和有毒气体的影响,这就有赖于绿色植被的作用。最后,空间应该被公平的分配。个体应该拥有足够的空间,因为人们对空间的感受反映了身心的需要,而狭窄街道和逼仄天井所形成的阴郁气氛对身心健康极为不利。在雅典召开的CIAM第四次大会正是基于这样的基本假定:阳光、绿地、空间是城市生活的三个基本要素。我们将据此判断现状,并以真正人性化的视角来评价新的主张。

(13) 现实中人烟最稠密的地区往往是最不适于居住的地点,如朝向不好的坡地,易受烟雾和工业气体侵害及易遭水灾的地方。

迄今为止,针对现代居住条件还没有任何立法。立法的目的不仅仅是为了保护居住者本身,同时还为其提供不断发展的手段。然而眼下,城市用地、居住区乃至住宅本身的布置根本无章可循,有时甚至是倒行逆施。例如,市政测量员可能会不假思索地添加一条街道,哪怕这会遮挡上千住宅的日照。有些城市官员会认为那些由于多雾、潮湿、蚊蝇肆虐而闲置至今的地块正适合建造工人阶级的居住区;他们也会把朝向不好、无人问津的北坡和烟尘、毒气、噪声为患的工业区用来安置临时打工的流动人口。

(14) 条件最优越的地区,却往往只安置着最稀疏的人口,这些富人们在这里享受各种福祉:风和日丽,景色秀美,交通便利而且不受工厂的侵扰。

最好的地块总是被豪华住宅占据,这也证实了人类尽其所能向自然界寻求良好居住环境、渴望提高生活质量的天性。

(15) 这种不合理的住宅配置,至今仍然为习惯和名义上公正的城市建筑法规所许可,即分区规划。

分区规划是一种在城市地图上对各种功能及单体进行合理安排的手段。它是在对不同人类活动进行必要划分的基础上,为它们分别指定专门的用地:居住区、工业或商业中心、室内或室外娱乐空间等。然而,尽管环境的差别使豪华住宅和普通住宅有所区分,但没有人有权力规定只有少数人才能享受健康有序的生活。现实生活中有许多情况亟待改善。我们需要刚性的法规来确保每个人都能分享一定的福利条件,而无论其财产多少。我们也需要明确定义城市管理制度,以坚决禁止完全剥夺他人享受阳光、空气和空间的行为。

(16) 沿交通线或者围绕交叉口布置的房屋,因为容易遭受灰尘噪声和尾气的侵扰,不宜作为居住房屋之用。

基于这个考虑,我们应该把居住和交通分别安置在相互独立的地块中。住宅不再通过人行道与街道相连,而是坐落在独立安静的环境之中,在那里将享受到充足的阳光、清新的空气和静谧的安宁。交通被划分为慢速步行道路网和快速机动车道路网。这些道路网络承担各自的功能,只有当需要时才偶尔靠近居住区。

(17) 沿街道两旁安置房屋的传统方式,只能保证少数房屋有充足的日照。

这种传统方式必然造成以下局面:当街道相交、平行或斜接时,就形成方形、梯形或三角形等不同容量的空地,这些空地一旦用于建设,就成为城市"街区"。街区内部也需要阳光,于是各种不同尺度的内院应运而生。不幸的是,资本家钻了城市建设法规的空子,他们造出来的"内院"小得可怜。结果是令人沮丧的:房屋的北立面终年不见太阳,而其他三个立面在狭窄的街道、庭院的遮挡下,也被剥夺了一半的阳光。分析表明,城市立面中处于阴影之中的占 $1/2 \sim 3/4$,有时甚至更多。

(18) 公共建筑也和住宅一样,安排得非常不合理。

住宅为家庭提供遮风蔽日之所，其规划本身就是一项完整的工作。其解决之策在以往的岁月里有时是一项快乐的工作，但今天则总是伴随着不确定因素。然而在住宅之外，家庭还需要一些就近的公共设施，这种公共设施可以视作住宅的延伸。譬如供应中心、医疗服务机构、托儿所、幼儿园、学校和作为日常活动与运动之用的操场等等。这些设施固然会降低部分利润，但它们对于居住区来说是不可或缺的。然而，目前人们在设计时却很少从全局出发，给它们以足够的重视。

（19）尤其是学校，常被设置在交通线上，而且离住宅也太远。

撇开课程及其建筑处理手法不谈，现在城市里的学校大多布置得相当糟糕。它们离住宅太远，孩子们常常要穿过危险的街道去上学。而且学校通常不提供6岁以下和13岁以上的学前、学后教育。目前学校的条件亟待改善，以使儿童和少年上学时免于危险，并为他们提供健全的教育体系，保证他们身心的全面发展。

（20）现代的城市郊区无规划地发展着，与城市之间缺乏正常联系。

现代城市郊区（suburbs）是古代郊区（faubourgs）蜕化的产物，或者说是"畸形的自治镇区"。自治镇原先是防御性围墙内部的一个单元。而这种畸形市镇或者"虚假"的市镇是从墙外开始，是沿着缺乏保护的出城道路向外发展的。这是解决人口过剩的出路。无论愿意与否，人们都不得不适应这种不安全的状态。随着新建的围墙逐渐包围上述市镇及其在城市内部延伸的道路，城市布局的一般法则就遭到了第一次冲击。市郊是机械时代的标志，是城镇漫无管制的延伸，那里垃圾成堆，危险重重，底层的工人阶级就住在工业区近旁——人们总认为这些工业区是临时性的，但许多工业区却惊人地发展起来。市郊是垃圾和危险的象征，像城墙外侧回旋搅动的泡沫。历经19、20世纪，这些泡沫集汇成流，竟成滔滔洪水之势，对城市发展的步伐构成极大威胁。市郊是流浪者悲惨的临时住所的集中地，因而也成为暴乱运动的催生地。而且，市郊的面积往往是城市的十倍、百倍。也有人试图改变这些时空功能陷于瘫痪的市郊，希望把它们变成田园城市，但那只是一个虚幻的天堂，一个全无理性的方案。城市郊区化是一场席卷全球、并在美国达到极致的城市闹剧，它构成了这个世纪最大的灾难之一。

（21）人们作出各种努力，尝试着把市郊纳入行政管理体系之中。

太晚了。现在把城市郊区纳入行政管理体系已经太晚了。在缺乏远见的法规下，整个市郊的贿产权已经确定，而法律规定这些财产权是不可侵犯的，政府不可能轻易地把一块已开始建造陋屋或车间的空地从其主人手里征收回来。市郊的人口密度很低，土地基本上处于未开发状态，然而为了市郊的扩张，城市还必须为之配备必要的服务和设施，譬如公路、公共设施、快捷的通讯方式、警务、街道照明和清洁、医疗教育设施等等。这些设施所引起的巨额开支与如此分散的人口所能支付的税金严重失衡。一旦政府插手调整局势，它势必遇到一系列不可逾越的障碍，最终将徒劳无功。要想让城市走上和谐发展的道路，管理者必须在市郊开始扩张以前就担负起城市周边土地管理的职责。

（22）市郊通常只是一些根本不值得维护的破房陋屋的聚集地。

摇摇欲坠的小屋、木板搭盖的棚舍、千奇百怪材料建造的工棚、四处散落的杂乱无章的贫民屋——这就是我们的市郊！它阴郁丑陋的表情是对其所包围的城市的控诉。它要求巨大的开支，却无力支付相应的税费，给城市压上沉重的负担；它是城市肮脏的前庭；它的街巷沿着主要交通干道滋生，严重威胁交通安全；从空中俯视，它呈现出一片混乱的布局，而当你兴致勃勃地乘火车去浏览城市风光时，市郊将是兜头一盆冷水。

要　求

（23）从今以后，我们必须把城市中最佳的土地让给居住区，在其布置中充分利用地形之便，并考虑气候、日照、绿地等多种因素。

目前的城市状况已经严重损害了公众和个人的利益。历史证明，这种状况的形成与发展有其长期的深层原因。而数个世纪以来，城市在扩张的同时，也会在原地不断地进行自我更新。如果贸然改变某些长期形成的条件，势必会使城市陷入一片混乱。我们当前的任务，就是通过规划逐渐改变目前无序的状态，规划会指导我们在一定时期内分阶段完成该任务。居住的问题应当首先受到关注。城市中的最佳地段应当留给居住；如果该地段被侵占，我们就应尽力去恢复它。多种因素可以影响居住的环境。我们应当兼顾良好的景观、有益身心的空气（包括对风和雾的考虑）、最佳的坡向，并对现有的绿地进行充分利用；在没有绿地的地方创造绿地，对被破坏的绿地加以修复。

（24）居住区的选址应充分考虑公众的健康。

众所周知的卫生法已对目前城市的卫生条件提出了严重警告，但它还不足以系统地诊断、甚至找到解决问题的方法；我们需要更加可信的管理机构。为了公众健康，所有的地区都必须进行调整。那些草率投机开发的地区应当彻底清除。其他具有历史、艺术价值的地区可以部分保留。但这还不够，在规划居住区时还应从全局出发，预先对文教体育建筑、各种活动场所等附属设施进行综合考虑。

（25）必须根据地形特征所限定的居住形态，制定合理的人口密度。

管理者必须预先确定城市的人口密度。人口密度取决于城市中居住用地的配额和总人口数，从而形成分散或者紧凑的城市。人口密度的确定是一项影响巨大的工作。自从机械时代以来，城市的扩张完全失控，毫无节制，这要归咎于管理者的疏忽。任何城市的形成与发展都有其特殊的根源，我们在对将来一段时期（譬如50年）进行预测的时候，必须充分考虑这些历史原因。首先必须预测在此50年中的人口总数，然后考虑安置这些人口，包括设想他们的居住地点、他们可能需要的日常服务、所需用地的面积等。一旦确定了人口总数与用地面积，我们就得出了未来的人口密度。

（26）必须保证每套住宅获得最基本的日照时间。

科学研究表明，日照是人类健康不可或缺的因素，但在某些情况下又有害于人的健康。太阳是生命的主宰。医学表明，没有阳光照射的地方将有肺结核病菌滋生，人类应该尽可能地贴近自然环境。即便是日照最少的季节，也应当保证每所住宅都有几个小时的阳光照射。我们的社会决不能再容忍任何家庭被排除在阳光之外而丧失健康的生活，因此在住宅设计中，我们不能再让一户人家完全朝北或终年处于阴影之中。开发商必须出具图表，以证明每套住宅在冬至日能保证最少两小时的日照，否则开发项目不准上马。将阳光引入人们的生活已成为建筑师最重要的新职责。

（27）必须禁止住宅沿交通干道布置。

街道作为目前城市的交通线，同时还担负着过于纷繁复杂的功能。街上除了行人之外，还有公交车、电车等间歇停靠的快速公共交通工具，以及更高速的卡车和私人汽车。现今这种步行道是在骑马及乘坐马车的时代用于防止交通事故的，在今天的机械交通速度面前，它们早已不能胜任，因而使今日的城市充斥着交通事故频发的死亡威胁。今天的城市，向死亡的威胁敞开了无数的大门，任由机动交通产生的噪声、烟尘和有毒尾气的侵入。我们必须对这种状态进行彻底的变革，必须将4.8km/h的步行交通与48～96km/h的机动交通分离开来，为它们分别设置专用的道路，还必须让居住远离机动交通。

（28）我们应该利用现代技术建造高层建筑。

每个时代都有特定的建筑材料，从而产生相应的建造技术。19世纪以前，人们只掌握了用砖、石、木结构建造承重墙，用木梁搭建楼层的建筑技术。19世纪作为一个过渡时期，人们开始运用铁构件，直到20世纪才出现了纯粹的钢结构或钢筋混凝土结构。在这个划时代的建筑革新之前，建筑高度不可能超过6层。然而现在已不可同日而语了，建筑可以高达65层，甚至更高。但依然需要解决的问题是，出于各种特殊理由而建的最佳楼层高度需要认真研究各种城市问题。对于住宅而言，我们主要考虑的是良好的视野、清新的空气和最大程度的日照，还有作为住宅附属物的邻近公共设施，如学校、康乐中心和各种活动用地。只有当建筑达到一定的高度时，才能满足这些合理的要求。

（29）高层建筑必须保证间距，从而为开阔的绿地留出足够的用地。

高层建筑必须保持足够的间距，否则这种高度不仅无助于治疗城市的顽疾，反而会使它进一步恶化，这正是我们的城市曾经犯过的严重错误。城市的建设不能无规划的放任自流，由私人为所欲为。人口必须达到一定的密度，才能支持住宅区公共附属设施的配置。只要确定了人口密度，就可推测居住区所容纳的总人口数，并由此计算出城市剩余的公共空间。城市管理者必须充分考虑用地分配方案，确定建设用地与开放空间、农用地之间的合理比例，划出私人住宅与附属设施必要的用地面积，为城市保留一定时期内不得侵占的土地，并将所有这些作为法规公之于众。这样，我们的城市从此可以在充分的安全保障下发展，而在法律允许的范围内，个人活动与艺术家的创造也将拥有足够的空间。

休 闲

现 象

(30) 总体而言，目前的开放空间尚不能满足需求。

在某些城市中仍然存在着开放空间。那些经受了历史考验幸存下来的环绕华厦的公园、私宅四周的花园和在废弃防御工事遗址上形成的林荫道，在我们的时代简直是个奇迹。近两百年以来，这些城市的"绿肺"不断地被砖石建筑吞噬。曾几何时，少数特权阶级休闲娱乐的需要成了开放空间存在的惟一理由。然而今天的社会观念赋予它们以新的意义，但尚不清晰。开放空间被视作住宅直接或间接的外庭。

直接是指环绕住宅本身，间接是指集中分布在一些开阔地带而离住宅有些距离。无论何种情况，它们的宗旨都是为了满足年轻人集体活动的需求，并在闲暇时间提供娱乐、散步和游戏的宜人场所。

(31) 即便面积足够大，开放空间也常常由于地点不合适而难以服务于广大居民。

现代城市中少得可怜的一些较大的开放空间往往不是处于郊外，就是位于豪华居住区的中部。前者远离工人阶级的居住区，只有在周末才能服务于城市居民，却无助于改善他们糟糕的日常生活。而后者一般是不向公众开放的，它们没有履行自己作为居住区有益延伸的职责，因而它们的功能也就仅限于装点市容而已。无论何种情况，目前公众健康的严重问题仍然亟待改善。

(32) 城市周边偏远的开放空间不能改善城市内部拥挤的生存条件。

我们的城市需要相应的法规来保障居民的生存条件，保障他们的身心健康和生活乐趣。在工作之余，精疲力竭的人们需要充分地休闲放松。在将来的城市中，人们的闲暇时间必然会越来越长，这些时间应该用于回归自然，恢复身心。因此，开放空间的建设和维护成为保障公众福利的必需内容，并且构成了城市生活最基本的有机组成部分之一，理应引起官方足够的重视。增添适当比例的开放空间是解决居住问题的唯一途径。

(33) 为了接近使用者，现有的为数不多的运动设备通常被布置在一些暂时的空地上，这些空地多是将来居住区或工业区的预留地。这说明了这些公共空地时常变动的原因。

一小部分渴望充分利用周末闲暇的体育团体在城市郊外建立了临时活动场所，然而由于他们不是官方团体，这些场所必然无法长期维系。城市休闲活动可以划分为三类：分别以日、周和年为周期。日常休闲活动应该靠近住宅，周末远足可以在城市外围的邻近地区，而一年一度的假期旅行则允许远离城市及其所在地域。因此，我们需要这样三类身心再生场所：1) 宅边绿地；2) 地区内的开放空间；3) 遍及全国的旅游胜地。

(34) 周末出游的地点往往不能与城市保持便捷的联系。

一旦选定了一些地点作为临近城市的合适的周末休闲地，我们还必须解决大量的交通问题。从区域规划开始就应该对这个问题给予足够的重视，包括调查各种可能的交通手段，如公路、铁路或水路。

要 求

(35) 今后任何居住区都必须包括足够的、合理布置的绿色空间，以满足儿童、青年、成年人游戏和运动的需要。

这个决议必须诉诸实际立法——借助"土地法令"来保障，否则将毫无作用。该法令将保证各种不同的需求得以满足，例如，对应于不同的功能、区位和气候，各地区的人口密度、开放空间与建筑占地面积之比也会有差异。建筑体量应与其周边的绿色环境充分融合。建成区与绿化区的布局将按照在这两者之间的合理出行时间来确定。无论如何，目前的城市肌理必须改变，人口密集的"沙丁鱼罐头城市"应当转变为绿色城市。这种方式与"田园城市"不同的是，绿色空间并未被分割成私人所有的小块单元，而是用于附属于住宅区的各种公共活动设施的建设。厨房菜园模式（Kitchen gardening）的有效性是田园城市理论的主要依据，但它将我们少量的可利用的土地分成无数孤立的小地块，却忽视了像耕种、灌溉和排水等集中的园艺操作能够减轻劳动负担并增大产出的优势。

(36) 有碍健康的建筑街区必须被拆除，并以绿地代之，从而改善邻近居住区的卫生条件。

任何具有卫生与健康基本常识的人都能轻而易举地识别出贫民窟和不卫生的城市街区。这些地方应该铲除，并趁此机会以公园取而代之，这将是提高居民健康条件的第一步，至少会使邻近的居住区受益。当然，有时候这些空出的场地更适于建造城市生活中不可或缺的某些设施，那么明智的规划者将根据区域和城市规划作出最合理有效的安排。

(37) 新的绿地应有明确的功能，应当包括与住宅紧密联系的幼儿园、学校、少年宫和其他公共设施。

绿地应积极融入建成区，成为居住区的有机组成部分。绿色空间的作用决不仅仅是装点城市，它们首先必须具有实用的功能。一些公共设施应该与草坪相结合：如日间托儿所、学前和学后教育机构、青年俱乐部、体育和智育中心、阅览室、游戏室、跑道和室外游泳池。这些都是住宅区的拓展部分，就像住宅本身一样，也应由土地法令加以明确规定。

(38) 应当创造宜人的周末休闲空间，包括公园、森林、活动场地、露天大型运动场和海滨。

到目前为止，我们还没有或者说实质上没有专门服务于周末休闲的设施。将来，我们会对城市周边的大量空间加以整饬和配备，并提供充分便捷的多种交通方式，以提高其可达性。这些空间不再是房前屋后稀疏点缀着树木的草坪，而是精心维护下的真正的森林、草场、天然或人造的海滨，从而为城市居民创造大量休闲游憩和身心恢复的机会。任何一座城市周边都有足够的用地可以实现这个目的，只要合理地组织交通，它们将具有很好的可达性。

(39) 公园、活动场地、体育场和海滨。

各种休闲方式都必须被考虑在内，包括人们在优美的自然景观内的活动：散步或远足、个人或团体；包括所有的运动方式，如网球、篮球、足球、游泳和田径运动；包括各种娱乐形式，音乐会、露天剧场和形式多样的表演赛或锦标赛等等。另外，还应预先考虑必需的设施，合理组织交通，安排旅馆、酒店、露营地等住宿场所，最重要的是，这些区域要确保饮用水与食物的供应。

(40) 应对现有的自然资源进行评估：包括河流、森林、山丘、山脉、山谷、湖泊和海域。

机械时代的交通已经相对发达，距离不再是我们考虑的决定性因素。重要的是要选取合适的自然资源，即便必须跨越一定的距离。这样做的意义不仅在于保护未受沾染的自然美景，同时也让遭受破坏的区域得以休养生息。简言之，我们需要动用人类的手段来部分地创造场所或景观，以满足大众需求，这同样也是政府官员的重要职责之一，这关系到辛勤工作一周的劳动者能否得到恢复，关系到日常的休憩是否能真正起到身心恢复的作用，而不是只在街道上溜达而已。赋予闲暇时间以丰富的内容，将大大改善城市居民的身心状况。

工 作

现 象

(41) 城市中的工作地点（如工厂、手工车间、商业中心和政府机关等）不再按照理性原则布置。

过去的住宅与工厂总是相距不远，联系密切而且稳定。然而，机械时代始料未及的扩张打破了所有这些和谐的关系；城市的特性在不到一个世纪的时间内彻底改变，具有悠久传统的古老手工业阶级消失了，代之而起的是一支全新的、处于漂流状态的无名者劳动力大军。工业的发展从根本来讲取决于原料供应的方式和产品配送的手段，因此所有的工业都涌向主要交通路线两侧，如19世纪兴起的铁路、因蒸汽船而大大提高运输能力的河道等。为充分利用城市中食品供应和居住的便利条件，工业区被设在城内或城市边缘，全然不顾可能引起的严重后果。居住区被设于其内部的工厂弄得嘈杂而乌烟瘴气；而设在城郊的工厂尽管远寓居住区，但又迫使工人每天远距离跋涉在喧嚣拥挤的交通高峰期之中，无谓地牺牲了部分休闲时间。机械时代对以往工作组织方式的破坏导致了难以形容的混乱，这个难题至今只偶尔得到一些零星皮毛的解决。每天大量的人流，已经成为我们时代的顽疾。

(42) 工作地点与居住地点之间距离过远，联系不便。

目前，工作与居住这两大城市功能之间的正常联系已经被破坏。车间与作坊遍布郊外，而大工业在无节制的扩张中也强行进入市郊。由于城市几近饱和，再难容纳更多的居民，因而大量的市郊卫星城迅速发展起来，充塞着大量狭窄的、不舒适的租赁公寓和不必要的住宅开发区。每一个冬夏晨昏，那些与工业并无稳定联系的劳动力大军，在公共交通压抑的浪潮中进行着他们永恒的漂流，所有的时间就这样消逝在混乱的往复转移过程之间。

（43）交通高峰期揭示了事态的严重性。

城郊列车、公共汽车和地铁这些公共交通在一天之中只有四次满负荷运行。但高峰期的骚动却几近疯狂，工人们在工作压力之外还必须忍受数小时的推搡和奔走，并为这样的交通付出昂贵的经济代价。而运作这样的运输系统也是一件艰苦且昂贵的事情，乘客们支付的费用不足以抵偿交通系统的运营费用，因此这些运输系统成为沉重的公众负担。为解决这个问题，有两条路摆在我们面前——是考虑运输业的利益，还是考虑运输系统使用者的利益？前者意味着扩大城市规模，而后者则意味着缩小规模。我们必须作出抉择。

（44）由于缺乏对用地及其他要素的预先规划，城市和工业的发展都处于混乱的状态。

城市内部和周边地区的土地基本上都是私人所有的。掌握工业的私人公司本身处境也不稳定，随时危机四伏。工业的发展根本无章可循；所有的运作都是随机而动，这种模式偶尔会给个人带来好处，然而对于群体而言，它只会加重负担。

（45）城市办公集中在商务区。这些地区占据城市中心最佳的位置，享有最完善的交通系统，自然会成为投机商的掠夺对象。既然这些开发项目都是私人经营的，其自然的发展就缺乏必要的有序性。

工业扩张必然带来商务、私人经营和贸易的繁荣。然而它们都未经缜密的评估和计划。人们要进行买卖活动，要在车间、工厂与供应商、客户之间保持联系，而所有这些事务都需要办公空间。而办公楼需要一些专门的设施，这是使商务办公有效运营不可或缺的前提。如若社会单独为孤立的办公楼配备这些设施，就需要付出昂贵的代价。而为一组办公楼统一配置相关设施，就能起到优化工作条件的良好效果：例如内部交通便捷、与外界联系方便、明亮安静、空气清新，同时还享有制冷制热系统、邮局、电话、无线电台广播等多种便利设施。

要　求

（46）必须将工作与居住之间的距离减到最小。

这就要求我们精心规划，将所有工业用地重新布置。环绕大城市的集中工业带对某些企业来说也许是有利的，然而这种草率布局所导致的混乱恶劣的生活条件是不可容忍的。大量的时间被浪费在居住地与工作地之间的往复交通上。为了更方便地获取原材料，工业被迁移到交通线旁，沿着主干河道，高速公路和铁路分布。交通线是线形元素，因此工业城市也将变成线形布局，而非向心积聚的。

（47）工业区应该独立于居住区，并且它们之间应以绿化带相隔离。

工业城市应当沿着运河、高速路或铁路延伸，当然能三者兼顾更好。一旦工业由环状转变为线状，居住区也就可以发展成平行的带状，并通过绿地与工业建筑隔开。这样，城市住宅就可以拥有宽敞的绿色环境，再也不必忍受噪声和污染之苦，而每天来回的长途跋涉也因近便的距离而不复存在，居住区重又恢复为一种由家庭构成的正常有机体。因此，这种恢复起来的"自然化的生活条件"也有助于减少工作人群的流动性。有三种居住类型可供居民选择：田园城市中的独立住宅、带有小片农场的独立住宅，或是各种便利设施～应俱全的集合住宅。

（48）工业区必须靠近铁路、运河或高速公路。

无论是公路、铁路、河流，还是运河，机械交通带来的全新速度要求开通新的路线，或是对已有的路线进行改造。这就要求对工业区及附属的职工宿舍进行新的配置和协调。

（49）手工业源于城市生活，且与之密不可分，因此必须在城市内部为手工业指定专门的用地。

手工业与现代工业有着本质的不同，应当区别对待。城市生活的日积月累孕育和造就了这些行业——印刷、珠宝、制衣以及时尚设计，并且只有在城市的智力集中区（intellectual concentration）才能提供它们所需要的创作灵感。它们是重要的城市活动，应当被安置在城市最有活力的地方。

(50）各种公共或私人运营的城市商业应与居住区。城市内部或附近的工厂和手工作坊保持良好的联系。

商业是至关重要的，因而商业用地的选址必须慎之又慎。商业中心应位于交通系统的交汇处，以便服务于城市的各个部分，包括居住区、工业区、手工业区、行政区、旅馆和各种交通枢纽（如火车站、汽车站、港口、机场等）。

交　通

现　象

（51）现有的城市街道网络是由主干道衍生出来的一套枝状体系。在欧洲，这些干道的建造年代远比中世纪要早，有时甚至可以回溯到远古时代。

某些出于防御或殖民目的而建的城市，从其萌芽或策划时起就受益于这样的交通系统。人们在大路的端头建造形状规则的防护围墙，禁止过境交通穿越城市，并把城市内部安置得实用而有序。更多的城市发源于两条大路相交之处，或是数条道路交汇的节点处。干道顺应地形，常常蜿蜒曲折。最初的房舍沿路边分布，这就形成了主干道的雏形。随着城市的扩张，越来越多的次级干道分支出来。但主干道总是顺应地势的产物，即便存在矫正取直的情况，它们也仍遵循着基本的法则。

（52）今日城市中的主要交通线，最初都是为徒步与马车而设计的，不再能够满足现代机械化交通方式的需要。

出于安全的考虑，古代的城池总是处于高墙围合之中，因而不能随着人口的增长而向外扩张。人们只能尽量节约使用土地，以获得最大的居住空间，于是产生了尽可能多的、联结各家各户的高密度"宅前道"街巷系统。这种城市组织方式的另一产物是城市街区系统。为了获取阳光，房屋体块与街道成正交之势，同时还留出内院。随着城墙向外推移，街巷也延伸出原先的城市核心，演变为林荫大道，然而城市内核本身却保留了原有的结构。这套建设系统尽管已失去了必要性，但却依然存在，房屋面对着多少显得狭窄的街道和内院。其外围的交通网络在尺度和节点数上都数倍于内部。这种为旧时代而设计的网络系统已无法满足机械时代的交通需求。

（53）道路尺度不当，将严重阻碍未来快速机动交通的运用和城市有序发展的步伐。

小汽车、电车、卡车和公共汽车之类的机动交通速度与人畜自然行进速度之存在着不可调和的矛盾，问题就出在这里。这两种速度的混杂是造成混乱的根源。步行者永远处于危险之中，而机动交通受到无休无止的干扰，效率低下，同时伤亡事故频发。

（54）道路交叉口之间距离过短。

机动车必须经过启动并逐渐加速的过程才能达到正常的行驶速度，突然的刹车会导致主要部件的磨损，因此必须测算好启动点至减速点之间的合理距离单元。目前的道路交叉口间距平均在 90m、45m、18m 甚至 9m，这对机动车非常不利。道路交叉口间距至少应该保持 183～366m 的平均水平。

（55）道路宽度不够，要拓宽这些道路需要花费昂贵的代价，却难于收到显著的成效。

道路宽度并不存在统一的标准，而是取决于其所承载机动交通的数量和种类。从城市诞生之时起，古老的大道就顺地势和地形而走，像大树的主干一样，分离出无数的旁枝，承载着巨大的交通压力。这些道路通常都太过狭窄，但要想拓宽它们，恐怕只会是一件费力不讨好的事情。交通的问题需要更加透彻的调查研究。

（56）目前的道路似乎失去了控制，在精确性、适应性、多样性和舒适度方面都很差，无法满足现代机动交通的需要。

现代交通是一个非常复杂的系统。交通系统必须满足多种功能的要求，既要能满足户到户的机动交通和步行交通，又要为公共汽车和电车划定路线，还要保证卡车能从供应中心到达无数的配送点、过境车辆能从城市快速通过。所有这些交通活动都应当有专用的车道，分工明确，互相配合。这就要求我们深入分析问题，认清现状，从而寻找与各种用途相适应的解决途径。

（57）那些气势磅礴的平面图只讲求形式，却严重阻碍了交通。

那些在马车时代备受推崇的形式如今正是困扰人们的混乱之源。一些以大型纪念性公建为标志的大道,其构建本是为了形成一种纪念性场景,然而现在却成为延误时间的交通瓶颈,甚至成为潜在的威胁。这种建筑形制原非为现代机械交通服务设计的,它永远也无法适应这种速度,因此只能被保护起来,免受机动交通的侵扰。交通已成为现代城市生活中最为重要的功能之一。目前交通系统迫切需要缜密的流线和出入口设计,以消除交通堵塞及其所引起的骚乱。

(58) 当城市需要扩张时,铁路系统往往成为城市化的障碍。铁路包围了居住区,使之孤立,与城市的其他重要部分失去了必要的联系。

铁路带来了工业大发展,然而随着时间的推移,它们已不再能适应工业时代的需求。这些难以逾越的铁轨从城市中穿过,把整个区域切割得支离破碎,生硬地把原有的居住区和逐渐发展起来的新区分离开来,切断了它们之间不可或缺的联系。在一些城市中,这种态势已经严重影响到整个经济。现代城市的铁路系统亟待改造和重组,需要重新纳入统一的全盘规划之中。

要　求

(59) 为了充分了解交通系统及其承载能力,我们必须基于精确的统计,对整个城市和区域的交通进行严密的分析。

我们应该用图示来描述交通系统的现状,从图上可以一目了然地看到引起问题的决定性因素及其不同程度的影响,从而更容易发现关键症结所在。只有看清现状,我们才可能采取如下两种必要的改进措施:首先,为每条道路分配具体的用途,也就是说道路是为机动交通还是步行交通服务的,是为大型卡车还是过境交通设计的;其次,确定不同用途的道路的具体尺寸和特征,包括道路类型、路面宽度、交叉口或枢纽的类型和位置等细节。

(60) 应根据类型对道路进行分级,同时根据它们所服务的车辆种类及其速度进行建设。

古代留下来的单行道是不区分步行和骑马之用的。直到 18 世纪末,马车的普及才使道路分化出人行道。20 世纪,大量的机械交通工具大量涌现——自行车、摩托车、汽车、卡车和电车,它们的速度是前所未有的。在某些地方,譬如纽约,城市的大规模扩张已导致局部大规模的交通拥堵。我们必须采取措施来挽救这种近乎灾难性的局面。这已是刻不容缓。要解决干道拥塞的问题,首先应该把步行交通与机动交通彻底分开;其次是为重型卡车提供单独的交通渠道;再次,必须专门设计大交通量的快速道路,并与较小流量的普通道路分离。

(61) 可以采用立交的方式来分散交叉口的交通压力,同时保持交通流的连续性。

过境的车辆没有必要在每个交叉口都减速暂停,而立交正是保证它们行进间连续性的最佳方式。立交枢纽可以把快速干道与本地交通道路联结起来,当然它们的间距需要通过科学计算来确定,以保证最优的通过效率。

(62) 人车应该分流。

这将是城市交通模式一次彻底的革命。它将为城市化进程带来最深谋远虑、最富新意和活力的新纪元。关于交通模式的这个原则,应该像居住区拒绝北向住宅一样,不容变更。

(63) 不同的道路应有明确的分工:包括居住区道路、步行道、快速路和过境路。

道路功能不能面面俱到,应该根据其不同类型制定相应的规则。居住及相应功能需要宁静平和的环境,因而居住区道路和集体活动场所要符合这种氛围,机动交通应该限制在专门的道路中。除了一些特殊的联结点外,过境交通与本地交通应该避免连接。联结整个区域的大型干道,自然会在交通网络中居于主导。而步道上的各类车辆都应严格限速,以保证行人安全。

(64) 作为一项规定,交通干道之间应有绿化隔离带。

公路或快速路与本地道路有着本质的区别,不应让它们靠近公共或私人建筑。应该以密实的绿化带将它们隔离开。

城市的历史文化遗产

(65) 有历史价值的古建筑应保留,无论是建筑单体还是城市片区。

城市的布局和建筑结构塑造了城市的个性，孕育了城市的精魂，使城市的生命力得以在数个世纪中延续。它们是城市的光辉历史与沧桑岁月最宝贵的见证者，应该得到尊重。这首先是因为它们凝聚着历史或情感价值；其次，它们传达出一种融会着人类所有智慧结晶的可塑特征。它们是人类遗产的一部分，任何拥有它们的人都有责任、有义务尽其所能地保护它们，保证这些珍贵的遗产完好无损、世代流传。

（66）代表某种历史文化并引起普遍兴趣的建筑应当保留。

永生是不可能的，人类的创造物也不能例外。面对时间的物质痕迹，我们应该判断哪些仍具有真正的活力和价值，而不是把整个过去全盘保留。假如保留一处古迹将与城市的当前利益相冲突，我们就必须寻求一个两全之策。在某种旧式建筑大量存在的情况下，可以有选择地保留作为纪念，而其他建筑可以清除；有时只需保留建筑中真正具有价值的部分，并加以适当修缮；在某些特殊情况下，对极具美学和历史价值却位置不当的名胜，可以考虑整体迁移。

（67）历史建筑的保留不应妨害居民享受健康生活条件的要求。

我们决不能由于因循守旧而忽视社会公平的原则。有些人重视美感胜过社会的整体利益，他们为了保留某处独特的旧区而不顾其可能孳生的贫穷、混乱和疾病，这些人应该对所有这些痼疾负责。对于这样的问题，我们应当深入研究，以获得巧妙的解决方案。无论如何，我们对古迹的珍爱都不能凌驾于居住环境利益之上，这直接关系到个人的福利与身心健康。

（68）不仅要治标，还要治本，譬如应尽量避免干道穿行古建筑区，甚至采取大动作转移某些中心区。

城市的扩张一旦失控，必将陷入危险的僵局，退路已无，似乎只有把某些地方夷为平地才能消除障碍。然而当遇到极具建筑、历史和精神价值的遗产时，我们显然不得不另求良方。我们不能移除建筑以适应交通，但可以令道路转向，有条件的话还可以从地下穿过。还有一种选择，就是将密集的交通中心转移别处，以彻底改变整个区域拥堵的交通状况。为了理清这些千丝万缕的头绪，我们需要综合、充分地利用一切想像力、创造力和技术资源。

（69）可以清除历史性纪念建筑周边的贫民窟，并将其改建成绿地。

有时候，清除卫生状况较差的房屋和贫民窟可能会破坏古老的氛围，这很可惜，但却是不可避免的。以绿地取代这些旧建筑，将对环境大有裨益。设想，岁月的旧迹被笼罩在全新的、甚至是新奇的氛围之中——这毕竟是一种舒适的氛围，能给邻近的地区带来数不尽的好处。

（70）借着美学的名义在历史性地区建造旧形制的新建筑，这种做法有百害而无一利，应及时制止。

这样的方式恰是与传承历史的宗旨背道而驰的。时间永是流逝，绝无逆转的可能，而人类也不会再重蹈过去的覆辙。那些古老的杰作表明，每一个时代都有其独特的思维方式、概念和审美观，因此产生了该时代相应的技术，以支持这些特有的想像力。倘若盲目机械地模仿旧形制，必将导致我们误入歧途，发生根本方向上的错误，因为过去的工作条件不可能重现，而用现代技术堆砌出来的旧形制，至多只是一个毫无生气的幻影罢了。这种"假"与"真"的杂糅，不仅不能给人以纯粹风格的整体印象，作为一种矫揉造作的模仿，它还会使人们在面对至真至美时，却无端产生迷茫和困惑。

三 结论：主要原则

（71）我们可以对前面每章关于城市四大活动的各种分析进行总结：现在大多数城市中的生活情况，未能适合广大居民在生理及心理上最基本的需要。

世界现代建筑师协会借雅典会议之机，对33个城市进行了分析，它们是：阿姆斯特丹、雅典、布鲁塞尔、巴尔的摩、万隆、布达佩斯、柏林、巴塞罗那、卡尔斯鲁厄、科隆、科摩、达拉、底特律、德绍、法兰克福、日内瓦、热那亚、海牙、洛杉矶、利特罗、伦敦、马德里、奥斯陆、巴黎、布拉格、罗马、鹿特丹、斯德哥尔摩、乌得勒支、维罗纳、华沙、萨格勒布、苏黎世。这些城市跨越了各种气候与纬度，展示了白人种族的历史。它们无一例外地见证了这种现象：原先自然而然形成的和谐关系如今已被机械时代破坏得一片混乱。这些城市中，人们无时不生活在令人窒息的压抑气氛中，备受困扰，身心健康毫无保障。人类的危机在大城市中扩散，在大陆上各个地区回响，城市的发展已经偏离了它的职能。它已不再能提供适于人类生存的空间。

（72）这种生活情况是机器时代以来各种私人利益不断膨胀的表现。

城市建设的予夺大权集中在某些私人手中，它们被个人利益和利润诱惑左右着，这正是如今这个可悲局面的根源所在。至今没有任何人对那些破坏负责，也没有一位当权者意识到机械主义运动的本质与意义，并采取任何措施来避免它们。将近一百年的时间里，企业的发展都处于放任自流的状态。人们盖房、建厂、开路、随意截断河流、为铁路平整路基……一夜之间，所有这些都在极端膨胀的个人权力中迅速堆砌而成，根本没有全盘的统筹和规划。时至今日，大错铸成，我们的城市已是冰冷残酷、全无人性可言，少数人贪婪凶残的私欲致使大众陷入了无尽的痛苦。

（73）冷酷的私欲和专权引起灾难性的紊乱，暴露了经济力量的迸发与行政控制的无力和社会凝聚力的软弱之间的不平衡性。

在无孔不入、不断膨胀的私欲驱使下，这个社会中的主人翁责任感和社会凝聚力已日益趋近于崩溃的边缘。林林总总的各方力量冲突不断，弱肉强食，而在这场不公平的斗争中，大获全胜的往往正是个人的私欲。但也有一些时候物极必反，恰恰是物质和伦理上的混乱到了极限，于是新的法规在现代城市中应运而生，并在强有力的行政管理体系支持下重新建立起人类福祉和尊严的保障。

（74）尽管城市处于一种连续的变革过程中，但这种发展是不加控制、放任自流的，并未遵循技术专家们得出的当代城市的发展准则。

在建筑、医学、社会组织等各方面无数技术专家的努力下，现代城市规划的原则正逐步形成，并成为条款、书籍、会议和公众或私人间辩论的主题。然而更重要的是要让掌控城市命运的管理机构接受它们。这些管理机构往往对新思想所蕴含的变革持敌对态度，只有当管理者明白了这些道理并付诸实施，当今社会的危机才能得以挽救。

（75）城市必须同时在精神和物质层面上，确保个体的自由和集体活动的利益。

社会生活往往就是个体自由与集体活动之间斡旋的游戏。任何一项旨在改善人类生存条件的计划都必须兼顾这两个因素，倘若无法同时满足双方经常出现的对立性需求，就必将以失败告终。任何时候，如果没有前瞻、缜密且灵活的统筹规划，要使二者达到和谐，都是一纸空谈。

（76）城市系统中所有元素的尺度都应根据人的比例来设计。

人类自身的尺度应成为城市生活中所有设计的基础，包括用来测量面积和距离的尺度、用来测量人们的自然步距的尺度，以及根据太阳日常运行规律而定的时间尺度。

（77）居住、工作、游憩和交通是城市的四大基本活动。

城市发展是一个时代各方面条件的综合体现。然而迄今为止，我们的城市只抓住了交通这一个问题，热衷于开辟大道和街巷，从而制造出一个个建设地块，用于充满变数的个人投机。这是对城市使命极为狭隘的错误理解。事实上，城市具有四大基本功能。首先，它应当为人们提供舒适健康的居住环境，充分保障空间、新鲜空气和阳光这三个不可或缺的自然条件；其次，城市应当组织好工作环境，让劳动重新成为一种人类自然的活动，而不再是痛苦的差役；再次，城市中应有必要的娱乐设施，使人们在工作之余度过充实、美好、有益身心的闲暇时光；最后，要有合适的交通网络，在分工明确的基础上，建立起这些不同功能之间必要的联系。这四大功能的涵盖面非常广泛，它们是解决城市问题的四大关键所在，因为所谓城市，正是某种思维方式通过技术手段融于公众生活的产物。

（78）应在总体布局中决定这四种功能的组合结构，分别为它们在整体之中确定各自的位置。

自雅典CIAM会议以来，人们逐步采取措施，为城市生活的四大功能分别提供专门的保障，以充分提高它们的效率，形成日常生活、工作、文化的秩序和层次。在这个重要前提之下，城市面貌焕然一新，不再墨守成规，从而为新的创作开辟一片广阔的天地。在天气、地形和地方风俗等条件下，四大功能中的每项功能都能相对独立地运作，我们可以把每项功能都视为一个实体，配以专用的土地和建筑，并动用一切卓越的现代技术来组织并装备它们。这种分配方式将个体的根本需求给予充分考虑，而非任何特殊群体的专门利益。我们的城市应当同时保障公民个人的自由和集体活动的利益。

（79）居住、工作、游憩这三大日常功能的运行必须最严格地遵循省时原则。因此，应把注意力集中在居住上，并将其作为每一项与距离有关的措施的着眼点。

"把自然引入城市"，这个理念看起来似乎意味着城市在水平面上的进一步扩张，从而导致过大的距离和时间尺度。实际上恰恰相反，城市规划专家们以居住为中心，依照居住区在城市平面的位置来安排组织各种距离，根据24小时的太阳周期来协调各种不同的活动，使人类活动的节奏与之一致，从而保证了各项活动合适的尺度。

（80）机械时代的新速度令整个城市环境陷入混乱之中，危机四伏，交通拥堵，通讯瘫痪，卫生条件恶劣。

机动车本该凭其速度帮助我们节约大量时间，获得更多自由，然而它们在某些地点过度集中，反倒成为交通的障碍和各种危险之源。不仅如此，机动车还给我们的城市生活带来了各种危害健康的因素。它们的尾气对肺有害，它们的噪声令人长期处于紧张、焦躁的状态。目前所能达到的速度已唤起人们逃离机动交通、回归自然的欲望，而那种对不安定性、高速迁移性的无限体验，令人们深陷其中难以自拔，这种生活方式正在悄悄地破坏着我们的家庭，甚至啃啮着我们社会的根基。人们不得不花费大量的时间与各种各样的车辆打交道，渐渐地被剥夺了最健康、最自然的活动乐趣——不行。

（81）城市与郊区的交通原则需要重新修订。我们必须对各种速度进行分级，必须重组、协调各种分区功能，必须设计合理的交通干道网络，在这些功能之间建立起自然的联系。

对居住、工作和游憩功能的明确分区将使我们的城市重归整饬。交通作为第四大功能，其唯一宗旨便是在三大功能之间建立起高效率的联系。我们势必要进行一次大刀阔斧的改革，使用现代交通技术为城市及其所属地域配备路网，根据不同的服务目的和功用对各种交通方式进行分门别类，并为不同的车辆提供专用通道。我们要使交通成为一项稳固的功能，而不再是居住与工作的掣肘。

（82）城市建设不是平面化的，它是一项三维的科学。高度因素的引入将为我们赢得开放空间，使现代交通和休闲问题迎刃而解。

居住、工作和游憩场所需要足够的空间、阳光和良好的通风条件。而这些城市功能不仅是两维地分布在大地之上，实际上高度这个第三维度的作用更加突出。只有向高空发展，城市才能重新获得交流与休闲必须的开放空间。固定的功能与交通功能之间有着本质的区别，前者不移动，处于建筑体内，因而高度的影响至关重要；而后者则限于地面活动，只需关注二维平面，只有当需要采用立交来缓解机动交通压力的时候，才偶尔会有小尺度的高度变化。

（83）应当将城市纳入其所在地域的整体影响之中考虑，以区域规划取代简单的行政规划。城市集合体的界限应由其经济影响范围决定。

城市问题的特殊性使之不仅限于其自身内部，还包括了以城市为中心的整个地区。我们应当探寻城市存在的理由，并将其量化，从中预测将来可能的发展前景。

对次级人口中心也要进行同样的研究，以便对全局情况有总体的把握。在此基础上，我们就可以进行分配、限制和补偿工作，令每个城市及其地区都有自己的个性和使命，让它们在全国的大经济环境中准确定位、各司其职，呈现出清晰的地区分界。这将是一个全国性的城市化进程，各个省份都将在其中得到平衡的发展。

（84）一旦城市以功能单元来划分，其各部分间将彼此和谐，并具有足够空间和充分的相互联系，以保证各阶段能平衡发展。

城市的发展计划应有前瞻性，并服从于全盘计划的需要。合理的预测将描绘城市的未来，塑造其特色，预见其扩展的范围，并采取措施预防过度扩张。这个发展计划将统一于地区计划之中，以四大关键活动为主要框架，而不再是无序的投机。城市的成长将不再是一场灾难，而是人类辉煌的成就。城市人

(85) 目前最急迫的任务是，每个城市制订的规划和法律都应该能够贯彻实施。

偶然性将让位于预测，无序将被规划取代。每一种可能都应当写入区域规划；场地将按照各种不同的活动来测量和分配，并为此制订明确的管理规则。这项工作刻不容缓，应当立即着手进行，而且要长期坚持下去。应当颁布"土地法"，以保障每一项关键功能的最佳自我表达、最佳地理位置，以及与其他功能之间最合适的距离。同时，法律还应关注那些将来可能被占用的地区。法律拥有批准或禁止的权力；因此应在仔细审核的基础上鼓励创造性的活动，但不得与公众利益相悖。

(86) 城市规划方案应以专家缜密的分析为基础，充分考虑到时间和空间的不同发展阶段，综合协调场地的自然资源、总体地形、经济状况、社会需求和精神价值。

城市建设不再是土地开发商们拍脑袋想出来的住宅项目，也不再是完全不顾及市郊环境的圈地运动。一个城市的成长应该是各种功能分工明确而又完美配合的、有机的生命创造过程。在对其生长环境充分认识的基础上，使其各种资源得到合理的配置，潜能得以充分发挥。我们首先要确定城市交通流的主导方向，并使各种交通工具明确分工。我们将通过增长曲线来预测城市的经济发展前景。通过制订严格的规则，确保舒适的居住、工作和游憩环境。明晰的规划方案将令城市面貌焕然一新。

(87) 对于从事城市规划工作的建筑师来讲，一切工作的衡量准则是以人为本。

在建筑学偃旗息鼓近百年之后的今天，它重又担负起为人类谋福利的重任。它不再夸夸其谈，而是致力于充满人性关怀的建设，致力于提高人类个体的生活质量、减轻生存压力。除了建筑师以外，又有谁能够如此洞察人性，抛弃形式化的设计，并最终运用各种技术手段，谱写出人类史上最辉煌的华章呢？

(88) 城市规划应该以一个居住细胞，也就是一栋住宅为基点，并将这些同类的细胞集合起来，以形成一个大小适宜的邻里单位。

假如说细胞是生命体最原始的组成元素，那么住宅作为家庭的避风港，就是组成我们社会的细胞了。一个多世纪以来，住宅的建设流于无序混乱的投机游戏，而今我们必须让它成为一项人性化的事业。住宅乃是城市最原始的组成分子，它为人类提供遮风避雨的温馨港湾，它见证了人们生活中大大小小的喜怒哀乐。它理应是一个阳光充足、空气清新、各项设施十分便利的地方。为了便于向居住区提供食品、教育、医疗、休闲等日常服务，我们应当将住宅以组团形式布置，以形成尺度合宜的邻里单位。

(89) 以这个居住单位为出发点，将在住宅、工作地点和游憩场所之间建立起良好的空间关系。

居住，或者说良好的居住条件应是城市规划师工作的首要考虑。然而在居住之外，人们还要工作。要保证舒适的工作环境，我们就必须对目前的实践进行彻底的修正。办公室、车间和工厂设施的配备应该能够保障这一目标的实现。最后，城市的第三个功能——游憩，作为人们身心恢复的重要途径，也是不容忽视的，城市规划者们应充分考虑到这三大功能所需的场地及其他必备条件。

(90) 为了完成这一重大而艰巨的任务，我们必须通过各方面专家的合作，利用一切现代技术力量，并且充分发挥时代的创造性和丰富资源，从而支持城市建设艺术。

机械时代的新技术带来了今天城市的混乱和剧变，然而我们也只有靠技术才能解决这些问题。现代结构技术为我们提供了新的手段和工具，使我们的构筑物达到前所未有的尺度，开辟了建筑史上的全新纪元。这种重构不仅是在某一个层面上的，它涵盖的是我们至今无法完全理解的复杂综合体。因此，建筑师在城市建设的各个阶段都必须与各方面的专家通力合作。

(91) 城市建设过程会受到政治、社会和经济因素的深层影响。

仅仅意识到土地法规和某些建设原则的重要性还不够，要把理论付诸实践，必须靠以下几个因素的综合作用：首先要有深谋远虑、决心为市民谋求更高生活质量的管理者；其次要有受过良好教育，能够提出需求并理解、接受专家设计意图的大众群体；还要有使房地产项目开发成为可能的良好经济形势。然而有时却是这种情况：当整个局面处于低谷状态，政治、道德和经济都变得不再重要，而合宜的住宅却成为高于一切的需求，这时候居住就将把政治、社会生活和经济高度地统一起来，一起服务于一个共

(92) 建筑学的任务决不仅限于此。

建筑学决定着城市的命运。它安排居住的结构，掌控着它的健康、欢乐与和谐，而这是城市机体组织中最基本的细胞单元。建筑学对邻里单位的尺度控制至关重要。它预留出开放的空地，并保证未来以协调的比例进行建设；它划定居住区、工作区和游憩区的范围，并设计交通网络将三者联结起来。建筑学关系到城市的福祉与形象，它促使城市产生并发展，选择并以恰当比例分配各种不同元素，从而造就了和谐、稳固的杰作。可以说，建筑学是包罗万象的。

(93) 我们面临着这样的矛盾：城市亟待大规模重组，而土地产权却支离破碎。世界上所有的城市，无论是古代的还是现代的，都表现出同样原因所造成的缺陷。诚然，城市中最重要的部分应当首先处理，但一定要经过缜密的规划，并保证全局统一。城市规划方案分为近期规划和远期规划两部分。我们必须通过协商来征用许多土地，必须看清楚置公众利益于不顾的投机游戏的弊端。这项征收土地、解决土地产权的工作将在整个城市地区内进行。

(94) 为解决以上矛盾，我们迫切需要用相关法律来规范土地利用的操作过程，以使个人的基本需求与公众需求之间达到和谐统一。

城市改良运动与维护私人利益的僵化法律之间随时随地都存在着激烈的斗争。国家版图内的所有土地都应该纳入合理的市场体系之中，以便在开发项目之前就对它们进行评估。并合法征用土地以满足公众利益。倘若不能准确估计技术革命的重要作用及其对公众、私人生活的巨大影响，我们就必将付出沉重的代价，城市建设难以有效实施，城市组织和工业设施会陷入一片混乱。我们曾经误解了城市建设的规则，导致田地荒芜、城市拥塞，工业中心分布无序，工人宿舍沦为贫民窟。人类自身的安全和福祉失去保障，灾难性的悲剧在每一个国家上演，这正是近百年来机械化失控发展的苦果。

(95) 个人利益应服从集体利益。

单枪匹马的个人将遭遇各种各样的困难，然而过分受到集体的限制，却又将泯灭个性。个体与集体的利益理应相辅相成，并在各个方面求得统一。个体权利（individual rights）与庸俗的个人利益（private interest）有着本质区别，后者把所有的好处都集中在少数人身上，却把社会大众置于中下水平。这种方式应严加限制。个人利益应当服从集体利益，如此方能保障每个个体都能分享生活的乐趣、家居的温馨和城市的美景。

海 牙 公 约

联合国教科文组织《武装冲突情况下保护文化财产公约》

(联合国教科文组织于 1954 年 5 月 14 日在海牙通过)

缔约各国：

认识到在最近的武装冲突中文化财产遭受到严重损害，且由于作战技术的发展，其正处在日益增加的毁灭威胁之中；

确信对任何民族文化财产的损害亦即对全人类文化遗产的损害，因为每一民族对世界文化皆有其贡献；

考虑到文化遗产的保存对于世界各地民族具有重大意义，该遗产获得国际保护至为重要；

基于 1899 年和 1907 年海牙公约和 1935 年 4 月 15 日华盛顿条约所确立的关于在武装冲突中保护文化财产的各项原则；

认为除非于和平时期采取国内和国际措施予以组织，否则这种措施不能发挥效力；

决心采取一切可能步骤以保护文化财产；

兹议定如下条款：

第一章 保 护 总 则

第一条 文化财产的定义

为本公约之目的，"文化财产"一词应包括下列各项，而不问其来源或所有权如何：

1. 对每一民族文化遗产具有重大意义的可移动或不可移动的财产，例如建筑、艺术或历史纪念物而不论其为宗教的或非宗教；考古遗址；作为整体具有历史艺术价值的建筑群；艺术作品；具有艺术、历史或考古价值的手稿、书籍及其他物品；以及科学收藏品和书籍或档案的重要藏品或者上述财产的复制品；

2. 其主要和实在目的为保存或陈列（1）项所述可移动文化财产的建筑，例如博物馆、大型图书馆和档案库以及拟于武装冲突情况下保存（1）项所述可移动文化财产的保藏处；

3. 保存有大量（1）和（2）项所述文化财产的中心，称之为"纪念物中心"。

第二条 文化财产的保护

为本公约之目的，文化财产的保护应包括对该财产的保障和尊重。

第三条 文化财产的保障

各缔约国承允采取其认为适当的措施，以于和平时期准备好保障位于其领土内的文化财产免受武装冲突可预见的影响。

第四条 对文化财产的尊重

1. 各缔约国承允不为可能使之在武装冲突情况下遭受毁坏或损害的目的，使用文化财产及紧邻的周围环境或用于保护该项财产的设施以及进行针对该等财产的敌对行为，以尊重位于其领土内以及其他缔约国领土内的该等文化财产。

2. 本条第 1 款所述义务仅在军事必要所绝对需要的情况下方得予以摒弃。

3. 各缔约国并承允禁止、防止及于必要时制止对文化财产任何形式的盗窃、抢劫或侵占以及任何破坏行为。他们不得征用位于另一缔约国领土内的可移动文化财产。

4. 他们不得对文化财产施以任何报复行为。

5. 任何缔约国不得因另一缔约国未适用第三条所述保护措施而规避其根据本条对该国所承担的义务。

第五条 占领

1. 占领另一缔约国全部或部分领土的任何缔约国应尽可能协助被占领国国家主管当局保护并保存其文化财产。

2. 如证明有必要采取措施以保存位于被占领土内为军事行动所损害的文化财产，而该国主管当局不能采取此项措施时，占领国应尽可能并同该当局密切合作下采取最必要的保存措施。

3. 其政府被抵抗运动成员认作合法政府的任何缔约国如有可能应促请该等成员注意遵守本公约关于尊重文化财产的各项规定的义务。

第六条 文化财产的识别标志

根据第十六条的规定，文化财产可设置识别标志以便识别。

第七条 军事措施

1. 各缔约国承允于和平时期在其军事条例或训示中列有可保证本公约得以遵守的规定，并在其武装部队成员中培养一种尊重各民族文化及文化财产的精神。

2. 各缔约国承允于和平时期在其武装部队内筹划或设置机构或专门人员，其目的在于确保文化财产得到尊重并同负责其保护的民政当局进行合作。

第二章 特 别 保 护

第八条 特别保护的给予

1. 可将一定数量的准备在武装冲突情况下用以掩护可移动文化财产的保藏所、纪念物中心和其他极其重要的不可移动文化财产置于特别保护之下，但须其：

（1）同任何大工业中心或同作为易受攻击地点的任何重要军事目标，如机场、广播电台、用于国防的设施、相当重要的港口或火车站或交通干线间保持适当距离；

（2）不用于军事目的。

2. 可移动文化财产的保藏所，不论其位于何处，如其建造在任何情况下均不致为炸弹所损害，则亦可置于特别保护之下。

3. 纪念物中心如用于军事人员或物资的调运，即便为过境，应视为用于军事目的。如在该中心内进行与军事行动直接相关的活动、驻扎军事人员或生产战争物资，上述规定应予适用。

4. 由经特别授权的武装监管人对第1款所述文化财产进行保卫或在此项文化财产附近驻扎通常负责维持公共秩序的警察部队，不应视为用于军事目的。

5. 如果本条第1款所述任何文化财产位于该款所规定重要军事目标附近，其仍可被置于特别保护之下，惟请求此项保护的缔约国保证在武装冲突情况下不使用该目标，特别是如为港口、火车站或机场，则保证所有交通改道绕开此处。在此情况下，改道绕行应于和平时期做好准备。

6. 文化财产一经载入"受特别保护的文化财产国际登记册"，即给予特别保护。上述登载只应根据本公约的规定并按照公约实施条例所规定的条件办理。

第九条 受特别保护文化财产的豁免

各缔约国承允保证特别保护文化财产，从其载入国际登记册时起，豁免于任何针对该财产的敌对行为，并除第八条第5款规定的情况外，豁免于为军事目的使用此项财产或其周围环境。

第十条 标志和管制

武装冲突期间，受特别保护的文化财产应标以第十六条所述识别标志并应受公约实施条例所规定的国际管制。

第十一条 豁免的撤回

1. 如一缔约国在任何一项受特别保护的文化财产上违反第九条规定的义务。只要该项违反仍在持续，对方缔约国应予解除保证有关财产享有豁免的义务。但是，只要有可能，后一方应首先要求在合理的时间内中止此项违反。

2. 除本条第 1 款所规定情况外，对受特别保护的文化财产只有在无可避免的军事必要的非常情况下并于此项必要存续期间，方得撤回豁免。此项必要只能由指挥相当于师或更大规模部队的军官确定。只要情况许可，应于一合理时间前将撤回豁免的决定通知对方缔约国。

3. 撤回豁免的缔约国应尽速以书面向公约实施条例所规定的文化财产专员官长作此通知，并述明理由。

第三章　文化财产的运输

第十二条　特别保护下的运输

1. 专门从事文化财产转移的运输，不论是在一国领土内或是运往另一国领土，经有关缔约国请求，可根据公约实施条例规定的条件在特别保护下进行。

2. 特别保护下的运输应在前述条例所规定的国际监督之下进行并应展示第十六条所述识别标志。

3. 各缔约国不得对特别保护下的运输作任何敌对行为。

第十三条　紧急情况下的运输

1. 如果一缔约国认为某项文化财产为安全计需要转移，而且情况紧急不能遵照第十二条所规定的程序，尤其是在武装冲突开始时，该运输可展示第十六条所述识别标志，但须未提出第十二条所述豁免申请而遭拒绝者。如有可能，应向对方缔约国发出转移的通知。但向另一国领土运送文化财产的运输，除非已明确给予豁免，不得展示识别标志。

2. 各缔约国应尽可能采取必要防备措施，以避免针对第 1 款所述并展示有识别标志的运输实施敌对行为。

第十四条　扣押、收缴及捕获的豁免

1. 扣押、捕获及收缴的豁免应给予：

（1）享有第十二条或第十三条所规定保护的文化财产；

（2）专门用于转移此等文化财产的运输工具。

2. 本条规定不应限制临时检查和搜查的权利。

第四章　人　员

第十五条　人员

在符合安全利益的情况下，从事文化财产保护的人员应为此等财产的利益而受到尊重，并且如其落入对方手中，只要其所负责的文化财产亦落入对方手中，应准许其继续履行其职务。

第五章　识　别　标　志

第十六条　公约的标志

1. 公约的识别标志应取盾状，下端尖，蓝白色呈 X 形相间（盾的组成为，一纯蓝色正方形，其一角作为盾尖，正方形之上为一纯蓝色三角形，两边的空间各为一白色三角形）。

2. 该标志应单独使用，或在第十七条规定的条件下呈三角形重复三次（下面有一盾）。

第十七条　标志的使用

1. 识别标志重复三次只能用以识别：

(1) 受特别保护的不可移动文化财产；
(2) 依第十二条和第十三条所规定条件的运输；
(3) 依公约实施条例所规定条件的应急保藏所。

2. 识别标志单独使用仅用以识别：
(1) 不受特别保护的文化财产；
(2) 根据公约实施条例负有管制职责的人；
(3) 从事保护文化财产的人员；
(4) 公约实施条例所述身份证。

3. 在武装冲突期间，应禁止于本条前两款所述之外的任何情形下使用识别标志，以及为任何目的使用与识别标志相近似的标记。

4. 除非同时展示经缔约国主管当局正式注明日期并予以签字的授权，识别标志不得置于任何不可移动文化财产。

第六章 公约的适用范围

第十八条 公约的适用

1. 除应于和平时期生效的各项规定外，本公约适用于两个或多个缔约国间可能发生的经宣告的战争或任何其他武装冲突，即使其中一方或多方不承认战争状态。

2. 公约亦适用于一缔约国领土被部分或全部占领的情况，即使该占领未受到武装抵抗。

3. 如果冲突之一方不是本公约缔约国，作为本公约缔约国的冲突各方在其相互关系上应仍受本公约的约束。此外，如一非缔约国冲突方声明接受公约的规定，只要其适用这些规定，各缔约国在对该国关系上亦受公约结束。

第十九条 非国际性冲突

1. 如果一缔约国领土内发生非国际性武装冲突，每一冲突方应至少有义务使用本公约关于尊重文化财产的各项规定。

2. 冲突各方应尽力通过特别协议以实施本公约所有或部分其他条款。

3. 联合国教科文组织可以向冲突各项提供服务。

4. 上述条款的适用不应影响冲突各方的法律地位。

第七章 公 约 的 实 施

第二十条 公约实施条例
关于实施本公约的程序在公约实施条例中予以规定，该条例构成公约的组成部分。

第二十一条 保护国
本公约及其实施条例应在负责照管冲突各方利益的各保护国合作下予以适用。

第二十二条 调解程序

1. 各保护国应于其认为对文化财产利益有用时，特别是当冲突各方对于本公约或其实施条例的规定之适用和解释有争议时，进行斡旋。

2. 为此目的，每一保护国可应一方或联合国教科文组织总干事之邀，或主动向冲突各方建议，举行各方代表，特别是负责文化财产保护的当局的会议。如认为适当，在经适当选择的中立领土上举行。冲突各方应有义务实施向其提出的开会建议。保护国应提议一位属于中立国或由联合国教科文组织总干事提出，并征得冲突各方赞同的人选，邀其以主席身份参加上述会议。

第二十三条 联合国教科文组织的协助

1. 各缔约国可以请求联合国教育、科学及文化组织在其文化财产的组织方面，或于适用本公约或其实施条例所产生的任何其他问题上予以技术性协助。该组织应在其规划和资历所定限度内给予协助。

2. 该组织有权就此事宜主动向缔约国提出建议。

第二十四条 特别协议

1. 各缔约国可以就其认为适合于单独规定的一切事项缔结特别协议。

2. 不得缔结任何减损本公约给予文化财产及从事文化财产保护人员之保护的特别协议。

第二十五条 公约的传播

各缔约国承允于和平时期及武装冲突期间在其各自国家内尽可能广泛地传播本公约及其实施条例的文本。他们特别承允将对公约的研究列入军事教育计划，并如可能也列入国民教育计划，以使公约的各项原则为全体居民，特别是武装部队和从事文化财产保护的人员所知晓。

第二十六条 译文和报告

1. 各缔约国应通过联合国教科文组织总干事彼此交换本公约及其实施条例的正式译文。

2. 此外，各缔约国应至少四年一次向总干事提交一份报告，提供他们所认为适当的关于其各机构为履行本公约及其实施条例而采取、拟订或设想的任何措施的一切情报。

第二十七条 会议

1. 联合国教科文组织总干事经执行委员会同意可以召集各缔约国代表会议。如经至少五分之一缔约国要求，总干事必须召集上述会议。

2. 在不妨碍本公约及其实施条例所授予任何其他职能的情况下，会议的目的将为研究关于适用公约及其实施条例的问题，并就这些问题提出建议。

3. 如经多数缔约国出席，会议还可根据第三十九条的规定对公约或其实施条例进行修改。

第二十八条 制裁

各缔约国承允于其普通刑事管辖权范围内采取必要步骤，以对违反或唆使违反本公约的人，不问其国籍，进行起诉并施以刑事或纪律制裁。

最 后 条 款

第二十九条 语言

1. 本公约以英文、法文、俄文和西班牙文写成，四种文本具有同等效力。

2. 联合国教科文组织应安排将公约译成其大会的其他正式语言。

第三十条 签署

本公约日期应为1954年5月14日，在1954年12月31日前应开发供所有被邀请出席1954年4月21日至1954年5月4日在海牙召开会议的国家签署。

第三十一条 批准

1. 本公约须经各签署国依照其各自宪法程序予以批准。

2. 批准书应交存于联合国教科文组织总干事。

第三十二条 加入

本公约自生效之日起应开放供未签署公约的第三十条所述所有国家以及由联合国教科文组织执行委员会邀请加入的任何其他国家加入。加入应以向联合国教科文组织总干事交存加入文书即为生效。

第三十三条 生效

1. 本公约应于五份批准书交存后三个月生效。

2. 此后，公约应于每一缔约国交存批准或加入书后三个月对其生效。

3. 第十八条和第十九条所述情势应使冲突各方于敌对行动或占领开始以前或其后所交存批准或加

入文书立即生效。于此情况下,联合国教科文组织总干事应以最迅速方法转送第三十八条所述通知。

第三十四条 有效适用

1. 公约生效之日为公约当事国者应采取一切必要措施,以保证公约于生效后六个月期间内得以有效适用。

2. 对于公约生效后交存批准或加入文书的任何国家,上述期间应为自批准或加入文书交存之日起六个月。

第三十五条 公约地域适用的扩展

任何缔约国可于批准或加入时或于其后任何时间向联合国教科文组织总干事发出通知,声明本公约应扩展适用于由其负责国际关系的所有或任何领土。上述通知应于收到之日后三个月生效。

第三十六条 同以前公约的关系

1. 在受无论是 1899 年 7 月 29 日 或 1907 年 10 月 18 日关于陆战法规与惯例(第四)和关于战时海上轰炸(第九)的海牙各公约约束并为本公约缔约国的各国间关系上,本公约应为对前述第九公约及前述第四公约所附章程的补充,并应于本公约及其实施条例规定使用识别标志的情况下,以本公约第十六条所述标志取代前述第九公约第五条所述标志。

2. 在受 1935 年 4 月 15 日关于保护艺术和科学机构及历史纪念物的华盛顿条约洛埃里奇条约约束,并为本公约缔约国的各国间关系上,本公约应为对洛埃里奇条约的补充,并应于本公约及其实施条例规定使用识别标志的情况下,以本公约第十六条所规定标志取代条约第三条所述区别旗帜。

第三十七条 退出

1. 每一缔约国可以用其自身的名义或用由其负责国际关系的任何领土的名义退出本公约。

2. 退出应以书面文书通知,交存于联合国教科文组织总干事。

3. 退出应于收到退出文书后一年生效。但是,如果在该期限届满时,退出方正卷入一武装冲突,则在敌对行动结束前或在文化财产返还活动完成前,以较后者为定,退出不应发生效力。

第三十八条 通知

联合国教科文组织总干事应将第三十一、三十二和三十九条所规定的所有批准、加入和接受文书及第三十五、三十七和三十九条所分别规定的通知和退出文书的交存告知第三十和第三十二条所述国家及联合国。

第三十九条 公约及其实施条例的修改

1. 任何缔约国可以提出对本公约及其实施条例的修正案。任何提出对本公约及其实施条例的修正案。任何提出的修正案案文应递送于联合国教科文组织总干事,由其转送于每一缔约国,要求该缔约国于四个月内答复,说明其是否:

(1) 要求召开会议以审议所提出的修正案;

(2) 赞成不必召开会议即接受所提出的修正案;或

(3) 赞成不必召开会议即拒绝所提出的修正案。

2. 总干事应将依本条第 1 款所收到的各项答复,转送所有缔约国。

3. 如果所有在规定的时间限度内依照本条第 1 款(1)项向联合国教科文组织总干事表明意见的缔约国通知总干事其赞成不必召开会议即接受修正案,其决定应由总干事根据第三十八条的规定予以通知。修正案应于通知之日起九十天期满时对所有缔约国生效。

4. 如经三分之一以上缔约国要求,总干事应召开缔约国会议以审议所提出的修正案。

5. 依前款规定办理的公约或其实施条例的修正案,仅在其经出席会议的缔约国一致通过并为每一缔约国所接受后方应生效。

6. 缔约国对业经第 4 和第 5 款所述会议通道的公约或其实施条例的修正案所作接受应以向联合国教科文组织总干事交存一正式文书为有效。

7. 在本公约或其实施条例的修正案生效后,只有经修正的公约或其实施条例的文本应予继续开放供批准或加入。

第四十条 登记

根据联合国宪章第一百零二条,本公约应经联合国教科文组织总干事的请求,向联合国秘书处登记。

下列签字者经正式授权,谨签字于本公约,以昭信守。

1954年5月14日于海牙订于一份正本,该本应保存于联合国教育、科学及文化组织的档案库内,其经核证无误的副本应分送第三十条和第三十二条所述所有国家及联合国。

威尼斯宪章

(第二届历史古迹建筑师及技师国际会议于1964年5月25日至31日在威尼斯通过)

世世代代人民的历史古迹，饱含着过去岁月的信息留存至今，成为人们古老的活的见证。人们越来越意识到人类价值的统一性，并把古代遗迹看作共同的遗产，认识到为后代保护这些古迹的共同责任。将它们真实地、完整地传下去是我们的职责。

古代建筑的保护与修复指导原则应在国际上得到公认并作出规定，这一点至关重要。各国在各自的文化和传统范畴内负责实施这一规划。

1931年的雅典宪章第一次规定了这些基本原则，为一个国际运动的广泛发展作出了贡献，这一运动所采取的具体形式体现在各国的文件之中，体现在国际博物馆协会和联合国教育、科学及文化组织的工作之中，以及在由后者建立的国际文物保护与修复研究中心之中。一些已经并在继续变得更为复杂和多样化的问题已越来越受到注意，并展开了紧急研究。现在，重新审阅宪章的时候已经来临，以便其所含原则进行彻底研究，并在一份新文件中扩大其范围。

为此，1964年5月25日至31日在威尼斯召开了第二届历史古迹建筑师及技师国际会议，通过了以下文本：

定 义

第一条 历史古迹的要领不仅包括单个建筑物，而且包括能从中找出一种独特的文明、一种有意义的发展或一个历史事件见证的城市或乡村环境。这不仅适用于伟大的艺术作品，而且亦适用于随时流逝而获得文化意义的过去一些较为朴实的艺术品。

第二条 古迹的保护与修复必须求助于对研究和保护考古遗产有利的一切科学技术。

宗 旨

第三条 保护与修复古迹的目的旨在把它们既作为历史见证，又作为艺术品予以保护。

保 护

第四条 古迹的保护至关重要的一点在于日常的维护。

第五条 为社会公用之目的使用古迹永远有利于古迹的保护。因此，这种使用合乎需要，但决不能改变该建筑的布局或装饰。只有在此限度内才可考虑或允许因功能改变而需做的改动。

第六条 古迹的保护包含着对一定规模环境的保护。凡传统环境存在的地方必须予以保存，决不允许任何导致改变主体和颜色关系的新建、拆除或改动。

第七条 古迹不能与其所见证的历史和其产生的环境分离。除非出于保护古迹之需要，或因国家或国际之极为重要利益而证明有其必要，否则不得全部或局部搬迁该古迹。

第八条 作为构成古迹整体一部分的雕塑、绘画或装饰品，只有在非移动而不能确保其保存的唯一办法时方可进行移动。

修 复

第九条 修复过程是一个高度专业性的工作，其目的旨在保存和展示古迹的美学与历史价值，并以尊重原始材料和确凿文献为依据。一旦出现臆测，必须立即予以停止。此外，即使如此，任何不可避免的添加都必须与该建筑的构成有所区别，并且必须要有现代标记。无论在什么情况下，修复之前及之后必须对古迹进行考古及历史研究。

第十条 当传统技术被证明为不适用时，可采用任何经科学数据和经验证明为有效的现代建筑及保护技术来加固古迹。

第十一条 各个时代为一古迹之建筑物所做的正当贡献必须予以尊重，因为修复的目的不是追求风格的统一。当一座建筑物含有不同时期的重叠作品时，揭示底层只有在特殊情况下，在被去掉的东西价值甚微，而被显示的东西具有很高的历史、考古或美学价值，并且保存完好足以说明这么做的理由时才能证明其具有正当理由。评估由此涉及的各部分的重要性以及决定毁掉什么内容不能仅仅依赖于负责此项工作的个人。

第十二条 缺失部分的修补必须与整体保持和谐，但同时须区别于原作，以使修复不歪曲其艺术或历史见证。

第十三条 任何添加均不允许，除非它们不至于贬低该建筑物的有趣部分、传统环境、布局平衡及其与周围环境的关系。

第十四条 古迹遗址必须成为专门照管对象，以保护其完整性，并确保用恰当的方式进行清理和开放。在这类地点开展的保护与修复工作应得到上述条款所规定之原则的鼓励。

发 掘

第十五条 发掘应按照科学标准和联合国教科文组织1956年通过的适用于考古发掘国际原则的建议予以进行。

遗址必须予以保存，并且必须采取必要措施，永久地保存和保护建筑风貌及其所发现的物品。此外，必须采取一切方法促进对古迹的了解，使它得以再现而不曲解其意。

然而对任何重建都应事先予以制止，只允许重修，也就是说，把现存但已解体的部分重新组合。所用粘结材料应永远可以辨别，并应尽量少用，只需确保古迹的保护和其形状的恢复之用便可。

出 版

第十六条 一切保护、修复或发掘工作永远应有用配以插图和照片的分析及评论报告这一形式所做的准确的记录。

清理、加固、重新整理与组合的每一阶段，以及工作过程中所确认的技术及形态特征均应包括在内。这一记录应存放于一公共机构的档案馆内，使研究人员都能查到。该记录应建议出版。

保护世界文化和自然遗产公约

(联合国教科文组织大会第十七届会议于 1972 年 11 月 16 日在巴黎通过)

联合国教科文组织大会于 1972 年 10 月 17 日至 11 月 21 日在巴黎举行的第十七届会议:

注意到文化遗产和自然遗产越来越受到破坏的威胁,一方面因年久腐变所致,同时变化中的社会和经济条件使情况恶化,造成更加难对付的损害或破坏现象;

考虑到任何文化或自然遗产的坏变或丢失都有使全世界遗产枯竭的有害现象;

考虑到国家一级保护这类遗产的工作往往不很完善,原因在于这项工作需要大量手段而列为保护对象的财产的所在国却不具备充足的经济、科学和技术力量;

回顾本组织《组织法》规定,本组织将通过保存和维护世界遗产和建议有关国家订立必要的国际公约来维护、增进和传播知识;

考虑到现在有关于文化和自然财产的国际公约、建议和决议表明,保护不论属于哪个人民的这类罕见且无法替代的财产,对全世界人民都很重要;

考虑到部分文化或自然遗产具有突出的重要性,因而需作为全人类世界遗产的一部分加以保护;

考虑到鉴于威胁这类遗产的新危险的规模和严重性,整个国际社会有责任通过提供集体性援助来参与保护具有突出的普遍价值的文化和自然遗产;这种援助尽管不能代替有关国家采取的行动,但将成为它的有效补充;

考虑到为此有必要通过采用公约形式的新规定,以便为集体保护具有突出的普遍价值的文化和自然遗产建立一个根据现代科学方法制定的永久性的有效制度,在大会第十六届会议上,曾决定应就此问题制定一项国际公约。

于 1972 年 11 月 16 日通过本公约。

I 文化和自然遗产的定义

第一条 在本公约中,以下各项为"文化遗产":

文物:从历史、艺术或科学角度看具有突出的普遍价值的建筑物、碑雕和碑画、具有考古性质成分或结构、铭文、窟洞以及联合体;

建筑群:从历史、艺术或科学角度看,在建筑式样、分布均匀或与环境景色结合方面,具有突出的普遍价值的单立或连接的建筑群;

遗址:从历史、审美、人种学或人类学角度看具有突出的普遍价值的人类工程或自然与人联合工程以及考古地址等地方。

第二条 在本公约中,以下各项为"自然遗产":

从审美或科学角度看具有突出的普遍价值的由物质和生物结构或这类结构群组成的自然面貌;

从科学或保护角度看具有突出的普遍价值的地质和自然地理结构以及明确划为受威胁的动物和植物生境区;

从科学、保护或自然美角度看具有突出的普遍价值的天然名胜或明确划分的自然区域。

第三条 本公约缔约国均可自行确定和划分上面第一条和第二条中提及的、本国领土内的文化和自然财产。

Ⅱ 文化和自然遗产的国家保护和国际保护

第四条 本公约缔约国均承认,保证第一条和第二条中提及的、本国领土内的文化和自然遗产的确定、保护、保存、展出和遗传后代,主要是有关国家的责任。

该国将为此目的竭尽全力,最大限度地利用本国资源,必要时利用所能获得的国际援助和合作,特别是财政、艺术、科学及技术方面的援助和合作。

第五条 为保证、保护、保存和展出本国领土内的文化和自然遗产采取积极有效的措施,本公约各缔约国应视本国具体情况尽力做到以下几点:

1. 通过一项旨在使文化和自然遗产在社会生活中起一定作用并把遗产保护工作纳入全面规划计划的总政策;

2. 如本国内尚未建立负责文化和自然遗产的保护、保存和展出的机构,则建立一个或几个此类机构,配备适当的工作人员和为履行其职能所需的手段;

3. 发展科学和技术研究,并制订出能够抵抗威胁本国文化或自然遗产的危险的实际方法;

4. 采取为确定、保护、保存、展出和恢复这类遗产所需的适当的法律、科学、技术、行政和财政措施;

5. 促进建立或发展有关保护、保存和展出文化和自然遗产的国家或地区培训中心,并鼓励这方面的科学研究。

第六条

1. 本公约缔约国,在充分尊重第一条和第二条中提及的文化和自然遗产的所在国的主权,并不使国家立法规定的财产权受到损害的同时,承认这类遗产是世界遗产的一部分,因此,整个国际社会有责任合作予以保护。

2. 缔约国根据本公约的规定,应有关国家的要求,帮助该国确定、保护、保存和展出第十一条第二和四段中提及的文化和自然遗产。

3. 本公约各缔约国不得故意采取任何可能直接或间接损害本公约其他缔约国领土内的、第一条和第二条中提及的文化和自然遗产的措施。

第七条 在本公约中,世界文化和自然遗产的国际保护应被理解为建立一个旨在支持本公约缔约国保存和确定这类遗产的努力的国际合作和援助系统。

Ⅲ 保护世界文化和自然遗产政府间委员会

第八条

1. 在联合国教科文组织内,现建立一个保护具有突出的普遍价值的文化和自然遗产政府间委员会,称为"世界遗产委员会"。委员会由联合国教科文组织大会常会期间召集的本公约缔约国大会选出的 15 个缔约国组成。委员会成员国的数目将在至少 40 个缔约国实施本公约之后的大会常会之日起增至 21 个。

2. 委员会委员的选举须保证均衡地代表世界的不同地区和不同文化。

3. 国际文物保护与修复研究中心(罗马中心)的一名代表、国际古迹遗址理事会的一名代表以及国际自然及自然资源保护联盟的一名代表可以咨询者身份出席委员会的会议,此外,应联合国教科文组织大会常会期间举行大会的本公约缔约国提出的要求,其他具有类似目标的政府间或非政府组织的代表亦可以咨询者身份出席委员会的会议。

第九条

1. 世界遗产委员会成员国的任期自当选之应届大会常会结束时起至应届大会后第三次常会闭幕

时止。

2. 但是，第一次选举时指定的委员中，有三分之一的委员的任期应于当选之应届大会后第一次常会闭幕时截止；同时指定的委员中，另有三分之一的委员的任期应于当选之应届大会后第二次常会闭幕时截止。这些委员由联合国教科文组织大会主席在第一次选举后抽签决定。

3. 委员会成员国应选派在文化或自然遗产方面有资历的人员担任代表。

第十条

1. 世界遗产委员会应通过其议事规则。

2. 委员会可随时邀请公共或私立组织或个人参加其会议，以就具体问题进行磋商。

3. 委员会可设立它认为为履行其职能所需的咨询机构。

第十一条

1. 本公约各缔约国应尽力向世界遗产委员会递交一份关于本国领土内适于列入本条第 2 段所述《世界遗产目录》的、组成文化和自然遗产的财产的清单。

这份清单不应当看作是齐全的，它应包括有关财产的所在地及其意义的文献资料。

2. 根据缔约国按照第 1 段规定递交的清单，委员会应制订、更新和出版一份《世界遗产目录》，其中所列的均为本公约第一条和第二条确定的文化遗产和自然遗产的组成部分，也是委员会按照自己制订的标准认为是具有突出的普遍价值的财产。一份最新目录应至少每两年分发一次。

3. 把一项财产列入《世界遗产目录》需征得有关国家同意。当几个国家对某一领土的主权或管辖权均提出要求时，将该领土内的一项财产列入《目录》不得损害争端各方的权利。

4. 委员会应在必要时制订、更新和出版一份《处于危险的世界遗产目录》，其中所列财产均为载于《世界遗产目录》之中，需要采取重大活动加以保护并为根据本公约要求给予援助的财产。《处于危险的世界遗产目录》应载有这类活动的费用概算，并只可包括文化和自然遗产中受到下述严重的特殊危险威胁的财产，这些危险是：蜕变加剧、大规模公共或私人工程、城市或旅游业迅速发展计划造成的消失威胁；土地的使用变动或易主造成的破坏；未知原因造成的重大变化；随意摈弃；武装冲突的爆发或威胁；灾害和灾变；严重火灾、地震、山崩；火山爆发；水位变动；洪水和海啸等。委员会在紧急需要时可随时在《处于危险的世界遗产目录》中增列新的条目并立即予以发表。

5. 委员会应确定属于文化或自然遗产的财产可被列入本条第 2 和 4 段中提及的目录所依据的标准。

6. 委员会在拒绝一项要求列入本条第 2 和 4 段中提及的目录之一的申请之前，应与有关文化或自然财产所在缔约国磋商。

7. 委员会经与有关国家商定，应协调和鼓励为拟订本条第 2 和 4 段中提及的目录所需进行的研究。

第十二条 未被列入第十一条第 2 和 4 段提及的两个目录的属于文化或自然遗产的财产，决非意味着在列入这些目录的目的之外的其他领域不具有突出的普遍价值。

第十三条

1. 世界遗产委员会应接受并研究本公约缔约国就已经列入或可能适于列入第十一条第 2 和 4 段中提及的目录的本国领土内成为文化或自然遗产的财产要求国际援助而递交的申请。这种申请的目的可能是保证这类财产得到保护、保存、展出或恢复。

2. 本条第 1 段中提及的国际援助申请还可能涉及鉴定哪些财产属于第一和二条所确定的文化或自然遗产，当初步调查表明此项调查值得进行下去。

3. 委员会应就对这些申请所需采取的行动作出决定，必要时应确定其援助的性质和程度，并授权以它的名义与有关政府作出必要的安排。

4. 委员会应制订其活动的优先顺序并在进行这项工作时应考虑到需予保护的财产对世界文化和自然遗产各具的重要性、对最能代表一种自然环境或世界各国人民的才华和历史的财产给予国际援助的必要性、所需开展工作的迫切性、拥有受到威胁的财产的国家现有的资源、特别是这些国家利用本国资源保护这类财产的能力大小。

5. 委员会应制订、更新和发表已给予国际援助的财产目录。

6. 委员会应就本公约第十五条下设立的基金的资金使用问题作出决定。委员会应设法增加这类资金，并为此目的采取一切有益的措施。

7. 委员会应与拥有与本公约目标相似的目标的国际和国家级政府组织和非政府组织合作。委员会为实施其计划和项目，可约请这类组织，特别是国际文物保护与修复研究中心（罗马中心）、国际古迹遗址理事会和国际自然及自然资源保护联盟并可约请公共和私立机构及个人。

8. 委员会的决定应经出席参加表决的委员的三分之二多数通过。委员会委员的多数构成法定人数。

第十四条

1. 世界遗产委员会应由联合国教科文组织总干事任命组成的一个秘书处协助工作。

2. 联合国教科文组织总干事应尽可能充分利用国际文物保护与修复研究中心（罗马中心）、国际古迹遗址理事会和国际自然及自然资源保护联盟在各自职权范围内提供的服务，以为委员会准备文件资料，制定委员会会议议程，并负责执行委员会的决定。

Ⅳ 保护世界文化和自然遗产基金

第十五条

1. 现设立一项保护具有突出的普遍价值的世界文化和自然遗产基金，称为"世界遗产基金"。

2. 根据联合国教科文组织《财务条例》的规定，此项基金应构成一项信托基金。

3. 基金的资金来源应包括：

（1）本公约缔约国义务捐款和自愿捐款；

（2）下列方面可能提供的捐款、赠款或遗赠：

（ⅰ）其他国家；

（ⅱ）联合国教科文组织、联合国系统的其他组织（特别是联合国开发计划署）或其他政府间组织；

（ⅲ）公共或私立机构或个人；

（3）基金款项所得利息；

（4）募捐的资金和为本基金组织的活动的所得收入；

（5）世界遗产委员会拟订的基金条例所认可的所有其他资金。

4. 对基金的捐款和向委员会提供的其他形式的援助只能用于委员会限定的目的。委员会可接受仅用于某个计划或项目的捐款，但以委员会业已决定实施该计划或项目为条件。对基金的捐款不得带有政治条件。

第十六条

1. 在不影响任何自愿补充捐款的情况下，本公约缔约国每两年定期向世界遗产基金纳款，本公约缔约国大会应在联合国教科文组织大会届会期间开会确定适用于所有缔约国的一个统一的纳款额百分比，缔约国大会关于此问题的决定，需由未作本条第2段中所述声明的、出席及参加表决的缔约国的多数通过。本公约缔约国的义务纳款在任何情况下都不得超过对联合国教科文组织正常预算纳款的百分之一。

2. 然而，本公约第三十一条或第三十二条中提及的国家均可在交存批准书、接受书或加入书时声明不受本条第1段规定的约束。

3. 已作本条第2段中所述声明的本公约缔约国可随时通过通知联合国教育、科学及文化组织总干事收回所作声明。然而，收回声明之举在紧接的一届本公约缔约国大会之日以前不得影响该国的义务纳款。

4. 为使委员会得以有效地规划其活动，已作本条第 2 段中所述声明的本公约缔约国应至少每两年定期纳款，纳款不得少于它们如受本条第 1 段规定约束所须交纳的款额。

5. 凡拖延交付当年和前一日历年的义务纳款或自愿捐款的本公约缔约国不能当选为世界遗产委员会成员，但此项规定不适用于第一次选举。属于上述情况但已当选委员会成员的缔约国的任期应在本公约第八条第 1 段规定的选举之时截止。

第十七条 本公约缔约围应考虑或鼓励设立旨在为保护本公约第 1 和 2 条中所确定的文化和自然遗产募捐的国家、公共及私立基金会或协会。

第十八条 本公约缔约国应对在联合国教育、科学及文化组织赞助下为世界遗产基金所组织的国际募款运动给予援助。它们应为第十五条第 3 段中提及的机构为此目的所进行的募款活动提供便利。

V 国际援助的条件和安排

第十九条 凡本公约缔约国均可要求对本国领土内组成具有突出的普遍价值的文化或自然遗产之财产给予国际援助。它在递交申请时还应按照第二十一条规定所拥有的有助于委员会作出决定的文件资料。

第二十条 除第十三条第 2 段、第二十二条（3）分段和第二十三条所述情况外，本公约规定提供的国际援助仅限于世界遗产委员会业已决定或可能决定列入第十一条第 2 和 4 段中所述目录的文化和自然遗产的财产。

第二十一条

1. 世界遗产委员会应制订对向它提交的国际援助申请的审议程序，并应确定申请应包括的内容，即打算开展的活动、必要的工程、工程的预计费用和紧急程度以及申请国的资源不能满足所有开支的原因所在。这类申请须尽可能附有专家报告。

2. 对因遭受灾难或自然灾害而提出的申请，由于可能需要开展紧急工作，委员会应立即给予优先审议，委员会应掌握一笔应急储备金。

3. 委员会在作出决定之前，应进行它认为必要的研究和磋商。

第二十二条 世界遗产委员会提供的援助可采取下述形式：

1. 研究在保护、保存、展出和恢复本公约第十一条第 2 和 4 段所确定的文化和自然遗产方面所产生的艺术、科学和技术性问题；

2. 提供专家、技术人员和熟练工人，以保证正确地进行已批准的工作；

3. 在各级培训文化和自然遗产的鉴定、保护、保存、展出和恢复方面的工作人员和专家；

4. 提供有关国家不具备或无法获得的设备；

5. 提供可长期偿还的低息或无息贷款；

6. 在例外和特殊情况下提供无偿补助金。

第二十三条 世界遗产委员会还可向培训文化和自然遗产的鉴定、保护、保存、展出和恢复方面的各级工作人员和专家的国家或地区中心提供国际援助。

第二十四条 在提供大规模的国际援助之前，应先进行周密的科学、经济和技术研究。这些研究应考虑采用保护、保存、展出和恢复自然和文化遗产方面最先进的技术，并应与本公约的目标相一致。这些研究还应探讨合理利用有关国家现有资源的手段。

第二十五条 原则上，国际社会只担负必要工程的部分费用。除非本国资源不许可，受益于国际援助的国家承担的费用应构成用于各项计划或项目的资金的主要份额。

第二十六条 世界遗产委员会和受援围应在他们签订的协定中确定享有根据本公约规定提供的国际

援助的计划或项目的实施条件。应由接受这类国际援助的国家负责按照协定制订的条件对如此卫护的财产继续加以保护、保存和展出。

Ⅵ 教 育 计 划

第二十七条

1. 本公约缔约国应通过一切适当手段，特别是教育和宣传计划，努力增强本国人民对本公约第一和二条中确定的文化和自然遗产的赞赏和尊重。

2. 缔约国应使公众广泛了解对这类遗产造成威胁的危险和根据本公约进行的活动。

第二十八条 接受根据本公约提供的国际援助的缔约国应采取适当措施，使人们了解接受援助的财产的重要性和国际援助所发挥的作用。

Ⅶ 报 告

第二十九条

1. 本公约缔约国在按照联合国教科文组织大会确定的日期和方式向该组织大会递交的报告中，应提供有关它们为实行本公约所通过的法律和行政规定和采取的其他行动的情况，并详述在这方面获得的经验。

2. 应提请世界遗产委员会注意这些报告。

3. 委员会应在联合国教科文组织大会的每届常会上递交一份关于其活动的报告。

Ⅷ 最 后 条 款

第三十条 本公约以阿拉伯文、英文、法文、俄文和西班牙文拟订，五种文本同一作准。

第三十一条

1. 本公约应由联合国教科文组织会员国根据各自的宪法程序予以批准或接受。

2. 批准书或接受书应交存联合国教科文组织总干事。

第三十二条

1. 所有非联合国教科文组织会员的国家，经该组织大会邀请均可加入本公约。

2. 向联合国教科文组织总干事交存一份加入书后，加入方才有效。

第三十三条 本公约须在第二十份批准书、接受书或加入书交存之日的三个月之后生效，但这仅涉及在该日或之前交存各自批准书、接受书或加入书的国家。就任何其他国家而言，本公约应在这些国家交存其批准书、接受书或加入书的三个月之后生效。

第三十四条 下述规定须应用于拥有联邦制或非单一立宪制的本公约缔约国：

1. 关于在联邦或中央立法机构的法律管辖下实施的本公约规定，联邦或中央政府的义务应与非联邦国家的缔约国的义务相同；

2. 关于在无须按照联邦立宪制采取立法措施的联邦各个国家、地区、省或州法律管辖下实施的本公约规定，联邦政府应将这些规定连同其关于予以通过的建议一并通告各个国家、地区、省或州的主管当局。

第三十五条

1. 本公约缔约国均可通告废除本公约。

2. 废约通告应以一份书面文件交存联合国教科文组织的总干事。

3. 公约的废除应在接到废约通告书一年后生效，废约在生效日之前不得影响退约国承担的财政义务。

第三十六条 联合国教科文组织总干事应将第三十一和三十二条规定交存的所有批准书、接受书或加入书和第三十五条规定的废约等事通告本组织会员国、第三十二条中提及的非本组织会员的国家以及联合国。

第三十七条

1. 本公约可由联合围教科文组织的大会修订。但任何修订只对将成为修订的公约缔约国具有约束力。

2. 如大会通过一项全部或部分修订本公约的新公约，除非新公约另有规定，本公约应从新的修订公约生效之日起停止批准、接受或加入。

第三十八条 按照《联合国宪章》第102条，本公约须应联合国教科文组织总干事的要求在联合国秘书处登记。

1972年11月23日订于巴黎，两个正式文本均有大会第十七届会议主席和联合国教科文组织总干事的签字，由联合国教科文组织存档，并将验明无误之副本发送第31条和第32条述之所有国家以及联合国。

前文系联合国教科文组织大会在巴黎举行的，于1972年11月21日宣布闭幕的第十七届会议通过的《公约》正式文本。

1972年11月23日签字，以昭信守。

（1985年11月22日第六届全国人民代表大会常务委员会第十三次会议决定：批准联合国教科文组织大会第十七届会议于1972年11月16日在巴黎通过的《保护世界文化和自然遗产公约》）

关于在国家一级保护文化和自然遗产的建议

(联合国教科文组织大会第十七届会议于 1972 年 11 月 16 日在巴黎通过)

联合国教科文组织大会于 1972 年 10 月 17 日至 11 月 21 日在巴黎举行第十七届会议:

考虑到在一个生活条件加速变化的社会里,就人类平衡和发展而言至关重要的是为人类保存一个合适的生活环境,以便人类在此环境中与自然及其前辈留下的文明痕迹保持联系。为此,应该使文化和自然遗产在社会生活中发挥积极的作用,并把当代成就、昔日价值和自然之美纳入一个整体政策;

考虑到这种与社会和经济生活的结合必定是地区发展和国家各级规划的一个基本方面;

考虑到我们这个时代特有的新现象所带来的异常严重的危险正威胁着文化和自然遗产,而这些遗产构成了人类遗产的一个基本特征,以及丰富和协调发展当代与未来文明的一种源泉;

考虑到每一项文化和自然遗产都是独一无二的,任何一项文化和自然遗产的消失都构成绝对的损失,并造成该遗产的不可逆转的枯竭;

考虑到在其领土上有文化和自然遗产组成部分的任何一个国家,有责任保护这一部分人类遗产并确保将它传给后代;

考虑到研究、认识及保护世界各国的文化遗产和自然遗产有利于人民之间的相互理解;

考虑到文化和自然遗产构成一个和谐的整体,其组成部分是不可分割;

考虑到经共同考虑和制定的保护文化和自然遗产的政策可能使成员国之间继续产生相互影响,并对联合国教科文组织在这一领域的活动产生决定性的影响;

考虑到大会已经通过了保护文化和自然遗产的国际文件,如:《关于适用于考古发掘的国际原则的建议》(1956)、《关于保护景观和遗址的风貌与特征的建议》(1962)以及《关于保护受到公共或私人工程危害的文化财产的建议》(1968);

希望补充并扩大这类建议中所规定的标准和原则的适用范围;

收到有关保护文化遗产和自然遗产的建议,该问题作为第二十三项议案列入本届会议议程;

第十六届会议上决定:该问题应向成员国建议的形式制定为国际规章;

于 1972 年 11 月 16 日,通过本建议。

一 文化和自然遗产的定义

1. 为本建议之目的,以下各项应被视为"文化遗产":

(1) 古迹:建筑物、不朽的雕刻和绘画作品,包括穴居和题记以及在考古、历史、艺术或科学方面具有特殊价值的组成部分或结构;

(2) 建筑群:因其建筑、谐调或在风景中的位置而具有特殊历史、艺术或科学价值的单独或相连建筑群;

(3) 遗址:因风景秀丽或在考古、历史、人种或人类学方面的重要性而具有特殊价值的地形区,该地形区是人类与自然的共同产物。

2. 为本建议之目的,以下各项应被视为"自然遗产":

在美学或科学方面具有特殊价值的、由物理和生物结构(群)所组成的自然风貌;

在科学或保护方面具有特殊价值的,或正面临威胁的构成动物和植物物种的栖息地或产地的地理和地文结构,以及准确划定的区域;

在科学、保护或自然风貌方面、或在其与人类和自然的共同产物的关系方面具有特殊价值的自然遗址或准确划定的自然地区。

二 国 家 政 策

3. 各国应根据其司法和立法需要，尽可能制定、发展并应用一项其主要目的应在于协调和利用一切可能得到的科学、技术、文化和其他资源的政策，以确保有效地保护、保存和展示文化和自然遗产。

三 总 则

4. 文化遗产和自然遗产代表着财富。凡领土上有这些遗产的国家都有责任对其国民和整个国际社会保护、保存和展示这些遗产；成员国应采取履行该义务所需的相应行动。

5. 文化和自然遗产应被视为一个同种性质的整体，它不仅由具有巨大内在价值的作品组成，而且还包括随着时间流逝而具有文化或自然价值的较为一般的物品。

6. 任何一件作品和物品按一般原则都不应与其环境相分离。

7. 由于保护、保存和展示文化和自然遗产的最终目的是为了人类的发展，因此，各成员国应尽可能以不再把文化和自然遗产视为国家发展的障碍，而应视为决定因素这样一种方法来指导该领域的工作。

8. 应将保护、保存并有效地展示文化和自然遗产视为地区发展计划以及国家、地区和地方总体规划的重要方面之一。

9. 应制订一项保存文化和自然遗产并在社会生活中给其一席之地的积极政策。各成员国应安排公共和私人的一切有关部门采取行动，以制订并应用此政策。有关文化和自然遗产的预防和矫正措施应通过其他方面得到补充，其意图旨在使该遗产的每一组成部分都按照其文化或自然特性而发挥作用，从而成为现在和未来国家社会、经济、科学和文化生活的一部分。保护文化和自然遗产的行动应利用保护、保存和展示文化遗产或自然遗产所涉及的各个研究领域所取得的科学和技术进步。

10. 公共当局应尽可能为保护和展示文化和自然遗产提供日益增长的财政资源。

11. 将要采取的保护和保存措施，应与该地区的公众联系起来，并呼吁他们提出建议或给予帮助——特别是在对待和监督文化和自然遗产方面。也可以考虑从私人部门得到财政支持的可能性。

四 行 政 组 织

12. 尽管由于行政组织的多样性使得各成员国无法采取一个统一的组织形式，然而还是应该遵循某些共同的标准。

专门的公共行政部门

13. 各成员国应根据各国的适当条件，在其尚无此类组织的领土上设立一个或多个专门的公共行政部门，负责有效地执行以下各项职能：

(1) 制订和实施各种旨在保护、保存和展示本国文化和自然遗产并使其成为社会生活的一个积极因素的措施，并且先编纂一份文化和自然遗产的清单，建立相关的档案资料服务机构；

(2) 培训并招聘所需的科学、技术和行政人员，由其负责文化和自然遗产的鉴定、保护、保存和其他综合计划，并指导其实施；

(3) 组织各学科专家的紧密合作，研究文化和自然遗产的保护技术问题；

(4) 利用或建立实验室，研究有关文化和自然遗产保护方面所涉及的各学科问题；

(5) 确保遗产所有人或承租人进行必要的维修，并保持建筑物的最佳艺术和技术状况。

咨询机构

14. 专门的行政部门应与负责在准备文化和自然遗产有关措施方面提供咨询的专家机构合作。这类机构应包括专家、主要保护学会的代表以及有关行政部门的代表。

各机构间的合作

15. 从事保护、保存和展示文化和自然遗产的专门的行政部门应与其他公共行政部门一起在平等的基础上开展工作，特别是那些负责地区发展规划、主要公共工程、环境及经济和社会规划的部门。涉及文化和自然遗产的旅游发展计划的制订应审慎进行，以便不影响该遗产的内在特征和重要性，并应采取步骤在有关部门间建立适当的联系。

16. 凡涉及大型项目时，应组织专门的行政部门之间的、各种层次的不断合作并作好适当的协调安排，以便采取顾及有关各方利益的一致决定。从研究之初就应制订合作计划的规定，并确定解决冲突的机制。

中央、联邦地区和地方机构的权限

17. 考虑到保护、保存和展示文化和自然文化遗产所涉及的问题难以处理这一事实，有时需要专门知识，有时涉及艰难的抉择，并且也考虑到该领域不能得到足够的专业人员，因此，应根据各成员国的适当情况，在审慎平衡的基础上划分中央或联邦以及地区或地方当局之间有关制订和执行一般保护措施的一切职责。

五 保 护 措 施

18. 各成员国应尽可能采取一切必要的科学、技术、行政、法律和财政措施，确保其领土上的文化和自然遗产得到保护。这些措施应根据各成员国的立法和组织而定。

科学和技术措施

19. 各成员国应经常对其文化和自然遗产进行精心维护，以避免因其退化而不得不进行的耗资巨大的项目。为此，各成员国应通过定期检查对其遗产的各部分经常进行监督。它们还应该依据现有科学、技术和财政手段精心制订能逐渐包括所有文化和自然遗产的保护和展示的计划项目。

20. 任何所需进行的工作应根据其重要性，都事先并同时进行彻底的研究。这种研究应同各有关领域的专家一起进行，或由有关领域的专家单独进行。

21. 各成员国应寻找有效的办法，对受到极为严重危险威胁的文化和自然遗产的组成部分给予更多的保护。此办法应考虑所涉及的且相互关联的科学、技术和艺术问题并能制订出适用的治理对策。

22. 另外在适当情况下，这些文化和自然遗产的组成部分应恢复其原有用途或赋予新的和更加恰当的用途，只要其文化价值并没有因此而受到贬损。

23. 对文化遗产所进行的任何工程都应旨在保护其传统原貌，并保护它免遭可能破坏它与周围环境之间总体或色彩关系的重建或改建。

24. 古迹与其周围环境之间由时间和人类所建立起来的和谐极为重要，通常不应受到干扰和毁坏，不应允许通过破坏其周围环境而孤立该古迹；也不应试图将古迹迁移，除非作为处理问题的一个例外方法，并证明这么做的理由是出于紧迫的考虑。

25. 各成员国应采取措施，保护文化和自然遗产免受标志现代文明的技术进步可能带来的有害影响。这些措施应旨在对付由机器和车辆所引起的震动和震颤的影响。还应采取措施防止污染和自然灾害和灾难，并对文化和自然遗产所受到的损坏进行修缮。

26. 由于建筑群的修复情况并非到处千篇一律，因此各成员国应在适当情况下进行社会科学调查，以便准确地确定有关建筑群所在的社区有何社会需要和文化需要。任何修复工程都应特别注意使人类能在已修复的环境中工作、发展并取得成就。

27. 各成员国应对各项自然遗产，如公园、野生物、难民区或娱乐区或其他类似保护区进行地质和生态研究，以正确评估其科学价值，确定观众使用带来的影响，并观察各种相互关系，避免对遗产造成严重损害，并为动物和植物的管理提供足够的背景资料。

28. 各成员国应在运输、通信、视听技术、数据自动处理和其他先进技术以及文化、娱乐发展趋势方面做到齐头并进，以便为科学研究和适合于各地而又不破坏自然资源的公共娱乐提供尽可能好的设备和服务。

行政措施

29. 各成员国应尽快制订出其文化和自然遗产的保护清单，其中包括那些虽不是至关重要但却与其环境不可分割并构成其特征的项目。

30. 通过对文化和自然遗产的这种勘查所获得的信息资料应以适当的形式予以收集，并定期更新。

31. 为了确保在各级规划中都能有效地确认文化和自然遗产，各成员国应准备涉及有关文化和自然财产的地图和尽可能详尽的资料。

32. 各成员国应考虑为不再用作原来用途的历史建筑群寻找合适的用途。

33. 应该为保护、保存、展示和修复具有历史和艺术价值的建筑群制定计划。它应包括边缘保护地带、规定土地使用条件并说明需要保护的建筑物及其保护条件。该计划应纳入有关地区的城镇和乡村整体规划的政策。

34. 修复计划应说明历史建筑物将作何用途以及修复地区与城市周围发展之间有何联系。在考虑指定一个修复区时，应同该地区的地方当局及居民代表进行磋商。

35. 任何可能导致改变保护区建筑物现状的工程须由城镇和乡村规划部门在听取负责文化和自然遗产保护的专门行政部门的意见并予以批准后方可进行。

36. 如果出于居住者生活的需要，并且只有在不会极大地改变古代寓所真实特性的条件下，才应允许对建筑群的内部进行改动以及安装现代化设施。

37. 各成员国应根据其自然遗产的清单，制订短期和长期计划以形成一套符合本国需要的保护系统。

38. 各成员国应就符合土地有效使用的国家保护政策提供咨询服务以指导民间组织及土地所有者。

39. 各成员国应为恢复因工业而遭废弃或人类活动而遭破坏的自然区域制定政策和计划。

法律措施

40. 文化和自然遗产的组成部分，应根据其本身的重要性，由与各国的权限和法律程序相一致的立法或法规单独地或集体地予以保护。

41. 通过制订新规定应对保护措施作必要的补充，以促进文化和自然遗产的保护，并有利于展示其组成部分。为此，保护措施的实施，应适用于拥有文化和自然遗产组成部分的个人或公共当局。

42. 未经专门行政部门批准，一律不准兴建新建筑物，也不准对位于保护区或附近的财产予以拆除、改造、修改或砍伐其树木。

43. 允许工业发展或公共和私人工程的规划之立法应考虑现有的有关保护的立法。负责保护文化和自然遗产的有关当局可以采取步骤，通过以下方法加快必要的保护工程，即或者向遗产所有者提供财政援助，或者代理所有者并行使其权力使工程竣工。有关当局有可能获得所有者通常原本应付的那部分费用的补偿。

44. 在出于保护财产之需要的情况下，可根据国内立法的规定赋予公共当局征用受保护的建筑物或自然遗址的权力。

45. 各成员国应制订法规，控制招贴画、霓虹灯和其他各类广告、商业招牌、野营、电线杆、高塔、电线或电话线、电视天线、各种交通运输停车场、路标和街头设施等，总之与装备或占据文化和自然遗产某一组成部分有关的一切事宜。

46. 无论所有权是否变更，为保护文化和自然遗产的任何组成部分所采取的措施应继续有效。如果一个受保护的建筑物或自然遗址被出售，应告诉买者它在被保护之列。

47. 对蓄意破坏、损害或毁坏被保护的古迹、建筑物群或遗址、或具有考古、历史、或艺术价值的遗产的人，应根据各国宪法、法律和权限予以惩罚或行政处罚。此外，对非法挖掘设备应予以没收。

48. 对其他任何破坏保护、保存和展示受保护的文化或自然遗产组成部分的行为负有责任者应给予惩罚和行政处罚。它应包括根据已有的科技标准将受影响的遗址修复至原状的规定。

财政措施

49. 中央和地方当局应根据构成文化和自然遗产组成部分的被保护财产的重要性，尽可能在预算中拨出一定比例的资金，以便维护、保护和展示其所拥有的被保护财产，并从财产上资助对公共或私人所有的其他被保护财产所进行的类似工程。

50. 因保护、保存和展示私人所有的文化和自然遗产所造成的开支应尽可能地由所有者或使用者负担。

51. 此类开支的减税或赠款或优惠贷款可以提供给被保护财产的私人所有者，条件是他们根据所同意的标准进行保护、保存、展示和修复其财产的工程。

52. 如有必要，应考虑向文化和自然遗产保护区所有者赔偿因保护计划而可能招致的损失。

53. 在适当情况下，给予私人所有者的财政优惠应取决于他们是否遵守为公共利益而规定的某些条件，如：允许人们进入公园、花园和遗址，游览部分或全部自然遗址及古迹和建筑群，允许拍照等。

54. 在公共部门的预算中，应为保护受大规模公共或私人工程的危害的文化和自然遗产划拨专项资金。

55. 为了增加可能得到的财政资源，各成员国可以设立一个或多个"文化和自然遗产基金会"，它们如同合法设立的公共机构一样，有权接受私人馈赠、捐赠和遗赠，特别是来自工业和商业公司的捐款。

56. 对那些征集、修复或维护文化和自然遗产的特定组成部分的馈赠、捐赠或遗赠者应给予税务减让。

57. 为了有利于自然和文化遗产修复工程的进行，各成员国可以做出特别安排，特别是通过为更新和修复工程贷款的方式；各成员国也可以制定必要的法规，以避免由于不动产的投机而带来的物价上涨。

58. 为了避免因修缮给不得不搬出建筑物或建筑群的贫困居民带来的艰辛，可以考虑给予租金上涨的补偿，以使他们能够保留住宅。这种补偿应该是暂时性的，并应根据有关人员的收入而定，以使他们能够偿付由于进行工程而造成的不断增加的费用。

59. 各成员国可以为有利于文化和自然遗产各项工程的融资提供便利，即通过建立由公共机构和私人信贷部门支持的"信贷基金"，负责向所有者提供低息长期贷款。

六 教育和文化行动

60. 大学、各级教育机构及永久性教育机构应就艺术史、建筑、环境和城镇规划定期组织讲课、讲座、讨论会等。

61. 各成员国应开展教育运动以唤起公众对文化和自然遗产的广泛兴趣和尊重，还应继续努力以告知公众为保护文化和自然遗产现在正在做些什么，以及可做些什么，并谆谆教诲他们理解和尊重其所含价值。为此，应动用一切所需之信息媒介。

62. 在不忽视文化和自然遗产的巨大经济和社会价值的情况下，应采取措施促进和增强该遗产的明显的文化和教育价值以服务于保护、保存和展示该遗产的基本目的。

63. 为文化和自然遗产组成部分所做的一切努力，都应考虑其代表一种环境，一种与人类及其地位相适应的建筑或城镇设计形式而自身蕴藏的内在的文化价值和教育价值。

64. 应建立志愿者机构以鼓励国家和地方当局充分利用其保护权力并向它们提供帮助及必要时替它

们筹措资金。这些机构应该同地方历史学会、友好促进会、地方发展委员会以及旅游机构等保持联系，还可以组织其成员参观和游览文化和自然遗产的不同项目。

65. 为了说明已列入计划、正在进行的文化和自然遗产组成部分的修复工程，可设立信息中心、博物馆或举办展览。

七 国 际 合 作

66. 各成员国应就文化和自然遗产的保护、保存和展示进行合作，在必要情况下，从政府间和非政府间的国际组织寻求援助。这种多边或双边合作应认真予以协调，并采取以下形式的措施：

（1）交流信息及交换科技出版物；

（2）组织专题讨论会或工作小组；

（3）提供学习和旅游奖学金，提供科技行政人员与设备；

（4）通过让年轻研究人员和技术人员参加建筑项目、考古发掘和自然遗址的保护提供国外科技培训的便利；

（5）在一些成员国之间就保护、发掘、修复和修缮工程的大型项目进行协作，以推广所取得的经验。

以上乃联合国教科文组织大会在巴黎举行的、于1972年11月21日宣布闭幕的第十七届会议正式通过的建议之作准文本。

我们已于1972年11月23日签字，以昭信守。

关于历史性小城镇保护的国际研讨会的决议

(国际古迹遗址理事会第四届全体大会于 1975 年 5 月 29 日至 30 日在罗登堡通过)

1. 在《布鲁日决议》中提出的总原则或多或少可普遍应用于历史性小城镇的保护中；但是在执行该决议的过程中必须考虑到世界上不同地区的不同社会、经济和政治等因素。

历史性小城镇可按照其普遍性、大小、文化背景和经济功能的不同划分为很多类型。在修复和翻新这些城镇的过程中，必须尊重当地居民的权利、习俗和期望，必须对公共目的和目标负责。因此，至于政策和策略，必须根据自身特点具体情况具体分析。

2. 在工业化国家中，历史性小城镇过去通常是以前一个重要中心，没有被 19 世纪工业化和城市发展浪潮波及。通常，此类城镇的经济角色是能使其具有区别于其他大城市的鲜明特征的农业地区中心：

- 城镇并没有超出其历史核心区（仍有可视优势）进行扩张，有时还能保留城墙；
- 城镇的历史核心仍标志着社会生活和工业中心，包含大面积住宅区；
- 周围景观大部分仍未被破坏，是城镇形象的一个主要部分；
- 根据人口和就业，在很多情况下仍有一个稳定多样的社区结构：极少数古城镇的经济单一结构取决于大规模生产过程。

3. 此类历史性小城镇常遭受各种危险：

- 它们可能因为缺乏经济活动而导致居民迁移至较大的城市，从而造成废弃和衰落；
- 即使人口数量稳定时，由于对居民的交通和其他不便利，也还可能倾向于迁到城镇边缘的现代住处，从而导致历史城镇中心的遗弃；
- 另一方面，太多经济活动可能导致原有结构的瓦解和打破城市环境和谐的新元素介入；
- 使城镇适应现代活动和利用的措施可能有相似效果。例如，旅游，这是经济复兴的合理方式，却也对城镇外观和结构有负面影响；
- 社会基础单位如学校和医院等不断扩大规模将会破坏城镇的范围并降低其服务水平。

4. 在发展中国家，人口迅速膨胀和加速涌进城镇会破坏现有的居住结构。如果允许仅存的历史关联萎缩的话，这些国家的民族和文化特性将会不可挽回地丧失殆尽。根据居住结构、住宅形式、建筑技术和本地材料使用，这些关联中没有一个比适应当地自然和气候条件并已发展数世纪的本土建筑环境更重要。

政府应该意识到需要努力维持当地市区和原始环境的正面特质，提供对此负责的规划机构和保护古城镇免受过分扩张和工业化压力的机构。

5. 为了消除威胁历史性小城镇的危险，需要各种级别的策略和措施：

（ⅰ）区域性政策必须考虑到历史小城镇的特殊需要，必须通过确定其与特殊结构相应的地位来确保它们得到保护：首先，小城镇的经济功能应是可选择的，从而使得既不瓦解也不抛弃历史遗物和结构；

（ⅱ）为了达到这个目的，必须协调所有影响城镇内含的公共机构政策的规划步骤，例如工业选址、运输网和其他区域设施；

（ⅲ）对当地级而言，规划也必须认识到保持和提高城镇价值的需要，应计划：

a）遵守城镇在所有新的发展中的现有范围，注重其特点、主体建筑和景观联系；

b）保持市内空间、街道和广场的明确的有形特性不仅体现在孤立的"传统岛"，而且还体现在城镇的结构中，从而至少提供与主要兴趣点相连的连续网；

c）避免破坏历史元素，其乍一看似乎不太重要，但是其累积的损失将会是不可挽回的；

d) 为空闲建筑寻找合适的新的利用形式，否则将面临衰败的威胁。

（ⅳ）调查、评估和保护历史性小城镇特性的方法作为保护的前提必须得到发展。应充分考虑技术、法律和财政问题。经验交流是一个很重要的援助形式。联合国教科文组织和国际古迹遗址理事会文献中心可承担收集相关信息并进行处理的任务；

（ⅴ）最后，作为保护政策存在长期良效的基本条件，激励小城镇居民及其行政代表以所在历史环境为荣的意识和维护的责任感是很必要的。

6. 在很多地方，小城镇保护在很大程度上是当地发起的结果，此类有益的行动必须得到鼓励和支持。可是，城市保护问题对个人行为和单纯本地行动来说正变得过于复杂。将来必须寻找更强更广泛的国家和地区立法来鼓励历史性小城镇的保护，保护它们免受房产炒卖的威胁。

罗登堡，1975年5月29日至30日。

内罗毕建议

(联合国教科文组织大会第十九届会议于 1976 年 11 月 26 日在内罗毕通过)

联合国教科文组织大会于 1976 年 10 月 26 日至 11 月 30 日在内罗毕举行第十九届会议:

考虑到历史地区是各地人类日常环境的组成部分,它们代表着形成其过去的生动见证,提供了与社会多样化相对应所需的生活背景的多样化,并且基于以上各点,它们获得了自身的价值,又得到了人性的一面;

考虑到自古以来,历史地区为文化、宗教及社会活动的多样化和财富提供了最确切的见证,保护历史地区并使它们与现代社会生活相结合是城市规划和土地开发的基本因素;

考虑到面对因循守旧和非个性化的危险,这些昔日的生动见证对于人类和对那些从中找到其生活方式缩影及其某一基本特征的民族,是至关重要的;

注意到整个世界在扩展或现代化的借口之下,拆毁(却不知道拆毁的是什么)和不合理不适当重建工程正给这一历史遗产带来严重的损害;

考虑到历史地区是不可移动的遗产,其损坏即使不会导致经济损失,也常常会带来社会动乱;

考虑到这种情况使每个公民承担责任,并赋予公共当局只有他们才能履行的义务;

考虑到为了使这些不可替代的财产免受它们所面临的退化甚至全部毁坏的危险,各成员国当务之急是采取全面而有力的政策,把保护和复原历史地区及其周围环境作为国家、地区或地方规划的组成部分;

注意到在许多情况下缺乏一套有关建筑遗产及其与城市规划、领土、地区或地方规划相互联系的相当有效而灵活的立法;

注意到大会已通过了保护文化和自然遗产的国际文件,如:《关于适用于考古发掘的国际原则的建议》(1956)、《关于保护景观和遗址的风貌与特征的建议》(1962)、《关于保护受到公共或私人工程威胁的文化财产的建议》(1972);

希望补充并扩大这些国际文件所确定的标准和原则的适用范围;

收到关于历史地区的保护及其当代作用的建议,该问题作为本届会议第 27 项议程;

第十八次会议决定该问题应采取向各成员国的建议的形式。

于 1976 年 11 月 26 日通过本建议。

大会建议各成员国应通过国家法律或其他方式制订使本建议所规定的原则和准则在其所管辖的领土上生效的措施,以适用以上规定。

大会建议各成员国应将本建议提请与保护历史地区及其周围环境有关的国家、地区和地方当局、事业单位、行政部门或机构以及各种协会的注意。

大会建议各成员国应按大会决定的日期和形式向大会提交有关本建议执行情况的报告。

一 定 义

1. 为本建议之目的:

(1) "历史和建筑(包括本地的)地区"系指包含考古和古生物遗址的任何建筑群、结构和空旷地,它们构成城乡环境中的人类居住地,从考古、建筑、史前史、历史、艺术和社会文化的角度看,其凝聚力和价值已得到认可。在这些性质各异的地区中,可特别划分为以下各类:史前遗址、历史城镇、老城区、老村庄、老村落以及相似的古迹群。不言而喻,后者通常应予以精心保存,维持不变。

(2)"环境"系指影响观察这些地区的动态、静态方法的、自然或人工的环境。

(3)"保护"系指对历史或传统地区及其环境的鉴定、保护、修复、修缮、维修和复原。

二 总 则

2. 历史地区及其环境应被视为不可替代的世界遗产的组成部分。其所在国政府和公民应把保护该遗产并使之与我们时代的社会生活融为一体作为自己的义务。国家、地区或地方当局应根据各成员国关于权限划分的情况，为全体公民和国际社会的利益，负责履行这一义务。

3. 每一历史地区及其周围环境应从整体上视为一个相互联系的统一体，其协调及特性取决于它的各组成部分的联合，这些组成部分包括人类活动、建筑物、空间结构及周围环境。因此一切有效的组成部分，包括人类活动，无论多么微不足道，都对整体具有不可忽视的意义。

4. 历史地区及其周围环境应得到积极保护，使之免受各种损坏，特别是由于不适当的利用、不必要的添建和诸如将会损坏其真实性的错误的或愚蠢的改变而带来的损害，以及由于各种形式的污染而带来的损害。任何修复工程的进行应以科学原则为基础。同样，也应十分注意组成建筑群并赋予各建筑群以自身特征的各个部分之间的联系与对比所产生的和谐与美感。

5. 在导致建筑物的规模和密度大量增加的现代城市化的情况下，历史地区除了遭受直接破坏的危险外，还存在一个真正的危险：新开发的地区会毁坏临近的历史地区的环境和特征。建筑师和城市规划者应谨慎从事，以确保古迹和历史地区的景色不致遭到破坏，并确保历史地区与当代生活和谐一致。

6. 当存在建筑技术和建筑形式的日益普遍化可能造成整个世界的环境单一化的危险时，保护历史地区能对维护和发展每个国家的文化和社会价值作出突出贡献。这也有助于从建筑上丰富世界文化遗产。

三 国家、地区和地方政策

7. 各成员国应根据各国关于权限划分的情况制定国家、地区和地方政策，以便使国家、地区和地方当局能够采取法律、技术、经济和社会措施，保护历史地区及其周围环境，并使之适应于现代生活的需要。由此制定的政策应对国家、地区或地方各级的规划产生影响，并为各级城市规划，以及地区和农村发展规划，为由此而产生的共构成制定目标和计划重要组成部分的活动、责任分配以及实施行为提供指导。在执行保护政策时，应寻求个人和私人协会的合作。

四 保 护 措 施

8. 历史地区及其周围环境应按照上述原则和以下措施予以保护，具体措施应根据各国立法和宪法权限以及各国组织和经济结构来决定。

立法及行政措施

9. 保护历史地区及其周围环境的总政策之适用应基于对各国整体有效的原则。各成员国应修改现有规定，或必要时，制定新的法律和规章以便参照本章及下列章节所述之规定，确保对历史地区及其周围环境的保护。它们应鼓励修改或采取地区或地方措施以确保此种保护。有关城镇和地区规划以及住宅政策的法律应予以审议，以便使它们与有关保护建筑遗产的法律相协调、相结合。

10. 关于保护历史地区的制度的规定应确立关于制订必要的计划和文件的一般原则，特别是：

适用于保护地区及其周围环境的一般条件和限制；

关于为保护和提供公共服务而制定的计划和行动说明；

将要进行的维护工作并为此指派负责人；

适用于城市规划，再开发以及农村土地管理的区域；

指派负责审批任何在保护范围内的修复、改动、新建或拆除的机构；

保护计划得到资金并得以实施的方式。

11. 保护计划和文件应确定被保护的区域和项目：

对其适用的具体条件和限制；

在维护、修复和改进工作中所应遵守的标准；

关于建立城市或农村生活所需的服务和供应系统的一般条件；

关于新建项目的条件。

12. 原则上，这些法律也应包括旨在防止违反保护法的规定，以及防止在保护地区内财产价值的投机性上涨的规定，这一上涨可能危及为整个社会利益而计划的保护和维修。这些规定可以包括提供影响建筑用地价格之方法的城市规划措施，例如：设立邻里区或制定较小型的开发计划，授予公共机构优先购买权、在所有人不采取行动的情况下，为了保护、修复或自动干预之目的实行强制购买。这些规定可以确定有效的惩罚，如：暂停活动、强制修复和适当的罚款。

13. 个人和公共当局有义务遵守保护措施。然而，也应对武断的或不公正的决定提供上诉的机制。

14. 有关建立公共和私人机构以及公共和私人工程项目的规定应与保护历史地区及其周围环境的规定相适应。

15. 有关贫民区的房产和街区以及有补贴住宅之建设的规定，尤其应本着符合并有助于保护政策的目的予以制订或修改。因此，应拟定并调整已付补贴的计划，以便专门通过修复古建筑推动有补贴的住宅建筑和公共建设的发展。在任何情况下，一切拆除应仅限于没有历史或建筑价值的建筑物，并对所涉及的补贴应谨慎予以控制。另外，应将专用于补贴住宅建设的基金拨出一部分，用于旧建筑的修复。

16. 有关建筑物和土地的保护措施的法律后果应予以公开并由主管官方机构作出记录。

17. 考虑到各国的具体条件以及各个国家、地区和地方当局的责任划分，下列原则应构成保护机制运行的基础：

（1）应设有一个负责确保长期协调一切有关部门，如国家、地区和地方公共部门或私人团体的权力机构。

（2）跨学科小组一旦完成了事先一切必要的科学研究后，应立即制订保护计划和文件，这些跨学科小组特别应由以下人员组成：

保护和修复专家，包括艺术史学家；

建筑师和城市规划师；

社会学家和经济学家；

生态学家和风景建筑师；

公共卫生和社会福利的专家；

并且更广泛地说，所有涉及历史地区保护和发展学科方面的专家。

（3）这些机构应在传播有关民众的意见和组织他们积极参与方面起带头作用。

（4）保护计划和文件应由法定机构批准。

（5）负责实施保护规定和规划的国家、地区和地方各级公共当局应配有必要的工作人员和充分的技术、行政管理和财政来源。

技术、经济和社会措施

18. 应在国家、地区或地方一级制订保护历史地区及其周围环境的清单。该清单应确定重点，以使可用于保护的有限资源能够得到合理的分配。需要采取的任何紧急保护措施，不论其性质如何，均不应等到制订保护计划和文件后再采取。

19. 应对整个地区进行一次全面的研究，其中包括对其空间演变的分析。它还应包括考古、历史、建筑、技术和经济方面的数据。应制订一份分析性文件，以便确定哪些建筑物或建筑群应予以精心保护、哪些应在某种条件下予以保存，哪些应在极例外的情况下经全面记录后予以拆毁。这将能使有关当局下令停止任何与本建议不相符合的工程。此外，出于同样目的，还应制订一份公共或私人开阔地及其植被情况的清单。

20. 除了这种建筑方面的研究外，也有必要对社会、经济、文化和技术数据与结构以及更广泛的城市或地区联系进行全面的研究。如有可能，研究应包括人口统计数据以及对经济、社会和文化活动的分析、生活方式和社会关系、土地使用问题、城市基础设施、道路系统、通信网络以及保护区域与其周围地区的相互联系。

有关当局应高度重视这些研究并应牢记没有这些研究，就不可能制订出有效的保护计划。

21. 在完成上述研究之后，并在保护计划和详细说明制订之前，原则上应有一个实施计划，其中既要考虑城市规划、建筑、经济和社会问题，又要考虑城乡机构吸收与其具体特点相适应的功能的能力。实施计划应在使居住密度达到理想水平，并应规定分期进行的工作及其进行中所需的临时住宅，以及为那些无法重返先前住所的居民提供永久性的住房。该实施计划应由有关的社区和人民团体密切参与制订。由于历史地区及其周围环境的社会、经济及自然状态方面会随时间流逝而不断变化，因此，对其研究和分析应是一个连续不断的过程。所以，至关重要的是在能够进行研究的基础上制订保护计划并加以实施，而不是由于推敲计划过程而予以拖延。

22. 一旦制订出保护计划和详细说明并获得有关公共当局批准，最好由制订者本人或在其指导下予以实施。

23. 在具有几个不同时期特征的历史地区，保护应考虑到所有这些时期的表现形式。

24. 在有保护计划的情况下，只有根据该计划方可批准涉及拆除既无建筑价值和历史价值且结构又极不稳固、无法保存的建筑物的城市发展或贫民区治理计划，以及拆除无价值的延伸部分或附加楼层，乃至拆除有时破坏历史地区整体感的新建筑。

25. 保护计划未涉及地区的城市发展或贫民区治理计划应尊重具有建筑或历史价值的建筑物和其他组成部分及其附属建筑物。如果这类组成部分可能受到该计划的不利影响，应在拆除之前制订上述保护计划。

26. 为确保这些计划的实施不致有利于牟取暴利或与计划的目标相悖，有必要经常进行监督。

27. 任何影响历史地区的城市发展或贫民区治理计划应遵守适用于防止火灾和自然灾害的通用安全标准，只要这与适用于保护文化遗产的标准相符。如果确实出现了不符的情况，各有关部门应通力合作找出特别的解决方法，以便在不损坏文化遗产的同时，提供最大的安全保障。

28. 应特别注意对新建筑物制订规章并加以控制，以确保该建筑能与历史建筑群的空间结构和环境协调一致。为此，在任何新建项目之前，应对城市的来龙去脉进行分析，其目的不仅在于确定该建筑群的一般特征，而且在于分析其主要特征，如：高度、色彩、材料及造型之间的和谐、建筑物正面和屋顶建造方式的衡量、建筑面积与空间体积之间的关系及其平均比例和位置。特别应注意基址的面积，因为存在着这样一个危险，即基址的任何改动都可能带来整体的变化，均对整体的和谐不利。

29. 除非在极个别情况下并出于不可避免的原因，一般不应批准破坏古迹周围环境而使其处于孤立状态，也不应将其迁移他处。

30. 历史地区及其周围环境应得到保护，避免因架设电杆、高塔、电线或电话线、安置电视天线及大型广告牌而带来的外观损坏。在已经设置这些装置的地方，应采取适当措施予以拆除。张贴广告、霓虹灯和其他各种广告、商业招牌及人行道与各种街道设备应精心规划并加以控制，以使它们与整体相协调。应特别注意防止各种形式的破坏活动。

31. 各成员国及有关团体应通过禁止在历史地区附近建立有害工业，并通过采取预防措施消除由机器和车辆所带来的噪音、振动和颤动的破坏性影响，保护历史地区及其周围环境免受由于某种技术发展，特别是各种形式的污染所造成的日益严重的环境损害。另外还应做出规定，采取措施消除因旅游业的过分开发而造成的危害。

32. 各成员国应鼓励并帮助地方当局寻求解决大多数历史建筑群中所存在的一方面机动交通另一方面建筑规模以及建筑质量之间的矛盾的方法。为了解决这一矛盾并鼓励步行，应特别重视设置和开放既便于步行、服务通行又便于公共交通的外围乃至中央停车场和道路系统。许多诸如在地下铺设电线和其他电缆的修复工程，如果单独实施耗资过大，可以简单而经济地与道路系统的发展相结合。

33. 保护和修复工作应与振兴活动齐头并进。因此，适当保持现有的适当作用，特别是贸易和手工艺，并增加新的作用是非常重要的，这些新作用从长远来看，如果具有生命力，应与其所在的城镇、地区或国家的经济和社会状态相符合。保护工作的费用不仅应根据建筑物的文化价值而且应根据其经使用获得的价值进行估算。只有参照了这两方面的价值尺度，才能正确看待保护的社会问题。这些作用应满足居民的社会、文化和经济需要，而又不损坏有关地区的具体特征。文化振兴政策应使历史地区成为文化活动的中心并使其在周围社区的文化发展中发挥中心作用。

34. 在农村地区，所有引起干扰的工程和经济、社会结构的所有变化应严加控制，以使具有历史意义的农村社区保持其在自然环境中的完整性。

35. 保护活动应把公共当局的贡献同个人或集体所有者、居民和使用者单独或共同作出的贡献联系起来，应鼓励他们提出建议并充分发挥其积极作用。因此，特别应通过以下方法在社区和个人之间建立各种层次的经常性的合作：适合于某类人的信息资料，适合于有关人员的综合研究，建立附属于计划小组的顾问团体；所有者、居民和使用者在对公共企业机构发挥咨询作用方面的代表性。这些机构负责有关保护计划的决策、管理和组织实施的机构或负责创建参与实施计划。

36. 应鼓励建立自愿保护团体和非营利性协会以及设立荣誉或物质奖励，以使保护领域中各方面卓有成效的工作能得到认可。

37. 应通过中央、地区和地方当局足够的预算拨款，确保得到保护历史地区及其环境计划中所规定的用于公共投资的必要资金。所有这些资金应由受委托协调国家、地区或地方各级一切形式的财政援助、并根据全面行动计划发放资金的公共、私人或半公半私的机构集中管理。

38. 下述形式的公共援助应基于这样的原则：在适当和必要的情况下，有关当局采取的措施，应考虑到修复中的额外开支，即与建筑物新的市场价格或租金相比，强加给所有者的附加开支。

39. 一般来说，这类公共资金应主要用于保护现有建筑，特别包括低租金的住宅建筑，而不应划拨给新建筑的建设，除非后者不损害现有建筑物的使用和作用。

40. 赠款、补贴、低息贷款或税收减免应提供给按保护计划所规定的标准进行保护计划所规定的工程的私人所有者和使用者。这些税收减免、赠款和贷款可首先提供给拥有住房和商业财产的所有者或使用者团体，因为联合施工比单独行动更加节省。给予私人所有者和使用者的财政特许权，在适当情况下，应取决于要求遵守为公共利益而规定的某些条件的契约，并确保建筑物的完整，例如：允许参观建筑物、允许进入公园、花园或遗址，允许拍照等。

41. 应在公共或私人团体的预算中，拨出一笔特别资金，用于保护受到大规模公共工程和污染危害的历史建筑群。公共当局也应拨出专款，用于修复由于自然灾害所造成的损坏。

42. 另外，一切活跃于公共工程领域的政府部门和机构应通过既符合自己目的，又符合保护计划目标的融资，安排其计划与预算，以便为历史建筑群的修复作出贡献。

43. 为了增加可资利用的财政资源，各成员国应鼓励建立保护历史地区及其周围环境的公共和/或私人金融机构。这些机构应有法人地位，并有权接受来自个人、基金会以及有关工业和商业方面的赠款。对捐赠人可给予特别的税收减免。

44. 通过建立借贷机构为保护历史地区及其周围环境所进行的各种工程的融资工作，可由公共机构和私人信贷机构提供便利，这些机构将负责向所有者提供低息长期贷款。

45．各成员国和其他有关各级政府部门可促进非营利组织的建立。这些组织负责以周转资金购买，或如果合适在修复后出售建筑物。这笔资金是为了使那些希望保护历史建筑物、维护其特色的所有人能够在其中继续居住而专门设立的。

46．保护措施不应导致社会结构的崩溃，这一点尤为重要。为了避免因翻修给不得不从建筑物或建筑群迁出的最贫穷的居民所带来的艰辛，补偿上涨的租金能使他们得以维持家庭住房、商业用房、作坊以及他们传统的生活方式和职业，特别是农村手工业、小型农业、渔业等。这项与收入挂钩的补偿，将会帮助有关人员偿付由于进行工程而导致的租金上涨。

五　研究、教育和信息

47．为了提高所需技术工人和手工艺者的工作水平，并鼓励全体民众认识到保护的必要性并参与保护工作，各成员国应根据其立法和宪法权限，采取以下措施。

48．各成员国和有关团体应鼓励系统地学习和研究：

城市规划中有关历史地区及其环境方面；

各级保护和规划之间的相互联系；

适用于历史地区的保护方法；

材料的改变；

现代技术在保护工作中的运用；

与保护不可分割的工艺技术。

49．应采用并与上述问题有关的并包括实习培训期的专门教育。另外，至关重要的是鼓励培养专门从事保护历史地区，包括其周围的空间地带的专业技术工人和手工艺者。此外，还有必要振兴受工业化进程破坏的工艺本身。在这方面有关机构有必要与专门的国际机构进行合作，如在罗马的文化财产保护与修复研究中心、国际古迹遗址理事会和国际博物馆协会。

50．对地方在历史地区保护方面发展中所需行政人员的教育，应根据实际需要，按照长远计划由有关当局提供资金并进行指导。

51．应通过校外和大学教育，以及通过诸如书籍、报刊、电视、广播、电影和巡回展览等信息媒介增强对保护工作必要性的认识。还应提供不仅有关美学而且有关社会和经济得益于进展良好的保护历史地区及其周围环境的政策方面的、全面明确的信息。这种信息应在私人和政府专门机构以及一般民众中广为传播，以使他们知道为什么以及怎样才能按此方法改善他们的环境。

52．对历史地区的研究应包括在各级教育之中，特别是在历史教学中，以便反复向青年人灌输理解和尊重昔日成就，并说明这些遗产在现代生活中的作用。这种教育应广泛利用视听媒介及参观历史建筑群的方法。

53．为了帮助那些想了解历史地区的青年人和成年人，应加强教师和导游的进修课程以及对教师的培训。

六　国　际　合　作

54．各成员国应在历史地区及其周围环境的保护方面进行合作，如有必要，寻求政府间的和非政府间的国际组织的援助，特别是联合国教科文组织——国际博物馆协会——国际古迹遗址理事会文献中心的援助。此种多边或双边合作应认真予以协调，并应采取诸如下列形式的措施：

（1）交流各种形式的信息及科技出版物；

（2）组织专题研讨会或工作会；

(3) 提供研究或旅行基金，派遣科技和行政工作人员并发送有关设备；

(4) 采取共同行动以对付各种污染；

(5) 实施大规模保护、修复与复原历史地区的项目，并公布已取得的经验。在边境地区，如果发展和保护历史地区及其周围的环境导致影响边境两边的成员国的共同问题，双方应协调其政策和行动，以确保文化遗产以尽可能的最佳方法得到利用和保护；

(6) 邻国之间在保护共同感兴趣并具有本地区历史和文化发展特点的地区方面应互相协助。

55. 根据本建议的精神和原则，一成员国不应采取任何行动拆除或改变其所占领土之上的历史区段、城镇和遗址的特征。

以上乃1976年11月30日在内罗毕召开的联合国教科文组织大会第十九届会议正式通过之公约的作准文本。

特此签字，以昭信守。

华 盛 顿 宪 章

(国际古迹遗址理事会第八届全体大会于 1987 年 10 月在华盛顿通过)

序 言 与 定 义

所有城市社区,不论是长期逐渐发展起来的,还是有意创建的,都是历史上各种各样的社会的表现。

本宪章涉及历史城区,不论大小,其中包括城市、城镇以及历史中心或居住区,也包括其自然的和人造的环境。除了它们的历史文献作用之外,这些地区体现着传统的城市文化的价值。今天,由于社会到处实行工业化而导致城镇发展的结果,许多这类地区正面临着威胁,遭到物理退化、破坏甚至毁灭。

面对这种经常导致不可改变的文化、社会甚至经济损失的惹人注目的状况,国际古迹遗址理事会认为有必要为历史城镇和城区起草一国际宪章,作为《国际古迹保护与修复宪章》(通常称之为《威尼斯宪章》)的补充。这个新文本规定了保护历史城镇和城区的原则、目标和方法。它也寻求促进这一地区私人生活和社会生活的协调方法,并鼓励对这些文化财产的保护。这些文化财产无论其等级多低,均构成人类的记忆。

正如联合国教科文组织 1976 年华沙——内罗毕会议《关于历史地区保护及其当代作用的建议》以及其他一些文件所规定的,"保护历史城镇与城区"意味着这种城镇和城区的保护、保存和修复及其发展并和谐地适应现代生活所需的各种步骤。

原 则 和 目 标

一、为了更加卓有成效,对历史城镇和其他历史城区的保护应成为经济与社会发展政策的完整组成部分,并应当列入各级城市和地区规划。

二、所要保存的特性包括历史城镇和城区的特征以及表明这种特征的一切物质的和精神的组成部分,特别是:

(一)用地段和街道说明的城市的形制;

(二)建筑物与绿地和空地的关系;

(三)用规模、大小、风格、建筑、材料、色彩以及装饰说明的建筑物的外貌,包括内部的和外部的;

(四)该城镇和城区与周围环境的关系,包括自然的和人工的;

(五)长期以来该城镇和城区所获得的各种作用。任何危及上述特性的威胁,都将损害历史城镇和城区的真实性。

三、居民的参与对保护计划的成功起着重大的作用,应加以鼓励。历史城镇和城区的保护首先涉及它们周围的居民。

四、历史城镇和城区的保护需要认真、谨慎以及系统的方法和学科,必须避免僵化,因为,个别情况会产生特定问题。

方 法 和 手 段

五、在作出保护历史城镇和城区规划之前必须进行多学科的研究。保护规划必须反映所有相关因素，包括考古学、历史学、建筑学、工艺学、社会学以及经济学。

保护规划的主要目标应该明确说明达到上述目标所需的法律、行政和财政手段。

保护规划的目的应旨在确保历史城镇和城区作为一个整体的和谐关系。

保护规划应该决定哪些建筑物必须保存，哪些在一定条件下应该保存以及哪些在极其例外的情况下可以拆毁。在进行任何治理之前，应对该地区的现状作出全面的记录。

保护规划应得到该历史地区居民的支持。

六、在采纳任何保护规划之前，应根据本宪章和威尼斯宪章的原则和目的开展必要的保护活动。

七、日常维护对有效地保护历史城镇和城区至关重要。

八、新的作用和活动应该与历史城镇和城区的特征相适应。使这些地区适应现代生活需要认真仔细地安装或改进公共服务设施。

九、房屋的改进应是保存的基本目标之一。

十、当需要修建新建筑物或对现有建筑物改建时，应该尊重现有的空间布局，特别是在规模和地段大小方面。与周围环境和谐的现代因素的引入不应受到打击，因为，这些特征能为这一地区增添光彩。

十一、通过考古调查和适当展出考古发掘物，应使一历史城镇和城区的历史知识得到拓展。

十二、历史城镇和城区内的交通必须加以控制，必须划定停车场，以免损坏其历史建筑物及其环境。

十三、城市或区域规划中作出修建主要公路的规定时，这些公路不得穿过历史城镇或城区，但应改进接近它们的交通。

十四、为了保护这一遗产并为了居民的安全与安居乐业，应保护历史城镇免受自然灾害、污染和噪音的危害。不管影响历史城镇或城区的灾害的性质如何，必须针对有关财产的具体特性采取预防和维修措施。

十五、为了鼓励全体居民参与保护，应为他们制定一项普通信息计划，从学龄儿童开始。与遗产保护相关的行为亦应得到鼓励，并应采取有利于保护和修复的财政措施。

十六、对一切与保护有关的专业应提供专门培训。

保护传统文化民俗的建议

(联合国教科文组织大会第 25 届会议于 1989 年 11 月 15 日在巴黎通过)

联合国教科文组织大会于 1989 年 10 月 17 日至 11 月 16 日在巴黎召开第 25 届会议:

考虑到民俗是构成人类遗产的一部分,是将不同人和社会团体聚到一起并标明其文化身份的一个强有力的手段;

注意到其社会、经济、文化和政治重要性,在人类历史中的角色,及其在当代文化中的地位;

强调民俗作为文化遗产和生活文化的一个主要部分的特性和重要性;

认识到民俗的传统形式,特别是那些与口头传统有关的方面具有的极度脆弱性和可能遗失的危险;

着重强调在所有国家认识民俗地位的需要和面临来自多种因素的危险;

认为政府在保护民俗中应扮演一个决定性的角色,并尽快采取行动;

在第 24 届会议上决定,根据章程第四条第四款的内涵,应就民俗保护向成员国提出建议,

于 1989 年 11 月 15 日通过本建议。

大会建议成员国应依照各国宪法实际采取法律措施或其他方法来应用以下民俗保护规定,使本建议中规定的原则和标准在本国内发挥效力。

大会建议成员国将本建议传达给对民俗保护问题负责的机构、部门或团体,传达给关心民俗的各种组织或机构,以引起他们的注意。同时鼓励其与涉及民俗保护的相关国际组织联系。

大会建议成员国应在此时以此种方式服从关于使该建议生效的行动的组织报告。

一 民 俗 的 定 义

本建议的目的:民俗(或传统的大众文化)是文化团体基于传统创造的全部,通过群体或个人表达出来,被认为是就文化和社会特性反映团体期望的方式;其标准和价值是通过模仿或其他方式口头流传的。其中,其形式包括语言、文学作品、音乐、舞蹈、游戏、神话、仪式、习俗、手工艺品、建筑及其他艺术。

二 民 俗 的 鉴 别

民俗作为文化表现的一种形式,必须通过并为能标明其身份的群体(家庭、职业者、国家、地区、宗教、种族等)加以保护。到最后,成员国应根据下列目的鼓励关于国家、地区和国际级的适当的调查研究:

(1) 考虑到民俗机构的地区和全球纪录,发展民俗相关机构的国家清单;

(2) 考虑到不同机构所使用的分类系统的整合需要,创立鉴别和记录系统(收集、目录、抄本)或发展那些已经以手册、收集指南、目录模版等方式存在的系统;

(3) 激励通过以下方式创立民俗分类标准:

(ⅰ) 供全球使用的民俗总框架;

(ⅱ) 全面的民俗记录;

(ⅲ) 民俗地区分类,特别是现场试验计划。

三 民 俗 的 维 护

维护关系到与民俗传统相关文件。如果此类传统不被利用或已改进,保护目标是为研究者和传统承

担者提供能使他们理解传统改变过程的数据。当具有发展特性的生活民俗不能总是直接被保护，以有形的形式确定下来的民俗应得到有效保护。

到最后，成员国应：

（1）建立所收集的民俗得以适当保存和利用的国家档案；

（2）为服务目的建立中央国家档案功能（中央目录、民俗材料信息和包括保护在内的民俗工作标准的传播）；

（3）创建博物馆或在现有博物馆中开辟民俗区，从而使传统通俗文化得以展示；

（4）优先考虑强调文化现在和过去方面的体现传统和通俗文化的方式（显示其环境、生活和工作方式及其已创造的技能和技术）；

（5）协调收集和存档方法；

（6）从物理保护到分析工作，培训民俗保护方面的收集者、案卷保管人、文献资料工作者和其他专家；

（7）为所有民俗材料提供安全保障和工作备份的方法，为地区机构提供备份，以此保障文化团体获得材料。

四 民俗的保存

保存与民间传统保护及其传承者有关，考虑到每人对自己文化所持有的权利和其相关文化常常受到大众传媒形成的工业文化影响侵蚀的事实。必须采取措施保证在创造它们的团体内外民间传统的地位和经济支持。到最后，成员国应：

（1）在正式和校外课程中设计和介绍民俗的教学和研究，以适当的方式特别强调增强民俗的意识，不仅考虑乡村和其他原始文化，而且还考虑那些由不同社会群体、专业人士、机构等在城市区域创造的文化，以此促进对文化多样性和世界不同理念的更好理解，特别是那些不在主体文化中体现的文化；

（2）通过支持他们在文献、档案、研究等领域的工作以及传统实践来保证不同文化团体得到自己民俗资料的权利；

（3）建立在多学科基础上的国家民俗委员会或类似团体应体现出不同的兴趣组；

（4）为个人和机构提供精神和经济支持来研究、传达、培养或持有民俗；

（5）促进民俗保存的相关科学研究。

五 民俗的传播

人们应注意到民俗作为文化标志因素的重要性。该条款对文化遗产的广泛传播是必要的，使民俗的价值和保护需要得以认识。但是，应避免传播中的曲解，从而使传统的完整性得到保护。为了促进更好地传播，成员国应：

（1）鼓励组织国家、地区和国际活动，例如交易会、节日、影片、展览会、研讨会、座谈会、讨论会、培训班、大会等等，同时支持传播和出版材料、论文和其他成果；

（2）鼓励民俗材料广泛覆盖于国家和地区新闻、出版物、电视、广播和其他媒体中。例如通过准予，通过为民俗工作者创造工作，通过确保大众传媒所收集到的这些民俗材料的适当存档和传播，通过那些组织中民俗部门的建立；

（3）鼓励与民俗相关的地区、市政当局、协会和其他团体为民俗工作者建立全职工作来激励和配合当地的民俗工作；

（4）为教育材料产品提供现有成果和新成果的创造物，例如录像影片基于现在的现场工作，鼓励在学校、民俗博物馆、国家和国际民俗节和展览会中的使用；

（5）通过文件中心、图书馆、博物馆、档案馆和特殊民俗报告及年鉴保证民俗充足信息的可利用性；

（6）根据双边文化协定，推动与民俗有关的个人、团体和机构间的国家和国际性会议和交流；

（7）鼓励国际科学团体采用道德准则来保证传统文化的适当方式。

六 民俗的保护

至于智力创造的民俗机构是否是个人的还是集体的，都值得以经过授意的方式进行保护，为智慧产物提供保护。此类民俗保护已经成为国内外不损害相关合法利益，提升进一步发展、维护和传播手段的不可缺少之物。

暂且不谈民俗表现保护的"智力财产方面"，已有多种已得到保护的权利种类，应继续在今后的民俗文件中心和档案馆受到保护。到最后，成员国应：

（1）考虑到"智力财产"方面：引起相关机构注意到联合国教科文组织和世界知识产权组织与智力财产相关的重要工作，当认识到该工作仅关系到民俗保护的一个方面，在区域范围内保护民俗的独立行动需要是紧急的；

（2）考虑到的其他权利包括：

（ⅰ）作为传统的传承者来保护信息（保护隐秘和机密性）；

（ⅱ）通过保证所收集的材料在档案馆中被保护于良好的状态和合理的方式方法来保护收集者的兴趣；

（ⅲ）采取必要措施保护所收集的材料，以避免有意或无意的误用；

（ⅳ）认识到档案的责任性，从而监测所收集材料的使用。

七 国际合作

虑到加强文化合作和交流的需要，特别是为了开展民俗发展和复兴项目，以及一成员国专家在另一成员国领土上的研究，通过人类和材料资源，成员国应：

（1）与涉及民俗的国际和地区协会、机构及组织合作；

（2）在民俗的认识、传播和保护领域合作，特别是通过：

（ⅰ）各种信息交流，科学和技术出版交流；

（ⅱ）为专家培训提供旅费补助，派遣科学技术人员和设备；

（ⅲ）促进当代民俗文献领域的单边或多边项目；

（ⅳ）组织特殊项目，特别是民俗数据和表现分类，以及研究中的现代方法和技术中的专家会议、研究课题和工作组；

（3）考虑到民俗传播，进行密切合作，以确保不同兴趣组织（团体或普通或合法人）享有缘于调查、创造、组织、表演的经济、精神和所谓类似权利的国际性；

（4）保证本土研究已经开展的成员国有权获得相关成员国的文献、记录、影像、电影及其他材料的副本；

（5）制约可能损害民俗材料，或降低其价值，或阻止传播或使用的行为，不论这些材料是否在本国或他国形成；

（6）采取必要措施保护民俗，阻止其暴露在所有人类和自然灾害中，包括来自军事冲突、军队占领或其他类型公共混乱的危机。

奈良真实性文件

(与世界遗产公约相关的奈良真实性会议于1994年11月1～6日在奈良通过)

序　言

作为奈良（日本）会议全体专家，我等兹在此感谢日本当局的慷慨精神与学术勇气，为我们适时提供了此论坛，使我们得以挑战遗产保护领域的传统思想，并就拓展视野的方式与手段展开辩论，以使得我们在遗产保护实践中赋予文化与遗产多样性更多的尊重。

我们也希望，借此对世界遗产委员会所提出的讨论框架的价值表示认可。该框架旨在以全面尊重所有社会的社会与文化价值的方式来验证真实性，并检验被列入《世界遗产名录》的文化资产的普遍性价值。

《奈良真实性文件》乃是孕育于1964年《威尼斯宪章》的精神，并以此为基础加以了延伸，以响应当代世界文化遗产关注与利益范围的不断拓展。

在一个日益受到全球化以及同质化力量影响的世界，在一个时有借由侵略性民族主义与压制少数民族的文化以获取文化认同的世界，在保护实践中纳入真实性考虑具有重要的作用，可厘清并阐明人类的集体记忆。

文化多样性与遗产多样性

整个世界的文化与遗产多样性对所有人类而言都是一项无可替代的丰富的精神与知识源泉。我们必须积极推动世界文化与遗产多样性的保护和强化，将其作为人类发展不可或缺的一部分。

文化遗产的多样性存在于时间与空间之中，需要对其他文化及其信仰系统的各个方面予以尊重。在文化价值出现冲突的情况下，对文化多样性的尊重则意味着需要认可所有各方的文化价值的合理性。

所有的文化与社会都是根植于以有形与无形手段表现出来的特殊形式和方法，这些形式和方法构成了他们的遗产，应该受到尊重。

其中至关重要的是强调任何一种文化遗产都是所有人类的共同遗产这一联合国教科文组织的基本原则。对文化遗产的责任和管理首先应该是归属于其所产生的文化社区，接着是照看这一遗产的文化社区。然而，除这些责任之外，在决定相关原则与责任时，还应该遵守为文化遗产保护而制订的国际公约与宪章。所有社区都需要尽量在不损伤其基本文化价值的情况下，在自身的要求与其他文化社区的要求之间达成平衡。

价 值 与 真 实 性

对文化遗产的所有形式与历史时期加以保护是遗产价值的根本。我们了解这些价值的能力部分取决于这些价值的信息来源是否真实可靠。对这些与文化遗产的最初与后续特征有关的信息来源及其意义的认识与了解是全面评估真实性的必备基础。

《威尼斯宪章》所探讨及认可的真实性是有关价值的基本要素。对于真实性的了解在所有有关文化遗产的科学研究、保护与修复规划以及《世界遗产公约》与其它遗产名单收录程序中都起着至关重要的基本作用。

一切有关文化项目价值以及相关信息来源可信度的判断都可能存在文化差异，即使在相同的文化背景内,也可能出现不同。因此不可能基于固定的标准来进行价值性和真实性评判。反之,出于对所有文化的尊重,必须在相关文化背景之下来对遗产项目加以考虑和评判。

因此,在每一种文化内部就其遗产价值的具体性质以及相关信息来源的真实性和可靠性达成共识就变得极其重要和迫切。

取决于文化遗产的性质、文化语境、时间演进,真实性评判可能会与很多信息来源的价值有关。这些来源可包括很多方面,譬如形式与设计、材料与物质、用途与功能、传统与技术、地点与背景、精神与感情以及其它内在或外在因素。使用这些来源可对文化遗产的特定艺术、历史、社会和科学维度加以详尽考察。

附录一

后续建议（由 H. Stovel 提议）

1. 对文化与遗产多样性的尊重需要有意识的努力,避免在试图界定或判断特定纪念物或历史场所的真实性时套用机械化的公式或标准化的程序。

2. 以尊重文化与遗产多样性的态度来判断真实性需要采取一定的方法,鼓励不同文化针对其性质和需求制订出特定的分析过程与工具。这些方法可能会有以下共同点:

- 努力确保在真实性评估中纳入跨学科合作,恰当利用所有可用的专业技术和知识；
- 努力确保相关价值真正代表了一个文化与其兴趣的多样性,尤其是纪念物与历史场所；
- 努力清晰记录有关纪念物与历史场所的真实性的特殊性质,作为未来开展处理与监控的实用性指南；
- 努力根据不断变化的价值和环境对真实性评估加以更新；

3. 尤其重要的是努力确保相关价值受到尊重,且尽量在决策中形成与这些价值有关的跨学科及社区统一意见。

4. 这些方法还应该建立在有志于文化遗产保护的所有各方的国际合作基础上,并进一步推动这一合作,以促进全世界对每一种文化的多样化表达和价值的尊重与了解。

5. 将此对话延伸并拓展到全世界不同区域与文化是提升人类共同遗产保护的真实性的实用价值的必要前提。

6. 增进公众对遗产的了解对于获得保护历史痕迹的切实措施很有必要。这意味着在增进对这些文化资产自身价值的了解的同时,也要尊重这些纪念物与历史场所在当代社会所扮演的角色。

附录二

定义

保护：是指所有旨在了解一项遗产,掌握其历史和意义,确保其自然形态,并在必要时进行修复和增强的行为。（文化遗产包括《世界遗产公约》第一条所定义的具有文化价值的纪念物、建筑群与历史场所）。

信息来源：可使人了解文化遗产的性质、规范、意义与历史的所有物质的、书面的、口述的与图像的来源。

附注：1.《奈良真实性文件》是在日本政府文化事务部的邀请下,于 1994 年 11 月 1 至 6 日出席在奈良举办的"与世界遗产公约相关的奈良真实性会议"的 45 名代表起草。此次会议是由日本政府文化事务部与联合国教科文组织、国际文物保护与修复研究中心（ICCROM）及国际古迹遗址理事会（ICOMOS）共同举办。2.《奈良文件》的最终版本由奈良会议总协调人 Raymond Lemaire 先生和 Herb Stovel 先生编辑。

保护和发展历史城市国际合作苏州宣言

(中国—欧洲历史城市市长会议于1998年4月9日在苏州通过)

考虑到保护历史城市的重要性和根据《世界遗产公约》，各国和国际社会所应履行职责，以及传播信息的必要性，参加"中国—欧洲历史城市市长会议"的代表着重强调，应根据社会和经济发展的需要，加强对历史城市的保护。并按照可持续发展的原则，为未来寻求保护的途径和方法。

来自中国15个和欧盟9个历史城市的市长或其代表于1998年4月7至9日相聚在中国苏州。

代表们重申了各自国家的政府对《保护世界文化和自然遗产公约》、《世界遗产公约》所作的承诺，并回顾了《关于在国家一级保护文化和自然遗产的建议》，二者均是1972年11月16日由联合国教科文组织大会通过的；同时，还回顾了1976年11月26日和1968年11月19日联合国教科文组织大会通过的《关于历史地区保护与现代功能的建议》以及《关于保护受到公共或私营工程危害财产的建议》。

代表们进一步回顾了1992年里约热内卢"全球首脑会议"通过的《二十一世纪议程》和1996年伊斯坦布尔"城市最高级会议—人居会议"通过的《人居议程》并注意到1998年4月2日联合国教科文组织在斯德哥尔摩召开的"政府间文化政策促进发展会议"所通过的《文化政策促进发展行动计划》。

代表们还认识到市长和地方当局在实施以上国际条约和文件的作用正在日益加强，因此，于1998年4月9日重申：

在全球化和城市迅速转变的年代，城市本身的特征应集中体现在历史地区及其文化之中，城市发展的一个基本因素是历史地区的保护和延续。由此，市长及其代表们将致力于：

1. 按照联合国教科文组织1972年通过的《保护世界文化与自然遗产公约》中第四、第五条款的精神和内容，采取行动；

2. 制定有效的保护政策，特别是通过城市规划措施，保护和修复历史城镇地区，尊重其真实性，一方面，是因为历史城镇地区集中保存着对不同文化的记忆；另一方面，这类城区能够使居民体验到文明由到过去向未来的延续，可持续发展就是建立在这个基础上的；

3. 为繁荣丰富多彩的文化提供资源和基础设施，从而推动不同文化背景、自然环境和发展阶段的历史城镇和地区的可持续发展；

4. 制定法律保护和规划框架体系，不仅通过立法，而且也通过为居民提供资金和技术手段，鼓励采用传统建筑材料，尊重文化的多样性来开展保护和修复工作，以实现保护和加强历史城镇地区价值的目标；

5. 制定与历史城镇形态相协调的历史地区公共服务设施和社会住房政策，为此，在可能的情况下，重新调整现存建筑物的功用，以及需要有一个与这些周边地区环境相联系的公共交通政策；而且重点应该发展步行街；

6. 通过采取适当的技术、法规、经济和财务措施，防止对环境的污染；

7. 积极支持能够保证历史地区在发展中发挥关键作用的社会和经济政策；

8. 保证旅游能尊重文化、环境和当地居民的生活方式，并且保证由此而创造收入的合理部分能用于保护遗产，加强文化发展；

9. 保护并促进作为实体环境不可分割组成部分的无形文化遗产；

10. 充分发挥这些政策的有效性，并通过促进公共和私人的合作关系，落实这些政策；

11. 制定提高公众认识和教育的计划，以便在遗产保护中能够征得当地居民的意见，并能使其充分参与这项工作；

12. 制定执行这些政策的合作计划，为此与联合国教科文组织、欧洲联盟及其他机构一起，共同寻求各自国家和区域当局，以及其他机构的支持，开发中国和欧盟地方当局之间的合作项目，同时，提高邀请其他中国和欧盟历史城市，乃至世界各国城市的参与，扩大此《宣言》的影响范围。

关于乡土建筑遗产的宪章

(国际古迹遗址理事会第十二届全体大会于 1999 年 10 月 17 日～24 日在墨西哥通过)

前 言

乡土建筑遗产在人类的情感和自豪中占有重要的地位。它已经被公认为是有特征的和有魅力的社会产物。它看起来是不拘于形式的，但却是有秩序的。它是有实用价值的，同时又是美丽和有趣味的。它是那个时代生活的聚焦点，同时又是社会史的记录。它是人类的作品，也是时代的创造物。如果不重视保存这些组成人类自身生活核心的传统性和谐，将无法体现人类遗产的价值。

乡土建筑遗产是重要的：它是一个社会文化的基本表现，是社会与其所处地区关系的基本表现，同时也是世界文化多样性的表现。

乡土建筑是社区自己建造房屋的一种传统和自然方式。为了对社会和环境的约束做出反应，乡土建筑包含必要的变化和不断适应的连续过程。这种传统的幸存物在世界范围内遭受着经济、文化和建筑同一化力量的威胁。如何抵制这些威胁是社区、政府、规划师、建筑师、保护工作者以及多学科专家团体必须熟悉的基本问题。

由于文化和全球社会经济转型的同一化，面对忽视、内部失衡和解体等严重问题，全世界的乡土建筑都非常脆弱。

因此，有必要建立管理和保护乡土建筑遗产的原则，以补充《威尼斯宪章》。

一 般 性 问 题

1. 乡土性可以由下列各项确认：

某一社区共有的一种建造方式；

一种可识别的、与环境适应的地方或区域特征；

风格、形式和外观一致，或者使用传统上建立的建筑型制；

非正式流传下来的用于设计和施工的传统专业技术；

一种对功能、社会和环境约束的有效回应；

一种对传统的建造体系和工艺的有效应用。

2. 正确地评价和成功地保护乡土建筑遗产要依靠社区的参与和支持，依靠持续不断地使用和维护。

3. 政府和主管机关必须确认所有的社区有保持其生活传统的权利，通过一切可利用的法律、行政和经济手段来保护生活传统并将其传给后代。

保 护 原 则

传统建筑的保护必须在认识变化和发展的必然性和认识尊重社区已建立的文化特色的必要性时，借由多学科的专门知识来实行。

当今对乡土建筑、建筑群和村落所做的工作应该尊重其文化价值和传统特色。

乡土性几乎不可能通过单体建筑来表现，最好是各个地区经由维持和保存有典型特征的建筑群和村落来保护乡土性。

乡土性建筑遗产是文化景观的组成部分，这种关系在保护方法的发展过程中必须予以考虑。

乡土性不仅在于建筑物、构筑物和空间的实体构成形态，也在于使用它们和理解它们的方法，以及附着在它们身上的传统和无形的联想。

实践中的指导方针

1. 研究和文献编辑工作

任何对乡土建筑进行的实际工作都应该谨慎，并且事先要对其形态和结构做充分的分析。这种文件应该存放于公众可以使用的档案里。

2. 场所、景观和建筑群

对乡土建筑进行干预时，应该尊重和维护场所的完整性、维护它与物质景观和文化景观的联系以及建筑和建筑之间的关系。

3. 传统建筑体系

与乡土性有关的传统建筑体系和工艺技术对乡土性的表现至为重要，也是修复和复原这些建筑物的关键。这些技术应该被保留、记录，并在教育和训练中传授给下一代的工匠和建造者。

4. 材料和部件的更换

为适应目前需要而做的合理的改变应该考虑到所引入的材料能保持整个建筑的表情、外观、质地和形式的一贯，以及建筑物材料的一致。

5. 改造

为了与可接受的生活水平相协调而改造和再利用乡土建筑时，应该尊重建筑的结构、性格和形式的完整性。在乡土形式不间断地连续使用的地方，存在于社会中的道德准则可以作为干预的手段。

6. 变化和定期修复

随着时间流逝而发生的一些变化，应作为乡土建筑的重要方面得到人们的欣赏和理解。乡土建筑工作的目标，并不是把一幢建筑的所有部分修复得像同一时期的产物。

7. 培训

为了保护乡土建筑所表达的文化价值，政府、主管机关、各种团体和机构必须在如下方面给予重视：

（1）按照乡土性原则实施对保护工作者的教育计划；

（2）帮助社区制定维护传统建造体系、材料和工艺技能方面的培训计划；

（3）通过信息传播，提高公众特别是年青一代的乡土建筑意识；

（4）用于交换专业知识和经验的有关乡土建筑的区域性工作网络。

北 京 宪 章

(国际建筑师协会第二十次大会于 1999 年 6 月在北京通过)

在新世纪的前夜,我们来自全球不同国家和地区的建筑师,聚首东方古都北京,举行国际建协成立 50 年来的第 20 次大会。未来始于足下,现在从历史中走来,我们回首过去,剖析现在,以期在 21 世纪里能更自觉地营建美好、宜人的人类家园。

世界的空间距离在缩短,地区发展的差距却在加大,时代赋予我们建筑师共同的历史使命,需要我们认识时代,正视问题,整体思考,协调行动。

1. 认 识 时 代

1.1 20 世纪的"大发展"和"大破坏"

20 世纪既是伟大而进步的时代,又是患难与迷惘的时代。20 世纪以其独特的方式载入了建筑的史册:大规模的工业技术和艺术创新造就了丰富的建筑设计作品;建筑师医治战争创伤,造福大众,成就卓越,意义深远。

然而,当今的许多建筑环境仍不尽人意;人类对自然和文化遗产的破坏正危及自身的生存;在发达地区,"建设性破坏"始料未及,屡见不鲜;而在贫困地区,褴褛众生正垒筑自己的城市,以求安居。

近百年来,建筑学发生了翻天覆地的变化,但有一点是相同的,即建筑学又走到了新的十字路口。

1.2 21 世纪的"大转折"

时光轮转,众说纷纭,而永恒的变化则是共识。在 20 世纪,政治、经济、技术、社会等方面的变化发展、思想文化之活跃令人瞩目。在下一个世纪里,变化的进程将会更快,也更加难以捉摸。

在新的世纪里,全球化与多元化的矛盾、冲突将愈加尖锐。一方面,新的联系方式将使不同文化传统之间的关系日益紧密,产品、资金、技术的全球整合仍然是影响决策的决定性因素;另一方面,贫富之间的差距也在加大,地区冲突与经济动荡为人居环境建设蒙上一层阴影。

建筑师有自己的专业领域,但置奔腾汹涌的社会、文化潮流于不顾,无异于逃避时代的责任。我们需要激情、力量和勇气,自觉思考 21 世纪建筑学的未来。

2. 直面新的挑战

2.1 盘根错节的问题

大自然的报复

工业革命后,人类利用自然、改造自然,取得了骄人的成就,也付出了高昂的代价:人口爆炸,农田被吞噬,空气、水和土地资源日见退化,环境祸患正威胁人类。

人类尚未揭开地球生态系统的谜底,生态危机却到了千钧一发的关头。用历史的眼光看,我们并不拥有自身所居住的世界,仅仅是从子孙处借得,暂为保管罢了。我们将把怎样的城市和乡村交给他们?建筑师如何通过人居环境建设为人类文明作出自身的贡献?

混乱的城市化

人类为了生存得更加美好,聚居于城市,弘扬科学文化,提高生产力。在 20 世纪,大都市的光彩璀璨夺目;在下一世纪,城市居民的数量将首次超过农民,"城市时代"名副其实。

然而,旧工业城市的贫民窟清理未毕,底层社会的住区又业已形成。贫富分离、交通堵塞、污染频生等城市问题日益恶化。城市社区分解体,因循守旧,难以为继。我们的城市还能否存在下去?城镇由我们所构建,可是当我们试图作些改变时,为何又显得如此无能为力?在城市住区影响我们的同时,我们怎样才能应对城市问题?传统的建筑观念还能否适应城市发展的大趋势?

技术"双刃剑"

经数千年的积累,科学技术在近百年来释放了空前的能量。新材料、新结构和新设备的应用,创造了 20 世纪特有的建筑形式。凭借现代交通和通讯,纷繁的文化传统更加息息相关,紧密相连。

技术的建设力和破坏力在同时增加。然而我们还不能够对其能量和潜力驾轻就熟。技术改变了人类的生活,改变了人和自然的关系,进而向固有的价值观念发起挑战。我们如何才能趋其利而避其害?

建筑魂的失色

文化是历史的积淀,存留于建筑间,融汇在生活里,对城市的营造和市民的行为起着潜移默化的影响,是城市和建筑的灵魂。

但是,技术和生产方式的全球化愈来愈使人带来了人与传统的地域空间的分离,地域文化的特色渐趋衰微,标准化的商品生产致使建筑环境趋同,建筑文化的多样性遭到扼杀。如何追寻在过去的岁月里曾为人们所珍爱的城镇之魂?

2.2 共同的选择,共同的未来

我们所面临的挑战是复杂的社会、政治、经济、文化过程在由地方到全球的各个层次上的反映,其来势迅猛,涉及方方面面。我们真正解决问题,就不能头痛医头,脚痛医脚,而要对影响建筑环境的种种因素有一个综合而辩证的考察,从而获致一个行之有效的解决办法。

如今,可持续发展的观念正逐渐成为人类社会的共识,其真谛在于综合考虑政治、经济、社会、技术、文化、美学各个方面,提出整合的解决办法。走可持续发展之路必将带来新的建筑运动,促进建筑科学的进步和建筑艺术的创造。为此,有必要在未来建筑学的体系建构上予以体现。

3. 从传统建筑学走向广义建筑学

近百年来,世界建筑师聚首讨论了许多课题,深化了对建筑学的理解。如今,重新回顾这些讨论,并对建筑学的范围、内涵及其学科和专业体系重新定义,当大有裨益。

3.1 基本前提

建筑学的内容和建筑师的业务从来随时代而横向拓展,纵向深化。旧方法一旦不合时宜,新方法就会取而代之。每一次革新都使建筑学更广大,也更精彩,20 世纪建筑的发展就充分证明了这一点。

建筑学的广阔而纵深的拓展赋予 20 世纪的建筑师前所未有的用武之地,然而,学科的扩大与专门化也难免让从事活动的个人觉得建筑学如盲人摸象,一时不能把握全局。学科知识的总体在扩张,设计师个人的视野却在趋向狭窄和破碎,专门的设计知识和技术仅仅依靠投资和开发组织来维系,学科自身缺乏完整的知识框架,其结果,建筑师参与人居环境建设决策的作用却日见削弱。

建筑师的设计创造仰仗其对学科知识的把握,只有在统领全局的学科观、专业观的指导下,才能真正发挥个人的才干、技能和天分。纵览古今大师们的成就,更感到他们对建筑之高瞻远瞩弥足珍贵。在过去,这样的全面建筑观堪称大师们私藏的瑰宝,然而在信息爆炸的今天,全面的、广义的建筑观应当成为所有建筑专业人员之必备。一旦领悟了设计的基本哲理,具体的技术、形式问题就不难努力以赴,正如中国古人所云:"一法得道,变法万千"。

3.2 融合建筑、地景与城市规划

建筑学与大千世界的辩证关系,归根到底,集中于建筑的空间与形式的创造。现代工程规模日益扩大,建设周期相对缩短,建筑师可以在较为广阔的区域内,从场地选择到规划设计,直至室内外空间的协调,寻求设计的答案。

广义建筑学,就其学科内涵来说,是通过城市设计的核心作用,从观念上和理论基础上把建筑、地

景和城市规划学科的精髓整合为一体,将我们关注的焦点从建筑单体、结构最终转换到建筑环境上来。如果说,过去主要局限于一些先驱者,那么现在则已涉及整个建筑领域。

3.3 建筑学的循环体系

新陈代谢是人居环境发展的客观规律,建筑单体及其环境经历一个规划、设计、建设、维修、保护、整治、更新的过程。建设环境的寿命周期恒长持久,因而更依赖建筑师的远见卓识。将建筑循环过程的各个阶段统筹规划,将新区规划设计、旧城整治、更新与重建等纳入一个动态的、生生不息的循环体系之中,在时空因素作用下,不断提高环境质量,这也是实现可持续发展战略的关键。

3.4 植根于地方文化的多层次技术建构

充分发挥技术对人类文明进步的促进作用是新世纪的重要使命。地域差异预示着21世纪仍将是多种技术并存的时代。高新技术革新能迅猛地推动生产力的发展,但是成功的关键仍然有赖于技术与地方文化、地方经济的创造性结合。不同国度和地区之间的经验交流,不是解决方案的简单移植,而是激发地方想象力的一种手段。

技术功能的内涵要从科学的、工程的方面加以扩展,直至覆盖心理范畴。

3.5 建筑文化的和而不同

建筑学是地区的产物,建筑形式的意义与地方文脉相连,并成为地方文脉的诠释。但是,地区建筑学并非只是地区历史的产物,它更关系到地区的未来。建筑物相对永久的存在成为人们日常生活中的感情寄托,然而地方社区的演进过程最终限定了建筑师工作的背景,我们职业的深远意义就在于以创造性的设计联系过去和未来。地方社区对未来的选择方案日见增多,我们要运用专业知识找到真正符合当时当地情况的建筑发展方向。

我们在为地方传统所鼓舞的同时,不能忘记我们的任务是创造一个和而不同的未来建筑环境。现代建筑的地区化,乡土建筑的现代化,殊途同归,推动世界和地区的进步与丰富多彩。

3.6 建筑作为艺术形式的最终表现

当今,城市建设规模浩大、速度空前,城市以往的表面完整性遭到破坏,建筑环境的整体艺术成为新的追求,宜用城市的观念看建筑,重视建筑群的整体和城市全局的协调以及建筑与自然的关系,在动态的建设发展中追求相对的整体的协调美和"秩序的真谛"。

综观各种文化发展史,建筑最终都成为美术与手工艺的表现。如今,工业发展为艺术创新提供了前所未有的技术可能性,我们应为建筑、工艺和美术在更高层次上的结合而努力。

3.7 全社会的建筑学

建筑师与业主以及社会的关系至为关键。这不仅是出于美学层次上的考虑,更是实际的需要,因为在许多地区,居民参与是实现"住者有其屋"的基本途径。在许多传统社会的建设中,建筑师扮演了不同行业总协调人的角色,然而,如今不少建筑师每每拘泥于狭隘的技术 — 美学形式,越来越脱离真正的决策。建筑师必须将社会整体作为最高的业主,承担其义不容辞的社会责任。

3.8 全方位的教育

自然,建筑教育也应采取一个广义的、整合的取向。它鼓励形成开放的、科技和人文相结合的知识体系,能随时从更加广泛的人居环境科学中吸取新思想,而且能创造性地组织实际操作,变美好的蓝图为现实的人居环境。

建筑教育是终身教育,这绝不仅限于专业人员,还包括对业主、政府官员乃至全社会的教育。

3.9 广义建筑学的方法论

早在半个世纪前,我们的前辈就已指出:"建筑师作为协调者,其工作是统筹各种与建筑物相关的形式、技术、社会和经济问题……新的建筑学将驾驭远比当今单体建筑物更加综合的范围;我们将逐步地把单个的技术进步结合到更为宽广、更为深远的有机的整体设计概念中去。"今天这些话依然在耳边回响,堪称广义建筑学的精辟定义。

广义建筑学不是要建筑师成为万事俱通的专家,而是倡导广义的、综合的观念和整体思维,在广阔天地里寻找新的专业结合点，解决问题，发展理论。

4. 基本结论：一致百虑 殊途同归

客观世界千头万绪，千变万化，我们不可能在具体的技术问题上强求一律。我们只有审时度势，因风土，宜人情，才能找到自己的答案。

中国古人云"天下一致而百虑，同归而殊途"。建设一个美好的、可持续发展的人居环境是人类共同的理想和目标，现在经济发展了，技术进步了，但是人们对安居的基本需求依然未变。问题在于，人们愈来愈意识到，在许多地区，大部分人并未从发展的进程中真正受益，不同的地区和国家必须探求适合自身条件的"殊途"。

对世界建筑师来说，在东方古都北京提出建筑学发展的整合意义深远。千百年来，整体思维一直是东方传统哲学的精华。今天，它已成为人类共同的思想财富，成为地球村的福音，是我们处理盘根错节的现实问题的指针。

进入下一个世纪只是连续的社会、政治进程中的短暂的一刻，但是从过去得来的经验教训将有助于我们在资源制约下，建设一个更加美好、更加公平的人居环境。对于这个历史使命，我们信心百倍而又十分审慎地寄予期望。

世界文化多样性宣言

(联合国教科文组织第三十一届会议于2001年11月2日在巴黎通过)

大会:

重视充分实现《世界人权宣言》和1966年关于公民权利和政治权利及关于经济、社会与文化权利的两项国际公约等其他普遍认同的法律文件中宣布的人权与基本自由;

忆及教科文组织《组织法》序言确认"……文化之广泛传播以及为争取正义、自由与和平对人类进行之教育为维护人类尊严不可缺少的举措,亦为一切国家关切互助之精神,必须履行之神圣义务";

还忆及《组织法》第一条特别规定教科文组织的宗旨之一是,建议"订立必要之国际协定,以便于运用文字与图像促进思想之自由交流";

参照教科文组织颁布的国际文件中涉及文化多样性和行使文化权利的各项条款;

重申应把文化视为某个社会或某个社会群体特有的精神与物质,智力与情感方面的不同特点之总和;

除了文学和艺术外,文化还包括生活方式、共处的方式、价值观体系,传统和信仰;

注意到文化是当代就特性、社会凝聚力和以知识为基础的经济发展问题展开的辩论的焦点;

确认在相互信任和理解氛围下,尊重文化多样性、宽容、对话及合作是国际和平与安全的最佳保障之一;

希望在承认文化多样性、认识到人类是一个统一的整体和发展文化间交流的基础上开展更广泛的团结互助;

认为尽管受到新的信息和传播技术的迅速发展积极推动的全球化进程对文化多样性是一种挑战,但也为各种文化和文明之间进行新的对话创造了条件;

认识到教科文组织在联合国系统中担负着保护和促进丰富多彩的文化多样性的特殊职责;

宣布下述原则并通过本宣言:

特性、多样性和多元化

第一条 文化多样性——人类的共同遗产

文化在不同的时代和不同的地方具有各种不同的表现形式。这种多样性的具体表现是构成人类的各群体和各社会的特性所具有的独特性和多样化。文化多样性是交流、革新和创作的源泉,对人类来讲就像生物多样性对维持生物平衡那样必不可少。从这个意义上讲,文化多样性是人类的共同遗产,应当从当代人和子孙后代的利益考虑予以承认和肯定。

第二条 从文化多样性到文化多元化

在日益走向多样化的当今社会中,必须确保属于多元的、不同的和发展的文化特性的个人和群体的和睦关系和共处。主张所有公民的融入和参与的政策是增强社会凝聚力、民间社会活力及维护和平的可靠保障。因此,这种文化多元化是与文化多样性这一客观现实相应的一套政策。文化多元化与民主制度密不可分,它有利于文化交流和能够充实公众生活的创作能力的发挥。

第三条 文化多样性——发展的因素

文化多样性增加了每个人的选择机会;它是发展的源泉之一,它不仅是促进经济增长的因素,而且还是享有令人满意的智力、情感、道德精神生活的手段。

文化多样性与人权

第四条 人权——文化多样性的保障

捍卫文化多样性是伦理方面的迫切需要，与尊重人的尊严是密不可分的。它要求人们必须尊重人权和基本自由，特别是尊重少数人群体和土著人民的各种权利。任何人不得以文化多样性为由，损害受国际法保护的人权或限制其范围。

第五条 文化权利——文化多样性的有利条件

文化权利是人权的一个组成部分，它们是一致的、不可分割的和相互依存的。富有创造力的多样性的发展，要求充分地实现《世界人权宣言》第二十七条和《经济、社会、文化权利国际公约》第十三条和第十五条所规定的文化权利。因此，每个人都应当能够用其选择的语言，特别是用自己的母语来表达自己的思想，进行创作和传播自己的作品；每个人都有权接受充分尊重其文化特性的优质教育和培训；每个人都应当能够参加其选择的文化生活和从事自己所特有的文化活动，但必须在尊重人权和基本自由的范围内。

第六条 促进面向所有人的文化多样性

在保障思想通过文字和图像的自由交流的同时，务必使所有的文化都能表现自己和宣传自己。言论自由，传媒的多元化，语言多元化，平等享有各种艺术表现形式，科学和技术知识——包括数码知识——以及所有文化都有利用表达和传播手段的机会等，均是文化多样性的可靠保证。

文化多样性与创作

第七条 文化遗产——创作的源泉

每项创作都来源于有关的文化传统，但也在同其他文化传统的交流中得到充分的发展。因此，各种形式的文化遗产都应当作为人类的经历和期望的见证得到保护、开发利用和代代相传，以支持各种创作和建立各种文化之间的真正对话。

第八条 文化物品和文化服务——不同一般的商品

面对目前为创作和革新开辟了广阔前景的经济和技术的发展变化，应当特别注意创作意愿的多样性，公正地考虑作者和艺术家的权利，以及文化物品和文化服务的特殊性，因为它们体现的是特性、价值观和观念，不应被视为一般的商品或消费品。

第九条 文化政策——推动创作的积极因素

文化政策应当在确保思想和作品的自由交流的情况下，利用那些有能力在地方和世界一级发挥其作用的文化产业，创造有利于生产和传播文化物品和文化服务的条件。每个国家都应在遵守其国际义务的前提下，制订本国的文化政策，并采取其认为最为合适的行动方法，即不管是在行动上给予支持还是制订必要的规章制度，来实施这一政策。

文化多样性与国际团结

第十条 增强世界范围的创作和传播能力

面对目前世界上文化物品的流通和交换所存在的失衡现象，必须加强国际合作和国际团结，使所有国家，尤其是发展中国家和转型期国家能够开办一些有活力、在本国和国际上都具有竞争力的文化产业。

第十一条 建立政府、私营部门和民间社会之间的合作伙伴关系

单靠市场的作用是做不到保护和促进文化多样性这一可持续发展之保证的。为此，必须重申政府在私营部门和民间社会的合作下推行有关政策所具有的首要作用。

第十二条 教科文组织的作用

教科文组织根据其职责和职能,应当:

(a) 促进各政府间机构在制订发展方面的战略时考虑本宣言中陈述的原则;

(b) 充任各国、各政府和非政府国际组织、民间社会及私营部门之间为共同确定文化多样性的概念、目标和政策所需要的联系和协商机构;

(c) 继续在其与本宣言有关的各主管领域中开展制定准则的行动、提高认识和培养能力的行动;

(d) 为实施其要点附于本宣言之后的行动计划提供便利。

保护非物质文化遗产公约

（联合国教科文组织第三十二届会议于 2003 年 10 月 17 日在巴黎通过）

联合国教育、科学及文化组织（以下简称教科文组织）大会于 2003 年 9 月 29 日至 10 月 17 日在巴黎举行的第三十二届会议。

参照现有的国际人权文书，尤其是 1948 年的《世界人权宣言》以及 1966 年的《经济、社会、文化权利国际公约》和《公民及政治权利国际盟约》这两个盟约；

考虑到 1989 年的《保护民间创作建议书》、2001 年的《教科文组织世界文化多样性宣言》和 2002 年第三次文化部长圆桌会议通过的《伊斯坦布尔宣言》强调非物质文化遗产的重要性，它是文化多样性的熔炉，又是可持续发展的保证；

考虑到非物质文化遗产与物质文化遗产和自然遗产之间的内在相互依存关系，承认全球化和社会变革进程除了为各群体之间开展新的对话创造条件，也与不容忍现象一样，使非物质文化遗产面临损坏、消失和破坏的严重威胁，而这主要是因为缺乏保护这种遗产的资金；

意识到保护人类非物质文化遗产是普遍的意愿和共同关心的事项，承认各群体，尤其是土著群体，各团体，有时是个人在非物质文化遗产的创作、保护、保养和创新方面发挥着重要作用，从而为丰富文化多样性和人类的创造性作出贡献；

注意到教科文组织在制定保护文化遗产的准则性文件，尤其是 1972 年的《保护世界文化和自然遗产公约》方面所做的具有深远意义的工作；

还注意到迄今尚无有约束力的保护非物质文化遗产的多边文件；

考虑到国际上现有的关于文化遗产和自然遗产的协定、建议书和决议需要有非物质文化遗产方面的新规定有效地予以充实和补充；

考虑到必须提高人们，尤其是年青一代对非物质文化遗产及其保护的重要意义的认识；

考虑到国际社会应当本着互助合作的精神与本公约缔约国一起为保护此类遗产作出贡献；

忆及教科文组织有关非物质文化遗产的各项计划，尤其是"宣布人类口述遗产和非物质遗产代表作"计划；

认为非物质文化遗产是密切人与人之间的关系以及他们之间进行交流和了解的要素，它的作用是不可估量。

于 2003 年 10 月 17 日通过本公约。

I 总　　则

第一条 本公约的宗旨

本公约的宗旨如下：
(a) 保护非物质文化遗产；
(b) 尊重有关群体、团体和个人的非物质文化遗产；
(c) 在地方、国家和国际一级提高对非物质文化遗产及其相互鉴赏的重要性的意识；
(d) 开展国际合作及提供国际援助。

第二条 定义

在本公约中，

1. "非物质文化遗产"指被各群体、团体、有时为个人视为其文化遗产的各种实践、表演、表现形式、知识和技能及其有关的工具、实物、工艺品和文化场所。各个群体和团体随着其所处环境、与自然界的相互关系和历史条件的变化不断使这种代代相传的非物质文化遗产得到创新，同时使他们自己具有一种认同感和历史感，从而促进了文化多样性和人类的创造力。在本公约中，只考虑符合现有的国际人权文件，各群体、团体和个人之间相互尊重的需要和顺应可持续发展的非物质文化遗产。

2. 按上述第1段的定义，"非物质文化遗产"包括以下方面：

(a) 口头传说和表述，包括作为非物质文化遗产媒介的语言；

(b) 表演艺术；

(c) 社会风俗、礼仪、节庆；

(d) 有关自然界和宇宙的知识和实践；

(e) 传统的手工艺技能。

3. "保护"指采取措施，确保非物质文化遗产的生命力，包括这种遗产各个方面的确认、立档、研究、保存、保护、宣传、弘扬、承传（主要通过正规和非正规教育）和振兴。

4. "缔约国"指受本公约约束且本公约在它们之间也通用的国家。

5. 根据本条款所述之条件，本公约经必要修改对成为其缔约方之第33条所指的领土也适用。从这个意义上说，"缔约国"亦指这些领土。

第三条 与其他国际文书的关系

本公约的任何条款均不得解释为：

(a) 有损被宣布为1972年《保护世界文化和自然遗产公约》的世界遗产、直接涉及非物质文化遗产内容的财产的地位或降低其受保护的程度；或

(b) 影响缔约国从其作为缔约方的任何有关知识产权或使用生物和生态资源的国际文书所获得的权利和所负有的义务。

Ⅱ 公约的有关机关

第四条 缔约国大

1. 兹建立缔约国大会，下称"大会"。大会为本公约的最高权力机关。

2. 大会每两年举行一次常会。如若它作出此类决定或政府间保护非物质文化遗产委员会或至少三分之一的缔约国提出要求，可举行特别会议。

3. 大会应通过自己的议事规则。

第五条 政府间保护非物质文化遗产委员会

1. 兹在教科文组织内设立政府间保护非物质文化遗产委员会，下称"委员会"。在本公约依照第三十四条的规定生效之后，委员会由参加大会之缔约国选出的18个缔约国的代表组成。

2. 在本公约缔约国的数目达到50个之后，委员会委员国的数目将增至24个。

第六条 委员会委员国的选举和任期

1. 委员会委员国的选举应符合公平的地理分配和轮换原则。

2. 委员会委员国由本公约缔约国大会选出，任期四年。

3. 但第一次选举当选的半数委员会委员国的任期为两年。这些国家在第一次选举后抽签指定。

4. 大会每两年对半数委员会委员国进行换届。

5. 大会还应选出填补空缺席位所需的委员会委员国。

6. 委员会委员国不得连选连任两届。

7. 委员会委员国应选派在非物质文化遗产各领域有造诣的人士为其代表。

第七条 委员会的职能

在不妨碍本公约赋予委员会的其它职权的情况下，其职能如下：

(a) 宣传公约的目标，鼓励并监督其实施情况；

(b) 就好的做法和保护非物质文化遗产的措施提出建议；

(c) 按照第二十五条的规定，拟订利用基金资金的计划并提交大会批准；

(d) 按照第二十五条的规定，努力寻求增加其资金的方式方法，并为此采取必要的措施；

(e) 拟订实施公约的业务指南并提交大会批准；

(f) 根据第二十九条的规定，审议缔约国的报告并将报告综述提交大会；

(g) 根据委员会制定的、大会批准的客观遴选标准，审议缔约国提出的申请并就以下事项作出决定：

（ⅰ）列入第十六、第十七和第十八条述及的名录和提名；

（ⅱ）按照第二十二条的规定提供国际援助。

第八条 委员会的工作方法

1. 委员会对大会负责。它向大会报告自己的所有活动和决定。

2. 委员会以其委员的三分之二多数通过自己的议事规则。

3. 委员会可临时设立它认为执行其任务所需的咨询机构。

4. 委员会可邀请在非物质文化遗产各领域确有专长的任何公营或私营机构以及任何自然人参加会议，就任何具体的问题向其请教。

第九条 咨询组织的认证

1. 委员会应就由在非物质文化遗产领域确有专长的非政府组织做认证向大会提出建议。这类组织的职能是向委员会提供咨询意见。

2. 委员会还应向大会就此认证的标准和方式提出建议。

第十条 秘书处

1. 委员会由教科文组织秘书处协助。

2. 秘书处起草大会和委员会文件及其会议的议程草案和确保其决定的执行。

Ⅲ 在国家一级保护非物质文化遗产

第十一条 缔约国的作用

各缔约国应该：

(a) 采取必要措施确保其领土上的非物质文化遗产受到保护；

(b) 在第二条第3段提及的保护措施内，由各群体、团体和有关非政府组织参与，确认和确定其领土上的各种非物质文化遗产。

第十二条 清单

1. 为了使其领土上的非物质文化遗产得到确认以便加以保护，各缔约国应根据自己的国情拟订一份或数份关于这类遗产的清单，并应定期加以更新。

2. 各缔约国在按第二十九条的规定定期向委员会提交报告时，应提供有关这些清单的情况。

第十三条 其他保护措施

为了确保其领土上的非物质文化遗产得到保护、弘扬和展示，各缔约国应努力做到：

(a) 制定一项总的政策，使非物质文化遗产在社会中发挥应有的作用，并将这种遗产的保护纳入规划工作；

(b) 指定或建立一个或数个主管保护其领土上的非物质文化遗产的机构；

(c) 鼓励开展有效保护非物质文化遗产，特别是濒危非物质文化遗产的科学、技术和艺术研究以及方法研究；

(d) 采取适当的法律、技术、行政和财政措施，以便：

（ⅰ）促进建立或加强培训管理非物质文化遗产的机构以及通过为这种遗产提供活动和表现的场所和空间，促进这种遗产的承传；

（ⅱ）确保对非物质文化遗产的享用，同时对享用这种遗产的特殊方面的习俗做法予以尊重；

（ⅲ）建立非物质文化遗产文献机构并创造条件促进对它的利用。

第十四条　教育、宣传和能力培养

各缔约国应竭力采取种种必要的手段，以便：

（a）使非物质文化遗产在社会中得到确认、尊重和弘扬，主要通过：

（ⅰ）向公众，尤其是向青年进行宣传和传播信息的教育计划；

（ⅱ）有关群体和团体的具体的教育和培训计划；

（ⅲ）保护非物质文化遗产，尤其是管理和科研方面的能力培养活动；

（ⅳ）非正规的知识传播手段。

（b）不断向公众宣传对这种遗产造成的威胁以及根据本公约所开展的活动；

（c）促进保护表现非物质文化遗产所需的自然场所和纪念地点的教育。

第十五条　群体、团体和个人的参与

缔约国在开展保护非物质文化遗产活动时，应努力确保创造、保养和承传这种遗产的群体、团体，有时是个人的最大限度的参与，并吸收他们积极地参与有关的管理。

Ⅳ　在国际一级保护非物质文化遗产

第十六条　人类非物质文化遗产代表作名录

1. 为了扩大非物质文化遗产的影响，提高对其重要意义的认识和从尊重文化多样性的角度促进对话，委员会应根据有关缔约国的提名编辑、更新和公布人类非物质文化遗产代表作名录。

2. 委员会拟订有关编辑、更新和公布此代表作名录的标准并提交大会批准。

第十七条　急需保护的非物质文化遗产名录

1. 为了采取适当的保护措施，委员会编辑、更新和公布急需保护的非物质文化遗产名录，并根据有关缔约国的要求将此类遗产列入该名录。

2. 委员会拟订有关编辑、更新和公布此名录的标准并提交大会批准。

3. 委员会在极其紧急的情况（其具体标准由大会根据委员会的建议加以批准）下，可与有关缔约国协商将有关的遗产列入第1段所提之名录。

第十八条　保护非物质文化遗产的计划、项目和活动

1. 在缔约国提名的基础上，委员会根据其制定的、大会批准的标准，兼顾发展中国家的特殊需要，定期遴选并宣传其认为最能体现本公约原则和目标的国家、分地区或地区保护非物质文化遗产的计划、项目和活动。

2. 为此，委员会接受、审议和批准缔约国提交的关于要求国际援助拟订此类提名的申请。

3. 委员会按照它确定的方式，配合这些计划、项目和活动的实施，随时推广有关经验。

Ⅴ　国际合作与援助

第十九条　合作

1. 在本公约中，国际合作主要是交流信息和经验，采取共同的行动，以及建立援助缔约国保护非物质文化遗产工作的机制。

2. 在不违背国家法律规定及其习惯法和习俗的情况下，缔约国承认保护非物质文化遗产符合人类的整体利益，保证为此目的在双边、分地区、地区和国际各级开展合作。

第二十条　国际援助的目的

可为如下目的提供国际援助：

（a）保护列入《急需保护的非物质文化遗产名录》的遗产；

（b）按照第十一和第十二条的精神编制清单；

（c）支持在国家、分地区和地区开展的保护非物质文化遗产的计划、项目和活动；

（d）委员会认为必要的其他一切目的。

第二十一条　国际援助的形式

第七条的业务指南和第二十四条所指的协定对委员会向缔约国提供援助作了规定，可采取的形式如下：

（a）对保护这种遗产的各个方面进行研究；

（b）提供专家和专业人员；

（c）培训各类所需人员；

（d）制订准则性措施或其他措施；

（e）基础设施的建立和营运；

（f）提供设备和技能；

（g）其他财政和技术援助形式，包括在必要时提供低息贷款和捐助。

第二十二条　国际援助的条件

1. 委员会确定审议国际援助申请的程序和具体规定申请的内容，包括打算采取的措施、必须开展的工作及预计的费用。

2. 如遇紧急情况，委员会应对有关援助申请优先审议。

3. 委员会在作出决定之前，应进行其认为必要的研究和咨询。

第二十三条　国际援助的申请

1. 各缔约国可向委员会递交国际援助的申请，保护在其领土上的非物质文化遗产。

2. 此类申请亦可由两个或数个缔约国共同提出。

3. 申请应包含第二十二条第1段规定的所有资料和所有必要的文件。

第二十四条　受援缔约国的任务

1. 根据本公约的规定，国际援助应依据受援缔约国与委员会之间签署的协定来提供。

2. 受援缔约国通常应在自己力所能及的范围内分担国际所援助的保护措施的费用。

3. 受援缔约国应向委员会报告关于使用所提供的保护非物质文化遗产援助的情况。

Ⅵ　非物质文化遗产基金

第二十五条　基金的性质和资金来源

1. 兹建立一项"保护非物质文化遗产基金"，下称"基金"。

2. 根据教科文组织《财务条例》的规定，此项基金为信托基金。

3. 基金的资金来源包括：

（a）缔约国的纳款；

（b）教科文组织大会为此所拨的资金；

（c）以下各方可能提供的捐款、赠款或遗赠：

（ⅰ）其他国家；

（ⅱ）联合国系统各组织和各署（特别是联合国开发计划署）以及其他国际组织；

（ⅲ）公营或私营机构或个人；

（d）基金的资金所得的利息；

(e) 为本基金募集的资金和开展活动之所得；

(f) 委员会制定的基金条例所许可的所有其他资金。

4. 委员会对资金的使用视大会的方针来决定。

5. 委员会可接受用于某些项目的一般或特定目的的捐款及其他形式的援助，只要这些项目已获委员会的批准。

6. 对基金的捐款不得附带任何与本公约所追求之目标不相符的政治、经济或其他条件。

第二十六条 缔约国对基金的纳款

1. 在不妨碍任何自愿补充捐款的情况下，本公约缔约国至少每两年向基金纳一次款，其金额由大会根据适用于所有国家的统一的纳款额百分比加以确定。缔约国大会关于此问题的决定由出席会议并参加表决，但未作本条第 2 段中所述声明的缔约国的多数通过。在任何情况下，此纳款都不得超过缔约国对教科文组织正常预算纳款的百分之一。

2. 但是，本公约第三十二条或第三十三条中所指的任何国家均可在交存批准书、接受书、赞同书或加入书时声明不受本条第 1 段规定的约束。

3. 已作本条第 2 段所述声明的本公约缔约国应努力通知联合国教育、科学及文化组织总干事收回所作声明。但是，收回声明之举不得影响该国在紧接着的下一届大会开幕之日前应缴的纳款。

4. 为使委员会能够有效地规划其工作，已作本条第 2 段所述声明的本公约缔约国至少应每两年定期纳一次款，纳款额应尽可能接近它们按本条第 1 段规定应交的数额。

5. 凡拖欠当年和前一日历年的义务纳款或自愿捐款的本公约缔约国不能当选为委员会委员，但此项规定不适用于第一次选举。已当选为委员会委员的缔约国的任期应在本公约第六条规定的选举之时终止。

第二十七条 基金的自愿补充捐款

除了第二十六条所规定的纳款，希望提供自愿捐款的缔约国应及时通知委员会以使其能对相应的活动作出规划。

第二十八条 国际筹资运动

缔约国应尽力支持在教科文组织领导下为该基金发起的国际筹资运动。

Ⅶ 报　告

第二十九条 缔约国的报告

缔约国应按照委员会确定的方式和周期向其报告它们为实施本公约而通过的法律、规章条例或采取的其他措施的情况。

第三十条 委员会的报告

1. 委员会应在其开展的活动和第二十九条提及的缔约国报告的基础上，向每届大会提交报告。

2. 该报告应提交教科文组织大会。

Ⅷ 过 渡 条 款

第三十一条 与宣布人类口述和非物质遗产代表作的关系

1. 委员会应把在本公约生效前宣布为"人类口述和非物质遗产代表作"的遗产纳入人类非物质文化遗产代表作名录。

2. 把这些遗产纳入人类非物质文化遗产代表作名录绝不是预设按第十六条第 2 段将确定的今后列入遗产的标准。

3. 在本公约生效后，将不再宣布其他任何人类口述和非物质遗产代表作。

Ⅸ 最 后 条 款

第三十二条 批准、接受或赞同

1. 本公约须由教科文组织会员国根据各自的宪法程序予以批准、接受或赞同。
2. 批准书、接受书或赞同书应交存教科文组织总干事。

第三十三条 加入

1. 所有非教科文组织会员国的国家,经本组织大会邀请,均可加入本公约。
2. 没有完全独立,但根据联合国大会第1514(XV)号决议被联合国承认为充分享有内部自治,并且有权处理本公约范围内的事宜,包括有权就这些事宜签署协议的地区也可加入本公约。
3. 加入书应交存教科文组织总干事。

第三十四条 生效

本公约在第三十份批准书、接受书、赞同书或加入书交存之日起的三个月后生效,但只涉及在该日或该日之前交存批准书、接受书、赞同书或加入书的国家。对其它缔约国来说,本公约则在这些国家的批准书、接受书、赞同书或加入书交存之日起的三个月之后生效。

第三十五条 联邦制或非统一立宪制

对实行联邦制或非统一立宪制的缔约国实行下述规定:

(a) 在联邦或中央立法机构的法律管辖下实施本公约各项条款的国家的联邦或中央政府的义务与非联邦国家的缔约国的义务相同;

(b) 在构成联邦,但无须按照联邦立宪制采取立法手段的各个国家、地区、省或州的法律管辖下实施本公约的各项条款时,联邦政府应将这些条款连同其关于通过这些条款的建议一并通知各个国家、地区、省或州的主管当局。

第三十六条 退出

1. 各缔约国均可宣布退出本公约。
2. 退约应以书面退约书的形式通知教科文组织总干事。
3. 退约在接到退约书十二个月之后生效。在退约生效日之前不得影响退约国承担的财政义务。

第三十七条 保管人的职责

教科文组织总干事作为本公约的保管人,应将第三十二条和第三十三条规定交存的所有批准书、接受书、核准书或加入书和第三十六条规定的退约书的情况通告本组织各会员国、第三十三条提到的非本组织会员国的国家和联合国。

第三十八条 修订

1. 任何缔约国均可书面通知总干事,对本公约提出修订建议。总干事应将此通知转发给所有缔约国。如在通知发出之日起六个月之内,至少有一半的缔约国回复赞成此要求,总干事应将此建议提交下一届大会讨论,决定是否通过。
2. 对本公约的修订须经出席并参加表决的缔约国三分之二多数票通过。
3. 对本公约的修订一旦通过,应提交缔约国批准、接受、赞同或加入。
4. 对于那些已批准、接受、赞同或加入修订的缔约国来说,本公约的修订在三分之二的缔约国交存本条第3段所提及的文书之日起三个月之后生效。此后,对任何批准、接受、赞同或加入修订的缔约国来说,在其交存批准书、接受书、赞同书或加入书之日起三个月之后,本公约的修订即生效。
5. 第3和第4段所确定的程序对有关委员会委员国数目的第五条的修订不适用。此类修订一经通过即生效。
6. 在修订依照本条第4段的规定生效之后成为本公约缔约国的国家如无表示异议,应:

(a) 被视为修订的本公约的缔约方;

(b) 但在与不受这些修订约束的任何缔约国的关系中，仍被视为未经修订之公约的缔约方。

第三十九条　有效文本

本公约用英文、阿拉伯文、中文、西班牙文、法文和俄文拟定，六种文本具有同等效力。

第四十条　备案

根据《联合国宪章》第 102 条的规定，本公约应按教科文组织总干事的要求交联合国秘书处备案。

关于工业遗产的下塔吉尔宪章

(国际工业遗产保护联合会于 2003 年 7 月 10 日至 17 日在下塔吉尔通过)

国际工业遗产保护联合会（TICCIH）是保护工业遗产的世界组织，也是国际古迹遗址理事会（ICOMOS）在工业遗产保护方面的专门顾问机构。该宪章由 TIC－CIH 起草，将提交 ICOMOS 认可，并由联合国教科文组织（UNESCO）最终批准。

导　言

人类的早期历史是依据生产方式根本变革方面的考古学证据来界定的，保护和研究这些变革证据的重要性已得到普遍认同。

从中世纪到 18 世纪末，欧洲的能源利用和商业贸易的革新，带来了具有与新石器时代向青铜时代历史转变同样深远意义的变化，制造业的社会、技术、经济环境都得到了非常迅速而深刻的发展，足以称为一次革命。这次工业革命是一个历史现象的开端，它影响了有史以来最广泛的人口，以及地球上所有其他的生命形式，并一直延续至今。

这些具有深远意义的变革的物质见证，是全人类的财富，研究和保护它们的重要性必须得到认识。

因而，2003 年聚集在俄罗斯召开的 TICCIH 大会上的代表们宣告：那些为工业活动而建造的建筑物和构筑物、其生产的过程与使用的生产工具，以及所在的城镇和景观，连同其他的有形的或无形的表现，都具有基本的重大价值。我们必须研究它们，让它们的历史为人所知，它们的内涵和重要性为众人知晓，为现在和未来的利用和利益，那些最为重要和最典型的实例应当依照《威尼斯宪章》的精神，进行鉴定、得以保护和修缮。

1. 工业遗产的定义

工业遗产是指工业文明的遗存，它们具有历史的、科技的、社会的、建筑的或科学的价值。这些遗存包括建筑、机械、车间、工厂、选矿和冶炼的矿场和矿区、货栈仓库，能源生产、输送和利用的场所，运输及基础设施，以及与工业相关的社会活动场所，如住宅、宗教和教育设施等。

工业考古学是对所有工业遗存证据进行多学科研究的方法，这些遗存证据包括物质的和非物质的，如为工业生产服务的或由工业生产创造的文件档案、人工制品、地层和工程结构、人居环境以及自然景观和城镇景观等。工业考古学采用了最适当的调查研究方法以增进对工业历史和现实的认识。

具有重要影响的历史时期始于 18 世纪下半叶的工业革命，直到当代，当然也要 研究更早的前工业和原始工业起源。此外，也要注重对归属于科技史的产品和生产技术研究。

2. 工业遗产的价值

(1) 工业遗产是工业活动的见证，这些活动一直对后世产生着深远的影响。保护工业遗产的动机在于这些历史证据的普遍价值，而不仅仅是那些独特遗址的唯一性。

(2) 工业遗产作为普通人们生活记录的一部分，并提供了重要的可识别性感受，因而具有社会价值。工业遗产在生产、工程、建筑方面具有技术和科学的价值，也可能因其建筑设计和规划方面的品质而具有重要的美学价值。

（3）这些价值是工业遗址本身、建筑物、构件、机器和装置所固有的，它存在于工业景观中，存在于成文档案中，也存在于一些无形记录，如人的记忆与习俗中。

（4）特殊生产过程的残存、遗址的类型或景观，由此产生的稀缺性增加了其特别的价值，应当被慎重地评价。早期和最先出现的例子更具有特殊的价值。

3. 鉴定、记录和研究的重要性

（1）每一国家或地区都需要鉴定、记录并保护那些需要为后代保存的工业遗存。

（2）对工业地区和工业类型进行调查研究以确定工业遗产的范围。利用这些信息，对所有已鉴定的遗址进行登记造册，其分类应易于查询，公众也能够免费获取这些信息。而利用计算机和因特网是一个颇有价值的方向性目标。

（3）记录是研究工业遗产的基础工作，在任何变动实施之前都应当对工业遗址的实体形态和场址条件做完整的记录，并存入公共档案。在一条生产线或一座工厂停止运转前，可以对很多信息进行记录。记录的内容包括文字描述、图纸、照片以及录像，以及相关的文献资料等。人们的记忆是独特的、不可替代的资源，也应当尽可能地记录下来。

（4）考古学方法是进行历史性工业遗址调查、研究的基本技术手段，并将达到与其他历史和文化时期研究相同的高水准。

（5）为了制定保护工业遗产的政策，需要相关的历史研究计划。由于许多工业活动具有关联性，国际合作研究有助于鉴定具有世界意义的工业遗址及其类型。

（6）对工业建筑的评估标准应当被详细说明并予以公布，采用为广大公众所接受的、统一的标准。在适当研究的基础上，这些标准将用于鉴定那些最重要的遗存下来的景观、聚落、场址、原型、建筑、结构、机器和工艺过程。

（7）已认定的重要遗址和结构应当用强有力的法律手段保护起来，以确保其重要意义得到保护。联合国教科文组织的《世界遗产名录》，应给予给人类文化带来重大影响的工业文明以应有的重视。

（8）应明确界定重要工业遗址的价值，对将来的维修改造应制定导则。任何对保护其价值所必要的法律的、行政的和财政的手段应得以施行。

（9）应确定濒危的工业遗址，这样就可以通过适当的手段减少危险，并推动合适的维修和再利用的计划。

（10）从协调行动和资源共享方面考虑，国际合作是保护工业遗产特别合适的途径。在建立国际名录和数据库时需要制定适当的标准。

4. 法 定 保 护

（1）工业遗产应当被视作普遍意义上文化遗产的整体组成部分。然而，对工业遗产的法定保护应当考虑其特殊性，要能够保护好机器设备、地下基础、固定构筑物、建筑综合体和复合体以及工业景观。对废弃的工业区，在考虑其生态价值的同时也要重视其潜在的历史研究价值。

（2）工业遗产保护计划应同经济发展政策以及地区和国土规划整合起来。

（3）那些最重要的遗址应当被充分地保存，并且不允许有任何干涉危及建筑等实物的历史完整性和真实性。对于保存工业建筑而言，适当改造和再利用也许是一种合适且有效的方式，应当通过适当的法规控制、技术建议、税收激励和转让来鼓励。

（4）因迅速的结构转型而面临威胁的工业社区应当得到中央和地方政府的支持。因这一变化而使工业遗产面临潜在威胁，应能预知并通过事先的规划避免采取紧急行动。

（5）为防止重要工业遗址因关闭而导致其重要构件的移动和破坏，应当建立快速反应的机制。有相应能力的专业权威人士应当被赋予法定的权利，必要时应介入受到威胁的工业遗址保护工作中。

（6）政府应当有专家咨询团体，他们对工业遗产保存与保护的相关问题能提供独立的建议，所有重要的案例都必须征询他们的意见。

（7）在保存和保护地区的工业遗产方面，应尽可能地保证来自当地社区的参与和磋商。

（8）由志愿者组成的协会和社团，在遗址鉴定、促进公众参与、传播信息和研究等方面对工业遗产保护具有重要作用，如同剧场不能缺少演员一样

5. 维护和保护

（1）工业遗产保护有赖于对功能完整性的保存，因此对一个工业遗址的改动应尽可能地着眼于维护。如果机器或构件被移走，或者组成遗址整体的辅助构件遭到破坏，那么工业遗产的价值和真实性会被严重削弱。

（2）工业遗址的保护需要全面的知识，包括当时的建造目的和效用，各种曾有的生产工序等。随着时间的变化可能都已改变，但所有过去的使用情况都应被检测和评估。

（3）原址保护应当始终是优先考虑的方式。只有当经济和社会有迫切需要时，工业遗址才考虑拆除或者搬迁。

（4）为了实现对工业遗址的保护，赋予其新的使用功能通常是可以接受的，除非这一遗址具有特殊重要的历史意义。新的功能应当尊重原先的材料和保持生产流程和生产活动的原有形式，并且尽可能地同原先主要的使用功能保持协调。建议保留部分能够表明原有功能的地方。

（5）继续改造再利用工业建筑可以避免能源浪费并有助于可持续发展。工业遗产对于衰败地区的经济复兴具有重要作用，在长期稳定的就业岗位面临急剧减少的情况时，继续再利用能够维持社区居民心理上的稳定性。

（6）改造应具有可逆性，并且其影响应保持在最小限度内。任何不可避免的改动应当存档，被移走的重要元件应当被记录在案并完好保存。许多生产工艺保持着古老的特色，这是遗址完整性和重要性的重要组成内容。

（7）重建或者修复到先前的状态是一种特殊的改变。只有有助于保持遗址的整体性或者能够防止对遗址主体的破坏，这种改变才是适当的。

（8）许多陈旧或废弃的生产线里体现着人类的技能，这些技能是极为重要的资源，且不可再生，无可替代。它们应当被谨慎地记录下来并传给年青一代。

（9）提倡对文献记录、公司档案、建筑设计资料以及生产样品的保护。

6. 教育与培训

（1）应从方法、理论和历史等方面对工业遗产保护开展专业培训，这类课程应在专科院校和综合性大学设置。

（2）工业历史及其遗产专门的教育素材，应由中小学生们去搜集，并成为他们的教学内容之一。

7. 陈述与解释

（1）公众对工业遗产的兴趣与热情以及对其价值的鉴赏水平，是实施保护的有力保障。政府当局应积极通过出版、展览、广播电视、国际互联网及其他媒体向公众解释工业遗产的意义和价值，提供工业遗址持续的可达性，促进工业遗址地区的旅游发展。

（2）建立专门的工业和技术博物馆和保护工业遗址，都是保护和阐释工业遗产的重要途径。

（3）地区和国际的工业遗产保护途径，能够突显工业技术转型的持续性和引发大规模的保护运动。

实施《保护世界文化与自然遗产公约》的操作指南

(联合国教科文组织于2005年修订通过)

目　录

缩略语
Ⅰ. 引言
Ⅰ.A 《操作指南》
Ⅰ.B 《世界遗产公约》
Ⅰ.C 《世界遗产公约》缔约国
Ⅰ.D 《世界遗产公约》缔约国大会
Ⅰ.E 世界遗产委员会
Ⅰ.F 世界遗产委员会秘书处（世界遗产中心）
Ⅰ.G 世界遗产委员会专家咨询机构
　　国际文物保护与修复研究中心
　　国际古迹遗址理事会
　　世界自然保护联盟
Ⅰ.H 其他组织
Ⅰ.I 保护世界遗产的合作伙伴
Ⅰ.J 其他公约、倡议和方案
Ⅱ. 《世界遗产名录》
Ⅱ.A 世界遗产的定义
　　文化和自然遗产
　　文化和自然混合遗产
　　文化景观
　　可移动遗产
　　突出的普遍价值
Ⅱ.B 具有代表性、平衡性和可信性的《世界遗产名录》
　　构建具有代表性、平衡性、可信性的《世界遗产名录》的全球战略
　　其他措施
Ⅱ.C 《世界遗产预备清单》
　　程序和格式
　　《预备清单》作为规划与评估工具
　　缔约国《预备清单》准备过程中的协助工作和能力建设
Ⅱ.D 突出的普遍价值的评估标准
Ⅱ.E 完整性和/或真实性
　　真实性
　　完整性
Ⅱ.F 保护与管理
　　立法、规范和契约三方面的保护措施

有效保护范围的界定
缓冲区
管理体制
可持续性利用

Ⅲ. 列入《世界遗产名录》的程序

Ⅲ.A　申报准备

Ⅲ.B　申报文件的格式和内容
　　1. 遗产确认
　　2. 遗产描述
　　3. 申报理由
　　4. 保护现状和影响因素
　　5. 保护和管理
　　6. 监控
　　7. 记录
　　8. 负责机构的联系信息
　　9. 缔约国代表签名

Ⅲ.C　各类遗产申报的要求
跨境遗产
系列遗产

Ⅲ.D　申报登记

Ⅲ.E　专家咨询机构评估

Ⅲ.F　撤销申报

Ⅲ.G　世界遗产委员会的决定
列入名录
决定不予列入
发还待议
推迟决定

Ⅲ.H　紧急受理的申报

Ⅲ.I　对世界遗产的范围、原列入标准或名称的修改
遗产范围的轻微变动
遗产范围的重大变动
对原列入《世界遗产名录》依据标准的修改
世界遗产名称的改动

Ⅲ.J　时间表——概览

Ⅳ. 对世界遗产保护状况的监测程序

Ⅳ.A　反应性监测
反应性监测的定义
反应性监测的目标
来自缔约国和/或其它渠道的信息
世界遗产委员会的决定

Ⅳ.B　《濒危世界遗产名录》
列入《濒危世界遗产名录》的指导方针
列入《濒危世界遗产名录》的标准

列入《濒危世界遗产名录》的程序

对于《濒危世界遗产名录》上遗产保护状况的定期检查

Ⅳ.C 被《世界遗产名录》彻底除名的程序

Ⅴ.《世界遗产公约》实施情况的《定期报告》

Ⅴ.A 目标

Ⅴ.B 程序和格式

Ⅴ.C 评估和后续工作

Ⅵ. 鼓励对《世界遗产公约》的支持

Ⅵ.A 目标

Ⅵ.B 能力建设与研究

全球培训战略

各国培训策略与区域性合作

研究

国际援助

Ⅵ.C 公共意识提升与教育

提升认识

教育

国际援助

Ⅶ. 世界遗产基金与国际援助

Ⅶ.A 世界遗产基金

Ⅶ.B 调动其他技术及财政资源,展开多方合作,支持《世界遗产公约》

Ⅶ.C 国际援助

Ⅶ.D 国际援助的原则和优先权

Ⅶ.E 总结表格

Ⅶ.F 程序和格式

Ⅶ.G 国际援助的评估与核准

Ⅶ.H 合同安排

Ⅶ.I 国际援助的总体评估和后续实施

Ⅷ. 世界遗产标志

Ⅷ.A 背景情况介绍

Ⅷ.B 适用性

Ⅷ.C 缔约国的责任

Ⅷ.D 世界遗产标志的正确使用

为列入世界遗产名录的遗产地制作悬挂世界遗产标牌

Ⅷ.E 世界遗产标志的使用原则

Ⅷ.F 使用世界遗产标志的授权程序

国家权威机构的初步认可

要求对内容进行质量控制的协议

内容审核格式

Ⅷ.G 缔约国政府进行质量控制的权力

Ⅸ. 信息来源

Ⅸ.A 秘书处存档的信息

Ⅸ.B 世界遗产委员会成员国和其他缔约国的详细信息

IX.C 向公众公开的信息和出版物

附录
1. 文本同意接收和正式批准的模板
2. 《预备清单》提交格式
3. 针对各类遗产列入《世界遗产名录》的指南
4. 《保护世界文化和自然遗产公约》相关的真实性
5. 申报《世界遗产名录》的格式
6. 专家咨询机构评估申报的程序
7. 《保护世界文化和自然遗产公约》实施情况的《定期报告》的格式
8. 国际援助申请表
9. 专家咨询机构评估国际援助申请的标准

世界遗产相关的参考书目
索引

缩略语
DoCoMoMo 国际现代主义建筑古迹遗址保护与记录委员会
ICCROM 国际文化遗产保护与修复研究中心
ICOMOS 国际古迹遗址理事会
IFLA 国际景观设计师联合会
IUCN 世界自然保护联盟（前国际自然及自然资源保护联盟）
IUGS 国际地质科学联合会
MAB 教科文组织人与生物圈项目
NGO 非政府组织
TICCIH 国际工业遗产保护委员会
UNEP 联合国环境项目（环境规划署）
UNEP-WCMC 世界保护监控中心（联合国环境规划署）
UNESCO 联合国教育、科学与文化组织

Ⅰ.引言
Ⅰ.A《操作指南》
1.《实施保护世界文化与自然遗产公约的操作指南》（以下简称《操作指南》）的宗旨在于协助《保护世界文化和自然遗产公约》（以下简称《世界遗产公约》或《公约》）的实施，并为开展下列工作设定相应的程序：

    a）将遗产列入《世界遗产名录》和《濒危世界遗产名录》
    b）世界遗产的保护和管理
    c）世界遗产基金项下提供的国际援助以及
    d）调动国内和国际力量为《公约》提供支持。

2.《操作指南》将会定期修改，以反映世界遗产委员会的决策

《操作指南》的发展历程可参见以下网址：http://whc.unesco.org/en/gui-delineshistorical

3. 《操作指南》主要使用者：

a) 《世界遗产公约》的缔约国；

b) 保护具有突出的普遍价值的文化和自然遗产政府间委员会，以下简称"世界遗产委员会"或"委员会"；

c) 世界遗产委员会秘书处，即联合国教育、科学及文化组织世界遗产中心，以下简称"秘书处"；

d) 世界遗产委员会的专家咨询机构；

e) 参与世界遗产保护的遗产地管理人员、利益相关人和合作伙伴。

Ⅰ.B 《世界遗产公约》

4. 无论对各国，还是对全人类而言，文化和自然遗产都是无可估价和无法替代的财产。这些最珍贵的财富，一旦遭受任何破坏或消失，都是对世界各族人民遗产的一次浩劫。这些遗产的一部分，具有独一无二的特性，可以认为具有"突出的普遍价值"，因而需加以特殊的保护，以消除日益威胁这些遗产的危险。

5. 为了尽可能保证对世界遗产正确的确认、保护、管理和展示，联合国教育、科学及文化组织成员国于1972年通过了《世界遗产公约》。《公约》提出了建立世界遗产委员会和世界遗产基金，二者自1976年开始运行。

6. 自从1972年通过《公约》以来，国际社会全面接受了"可持续发展"这一概念。而保护、正确管理自然和文化遗产即是对可持续发展的一个巨大贡献。

7. 《公约》旨在正确地确认、保护、管理、展示具有突出的普遍价值的文化和自然遗产，并将其代代相传。

8. 遗产列入《世界遗产名录》的标准和条件已被确立，以评估遗产是否具有突出的普遍价值，并指导缔约国对世界遗产的保护和管理。

9. 当《世界遗产名录》上的某项遗产受到了严重的特殊的威胁，委员会应该考虑将该遗产列入《濒危世界遗产名录》。当促成某遗产地被列《世界遗产名录》的突出地普遍价值遭到破坏，委员会应该考虑将该遗产从《世界遗产名录》上删除。

Ⅰ.C 《世界遗产公约》缔约国

10. 鼓励各个国家加入《公约》，成为缔约国。附件1收录了同意、接受和正式加入公约的文书范本。签署后的文本原件应递交联合国教育、科学及文化组织总干事。

11. 《公约》缔约国名单可参见以下网址 http://whc.unesco.org/en/statesparties

12. 鼓励《公约》各缔约国确保各利益相关方，包括遗产地管理者、地方和地区政府、当地社区、非政府组织（NGO）、其他相关团体和合作伙伴，参与世界遗产的确认、申报和保护。

13. 《公约》各缔约国应向秘书处提供作为实施《公约》的国家协调中心的政府负责机构的名称和地址，以便秘书处把各种官方信函和文件送达该机构。这些机构的地址列表可参见以下网址：http://whc.unesco.org/en/statespartiesfocalpoints 鼓励《公约》各缔约国在全国范围内公开以上信息并保证信息的更新。

14. 鼓励各缔约国召集本国文化和自然遗产专家，定期讨论《公约》的实施。各缔约国可以适当邀请专家咨询机构的代表和其他专家参加讨论。

15. 在充分尊重文化和自然遗产所在国主权的同时，《公约》各缔约国也应该认识到，合作开展遗产保护工作符合国际社会的共同利益。《世界遗产公约》各缔约国有责任做到以下几点：

　　a) 缔约国应该保证在本国境内文化和自然遗产的确认、申报、保护、管理、展示和传承。并就以上事宜为提出要求的其他成员国提供帮助；

　　b) 实施系列整体政策，旨在使遗产在当地社会生活中发挥作用；

　　c) 将遗产保护纳入全面规划方案；

　　d) 建立负责遗产保护、管理和展示的服务性机构；

　　e) 开展和加强科学技术研究，并找到消除威胁本国遗产危险因素的实际方法；

　　f) 采取适当的法律、科学、技术、行政和财政手段来保护遗产；

　　g) 促进建立或发展有关保护、管理和展示文化和自然遗产的国家或地区培训中心，并鼓励这些领域的科学研究；

　　h) 本公约各缔约国不得故意采取任何可能直接或间接损害本国或其他缔约国领土内遗产的措施；

　　i) 本公约各缔约国应向世界遗产委员会递交一份本国领土内适于列入《世界遗产名录》的遗产清单（也就是所指的《预备清单》）；

　　j) 本公约缔约国定期向世界遗产基金捐款，捐款额由公约缔约国大会决定；

　　k) 本公约缔约国应考虑和鼓励设立国家、公共、私人基金会或协会，以促进保护世界遗产的资金捐助；

　　l) 协助为世界遗产基金的开展的国际性募款运动；

　　m) 通过教育和宣传活动，努力增强本国人民对公约第1和2条中所确定的文化和自然遗产的赞赏和尊重，并使公众加深了解遗产面临的威胁；

　　n) 向世界遗产委员会递交报告，详述《世界遗产公约》的实施情况和遗产保护状况；并且

16. 鼓励各公约缔约国参加世界遗产委员会及其附属机构的各届会议。

Ⅰ.D 《世界遗产公约》缔约国大会

17. 本公约缔约国大会在联合国教科文组织大会期间召开。缔约国大会根据《议事规则》组织会议，相关内容可登录以下网址查询：http://whc.unesco.org/en/garules

18. 大会确定适用于所有缔约国的统一缴款比例，并选举世界遗产委员会委员。缔约国大会和联合国教科文组织大会都将收到世界遗产委员会关于各项活动的报告。

Ⅰ.E 世界遗产委员会

《世界遗产公约》第6(1)条。

《世界遗产公约》第4条和第6(2)条。

《世界遗产公约》第5条。

《世界遗产公约》第6(3)条。

《世界遗产公约》第11(1)条。

《世界遗产公约》第16(1)条。

《世界遗产公约》第17条。

《世界遗产公约》第18条。

《世界遗产公约》第27条。

《世界遗产公约》第29条。1997年第十一届缔约国大会通过《决议》。

《世界遗产委员会议事规则》第8.1条。

《世界遗产公约》第8(1)条，《世界遗产委员会议事规则》第49条。

《世界遗产公约》第8(1)条、第16(1)条和第29条；《世界遗产委员会议事规则》第49条。

19. 世界遗产委员会由 21 个成员国组成，每年（6月/7月）至少开一次会议。委员会设有主席团，通常在委员会常会期间频繁会晤协商。委员会及其主席团的构成可登录以下网址查询：http://whc.unesco.org/en/committeemembers

20. 世界遗产委员会根据《议事规则》召开会议，可登录以下网址查询：http://whc.unesco.org/committeerules

21. 世界遗产委员会成员任期六年。然而，为了保证世界遗产委员会均衡的代表性和轮值制，大会向缔约国提出自愿考虑将任期从六年缩短至四年，并不鼓励连任。

通过世界遗产中心，即世界遗产委员会秘书处，可以和委员会取得联系。

《世界遗产公约》第 9（1）条《世界遗产公约》第 8（2）条和《世界遗产公约》缔约国第七届（1989 年）、第十二届（1999 年）及第十三届（2001 年）大会决议。

22. 根据委员会在缔约国大会之前会晤中所作的决定，为尚无遗产列入《世界遗产名录》的缔约国保留一定数量的席位。

《缔约国大会议事规则》第 14.1 条

23. 委员会的决定基于客观和科学的考虑，其通过的决议都应得到彻底、负责的贯彻实行。委员会认识到此类决定的形成取决于以下几个方面：
a) 认真准备的文献记录；
b) 彻底并且连贯统一的程序；
c) 有资质的专家评估；以及
d) 如有必要，使用专家仲裁。

24. 委员会的主要职能是与缔约国合作开展下述工作：

《世界遗产公约》第 11（2）款。

a) 根据缔约国递交的"预备清单"和申报文件，确认将按照《公约》规定实施保护的具有突出的普遍价值的文化遗产和自然遗产，并把这些遗产列入《世界遗产名录》；

b) 通过反应性监测（参见第Ⅳ章）和定期报告（参见第Ⅴ章）核查已经列入《世界遗产名录》遗产的保护状况；

《世界遗产公约》第 11（7）条和第 29 条。

c) 决定《世界遗产名录》中哪些遗产应该列入《濒危世界遗产名录》或从中删除；

《世界遗产公约》第 11（4）条和第 11（5）条。

d) 决定是否将某项遗产从《世界遗产名录》中删除（参见第Ⅳ章）；

e) 制定对提交国际援助申请的审议程序，并在作出决定之前，进行必要的调查和磋商（参见第Ⅶ章）；

《世界遗产公约》第 21（1）条和第 21（3）条。

f) 决定如何发挥世界遗产基金资源的最大优势，帮助各缔约国保护其具有突出的普遍价值的遗产；

《世界遗产公约》第 13（6）条。

g) 采取措施设法增加世界遗产基金；

h) 每两年向缔约国大会和联合国教科文组织大会递交一份工作报告；

《世界遗产公约》第 29（3）条和《世界遗产委员会议事规则》第 49 条。

i) 定期审查和评估《公约》实施情况；

j) 修改并通过《操作指南》。

25. 为了促进《公约》的实施，委员会制定了战略目标，并定期审查和修改这些目标，保证有效针对、涵盖对世界遗产的新威胁。

1992年委员会通过的第一份《战略方向》已收入 WHC-92/CONF.002/12 号文件，见附件Ⅱ。

2002年世界遗产委员会修改了战略目标。《布达佩斯世界遗产宣言》（2002年）可登录下面网址查询：http://whc.unesco.org/en/budapestdeclaration

26. 目前的战略目标（简称为"4C"）是：

a) 增强《世界遗产名录》的可信度；

b) 保证世界遗产的有效保护；

c) 推进各缔约国有效的能力建设；

d) 通过宣传增强大众对世界遗产保护的认识、参与和支持。

Ⅰ.F 世界遗产委员会秘书处（世界遗产中心）

联合国教育、科学及文化组织世界遗产中心地址：

法国巴黎（7, place de Fontenoy 75352 Paris 07 SP France）

电话：+33 (0) 1 4568 1571

传真：+33 (0) 1 4568 5570

电子邮箱：wh-info@unesco.org

网址：http://whc.unesco.org/

27. 由联合国教育、科学及文化组织总干事指定的秘书处协助世界遗产委员会工作。为此，1992年创建了世界遗产中心，担负秘书处的职能，联合国教科文组织总干事指派世界遗产中心主任为委员会的秘书。秘书处协助和协调缔约国和专家咨询机构的工作。秘书处还与联合国教科文组织的其他部门和外地办事处密切合作。

《世界遗产公约》第14条。

《世界遗产委员会议事规则》第43条。2003年10月21《通函16号》，可登录以下网址查询：http://whc.unesco.org/circs/circ03-16e.pdf

《世界遗产公约》第14.2条

28. 秘书处主要任务包括：

a) 组织缔约国大会和世界遗产委员会的会议；

b) 执行世界遗产委员会的各项决定和缔约国大会通过的决议，并向委员会和大会汇报执行情况；

《世界遗产公约》第14.2条。《布达佩斯世界遗产宣言》（2002

c) 接收、登记世界遗产申报文件，检查其完整性、存档并呈递到相关的专家咨询机构；

d) 协调各项研究和活动，作为加强《世界遗产名录》代表性、平衡性和可信性全球战略的一部分；

e) 组织定期报告和协调反应性监测；

f) 协调国际援助；

g) 调动预算外资金保护和管理世界遗产；

h) 协助各缔约国实施委员会的各方案和项目；以及

i) 通过向缔约国、专家咨询机构和公众发布信息，促进世界遗产的保护，增强对《公约》的认识。

29. 开展这些活动要服从于委员会的各项决定和战略目标以及缔约国大会的各项决议，并与专家咨询机构密切合作。

Ⅰ.G 世界遗产委员会专家咨询机构

30. 世界遗产委员会的专家咨询机构包括：ICCROM（国际文物保护与修复研究中心），ICOMOS（国际古迹遗址理事会）以及IUCN（世界自然保护联盟） 〔《世界遗产公约》第8.3条。〕

31. 专家咨询机构的角色： 〔《世界遗产公约》第13.7条。〕

a) 以本领域的专业知识指导《世界遗产公约》的实施；

b) 协助秘书处准备委员会需要的文献资料，安排会议议程并协助实施委员会的决定；

c) 协助实施和发展建立具有代表性、平衡性和可信性的《世界遗产名录》的全球战略，实施发展全球培训战略，定期报告制度以及加强世界遗产基金的有效使用；

d) 监督世界遗产的保护状况并审查要求国际援助的申请； 〔《世界遗产公约》第14.2条。〕

e) 国际古迹遗址理事会和国际自然保护联盟负责评估申请列入《世界遗产名录》的遗产，并向委员会呈递评估报告；并

f) 以顾问的身份，列席世界遗产委员会及其主席团会议。 〔《世界遗产公约》第8.3条。〕

国际文物保护和修复研究中心

32. ICCROM，即国际文物保护与修复研究中心，是一个政府间组织，总部设在意大利的罗马。1956年由联合国教科文组织创建。根据规定，该中心的职能是开展调查研究，编撰文献资料，提供技术援助、培训和实施提升公众意识的项目，以加强对可移动和不可移动文化遗产的保护。

国际文物保护和修复研究中心地址：意大利罗马（Via diS. Michele, 13 Ⅰ-00153 Rome, Italy）
电话：+39 06 585531
传真：+39065855 3349
电子邮箱：iccrom@iccrom.org
网址：http://www.iccrom.org/

33. 国际文物保护与修复研究中心和《公约》相关的特殊职责包括：文化遗产培训领域的首要合作伙伴，监测世界遗产保护状况，审查由缔约国提交的国际援助申请，以及为能力建设活动出力献策和提供支持。

国际古迹遗址理事会

34. ICOMOS，即国际古迹遗址理事会，是一个非政府组织，总部在法国巴黎，创建于1956年。理事会的作用在于推广建筑和考古遗产保护理论、

国际古迹遗址理事会法国巴黎（49—51, rue de la Fédération

方法和科学技术的应用。理事会的工作以 1964 年《国际古迹遗址保护和修复宪章》（又称《威尼斯宪章》）的原则为基准。

35. 国际古迹遗址理事会和《公约》相关的特殊职责包括：评估申报世界遗产的项目，监督世界遗产保护状况，审查由缔约国提交的国际援助申请，以及为能力建设活动出力献策和提供支持。

世界自然保护联盟

36. IUCN，即世界自然保护联盟（前身是国际自然和自然资源保护联盟），创建于 1948 年，为各国政府、非政府组织和科学工作者在世界范围的合作提供了机会。其使命在于影响、鼓励和协助世界各团体保护自然生态环境的完整性和多样性，并确保任何对自然资源的使用都是公正并符合生态可持续发展的。世界自然保护联盟总部设在瑞士格兰德。

37. 世界保护自然联盟和《公约》相关的特殊职责包括：评估申报世界遗产的项目，监督世界遗产保护状况，审查由缔约国提交的国际援助申请，以及为能力建设活动出力献策和提供支持。

Ⅰ.H 其他组织

38. 委员会可能号召其他具有一定能力和专业技术的国际组织和非政府组织协助其方案和项目的实施。

Ⅰ.Ⅰ 保护世界遗产的合作伙伴

39. 在申报、管理和监督工作中采取多方合作形式，有力地促进了世界遗产的保护和《公约》的实施。

40. 保护和管理世界遗产的合作伙伴可以是：个人和其他利益相关方，尤其是对世界遗产的保护和管理感兴趣并参与其中的当地社区、政府组织、非政府组织和私人组织以及财产所有人。

Ⅰ.J 其他公约、倡议和方案

41. 世界遗产委员会认识到，密切协调好与联合国教科文组织其他方案及其相关公约的工作是受益匪浅的。相关国际保护文件、公约和方案，参见第 44 段。

42. 在秘书处的支持下，世界遗产委员会将保证《世界遗产公约》和其他公约、方案以及和保护文化和自然遗产有关的国际组织之间适当的协调，信息共享。

43. 委员会可能邀请相关公约下政府间组织的代表作为观察员参加委员会的会议。如受到其他政府间组织的邀请，委员会可能派遣代表作为观察员列席会议。

44. 有关文化和自然遗产保护的部分全球性公约和方案 联合国教育、科学及文化组织公约和方案

《关于在武装冲突的情况下保护文化财产的公约》（1954 年）

75015 Paris，France）
电话：
＋33（0）145 67 67 70
传真：
＋33（0）1 45 66 06 22
电子邮箱：secretar-iat@icomos.org
网 址：http://www.icomos.org/

IUCN——世界保护自然联盟
地址：瑞士格兰德（rue Mauverney 28 CH-1196 Gland, Switzerland）
电话：＋41 22 999 0001
传真：＋41 22 999 0010
电子邮箱：
mail@hq.iucn.org
网址：
http://www.iucn.org

草案一（1954 年）

草案二（1999 年）http://www.unesco.org/culture/laws/hague/html_eng/page1.shtml

《关于采取措施制止和防止文化财产非法进出口和所有权非法转让的公约》（1970 年）http://www.unesco.org/culture/laws/1970/html_eng/page1.shtml

《保护世界文化和自然遗产公约》（1972 年）http://www.unesco.org/whc/world_he.htm

《保护水下文化遗产公约》（2001 年）http://www.unesco.org/culture/laws/underwater/html_eng/convention.shtml

《保护非物质文化遗产公约》（2003 年）http://unesdoc.unesco.org/images/0013/001325/132540e.pdf

"人类和生物圈"方案（MAB）http://www.unesco.org/mab/

其他公约

《国际重要湿地尤其是作为水禽栖息地的湿地公约（拉姆萨尔公约）》（1971 年）

http://www.ramsar.org/key_conv_e.htm

《野生动植物濒危物种国际贸易公约》（CITES）（1973 年）

http://www.cites.org/eng/disc/text.shtml

《野生动物移栖物种保护公约》（CMS）（1979 年）http://www.unep-wcmc.org/cms/cms_conv.htm

《联合国海洋法公约》（UNCLOS）（1982 年）http://www.un.org/Depts/los/convention_agreements/texts/unclos/closindx.htm

《生物多样性公约》（1992 年）http://www.biodiv.org/convention/articles.asp

《私法协关于被盗或非法出口文物的公约》（罗马，1995）http://www.unidroit.org/english/conventions/cultural-property/c-cult.htm

《联合国气候变化框架公约》（纽约，1992 年）http://unfccc.int/essential_background/convention/background/items/1350.php

Ⅱ.《世界遗产名录》

Ⅱ.A 世界遗产的定义

文化和自然遗产

45. 文化和自然遗产的定义见《世界遗产公约》第 1 条和第 2 条。

第 1 条

在本公约中，以下各项为"文化遗产"：

文物古迹：从历史、艺术或科学角度看具有突出的普遍价值的建筑、碑雕和壁画、考古元素或结构、铭文、洞窟以及特殊联合体；

建筑群：从历史、艺术或科学角度看在建筑式样、整体和谐或与所处景观结合方面具有突出的普遍价值的独立的或相互连接的建筑群；

遗址：从历史、审美、人种学或人类学角度看具有突出的普遍价值的人类工程或自然与人联合的工程以及考古发掘所在地。

第 2 条

在本公约中,以下各项为"自然遗产":

从审美或科学角度看具有突出的普遍价值的由物质和生物结构或这类结构群组成的自然面貌;

从科学或保护角度看具有突出的普遍价值的地质和自然地理结构以及明确划为受威胁的动物和植物生境区;

从科学、保存或自然美角度看具有突出的普遍价值的天然名胜或明确划分的自然区域。

<u>文化和自然混合遗产</u>

46. 只有同时部分满足或完全满足《公约》第1条和第2条关于文化和自然遗产定义的财产才能认为是"文化和自然混合遗产"。

<u>文化景观</u>

47.《公约》第1条就指出文化景观属于文化财产,代表着"自然与人联合的工程"。它们反映了因物质条件的限制和/或自然环境带来的机遇,在一系列社会、经济和文化因素的内外作用下,人类社会和定居地的历史沿革。

附件 3

<u>可移动遗产</u>

48. 对于可能发生迁移的不可移动遗产的申报将不予考虑。

<u>突出的普遍价值</u>

49. 突出的普遍价值指文化和/或自然价值之罕见超越了国家界限,对全人类的现在和未来均具有普遍的重大意义。因此,该项遗产的永久性保护对整个国际社会都具有至高的重要性。世界遗产委员会将这一条规定为遗产列入《世界遗产名录》的标准。

50. 邀请各缔约国申报其认为具有"突出的普遍价值"的文化和/或自然遗产,以列入《世界遗产名录》。

51. 遗产列入《世界遗产名录》时,世界遗产委员会会通过一个《突出的普遍价值声明》(见第154段),该声明将是以后遗产有效保护与管理的重要参考。

52. 该《公约》不是旨在保护所有具有重大意义或价值的遗产,而只是保护那些从国际观点看具有最突出价值的遗产。不应该认为某项具有国家和/或区域重要性的遗产会自动列入《世界遗产名录》。

53. 员会的申报应该表明该缔约国在其力所能及的范围内将全力以赴保存该项遗产。这种承诺应该体现在建议和采纳合适的政策、法律、科学、技术、管理和财政措施,保护该项遗产以及遗产的突出的普遍价值。

Ⅱ.B 具有代表性、平衡性和可信性的《世界遗产名录》

54. 委员会根据第26届会议确定的四个战略目标,致力于构建一个具有代表性、平衡性和可信性的《世界遗产名录》。(布达佩斯,2002)

《布达佩斯世界遗产宣言》所在网址:http://whc.unesco.org/en/Budapest-declaration

<u>构建具有代表性、平衡性、可信性的《世界遗产名录》的全球战略</u>

55. 构建具有代表性、平衡性、可信性的《世界遗产名录》的全球战略旨在明确并填补《世界遗产名录》的主要空白。该战略鼓励更多的国家加入

关于"全球战略"的专家会议报告及构建具有代表性的世界遗产名录

《保护世界文化与自然遗产公约》并按照 62 段中定义编撰《预备清单》、准备《世界遗产名录》申报文件（详情请登录：http://whc.unesco.org/en/globalstrategy）

的主题研究报告（1994 年 6 月 20—22 日）在世界遗产委员会第 18 届大会通过。（福克，1994）

《全球战略》起初是为保护文化遗产提出的。应世界遗产委员会的要求，《全球战略》随后有所扩展，包括自然遗产和文化自然混合遗产。

56. 鼓励各缔约国和专家咨询机构同秘书处及其他合作方合作，参与实施《全球战略》。为此，组织召开了"全球战略"区域及主题会议，并开展对比研究及主题研究。会议和研究成果将协助缔约国编撰《预备清单》和申报材料。可访问网址：http://whc.unesco.org/en/globalstrategy，查阅提交给世界遗产委员会的专家会议报告和研究报告。

57. 要尽一切努力，保持《世界遗产名录》内文化和自然遗产的平衡。

58. 没有正式限制《世界遗产名录》中遗产总数。

其他措施

59. 要构建具有代表性、平衡性、可信性的《世界遗产名录》，缔约国须考虑其遗产是否已在遗产名录上得到充分的代表，如果是，就要采取以下措施，放慢新申报的提交速度：

a) 依据自身情况，自主增大申报间隔，和/或；

b) 只申报名录内代表不足的类别遗产，和/或；

c) 每次申报都同名录内代表不足的缔约国的申报联系起来，或；

d) 自主决定暂停提交新的申报。

缔约国第 12 届会议通过的决议（1999 年）。

60. 如果遗产具有突出的普遍价值，且在《世界遗产名录》上代表不足，这样的缔约国需要：

a) 优先考虑准备《预备清单》和申报材料；

b) 在所属区域内，寻求并巩固技术交流合作关系；

c) 鼓励双边和多边合作以增强缔约国负责遗产保护、保卫和管理机构的专业技能。

d) 尽可能参加世界遗产委员会的各届会议。

缔约国第 12 届会议通过的决议（1999 年）。

61. 委员会决定，在第 30 届大会（2006 年）上暂时试用以下机制：

a) 最多审查缔约国的两项完整申报，其中至少有一项与自然遗产有关；和

b) 确定委员会每年审查的申报数目不超过 45 个，其中包括往届会议推迟审议的项目、再审项目、扩展项目（遗产限制的细微变动除外）、跨界项目和系列项目；

c) 优先顺序如下所示：

1) 名录内尚没有遗产列入的缔约国提交的遗产申报；

第 24COMVI.2.3.3 号决定、第 28COM13.1 号决定和第 7EXT.COM4B.1 号决定

2）不限国别，但申报是名录内没有或为数不多的自然或文化遗产类别；

3）其他申报；

4）采用该优先顺序机制时，如果某领域内委员会所确定的申报名额已满，则秘书处收到完整申报材料的日期将被作为第二决定因素来考虑。

该决定将会在委员会第 31 届会议（2007 年）上重新审议。

Ⅱ．C 《预备清单》

<u>程序和格式</u>

62. 《预备清单》是缔约国认为其境内具备世界遗产资格的遗产的详细目录，其中应包括其认为具有突出的普遍价值的文化和/或自然遗产的名称和今后几年内要申报的遗产的名称。 | 《保护世界文化与自然遗产公约》第 1、2 及 11（1）条规定。

63. 如果缔约国提交的申报遗产未曾列入该国的《预备清单》，委员会将不予考虑。 | 第 24COMVI.2.3.2 号决定

64. 鼓励缔约国在准备其《预备清单》时邀请各利益相关方包括遗产地管理人员、地方和地区政府、当地社区、非政府组织以及其他相关机构参与全过程。

65. 缔约国呈报《预备清单》至秘书处的时间最好提前申报遗产一年。委员会鼓励缔约国至少每十年重新审查或递交其《预备清单》。

66. 缔约国需要递交英文或法语的《预备清单》，且采用附件 2 所示的标准格式，其中包括遗产名称、地理位置、简短描述以及其具有突出的普遍价值的陈述。

67. 缔约国应将已签名的完整《预备清单》原件递交至：联合国教科文组织世界遗产中心法国巴黎（7，place de Fontenoy，Paris 07 SP，France）电话：+33（0）1 4568 1136

电邮：wh-tentativelists@unesco.org

68. 如果所有信息均已提供，秘书处会将《预备清单》登记并转呈给相关专家咨询机构。每年都要向委员会递交所有《预备清单》的概要。秘书处与相关缔约国协商，更新其记录，将《预备清单》上已纳入《世界遗产名录》和已拒绝申报除名。 | 第 7EXT.COM4A 号决定

69. 登录 http://whc.unesco.org/en/tentativelists，查阅缔约国《预备清单》： | 第 27COM8A 号决定

<u>《预备清单》作为计划与评估工具</u>

70. 《预备清单》提供未来遗产名录申报信息，是缔约国、世界遗产委员会、秘书处及咨询机构的重要规划工具。

71. 鼓励缔约国参考国际古迹遗址理事会（ICOMOS）和世界保护自然联盟（IUCN）应委员会要求准备的《世界遗产名录》和《预备清单》的分析报告，确定《世界遗产名录》内的空白。这些分析使缔约国能够比较主题、区域、地理文化群和生物地理区等方面以确定未来的世界遗产。 | 第 24COM 号决定第 VI.2.3.2（ii）段文书 WHC-04/28.COM/13.B1 和 2 请登录：http:/whc.unesco.org/archive/2004/whc04-28com-13b1e.pdf 和 http:/whc.unesco.org/archive/2004/whc04-28com-13b2e.pdf

72. 另外,鼓励缔约国参考由专家咨询机构完成的具体主题研究报告(见147段)。这些研究包括《预备清单》评估、《预备清单》协调会议报告、以及专家咨询机构和其他具资质的团体和个人的相关技术研究。完成的研究报告列表详见:http://whc.unesco.org/en/globalstrategy

主题研究报告异于缔约国申报遗产列入《世界遗产名录》时编撰的比较分析（见第132段）。

73. 鼓励缔约国在区域和主题层面协调《预备清单》。在这个过程中,缔约国在专家咨询机构的协助下,共同评估各自的《预备清单》,发现差距并确认共通主题。通过协调,《预备清单》可以得到改进,缔约国可能会申报新遗产,并与其他缔约国合作准备申报材料。

缔约国准备《预备清单》过程中的协助和能力建设

74. 要实施《全球战略》,就有必要共同致力于协助缔约国进行能力建设和培训,获取和/或增强在编写、更新和协调《预备清单》及准备申报材料的能力。

75. 在准备、更新和协调《预备清单》方面,缔约国可以请求国际援助（见第七章）。

76. 专家咨询机构和秘书处可在考察评估期间,举办地区培训班,对列入名录中遗产很少的国家在准备预备清单和申报材料的方法上提供帮助。

Ⅱ.D 突出的普遍价值的评估标准

第24COMVI.2.3.5号决定

这些标准起初分为两组,标准（ⅰ）至（ⅵ）适用于文化遗产,标准（ⅰ）至（ⅳ）适用于自然遗产。

世界遗产委员会第6届特别会议决定将这十个标准合起来（第6EXT.COM5.1号决定）

77. 如果遗产符合下列一项或多项标准,委员会将会认为该遗产具有突出的普遍价值（见49～53段）。所申报遗产因而必须:

（ⅰ）代表人类创造精神的杰作;

（ⅱ）体现了在一段时期内或世界某一文化区域内重要的价值观交流,对建筑、技术、古迹艺术、城镇规划或景观设计的发展产生过重大影响;

（ⅲ）能为现存的或已消逝的文明或文化传统提供独特的或至少是特殊的见证;

（ⅳ）是一种建筑、建筑群、技术整体或景观的杰出范例,展现历史上一个（或几个）重要发展阶段;

（ⅴ）是传统人类聚居、土地使用或海洋开发的杰出范例,代表一种（或几种）文化或者人类与环境的相互作用,特别是由于不可扭转的变化的影响而脆弱易损;

（ⅵ）与具有突出的普遍意义的事件、文化传统、观点、信仰、艺术作品或文学作品有直接或实质的联系。（委员会认为本标准最好与其他标准一起使用）;

（ⅶ）绝妙的自然现象或具有罕见自然美的地区;

（ⅷ）是地球演化史中重要阶段的突出例证,包括生命记载和地貌演变中的地质发展过程或显著的地质或地貌特征；

（ix）突出代表了陆地、淡水、海岸和海洋生态系统及动植物群落演变、发展的生态和生理过程；

（x）是生物多样性原地保护的最重要的自然栖息地，包括从科学或保护角度具有突出的普遍价值的濒危物种栖息地。

78. 被认为具有突出的普遍价值，遗产必须同时符合完整性和/或真实性的条件并有足够的保护和管理机制确保其得到保护。

Ⅱ.E 完整性和/或真实性

真实性

79. 依据标准（i）至（vi）申报的遗产须具备真实性。附件4中包括了关于真实性的《奈良文件》，为评估遗产的真实性提供了操作基础，概要如下：

80. 理解遗产价值的能力取决于关于该价值信息来源的真实度或可信度。对涉及文化遗产原始及后来特征的信息来源的认识和理解，是分析评价真实性各方面的必要基础。

81. 对于文化遗产价值和相关信息来源可信性的评价标准可能因文化而异，甚至同一种文化内也存在差异。出于对所有文化的尊重，必须将文化遗产放在它所处的文化背景中考虑和评价。

82. 依据文化遗产类别及其文化背景，如果遗产的文化价值（申报标准所认可的）之下列特征是真实可信的，则被认为具有真实性：

- 外形和设计；
- 材料和实体；
- 用途和功能；
- 传统，技术和管理体制；
- 位置和背景环境；
- 语言和其他形式的非物质遗产；
- 精神和感觉；以及
- 其他内外因素。

83. 精神和感觉这样的特征在真实性评估中虽不易操作，却是评价一个地方特征和气质的重要指标，例如，在保持传统和文化连续性的社区中。

84. 所有这些信息的采用允许文化遗产在艺术、历史、社会和科学各层面的价值得以被充分考虑。"信息来源"指所有物质的、书面的、口头和图形的信息，以使理解文化遗产的性质、特征、意义和历史成为可能。

85. 在准备遗产申报考虑真实性条件时，缔约国首先要明确所有适用的真实性的重要特征。真实性声明应该评估真实性在每个特征上的体现程度。

86. 在真实性问题上，考古遗址或历史建筑及地区的重建只有在极个别情况下才予以考虑。只有依据完整且详细的记载，不存在任何想象而进行的重建，才会被接纳。

完整性

87. 所有申报《世界遗产名录》的遗产必须具有完整性。

88. 完整性用来衡量自然和/或文化遗产及其特征的整体性和无缺憾状态。因而，审查遗产完整性就要评估遗产满足以下特征的程度： 第20 COM Ⅸ.13号决定

a）包括所有表现其突出的普遍价值的必要因素；

b）形体上足够大，确保能完整地代表体现遗产价值的特色和过程；

c）受到发展的负面影响和/或被忽视。

上述条件需要在完整性陈述中进行论述。

89. 依据标准（ⅰ）至（ⅵ）申报的遗产，其物理构造和/或重要特征都必须保存完好，侵蚀退化也得到控制。能表现遗产全部价值绝大部分必要因素也要包括在内。文化景观、历史名镇或其他活遗产中体现其显著特征的种种关系和能动机制也应予保存。

将完整性条件应用于依据标准（ⅰ）至（ⅵ）的申报的遗产例证尚在开发。

90. 所有依据标准（ⅶ）至（ⅹ）申报的遗产，其生物物理过程和地貌特征应该相对完整。当然，由于任何区域都不可能是完全天然，且所有自然区域都在变动之中，某种程度上还会有人类的活动。包括传统社会和当地社区在内的人类活动常常发生在自然区域内。这些活动常因具有生态可持续性而被视为同自然区域突出的普遍价值一致。

91. 另外，对于依据标准（ⅶ）至（ⅹ）申报的遗产来说，每个标准又有一个相应的完整性条件。

92. 依据标准（ⅶ）申报的遗产应具备突出的普遍价值，且包括保持遗产美景的必要地区。例如，某个遗产的景观价值在于它的瀑布，那么只有将临近的积水潭和下游地区同保持遗产美学价值密切相连、统一考虑，才能满足完整性条件。

93. 依据标准（ⅷ）申报的遗产必须包括其自然关系中所有或大部分重要的相互联系、相互依存的因素。例如，"冰川期"遗址要满足完整性条件，则需包括雪地、冰河本身和凿面样本、沉积物和拓殖（例如，条痕、冰碛层及植物演替的先锋阶段等）。如果是火山，则岩浆层必须完整，且能代表所有或大部分的火山岩种类和喷发类型。

94. 依据标准（ⅸ）申报的遗产必须具有足够大小，且包含能够展示长期保护其内部生态系统和生物多样性的重要过程的必要因素。例如，热带雨林地区要满足完整性条件，需要在海平面上有一定的垂直变化、多样的地形和土壤种类，群落系统和自然形成的群落；同样，珊瑚礁必须包括，诸如海草、红树林和其他为珊瑚礁提供营养沉积物的临近生态系统。

95. 依据标准（ⅹ）申报的遗产必须是生物多样性保护的至关重要的价值。只有最具生物多样性和/或代表性的申报遗产才有可能满足该标准。遗产必须包括某生物区或生态系统内最具多样性的动植物特征的栖息地。例如：要满足完整性条件，热带草原需要具有完整的、共同进化的草食动物群和植物群；一个海岛生态系统则需要包括地方生态栖息地；包含多种物种的遗产必须足够大，能够包括确保这些物种生存的最重要的栖息地；如果某个地区有迁徙物种，则季节性的养育巢穴和迁徙路线，不管位于何处，都必须妥善保护。

Ⅱ.F 保护和管理

96. 世界遗产的保护与管理须确保其在列入名录时所具有的突出的普遍价值以及完整性和/或真实性在之后得到保持或提升。

97. 列入世界遗产名录的所有遗产必须有长期、充分的从立法、规范、机制和/或传统等各方面的保护及管理以确保遗产得到保护。该保护必须包括充分描述的边界范畴。同样地，缔约国应该在国家、区域、城市和/或传统的各层面，适当保护申报遗产。申报文件上也需要附加明确解释保护措施的说明。

　　立法、规范和契约性的保护措施

98. 国家和地方级的立法、规范措施应确保遗产的存在，且保护其突出的普遍价值以及完整性和/或真实性不因社会发展变迁受到负面影响。缔约国还需要保证这些措施得到切实有效的实施。

　　有效保护的界限

99. 界限描述是对申报遗产进行有效保护的关键条件。界限必需明确划定以确保遗产的突出的普遍价值及其完整性和/或真实性得到充分体现。

100. 依据标准（i）至（vi）申报的遗产，划定界限需要包括所有能够直接体现遗产的突出、普遍价值的区域和有形的特征，以及在将来的研究中有可能对遗产价值进一步加深理解的区域。

101. 依据标准（vii）至（x）的申报，划定界限要反映其成为世界遗产基本条件的栖息地、物种、过程或现象的空间要求。界限须包括与具有突出的普遍价值紧邻的足够大的区域以保护其遗产价值不因人类活动的直接侵蚀和该区域外资源开发而受到损害。

102. 所申报遗产的界限可能会与一个或多个已存在或建议保护区相同，例如国家公园或自然保护区，生物圈保护区或历史文物保护区。虽然保护区可能包含几个管理带，可能只有部分地带能达到世界遗产的标准。

　　缓冲区

103. 只要有必要，就应设立足够大的缓冲区以保护遗产。

104. 为了有效保护申报遗产，缓冲区是指遗产周围区域，其使用和开发被补充法和/或公共规定限制，以此为遗产增加保护层。缓冲区应包括申报遗产所在区域、重要景观，以及其他在功能上对遗产及其保护至关重要的区域或特征。通过合适的机制来决定缓冲区的构成区域。申报时，需要提供有关缓冲区大小、特点、授权用途的详细信息以及一张精确标示界限和缓冲区的地图。

105. 申报材料中还需明确描述缓冲区在保护申报遗产中的作用。

106. 如果没有建立缓冲区的提议，则申报材料需要对此予以解释。

107. 虽然缓冲区并非所申报的遗产的正式组成部分，但是《世界遗产名录》内遗产的缓冲区的任何变动都需经世界遗产委员会批准。

　　管理体制

108. 每一个申报遗产都应有合适的管理规划或其他有文可依的管理体制，其中需要详细说明应如何采用多方参与的方式，保护遗产突出的普遍的价值。

109. 管理体制旨在确保现在和将来对申报遗产进行有效的保护。

110. 有效的管理体制的内容取决于申报遗产的类别、特点和需求以及其文化和自然环境。由于文化背景、可用资源及其他因素的影响，管理体制也会有所差别。管理体制可能包含传统做法、现存的城市或区域规划手段和其他正式和非正式的规划控制机制。

111. 考虑到上述多样性问题，有效管理体制需包括以下因素：

a) 各利益方对遗产价值共同的透彻理解；

b) 规划、实施、监管、评估和反馈的循环机制；

c) 合作者与各利益相关方的共同参与；

d) 必要资源的配置；

e) 能力建设；以及

f) 对管理体制运作的可信、公开透明的描述。

112. 有效管理包括长期和日常对申报遗产的保护、管理和展示。

113. 另外，为了实施《公约》，世界遗产委员会还建立了反应性监控程序（见第Ⅳ章）和《定期报告》机制（见第Ⅴ章）。

114. 如果是系列遗产，能确保各个组成部分协调管理的管理体制或机制非常必要，应该在申报材料中阐明（见 137~139 段）。

115. 在某些情况下，管理规划或其他管理体制在该遗产向世界遗产委员会提出申报时还没有到位。相关缔约国则需要说明管理规划或体制何时能到位以及如何调动必要资源准备和实施新的管理规划或体制。缔约国还需要提供其他文件（例如，操作计划），在管理规划出台之前指导遗产的管理。

116. 如果遗产的内在本质由于人类活动而受到威胁，但仍旧满足第 78 至 95 段规定的真实性或完整性的标准和条件，概述纠正措施的行动计划需要和申报材料一起提交。如果缔约国并未在拟定的时间内采取纠正措施，委员会将会依据相关程序将该遗产从名单上删除。（见Ⅳ.C 节）

117. 缔约国要对境内的世界遗产实施有效的管理。缔约国要同其他参与各方密切合作管理遗产，其中包括遗产地管理人员、管理权力机关和其他合作者及遗产管理的相关利益方。

118. 委员会推荐缔约国将风险防范机制包括在其世界遗产管理规划和培训策略中。　　　　　　　　　　　　　　　　　　　第 28COM10B.4 号决定

可持续使用

119. 世界遗产会有各种各样已存和拟开发的具有生态、文化可持续性的使用价值。缔约国和合作者必须确保这些可持续性利用不会有损遗产的突出的普遍价值，以及其完整性和/或真实性。另外，任何用途应该具有生态及文化可持续性。对于有些遗产来说，人类不宜使用。

Ⅲ．列入《世界遗产名录》的程序

Ⅲ.A 准备申报文件

120. 申报文件是委员会考虑是否将某项遗产列入《世界遗产名录》的基础。所有相关信息都应该包括在申报材料中，且信息应与其出处相互参照。

121. 附件 3 为缔约国就具体类别遗产编撰申报文件提供指南。

122. 缔约国在着手准备遗产申报前，应先熟悉第 168 段中描述的申报周期。

123. 申报过程中当地群众的参与很必要，能鼓励他们与缔约国共同承担保护遗产的责任。委员会鼓励多方参与编撰申报文件，其中包括遗产管理人员、地方和地区政府、当地社区、非政府组织和其他相关团体。

124. 缔约国在编撰申报文件时，如第Ⅶ.E 章节中所描述的那样，可以申请"预备协助"。

125. 鼓励缔约国同秘书处联系，在整个申报过程中获得帮助。

126. 秘书处还可以提供：

a) 在确定合适的地图和照片以及从哪些部门取得这些资料方面的帮助；

b) 成功申报参考案例以及管理方法和立法条款；

c) 为申报不同类别的遗产的指导，例如文化景观、历史城镇、运河和遗址线路（见附件3）

d) 为申报系列遗产和跨界遗产的指导（见第134至139段）。

127. 缔约国可以在每年的九月三十日前（第168段）提交申报草案以听取秘书处的意见、接受审查。申报草案的提交是自愿的。

128. 任何时候都可以提交申报，但只有在二月一日或之前递交到秘书处且完整的申报（见第132段）才会在次年被世界遗产委员会审核，决定是否列入名录。委员会只审查缔约国《预备清单》内列有的遗产（见66段）。

Ⅲ.B 申报文件的格式和内容

129. 《世界遗产名录》申报应依据附件5所示格式提交材料。

缔约国申报遗产时递交的比较分析不应和委员会专家咨询机构的主题研究相混淆（见下面的第148段）第 7EXT.COM 4A 号决定

130. 格式包括如下部分：

a) 遗产确认；

b) 遗产描述；

c) 申报理由；

d) 保护情况和影响因素；

e) 保护和管理；

f) 监控；

g) 记录；

h) 负责当局的联系信息；

i) 缔约国代表签名。

131. 《世界遗产名录》申报是重内容轻表象的。

132. "完整"申报需要满足下列要求：

a) 遗产确认

应清晰地定义申报遗产边界，清楚区分申报遗产和任何缓冲区（若存在）（见103～107段）。地图应足够详细，能精确标出所申报的陆地和/或水域。若可能的话，应提供缔约国最新的官方地形图，并注解遗产边界。没有清晰的边界定义，申报被认为是"不完整的"。

b) 遗产描述

遗产描述应包括遗产确认及其历史发展概述。应确认、描述所有的成图组成部分，如果是系列申报，应清晰描述每一组成部分。

在遗产的历史和发展中应描述遗产是如何形成现在的状态以及所经历的重大变化。这些信息应包含所需的重要事实以证实遗产达到突出的普遍价值的标准，满足完整性和/或真实性条件。

c) 申报理由

本部分应指出遗产申报依据的标准（见77段），且须明确说明依据此标准的原因。基于该标准，缔约国提交的遗产《突出的普遍价值声明》（见49～53段及155段）应明确说明该遗产为什么该遗产值得列入《世界遗产名录》。应提供该遗产与类似遗产的对比分析，不论该类似遗产是否在《世界遗产名录》上，是国内还是国外遗产。对比分析应说明申报遗产在国内及国际上的重要性。完整性和/或真实性声明也应一并附上，且须显示该遗产如何满足78～95段所述的条件。

d) 遗产保护情况和影响因素

本部分应包括目前遗产保护情况的准确信息（包括遗产的物理条件和现有的保护措施）。同时，也应包括影响遗产的因素描述（包括威胁）。本部分提供的基本信息将成为将来监控申报遗产保护情况需要参考的底线数据。

e) 保护和管理

保护：第五部分包括与遗产保护最相关的立法、规章、契约、规划、机制和/或传统各层面措施，提供保护措施实际操作方法的详尽分析。立法、规章、契约、规划和机制文本或者文本摘要应以英文或法文附上。

管理：适宜的管理方案或管理体制很必要，应包括在申报文件中，并期望确保该管理方案或管理体制的有效执行。

管理方案或者管理体制文献的副本应附在申报文件后。如果管理方案为非英语或非法语，应附上英语或法语的条款详述。

应提供管理方案或者管理体系的详尽分析或者说明。申报文件若不包括上述文本则被认为是不完整的，除非在管理方案完成之前，依据115段所述提交指导遗产管理的其他文书。

f) 监测

在申报材料中，缔约国应包括衡量、评估遗产保护情况的关键指标、影响遗产的因素、现有遗产保护措施、审查周期及负责当局的名称。

g) 文献记录

应提供充实申报所需的文献记录。除了上述文件之外，还应包括照片，35mm幻灯片，图像库及官方形式照片。申报文本应以打印形式和电子文档提交（软盘或光盘）。

h) 负责当局的联系信息

应提供负责当局的详细联系信息。

i) 缔约国代表签名

申报材料结尾应有缔约国授权的官方代表签名。

j) 所需打印副本数量

文化遗产申报文件（不包括文化景观）：2个副本

自然遗产申报：3个副本

混合遗产和文化景观申报：4个副本

k) 义件和电子版

申报材料应是A4纸（或信纸），同时有电子版（软盘或光盘）。且至少一个副本应是活页形式，以方便复印。

l) 寄送

缔约国应提交英语或法语申报材料至：

法国巴黎

联合国教科文组织 世界遗产中心

（7，place de Fontenoy 75352 Paris 07 SP France）

电话：+33 (0) 1 4568 1136

传真：+33 (0) 1 4568 5570

E-mail: wh-nominations@unesco.org

133. 秘书处会保留和申报一起提交的所有相关资料（地图、规划、照片资料等）

Ⅲ.C 各类遗产申报的要求

跨境遗产

134. 被申报的遗产可能

a）位于一个缔约国境内，或者

b）位于几个接壤的缔约国境内（跨境遗产）。

第 7EXT.COM 4A 号决定

135. 跨境遗产的申报应由几个缔约国在任何可能的地方遵照大会公约第 11.3 条共同准备和递交。大会强烈建议各相关缔约国建立联合管理委员会或类似组织负责该遗产的总体管理。

136. 位于一个缔约国境内的现有世界遗产的扩展部分可以申请成为跨境遗产。

系列遗产

137. 系列遗产应包括几个相关组成部分，并属于

a）同一历史文化群体；

b）具有某一地域特征的同一类型的遗产；

c）同一地质、地形构造，同一生物地理亚区，或同类生态系统；同时，系列遗产作为一个整体（而不是其中个别部分）必须具有突出的普遍价值。

138. 被申报的系列遗产可能

a）位于一个缔约国境内（本国系列遗产）；

b）位于不同缔约国境内，不必相连，同时须经过所有相关缔约国同意递交申报（跨国系列遗产）。

第 7EXT.COM 4A 号决定

139. 如被申报的第一项遗产本身具有突出的普遍价值，系列遗产（无论是由一国或是多国提起的）可历经数轮申报周期，递交申报文件并接受评估。计划在数轮周期中分阶段进行系列申报的缔约国可向委员会说明此意向，以确保计划更加完善。

Ⅲ.D 申报的登记

140. 收到各缔约国递交的申报文件后，秘书处将回执确认收讫，核查材料是否完整，然后进行登记。秘书处将向相关专家咨询机构转交完整的申报文件，由专家咨询机构进行评估。经专家咨询机构提请，秘书处将向缔约国索要补充信息。登记的时间表和申报的受理程序在第 168 段中有详细说明。

141. 秘书处在每届委员会会议时拟定并递交一份所有接收到的申报名单，包括接收的日期，申报文件"完整"与否的陈述，以及按照第 132 段的要求将申报文件补充完整的日期。

第 26COM14 和 28COM 14B.57 号决定

142. 申报周期从递交之日起到世界遗产委员会做出决定之日结束，通常历时一年半，每年二月递交申报至翌年六月委员会做出决定。

Ⅲ.E. 专家咨询机构评估申报

143. 专家咨询机构将评估各缔约国申报的遗产是否具有突出的普遍价值，是否符合完整性或真实性，以及是否能达到保护和管理的要求。国际古迹遗址理事会和世界自然保护联盟的评估程序和格式在附件 6 中有详细说明。

144. 对文化遗产申报的评估将由国际古迹遗址理事会完成

145. 对自然遗产申报的评估将由世界自然保护联盟完成

146. 作为"人文景观"类申报的文化遗产，将由国际古迹遗址理事会

与世界自然保护联盟磋商之后进行评估。对于混合遗产的评估将由国际古迹遗址理事会与世界自然保护联盟共同完成。

147. 如经世界遗产委员会要求或者在必要情况下，国际古迹遗址理事会与世界自然保护联盟将开展主题研究，将被申报的世界遗产置于地区、全球或主题背景中进行评估。这些研究必须建立在各缔约国递交的预备清单审议，关于预备清单协调性的会议报告以及由专家咨询机构或具备相关资质的组织或个人进行的其他技术研究的基础之上。已完成的相关研究列表见附件3第三节和专家咨询机构的网站。这些研究不得与缔约国在申报世界遗产时准备的"比较分析"相混淆（见第132段）。

> 国际古迹遗址理事会：http：//www.icomos.org/studies/世界保护自然联盟：http：//www.iucn.org/themes/wcpa/pubs/Worldher-itage.htm 第28COM14 B.57.3号决定

148. 以下为国际古迹遗址理事会和世界自然保护联盟的评估与陈述所遵循的原则。评估与陈述必须

a) 遵守《世界遗产公约》和相关的操作指南，以及委员会在决议中规定的其他政策；

b) 做出客观、严谨和科学的评估；

c) 依照一致的专业标准；

d) 评估和陈述均必须遵守标准格式，必须与秘书处一致，同时必须注明进行实地考察的评估员的名字；

e) 清晰分明地指出申报遗产是否具有突出的普遍价值，是否符合完整性和/或真实性的标准，是否拥有管理规划/系统和立法保护；

f) 根据所有相关标准，对每处遗产进行系统地评估，包括其保护状况，并与缔约国境内或境外其他同类遗产的保护状况进行比较；

g) 应注明所援引的委员会决定和关于被审议的申报的要求；

h) 不考虑或载列缔约国于申报审议当年3月31日后递交的任何信息。同时应通知缔约国，因收到的信息已逾期，所以不被纳入考虑之列。必须严格遵守申报截止日期；

i) 同时提供支持他们论点的参考书目（文献）。

> 第28COM14B.57.3号决定

149. 专家咨询机构在审查其评估意见后，应在每年的1月31日以前向各缔约国进行最终征询或索要信息。

> 第7EXT.COM4B.1号决定

150. 相关缔约国应邀在委员会大会开幕至少两个工作日前致信大会主席，附寄致专家咨询机构的复印件，详细说明他们在专家咨询机构对其申报的评估意见中发现的事实性错误。此信将被翻译成工作语言，分发给委员会成员，也可在评估陈述之后由主席宣读。

> 第7 EXT.COM4B.1号决定

151. 国际古迹遗址理事会和世界自然保护联盟的建议分三类：

a) 建议无保留列入名录的遗产

b) 建议不予列入名录的遗产

c) 建议发还待议或推迟列入的遗产

Ⅲ.F 撤销申报

152. 缔约国可以在讨论该申报的委员会会议之前任何时候撤销所递交的申报，但必须以书面形式向秘书处说明此意图。如某缔约国希望撤回申报，它可以重新递交一份遗产的申报，此时的申报根据第168段所列程序和时间表将会被作为一项新申报。

Ⅲ.G 世界遗产委员会的决定

153. 世界遗产委员会决定一项遗产是否应被列入《世界遗产名录》、待议或是推迟列入。

列入名录

154. 决定将遗产列入《世界遗产名录》时，在专家咨询机构的指导下，委员会将通过该遗产的《突出的普遍价值声明》。

155. 《突出的普遍价值声明》应包括委员会关于该遗产具有突出的普遍价值的决定摘要，明确遗产列入名录所遵循的标准，包括对于完整性或真实性状况及实施保护和管理的要求评估。此声明将作为未来该遗产保护和管理的基础。

156. 列入名录时，委员会也可就该世界遗产的保护和管理提出其他的建议。

157. 委员会将在其报告和出版物中公布《突出的普遍价值声明》（包括某具体遗产列入《世界遗产名录》的标准）。

决定不予列入

158. 如委员会决定某项遗产不予列入名录，除非在例外情况下，该申报不可重新向委员会提交。这些例外情况包括新发现，有关该遗产新的科学信息或者之前申报时未提出的不同标准。在上述情况下，允许提交新的申报。

发还待议的申报

159. 委员会决定发还缔约国以补充相关信息的申报，可以在委员会下届会议上重新递交并接受审议。补充信息须在委员会拟定审议当年2月1日前呈交秘书处。秘书处将直接转交相关专家咨询机构进行评估。发还的申报如在原委员会决定下达三年内不曾提交委员会，再次递交审议时将被视为一项新申报。申报时依据第168段所列程序及时间表进行。

推迟的申报

160. 为了进行更深入的评估和研究，或便于缔约国对申报进行重大修改，委员会可能会做出推迟申报的决定。如该缔约国决定重新递交被推迟的申报，应于2月1日之前向秘书处提交。届时相关专家咨询机构将根据第168段所列程序和时间表对这些申报重新进行周期为一年半的评估。

Ⅲ.H 紧急受理的申报

161. 如某项遗产在相关专家咨询机构看来毫无疑问符合列入《世界遗产名录》的标准，且因为自然或人为因素受到损害或面临重大危险，其申报材料的提交和申报的受理不适用通常的时间表和关于材料完整性的定义。这类申报将被紧急受理，可能会被同时列入《世界遗产名录》和《濒危世界遗产名录》（见第177~191段）。

162. 紧急受理申报的程序如下：

a) 缔约国呈交申报并要求紧急受理。该缔约国此前已将该项遗产纳入《预备清单》，或者很快将其纳入《预备清单》。

b) 该项申报应

ⅰ) 描述及定义所申报的遗产；

ⅱ) 根据标准论证其具有突出的普遍价值；

ⅲ) 论证它的完整性和真实性；

ⅳ) 描述其保护和管理体制；

ⅴ) 描述情况的紧迫性，包括损害或危险的性质和程度，说明委员会即刻采取行动与否关乎该遗产的存续。

c) 由秘书处直接将该申报转交相关专家咨询机构，要求对其具有的突出普遍价值以及对紧急情况、损害和/或危险的性质进行评估。如相关专家咨询机构认为恰当，须进行实地勘查。

d) 如相关专家咨询机构判定该遗产毫无疑问地符合列入名录的标准，并满足上述条件，该项申报的审议将被列入委员会下一届会议议程。

e) 审议该申报时，委员会将同时考虑：

ⅰ) 列入濒危世界遗产名录；

ⅱ) 提供国际援助，完成申报工作；

ⅲ) 列入名录后尽快由秘书处和相关专家咨询机构组织后续工作代表团；

Ⅲ.Ⅰ 修改世界遗产的范围、原列入标准或名称。

<u>范围的轻微变动</u>

163. 轻微变动是指对遗产的范围及对其突出普遍价值影响不大的改动。

164. 如某缔约国要求对已列入世界遗产名录的遗产范围进行轻微修改，该国可于2月1日以前通过秘书处向委员会递交申请。在征询相关专家咨询机构的意见之后，委员会或者批准该申请，或者认定范围修改过大，足以构成扩展项目，在后一种情况下适用新申报程序。

<u>范围的重大变动</u>

165. 如某缔约国提出对已列入世界遗产名录的遗产范围进行重大修改，该缔约国应将其视为新申报并提交申请。再次申报应于2月1日以前递交，并根据第168段所列程序和时间表接受周期为一年半的评估。该规定同时适用于对遗产范围的扩展和缩减。

<u>《世界遗产名录》所依据标准的变动</u>

166. 当某缔约国提出按照补充标准或不同于初次列入的标准，将遗产列入 名录，该国应将其视为新申报并提交申请。再次申报应于2月1日以前递交，并根据第168段所列程序和时间表接受周期为一年半的评估。所推荐遗产将只依照新的标准接受评估，即使最后对补充标准不予认定，该项遗产仍将保留在《世界遗产名录》上。

<u>世界遗产项目名称的更改</u>

167. 缔约国可申请委员会批准对已列入世界遗产名录的遗产名称进行更改。更名申请应至少在委员会会议前三个月递交秘书处。

Ⅲ.J 时间表——总表

168. 时间表　　　　　　　程序

9月30日（第一年之前）　秘书处收到各缔约国自愿提交的申报材料草稿的自定期限

11月15日（第一年之前）　秘书处就申报材料草稿完整与否答复申报的缔约国，如不完整，注明要求补充的信息。

第一年2月1日　　　　　秘书处收到完整的申报材料以便转交相关专家咨询机构评估的最后期限

　　　　　　　　　　　申报材料必须在格林尼治时间17点以前到达，如当天为周末则必须在前一个星期五的17点（格林尼治时间）以前到达

	在此日期后收到的申报材料将进入下一轮周期审议
第一年2月1日~3月1日	登记、评估完整性及转交相关专家咨询机构
	秘书处对各项申报进行登记，向申报的缔约国下发回执并将申报内容编目。秘书处将通知申报的缔约国申报材料是否完整
	不完整的申报材料（见第132段）不予转交相关专家咨询机构进行评估。如材料不完整，相关缔约国将被通知于翌年2月1日最后期限以前补齐所缺信息以便参与下一轮周期的审议
	完整的申报材料由秘书处转交相关专家咨询机构进行评估
第一年3月1日	秘书处告知各缔约国申报材料接收情况的最后期限，说明材料是否完整以及是否于2月1日以前收讫
	专家咨询机构的评估
第一年3月~翌年5月 翌年1月31日	如有必要，相关专家咨询机构会要求缔约国在评估期间，最迟在翌年1月31日之前递交补充信息
翌年3月31日	缔约国经秘书处向相关专家咨询机构转呈其要求的补充信息的最后期限。
	向秘书处呈交的补充信息应依照第132段中具体列出的数量准备复印件和电子版。为了避免新旧文本的混淆，如所递交的补充信息中包含对申报材料主要内容的修改，缔约国应将修改部分作为原申报文件的修正版提交。修改的部分应清楚地标出。新文本除印刷版外还应附上电子版（光盘或软盘）
世界遗产委员会年会前六周 翌年	相关专家咨询机构向秘书处递送评估意见和建议，由秘书处转发给世界遗产委员会及各缔约国。
	缔约国更正事实性错误
世界遗产委员会年会开幕前至少两个工作日 翌年	相关缔约国可在委员会大会开幕前至少两个工作日致信大会主席，附寄致专家咨询机构的复印件，详细说明他们在专家咨询机构对于其申报的评估意见中发现的事实性错误
	委员会审议申报并做出决定
世界遗产委员会年会（6月/7月）翌年	通知各缔约国
一俟世界遗产委员会年会结束	凡经委员会审议的申报，秘书处将通知该缔约国有关委员会的决定事宜
	在世界遗产委员会决定将某处遗产列入世界遗产名录之后，由秘书处书面通知该缔约国及遗产管理方，并提供列入名录区域的地图及突出的普遍价值声明（注明列入标准）
一俟世界遗产委员会年会结束	每年委员会会议结束之后，秘书处随即公布最新的《世界遗产名录》公布的名录将注明申报项目列入世界遗产名录的缔约国名称，标题为："根据公约递交遗产申报的缔约国"
界遗产委员会年会闭幕后一个月	秘书处会将世界遗产委员会全部决定的公布报告转发各缔约国。

Ⅳ. 对世界遗产保护状况的监测程序

Ⅳ.A 反应性监测

反应性监测的定义

169. 反应性监测是指由秘书处、联合国教科文组织其他部门和专家咨询机构向委员会递交的有关具体濒危世界遗产保护状况的报告。为此，每当出现异常情况或开展可能影响遗产保护状况的活动时，缔约国都须于2月1日之前经秘书处向委员会递交具体报告和影响调查。反应性监测也涉及已列入濒危世界遗产名录及待列入的遗产如第177-191段所述。同时如第192-198段所述，从《世界遗产名录》中彻底删除某些遗产之前须进行反应性监测。

反应性监测的目标

170. 通过反应性监测程序时，委员会特别关注的是如何采取一切可能的措施，避免从世界遗产名录中删除任何遗产。因此，只要情况允许，委员会愿意向缔约国提供这方面的技术合作。

《公约》第4条"本公约缔约国均承认，保证第1条和第2条中提及的、本国领土内的文化和自然遗产的确定、保护、保存、展出和遗传后代，主要是有关国家的责任…"

171. 委员会建议缔约国与委员会指定的专家咨询机构合作，这些专家咨询机构受命代表委员会对列入世界遗产名录的遗产的保护工作进展进行监督和汇报。

来自缔约国和/或其他渠道的信息

172. 如《公约》缔约国将在受公约保护地区开展或批准开展大规模修复或建设工程，且可能影响到遗产突出的普遍价值，世界遗产委员会促请缔约国通过秘书处向委员会告知该意图。缔约国必须尽快（例如，在起草具体工程的基本文件之前）且在任何难以逆转的决定做出之前发布通告，以便委员会及时帮助寻找合适的解决办法，保证遗产的突出普遍价值得以维护。

173. 世界遗产委员会要求检查世界遗产保护情况的工作报告必须包括：

a) 说明自从世界遗产委员会收到上一份报告以来，遗产所面临的威胁或保护工作取得的重大进步。

b) 世界遗产委员会此前关于遗产保护状况的决定的后续工作

c) 有关遗产赖以列入世界遗产名录的突出普遍价值、完整性和/或真实性受到威胁、破坏或减损的信息

第27COM7B.106.2号决定

174. 一旦秘书处从相关缔约国以外的渠道获悉，已列入名录的遗产严重受损或在拟定期限内未采取必要的弥补措施，秘书处将与有关缔约国接洽、证实消息来源和内容的真实性并要求该国对此做出解释。

世界遗产委员会的决定

175. 秘书处将要求相关专家咨询机构评价获取的信息

176. 获取的信息与相关缔约国和专家咨询机构的评价一起以遗产保护状况报告的形式呈交委员会审阅。委员会可采取以下一项或多项措施：

a) 委员会可能认定该遗产未遭受严重损害，无须采取进一步行动；

b) 当委员会认定该遗产确实遭受严重损害，但损害不至于不可修复，那么只要有关缔约国采取必要措施在合理时间期限之内对其进行修复，该遗产仍可在世界遗产名录上保留。同时委员会也可能决定启动世界遗产基金对遗产修复工作提供技术合作，并建议尚未提出类似要求的缔约国提出技术援

助申请；

c）当满足第 177～182 段中所列要求与标准时，委员会可决定依照第 183～189 段所列程序将该遗产列入濒危遗产名录；

d）如证据表明，该遗产所受损害已使其不可挽回地失去了赖以列入世界遗产名录的诸项特征，委员会可能会做出将该遗产从世界遗产名录中删除的决定。在采取任何措施之前，秘书处都将通知相关缔约国。该缔约国做出的任何评价都将上呈委员会；

e）当获取的信息不足以支持委员会采取上述 a），b），c），d）项中的任何一种措施时，委员会可能会决定授权秘书处采取必要手段，在与相关缔约国磋商的情况下，确定遗产当前状态、所面临的危险及充分修复该遗产的可行性，并向委员会报告行动结果；类似措施包括派遣人员实地调查或咨询专家。当需要采取紧急措施时，委员会可批准通过世界遗产基金的紧急援助筹措所需资金。

Ⅳ.B《濒危世界遗产名录》

列入《濒危世界遗产名录》的指导方针

177. 依照《公约》第 11 条第 4 段，当一项遗产满足以下要求时，委员会可将其列入《濒危世界遗产名录》。

a）该遗产已列入《世界遗产名录》；

b）该遗产面临严重的、特殊的危险；

c）该遗产的保护需要实施较大规模的工程；

d）已申请依据公约为该遗产提供援助。委员会认为，在某些情况下对遗产表示关注并传递这一信息可能是其能够提供的最有效的援助（包括将遗产列入《濒危世界遗产名录》所传递的信息）；此类援助申请可能由委员会成员或秘书处提出。

列入《濒危世界遗产名录》的标准

178. 当委员会查明一项世界遗产（如公约第 1 和第 2 条所定义）符合以下两种情况中至少一项标准时，该遗产可被列入《濒危世界遗产名录》

179. 如属于文化遗产：

a）已确知的危险 — 该遗产面临着具体的且确知即将来临的危险，例如

ⅰ）材料的严重受损；

ⅱ）结构和/或装饰元素严重受损；

ⅲ）建筑和城镇规划的统一性严重受损；

ⅳ）城市或乡村空间，或自然环境严重受损；

ⅴ）历史真实性严重受损；

ⅵ）文化意义严重受损。

b）潜在的危险-该遗产面临可能会对其固有特性造成严重损害的威胁。此类威胁包括：

ⅰ）该遗产法律地位的改变而引起保护力度的减弱；

ⅱ）缺乏保护政策；

ⅲ）地区规划项目的威胁；

ⅳ）城镇规划的威胁；

ⅴ）武装冲突的爆发或威胁；

ⅵ）地质、气候或其他环境因素导致的渐进的变化。

180. 如属于自然遗产：

a）已确知的危险－该遗产面临着具体的且确知即将来临的危险，例如

ⅰ）作为确立该项遗产法定保护地位依据的濒危物种或其他具有突出普遍价值的物种数量由于自然因素（例如疾病）或人为因素（例如偷猎）锐减；

ⅱ）遗产的自然美和科学价值由于人类的定居、淹没遗产重要区域的水库的兴建、工农业的发展（包括杀虫剂和农药的使用，大型公共工程，采矿，污染，采伐等）而遭受重大损害；

ⅲ）人类活动对保护范围或上游区域的侵蚀，威胁遗产的完整性。

b）潜在的危险-该遗产面临可能会对其固有特性造成严重损害的威胁。此类威胁包括：

ⅰ）该地区的法律保护地位发生变化；

ⅱ）在遗产范围内实施的，或虽在其范围外但足以波及和威胁到该遗产的移民或开发项目；

ⅲ）武装冲突的爆发或威胁；

ⅳ）管理规划或管理系统不完善或未完全贯彻。

181. 另外，威胁遗产完整性的因素必须是人力可以补救的因素。对于文化遗产，自然因素和人为因素都可能成为威胁，而对于自然遗产来说，威胁其完整性的大多是人为因素，只有小部分是由自然因素造成的（例如传染病）。某些情况下，对遗产完整性造成威胁的因素可通过行政或法律手段予以纠正，如取消某大型公共工程项目，加强遗产保护的法律地位。

182. 在审议是否将一项文化或自然遗产列入《濒危世界遗产名录》时，委员会可能要考虑到下列补充因素

a）政府往往是在权衡各种因素后才做出影响世界遗产的决定。因此世界遗产委员会如能在遗产遭到威胁之前给予建议，该建议往往具有决定性。

b）尤其是对于已确知的危险，对遗产所受的物质和文化损害的判断应基于其影响力度之上，并应具体问题具体分析。

c）对于潜在的危险必须首先考虑：

ⅰ）结合遗产所处的社会和经济环境的常规进程对其所受威胁进行评估；

ⅱ）有些威胁对于文化和自然遗产的影响是难以估量的，例如武装冲突的威胁；

ⅲ）有些威胁在本质上不会立刻发生，而只能预见，例如人口的增长。

d）最后，委员会在作评估时应将所有未知或无法预料的但可能危及文化或自然遗产的因素纳入考虑范围。

列入《濒危世界遗产名录》的程序

183. 在考虑将一项遗产列入《濒危世界遗产名录》时，委员会应尽可能与相关缔约国磋商，制订或采纳一套补救方案。

184. 为制订前段所述补救方案，委员会应要求秘书处尽可能与相关缔约国合作，弄清遗产的现状，查明其面临的危险并探讨补救措施的可行性。此外委员会还可能决定派遣来自相关专家咨询机构或其他组织具备相应资历的观察员前往实地勘查，鉴定威胁的本质及程度，并就补救措施提出建议。

185. 获取的信息及相关缔约国和专家咨询机构或其他组织的评论将经秘书处送交委员会审阅。

186. 委员会将审议现有信息，并就是否将该遗产列入《濒危世界遗产名录》做出决定。出席和表决的委员会成员须以三分之二多数通过此类决定。之后委员会将确定补救方案，并建议相关缔约国立即执行。

187. 依照《公约》第11条第4段，委员会应将决定通告相关缔约国，并随即就该项决定发表公告。

188. 由秘书处印发最新的《濒危世界遗产名录》。同时也可在以下网站上获取最新的《濒危世界遗产名录》：http：//whc.unesco.org/en/danger

189. 委员会将从世界遗产基金中特别划拨一笔相当数量的资金，对列入《濒危世界遗产名录》的遗产提供可能的援助。

<u>对于《濒危世界遗产名录》上遗产保护状况的定期检查</u>

190. 委员会每年将对《濒危世界遗产名录》上遗产的保护状况进行例行检查。检查的内容包括委员会可能认为必要的监测程序和专家特派团。

191. 在定期检查的基础上，委员会将与有关缔约国磋商，决定是否：

a) 该遗产需要额外的保护措施；

b) 当该遗产不再面临威胁时，将其从濒危世界遗产名录中删除；

c) 当该遗产由于严重受损而丧失赖以列入世界遗产名录的特征时，考虑依照第192-198段所列步骤将其同时从世界遗产名录和濒危世界遗产名录中删除。

Ⅳ.C《世界遗产名录》彻底除名的程序

192. 在以下情况下，委员会采取以下步骤，把某项遗产从《世界遗产名录》中除名：

a) 遗产发生蜕变程度严重，已丧失了其作为世界遗产的决定性特征；

b) 遗产在当初申报的时候便因为人为因素导致其内在特质受到威胁，而缔约国在规定时间内又没有采取必要的补救措施（见第116段）。

193. 《世界遗产名录》内遗产严重受损，或者缔约国没有在限定的时间内采取必要的补救措施，此遗产所在缔约国应该将真实情况通知秘书处。

194. 如果秘书处从缔约国之外的第三方得到了这种信息，秘书处会与相关缔约国磋商，尽量核实信息来源与内容的可靠性，并要求他们对此发表评论。

195. 秘书处将要求相关专家咨询机构把他们对所收到信息的意见提交委员会。

196. 委员会将审查所有可用信息，做出处理决定。根据《保护世界文化与自然遗产公约》第13（8）条的规定，委员会三分之二以上的委员到场并投票同意，该决定方能通过。在未就此事宜与缔约国协商之前，委员会不应做出把遗产除名的决定。

197. 应通知缔约国委员会的决定，同时尽快将决定对外公布。

198. 如果委员会的决定变更了目前的《世界遗产名录》，那么，变更内容会体现在下一期的《世界文化遗产名录》中。

Ⅴ.关于《世界遗产公约》实施的《定期报告》

Ⅴ.A 目标

199. 要求缔约国经由世界遗产委员会将其为实施《世界遗产公约》通过的法律和行政条款以及采取的其他行动的报告提交教科文组织大会，其中包括其领土内世界遗产的保护状况。

《世界遗产公约》第29条，缔约国第11届大会（1997年），以及联合国教科文组织第29届大会决议

200. 缔约国可以向专家咨询机构和秘书处征求意见，专家咨询机构和秘书处（在相关缔约国同意的前提下）也可以将咨询工作进一步授权给其他专业咨询机构。

201.《定期报告》主要有以下四个目的：

a）评估缔约国《世界遗产公约》的执行情况；

b）评估《世界遗产名录》内遗产的突出的普遍价值是否得到持续的保护；

c）提供世界遗产的更新信息，记录遗产所处环境的变化以及遗产的保护状况；

d）就《世界遗产公约》实施及世界遗产保护事宜，为缔约国提供区域间合作以及信息分享、经验交流的一种机制。

202.《定期报告》不仅对更有效的长期保护遗产作用重大，而且提高了执行《世界遗产公约》的可信性。

V.B. 程序和格式

203. 世界遗产委员会：

第22COMVI.7号决定

a）采用附录7中的格式和注解；

b）邀请成员国政府每六年提交一次《定期报告》；

c）决定按下表逐个区域地审查缔约国的定期报告：

地区	对遗产的检查	委员会年度检查
阿拉伯国家	1992年	2000年12月
非洲	1993年	2001年12月/2002年7月
亚太地区	1994年	2003年6月-7月
拉丁美洲和加勒比地区	1995年	2004年6月-7月
欧洲和北美洲	1996年/1997年	2005年/2006年6月-7月

d）要求秘书处与专家咨询机构合作，发挥缔约国、主管部门及当地专家的作用，根据上文c）段下的时间表制定定期报告的区域性策略。

204. 上面提到的区域性策略应该体现当地的特征，并且能够促进缔约国间的合作与协调。这一点对于那些跨界遗产尤为重要。秘书处会就这些区域性策略的制定和执行事宜与缔约国磋商。

205. 为期六年的定期报告周期结束后，会按上表标明的顺序对各区域再次进行评估。首个六年周期后，新周期开始前，会留出一段时间，对定期报告机制进行评估和修正。

206. 缔约国的定期报告主要包括以下两部分：

本格式在委员会的第22届大会上通过（1998年，京都）。2006年首轮定期报告结束后，可能修订现有

a）第一部分包括缔约国通过的为执行《保护世界文化与自然遗产公约》的法律和行政条款及采取的其他行动，以及在这一领域获得的相关经验的细节。特别是与《保护世界文化与自然遗产公约》中具体条款所规定的义务相关。

b) 第二部分　阐述了在缔约国领土内特定世界遗产的保护状况。本部分应完整说明每个世界遗产的情况。

附录 7 中提供了格式注解。

207. 为了便于信息管理，缔约所提交的报告必须一式两份，一份英文，一份法文，并同时提交电子版本和纸印版本至：

联合国教科文组织世界遗产中心

法国巴黎（7, place de Fontenoy 75352 Paris 07 SP France）

电话：＋33（0）145681571

传真：＋33（0）145685570

Email: wh-info@unesco.org

格式。为此，目前尚未对该格式做出任何修改。

Ⅴ.C 评估和后续工作

208. 秘书处将国家报告整理，并写入"世界遗产区域性报告"。可登录以下网址，获得"世界遗产区域性报告"的电子版：http://whc.unesco.org/en/publications 及文本（世界遗产系列文件）。

209. 世界遗产委员会认真审查《定期报告》所述议题，并且就出现的问题向相关区域的缔约国提出建议。

210. 委员会要求秘书处、专家咨询机构与相关缔约国磋商，根据其《战略目标》制定长期"区域性计划"，并且将该计划上交以供考虑。计划应该能够准确的反映该区域世界遗产保护的需求，方便国际援助。委员会还表示支持《战略目标》与国际援助之间的直接联系。

Ⅵ. 鼓励对《世界遗产公约》的支持

Ⅵ.A 目标

《世界遗产公约》第 27 条

211. 目标如下：

a) 加强能力建设与研究；

b) 提高公众意识，使其逐渐理解并重视保护文化与自然遗产的重要性；

c) 增强世界遗产在当地社会生活中的作用；

d) 增强地方及全国公众对遗产保护和展示活动的参与。

《世界遗产公约》第 5（a）条

Ⅵ.B 能力建设与研究

212. 委员会根据"战略目标"，致力于缔约国内的能力建设。

《布达佩斯世界遗产宣言》（2002 年）

全球培训策略

213. 委员会认识到为保护、管理和展示世界遗产，高技能和多学科的方法是必不可少的，为此，委员会通过了"世界文化和自然遗产的全球培训策略"。"全球培训策略"的首要目标是确保各领域参与者获得必要的技能，以便更好的实施《公约》。为了避免重复同时为了有效实施策略，委员会将确保与以下两个文件之间的联系：构建具有代表性、平衡性、可信性的《世界遗产名录》的《全球战略》和《定期报告》。委员会将每年评审相关培训议题、评估培训需求、审阅年度报告并为进一步的培训提供建议。

"世界文化和自然遗产的全球培训策略"于世界遗产委员会第 25 届会议通过（芬兰赫尔辛基，2001 年）（见文书 WHC-01/CONF.208/24 附件 X）。

国家培训策略和区域性合作

214. 鼓励缔约国确保其各级专业人员和专家均训练有素。为此，鼓励缔约国制定全国培训策略,并把区域合作培训作为战略的一部分。

<u>研究</u>

215. 委员会在有效实施《公约》所需的研究领域展开并协调国际合作。既然知识和理解对于世界遗产的确认、管理和监测起着至关重要的作用,那么还鼓励缔约国提供研究所需资源。

<u>国际援助</u>

216. 缔约国可向世界遗产基金申请培训和研究资金援助(见第Ⅶ章)。

Ⅵ.C 公众意识提升与教育

<u>公众意识提升</u>

217. 鼓励缔约国提高公众对世界遗产保护必要性的认识。尤其应确保世界遗产地位在当地得到明确标识和足够的宣传。

218. 秘书处向缔约国提供援助,开展活动,以提高公众对《公约》的认识,并使公众对世界遗产所面临的威胁有更深了解。秘书处会就如何筹划及开展"国际援助"资助的现场推广与教育项目向缔约国提出建议。也会征求专家咨询机构和国家有关部门关于此事项的建议。

<u>教育</u>

219. 世界遗产委员会鼓励并支持编撰教育材料,开展教育活动,执行教育方案。

<u>国际援助</u>

220. 鼓励缔约国开展世界遗产相关教育活动,尽可能争取中小学校、大学、博物馆以及其他地方或国家的教育机构的参与。

221. 秘书处与联合国教科文组织教育部及其他伙伴合作,开发并出版世界遗产教育培训教材:"世界遗产掌握在年轻人手中"。此教材供全世界的中学生使用。也可作适当改动为其他受教育水平的人群使用。

《世界遗产公约》第27.2条
可访问:http://whc.unesco.org/education/index.htm
查阅"世界遗产掌握在年轻人手中"

222. 缔约国可向世界遗产基金申请国际援助,以提升遗产保护意识,开展教育活动与方案(见第Ⅶ章)。

Ⅶ. 世界遗产基金和国际援助

Ⅶ.A 世界遗产基金

223. 世界遗产基金是信托基金,是《公约》依据"联合国教科文组织财务条例"的规定建立的。此基金由《公约》缔约国义务缴纳或自愿捐献及基金规章授权的其他来源组成。

《世界遗产公约》第15条

224. 基金财务条例写进文书 WHC/7 内,可登录以下网址查阅:http://whc.unesco.org/en/financialregulations

Ⅶ.B. 调动其他技术及财政资源,展开合作,支持《世界遗产公约》

225. 应尽可能发挥世界遗产基金的作用,开发更多资金来源,支持国际援助。

226. 根据《公约》第Ⅴ部分的规定,在符合活动或项目开展的情况下,委员会决定,应该接受世界遗产基金收到的用于以下活动或项目的任何捐款:国际援助活动和其他联合国教科文组织《世界遗产名录》遗产保护项目。

227. 要求缔约国除了向世界遗产基金义务捐款之外，还要对《公约》提供自愿支持。自愿支持包括向世界遗产基金提供额外捐款，或者直接对遗产地提供财政或技术援助。

《世界遗产公约》第15（3）条

228. 鼓励缔约国参与联合国教科文组织发起的国际集资活动，旨在保护世界遗产。

229. 如果缔约国或者其他组织个人捐款支持这些活动或是支持其他联合国教科文组织的世界遗产保护项目，委员会鼓励他们通过世界遗产基金捐款。

230. 鼓励缔约国创立国家、公共和私人基金或机构，用来筹资支持世界遗产保护。

《世界遗产公约》第17条

231. 秘书处支持调动财政或技术资源，保护世界遗产。为此，秘书处在遵守世界遗产委员会和联合国教科文组织相关指南和规定的前提下，与公共或私人组织发展合作伙伴关系。

232. 秘书处在为世界遗产基金展开外部筹资时，应该参考"联合国教科文组织与私人、预算外筹资来源合作的相关指示"以及"调动私人资金的指导方针和选择潜在合作伙伴的标准"。这些文件可以登录以下网站查阅：http：//whc.unesco.org/en/privatefunds

"联合国教科文组织与私人、预算外集资来源合作的相关指示"（第149EX/Dec.7.5号决定的附录）和"调动私人资金的指导方针和选择潜在合作伙伴的标准"（第156EX/Dec.9.4.号决定的附录）

Ⅶ.C 国际援助

233. 《公约》向各缔约国提供国际援助，保护其领土内的列入名录的世界文化和自然遗产以及符合名录要求的潜在世界遗产。当缔约国在本国不能筹集足够资金时，国际援助可以作为缔约国保护、管理世界遗产及《预备清单》内遗产的补充援助。

见《世界遗产公》第13条（1&2）和第19-26条

234. 国际援助主要来源于世界遗产基金，世界遗产基金是依据《世界遗产公约》建立的。委员会两年一次就援助发放做出决定。

《世界遗产公约》第Ⅳ部分

235. 世界遗产委员会应缔约国的请求，协商分配各种国际援助。国际援助有以下几种，按照优先程度排列如下：

a) 紧急援助
b) 筹备性援助
c) 培训与研究援助
d) 技术合作
e) 教育、信息和公众意识提升援助。

Ⅶ.D 国际援助的原则和优先权

236. 国际援助将优先给予那些《濒危世界遗产名录》内的遗产。委员会规定了具体的预算分配线，确保世界遗产基金相当大一部分用来救援《濒危世界遗产名录》内的遗产。

《世界遗产公约》第13（1）条

237. 如果缔约国拖欠世界遗产基金的义务或是自愿捐款，那么该国没有资格享受国际援助，但这一条不适用于紧急援助。

第13COM XII.34号决定

238. 委员会也会根据"地区计划"的优先顺序分配国际援助，以支持其

第 26COM17.2 号、

"战略目标"。这些"地区计划"是作为《定期报告》的后续活动采纳的，委员会根据报告中提出的各缔约国的具体需要，定期审核这些计划（见第Ⅴ章）。

26COM20号和26COM25.3号决定

239. 委员会在分配国际援助时，除了按照上面236-238段所说的优先性顺序外，还会考虑以下因素：

a) 引起推动及倍增效应（"种子基金"），具有吸引其他资金或技术援助的可能性；

b) 申请国际援助的国家是否为联合国经济社会发展政策委员会所定义的最不发达国家或低收入国家；

c) 对世界遗产采取保护措施的紧急性；

d) 受益缔约国是否有法律、行政措施或者（在可能情况下）财政决心来开展保护活动；

e) 活动对于实现委员会制定的"战略目标"的进一步推动；

第26段

f) 活动满足反应性监测过程和/或《定期报告》地区分析所指出的需求的程度；

第20COMXII号决定

g) 该活动对科学研究以及开发高效节能保护技术的示范价值；

h) 该活动的成本和预期效果；

i) 专业培训和公众教育价值。

240. 为保持对文化与自然遗产的援助资源分配的平衡，委员会将定期检查和作出相应决策。

Ⅶ.E 总表

241.

国际援助种类	目的	最高预算额	提交申请的截止日期	核准机构
紧急援助	这些援助可用于《濒危世界遗产名录》及《世界遗产名录》内遭受明显及潜在威胁的遗产，其由于突然、不可预料的现象，或遭受严重损坏或遭受迫切威胁。这些不可预料的现象包括土地沉陷、大火、爆炸、洪水和诸如战争等人为灾难。此类援助不用于那些由渐进的腐蚀、污染和侵蚀造成的损害和蜕化。这些救助只用来救助那些与保护世界遗产直接相关的紧急情况（见第28COM10B2.c号）。如果有可能的话，这些救助会用来援助同一缔约国的多处遗产（见第6EXT.COM15.2号决定）。最高预算额适用单个世界遗产。 要求援助用于： （ⅰ）采取紧急措施保护遗产； （ⅱ）遗产保存、保护的紧急方案。	最多75000美元 多于75000美元	任何时间 2月1日	委员会主席 委员会
筹备性援助	要求援助用于： （ⅰ）准备或更新适合列入《世界遗产名录》的国家《预备清单》中的遗产； （ⅱ）在同一地理文化区域内组织会议，综合调整各国家《预备清单》； （ⅲ）准备申请列入《世界遗产名录》的遗产申报文件（其中可能包括准备与其他类似遗产的对比分析）（见附录5的3c）； （ⅳ）准备世界遗产保护所需培训与研究援助及技术合作的申请。 筹备性援助优先满足《世界遗产名录》内没有遗产或遗产很少的缔约国的申请。	最多30000美元	任何时间	委员会主席

续表

国际援助种类	目 的	最高预算额	提交申请的截止日期	核准机构
培训和研究援助	要求援助用于： （i）在世界遗产的识别、监测、保护、管理以及展示各领域培训各层工作人员和专家，以团体培训为主； （ii）对世界遗产有利的科学研究； （iii）针对世界遗产保护、管理与展示科学技术问题的研究； 注释：向联合国教科文组织提出的对个人培训课程给予资金支持的请求，应首先填写可从秘书处领取的"访问学者申请"表格。	最多30000美元 最多30000美元	任何时间 2月1日	委员会主席 委员会
技术合作	要求援助用于： （i）为列在《濒危世界遗产名录》和《世界遗产名录》上的遗产的保护、管理和展示提供专家、技师和熟练技工； （ii）为列在《濒危世界遗产名录》和《世界遗产名录》上的遗产的保护、管理和展示提供缔约国所需的设备； （iii）为列在《濒危世界遗产名录》和《世界遗产名录》上的遗产的保护管理和展示提供所需的低利率或零利率贷款，并允许较长还款周期。	最多30000美元 多于30000美元	任何时间 2月1日	委员会主席 委员会
教育、信息和公众意识提升上的援助	要求援助用于： （i）用于地区性和国际性的方案、活动和会议，旨在： 帮助在特定区域内的国家增加对《世界遗产公约》的兴趣和了解； 提高对有关公约实施的各方面问题的认识，在执行《世界遗产公约》过程中提高对不同议题的认识，推动公众对《公约》应用更积极的参与。— 成为经验交流的渠道； 刺激和推动在教育、信息、宣传推广活动中的合作，特别要鼓励和支持年轻人参与的世界遗产保护活动。 （ii）国家层面上： 组织特别会议，让《公约》更广为人知，特别是在青年一代中；或根据《世界遗产公约》第17条，创立国家世界遗产协会； 积极讨论、准备教育和宣传材料（例如通过宣传手册、出版物、展览、电影、多媒体工具等），宣传推广尤其在年轻人中《公约》和《世界遗产名录》而不是宣传某特定遗产。	最多5000美元 在5000美元和10000美元之间	任何时间 任何时间	世界遗产中心主任 委员会主席

Ⅶ.F 程序和格式

242. 鼓励所有申请国际援助的缔约国在申请的构想、计划和拟定期间，与秘书处和专家咨询机构进行磋商。为了协助缔约国申请国际援助，委员会可应要求为其提供国际援助的成功申请案例。

243. 国际援助的申请表格可参阅附录8，第Ⅶ.E章的总表概述了提交的种类、金额以及截止期限和核准批准机构。

244. 用英语或者法语提出申请，联合国教科文组织国家委员会、联合国教科文组织缔约国常驻代表团和/或相关政府部门在申请上签字并负责提交至。

联合国教科文组织世界遗产中心
法国巴黎(7, place de Fontenoy
　　　75352 Paris 07 SP France)
　　　电话：+33（0）145681276
　　　传真：+33（0）145685570
　　　E-mail：wh-intassistance@ unesco. org

245. 缔约国可通过电子邮件申请国际援助，但是必须同时提交一份签字的正式书面申请。

246. 必须提供申请表中所要求填写的一切信息。在适当或必要的时候，可以随申请表附上相关信息、报告等。

Ⅶ.G 国际援助的评估和批准

247. 如果缔约国的国际援助申请信息完整，秘书处在专家咨询机构的帮助下会通过以下方式及时处理每份申请。

248. 所有文化遗产国际援助的申请都由国际古迹遗址理事会和国际文物保护和修复研究中心评估。

249. 所有混合遗产国际援助的申请都由国际古迹遗址理事会、国际文物保护和修复研究中心和世界自然保护联盟评估。　　　第13COMXII.34号决定

250. 所有自然遗产国际援助的申请都由世界自然保护联盟评估。

251. 专家咨询机构采用的评估标准在附录9中列明。

252. 所有提交主席批准的申请都可以随时提交至秘书处，在适当的评估后主席会予以批准。

253. 主席不能批准来自本国的申请。委员会将审查这些申请。

254. 所有提交委员会审批的申请要在二月一日或之前交到秘书处。秘书处会将这些申请在下届会议时提交给委员会。

Ⅶ.H 合同安排

255. 联合国教科文组织与相关缔约国政府或其代表要达成协议：在使用批准的国际援助时，必须要遵守联合国教科文组织规章，并与之前批准的申请中所描述的工作计划和明细保持一致。

Ⅶ.I 国际援助的评估和后续跟踪

256. 在整个申请程序结束后12个月内，将开始对国际援助申请实施展开检测和评估。秘书处和专家咨询机构会对评估结果进行比较，委员会将对这些结果定期进行检查。

257. 委员会对国际援助的实施、评估和后续工作进行审查分析，以便评估国际援助的实效性并调整国际援助的优先顺序。

Ⅷ. 世界遗产标志

Ⅷ.A 前言

258. 在世界遗产委员会第二届大会上（华盛顿，1978年），采用了由米歇尔·奥利夫设计的世界遗产标志。这个标志表现了文化与自然遗产之间的相互依存关系：代表大自然的圆形与人类创造的方形紧密相连。标志是圆形的，代表世界的形状，同时也是保护的象征。标志象征《公约》，体现缔约国共同坚守《公约》，同时也表明了列入《世界遗产名录》中的遗产。它与公众对《公约》的了解相互关联，是对《公约》可信度和威望的认可。总

之，它是《公约》所代表的世界性价值的集中体现。

259. 委员会决定，由该艺术家设计的该标志可采用任何颜色或尺寸，主要取决于具体用途、技术许可和艺术考虑。但是标志上必须印有 world heritage（英语"世界遗产"）。Patrimoine Mondial（法语"世界遗产"）的字样。各国在使用该标志时，可用自己本国的语言来代替"Patrimoine Mondial"（西班牙语"世界遗产"）字样。

260. 为了保证标志尽可能地引人注目，同时避免误用，委员会在第22届大会（京都，1998年）上通过了《世界遗产标志使用指南和原则》(Guidelines and Principles for the Use of the World Heritage Emblem)，内容在后续段落有所说明。

261. 尽管《公约》并未提到标志，但是自1978年标志正式通过以来，委员会一直推广采用标志用以标示受《公约》保护并列入《世界遗产名录》的遗产。

262. 世界遗产委员会负责决定世界遗产标志的使用，同时负责制定如何使用标志的政策规定。

263. 按照委员会在其第26届大会（布达佩斯，2002年）上的要求，世界遗产标志、"世界遗产"名字本身，以及它所有的派生词都已根据《保护工业产权巴黎公约》第6条进行了注册而受到保护。 第26COM15号决定

264. 标志还有筹集基金的潜力，可以用于提高相关产品的市场价值。在使用标志的过程中，要注意在以下两者之间保持平衡，即在正确使用标志推进《公约》目标的实现，在世界范围内最大限度地普及《公约》知识；和预防不正确、不适当以及未经授权、出于商业或其他目的滥用标志之间保持平衡。

265. 《世界遗产标志使用指南和原则》，以及质量控制的模式不应成为推广活动开展合作的障碍。负责审定标志使用的权威机构（见下文），在做出决定时需要有所权衡和参照。

Ⅷ.B 适用性

266. 本文所述的《指南和原则》涵盖了以下各方使用标志的所有可能情况：

 a. 世界遗产中心；
 b. 联合国教科文组织出版处和其他联合国教科文机构；
 c. 各个缔约国负责实施《公约》的机构或国家委员会；
 d. 世界遗产地；
 e. 其他签约合作方，尤其是那些主要进行商业运营的机构。

Ⅷ.C 缔约国的责任

267. 缔约国政府应该采取一切可能的措施，防止未经委员会明确认可的任何组织以任何目的使用标志。鼓励缔约国充分利用国家立法，包括《商标法》。

Ⅷ.D 世界遗产标志的正确使用

268. 列入《世界遗产名录》的遗产应标有标志和联合国教科文组织标

识，但要以不给遗产本身造成视觉上的负面影响为前提。

制作标牌，庆祝遗产列入《世界遗产名录》

269. 一旦遗产列入《世界遗产名录》，该缔约国将尽一切可能附上标牌加以纪念。这些标牌用以告知该国公众和外国参观者该遗产具有特殊的价值并已得到国际社会的认可。换句话说，该遗产不仅对所在国也对整个世界具有非同寻常的意义。除此之外，该标牌还有另外一个作用，就是向公众介绍《世界遗产公约》，或至少宣传世界遗产的概念和《世界遗产名录》。

270. 委员会就标牌的生产采用以下指导方针：

a) 标牌应该挂放在容易被游客看到的地方，同时不损害遗产景观；

b) 在标牌上应该显示世界遗产标志；

c) 标牌上的内容应该能够体现遗产突出的普遍价值；考虑到这一点，内容中应该对遗产的突出特点加以描述。如需要，缔约国政府可以使用各种世界遗产出版物或世界遗产展览对相关遗产的说明。这些内容可直接从秘书处获取。

d) 标牌上的内容应该参照《保护世界文化和自然遗产公约》，尤其是《世界遗产名录》及国际社会对列入《名录》的遗产的承认（不必具体指出是在委员会哪届会议上提出的）。标牌上的内容使用多种语言或许是必要的，因为通常会有大量外国游客参观。

271. 委员会提供了以下内容作为范例：

"（遗产名称）已经列入《保护世界文化和自然遗产公约》中的《世界遗产名录》。遗产列入《名录》说明该项文化或自然遗产具有突出的普遍价值，对它的保护符合全人类的利益。"

272. 在这段话的后面，可以加上对该遗产的简要介绍。

273. 此外，政府当局应鼓励在诸如信笺抬头、宣传手册以及员工制服等物品上广泛使用世界遗产标志。

274. 授权负责推广《保护世界文化和自然遗产公约》和世界遗产相关产品的第三方应突出显示世界遗产标志，并避免在特定产品上使用不同的标志或标识。

Ⅷ.E 世界遗产标志的使用原则

275. 有关机构在决定使用标志的过程中，应遵循以下原则：

a) 标志应用于所有与《公约》工作密切相关的项目（包括在技术和法律许可的最大范围内，应用于那些已得到批准或已通过的项目上），以推广《公约》。

b) 在决定是否授权使用标志时，应首先考虑相关产品的质量和内容，而非投入市场的产品数量或预期的资金回报。审核的主要标准应是所申请产品与世界遗产的原则与价值相关的教育、科学、文化和艺术价值。对于没有教育意义的或是教育意义很小的产品，如茶杯、T恤、别针，和其他旅游纪念品等等，不应过于随便地统统予以批准。当然如委员会大会或者揭幕仪式等特殊场合可以特殊考虑。

c) 所有涉及授权标志使用的决定必须避免模棱两可，并与《保护世界文化和自然遗产公约》明确表示和隐含的目标和价值相符。

d) 除非依照这些原则得到授权，任何商业机构都不得直接在其产品上使用标志来表示对世界遗产的支持。虽然委员会承认，任何个人、组织或公司都可以自由出版或生产它们认为对世界遗产有利的产品,但委员会是唯一有权授予世界遗产标志使用权的官方机构,且它的授权必须遵守上述指南和原则。

e) 只有当标志的使用与世界遗产直接相关时,其他签约合作方才能得到使用标志的授权。可以在所在国主管当局批准后得到使用授权。

f) 如果使用申请不涉及具体的世界遗产,或者不是该用途的中心环节,例如一般性的学术研讨会和/或有关科学问题或保护技术的讨论会,标志的使用只要根据上述指南和原则取得明确的批准。在使用标志的申请中,要明确说明预计能够促进《公约》的工作的标志使用的方式。

g) 通常标志的使用权不能授予旅行社、航空公司,或任何其他盈利目的为主导的商业机构,除非在某些特殊情况下,世界遗产整体或特定的世界遗产地能明显从中获益。这类使用申请需要与指南和原则保持一致,同时得到所在国权威机构的批准。

秘书处不会因为标志使用的资金收入补偿,而接受旅行社或其他类似盈利机构的任何广告、旅游或其他促销计划。

h) 如果在标志的使用过程中可产生商业效益,秘书处应该确保世界遗产基金从中分得部分收益,并与相关方签订合同或其他协议,以确定项目的性质和资金收益部分回馈基金会的安排。对于所有将标志用于商业目的的情况,秘书处和其他审议者在批准使用标志申请的过程中所消耗的一切高于常规的人力或物力成本都应该由提出申请方支付。

国家权威机构也要确保该国的遗产或者世界遗产基金能够分得一定的收益,确定申请项目的性质及资金的分配。

i) 如果赞助商需要制造秘书处认为有必要进行广泛销售的产品,那么合作伙伴(或多个合作伙伴)的选择至少应与"有关联合国教科文组织与私人、额外预算资金来源进行合作的方针"、"调动私人资金和选择潜在合作伙伴的指南"以及其他委员会规定的集资规定保持一致。对于生产这些商品的必要性,必须做出书面声明,并且得到委员会的批准。

"联合国教科文组织与私人预算外集资相关的指示"(附在第149EX/Dec.7.5号决定中)以及"调动私人资金的指导方针和选择潜在合作伙伴的标准"(附在第156EX/Dec.9.4号决定中)

Ⅷ.F 使用世界遗产标志的授权程序

<u>国家权威机构的初步认定</u>

276. 当某国家或国际项目只涉及本国的世界遗产,国家权威机构可授权该实体使用世界遗产标志。国家权威机构的决定应遵守相关指南和原则。

277. 缔约国需要向秘书处提供负责管理标志使用的权威机构的名称和地址。

1999年4月14日通函 http://whc.unesco.org/circs/circ99-4e.pdf

<u>要求对内容进行质量控制的协议</u>

278. 标志使用的任何其它授权申请都需遵循以下步骤:

a) 申请应该向世界遗产中心主任说明标志使用的目的、时间及使用地域。

b）世界遗产中心主任有权根据指南和原则批准使用标志。遇到指南和原则尚未涉及或未完全涵盖的情况，主任将申请提交委员会主席，如果遇到很难处理的情况，主席会将该申请提交委员会做最后决定。有关授权使用标志的年度报告都将提交世界遗产委员会。

c）如授权在不确定的时期内在广泛行销的主要产品上使用标志，生产商必须承诺与相关国协商，就有关其境内遗产的图片和文字取得其同意，同时生产商还应提供获取同意的证明，这一过程中秘书处将不承担任何费用。报批的文书须以委员会任意一种正式语言，或相关国家的语言书写。缔约国用于批准第三方使用标志的草拟范本格式如下：

内容批准表：

作为负责批准该国［国家名称］有关其境内世界遗产的图文产品的官方机构，［国家主管机构的名称］在此向［生产商名称］确认，提交的世界遗产［遗产名称］图文使用申请已［通过审批］［如做出以下变更便可通过审批］［未通过审批］。

（删除不适用的条目，并按需要提供更正后文字副本或签名的变更清单）。

注释：

建议在文本的每一页上都注明国家主管人员姓名的首位字母。

自收到申请之日起一个月内，国家主管机构应该做出答复，批准文本内容。如果生产商未接到答复，可视为该内容已得到默许，除非该国家主管机构书面提出延长批准时限。

为方便双方，提交给国家主管机构的申请文本使用的语言可为委员会两种官方语言中的一种，或是遗产所在国的官方语言（或官方语言之一）。

d）在审阅并且认为可批准申请后，秘书处可以与合作伙伴签订协议。

e）如果世界遗产中心主任没有批准标志的使用，秘书处会以书面形式通知申请方。

Ⅷ.G 缔约国政府行使的质量控制权

279. 标志使用的授权与国家主管机构对相关产品实施的质量控制密切相关。

a）《公约》缔约国是唯一有权批准以与其境内世界遗产相关的遗产标志出现的行销产品内容（图文）的机构。

b）合法保护标志的缔约国必须审查标志的使用情况。

c）其他缔约国也可决定审查使用提议，或者将提议转交秘书处。缔约国政府负责指定相应的权威机构，并通知秘书处他们是否希望审查使用提议，或明确指出不适当的用途。秘书处持有相关各国家主管机构的名单。

Ⅸ. 信息来源

Ⅸ.A 秘书处存档的信息

280. 秘书处将所有与世界遗产委员会和《保护世界文化和自然遗产公约》缔约国大会相关的资料存入数据库。该数据库可以登录以下网址查阅：http：//whc. unesco. org/en/statutorydoc

281. 秘书处将确保《预备清单》和世界遗产申报文件副本（包括地图和缔约国提交的相关信息副本）已以印刷文本形式归档保存，在可能的情况下同时保存电子版本。秘书处也安排对已列入《世界遗产名录》的遗产的相关信息进行存档，其中包括专家咨询机构提交的评估意见和其他文件、缔约国提交的信函和报告（包括反应性监测和定期报告），以及秘书处和世界遗产委员会发出的信函和材料。

282. 存档材料的形式应适宜长期保存。将提供保存纸制和电子文件的相关设备。在缔约国提出要求的情况下，应为其制作和提供材料副本。

283. 委员会列入《世界遗产名录》的遗产的申报材料将对公共开放以供查阅，并敦促缔约国将申报材料的副本发布在自己的网站上，并通知秘书处。准备申报材料的缔约国可以将这些信息作为很好的指导，用来确认和完善本国境内遗产的申报材料。

284. 专家咨询机构对每项申报的评估意见及委员会针对每项申报所做的决定都可以登录以下网站查阅：http://whc.unesco.org/en/advisory-bodies

IX.B 世界遗产委员会成员国和其他缔约国详细信息

285. 秘书处保存了两个电子邮件清单：一个是委员会成员联系方式（wh-committee@unesco.org），另一份是缔约国联系方式（wh-states@unesco.org）。缔约国必须提供所有正确邮箱地址帮助建立清单。电子邮件清单补充但不会取代传统的邮寄通知方式，秘书处可通过电邮及时声明有关文件的出台、会议计划的变更，以及其他与委员会成员和其它缔约国相关事宜。

286. 发给缔约国的通函可以在以下网址获得：http://whc.unesco.org/en/circularletters。

另一个网站与公共网址链接，但访问权限受到限制。该网站由秘书处负责维护，包含针对委员会委员、缔约国和专家咨询机构的具体详细信息。

287. 秘书处同时还维护另外一个包含委员会各项决定和缔约国大会决议的数据库。这个数据库可登录以下网址查询：http://whc.unesco.org/en/decisions。

第 28COM9 号决议

IX.C. 对大众公开的信息和出版物

288. 在可能的情况下，秘书处也提供注明对公众公开并不涉及版权的有关世界遗产和其它相关问题的信息。

289. 与世界遗产有关的信息能够在秘书处网站（http://whc.unesco.org）、专家咨询机构网站和图书馆中获得。网上可以获得的数据库清单以及相关网站链接也可以在参考书目上找到。

290. 秘书处编写了大量有关世界遗产的出版物，包括《世界遗产名录》、《濒危世界遗产名录》、《世界遗产简要介绍》、《世界遗产论文》系列、通讯、宣传册和信息工具包。此外，其他专门为专家和大众准备的信息也逐步积累。世界遗产出版物清单可以在参考书目中找到，或者也可以登录以下网址查询：http://whc.unesco.org/en/publications。

这些信息资料直接向公众发行，或者通过各国家或缔约国/世界遗产合作伙伴建立的国际网络间接向社会发布。

西 安 宣 言

(国际古迹遗址理事会第十五届全体大会于 2005 年 10 月 21 日在西安通过)

导　言

　　应中国古迹遗址保护协会的邀请，我们于 2005 年 10 月 17 日至 21 日在古城西安召开国际古迹遗址理事会第 15 届大会并庆祝该组织成立四十周年，回顾她为维护和保护作为可持续和人文发展的一部分的世界文化遗产所作出的长期努力；

　　得益于大会期间召开的"古迹遗址及其周边环境——在不断变化的城镇和自然景观中的文化遗产保护"国际科学研讨会上所交流的众多案例和反思，以及得益于中国和各国政府、研究机构和专家关于在加速变化和发展的条件下充分保护和管理古建筑、古遗址和历史区域（诸如古城、自然景观、古迹路线和考古遗址）的经验；

　　注意到《国际古迹遗址保护及修复宪章》（即《威尼斯宪章》，1964 年）以及该宪章所引发产生的其他许多文件中所体现出的对古迹遗址周边环境保护的国际的和专业领域内的兴趣——这种兴趣尤其是通过国际古迹遗址理事会的国家委员会和国际委员会表现出来，并体现在《奈良真实性文件》（1994 年）和其他国际会议所通过的结论和建议中，诸如：《会安宣言——保护亚洲历史街区》（2003 年）、《恢复巴姆文化遗产宣言》（2004 年）以及《汉城宣言——亚洲历史城镇和地区的旅游业》（2005 年）；

　　注意到联合国教科文组织的公约和建议中关于"周边环境"的概念，包括《关于保护景观和遗址的风貌与特性的建议》（1962 年）、《关于保护受到公共或私人工程危害的文化财产的建议》（1968 年）、《关于历史地区的保护及其当代作用的建议》（1976 年）、《保护无形文化遗产公约》（2003 年），尤其是《保护世界文化和自然遗产公约》（1972 年）及其执行性原则——在这些文件中，"周边环境"被认为是体现真实性的一部分并需要通过建立缓冲区加以保护，这也为国际古迹遗址理事会、联合国教科文组织以及其他合作伙伴进行国际和跨学科合作提供了机会；

　　强调有必要采取适当措施应对由于生活方式、农业、发展、旅游或大规模天灾人祸所造成的城市、景观和遗产路线急剧或累积的改变；有必要承认、保护和延续遗产建筑物或遗址及其周边环境的有意义的存在，以减少上述进程对文化遗产的真实性、意义、价值、整体性和多样性所构成的威胁；

　　国际古迹遗址理事会第 15 届大会的代表特此通过如下有关原则和建议的宣言，并将它告知所有能够通过立法、政策制定、规划和管理等途径促进宣言目标实现的政府间组织、非政府组织、中央和地方政府、机构和专家，以便更好的保护世界古建筑、古遗址和历史区域及其周边环境。

承认周边环境对古迹遗址重要性和独特性的贡献

　　1. 古建筑、古遗址和历史区域的周边环境指的是紧靠古建筑、古遗址和历史区域的和延伸的、影响其重要性和独特性或是其重要性和独特性组成部分的周围环境。

　　除了实体和视角方面的含义之外，周边环境还包括与自然环境之间的相互关系；所有过去和现在的人类社会和精神实践、习俗、传统的认知或活动、创造并形成了周边环境空间中的其他形式的非物质文化遗产，以及当前活跃发展的文化、社会、经济氛围。

　　2. 不同规模的古建筑、古遗址和历史区域（包括城市、陆地和海上自然景观、遗址线路以及考古遗址），其重要性和独特性在于它们在社会、精神、历史、艺术、审美、自然、科学等层面或其他文化层面存在的价值，也在于它们与物质的、视觉的、精神的以及其他文化层面的背景环境之间所产生的重要联系。

这种联系，可以是一种有意识和有计划的创造性行为的结果、精神信念、历史事件、对古遗址利用的结果或者是随着时间和传统的影响日积月累形成的有机变化。

理解、记录、展陈不同条件下的周边环境

3. 理解、记录、展陈周边环境对定义和鉴别古建筑、古遗址和历史区域的重要性十分重要。

对周边环境进行定义，需要了解遗产资源周边环境的历史、演变和特点。对周边环境划界，是一个需要考虑各种因素的过程，包括现场体验和遗产资源本身的特点等。

4. 对周边环境的充分理解需要多方面学科的知识和利用各种不同的信息资源。

这些信息资源包括正式的记录和档案、艺术性和科学性的描述、口述历史和传统知识、当地或相关社区的角度以及对近景和远景的分析等。同时，文化传统、宗教仪式、精神实践和理念如风水、历史、地形、自然环境价值，以及其他因素等，共同形成了周边环境中的物质和非物质的价值和内涵。周边环境的定义应当十分明确地体现周边环境的特点和价值以及其与遗产资源之间的关系。

通过规划手段和实践来保护和管理周边环境

5. 可持续地管理周边环境，需要前后一致地、持续地运用有效的法律和规划手段、政策、战略和实践，同时这些方法手段还需适应当地的文化环境。

管理背景环境的手段包括具体的立法措施、专业培训、制定全面保护和管理的计划以及采用适当的遗产影响评估系统。

6. 涉及古建筑、古遗址和历史地区的周边环境保护的法律、法规和原则，应规定在其周围设立保护区或缓冲区，以反映和保护周边环境的重要性独特性。

7. 规划手段应包括相关的规定以有效控制外界急剧或累积的变化对周边环境产生的影响。

重要的天际线和景观视线是否得到保护，新的公共或私人施工建设与古建筑、古遗址和历史区域之间是否留有充足的距离，是对周边环境是否在视觉和空间上被侵犯以及对周边环境的土地是否被不当使用进行评估的重要考量。

8. 对任何新的施工建设都应当进行遗产影响评估，评估其对古建筑、古遗址和历史区域及其周边环境重要性会产生的影响。

在古建筑、古遗址和历史区域的周边环境内的施工建设应当有助于体现和增强其重要性和独特性。

监控和管理对周边环境产生影响的变化

9. 古建筑、古遗址和历史区域的周边环境发生的变化所产生的个别的和积累的影响，以及这种变化的速度是一个渐进的过程，这一过程必须得到监控和管理。

城乡景观、生活方式、经济和自然环境累积或急剧的改变可以显著地、不可挽回地影响周边环境对古建筑、古遗址和历史区域重要性所作出的真正贡献。

10. 应当管理古建筑、古遗址和历史区域周边环境的变化，以保留其文化重要性和独特性。

管理古建筑、古遗址和历史区域的周边环境的变化并不一定需要防止或阻挠其发生变化。

11. 进行监控，应当对识别、衡量、组织和补救古迹遗址的腐蚀、重要性消失或平庸化所采取的途径和行动加以明确，并就古迹遗址的保护、管理和展陈活动提出改进措施。

应当制定定量和定性指标，评估周边环境对古建筑、古遗址和历史区域的重要性所产生的贡献。

监控指标应当包括硬性指标，如对视野、轮廓线和公共空间的侵犯，空气污染、噪声等，以及经

济、社会或文化等层面的影响。

与当地跨学科领域和国际社会进行合作，增强保护和管理周边环境的意识

12. 同当地和相关社区的协力合作和沟通，是古迹遗址周边环境保护的可持续发展战略的重要组成部分。

在保护和管理周边环境方面，应当鼓励不同学科领域间的沟通，这应当成为一种公认的惯例。相关的领域包括建筑学、城市和地区规划、景观规划、人类学、考古学、历史学、人类文化学、博物馆学、档案学等。

应当鼓励与自然遗产领域的机构和专家的合作，这应当是对古建筑、古遗址和历史区域及其周边环境进行确认、保护和展陈的有机组成部分。

13. 鼓励进行专业培训、展示、社区教育和公众意识的培养，以此支持各种合作和知识的分享，促进保护目标的实现，提高保护手段、管理计划及其他相关手段的效率。

应当借鉴从个别古建筑、古遗址和历史区域保护中获得的经验、知识和手段，应当被用来改进周边环境的保护。

专家、机构、当地和相关社区人员应共同担起责任，充分认识周边环境在各方面的重要性；在做决定时，应该充分考虑周边环境有形和无形的层面。

北 京 文 件

(东亚地区文物建筑保护理念与实践国际研讨会于 2007 年 5 月 28 日在北京通过)

背 景

中国国家文物局、国际文物保护与修复研究中心、国际古迹遗址理事会和联合国教科文组织世界遗产中心于 2007 年 5 月 24 日至 28 日在北京联合举办了"东亚地区文物建筑保护理念与实践国际研讨会"。此次会议针对世界遗产委员会第 30 届大会(维尔纽斯)就北京故宫、天坛和颐和园当前的修复工作所提出的关切与建议进行了研讨。此次会议也是针对遗产保护原则和实践所产生的争议展开的一次后续行动,而这些遗产体现出不同的文化与传统。代表联合国教科文组织世界遗产中心、国际古迹遗址理事会、国际文化财产保护与修复研究中心和来自下列国家共约 60 余名专业人员出席了此次研讨会:中国、澳大利亚、加拿大、科特迪瓦、芬兰、法国、德国、伊朗、以色列、意大利、日本、蒙古、菲律宾、韩国、泰国、英国和美国。会议议程包括考察并讨论目前正在进行的北京 3 处世界遗产地的修复工作。

与会代表对中国国家文物局的盛情邀请以及会议和现场考察期间所有相关单位提供的热情的接待、清晰的介绍与畅所欲言的讨论活动表示感谢。此外,在听取了审议内容和考察了北京的世界遗产地之后,与会代表通过了以下文件,其中包括对北京世界遗产地正在进行的修复工作所提出的建议,以期使这一文件不仅有助于上述遗产地的保护,而且为地区合作奠定基础,从而更好地制定针对东亚地区其他古迹遗址保护与管理的理论和实践指导原则。

保 护 原 则

2007 年 5 月 24 日至 28 日,在北京举行的此次国际研讨会讨论了文物建筑保护和修复的理念与实践,其中特别就北京的 3 处世界遗产地案例进行了研讨。此次会议回顾了有关保护理念与原则,包括 2000 年经中国国家文物局批准,中国古迹遗址保护协会颁布的《中国文物古迹保护准则》(以下简称《中国准则》),联合国教科文组织 1972 年通过的《世界遗产公约》及其《操作指南》,联合国教科文组织通过的其他建议与宣言文件,相关国际会议通过的决定,以及国际古迹遗址理事会通过的国际宪章和文件,如《威尼斯宪章》(1964 年)、《奈良真实性文件》(1994 年)、《古迹、建筑群和遗址的记录准则》(1996 年)、《木结构古建筑保护准则》(1999 年)、《国际文化旅游宪章》(1999 年)、《壁画保存、保护与修复准则》(2003 年)、《建筑遗产分析、保护和结构修复准则》(2003 年)、《西安宣言——关于古建筑、古遗址和历史区域周边环境的保护》(2005 年)以及国际古迹遗址理事会澳大利亚国家委员会通过的《巴拉宪章》(1999 年)。此外,各国遗产保护机构自现代保护运动发起以来从各自保护实践中以及从世代相传的文物建筑保护的传统做法中总结的原则和经验,也在此次会议上受到了关注。

文化多样性与保护过程

正如《奈良真实性文件》和《联合国教科文组织文化多样性世界宣言》(1999 年)所主张的,文化遗产的根本特征是源于人类创造力的多样性。文化多样性是人类精神和思想丰富性的体现,也是人类遗产独特性的组成部分。因此,采取审慎的态度至关重要。在修复过程中必须充分认识到遗产资源的特性,并确保在保护和修复过程中保留其历史的和有形与无形的特征。

现代保护理论可以被视为涵盖决策过程的方法论，这一决策过程从认知遗产资源的重要性和价值开始，并构成采取相应保护处理的依据。认知过程必须建立在包括研究、咨询和传统等各种来源的基础上，以获得对该遗产地及其重要历史积淀层的充分理解。考虑到各个遗产地的文化和历史特性，修复工作不能不经过适当的论证和认知，就按照固定的应用方式或标准化的解决方法进行。

档案记录与信息资料

在开始任何干预工程或修复项目之前，应制定一项行动计划，明确所依据的理论方法，并详细说明如何进行实施与监督。这些计划需要得到相关遗产管理部门的批准。文物建筑及其周边环境本身应被视为信息的基本来源，并补充以档案资料和传统知识。理解这些复杂的信息来源是确定开展包括保养和维修在内的任何保护工作的前提。文物建筑及其周边环境的保护工作应被视为一个跨学科的过程，诸如建筑学、工程学、历史学、考古学、材料和结构的科学方法、以及社区的利益攸关者，包括传统知识等。遗产地的认定和调查过程包括对该遗产地及其周边环境进行详细的勘查并予以登记造册，此类调查须对所有的历史遗迹和痕迹进行查核。

文化遗产管理者负责确保做好充足的档案记录，并确保这些记录的质量和更新，不断做好档案记录应是任何保护管理规划及其实施的有机组成部分。准确的档案记录程序应以分析报告和评估报告的形式呈现，配以图纸、照片和绘图等，这应当是任何修复项目的一个组成部分。修复工作的每一个阶段以及所使用的材料和方法都应记录归档。在修复项目完成后的合理时限内，应准备并出版一份报告，总结相关的研究、开展的工作及其成果。报告应存放在公共机构的档案室，得以使研究人员参考使用。报告的副本应存放在原址。

真 实 性

通过对《奈良真实性文件》、《中国准则》以及《实施世界遗产公约操作指南》等文件的回顾，与会代表强调了在实践中贯彻文件所述原则的必要性，尤其对《奈良真实性文件》中第9段和第13段的内容给予了特别的重视。真实性可以作为理解信息来源的可靠性和真实性。文物建筑与遗址本身作为信息的来源具有根本的重要性，体现在诸如形式与设计、原料与材料、用途与功能、位置与环境，以及传统知识体系、口头传统与技艺、精神与情感等因素中。任何维修与修复的目的应是保持这些信息来源的真实性完好无损。在可行的条件下，应对延续不断的传统做法予以应有的尊重，比如在有必要对建筑物表面重新进行油饰彩画时。这些原则与东亚地区的文物古迹息息相关。

完 整 性

《中国准则》明确指出，保护遗产地不得改变其历史原状。这是特别针对历史建筑群，如古代宫殿建筑群的完整性条件而言的。《实施世界遗产公约操作指南》指出，完整性可定义为"衡量自然和/或文化遗产及其特征的整体性和无缺憾性"。它应考虑到体现遗产重要性和价值所需的一切因素。对一座文物建筑，他的完整性应定义为与其结构、油饰彩画、屋顶、地面等内在要素的关系，为了保持遗产地的历史完整性，有必要使体现其全部价值所需因素中的相当一部分得到良好的保存，包括建筑物的重要历史积淀层。正如《西安宣言》所强调的：古建筑、古遗址和历史区域的周边环境指的是紧靠古建筑、古遗址和历史区域延伸的、影响其重要性和独特性或是其重要性和独特性组成部分的周边环境……理解、记录、展陈周边环境对定义和鉴别古建筑、古遗址和历史区域的重要性十分重要。

保养和维修

保养和维修的目的是保证古迹遗址保持良好的状况。这一工作应当基于对该财产的真实性和完整性的明确认识和尊重。定期的防护保养至关重要。材料和结构的替换或更新应保持在合理的最小的程度，以便尽可能多地保留历史材料。所有的工程均应做好恰当的档案记录。只有在需要采取相应的措施，替换腐朽或破损的构件或构件的某些部位，或需要修复时，方可进行更换。在维修木结构时，选用替换木材应适当尊重相关价值。新的构件或新构件的某些部分应用相同的树种制作，如果无法做到这一点，则应与被替换构件保持相似的特性，这一点至关重要。从现场拆移下来的任何重要材料均应予以保存，以供研究和教学之用。

木结构油饰彩画的表面处理

建筑外表及其面层是古迹外观的重要组成部分，具有历史、审美和工艺价值。建筑表面同时构成文物建筑的保护层，对这些表面最好的保护方法就是定期保养。然而，这些表面易遭风化、磨损，经常需要维修。同时，建筑表面的丰富性是建立在文化表现形式的多样性、审美成就以及从古至今所使用的材料和工艺的多样性的基础之上的。在许多情况下，工艺技术和材料会历经多个世纪保持不变。尽管如此，每个阶段也都有其特殊的文化背景和价值，这些都体现在匠师们的杰作之中。这正是木结构表面油饰彩画的情况。因此，在保护中首先要关注的是应当尽可能多地保留表层材料的真实性，涉及重新油饰彩画的决定应当建立在适当的专业咨询基础之上。对所有的油饰彩画表面应首先通过科学分析的方法进行调查研究，以揭示有关原始材料和工艺、历史上的干预、当前状态以及宏观和微观层面的腐朽机理等方面的信息。适当的传统技术和工艺应在任何可行的条件下加以应用。传统材料和相关知识也应得到不断研究，以增进对技术工艺的认识，并改善对其应用。新材料和新工艺只有在经过试验并被证实之后方可使用，而且绝不能对遗址造成破坏。

重　　建

《中国准则》规定，不复存在的建筑一般不应重建。只有在特许情况下，才可有选择地对个别建筑在原址上进行重建。这只有在经过具有扎实学问和严谨判断力的专家组和/或相关人士确定后，依据确凿的情况下方可进行。在确定有利于遗址的完整性、保护状况和/或稳定性的情况下，可以考虑进行局部重建。不过，如果遗址本身的现状已具备某种重要性，或档案和实物遗存不能为重建目的提供足够的信息资料，则不应考虑重建。重建不得伪造城市环境和景观，或破坏现存的历史肌理。在任何情况下，重建的决定都应当是与相关社区进行协商后的结果。对与重建相关的所有问题进行补充性讨论将有助于提供进一步的指导。

管　　理

保护规划是管理遗址以及进行保护干预和展陈的基础。遗产地管理是国家社会经济发展的重要组成部分，必须将其纳入相关城乡规划法规和规划过程中，并需要多学科之间的合作。在制定保护规划及其之后的实施过程中，应当明确并遵循公开透明的决策程序。遗址管理体制和手段须完备，以实施管理规划。对遗址的重大干预应在充分研究基础上制定的详细行动计划的指导下进行，该计划对实施过程中所使用的方法和手段做出明确规定。遗址管理体制及其手段必须日复一日地反复强调定期保护与保养、监测、风险管理和遗址展陈的必要性。

展陈和旅游管理

针对游客的展陈是保护过程中必不可少的组成部分，它涉及对遗产地游客承载能力的分析，以及在讲述故事、展出物品和展现为保护做出努力时所用的方法和媒介。游客对遗址价值有所了解，就会享受参观过程，并因此关注这些遗产地及其保护。可持续的旅游管理需要纳入遗址管理体系中。旅游信息、媒体兴趣、游客流量和影响是一切保护项目｜（无论其大小）需要考虑的重要因素。众多遗产地面临的巨大旅游压力需通过进一步规划和细化管理，来避免或降低目前明显的负面影响。

培　　训

培训是可持续管理体系中不可或缺的组成部分。国家机构应当将制定涉及必要学科和技术的培训战略纳入其政策中。针对世界遗产地的培训应着眼于《世界遗产全球培训战略》中所体现的三个主要领域，即：《世界遗产公约》的实施、世界遗产地的管理以及为更好地保护世界遗产地对保护方法和技术的改进。培训项目应利用现有技能、当地智慧和各阶层专业知识的优势，包括高校和地区合作伙伴关系，加强与诸如国际文化财产保护与修复研究中心、国际古迹遗址理事会、世界自然保护联盟和联合国教科文组织等国际组织的合作。要特别重视提倡传统技能以及有关建筑工艺和其他传统技能知识的传承与抢救。这可能涉及在国家或地区层面建立合作伙伴关系，以便对上述知识进行鉴别与记录，并将其纳入相关学校和培训中心的教育和培训计划中。

城市文化北京宣言

(城市文化国际研讨会于 2007 年 6 月 11 日在北京通过)

2007 年 6 月 9 日至 11 日，来自世界 23 个国家和地区的 1000 多位市长、规划师、建筑师、文化学者、历史学家以及其他各界关注城市文化的人士，应中华人民共和国建设部、文化部和国家文物局的邀请，相聚在世界著名的文化古都北京，讨论了全球化时代的城市文化转型、历史文化保护、当代城市文化建设等议题。

与会代表认为，城市作为一种文化现象，在人类文明史上具有独特的重要地位。回顾城市发展的历史，文化始终是城市最主要的功能之一，城市不仅是一定地域的经济和政治中心，也是这一地域的文化中心。与会代表充分肯定了《雅典宪章（1933）》、《马丘比丘宪章（1977）》、《保护世界文化和自然遗产公约（1972）》和《文化多样性保护国际公约（2005）》等对于城市发展和城市文化建设的重要贡献。同时注意到，城市化、全球化在带来经济发展、文化繁荣和生活改善的同时，也给当代人带来巨大的挑战。城市发展正面临着传统消失、面貌趋同、形象低俗、环境恶化等问题，建设性破坏和破坏性建设的威胁依然存在，城市文化正处于转型过程之中。在全球城市人口第一次超过乡村人口的今天，反思城市发展的历程，重新评价城市文化与城市发展的关系，我们在自由讨论的过程中，形成如下共识，并以北京宣言的形式公布于世。

一、新世纪的城市文化应该反映生态文明的特征。城市是人类最伟大的创造，也是导致全球一系列重大变化的主要因素之一。迄今为止，那种人类中心主义的观念、掠夺自然资源的发展模式已经不再可取，减少城市发展对自然环境的压力，修复被破坏的生态系统，实现人与自然、城市与乡村之间的相互和谐，应该成为城市发展的基点。中国传统的天人合一理念，尊重自然、道法自然的思想，是珍贵的世界文化瑰宝，也是对今天的城市发展具有重要价值的基本原则。21 世纪的城市应该是生态城市。

二、城市发展要充分反映普通市民的利益追求。城市是市民的居所，也是市民的精神家园。普通市民是城市的主人，是城市规划、建设的出发点和归宿点，也是城市文化的智慧源泉和驱动力量。坚持面向普通市民，同时，回应不同人群的诉求，特别是贫困阶层、弱势群体、边缘人群的需求，应该成为基本价值观和行为准则。深入科学地研究普通市民对居住、就业、交通、环境以及情感的需要，塑造充满人文精神和人文关怀的城市空间，是当代规划师、建筑师和文化学者的历史使命。民众的利益高于一切，城市规划建设如此，城市文化亦然。市长对此负有特别重要的责任。应该保证市民参与城市发展决策过程的机会，任何好的决策都是市民自己的选择。城市发展的本质应使市民生活得更美好。

三、文化建设是城市发展的重要内涵。市民的道德倾向、价值观念、思想方式、社会心理、文化修养、科学素质、活动形式、传统习俗、情感信仰等因素是城市文化建设的综合反映。城市规划、建设必须特别重视城市文化建设，城市的形态和布局要认真吸取地域文化和传统文化的营养；城市的风貌和特色要充分反映城市文化的精神内涵，城市的建筑和设施要努力满足普通市民精神文化和物质的基本需求。建设形神兼备、浑然一体的城市，实现城市建设形式与城市文化内涵的完美结合，是城市规划建设的基本要求和目标。在信息化的今天，文化作为一种重要的城市功能，具有前所未有的重要作用，是城市发展的主要推动力量之一。加强城市文化建设，完善城市服务功能，提升城市生活品味，任重道远。

四、城市规划和建设要强化城市的个性特色。当今城市发展中普遍存在着形象趋同、缺乏个性的现象，富有特色的城市街区、建筑正被标准化的开发吞噬，优秀的地方文化、特色正在城市更新改造中消失。面对全球化、现代化对于民族文化和地方文化的冲击，要通过深入的城市设计、广泛的社会参与、有效的城市管理，让我们的城市街道、广场和建筑演绎城市内在的气质、情感及其文化底蕴，让我们的城市特色蕴含在每一个细节和活动中。特色赋予城市个性，个性提升城市竞争力。继承基础上的创新是塑造城市特色的重要途径。要拒绝雷同，彰显个性；也要反对有损于传统、有碍于生活的荒诞媚俗。成功的城市应该具备深厚的文化积淀、浓郁的文化氛围、美好的城市形象，成功的城市不仅是当代的景观，也将成为历史的荣耀、民族的骄傲。

五、城市文化建设担当着继承传统与开拓创新的重任。城市是全人类的共同记忆。文化遗产见证着城市的生命历程，承载和延续着城市文化，也赋予人们归属感与认同感。城市文化建设要依托历史，坚守、继承和传播城市优秀传统文化，减少商业化开发和不恰当利用对文化遗产和文化环境带来的负面影响。成功的城市是在保持自己文化特色的基础上进行再创新的城市。城市的生命力在于创新，要积极发展创意产业和服务业，促进城市经济升级转型和城市功能的完善，顺应现代生活的需要，促进人的全面发展。要借鉴吸收全人类的文化成果，扩大民族文化的外延，更好地弘扬本土文化。我们不仅需要商贸城市、工业城市，我们更需要文化城市。

我们有一种共同的期待，21世纪，全世界人民连心携手，共建美好、宜人的人类家园。我们有一种共同的信念：21世纪的城市应该是人与人、人与自然友好相处的和谐空间。

纪念国家历史文化名城设立 30 周年北京宣言

(根据纪念国家历史文化名城设立 30 周年系列纪念活动
2012 年 6 月 9 日在北京通过的倡议修订)

2012 年是国家历史文化名城设立 30 周年。中国城市科学研究会历史文化名城委员会（即中国名城委）在全国各地组织开展了系列纪念活动，通过回望历史文化名城保护历程，交流工作思路、学术研究成果及实践探索经验，探讨历史文化名城名镇名村保护的理论、途径和方法，以应对新时期带来的机遇和挑战。

6 月 9 日，中国名城委会同北京历史文化名城保护委员会办公室，在北京主办了纪念国家历史文化名城设立 30 周年主题论坛会。面对不断加快的工业化、新型城镇化和经济社会全面转型发展，与会代表深感文化遗产保护喜忧参半，形势依然严峻，为此倡议对未来 30 年促进历史文化名城名镇名村保护与发展的社会主流意识、思想理论观念和基本原则达成共识，发表北京宣言。这一倡议得到了中国名城委所有委员的一致赞同。在文献酝酿、起草和修订中广泛征求社会各界意见，形成纪念国家历史文化名城设立 30 周年《北京宣言》。现公之于世，进一步唤起保护文化遗产的国民意识，为实现中华民族伟大复兴呼号呐喊。

——历史文化名城名镇名村作为文化遗产载体，荟萃了中华民族的物质文明和精神文明。保护历史文化名城名镇名村，是在新型工业化、新型城镇化和城市转型发展进程中保护文化遗产，传承中华文明，带动地方经济社会转型发展的重大举措，是建设中国特色小康社会，实现中华民族伟大复兴的神圣使命。每个公民责无旁贷。

——呼吁在全社会开展广泛深入的宣传，进行普及教育和培训，提升公民的文化遗产保护意识。要认识经济社会全面转型发展的本质特征，以人为本，尊重自然，敬畏历史，使思想认识和经济社会活动自觉遵循客观规律。把保护历史文化名城名镇名村作为推动经济建设、政治建设、社会建设、文化建设以及生态文明建设协调发展的重大战略举措。

——城市决策者和管理者肩负着保护历史文化名城名镇名村的重任，尤其要保持清醒头脑，任何时候不以牺牲文化遗产为代价，片面追求经济指标增长；不以打造城市文化品牌为理由，对历史文化名城名镇名村进行过度建设开发、旅游开发和商业地产开发。防止采取大跃进式城镇化，造成中国历史文化名镇名村、传统村落和非物质文化遗产的消失与泯灭。

——严格实施《文物保护法》、《城乡规划法》、《非物质文化遗产法》和《文物保护法实施条例》、《历史文化名城名镇名村保护条例》等法律法规。继续秉持《威尼斯宪章》和《奈良文件》的理念与精神，恪守不得改变文物原状的真实性原则；坚持整体保护历史文化名城名镇名村的传统格局、历史风貌和空间尺度；摒弃大拆大建和拆真造假，停止以土地有偿出让为目的，对历史文化名城名镇名村进行开发改造。

——保护与发展是历史文化名城的永恒主题。正确处理保护与发展的关系，仍是历史文化名城保护制度最突出、最核心的根本问题。应当认真总结历史经验，反思过去，审视现在，放眼未来，进一步厘清思路，把握方向。针对历史文化名城保护中的思想理论缺失，围绕促进文化遗产保护与经济社会发展，加强专业理论和公共政策研究。

——历史文化名城保护应当作为地区经济社会和城乡发展规划的基础与前提。要以保护与发展并举兼得的理念及方法，指导各类规划编制与实施，使历史文化名城保护与促进经济转型、改善社会民生、提高精神文明，发展文化旅游、建设城市新区紧密结合起来。上述认识同样适用历史文化名镇名村、历史文化街区和传统村落。

——考虑现行法律在整体保护历史文化名城名镇名村，促其永续发展的适用性方面，尚有很大局限，呼吁针对历史文化名城名镇名村的存续特征和保护工作特殊性，进一步完善法律体系，在实施《历史文化名城名镇名村保护条例》的基础上，制定专门行政法，使立法保护更加科学合理。

——吁请国务院主管部门，对发生在历史文化名城名镇中的盲目复古重建之风，采取有力措施，强化保护监管；坚决制止擅自复建、重建已经全部毁损的文物和历史建筑倾向；对因传承具有特殊价值的历史文脉需要，必须复建、重建文物和历史建筑的，应当遵循法律法规的规定，严格控制，有序引导。

——倡导历史文化名城名镇名村、历史文化街区和传统村落走渐进更新之路。在渐进更新中重视历史文脉传承，深入发掘内涵，合理利用文化遗产，为不再用作原来用途的文物和历史建筑寻找既能传承历史文脉，又能适应现代生活的合适用途，赋予新的使用功能，为历史文化名城名镇名村、历史文化街区和传统村落永续发展不断注入活力。

——促进粗放型管理方式的转变，使法定概念、评价标准、监管措施和程序更加明晰化、规范化、科学化。在历史文化名城名镇名村、历史文化街区和传统村落保护中，大力推广应用高新技术，加强数字化和信息化建设。要不断完善监督机制、问责机制，保障专家咨询制度和公众参与制度的落实，尽快建立科学的历史文化名城名镇名村保护监管体系。

历史文化名城名镇名村保护既是传承的事业，也是朝阳的事业，任重而道远。保护工作不分先后，永无止境。历史文化名城保护经过 30 年历程，积累了丰富经验，也付出了沉重代价。值此三十而立之年，要加倍珍惜并呵护历史文化名城名镇名村，使未来 30 年的保护成果卓有成效，为弘扬中华民族优秀传统文化，传承中华文明作出应有的贡献！

原载《城市发展研究》2013 年第 1 期、中国名城网

古城保护正定宣言

(参加"正定古城保护现场会"的全体古城代表
2013年12月25日于河北正定)

我们,来自全国29个古城的代表齐聚正定,参加"正定古城保护现场会",领略了正定独特的古城风貌和文化魅力,分享了古城保护与发展的成功经验。

古城保存的丰富历史文化资源,赋予了古城特有的文化身份和魅力。这些文化的和自然的、物质的和非物质的遗产,给予我们记忆和生活环境的延续感。在新型城镇化发展的进程中,保护和传承古城的历史文化价值,焕发古城活力,提高居民生活质量,是我们的历史责任。

我们看到,在应对人口变化、环境变迁、经济结构转型、旅游需求激增等问题时,古城的保护与发展正面临着前所未有的挑战;拆古建新、拆真建假、盲目拆建、破坏空间格局、改变山形水势、过度商业开发、过多外迁居民等错误倾向,正在威胁古城历史文化价值的保护与传承。

在实现中华民族伟大复兴"中国梦"的新时期,在推进新型城镇化建设的新形势下,为保护好古城,使其不仅利及当代,更能惠及子孙,我们在此郑重倡议:

保护古城,必须深入研究古城的历史文化价值,而不能只是研究其开发价值。保护古城的历史文化价值就是保护古城的根和魂。我们要全面普查古城历史文化遗产,系统研究、理清古城历史发展脉络,全面、科学、客观认识古城历史文化价值;正确定位古城发展模式,保护并延续古城的历史文化价值。

保护古城,必须坚持科学规划,严格执行规划,而不能违背规划、随意更改规划。科学规划是合理调配资源以实现可持续发展的重要保障。我们要根据古城定位,充分吸纳利益相关方的诉求,正确处理古城保护与发展的关系;充分发挥古城历史文化遗产资源优势,着重发展文化创意产业,合理规划旅游规模,反对过度商业化、过度开发利用,实现可持续发展;建立由古城主要领导负责,各部门协调一致的规划实施保障体系,以及利益相关方参与、监督的体系,确保古城的未来按照规划的既定目标稳步实现。

保护古城,必须坚持整体保护的原则,而不能割裂各类文化遗产资源之间的内在联系。

保护古城的历史文化遗产就是保护古城价值的载体和未来发展的基础。我们要加强法制建设,严惩破坏行为;建立健全管理、协调、监督机构及工作机制;加大投入力度,设立古城保护基金;按照规划要求保护好古城的各类文物、历史街区、格局肌理、风貌环境等;采用微循环和渐进式的模式推进古城保护与发展;注重保护和传承非物质文化遗产,弘扬优秀传统文化,延续古城的文脉。

保护古城,必须坚持以人为本,而不能违背古城居民意愿,损害古城居民的利益。古城是所有居民的物质和精神家园,保护古城是每个居民的责任和义务。我们要通过宣传让古城的历史文化价值深入人心,鼓励民众积极参与古城的规划和重大决策,为古城的发展出谋划策;依靠民众力量保持古城形象,维护古城风貌,并让民众共享古城保护和发展的成果,实现在保护中发展,在发展中保护。

我们坚信,我们的每一分热情都会激发全社会的保护意识;我们的每一分努力都会强化全社会的责任感;我们的每一分付出都会成就古城更加美好的明天。

国际现代建筑遗产保护理事会宪章

(2010年修订版)

第一条 国际现代建筑遗产保护理事会(Docomomo)的总体目标:
1. 交流有关现代建筑运动建筑及其设计、文献记录和保护等领域的专业知识和理念;
2. 监控处境危险的现代建筑运动中的建筑和城市设计典范;
3. 激发普通民众和有关当局对于现代建筑运动建筑和现代设计的兴趣;在国际范围内,建立亟待保护、记录的现代建筑运动重要建筑名录;基于以往现代建筑运动的经验,提出对未来建成环境的新理念。

第二条 鉴于各成员国环境各异,各国及/或地区的Docomomo工作组应自主运行、自主管理,以适应地方需求。但需经过Docomomo委员会的批准,方可获准设立国家性或地区性的工作组。参见附录2.1和2.2。

第三条 国家性及/或地区性工作组可自主活动,或者类似"网上的蜘蛛"的模式行使其主要职能,即敦促现有机构根据其部门优势采取相应行动。

第四条 Docomomo国际委员会是各国及/或地区活动的汇集者。国际秘书处负责维护涉及团体及其活动和濒危现代建筑运动建筑的信息网,以各国及/或地区或个人所发出的倡议提供交流平台。国际秘书处计划每半年出版一本专刊,并协助Docomomo执行委员会的工作。参见附录4.1和4.2。

第五条 Docomomo国际会议每两年举办一次。主办国(即主办的国家或地区性工作组)由Docomomo委员会在上一届会议中指定。主办的国家或地区性工作组负责筹措资金并组织会议。会议的主要议程由主办的国家或地区性工作组与Docomomo执行委员会协商决定。参见附录5.1。

第六条 未来两年的行动计划由Docomomo国际会议确立。Docomomo各个国家或地区性工作组应向下一届会议报告本工作组所取得的进展。

第七条 Docomomo的组织机构如下:
1. 国家或地区性工作组应推选一位代表。在尚未设立工作组的国家或地区,Docomomo执行委员会可以临时指派国家或地区代表。
2. Docomomo委员会由各个国家或地区性工作组的代表组成。未来两年的行动计划由Docomomo委员会决定。每两年由委员会选举产生执行委员会。每个国家或地区性工作组的代表在委员会占据一票的席位。参见附录6.1。
3. Docomomo执行委员会的组成:选举产生的主席一位、秘书一位,选举产生的会员一位以及指派会员一位。这位会员是来自下一届Docomomo国际会议主办国的指定的代表。主席和秘书负责主持普通的国际活动,并主管Docomomo秘书处。秘书负责Docomomo秘书处的正常运转。Docomomo执行委员会向委员会负责,每两年做一次工作报告。在任何情况下,Docomomo执行委员会都不对各国家或地区工作组或成员个人在财政上或其他方面的决定负责。参见附录7.1和7.2。

第八条 委员会可以指派国际专家委员会(ISC's),来处理具体事宜。参见附录8.1

1990年9月14日,修订于荷兰埃因霍温。
1992年9月18日,修订于德国德绍(Dessau)(参见《内部简报8》,第8页)。
1993年5月1日,以书面投票的方式修订通过(参见期刊第九期,第10-11页)。
1994年9月16日,修订于西班牙巴塞罗那(参见期刊第十二期,第8-10页)。
1999年9月20日,修订于斯洛伐克的斯利亚克。
2000年9月15日,修订于荷兰的戴尔夫特。

《Docomomo 宪章》附录

2.1.1 Docomomo 工作组应符合以下条件:

a. 已获得 Docomomo 委员会的正式认可。

b. 工作组有能力践行其权利,履行其义务;工作组应该拥有至少十位国际执行委员会的注册会员。若属于该规定的例外情况,需向执行委员会报批。

2.1.2 Docomomo 工作组拥有自主的合法权利和财政权利

工作组形式可以多样化:联合会、慈善机构、基金会,或任何适合当地习惯、要求和工作方式的机构形式。工作组可以基于任何理由,寻求与其他国家或地区性组织的合作,只要工作组不采取附庸立场,并以书面形式保证,工作组可以遵循《埃因霍温宣言》和《Docomomo 宪章》,独立做出相关决定。

2.1.3 要成立新的 Docomomo 国家性或地区性工作组并获得认可,必须符合下列要求:

a. 工作组需认可《Docomomo 国际委员会宪章》。

b. 工作组需提交未来两年的行动计划,说明其目标及行动。

c. 若工作组有意于代表某个地区,而非代表(《联合国宪章》所认可的)国家,该工作组需申述其不愿加入或不愿组成国家级工作组的文化及/或交流缘由。

d. 需获得四个 Docomomo 工作组代表的支持,方可酝酿成立工作组事宜。

e. 工作组需要至少十位成员有望发展成为 Docomomo 国际委员会成员。特殊情况可由执行委员会根据工作组要求进行特殊处理。

f. 最晚应于下届委员会大会三个月之前,将成员申请提交给 Docomomo 执行委员会。

g. 执行委员会若同意该申请,会将申请提交给 Docomomo 委员会。申请需获得委员会中 51% 的多数选票,方可通过。

每年的六月一日,即委员会大会前,国际秘书处会列出(即按照《宪章》附录 2.1.1 之规定)已获得正式认可的工作组名单,并(按照《宪章》附录 2.1.2 之规定)列出十位注册会员。选举权相关条款参见附录 6.1。Docomomo 国际委员会实行会员制。缴纳会费,方可享有 Docomomo 国际委员会会员资格。只有获得所在国家或地区工作组的推荐,方可申请参选会员;向 Docomomo 国际委员会注册和会费缴纳也应通过相关工作组执行。若当地暂无国家或地区性工作组,则执行委员会可代为决定。会费金额由执行委员会决定。居住在特定国家或地区的会员个人(或组织)可享受会费减免。减免会费对相关会员的资格不构成影响。哪些国家可享受减免由委员会决定。会费由 Docomomo 国际联合会(Associació Docomomo International)掌管。

4.1.2 Docomomo 国际联合会是设立在西班牙巴塞罗那的合法联合会,遵守西班牙和加泰罗尼亚法律。按照相关法令规定,Docomomo 国际联合会常设主席一名(即选举产生的 Docomomo 主席)、秘书一名(即选举产生的 Docomomo 秘书)、财务主管一名。

4.1.3 若有意愿以 Docomomo 国际联合会的名义行事,必须先取得 Docomomo 国际联合会成员资格,必须遵守《埃因霍温宣言》、《Docomomo 宪章》及其附录,必须在行动前取得执行委员会的许可。

若国家性或地区性工作组有意愿成为 Docomomo 国际会议的主办方,需遵守 Docomomo 国际会议筹备的最新规范。该规范可从国际秘书处索取。

6.1 国际或地区工作组只有在两年期间履行了自己在行动计划中的承诺,方可在 Docomomo 委员会享有投票权。

7.1 Docomomo 组织结构图:

主席

国际秘书处

执行委员会

选举产生的主席
选举产生的秘书
选举产生的委员/特别委员会
指派的委员/国际会议

委员会

代表	代表	代表	代表
国家或地区	国家或地区	国家或地区	国家或地区
工作组	工作组	工作组	工作组

国家及/或地区工作组只要符合《宪章》第二段中附录 2.1.a 和 2.1.b 的规定，即有权选派一位代表参加 Docomomo 委员会。代表应具备 Docomomo 国际委员会会员资格。该代表有权参加委员会的所有活动。

8.1 大致上，各国际专家委员会由一位指派的主席和委员会所指定的、不同国家的五位专家组成。专家组成员并非代表各自所属的工作组，而应充分考虑其他成员国的观点。没有在专家组设代表的工作组，应指派一位相关领域的联络员，以便进行相关沟通。专家委员会的行动计划、活动进度、活动经费，与 Docomomo 其他工作组的沟通等事宜由主席全权负责。

1990 年 9 月 14 日，修订于荷兰埃因霍温。

1992 年 9 月 18 日，修订于德国德绍（Dessau）（参见《内部简报 8》，第 8 页）。

1993 年 5 月 1 日，以书面投票的方式修订（参见期刊第九期，第 10-11 页）。

1994 年 9 月 16 日，修订于西班牙的巴塞罗那（参见期刊第十二期，第 8-10 页）。

1999 年 9 月 20 日，通过于斯洛伐克的斯利亚克。

2000 年 9 月 15 日，修订于荷兰的戴尔夫特。

埃因霍温宣言

《埃因霍温宣言》发布于 1990 年 Docomomo 成立大会闭会之时,该宣言集中论述了 Docomomo 的主要目标:

- 促使与建筑环境有关的所有普通民众、有关当局、专业人士和教育机构对现代建筑运动及其价值予以关注。
- 鉴定并推进现代建筑运动建筑作品的记录,记录方式包括名录、图纸、照片、档案及其他文件等。
- 在专业领域内进一步发展、推广合理的保护技术和保护方法。
- 反对破坏或摧毁重要现代建筑运动建筑的行为。
- 确定并吸引更多资金支持,以促进记录和保护工作。
- 探索并发展现代建筑运动的相关知识。

关于 20 世纪建筑遗产保护办法的马德里文件 2011

马德里，2011 年 6 月

前　言

国际古迹遗址理事会（以下简称 ICOMOS）通过它下属的 20 世纪遗产国际科学委员会（以下简称 ISC20C）来推动 20 世纪遗产地的鉴定、保护及展示。

作为联合国教科文组织在文化遗产和世界遗产宪章方面的咨询机构，ICOMOS 是一个保护专家组成的国际非政府组织。

《马德里文件》是当前推动 ISC20C 的主要项目之一——为 20 世纪遗产地的干预建立支持其保护与管理的准则。

《马德里文件》是 2011 年间由 ISC20C 的成员编写的，它第一次公开发表于 2011 年 6 月在马德里举办的"20 世纪建筑遗产处理办法的国际会议"上。会议由 ISC20C 副主席费南德·埃斯皮诺沙·蒙特罗斯同蒙克洛亚宫所在的国际大学城的校园及马德里理工大学建筑学院等机构共同举办。共有超过 300 名国际代表讨论并修正了该文件的第一版草案。2011 年 6 月 11 日全体会议代表在马德里市政府部门见证下，一致通过了《马德里文件》。

《马德里文件》现在被翻译为多种语言，并在 ISC20 官方网站上提供下载：

http：//icomos-isc20c.org/sitebuildercontent/sitebuilderfiles/madriddocumentenglish.pdf

目前，《马德里文件》仅探讨建筑遗产，尤其是在如何引导处理及干预方面；但 ISC20C 正在考虑将文件针对的广度扩展至包含所有类型的 20 世纪遗产地的准则。

依据 ICOMOS 通常的保护准则与原则编制的通常过程，《马德里文件》的最终稿将收入 ICOMOS 的国际宪章中。

我们诚挚地邀请您为马德里文件提供建议和评论，以推动第二版的准备工作。您的意见可以是英文、法语或西班牙文，请发送至 ISC20C 的秘书处：isc20c@icomos-isc20c.org

谢里丹·博克
ICOMOS ISC20C 主席
2011 年 10 月第一版

序　言

国际古迹遗址理事会 20 世纪遗产科学委员会于 2011~2012 年间在编制一份关于 20 世纪遗产地的保护准则。

2011 年 6 月 16 日，以 "20 世纪建筑遗产处理办法-CAH 20thC" 为主题的国际会议采纳了 "20 世纪建筑遗产保护方法：《马德里文件 2011》"。

文 件 的 目 的

保护 20 世纪遗产是与保护先前时期的重要遗产同等重要的义务。

由于缺乏欣赏与关心，这个世纪的建筑遗产比以往任何时期都处境甚危。其中一些已经消失了，另一些尚处在危险中。20 世纪遗产是活的遗产，它的理解、定义、阐释与管理都对下一代至关重要。

《马德里文件 2011》致力于促成对这一重要时期的建筑遗产的合适的、有所尊重的处理。在充分认识现有的遗产保护文件的同时[1]，《马德里文件》亦指明了建筑遗产保护的一些特殊情况。虽然它针对所有形式的建筑遗产，但是其中很多概念和理念同样适用于其他类型的 20 世纪遗产。

这份文件是为了所有遗产保护过程中的参与者编制的。

在需要的地方，注释已经被并入文件；同时，词汇表亦被包含在其中。

推动知识，理解与价值

第 1 条：文化价值的鉴定与评估

1.1 使用已被认可的遗产鉴定与评估标准

20 世纪建筑遗产价值的鉴定与评估应采用已被认可的遗产评估标准。这个特殊世纪的建筑遗产（包括其各个构件）是它所在的时间、地点与功能的物理记录。它的文化价值可存在于物质层面，例如物理区位，设计（例如色彩主题），建造系统，技术设备，材料，美学质量以及功能；亦可能存在于非物质价值层面，例如历史的、社会的、科学的、精神层面的关联，或创造的天赋。

1.2 鉴定及评估室内、配件、相关的家具以及艺术作品

为了理解 20 世纪建筑遗产，鉴定及评估室内、配件及相关的艺术作品十分重要。

1.3 鉴定和评估环境及相关的景观

为了理解环境对一个遗产地价值的贡献，它相关的景观与环境[2]需要被鉴定和评估[3]。

对于城市中的场所来说，与各时期及遗产地相关的不同的规划计划以及理念应该被鉴定，以知晓其价值。

1.4 先行制定 20 世纪建筑遗产名录

20 世纪建筑遗产需要通过系统调研及名录建立，由多学科团队进行的详尽研究，以及由对应的规划与遗产管理部门制定保护手段等方法，被先行鉴定和评估。

1.5 采用对比分析的方法来确定文化价值

为分析和理解遗产地的相对价值，当鉴定 20 世纪建筑遗产的价值的时候，需鉴定和评估对比遗产地案例。

第 2 条：实施适当的保护规划方法

2.1 通过在任何处理前了解对象价值的方式来维护（遗产地的）完整性

任何处理和干预都需要以充分的研究、记录以及历史实物的分析作为指导。20 世纪建筑遗产的完整性不应该遭受考虑不周的干涉带来的破坏。这就要求对能表达其价值、能保证其代表性特征完整性的

全部构件以及曾促使这个价值的过程予以仔细评估。开发带来的负面冲击及（或）忽视、臆测带来的不良后果应该被避免。

为了做出适合的20世纪遗产的保护的决策，以及为了保护它的真实性与完整性，我们必须了解20世纪建筑遗产的文化价值如何体现，了解（其）不同的特征、价值以及构件如何影响了这一价值。建筑随时间的发展而不断演变，晚期的干预亦可能有文化价值。同一处遗产地采用不同的保护手段与方法可能很有必要。其最初的设计师及建造者对遗产的影响在相关之处应该被考虑。

2.2 在具体工作开展之前，使用评估文化价值的一套方法，并且提供政策维护和尊重这套方法

评估20世纪建筑遗产价值的方法必须遵循从文化角度来讲合适的保护规划方法。这要求在编制保护、管理与诠释已经被认定的文化价值的政策的时候，必须包含全面的历史研究和价值的分析。这样的分析必须在工作进行之前完成，以此来确保（我们）拥有特定的保护政策来指导发展与处理。保护规划需要预先准备。区域性的遗产宪章以及针对不同遗产地的保护宣言亦可以被编制[4]。

2.3 建立可容忍的改变的限度

针对每一个保护实践，在进行任何建筑处理之前，明确的政策和准则首先应该落实到位，以此来划定可以被接受的干预的限度。一个保护规划需要明确指出：遗产地的重要构件，可以进行改变的区域，场所的最佳使用方式以及将要进行的保护手段。它应该充分考虑20世纪使用的建筑技术及建筑准则。

2.4 运用跨学科的专业知识

保护规划需要一个考虑到文化价值的所有特征与所有价值的跨学科的方法。由于在20世纪建筑遗产中，非传统材料以及（建造）方法被广泛应用，为进行特定的研究及交换知识与意见，我们需要现代保护技术及材料科学方面的专家。

2.5 为维护规划做准备

对这些建筑遗产的日常性的防护及维护的规划非常重要。持续性的、合理的维护及定期的检查一直都是建筑遗产的最佳保护手段，且能节省长期的维修成本。一份维护规划将有助于这个过程。

2.6 明确对保护手段（实施）负责的人群

明确在20世纪遗产保护过程中将为保护行为负责的人群非常重要。不限于所有者，这可能包括遗产权威方、社区、当地政府以及居民。

2.7 档案记录与记录文件编制

在干预20世纪建筑遗产时，以公众存档为目的而进行的这些干预的记录工作十分重要。依照不同的情况，记录手段可能包括：摄影，测绘，口述历史，激光扫描，3D模型与样品采集。档案研究是保护规划过程中的重要环节。

针对每一个干预，遗产地的特性以及所采用的方法应该被合理记录。记录文件必须包含在干预之前、之中以及之后的各种状态。这样的记录文件需要保存在一个安全的场所，并依托于最新的可复制的媒介。它将有助于遗产地的展示与阐释，从而强化使用者和拜访者对遗产地的理解和享受。在建筑遗产调研中获得的信息以及其他档案与记录文件应该便于相关人员查看。

第3条：20世纪建筑遗产的技术层面的研究

3.1 研究并开发符合20世纪特殊的建筑材料与修建技术的专门性的修复手段

20世纪建筑材料与修建技术往往不同传统材料与修建技术。有必要研究和开发符合不同修建类型的专门的修复手段。一些20世纪的建筑遗产，尤其是修建于20世纪中期之后的，可能带来特别的保护挑战。这可能因为新的或实验性的材料与修建方法的使用，亦可能是因为在修复中缺乏特殊的职业经验。原材料或细节若需要被移除则需要被记录，有代表性的样本需要被保存。

任何处理之前，这些材料需要被仔细分析，任何可见的与不可见的破损都需要被发现与了解。一些实验性材料可能相对传统材料来说寿命更短，亦需要被仔细分析。针对材料的现状及损毁的调查须由合适的、有资格的职业人士采用无损害的、非侵入性的手段来完成。需要严格将有破坏性的分析降到最低。（我们）亦需要针对20世纪材料的老化进行详细调查。

3.2 为确保得出合理的遗产保护解决办法，在运用标准的建筑规范的时候需要运用灵活的、创新的手段

为保护文化价值，需要灵活应用标准化建筑规范（例如：可达性要求，健康与安全规范要求，防火规范要求，防震改装，增进能源效率的要求）进行详尽的分析，以及同相关权威机构进行协商，以避免或最小化可能对遗产造成任何负面冲击。每一个不同案例都应该按照个体的特性分别判断[5]。

为保护文化价值而管理（遗产的）改变

第4条：了解并应对来自于（遗产）改变的压力

4.1 无论是人类干涉的，还是环境因素的原因，管理（遗产的）干预是维护文化价值、真实性与完整性的重要环节

在城市聚落中，因为日常使用功能的变化而需要采取的干预，可能会逐渐影响文化价值。这些干预过程中保护真实性和完整性非常重要。

第5条：细致地管理干预

5.1 使用谨慎的方法来干预

只做必要的、尽可能少的干预。任何处理都应该谨慎。干预的程度和深度应该被最小化。使用已经被验证过的修复方法，避免可能为历史材料带来破坏、可能破坏文化价值的方法；修复时应该尽量使用非侵袭性方法。

小心谨慎地处理可以被运用，条件是它在不对其文化价值产生有害影响的前提下，增进一个遗产地的表现和功能。当考虑改变使用功能的时候，必须谨慎地找到一个保护其文化价值的合适的再利用方法。

5.2 在工作开展之前，评估被提议的干预对遗产的冲击，并以缓和任何负面冲击为目标

在任何遗产地的处理之前，需要评估它的文化价值，详细说明所有的构件，理解它们之间的关系以及所处的环境。被提议的干预对于遗产地的文化价值的冲击必须被全面地评估，必须分析每一个特征与价值的应对干预的敏感性，并详细说明其价值。应该避免或缓和负面冲击以保护文化价值。

第6条：需要确定一个尊重（遗产地文化价值）的添加及处理的方法

6.1 添加手段需要尊重遗产地的文化价值

在一些情况下，为保证遗产地的可持续性，可能需要一个干预（例如一个新的添加）。在仔细的分析后，新的添加应该尊重遗产地的尺度、场所、构成、比例、结构、材料、肌理和色彩等。这些添加应该可被辨识为新的，在近距离检查时可以被识别，但与现存的和谐一致；补足而非竞争。

6.2 新的干涉需要考虑现存的特点、尺度、形式、场所、材料、色彩、光泽以及细节

仔细地分析周围的建筑以及细心诠释它们的设计，可能有助于获得合适的设计解决方法。但是，在环境中的设计不等同于模仿。

第7条：尊重遗产地的真实性与完整性

7.1 干涉需要增强和延续文化价值

建筑的重要部分应该被维修和修复，而非重建。稳固、巩固以及保护重要部分比替换他们更可取。在可能之处，替换的材料应该与原件相配，但需要被标记或注明日期以区分它们。

重建一个完全消失的遗产地或者遗产地的重要部分不是保护的行为，亦不推荐。但是，如果有记录支撑，有限度的重建将有利于完整性及（或）对遗产地的理解。

7.2 尊重改变中各个主要层次的价值，尊重岁月光彩

作为历史的见证，一个遗产地的文化价值主要基于它原真的或重要的材料特征及（或）它的能定义其真实性的非物质价值。但是，一个遗产地原有的或晚期有改动的文化价值不单单取决于它们的年代。在做保护决策的时候，已获得自身的文化价值的晚期改动应该被识别和尊重。

在遗产的光彩中，随着时间的推移而做出的所有干涉及改动的年代都应清晰可辨。这条准则对于大部分 20 世纪的材料都很重要。

对文化价值有意义的内容、设备与家具，应尽可能地在遗产地保留[6]。

环 境 可 持 续 性

第 8 条：给环境可持续性予以充分考虑

8.1 应关注环境可持续性和保护文化价值间的平衡

要求建筑遗产地更加节能的压力将与日俱增。文化价值不应因节能措施而遭受负面冲击。

保护应该考虑环境可持续性的现代手段。一处遗产地的干涉应该采取可持续性的方法，并需要保证其发展与管理[7]。为确保遗产地的可持续性发展而找到一个可操作的、平衡的解决方法，需要咨询所有的利益相关者。在干涉、管理与阐释遗产地的所有过程中，它的广义的环境以及文化价值必须被保留给后代。

诠 释 与 交 流

第 9 条：与更大范围的公众一同推崇和赞美 20 世纪遗产

9.1 保护过程中展示与诠释是不可或缺的部分

发表和分发 20 世纪建筑遗产研究和保护规划，在适当的职业群体以及更大范围的公众中推进（20 世纪遗产的）活动与项目。

9.2 广泛交流文化价值

同关键受众以及利益相关者探讨任何能增进对 20 世纪遗产保护的可被欣赏和理解的话题。

9.3 鼓励和支持职业教育项目添加 20 世纪遗产保护部分

教育与职业培训项目需包含 20 世纪遗产的保护准则[8]。

词 汇

特征，包括物理位置，设计（包括色彩主题），建造系统以及技术设备，材料，美学品质以及功能。

真实性，是一个遗产地采用真实的、可信的方式，通过它的物质特征和非物质价值表达其文化价值的特质。它取决于文化遗产地的类型和文化环境。

构件，一个遗产地的构件可能包括室内，配件，相关家具及艺术品，环境和景观。

保护，是为了保持遗产地的文化价值而进行的全部保护过程。

文化价值，是（遗产地留给）先前、当代以及后代的美学价值、历史价值、科学价值、社会价值及（或）精神价值。文化价值蕴含在遗产地自身，及它的环境、材料、功能、关联、含义、记录、相关场所和相关物品中。针对不同个体或群体，遗产地可能有不同价值。

非物质价值，可能包含历史、社会、科学或精神关联，或创造天赋。

完整性，是建筑遗产及它的特征与价值的完整性和完好性的度量。因此，调查完整性需要考虑遗产地符合以下方面的程度：

a）包含所有能表达其价值的组成部分；
b）确保了能表明遗产地价值的特征与过程的完全展现；
c）受到因开发及（或）忽视而带来的不良影响。

干涉，即改动或更改，包括修改与扩展。

维护，是针对遗产地的材料和环境的持续性保护，有别于修复。

可逆性，是指一项干涉可以被复原，而不对基本的历史实物产生任何改动或改变。在多数情况下，可逆性不绝对。

注　释

［1］相关文件与宪章包括：

-The Venice Charter-International Charter for the Conservation and Restoration of Monuments and Sites (The Venice Charter) 1964.

-《威尼斯宪章-保护文物建筑和历史地段的国际宪章（威尼斯宪章）》1964.

-《佛罗伦萨宪章-历史园林与景观》，1981.

-《华盛顿宪章-保护历史城镇与城区宪章》，1987.

-《埃因霍温宣言-现代运动记录与保护组织》，1990.

-《奈良真实性文件》，1994.

-《巴拉宪章-针对具有文化价值的场所的澳大利亚古迹遗址理事会宪章》，1999.

-《建筑遗产分析、保护与结构修复准则》，2003.

-《有关工业遗产的下塔吉尔宪章国际工业遗产保存委员会》，2003.

-《保护遗产建筑、古遗址和历史地区的环境的西安宣言》，国际古迹遗址理事会，2005.

-《世界遗产宪章：行动指南》，2008.

［2］《保护遗产建筑、古遗址和历史地区的环境的西安宣言》，国际古迹遗址理事会，2005.

［3］建筑对象的周边和之间以及在城区中的开放环境以及绿色环境，通常代表整体构成以及历史上预期的空间预想的一部分。

［4］例如，《墨西哥文件》2011，《莫斯科宣言》2006。

［5］在一些情况下，20世纪建筑遗产使用的材料比传统材料寿命短。因为材料的特性而导致的保护措施的缺乏以及恰当的修复知识的缺乏，可能意味着它们相对传统材料来说需要更加强烈的干涉，亦需要在将来进行进一步的干涉。

［6］不能移除这些，除非这是确保它们安全与保护它们的唯一手段。在情况允许下，它们应该被放回。

［7］联合国世界环境及发展委员会（WCED）：《布伦特兰报告：我们共同的未来》（1987）。牛津：牛津大学出版社 ISBN 0-19-282080-X

［8］世界建筑师协会建筑教育委员会思考组。

十五、名 录 表

中国历史文化名城名镇名村一览表

省份	历史文化名城 第一批(1982年2月8日)	第二批(1986年12月8日)	第三批(1994年1月4日)	最新标准(2001年至今)	历史文化名镇 第一批	第二批	第三批	第四批	第五批	第六批	历史文化名村 第一批	第二批	第三批	第四批	第五批	第六批
北京	北京							古北口镇			爨底下村	灵水村	琉璃渠村		焦庄户村	水峪村
天津		天津						杨柳青镇							西井峪村	
河北	承德	保定	正定 邯郸	山海关区		暖泉镇	广府镇	大社镇 天长镇	固新镇 冶陶镇	伯延镇 代王城镇		鸡鸣驿村	于家村 冉庄村 英谈村	偏城村 北方城村	大梁江村	王硇村 上苏庄村 小龙窝村 花驼村 开阳村
山西	大同	平遥	新绛县 代县 祁县	太原	静升镇	碛口镇	汾城镇 娘子关镇	大阳镇	新平堡镇 润城镇	周村镇	西湾村	皇城村 张壁村 西文兴村	梁村 良户村 郭峪村 小河村	师家沟村 李家山村 夏门村 窦庄村 上庄村	店头村 大阳泉村 西黄石村 苏庄村 湘峪村 王化沟村 北洸村 冷泉村 闫景村 光村	丁村 郭壁村 大周村 拦车村 冶底村 奥治村 谷恋村 伯方村 屯城村
内蒙古		呼和浩特						王爷府镇 多伦淖尔镇		隆盛庄镇 库伦镇		美岱召村	五当召村			
辽宁		沈阳				永陵镇		牛庄镇		孤山镇 前所镇						
吉林			吉林 集安					叶赫镇 乌拉街镇								白龙村

481

续表

省份	历史文化名城 公布批次				历史文化名镇 公布批次						历史文化名村 公布批次					
	第一批（1982年2月8日）	第二批（1986年12月8日）	第三批（1994年1月4日）	最新标准（2001年至今）	第一批	第二批	第三批	第四批	第五批	第六批	第一批	第二批	第三批	第四批	第五批	第六批
黑龙江			哈尔滨	齐齐哈尔			横道河子镇									
上海		上海				枫泾镇	朱家角镇	新场镇 嘉定镇	南翔镇 高桥镇 练塘镇 张堰镇	金泽镇 川沙新镇						下塘村 草新村
江苏	南京 苏州 扬州	镇江 常熟 徐州 淮安		无锡 南通 宜兴 泰州	周庄镇 同里镇 甪直镇	木渎镇 沙溪镇 溱潼镇 黄桥镇	淳溪镇 千灯镇 安丰镇	锦溪镇 邵伯镇 余东镇 沙家浜镇	东山镇 荡口镇 沙沟镇 长泾镇 凤凰镇	黎里镇 震泽镇 富安镇 大桥镇 孟河镇 周铁镇 桥茶镇 古里镇			陆巷村 明月湾村		礼社村	杨湾村 东村 焦溪村 三山村 漆桥村 余西村 杨柳村
浙江	杭州 绍兴	宁波	衢州 临海	金华 嘉兴 湖州	西塘镇 乌镇	南浔镇 安昌镇 慈城镇 石浦镇	东浦镇 前童镇 佛堂镇 廿八都镇	皤滩镇 岩头镇 龙门镇 新市镇	鹤溪镇 盐官镇	崇仁镇 芝英镇 西屏镇 东沙镇	俞源村 郭洞村		深澳村 厚吴村	三门源村	新叶村 屿北村 山头下村 高迁村 大济村 南阁村 许家山村 芋平村 冢家村 黄村	碗窑村 高溪村 河阳村 大陈村 荻港村 樟树村 芹川村 福德湾村 下樟村 霞坑村 独山村 鄣吴村 西斜村 龙宫村
安徽		歙县 寿县 亳州		安庆 绩溪			三河镇 毛坦厂镇	许村镇 万安镇 水东镇		桃花潭镇 西溪南镇 大通镇	西递村 宏村	渔梁村 江村	唐模村 紫樾村 屏山村	呈坎村 查济村 南屏村	关麓村	黄田村 龙川村 雄村 龙灵村 灵山村 坑口村 卢村

续表

十五、名录表

省份	历史文化名城			历史文化名镇						历史文化名村					
	公布批次			公布批次						公布批次					
	第一批(1982年2月8日)	第二批(1986年12月8日)	第三批(1994年1月4日)	最新标准(2001年至今)	第一批	第二批	第三批	第四批	第五批	第六批	第一批	第二批	第三批	第四批	第五批	第六批
福建	泉州	福州漳州	长汀		古田镇	和平镇		嵩口镇	霍童镇 九峰镇 五夫镇 元坑镇	湖口镇 中山镇 湖头镇 杉洋镇 双溪镇 石壁镇	田螺坑村	培田村 下梅村	福全村 城村 桂峰村	廉村 漈下村 赖坊村	三洲村 中心村 漈头村 芷溪村 琴江村 大源村 闽安村	竹贯村 中复村 土坑村 埭尾村 浦源村 仙浦村 半月里村 忠山村 良地村 济川村 东洋村 钟腾村 㟍街村
江西	景德镇	南昌	赣州			瑶里镇	上清镇	葛源镇	富田镇	安源镇 河口镇 驿前镇 浒湾镇 永和镇 石塘镇	流坑村	渼陂村 理坑村	贾家村 燕坊村 汪口村	罗田村 严田村 白鹭村 陂下村 延村 天宝村	钓源村 竹桥村 关西村 虹关村 沧溪村	思溪村 东龙村 桑园村 东源曾家村 塘边村 湖洲村
山东	曲阜	济南	青岛 聊城、邹城、临淄	泰安 蓬莱 烟台 青州				新城镇		南阳镇		朱家峪村	东楮岛村	雄崖所村	李家疃村	高家庄子村
河南	洛阳 开封	安阳 南阳 商丘	郑州 浚县	濮阳		神垕镇 荆紫关镇	赊店镇	朱仙镇 古荥镇 竹沟镇	冢头镇	嵖岈山镇 道口镇 白雀园镇		临沣寨		张店村		
湖北	江陵	武汉 襄樊	随州 钟祥			周老嘴镇 七里坪镇	瞿家湾镇 程集镇 上津镇	汀泗桥镇 龙港镇 枝城镇	熊口镇	石牌镇 安居镇 岐亭镇		大余湾村	滚龙坝村	两河口村	羊楼洞村 庆阳坝村	鱼木村 杏花村

续表

省份	历史文化名城 第一批(1982年2月8日)	第二批(1986年12月8日)	第三批(1994年1月4日)	最新标准(2001年至今)	历史文化名镇 第一批	第二批	第三批	第四批	第五批	第六批	历史文化名村 第一批	第二批	第三批	第四批	第五批	第六批
湖南	长沙		岳阳	凤凰县		里耶镇		靖港镇 芙蓉镇	寨市镇	高沙镇 边城镇	张谷英村		上甘棠村 高椅村 干岩头村		坦田村 龙溪村 板梁村 五宝田村	老司城村 芋头城村 坪坦村 上堡村 大园村 兰溪村 捞车村
广东	广州	潮州	肇庆 佛山 梅州	中山 雷州		沙湾镇 吴阳镇	赤坎镇 唐家湾镇 碣石镇	石龙镇 秋长街道 洪阳镇	黄圃镇 百侯镇	斗门镇 西樵镇 松口镇 桑浦镇 三河镇	大旗头村 鹏城村	南社村 自力村 碧江村	大岭村 塘尾村 翠亨村	歇马村 南冈古排村 美村	石塘村 茶山村 上岳古围村 松塘村	塱头村 良溪村 浮石村 苏二村 林寨村 石寨村 石寨村
广西	桂林					大圩镇	黄姚镇 兴坪镇	中和镇 铺门镇 定城镇		界首镇 恭城镇 贺县镇 中渡镇			大芦村 高山村	秀水村	扬美村	旧县村 江头村 福溪村 榜上村 月岭村
海南	海康 琼山			海口			崖城镇								保平村 十八行村 高林村	
重庆	重庆				涞滩镇 西沱镇 双江镇	龙兴镇 中山镇 西阳土家族苗族自治县	金刀峡镇 塘河镇 东溪镇	走马镇 丰盛镇 安居镇 松溉镇	路孔镇 白沙镇 宁厂镇	温泉镇 灌水镇					安镇村	
四川	成都	阆中 宜宾 自贡	乐山 都江堰 泸州	会理县		平乐镇 安仁镇 老观镇 李庄镇	黄龙溪镇 仙市镇 尧坝镇 太平镇	恩阳镇 洛带镇 新场镇 昭化镇 福宝镇 罗泉镇	龙华镇 赵化镇 清溪镇	艾叶镇 牛佛镇 白衣镇 二郎镇 五宝镇 横江镇 云顶镇		莫洛村 迤沙拉村		萝卜寨村	天宫院村	新溪村 乐道街村

续表

省份	历史文化名城			历史文化名镇						历史文化名村					
	公布批次			公布批次						公布批次					
	第一批（1982年2月8日）	第二批（1986年12月8日）	第三批（1994年1月4日）	最新标准（2001年至今）	第一批	第二批	第三批	第四批	第五批	第六批	第一批	第二批	第三批	第四批	第五批	第六批
贵州	遵义					青岩镇 镇远镇	旧州镇 西江镇	旧州镇 天龙镇	州城镇 凤羽镇 新安所镇	大同镇 寨英镇		云山屯村	隆里村 肇兴寨村	丙安村 增冲村 马头村 楼上村	怎雷村 鲍屯村 上郎德村 龙潭村	云舍村 岜沙村 地扪村 大利村
云南	昆明 大理	丽江	建水 巍山	会泽		黑井镇	沙溪镇 和顺镇	娜允镇				白雾村	诺邓村	郑营村 东莲花村	云南驿村	金鸡村 文盛街村 曲硐村 清水村
西藏	拉萨	日喀则	江孜				昌珠镇	萨迦镇								帮兴村 吞达村 错高村
陕西	西安 延安	韩城 榆林	咸阳 汉中			哈达铺镇	青城镇 连城镇 大靖镇	陈炉镇	青木川镇 凤凰镇	高家堡镇 蜀河镇 骏斗镇 尧头镇	党家村	杨家沟村				柏社村
甘肃		武威 张掖 敦煌	天水				惠远镇	陇城镇 新城镇	金崖镇							街亭村 胡家大庄村
银川														南长滩村		
新疆		喀什		吐鲁番 特克斯 伊宁		鲁克沁镇				可可托海镇		麻扎村		阿勒屯村	博斯坦村 琼库什台村	
青海			同仁							街子镇			郭麻日村		电达村	
香港																班前村 大庄村 拉则村
澳门																
台湾																

中国传统村落一览表

省份	传统村落 公布批次		列入中央财政支持范围的中国传统村落名单 公布批次
	第一批（2012年12月17日）	第二批（2013年08月26日）	第一批（2014年07月16日）
北京	房山区南窖乡水峪村 门头沟区龙泉镇琉璃渠村 门头沟区龙泉镇三家店村 门头沟区斋堂镇爨底下村 门头沟区斋堂镇黄岭西村 门头沟区斋堂镇灵水村 门头沟区雁翅镇苇子水村 顺义区龙湾屯镇焦庄户村 延庆县八达岭镇岔道村	门头沟区斋堂镇马栏村 门头沟区大台街道千军台村 昌平区流村镇长峪城村 密云县新城子镇吉家营村	门头沟区龙泉镇琉璃渠村 门头沟区龙泉镇三家店村 门头沟区斋堂镇爨底下村 房山区南窖乡水峪村 顺义区龙湾屯镇焦庄户村
天津	蓟县渔阳镇西井峪村		蓟县渔阳镇西井峪村
河北	石家庄市井陉县南障城镇大梁江村 石家庄市井陉县南障城镇吕家村 石家庄市井陉县于家乡于家村 石家庄市井陉县南峪镇地都村 石家庄市井陉县天长镇梁家村 石家庄市井陉县天长镇宋古城村 石家庄市井陉县天长镇小龙窝村 石家庄市鹿泉市白鹿泉乡水峪村 邯郸市磁县贾壁乡北贾壁村 邯郸市磁县陶泉乡北岔口村 邯郸市磁县陶泉乡花驼村 邯郸市磁县陶泉乡南王庄村 邯郸市涉县固新镇固新村 邯郸市涉县偏城镇偏城村 邯郸市涉县关防乡宋家村 邯郸市涉县河南店镇赤岸村 邯郸市涉县井店镇王金庄村 邯郸市武安市伯延镇伯延村 邯郸市武安市冶陶镇安子岭村 邯郸市武安市冶陶镇固义村 邯郸市武安市冶陶镇冶陶村 邯郸市武安市邑城镇白府村 邢台市内丘县南赛乡神头村 邢台市邢台县路罗镇英谈村 保定市清苑县冉庄镇冉庄村 张家口市怀来县鸡鸣驿乡鸡鸣驿村 张家口市蔚县南留庄镇南留庄村 张家口市蔚县涌泉庄乡北方城村 张家口市蔚县暖泉镇北官堡村 张家口市蔚县暖泉镇西古堡村 张家口市蔚县宋家庄镇上苏庄村 张家口市阳原县浮图讲乡开阳村	石家庄市赞皇县嶂石岩乡嶂石岩村 石家庄市平山县杨家桥乡大坪村 石家庄市平山县杨家桥乡大庄村 邢台市沙河市柴关乡王硇村 保定市顺平县腰山镇南腰山村 张家口市蔚县南留庄镇水东堡村 张家口市蔚县南留庄镇水西堡村	石家庄市井陉县天长镇宋古城村 石家庄市井陉县天长镇小龙窝村 石家庄市井陉县南障城镇大梁江村 石家庄市井陉县于家乡于家村 石家庄市平山县杨家桥乡大坪村 石家庄市平山县杨家桥乡大庄村 邯郸市涉县关防乡宋家村 邢台市邢台县路罗镇英谈村 保定市顺平县腰山镇南腰山村 张家口市蔚县暖泉镇北官堡村 张家口市蔚县暖泉镇西古堡村 张家口市怀来县鸡鸣驿乡鸡鸣驿村

十五、名 录 表

续表

省份	传统村落		列入中央财政支持范围的中国传统村落名单
	公布批次		公布批次
	第一批（2012年12月17日）	第二批（2013年08月26日）	第一批（2014年07月16日）
山西	太原市晋源区晋源街道店头村 大同市天镇县新平堡镇新平堡村 大同市灵丘县红石塄乡觉山村 阳泉市郊区义井镇小河村 阳泉市郊区义井镇大阳泉村 长治市长治县八义镇八义村 长治市长治县贾掌镇西岭村 长治市平顺县石城镇东庄村 长治市平顺县石城镇岳家寨村 晋城市高平市河西镇苏庄村 晋城市高平市原村乡良户村 晋城市高平市马村镇大周村 晋城市高平市米山镇米西村 晋城市陵川县西河底镇积善村 晋城市泽州县晋庙铺镇拦车村 晋城市泽州县北义城镇西黄石村 晋城市沁水县嘉峰镇窦庄村 晋城市沁水县土沃乡西文兴村 晋城市沁水县郑村镇湘峪村 晋城市阳城县北留镇郭峪村 晋城市阳城县北留镇皇城村 晋城市阳城县润城镇上庄村 晋中市榆次区东赵乡后沟村 晋中市介休市龙凤镇张壁村 晋中市灵石县两渡镇冷泉村 晋中市灵石县夏门镇夏门村 晋中市平遥县岳壁乡梁村 晋中市太谷县北洸乡北洸村 运城市万荣县高村乡阎景村 运城市新绛县泽掌镇光村 运城市永济市蒲州镇西厢村 忻州市宁武县涔山乡王化沟村 忻州市繁峙县神堂堡乡茨沟营村 忻州市繁峙县杏园乡公主村 忻州市繁峙县横涧乡平型关村 忻州市河曲县旧县乡旧县村 忻州市岢岚县大涧乡寺沟会村 忻州市岢岚县宋家沟乡北方沟村 忻州市偏关县万家寨镇万家寨村 临汾市襄汾县新城镇丁村 临汾市襄汾县汾城镇西中黄村 临汾市襄汾县陶寺乡陶寺村 临汾市汾西县僧念镇师家沟村 吕梁市交口县双池镇西庄村 吕梁市临县碛口镇李家山村 吕梁市临县碛口镇西湾村 吕梁市柳林县柳林镇贺昌村 吕梁市柳林县三交镇三交村	阳泉市郊区平坦镇官沟村 阳泉市平定县冠山镇西锁簧村 阳泉市平定县东回镇瓦岭村 阳泉市平定县娘子关镇娘子关村 阳泉市平定县娘子关镇上董寨村 阳泉市平定县娘子关镇下董寨村 阳泉市盂县梁家寨乡大宋村 长治市平顺县虹梯关乡虹霓村 长治市平顺县阳高乡奥治村 晋城市泽州县周村镇周村村 晋城市泽州县晋庙铺镇天井关村 晋城市泽州县大阳镇东街村 晋城市泽州县大阳镇西街村 晋中市榆次区东阳镇车辋村 晋中市和顺县李阳镇回黄村 晋中市祁县东观镇乔家堡村 晋中市祁县贾令镇谷恋村 晋中市平遥县段村镇普洞村 晋中市灵石县静升镇静升村 晋中市灵石县南关镇董家岭村 忻州市宁武县涔山乡小石门村 忻州市偏关县万家寨镇老牛湾村	太原市晋源区晋源街道店头村 大同市灵丘县红石塄乡觉山村 阳泉市郊区义井镇小河村 阳泉市郊区义井镇大阳泉村 阳泉市郊区平坦镇官沟村 晋城市沁水县嘉峰镇窦庄村 晋城市沁水县郑村镇湘峪村 晋城市泽州县晋庙铺镇天井关村 晋城市泽州县北义城镇西黄石村 晋城市高平市河西镇苏庄村 晋城市高平市马村镇大周村 晋城市高平市原村乡良户村 晋中市祁县贾令镇谷恋村 晋中市灵石县夏门镇夏门村 晋中市介休市龙凤镇张壁村 忻州市河曲县旧县乡旧县村

续表

省份	传统村落		列入中央财政支持范围的中国传统村落名单
	公布批次		公布批次
	第一批（2012年12月17日）	第二批（2013年08月26日）	第一批（2014年07月16日）
内蒙古	包头市土默特右旗美岱召镇美岱召村 包头市石拐区五当召镇五当召村 乌兰察布市丰镇市隆盛庄镇隆盛庄村	呼和浩特市土默特左旗塔布赛镇塔布赛村 呼和浩特市土默特左旗毕克齐镇腊铺村 呼伦贝尔市额尔古纳市蒙兀室韦苏木室韦村 呼伦贝尔市额尔古纳市奇乾乡奇乾村 呼伦贝尔市额尔古纳市恩和俄罗斯民族乡恩和村	包头市土默特右旗美岱召镇美岱召村 呼伦贝尔市额尔古纳市奇乾乡奇乾村 乌兰察布市丰镇市隆盛庄镇隆盛庄村
辽宁			
吉林		通化市通化县东来乡鹿圈子村 白山市抚松县漫江镇锦江木屋村	通化市通化县东来乡鹿圈子村 白山市抚松县漫江镇锦江木屋村
黑龙江	齐齐哈尔市富裕县友谊达斡尔族满族柯尔克孜族乡宁年村富宁屯 齐齐哈尔市富裕县友谊达斡尔族满族柯尔克孜族乡三家子村	黑河市爱辉区新生乡新生村	齐齐哈尔市富裕县友谊达斡尔族满族柯尔克孜族乡宁年村富宁屯 齐齐哈尔市富裕县友谊达斡尔族满族柯尔克孜族乡三家子村 黑河市爱辉区新生乡新生村
上海	闵行区马桥镇彭渡村 闵行区浦江镇革新村 宝山区罗店镇东南弄村 浦东新区康桥镇沔青村 松江区泗泾镇下塘村		
江苏	无锡市惠山区玉祁镇礼社村 苏州市吴中区东山镇陆巷古村 苏州市吴中区金庭镇明月湾村	南京市江宁区湖熟街道前杨柳村 南京市高淳区漆桥镇漆桥村 无锡市锡山区羊尖镇严家桥村 常州市武进区前黄镇杨桥村 苏州市吴中区东山镇三山村 苏州市吴中区东山镇杨湾村 苏州市吴中区东山镇翁巷村 苏州市吴中区金庭镇东村村 苏州市常熟市古里镇李市村 镇江市新区姚桥镇华山村 镇江市新区姚桥镇儒里村 镇江市丹阳市延陵镇九里村 镇江市丹阳市延陵镇柳茹村	苏州市吴中区东山镇陆巷古村 苏州市吴中区东山镇三山村 苏州市吴中区金庭镇明月湾村 苏州市吴中区金庭镇东村村

十五、名　录　表

续表

省份	传统村落		列入中央财政支持范围的中国传统村落名单
	公布批次		公布批次
	第一批（2012年12月17日）	第二批（2013年08月26日）	第一批（2014年07月16日）
浙江	杭州市富阳市龙门镇龙门村 杭州市建德市大慈岩镇新叶村 杭州市桐庐县江南镇深奥村 宁波市奉化市溪口镇岩头村 宁波市象山县石浦镇东门渔村 宁波市余姚市大岚镇柿林村 宁波市余姚市梨洲街道金冠村 宁波市余姚市鹿亭乡中村 宁波市宁海县茶院乡许民村 温州市苍南县矾山镇福德湾村 温州市苍南县桥墩镇碗窑村 温州市乐清市仙溪镇南阁村 温州市永嘉县岩头镇芙蓉村 温州市永嘉县岩坦镇屿北村 湖州市南浔区和孚镇荻港村 绍兴市嵊州市金庭镇华堂村 绍兴市诸暨市东白湖镇斯宅村 绍兴市绍兴市稽东镇冢斜村 金华市金东区傅村镇山头下村 金华市磐安县尖山镇管头村 金华市磐安县双溪乡梓誉村 金华市浦江县白马镇嵩溪村 金华市浦江县虞宅乡新光村 金华市浦江县郑宅镇郑宅镇区 金华市婺城区汤溪镇寺平村 金华市武义县大溪口乡山下鲍村 金华市武义县熟溪街道郭洞村 金华市武义县俞源乡俞源村 金华市永康市前仓镇后吴村 衢州市龙游县石佛乡三门源村 衢州市江山市大陈乡大陈村 舟山市岱山县东沙镇东沙村 台州市仙居县田市镇李宅村 台州市仙居县白塔镇高迁村 丽水市缙云县新建镇河阳村 丽水市景宁县大际乡西一村 丽水市龙泉市城北乡上田村 丽水市龙泉市兰巨乡官浦垟村 丽水市龙泉市西街街道宫头村 丽水市龙泉市小梅镇大窑村 丽水市龙泉市小梅镇金村村 丽水市遂昌县焦滩乡独山村 丽水市庆元县濛州街道大济村	杭州市桐庐县富春江镇石舍村 杭州市桐庐县凤川街道翙岗村 杭州市桐庐县江南镇荻浦村 杭州市桐庐县江南镇徐畈村 杭州市淳安县鸠坑乡常青村 宁波市宁海县长街镇西岙村 宁波市宁海县深甽镇龙宫村 宁波市宁海县深甽镇清潭村 宁波市奉化市尚田镇苕霅村 温州市永嘉县岩头镇苍坡村 温州市苍南县龙港镇鲸头村 温州市泰顺县泗溪镇下桥村 绍兴市嵊州市竹溪乡竹溪村 金华市武义县柳城镇华塘村 金华市磐安县盘峰乡榉溪村 金华市磐安县胡宅乡横路村 金华市兰溪市兰江街道姚村村 金华市兰溪市女埠街道垾坦村 金华市兰溪市女埠街道渡渎村 金华市兰溪市女埠街道虹霓山村 金华市兰溪市诸葛镇诸葛村 金华市兰溪市诸葛镇长乐村 衢州市开化县马金镇霞山村 衢州市龙游县塔石镇泽随村 衢州市江山市凤林镇南坞村 衢州市江山市石门镇清漾村 台州市椒江区大陈镇大小浦村 台州市黄岩区屿头乡布袋坑村 台州市玉环县干江镇白马岙村 台州市三门县横渡镇东屏村 台州市天台县平桥镇张思村 台州市仙居县皤滩乡上街下街村 台州市温岭市石塘镇里箬村 台州市临海市东塍镇岭根村 台州市临海市汇溪镇孔坵村 丽水市青田县阜山乡安店村 丽水市松阳县古市镇山下阳村 丽水市松阳县象溪镇靖居村 丽水市松阳县大东坝镇六村村 丽水市松阳县大东坝镇横樟村 丽水市松阳县望松街道吴弄村 丽水市松阳县三都乡杨家堂村 丽水市松阳县三都乡周山头村 丽水市松阳县赤寿乡界首村 丽水市龙泉市西街街道下樟村 丽水市龙泉市安仁镇季山头村 丽水市龙泉市道太乡锦安村	杭州市桐庐县凤川街道翙岗村 杭州市建德市大慈岩镇新叶村 宁波市宁海县茶院乡许民村 温州市永嘉县岩头镇芙蓉村 温州市苍南县桥墩镇碗窑村 绍兴市绍兴市稽东镇冢斜村 绍兴市诸暨市东白湖镇斯宅村 绍兴市嵊州市竹溪乡竹溪村 衢州市龙游县石佛乡三门源村 衢州市江山市石门镇清漾村 台州市黄岩区屿头乡布袋坑村 台州市三门县横渡镇东屏村 台州市天台县平桥镇张思村 台州市仙居县白塔镇高迁村 丽水市龙泉市城北乡上田村

续表

省份	传统村落		列入中央财政支持范围的中国传统村落名单
	公布批次		公布批次
	第一批（2012年12月17日）	第二批（2013年08月26日）	第一批（2014年07月16日）
安徽	安庆市太湖县汤泉乡金鹰村蔡畈古民居 安庆市太湖县汤泉乡龙潭寨古民居 黄山市黄山区永丰乡永丰村 黄山市徽州区呈坎镇呈坎村 黄山市徽州区呈坎镇灵山村 黄山市徽州区潜口镇潜口村 黄山市徽州区潜口镇唐模村 黄山市祁门县闪里镇坑口村 黄山市休宁县万安镇万安老街 黄山市休宁县商山镇黄村 黄山市黟县宏村镇宏村 黄山市黟县宏村镇卢村 黄山市黟县宏村镇屏山村 黄山市黟县碧阳镇关麓村 黄山市黟县碧阳镇南屏村 黄山市黟县西递镇西递村 黄山市歙县徽城镇渔梁村 黄山市歙县郑村镇棠樾村 池州市东至县花园乡南溪古寨 池州市贵池区墩上街道渚湖姜村 池州市贵池区棠溪镇石门高村 宣城市泾县桃花潭镇查济村 宣城市泾县榔桥镇黄田村 宣城市旌德县白地镇江村 宣城市绩溪县瀛洲镇龙川村	安庆市宿松县柳坪乡大地村 安庆市宿松县趾凤乡团林村 安庆市岳西县响肠镇响肠村 安庆市岳西县响肠镇请水寨村 黄山市歙县深渡镇阳产村 黄山市歙县深渡镇漳潭村 黄山市歙县深渡镇漳岭山村 黄山市歙县北岸镇瞻淇村 黄山市歙县许村镇许村村 黄山市歙县雄村乡卖花渔村 黄山市歙县雄村乡雄村村 黄山市休宁县溪口镇花桥村木梨硔 黄山市休宁县陈霞乡里庄村 黄山市黟县碧阳镇碧山村 黄山市黟县碧阳镇古筑村 黄山市黟县碧阳镇古黄村 黄山市黟县碧阳镇石亭村 黄山市黟县碧阳镇马道村麻田街 黄山市黟县宏村镇塔川村 黄山市黟县宏村镇秀里村 黄山市黟县宏村镇下梓坑村 黄山市黟县宏村镇龙川村 黄山市黟县渔亭镇团结村 黄山市黟县西递镇石印村珠坑 黄山市黟县西递镇叶村村利源 黄山市黟县柯村乡翠林村 黄山市黟县柯村乡竹柯村 黄山市黟县美溪乡美坑村 黄山市黟县宏谭乡竹溪村 黄山市祁门县历口镇历溪村 黄山市祁门县历口镇环砂村 六安市舒城县晓天镇晓天街道居委会中大街 池州市贵池区唐田镇沙山嘴文化村 池州市东至县东流镇菊江村东流老街 池州市东至县龙泉镇观桥村 池州市东至县龙泉镇老屋村 池州市石台县大演乡严家古村 池州市青阳县陵阳镇所村村 宣城市绩溪县瀛洲仁里村 宣城市宁国市胡乐镇胡乐村	安庆市岳西县响肠镇响肠村 安庆市岳西县响肠镇请水寨村 黄山市黄山区永丰乡永丰村 黄山市徽州区呈坎镇呈坎村 黄山市徽州区呈坎镇灵山村 黄山市歙县徽城镇渔梁村 黄山市歙县郑村镇棠樾村 黄山市歙县许村镇许村村 黄山市歙县雄村乡卖花渔村 黄山市歙县雄村乡雄村村 黄山市休宁县万安镇万安老街 黄山市休宁县溪口镇花桥村木梨硔 黄山市休宁县商山镇黄村 黄山市休宁县陈霞乡里庄村 黄山市黟县碧阳镇古黄村 黄山市黟县宏村镇宏村 黄山市黟县宏村镇卢村 黄山市黟县宏村镇塔川村 黄山市黟县西递镇西递村 黄山市祁门县闪里镇坑口村 池州市贵池区墩上街道渚湖姜村 池州市贵池区棠溪镇石门高村 池州市东至县东流镇菊江村东流老街 池州市东至县花园乡南溪古寨 池州市石台县大演乡严家古村 宣城市泾县桃花潭镇查济村 宣城市泾县榔桥镇黄田村 宣城市绩溪县瀛洲镇龙川村

十五、名　录　表

续表

省份	传统村落		列入中央财政支持范围的中国传统村落名单
	公布批次		公布批次
	第一批（2012年12月17日）	第二批（2013年08月26日）	第一批（2014年07月16日）
福建	福州市马尾区亭江镇闽安村 福州市长乐市航城街道琴江村 三明市清流县赖坊乡赖安村 三明市大田县济阳乡济阳村 三明市建宁县溪源乡上坪村 三明市将乐县万全乡良地村 三明市明溪县胡坊镇肖家山村 三明市明溪县夏阳乡御帘村 三明市尤溪县台溪乡盖竹村 三明市尤溪县台溪乡书京村 三明市尤溪县西滨镇厚丰村 三明市尤溪县新阳镇双鲤村 三明市尤溪县洋中镇桂峰村 三明市泰宁县新桥乡大源村 泉州市晋江市金井镇福全村 泉州市永春县岵山镇茂霞村 漳州市平和县大溪镇庄上村 漳州市平和县霞寨镇钟腾村 漳州市南靖县书洋镇田螺坑村 南平市武夷山市武夷街道下梅村 南平市武夷山市兴田镇城村 南平市顺昌县大干镇上湖村 龙岩市连城县庙前镇芷溪村 龙岩市连城县宣和乡培田村 龙岩市连城县莒溪镇壁洲村 龙岩市连城县四堡乡务阁村 龙岩市长汀县馆前镇坪埔村 龙岩市长汀县三洲镇三洲村 龙岩市长汀县红山乡苏竹村 龙岩市上杭县太拔乡院田村 龙岩市新罗区适中镇中心村 龙岩市永定县湖坑镇洪坑村 龙岩市漳平市双洋镇东洋村 宁德市福安市溪潭镇廉村 宁德市福鼎市磻溪镇仙蒲村 宁德市福鼎市店下镇巽城村 宁德市福鼎市管阳镇西昆村 宁德市福鼎市太姥山镇潋城村 宁德市古田县吉巷乡长洋村 宁德市古田县平湖镇富达村 宁德市古田县杉洋镇杉洋村 宁德市屏南县长桥镇柏源村 宁德市屏南县长桥镇长桥村 宁德市屏南县双溪镇双溪社区 宁德市屏南县棠口乡棠口村 宁德市屏南县棠口乡漈头村 宁德市屏南县甘棠乡漈下村 宁德市霞浦县溪南镇半月里村	三明市明溪县城关乡翠竹洋村 三明市永安市燕西街道吉山村 三明市永安市小陶镇八一村 三明市永安市青水乡沧海畲族村 泉州市永春县岵山镇塘溪村 泉州市永春县岵山镇铺上村 泉州市永春县岵山镇铺下村 泉州市南安市官桥镇漳州寮村 漳州市芗城区天宝镇洪坑村 漳州市漳浦县旧镇镇石牛尾村 漳州市平和县芦溪镇芦丰村 南平市延平区峡阳镇峡阳村 南平市顺昌县元坑镇槎溪村 南平市浦城县水北街镇观前村 龙岩市新罗区万安镇竹贯村 龙岩市武平县岩前镇灵岩村 龙岩市连城县四堡乡中南村 龙岩市漳平市双洋镇城内村 龙岩市漳平市赤水镇香寮村 宁德市霞浦县崇儒畲族乡上水村 宁德市屏南县双溪镇北村村 宁德市寿宁县犀溪镇西浦村 宁德市周宁县浦源镇浦源村 宁德市周宁县纯池镇禾溪村 宁德市福鼎市管阳镇金钗溪村	福州市马尾区亭江镇闽安村 福州市长乐市航城街道琴江村 三明市明溪县夏阳乡御帘村 三明市尤溪县洋中镇桂峰村 三明市将乐县万全乡良地村 三明市永安市燕西街道吉山村 三明市永安市青水乡沧海畲族村 泉州市永春县岵山镇茂霞村 漳州市平和县霞寨镇钟腾村 南平市浦城县水北街镇观前村 南平市武夷山市武夷街道下梅村 龙岩市新罗区适中镇中心村 龙岩市新罗区万安镇竹贯村 龙岩市连城县宣和乡培田村 宁德市福鼎市店下镇巽城村 宁德市福鼎市磻溪镇仙蒲村

续表

省份	传统村落		列入中央财政支持范围的中国传统村落名单
	公布批次		公布批次
	第一批（2012年12月17日）	第二批（2013年08月26日）	第一批（2014年07月16日）
江西	南昌市进贤县温圳镇杨溪村委李家村 南昌市进贤县文港镇晏家村 南昌市安义县石鼻镇罗田村 景德镇市浮梁县江村乡严台村 景德镇市浮梁县勒功乡沧溪村 景德镇市浮梁县浮梁镇旧城村 景德镇市浮梁县瑶里镇高岭村 景德镇市浮梁县瑶里镇绕南村 景德镇市浮梁县峙滩乡英溪村 赣州市赣县白鹭乡白鹭村 赣州市安远县镇岗乡老围村 赣州市龙南县杨村镇杨村村燕翼围 赣州市龙南县关西镇关西村 吉安市井冈山市鹅岭乡塘南村 吉安市青原区富田镇陂下村 吉安市青原区富田镇横坑村 吉安市青原区文陂乡渼陂村 吉安市吉州区兴桥镇钓源村 吉安市安福县金田乡柘溪村 吉安市安福县洋门乡上街村 吉安市安福县洲湖镇塘边村 吉安市吉水县金滩镇燕坊村 宜春市高安市新街镇贾家村 宜春市宜丰县天宝乡天宝村 抚州市广昌县驿前镇驿前村 抚州市乐安县湖坪乡湖坪村 抚州市乐安县牛田镇流坑村 抚州市金溪县双塘镇竹桥村 上饶市婺源县江湾镇江湾村 上饶市婺源县江湾镇汪口村 上饶市婺源县思口镇延村 上饶市婺源县沱川乡理坑村 上饶市婺源县浙源乡虹关村	南昌市南昌县三江镇前后万村 南昌市安义县石鼻镇安义千年古村群 南昌市进贤县架桥镇艾溪陈家村 南昌市进贤县文港镇曾湾村 南昌市进贤县罗溪镇旧厦村 景德镇市浮梁县西湖乡磻溪村 景德镇市乐平市洎阳街道北门村 景德镇市乐平市名口镇名口村 景德镇市乐平市双田镇横路村 景德镇市乐平市涌山镇涌山村 景德镇市乐平市塔前镇下徐村 景德镇市乐平市塔前镇上徐村 萍乡市莲花县路口镇湖塘村 新余市分宜县分宜镇介桥村 新余市分宜县钤山镇防里村 鹰潭市贵溪市耳口乡曾家村 赣州市赣县湖江乡夏府村 赣州市宁都县田埠乡东龙村 赣州市于都县段屋乡寒信村 赣州市兴国县梅窖镇三僚村 赣州市兴国县兴莲乡官田村 赣州市瑞金市九堡镇密溪村 吉安市吉安区樟山镇文石村 吉安市青原区富田镇匡家村 吉安市青原区富田镇奁田村 吉安市吉安县敦厚镇圳头村 吉安市吉水县金滩镇仁和店村 吉安市吉水县金滩镇桑园村 吉安市吉水县白沙镇桥上村 吉安市吉水县水南镇店背村 吉安市峡江县水边镇何君村 吉安市峡江县水边镇湖洲村 吉安市峡江县水边镇沂溪村 吉安市遂川县堆子前镇鄢溪村 吉安市万安县百嘉镇下源村 吉安市安福县竹江乡沙溪村 吉安市安福县金田乡银圳村 吉安市井冈山市厦坪镇菖蒲古村 吉安市井冈山市拿山乡长路村长塘组 吉安市井冈山市茅坪乡茅坪村 宜春市丰城市白土镇赵家村 宜春市丰城市张巷镇白马寨村 宜春市丰城市筱塘乡厚板塘村 宜春市樟树市刘公庙镇塔前彭家村 抚州市南城县天井乡尧坊村 上饶市铅山县太源畲族乡西坑村查家岭 上饶市婺源县清华镇洪村村 上饶市婺源县秋口镇李坑村 上饶市婺源县秋口镇长径村 上饶市婺源县江湾镇晓起村 上饶市婺源县思口镇西冲村 上饶市婺源县思口镇思溪村 上饶市婺源县镇头镇游山村 上饶市婺源县段莘乡庆源村 上饶市婺源县浙源乡岭脚村 上饶市婺源县浙源乡凤山村	南昌市安义县石鼻镇罗田村 南昌市进贤县文港镇曾湾村 景德镇市浮梁县浮梁镇旧城村 景德镇市浮梁县瑶里镇高岭村 景德镇市浮梁县勒功乡沧溪村 萍乡市莲花县路口镇湖塘村 新余市分宜县分宜镇介桥村 鹰潭市贵溪市耳口乡曾家村 赣州市赣县白鹭乡白鹭村 赣州市瑞金市九堡镇密溪村 吉安市青原区文陂乡渼陂村 吉安市安福县洲湖镇塘边村 宜春市宜丰县天宝乡天宝村 宜春市高安市新街镇贾家村 抚州市金溪县双塘镇竹桥村 上饶市婺源县江湾镇汪口村 上饶市婺源县浙源乡虹关村 上饶市婺源县沱川乡理坑村

十五、名 录 表

续表

省份	传统村落		列入中央财政支持范围的中国传统村落名单
	公布批次		公布批次
	第一批（2012年12月17日）	第二批（2013年08月26日）	第一批（2014年07月16日）
山东	济南市章丘市官庄镇朱家峪村 青岛市崂山区王哥庄街道青山渔村 青岛市即墨市丰城镇雄崖所村 淄博市周村区王村镇李家疃村 淄博市淄川区太河镇梦泉村 淄博市淄川区太河镇上端士村 枣庄市山亭区山城街道兴隆庄村 潍坊市寒亭区寒亭街道西杨家埠村 泰安市岱岳区大汶口镇山西街村 威海市荣成市宁津街道东楮岛村	青岛市即墨市金口镇凤凰村 烟台市招远市辛庄镇高家庄子村 烟台市招远市辛庄镇大涝洼村 烟台市招远市辛庄镇孟格庄村 烟台市招远市张星镇徐家村 威海市文登市高村镇万家村	淄博市淄川区太河镇梦泉村 淄博市淄川区太河镇上端士村 淄博市周村区王村镇李家疃村 烟台市招远市辛庄镇高家庄子村 泰安市岱岳区大汶口镇山西街村 威海市荣成市宁津街道东楮岛村
河南	洛阳市孟津县小浪底镇乔庄村 洛阳市汝阳县蔡店乡杜康村 平顶山市宝丰县杨庄镇马街村 平顶山市郏县堂街镇临沣寨（村） 平顶山市郏县李口镇张店村 平顶山市郏县渣园乡渣园村 平顶山市郏县冢头镇西寨村 新乡市卫辉市狮豹头乡小店河村 濮阳市清丰县双庙乡单拐村 漯河市郾城区裴城镇裴城村 三门峡市陕县西张村镇庙上村 南阳市邓州市杏山旅游管理区杏山村 南阳市内乡县乍曲乡吴垭村 信阳市光山县文殊乡东岳村 信阳市罗山县铁铺乡何家冲村 信阳市新县八里畈镇神留桥村丁李湾村	洛阳市孟津县朝阳镇卫坡村 洛阳市孟津县常袋镇石碑凹村 洛阳市新安县石井镇寺坡山村 洛阳市嵩县九店乡石场村 洛阳市洛宁县上戈镇上戈村 洛阳市洛宁县河底镇城村村 洛阳市洛宁县东宋镇丈庄村 洛阳市洛宁县底张乡草庙岭村 平顶山市宝丰县石桥镇高皇庙村 平顶山市宝丰县商酒务镇北张庄村 平顶山市宝丰县李庄乡程庄村 平顶山市宝丰县大营镇大营村 平顶山市宝丰县大营镇白石坡村 平顶山市鲁山县瓦屋乡李老庄村 平顶山市郏县冢头镇北街村 平顶山市郏县冢头镇东街村 平顶山市郏县冢头镇李渡口村 平顶山市郏县茨芭镇苏坟村 平顶山市郏县姚庄回族乡小张庄村 安阳市安阳县安丰乡渔洋村 安阳市林州市任村镇任村村 安阳市林州市石板岩乡朝阳村 安阳市林州市石板岩乡漏子头村 鹤壁市鹤山区姬家山乡王家站村 鹤壁市山城区鹿楼乡大胡村 鹤壁市山城区鹿楼乡肥泉村 鹤壁市浚县白寺街道办事处西街村 鹤壁市淇县黄洞乡纣王殿村 焦作市中站区府城街道办事处北朱村 焦作市修武县岸上乡一斗水村 焦作市修武县岸上乡东岭后村 焦作市修武县西村乡平顶爻村 焦作市修武县西村乡双庙村 焦作市沁阳市常平乡九渡村 三门峡市渑池县段村乡赵沟村 三门峡市渑池县段村乡赵坡头村 三门峡市陕县西张村镇南沟村 三门峡市卢氏县朱阳关镇杜店村 三门峡市义马市东区办事处石佛村 三门峡市灵宝市朱阳镇朱阳村 南阳市南召县云阳镇老城村 信阳市新县周河乡毛铺村楼上楼下村 信阳市商城县长竹园乡张花店村何家冲村 信阳市商城县长竹园乡汪冲村四方洼村 信阳市商城县冯店乡郭店村四楼湾村 驻马店市确山县竹沟镇竹沟村	洛阳市孟津县小浪底镇乔庄村 洛阳市汝阳县蔡店乡杜康村 平顶山市宝丰县杨庄镇马街村 平顶山市郏县堂街镇临沣寨（村） 平顶山市郏县李口镇张店村 平顶山市郏县渣园乡渣园村 新乡市卫辉市狮豹头乡小店河村 濮阳市清丰县双庙乡单拐村 漯河市郾城区裴城镇裴城村 三门峡市陕县西张村镇庙上村 南阳市内乡县乍曲乡吴垭村 南阳市邓州市杏山旅游管理区杏山村 信阳市罗山县铁铺乡何家冲村 信阳市新县八里畈镇神留桥村丁李湾村

续表

省份	传统村落		列入中央财政支持范围的中国传统村落名单
	公布批次		公布批次
	第一批（2012年12月17日）	第二批（2013年08月26日）	第一批（2014年07月16日）
湖北	武汉市黄陂区木兰乡双泉村大余湾 武汉市黄陂区李家集街道泥人王村 黄石市阳新县浮屠镇玉块村 黄石市阳新县排市镇下容村阚家塘 十堰市竹溪县中峰镇甘家岭村 宜昌市长阳土家族自治县高家堰镇向日岭村六组 襄阳市枣阳市新市镇前湾村 荆门市钟祥市客店镇赵泉河村 孝感市大悟县芳畈镇白果树湾村 孝感市大悟县宣化镇铁店村八字沟 黄冈市红安县华家河镇祝楼村祝家楼垸 黄冈市麻城市歧亭镇丫头山村 黄冈市武穴市梅川镇同心村李垅垸 咸宁市赤壁市赵李桥镇羊楼洞村 恩施土家族苗族自治州恩施市崔家坝镇滚龙坝村 恩施土家族苗族自治州恩施市白果乡金龙坝村 恩施土家族苗族自治州鹤峰县铁炉白族乡铁炉村 恩施土家族苗族自治州鹤峰县铁炉白族乡细杉村 恩施土家族苗族自治州鹤峰县五里乡五里村 恩施土家族苗族自治州鹤峰县中营乡三家台蒙古族村 恩施土家族苗族自治州来凤县百福司镇新安村 恩施土家族苗族自治州来凤县大河镇冷水溪村 恩施土家族苗族自治州利川市凉雾乡海洋村 恩施土家族苗族自治州咸丰县大路坝区蛇盘溪村 恩施土家族苗族自治州咸丰县甲马池镇马家沟村王母洞 恩施土家族苗族自治州咸丰县清坪镇中寨坝村郑家坝 恩施土家族苗族自治州宣恩县椒园镇庆阳坝村 恩施土家族苗族自治州宣恩县沙道沟镇两河口村	黄石市大冶市金湖街道办上冯村 孝感市孝昌县小河镇小河村 孝感市孝昌县小悟乡项庙村 黄冈市罗田县九资河镇官基坪村罗家大垸 黄冈市罗田县河铺镇肖家垸乌石岩村 黄冈市罗田县白庙河乡潘家垸村 恩施土家族苗族自治州利川市谋道镇鱼木村 恩施土家族苗族自治州利川市忠路镇老屋基村老屋基老街 恩施土家族苗族自治州利川市沙溪乡张高寨村 恩施土家族苗族自治州建始县花坪镇国家坝村 恩施土家族苗族自治州咸丰县尖山乡唐崖寺村 恩施土家族苗族自治州来凤县百福司镇舍米湖村 恩施土家族苗族自治州来凤县大河镇五道水村徐家寨 恩施土家族苗族自治州来凤县革勒车乡鼓架山村铁匠沟 恩施土家族苗族自治州来凤县三胡乡黄柏村下黄柏园	武汉市黄陂区李家集街道泥人王村 武汉市黄陂区木兰乡双泉村大余湾 黄石市阳新县浮屠镇玉块村 襄阳市枣阳市新市镇前湾村 孝感市大悟县宣化镇铁店村八字沟 黄冈市红安县华家河镇祝楼村祝家楼垸 黄冈市罗田县九资河镇官基坪村罗家大垸 咸宁市赤壁市赵李桥镇羊楼洞村 恩施土家族苗族自治州利川市谋道镇鱼木村 恩施土家族苗族自治州利川市凉雾乡海洋村 恩施土家族苗族自治州咸丰县甲马池镇马家沟村王母洞 恩施土家族苗族自治州咸丰县清坪镇中寨坝村郑家坝 恩施土家族苗族自治州咸丰县大路坝区蛇盘溪村 恩施土家族苗族自治州来凤县百福司镇新安村 恩施土家族苗族自治州来凤县大河镇冷水溪村 恩施土家族苗族自治州鹤峰县铁炉白族乡铁炉村 恩施土家族苗族自治州鹤峰县铁炉白族乡细杉村 恩施土家族苗族自治州鹤峰县五里乡五里村

十五、名 录 表

续表

省份	传统村落		列入中央财政支持范围的中国传统村落名单
	公布批次		公布批次
	第一批（2012年12月17日）	第二批（2013年08月26日）	第一批（2014年07月16日）
湖南	衡阳市常宁市庙前镇中田村 邵阳市隆回县虎形山瑶族乡崇木凼村 岳阳市岳阳县张谷英镇张谷英村 张家界市永定区王家坪乡石堰坪村 益阳市安化县东坪镇黄沙坪老街 益阳市安化县马路镇马路溪村 郴州市永兴县高亭乡板梁村 永州市零陵区富家桥镇干岩头村 永州市江永县夏层铺镇上甘棠村 永州市祁阳县潘市镇龙溪村 永州市双牌县理家坪乡坦田村 怀化市辰溪县上蒲溪瑶族乡五宝田村 怀化市会同县高椅乡高椅村 湘西土家族苗族自治州保靖县夯沙乡夯沙村 湘西土家族苗族自治州保靖县碗米坡镇首八峒村 湘西土家族苗族自治州凤凰县阿拉营镇舒家塘村 湘西土家族苗族自治州凤凰县都里乡拉毫村 湘西土家族苗族自治州凤凰县麻冲乡老洞村 湘西土家族苗族自治州古丈县高峰乡岩排溪村 湘西土家族苗族自治州古丈县红石林镇老司岩村 湘西土家族苗族自治州古丈县默戎镇龙鼻村 湘西土家族苗族自治州花垣县边城镇磨老村 湘西土家族苗族自治州花垣县排碧乡板栗村 湘西土家族苗族自治州吉首市矮寨镇德夯村 湘西土家族苗族自治州吉首市矮寨镇中黄村 湘西土家族苗族自治州龙山县苗儿滩镇六合村 湘西土家族苗族自治州龙山县苗儿滩镇惹巴拉村 湘西土家族苗族自治州永顺县大坝乡双凤村 湘西土家族苗族自治州永顺县灵溪镇老司城村 湘西土家族苗族自治州永顺县小溪乡小溪村	长沙市浏阳市大围山镇楚东村 衡阳市衡东县甘溪镇夏浦村 衡阳市衡东县杨林镇杨林村 衡阳市衡东县高塘乡高田村新大屋 衡阳市祁东县风石堰镇沙井老屋村 邵阳市绥宁县李熙桥镇李熙村 邵阳市绥宁县东山侗族乡东山村 邵阳市绥宁县在市苗族乡正板村 邵阳市绥宁县乐安铺苗族侗族乡天堂村 邵阳市绥宁县黄桑坪苗族乡上堡村 邵阳市新宁县一渡水镇西村坊村 邵阳市城步苗族自治县丹口镇桃林村 邵阳市城步苗族自治县长安营乡大寨村 邵阳市武冈市双牌乡浪石村 益阳市安化县东坪镇唐家观村 益阳市安化县江南镇洞市社区 益阳市安化县江南镇梅山村 益阳市安化县古楼乡新潭村樟水凼 益阳市安化县南金乡将军村滑石寨 郴州市桂阳县龙潭街道办事处溪里魏家村 郴州市桂阳县太和镇地界村 郴州市桂阳县洋市镇庙下村 郴州市桂阳县莲塘镇大湾村 郴州市桂阳县荷叶镇鑑塘村上王家村 郴州市汝城县马桥镇外沙村 永州市宁远县禾亭镇小桃源村 永州市新田县金盆圩乡河山岩村 怀化市通道侗族自治县坪坦乡坪坦村 怀化市麻阳苗族自治县锦和镇岩口山村 怀化市麻阳苗族自治县郭公坪乡溪门村湾里 怀化市麻阳苗族自治县尧市乡小江村 怀化市麻阳苗族自治县大桥江乡豪侠坪村 怀化市鹤城区芦坪乡尽远村 娄底市新化县奉家镇上团村 湘西土家族苗族自治州吉首市峒河街道小溪村 湘西土家族苗族自治州吉首市社塘坡乡齐心村 湘西土家族苗族自治州吉首市排绸乡河坪村 湘西土家族苗族自治州凤凰县山江镇老家寨村 湘西土家族苗族自治州凤凰县山江镇凉灯村 湘西土家族苗族自治州泸溪县达岚镇岩门村 湘西土家族苗族自治州龙山县靛房镇万龙村 湘西土家族苗族自治州龙山县里耶镇长春村	岳阳市岳阳县张谷英镇张谷英村 张家界市永定区王家坪乡石堰坪村 益阳市安化县马路镇马路溪村 郴州市桂阳县龙潭街道办事处溪里魏家村 郴州市桂阳县太和镇地界村 郴州市桂阳县洋市镇庙下村 郴州市桂阳县莲塘镇大湾村 郴州市桂阳县荷叶镇鑑塘村上王家村 郴州市永兴县高亭乡板梁村 永州市江永县夏层铺镇上甘棠村 怀化市辰溪县上蒲溪瑶族乡五宝田村 怀化市会同县高椅乡高椅村 湘西土家族苗族自治州凤凰县都里乡拉毫村 湘西土家族苗族自治州凤凰县麻冲乡老洞村 湘西土家族苗族自治州花垣县边城镇磨老村 湘西土家族苗族自治州花垣县排碧乡板栗村 湘西土家族苗族自治州永顺县灵溪镇老司城村 湘西土家族苗族自治州永顺县大坝乡双凤村 湘西土家族苗族自治州龙山县苗儿滩镇惹巴拉村

续表

省份	传统村落		列入中央财政支持范围的中国传统村落名单
	公布批次		公布批次
	第一批（2012年12月17日）	第二批（2013年08月26日）	第一批（2014年07月16日）
广东	广州市番禺区石楼镇大岭村 韶关市仁化县石塘镇石塘村 深圳市龙岗区大鹏镇鹏城村 汕头市澄海区隆都镇前美村 佛山市南海区西樵镇松塘村 佛山市三水区乐平镇大旗头村 佛山市顺德区北滘镇碧江村 江门市开平市塘口镇自力村 江门市恩平市圣堂镇歇马村 湛江市雷州市白沙镇邦塘村 湛江市雷州市龙门镇潮溪村 湛江市雷州市南兴镇东林村 湛江市遂溪县建新镇苏二村 肇庆市端州区黄岗街道白石村 肇庆市封开县罗董镇杨池古村 肇庆市广宁县北市镇大屋村 惠州市博罗县龙华镇旭日村 惠州市惠城区横沥镇墨园村 梅州市梅县水车镇茶山村 梅州市梅县南口镇侨乡村 梅州市梅县桃尧镇桃源村 梅州市梅县雁洋镇桥溪村 梅州市梅县雁洋镇石楼村 梅州市梅县雁洋镇松坪村 梅州市丰顺县埔寨镇埔北村 梅州市蕉岭县南磜镇石寨村 梅州市兴宁市罗岗镇柿子坪村 汕尾市陆丰市大安镇石寨村 河源市和平县林寨镇林寨村 清远市佛冈县龙山镇上岳古围村 清远市佛冈县高岗镇社岗下村 清远市连南瑶族自治县三排镇南岗古排 清远市连南瑶族自治县三排镇三排村 东莞市企石镇江边村 东莞市茶山镇南社村 东莞市石排镇塘尾村 中山市南朗镇翠亨村 潮州市潮安县古巷镇古一村象埔寨 潮州市潮安县龙湖镇龙湖古寨 云浮市云城区腰古镇水东村	广州市荔湾区冲口街道聚龙村 广州市海珠区琶洲街道黄埔村 广州市海珠区华洲街道小洲村 广州市番禺区沙湾镇沙湾北村 广州市花都区炭步镇塱头村 广州市萝岗区九龙镇莲塘村 广州市增城市正果镇新围村 广州市从化市太平镇钟楼村 韶关市翁源县江尾镇湖心坝村 韶关市南雄市乌迳镇新田古村 佛山市南海区桂城街道茶基村 湛江市雷州市纪家镇周家村 湛江市雷州市南兴镇关新村 湛江市雷州市调风镇调铭村 湛江市雷州市英利镇青桐村 茂名市信宜市镇隆镇文明村 肇庆市怀集县凤岗镇孔洞村 肇庆市怀集县大岗镇扶溪村 肇庆市怀集县中洲镇邓屋村 惠州市惠阳区秋长街道茶园村 惠州市惠阳区秋长街道周田村 惠州市龙门县龙华镇绳武围村 梅州市梅江区城北镇玉水村 梅州市梅县松口镇铜琶村 梅州市大埔县三河镇汇城村 梅州市大埔县百侯镇侯南村 梅州市大埔县西河镇车龙村 梅州市丰顺县汤南镇新楼村 梅州市丰顺县埔寨镇埔南村 梅州市丰顺县建桥镇建桥村 梅州市丰顺县丰良镇璜溪村邹家围 梅州市平远县东石镇凉庭村 梅州市平远县上举镇畲脑村 梅州市蕉岭县蓝坊镇大地村 梅州市蕉岭县蓝坊镇高思村 梅州市蕉岭县南磜镇南磜村 梅州市兴宁市石马镇刁田村 梅州市兴宁市叶塘镇河西村 梅州市兴宁市新陂镇上长岭村 梅州市兴宁市刁坊镇周兴村 汕尾市陆丰市潭西镇大楼村 阳江市阳东县雅韶镇西元村阳江雅韶十八座 清远市清新县龙颈镇凤塱〈濯 清远市连州市西岸镇冲口村 清远市连州市西岸镇马带村 东莞市茶山镇超朗村 东莞市寮步镇西溪村 揭阳市榕城区仙桥街道西岐村 揭阳市揭西县东园镇月湄村 揭阳市普宁市洪阳镇德安里村 揭阳市普宁市梅塘镇溪南古村	湛江市遂溪县建新镇苏二村 湛江市雷州市白沙镇邦塘村 湛江市雷州市南兴镇东林村 湛江市雷州市龙门镇潮溪村 惠州市博罗县龙华镇旭日村 梅州市梅县雁洋镇石楼村 梅州市丰顺县埔寨镇埔北村 河源市和平县林寨镇林寨古村 清远市连南瑶族自治县三排镇南岗古排 东莞市石排镇塘尾村

十五、名 录 表

续表

省份	传统村落		列入中央财政支持范围的中国传统村落名单
	公布批次		公布批次
	第一批（2012年12月17日）	第二批（2013年08月26日）	第一批（2014年07月16日）
广西	南宁市江南区江西镇扬美村 柳州市融水苗族自治县拱洞乡平卯村 柳州市融水苗族自治县四荣乡东田村 柳州市融水苗族自治县四荣乡荣地村 柳州市三江侗族自治县丹洲镇丹洲村 柳州市三江侗族自治县独峒乡高定村 柳州市三江侗族自治县林溪乡高友村 桂林市龙胜各族自治县和平乡龙脊村 桂林市灌阳县洞井瑶族乡洞井村 桂林市灌阳县水车乡官庄村 桂林市灌阳县新街乡江口村 桂林市荔浦县马岭镇永明村小青山屯 桂林市临桂县四塘乡横山村 桂林市灵川县潮田乡太平村 桂林市灵川县大圩镇熊村 桂林市灵川县定江镇路西村 桂林市灵川县灵田乡长岗岭村 桂林市灵川县灵田乡迪塘村 桂林市灵川县青狮潭镇老寨村 桂林市灵川县青狮潭镇江头村 桂林市灵川县三街镇溶流上村 桂林市平乐县沙子镇沙子村 桂林市兴安县白石乡水源头村 桂林市兴安县漠川乡榜上村 桂林市阳朔县白沙镇旧县村 桂林市阳朔县兴坪镇渔村 钦州市灵山县佛子镇大芦村 玉林市北流市民乐镇萝村 玉林市玉州区城北街道高山村 百色市隆林各族自治县金钟山乡平流屯 百色市那坡县城厢镇达腊屯 百色市西林县马蚌乡浪吉村那岩屯 贺州市钟山县燕塘镇玉坡村 贺州市富川瑶族自治县朝东镇秀水村 贺州市富川瑶族自治县朝东镇福溪村 贺州市富川瑶族自治县新华乡虎马岭村 贺州市平桂管理区鹅塘镇芦岗村 贺州市钟山县回龙镇龙道村 来宾市象州县罗秀镇纳禄村	南宁市江南区江西镇同新村木村坡 南宁市江南区江西镇同江村三江坡 南宁市横县平朗乡笔山村 柳州市三江侗族自治县林溪乡平岩村 桂林市阳朔县高田镇龙潭村 桂林市阳朔县高田镇朗梓村 桂林市阳朔县普益乡留公村 桂林市临桂县会仙镇旧村 桂林市灵川县大圩镇上桥村委会上桥 桂林市灵川县大圩镇廖家村委会毛村 桂林市灵川县青狮潭镇东源村委会新寨村 桂林市灵川县海洋乡大庙塘村委会大桐木湾村 桂林市永福县罗锦镇崇山村 桂林市灌阳县文市镇月岭村 桂林市灌阳县水车乡伍家湾村 桂林市平乐县张家镇榕津村 防城港市防城区大菉镇那厚村 钦州市灵山县新圩镇萍塘村 钦州市灵山县石塘镇苏村村 钦州市浦北县小江镇平马村 玉林市北流市新圩镇新圩村第五组 贺州市八步区莲塘镇仁化村 贺州市八步区开山镇开山村上莫寨村 贺州市八步区信都镇祉洞村 贺州市钟山县石龙镇松桂村 贺州市钟山县清塘镇英家村英家街 贺州市富川瑶族自治县莲山镇大莲塘村 贺州市富川瑶族自治县葛坡镇深坡村 河池市大化瑶族自治县板升乡弄立村二队 来宾市金秀瑶族县六巷乡下古陈村	桂林市临桂县四塘乡横山村 桂林市灵川县大圩镇熊村 桂林市灵川县定江镇路西村 桂林市灵川县三街镇溶流上村 桂林市灵川县青狮潭镇老寨村 桂林市灵川县青狮潭镇江头村 桂林市灵川县潮田乡太平村 桂林市灵川县灵田乡长岗岭村 桂林市灵川县灵田乡迪塘村 桂林市兴安县漠川乡榜上村 桂林市兴安县白石乡水源头村 桂林市灌阳县新街乡江口村 桂林市灌阳县水车乡官庄村 桂林市龙胜各族自治县和平乡龙脊村 桂林市平乐县张家镇榕津村 钦州市灵山县佛子镇大芦村 玉林市玉州区城北街道高山村 贺州市钟山县回龙镇龙道村 贺州市钟山县石龙镇松桂村 贺州市钟山县燕塘镇玉坡村 贺州市钟山县清塘镇英家村英家街 贺州市富川瑶族自治县朝东镇秀水村 贺州市富川瑶族自治县朝东镇福溪村

续表

省份	传统村落 公布批次		列入中央财政支持范围的中国传统村落名单 公布批次
	第一批（2012年12月17日）	第二批（2013年08月26日）	第一批（2014年07月16日）
海南	海口市龙华区新坡镇文山村 海口市龙华区遵谭镇东谭村 海口市琼山区国兴街道上丹村 三亚市崖城镇保平村 文昌市会文镇十八行村 东方市江边乡白查村 定安县龙湖镇高林村		三亚市崖城镇保平村 文昌市会文镇十八行村 定安县龙湖镇高林村
重庆	涪陵区大顺乡大顺村 涪陵区青羊镇安镇村 九龙坡区走马镇椒园村 綦江县东溪镇永乐村 忠县花桥镇东岩古村 忠县新生镇钟坝村 石柱土家族自治县金岭乡银杏村 石柱土家族自治县石家乡黄龙村 石柱土家族自治县悦崃镇新城村 秀山土家族苗族自治县梅江镇民族村 酉阳土家族苗族自治县苍岭镇大河口村 酉阳土家族苗族自治县酉水河镇河湾村 酉阳土家族苗族自治县酉水河镇后溪村 酉阳土家族苗族自治县南腰界乡南界村	涪陵区大顺乡大田村 酉阳土家族苗族自治县可大乡七分村	涪陵区大顺乡大顺村 綦江县东溪镇永乐村 忠县新生镇钟坝村 秀山土家族苗族自治县梅江镇民族村 酉阳土家族苗族自治县酉水河镇河湾村 酉阳土家族苗族自治县酉水河镇后溪村 酉阳土家族苗族自治县苍岭镇大河口村 酉阳土家族苗族自治县南腰界乡南界村
四川	成都市邛崃市平乐镇花楸村 攀枝花市仁和区平地镇迤沙拉村 泸州市泸县兆雅镇新溪村 泸州市叙永县分水镇木格倒苗族村 遂宁市射洪县青堤乡光华村 南充市阆中市老观镇老龙村 南充市阆中市天宫乡天宫院村 巴中市巴州区青木镇黄桷树村 雅安市宝兴县硗碛乡夹拉村委和平藏寨 雅安市石棉县蟹螺藏族乡蟹螺堡子 雅安市雨城区上里镇五家村 阿坝藏族羌族自治州理县桃坪乡桃坪村 阿坝藏族羌族自治州马尔康县沙尔宗乡丛恩村 阿坝藏族羌族自治州茂县黑虎乡小河坝村鹰嘴河组 阿坝藏族羌族自治州汶川县雁门乡萝卜寨村 甘孜藏族自治州得荣县子庚乡八子斯热村 甘孜藏族自治州炉霍县更知乡修贡村 甘孜藏族自治州炉霍县泥巴乡古西村 甘孜藏族自治州炉霍县新都镇七湾村 甘孜藏族自治州丹巴县梭坡乡莫洛村	成都市金堂县五凤镇金箱村 自贡市贡井区艾叶镇李家桥社区 自贡市大安区三多寨镇三多寨村 自贡市大安区牛佛镇王爷庙社区 自贡市沿滩区仙市镇仙滩社区 泸州市纳溪区天仙镇观音乐道古村 泸州市泸县方洞镇石牌坊村 泸州市叙永县水潦乡海涯彝族村 泸州市叙永县正东乡灯盏坪古村 泸州市古蔺县太平镇丰村 泸州市古蔺县二郎镇红军街社区 泸州市古蔺县箭竹乡团结村苗寨 泸州市古蔺县双沙镇白沙社区 绵阳市北川县青片乡上五村 绵阳市北川县马槽乡黑水村 绵阳市江油市二郎庙镇青林口村 广元市昭化区柏林沟镇向阳村 广元市朝天区麻柳乡石板村 南充市南部县石河镇石河场村 宜宾市江安县夕佳山镇五里村 达州市达县石桥镇鲁家坪村 雅安市雨城区望鱼乡望鱼村 雅安市汉源县宜东镇天罡村 雅安市汉源县清溪镇富民村 雅安市石棉县蟹螺藏族乡猛种村猛种堡子 雅安市石棉县蟹螺藏族乡猛种村木耳堡子 巴中市平昌县白衣镇白衣庵居民委员会	攀枝花市仁和区平地镇迤沙拉村 泸州市泸县兆雅镇新溪村 泸州市泸县方洞镇石牌坊村 泸州市叙永县分水镇木格倒苗族村 泸州市古蔺县二郎镇红军街社区 遂宁市射洪县青堤乡光华村 雅安市雨城区上里镇五家村 雅安市石棉县蟹螺藏族乡蟹螺堡子 雅安市宝兴县硗碛乡夹拉村委和平藏寨 巴中市巴州区青木镇黄桷树村 阿坝藏族羌族自治州汶川县雁门乡萝卜寨村 阿坝藏族羌族自治州理县桃坪乡桃坪村 阿坝藏族羌族自治州茂县黑虎乡小河坝村鹰嘴河组 甘孜藏族自治州得荣县子庚乡八子斯热村

十五、名　录　表

续表

省份	传统村落		列入中央财政支持范围的中国传统村落名单
	公布批次		公布批次
	第一批（2012年12月17日）	第二批（2013年08月26日）	第一批（2014年07月16日）
四川		阿坝藏族羌族自治州茂县雅都乡四瓦村四组 阿坝藏族羌族自治州黑水县色尔古乡色尔古村 阿坝藏族羌族自治州黑水县木苏乡大别窝村 阿坝藏族羌族自治州黑水县维古乡西苏瓜子村 阿坝藏族羌族自治州马尔康县卓克基镇西索村 甘孜藏族自治州炉霍县朱倭乡朱倭村 甘孜藏族自治州炉霍县雅德乡然柳村 甘孜藏族自治州乡城县青德乡仲德村 甘孜藏族自治州乡城县香巴拉镇色尔宫村 甘孜藏族自治州得荣县子庚乡阿称村 甘孜藏族自治州得荣县子庚乡子实村 甘孜藏族自治州得荣县子庚乡子庚村 凉山彝族自治州盐源县泸沽湖镇木垮村 凉山彝族自治州美姑县依果觉乡古拖村 凉山彝族自治州美姑县依果觉乡四季吉村	
贵州	贵阳市花溪区高坡苗族乡批林村 贵阳市花溪区石板镇镇山村大寨 贵阳市开阳县禾丰布依族苗族乡马头村 遵义市赤水市丙安乡丙安村 遵义市务川仡佬族苗族自治县大坪镇龙潭村 遵义市凤冈县绥阳镇玛瑙村 安顺市西秀区人西桥镇古昌村 安顺市西秀区大西桥镇石板房村 安顺市西秀区大西桥镇鲍屯村 安顺市西秀区七眼桥镇云山村 铜仁市德江县楠杆土家族乡兴隆社区上坝自然寨 铜仁市江口县太平土家族苗族乡云舍村 铜仁市石阡县白沙镇马桑村 铜仁市石阡县白沙镇箱子坪村 铜仁市石阡县国荣乡楼上村 铜仁市石阡县国荣乡葛容村高桥自然村 铜仁市石阡县河坝场乡小高王村 铜仁市石阡县聚凤仡佬族侗族乡黄泥坳村 铜仁市石阡县聚凤仡佬族侗族乡廖家屯村 铜仁市石阡县聚凤仡佬族侗族乡瓮水屯村	遵义市湄潭县茅坪镇地关村平顺坝 遵义市湄潭县西河乡石家寨村 遵义市湄潭县抄乐乡群星村石家寨 安顺市普定县马官镇下坝屯村 安顺市镇宁布依族苗族自治县城关镇高荡村 安顺市镇宁布依族苗族自治县扁担山乡革老坟村 毕节市织金县龙场镇阳光村营上古寨 铜仁市碧江区漾头镇茶园山村 铜仁市江口县桃映镇匀都村委会漆树坪村 铜仁市江口县民和镇龙兴村委会封神懂村 铜仁市江口县怒溪镇河口村委会黄岩村 铜仁市石阡县花桥镇施场村 铜仁市石阡县五德镇董上村 铜仁市石阡县聚凤仡佬族侗族乡指甲坪村 铜仁市石阡县青阳苗族仡佬族侗族乡青山村 铜仁市石阡县坪地场仡佬族侗族乡石榴坡村 铜仁市石阡县甘溪乡铺溪村 铜仁市思南县许家坝镇舟水村 铜仁市思南县文家店镇龙山村	遵义市凤冈县绥阳镇玛瑙村 安顺市西秀区大西桥镇鲍屯村 安顺市西秀区七眼桥镇云山村 黔东南苗族侗族自治州黎平县岩洞镇述洞村 黔东南苗族侗族自治州黎平县茅贡乡地扪村 黔东南苗族侗族自治州黎平县肇兴乡肇兴中寨村 黔东南苗族侗族自治州黎平县肇兴乡堂安村 黔东南苗族侗族自治州黎平县肇兴乡肇兴村 黔东南苗族侗族自治州黎平县肇兴镇肇兴上寨村 黔东南苗族侗族自治州榕江县栽麻乡大利村 黔东南苗族侗族自治州从江县下江镇高仟村 黔东南苗族侗族自治州从江县谷坪乡银潭村 黔东南苗族侗族自治州雷山县西江镇控拜村 黔东南苗族侗族自治州雷山县郎德镇上郎德村 黔南布依族苗族自治州三都水族自治县都江镇怎雷村 黔南布依族苗族自治州三都水族自治县拉揽乡排烧村

499

续表

省份	传统村落		列入中央财政支持范围的中国传统村落名单
	公布批次		公布批次
	第一批（2012年12月17日）	第二批（2013年08月26日）	第一批（2014年07月16日）
贵州	铜仁市石阡县石固仡佬族侗族乡公鹅坳村 铜仁市石阡县五德镇大寨村 黔西南布依族苗族自治州兴仁县巴铃镇百卡村卡嘎布依寨 黔东南苗族侗族自治州从江县往洞乡增冲村 黔东南苗族侗族自治州从江县往洞乡则里村 黔东南苗族侗族自治州从江县丙妹镇岜沙村 黔东南苗族侗族自治州从江县谷坪乡银潭村 黔东南苗族侗族自治州从江县下江镇高仟村 黔东南苗族侗族自治州丹寨县扬武乡排莫村 黔东南苗族侗族自治州剑河县南哨乡翁座村 黔东南苗族侗族自治州锦屏县隆里乡隆里所村 黔东南苗族侗族自治州锦屏县河口乡文斗村 黔东南苗族侗族自治州雷山县郎德镇上郎德村 黔东南苗族侗族自治州雷山县郎德镇下郎德村 黔东南苗族侗族自治州雷山县郎德镇南猛村 黔东南苗族侗族自治州雷山县西江镇控拜村 黔东南苗族侗族自治州黎平县坝寨乡坝寨村 黔东南苗族侗族自治州黎平县坝寨乡蝉寨村 黔东南苗族侗族自治州黎平县坝寨乡高场村 黔东南苗族侗族自治州黎平县坝寨乡高兴村 黔东南苗族侗族自治州黎平县坝寨乡青寨村 黔东南苗族侗族自治州黎平县大稼乡邓蒙村 黔东南苗族侗族自治州黎平县德顺乡平甫村 黔东南苗族侗族自治州黎平县地坪乡岑扣村 黔东南苗族侗族自治州黎平县地坪乡高青村 黔东南苗族侗族自治州黎平县地坪乡滚大村 黔东南苗族侗族自治州黎平县洪州镇归欧村 黔东南苗族侗族自治州黎平县洪州镇九江村 黔东南苗族侗族自治州黎平县洪州镇平架村 黔东南苗族侗族自治州黎平县洪州镇三团村 黔东南苗族侗族自治州黎平县九	铜仁市思南县青杠坡镇四野屯村 铜仁市思南县思林乡金龙村 铜仁市思南县思林乡黑河峡社区 铜仁市思南县板桥乡郝家湾村 铜仁市思南县兴隆乡天山村 铜仁市思南县杨家坳乡城头盖村 铜仁市印江土家族苗族自治县永义乡团龙村 铜仁市德江县枫香溪镇枫香溪村 铜仁市德江县复兴镇棋坝山村 铜仁市德江县共和乡焕河村 铜仁市德江县沙溪乡大寨村 铜仁市沿河土家族自治县思渠镇荷叶村 铜仁市沿河土家族自治县黑獭乡大溪村 铜仁市沿河土家族自治县新景乡白果村 铜仁市沿河土家族自治县后坪乡茶园村 铜仁市松桃苗族自治县普觉镇候溪屯村 铜仁市松桃苗族自治县正大乡薅菜村苗王城 黔东南苗族侗族自治州黄平县谷陇乡苗陇村 黔东南苗族侗族自治州三穗县良上乡雅中村 黔东南苗族侗族自治州镇远县报京乡报京村 黔东南苗族侗族自治州岑巩县平庄乡平庄村凯空组 黔东南苗族侗族自治州剑河县南加镇塘边村 黔东南苗族侗族自治州剑河县柳川镇巫泥村 黔东南苗族侗族自治州剑河县革东镇八郎村 黔东南苗族侗族自治州剑河县久仰乡基佑村 黔东南苗族侗族自治州剑河县久仰乡久吉村 黔东南苗族侗族自治州剑河县太拥镇太坪村 黔东南苗族侗族自治州剑河县太拥镇九连村 黔东南苗族侗族自治州剑河县南哨乡巫沙村 黔东南苗族侗族自治州剑河县南哨乡反召村 黔东南苗族侗族自治州剑河县南寨乡展留村 黔东南苗族侗族自治州剑河县南寨乡柳富村 黔东南苗族侗族自治州剑河县磻溪镇洞脚村 黔东南苗族侗族自治州剑河县磻溪镇大广村 黔东南苗族侗族自治州剑河县敏洞乡沟洞村	

十五、名 录 表

续表

省份	传统村落		列入中央财政支持范围的中国传统村落名单
	公布批次		公布批次
	第一批（2012年12月17日）	第二批（2013年08月26日）	第一批（2014年07月16日）
贵州	潮镇高寅村 黔东南苗族侗族自治州黎平县九潮镇贡寨村 黔东南苗族侗族自治州黎平县九潮镇吝洞村 黔东南苗族侗族自治州黎平县雷洞瑶族水族乡金城村 黔东南苗族侗族自治州黎平县茅贡乡蚕洞村 黔东南苗族侗族自治州黎平县茅贡乡冲寨 黔东南苗族侗族自治州黎平县茅贡乡登岑村 黔东南苗族侗族自治州黎平县茅贡乡地扪村 黔东南苗族侗族自治州黎平县茅贡乡高近村 黔东南苗族侗族自治州黎平县茅贡乡流芳村 黔东南苗族侗族自治州黎平县茅贡乡寨头村 黔东南苗族侗族自治州黎平县孟彦镇芒岭村 黔东南苗族侗族自治州黎平县尚重镇高冷村 黔东南苗族侗族自治州黎平县尚重镇纪登村 黔东南苗族侗族自治州黎平县尚重镇绍洞村 黔东南苗族侗族自治州黎平县尚重镇育洞村 黔东南苗族侗族自治州黎平县尚重镇朱冠村 黔东南苗族侗族自治州黎平县双江乡黄岗村 黔东南苗族侗族自治州黎平县岩洞镇述洞村 黔东南苗族侗族自治州黎平县岩洞镇岩洞村 黔东南苗族侗族自治州黎平县岩洞镇宰拱村 黔东南苗族侗族自治州黎平县岩洞镇竹坪村 黔东南苗族侗族自治州黎平县永从乡豆洞村 黔东南苗族侗族自治州黎平县肇兴乡肇兴中寨村 黔东南苗族侗族自治州黎平县肇兴乡纪堂村 黔东南苗族侗族自治州黎平县肇兴乡纪堂上寨村 黔东南苗族侗族自治州黎平县肇兴乡堂安村 黔东南苗族侗族自治州黎平县肇兴乡肇兴村 黔东南苗族侗族自治州榕江县平江乡滚仲村 黔东南苗族侗族自治州榕江县兴华乡八蒙村 黔东南苗族侗族自治州榕江县兴	黔东南苗族侗族自治州剑河县观么乡巫包村 黔东南苗族侗族自治州台江县台拱镇展福村 黔东南苗族侗族自治州台江县台拱镇板凳村 黔东南苗族侗族自治州台江县台拱镇南省村 黔东南苗族侗族自治州台江县台拱镇南冬村 黔东南苗族侗族自治州台江县台拱镇排朗村 黔东南苗族侗族自治州台江县台拱镇桃香村 黔东南苗族侗族自治州台江县台拱镇登鲁村 黔东南苗族侗族自治州台江县台拱镇交片村 黔东南苗族侗族自治州台江县台拱镇展下村 黔东南苗族侗族自治州台江县施洞镇小河村 黔东南苗族侗族自治州台江县施洞镇旧州村 黔东南苗族侗族自治州台江县施洞镇八梗村 黔东南苗族侗族自治州台江县施洞镇黄泡村 黔东南苗族侗族自治州台江县南宫乡交包村 黔东南苗族侗族自治州台江县南宫乡交下村 黔东南苗族侗族自治州台江县南宫乡交密村 黔东南苗族侗族自治州台江县南宫乡展忙村 黔东南苗族侗族自治州台江县排羊乡九摆村 黔东南苗族侗族自治州台江县排羊乡上南刀村 黔东南苗族侗族自治州台江县台盘乡德卷村 黔东南苗族侗族自治州台江县台盘乡南尧村 黔东南苗族侗族自治州台江县革一乡北方村 黔东南苗族侗族自治州台江县革一乡排生村 黔东南苗族侗族自治州台江县革一乡西南村 黔东南苗族侗族自治州台江县老屯乡长滩村 黔东南苗族侗族自治州台江县方召乡反排村 黔东南苗族侗族自治州台江县方召乡巫脚交村 黔东南苗族侗族自治州台江县方召乡巫梭村 黔东南苗族侗族自治州台江县方召乡交汪村	

续表

省份	传统村落		列入中央财政支持范围的中国传统村落名单
	公布批次		公布批次
	第一批（2012年12月17日）	第二批（2013年08月26日）	第一批（2014年07月16日）
贵州	华乡摆贝村 黔东南苗族侗族自治州榕江县栽麻乡大利村 黔东南苗族侗族自治州榕江县栽麻乡宰荡村 黔南布依族苗族自治州荔波县瑶山民族乡董蒙村 黔南布依族苗族自治州荔波县永康民族乡太吉村 黔南布依族苗族自治州荔波县永康民族乡尧古村 黔南布依族苗族自治州平塘县卡蒲毛南族乡场河村交懂组 黔南布依族苗族自治州三都水族自治县坝街乡坝辉村 黔南布依族苗族自治州三都水族自治县都江镇怎雷村 黔南布依族苗族自治州三都水族自治县拉揽乡排烧村	黔东南苗族侗族自治州黎平县孟彦镇罗溪村 黔东南苗族侗族自治州黎平县孟彦镇岑湖村 黔东南苗族侗族自治州黎平县九潮镇高维村 黔东南苗族侗族自治州黎平县九潮镇定八村 黔东南苗族侗族自治州黎平县九潮镇大榕村新寨 黔东南苗族侗族自治州黎平县九潮镇顺寨村 黔东南苗族侗族自治州黎平县岩洞镇大寨村 黔东南苗族侗族自治州黎平县岩洞镇小寨村 黔东南苗族侗族自治州黎平县水口镇东郎村 黔东南苗族侗族自治州黎平县水口镇花柳村 黔东南苗族侗族自治州黎平县水口镇南江村 黔东南苗族侗族自治州黎平县水口镇茨洞村 黔东南苗族侗族自治州黎平县水口镇宰洋村宰直寨 黔东南苗族侗族自治州黎平县尚重镇岑门村 黔东南苗族侗族自治州黎平县尚重镇顿路村 黔东南苗族侗族自治州黎平县尚重镇归德村 黔东南苗族侗族自治州黎平县尚重镇旧洞村 黔东南苗族侗族自治州黎平县尚重镇上洋村 黔东南苗族侗族自治州黎平县尚重镇下洋村 黔东南苗族侗族自治州黎平县尚重镇西迷村 黔东南苗族侗族自治州黎平县尚重镇宰蒙村 黔东南苗族侗族自治州黎平县雷洞乡岑管村 黔东南苗族侗族自治州黎平县雷洞乡牙双村 黔东南苗族侗族自治州黎平县永从乡九龙村 黔东南苗族侗族自治州黎平县永从乡中罗村 黔东南苗族侗族自治州黎平县茅贡乡额洞村 黔东南苗族侗族自治州黎平县茅贡乡寨南村 黔东南苗族侗族自治州黎平县茅贡乡己炭村汉寨 黔东南苗族侗族自治州黎平县坝寨乡高西村 黔东南苗族侗族自治州黎平县坝寨乡器寨村	

续表

省份	传统村落		列入中央财政支持范围的中国传统村落名单
	公布批次		公布批次
	第一批（2012年12月17日）	第二批（2013年08月26日）	第一批（2014年07月16日）
贵州		黔东南苗族侗族自治州黎平县口江乡银朝村 黔东南苗族侗族自治州黎平县双江乡四寨村 黔东南苗族侗族自治州黎平县双江乡寨高村 黔东南苗族侗族自治州黎平县肇兴镇肇兴上寨村 黔东南苗族侗族自治州黎平县肇兴镇厦格村 黔东南苗族侗族自治州黎平县肇兴镇厦格上寨村 黔东南苗族侗族自治州黎平县龙额镇上地坪村 黔东南苗族侗族自治州黎平县地坪乡新丰村 黔东南苗族侗族自治州黎平县地坪乡下寨村 黔东南苗族侗族自治州黎平县大稼乡高孖村 黔东南苗族侗族自治州黎平县平寨乡纪德村 黔东南苗族侗族自治州黎平县德化乡高洋村 黔东南苗族侗族自治州黎平县德化乡下洋村 黔东南苗族侗族自治州榕江县寨蒿镇票寨村侗寨 黔东南苗族侗族自治州榕江县栽麻乡苗兰村侗寨 黔东南苗族侗族自治州榕江县三江乡脚车村苗寨 黔东南苗族侗族自治州榕江县塔石乡怎东村瑶寨 黔东南苗族侗族自治州从江县下江镇高良村 黔东南苗族侗族自治州从江县宰便镇引东村 黔东南苗族侗族自治州从江县西山镇田底村 黔东南苗族侗族自治州从江县停洞镇架里村 黔东南苗族侗族自治州从江县高增乡岜扒村 黔东南苗族侗族自治州从江县谷坪乡高吊村 黔东南苗族侗族自治州从江县雍里乡归林村 黔东南苗族侗族自治州从江县刚边壮族乡刚边村 黔东南苗族侗族自治州从江县刚边壮族乡银平村 黔东南苗族侗族自治州从江县加榜乡加车村 黔东南苗族侗族自治州从江县加榜乡下尧村 黔东南苗族侗族自治州从江县翠里瑶族壮族乡高华村 黔东南苗族侗族自治州从江县往洞镇朝利村	

续表

省份	传统村落		列入中央财政支持范围的中国传统村落名单
	公布批次		公布批次
	第一批（2012年12月17日）	第二批（2013年08月26日）	第一批（2014年07月16日）
贵州		黔东南苗族侗族自治州从江县往洞镇增盈村 黔东南苗族侗族自治州从江县东朗乡孔明村 黔东南苗族侗族自治州从江县加鸠乡加翁村 黔东南苗族侗族自治州从江县光辉乡加牙村 黔东南苗族侗族自治州雷山县丹江镇乌东村 黔东南苗族侗族自治州雷山县丹江镇虎阳村 黔东南苗族侗族自治州雷山县丹江镇教厂村 黔东南苗族侗族自治州雷山县丹江镇脚猛村 黔东南苗族侗族自治州雷山县丹江镇干皎村 黔东南苗族侗族自治州雷山县丹江镇猫猫河村 黔东南苗族侗族自治州雷山县西江镇长乌村 黔东南苗族侗族自治州雷山县西江镇黄里村 黔东南苗族侗族自治州雷山县西江镇中寨村 黔东南苗族侗族自治州雷山县西江镇开觉村 黔东南苗族侗族自治州雷山县西江镇龙塘村 黔东南苗族侗族自治州雷山县西江镇麻料村 黔东南苗族侗族自治州雷山县西江镇乌尧村 黔东南苗族侗族自治州雷山县西江镇北建村 黔东南苗族侗族自治州雷山县永乐镇加鸟村 黔东南苗族侗族自治州雷山县永乐镇开屯村 黔东南苗族侗族自治州雷山县永乐镇乔洛村 黔东南苗族侗族自治州雷山县永乐镇乔歪村 黔东南苗族侗族自治州雷山县永乐镇肖家村 黔东南苗族侗族自治州雷山县郎德镇杨柳村 黔东南苗族侗族自治州雷山县郎德镇乌瓦村 黔东南苗族侗族自治州雷山县郎德镇乌流村 黔东南苗族侗族自治州雷山县郎德镇也改村 黔东南苗族侗族自治州雷山县郎德镇报德村 黔东南苗族侗族自治州雷山县郎德镇也利村 黔东南苗族侗族自治州雷山县望丰乡乌迭村	

十五、名　录　表

续表

省份	传统村落		列入中央财政支持范围的中国传统村落名单
	公布批次		公布批次
	第一批（2012年12月17日）	第二批（2013年08月26日）	第一批（2014年07月16日）
贵州		黔东南苗族侗族自治州雷山县望丰乡三角田村 黔东南苗族侗族自治州雷山县望丰乡公统村 黔东南苗族侗族自治州雷山县望丰乡丰塘村 黔东南苗族侗族自治州雷山县望丰乡乌的村 黔东南苗族侗族自治州雷山县望丰乡荣防村 黔东南苗族侗族自治州雷山县望丰乡乌响村 黔东南苗族侗族自治州雷山县望丰乡排肖村 黔东南苗族侗族自治州雷山县大塘乡新桥村 黔东南苗族侗族自治州雷山县大塘乡掌坳村 黔东南苗族侗族自治州雷山县大塘乡独南村 黔东南苗族侗族自治州雷山县桃江乡乔王村 黔东南苗族侗族自治州雷山县桃江乡岩寨村 黔东南苗族侗族自治州雷山县桃江乡掌雷村 黔东南苗族侗族自治州雷山县桃江乡龙河村 黔东南苗族侗族自治州雷山县达地水族乡也蒙村 黔东南苗族侗族自治州雷山县方祥乡陡寨村 黔东南苗族侗族自治州雷山县方祥乡毛坪村 黔东南苗族侗族自治州雷山县方祥乡格头村 黔东南苗族侗族自治州雷山县方祥乡提香村 黔东南苗族侗族自治州雷山县方祥乡雀鸟村 黔东南苗族侗族自治州麻江县杏山镇六堡村 黔东南苗族侗族自治州麻江县龙山乡河坝村 黔东南苗族侗族自治州麻江县龙山乡复兴村 黔东南苗族侗族自治州丹寨县排调镇麻鸟村 黔东南苗族侗族自治州丹寨县扬武镇扬颂村 黔东南苗族侗族自治州丹寨县雅灰乡送陇村 黔东南苗族侗族自治州丹寨县南皋乡石桥村 黔南布依族苗族自治州平塘县掌布镇掌布村	

续表

省份	传统村落		列入中央财政支持范围的中国传统村落名单
	公布批次		公布批次
	第一批（2012年12月17日）	第二批（2013年08月26日）	第一批（2014年07月16日）
云南	曲靖市会泽县娜姑镇白雾村 曲靖市罗平县鲁布革布依族苗族乡罗斯村委腊者村 玉溪市元江县青龙厂镇它克村 保山市隆阳区板桥镇板桥村 保山市施甸县姚关镇山邑村 保山市腾冲县固东镇和平村 保山市腾冲县固东镇顺利村 保山市腾冲县和顺镇水碓村 昭通市威信县水田乡湾子苗寨村 丽江市古城区大东乡大东行政村 丽江市古城区金山乡贵峰村 丽江市古城区金山乡漾西村 丽江市古城区七河乡共和西关村 丽江市宁蒗县永宁乡落水村 丽江市永胜县期纳镇谷宇村 丽江市永胜县期纳镇清水村 丽江市玉龙县白沙乡白沙村 丽江市玉龙县宝山乡石头城村 丽江市玉龙县石头乡桃园村 普洱市江城县整董镇城子三寨村 普洱市景东县大街乡三营村 普洱市景东县文井镇清凉村梁家组 普洱市澜沧县酒井哈尼族乡勐根村老达保组 普洱市墨江县联珠镇碧溪古镇村 普洱市墨江县那哈乡牛红村委勐嘎村 普洱市宁洱县同心乡那柯里村 普洱市思茅区龙潭乡龙潭村南本小组 临沧市沧源县勐角乡翁丁村 临沧市凤庆县鲁史镇鲁史古集村 临沧市凤庆县鲁史镇沿河村 临沧市临翔区博尚镇大勐准委会勐准组（村） 临沧市临翔区博尚镇碗窑村碗窑组 临沧市临翔区博尚镇永和村委上永和村 临沧市临翔区平村乡那玉村委东岗村 临沧市临翔区章驮乡勐旺村委勐旺大寨 楚雄彝族自治州姚安县光禄镇西关村 红河哈尼族彝族自治州建水县官厅镇苍台村 红河哈尼族彝族自治州建水县西庄镇团山村 红河哈尼族彝族自治州泸西县永宁乡城子村 红河哈尼族彝族自治州弥勒县西三镇可邑村 红河哈尼族彝族自治州弥勒县西三镇腻黑村 红河哈尼族彝族自治州石屏县宝秀镇郑营村 文山壮族苗族自治州麻栗坡县董干镇新寨村委城寨村	昆明市西山区团结乡乐居村 昆明市晋宁县晋城镇福安村 昆明市晋宁县双河乡田坝村 昆明市晋宁县夕阳乡木鲊村 昆明市晋宁县夕阳乡打黑村 昆明市晋宁县六街镇新寨村 昆明市石林县圭山镇糯黑村 曲靖市马龙县旧县镇黄土坡村 曲靖市马龙县马鸣乡咨卡村 曲靖市陆良县芳华镇雍家村 曲靖市师宗县竹基镇淑基村 曲靖市师宗县竹基镇大冲村 玉溪市江川县江城镇海门村 玉溪市通海县高大乡高大社区克呆村 玉溪市通海县兴蒙乡北阁下村 玉溪市华宁县青龙镇海镜村 玉溪市元江县澧江街道龙潭村委会者嘎村 玉溪市元江县洼栊乡它吉村委会坡栊村 保山市隆阳区河图镇河村村委会西街 保山市隆阳区金鸡乡金鸡村 保山市隆阳区金鸡乡育德村 保山市隆阳区水寨乡水寨村 保山市隆阳区芒宽乡芒龙村 保山市施甸县旧城乡和尚田村 保山市施甸县由旺镇木榔村 保山市施甸县由旺镇银川村 保山市施甸县甸阳镇西山村 保山市施甸县姚关镇大乌邑村 保山市施甸县仁和镇保场村 保山市施甸县仁和镇热水塘村 保山市腾冲县界头镇新庄村 保山市腾冲县界头镇石墙村 保山市腾冲县曲石镇江苴古村 保山市腾冲县曲石镇箐桥村 保山市腾冲县明光镇尖山脚村 保山市腾冲县明光镇麻栎社区茶山河河外村 保山市腾冲县滇滩镇水城村 保山市腾冲县滇滩镇棋盘石村 保山市腾冲县滇滩镇烧灰坝村 保山市腾冲县固东镇甸苴村 保山市腾冲县固东镇江东社区银杏村 保山市腾冲县马站乡和睦村 保山市腾冲县猴桥镇老寨村 保山市腾冲县北海乡打苴村横寨 保山市腾冲县和顺镇大庄社区 保山市腾冲县和顺镇十字路社区 保山市腾冲县腾越镇油灯村油灯庄 保山市腾冲县腾越镇董官村 保山市腾冲县腾越镇洞山村 保山市腾冲县腾越镇尚家寨村 保山市腾冲县腾越镇朝阳村 保山市腾冲县腾越镇大宽邑村	曲靖市罗平县鲁布革布依族苗族乡罗斯村委腊者村 玉溪市元江县青龙厂镇它克村 保山市隆阳区板桥镇板桥村 丽江市古城区金山乡漾西村 丽江市古城区大东乡大东行政村 丽江市玉龙县白沙乡白沙村 丽江市玉龙县石头乡桃园村 丽江市玉龙县宝山乡石头城村 丽江市永胜县期纳镇谷宇村 丽江市永胜县期纳镇清水村 丽江市宁蒗县永宁乡落水村 普洱市思茅区龙潭乡龙潭村南本小组 普洱市墨江县联珠镇碧溪古镇村 普洱市墨江县那哈乡牛红村委勐嘎村 普洱市景东县文井镇清凉村梁家组 普洱市澜沧县酒井哈尼族乡勐根村老达保组 普洱市澜沧县惠民民族乡景迈村糯干组 普洱市澜沧县惠民民族乡芒景村 临沧市临翔区博尚镇碗窑村碗窑组 临沧市临翔区南美乡南美村委南楞田自然村 临沧市凤庆县鲁史镇鲁史古集村 临沧市沧源县勐角乡翁丁村 楚雄彝族自治州姚安县光禄镇西关村 红河哈尼族彝族自治州建水县西庄镇团山村 红河哈尼族彝族自治州弥勒县西三镇可邑村 红河哈尼族彝族自治州弥勒县西三镇腻黑村 红河哈尼族彝族自治州泸西县永宁乡城子村 文山壮族苗族自治州麻栗坡县董干镇新寨村委城寨村 西双版纳傣族自治州景洪市勐罕镇曼春满村 西双版纳傣族自治州景洪市基诺族乡洛特老寨村 西双版纳傣族自治州勐腊县易武乡十字街村 大理白族自治州大理市喜洲镇喜州村 大理白族自治州祥云县禾甸镇旧邑村 大理白族自治州永平县杉阳镇杉阳村 大理白族自治州云龙县诺邓镇诺邓古村 大理白族自治州云龙县宝丰乡宝丰村 大理白族自治州剑川县金华镇剑川古城

十五、名 录 表

续表

省份	传统村落		列入中央财政支持范围的中国传统村落名单
	公布批次		公布批次
	第一批（2012年12月17日）	第二批（2013年08月26日）	第一批（2014年07月16日）
云南	西双版纳傣族自治州景洪市基诺族乡洛特老寨村 西双版纳傣族自治州景洪市勐罕镇曼春满村 西双版纳傣族自治州勐腊县易武乡十字街村 大理白族自治州大理市太邑乡者么村委大村 大理白族自治州大理市喜洲镇喜州村 大理白族自治州大理市喜洲镇周城村 大理白族自治州剑川县金华镇剑川古城 大理白族自治州剑川县沙溪镇寺登村 大理白族自治州祥云县禾甸镇大营庄村 大理白族自治州祥云县禾甸镇旧邑村 大理白族自治州祥云县云南驿镇云南驿村 大理白族自治州永平县博南镇曲硐村 大理白族自治州永平县博南镇花桥村 大理白族自治州永平县杉阳镇杉阳村 大理白族自治州云龙县宝丰乡宝丰村 大理白族自治州云龙县检槽乡师井村大村 大理白族自治州云龙县诺邓镇诺邓古村 大理白族自治州巍山县永建镇东莲花村 德宏傣族景颇族自治州陇川县户撒乡曼东村	保山市腾冲县腾越镇吴邑村 保山市腾冲县中和镇中营村 保山市腾冲县中和镇闫家冲社区 保山市腾冲县中和镇新岐村 保山市腾冲县中和镇民振村 保山市腾冲县中和镇樊家营社区 保山市腾冲县中和镇勐蚌社区 保山市腾冲县中和镇大村社区 保山市腾冲县荷花镇羡多村 保山市腾冲县荷花镇甘蔗寨村 保山市腾冲县芒棒镇张家村 保山市腾冲县五合乡联盟社区帕连寨 保山市腾冲县五合乡鹿山村杨家寨 保山市腾冲县五合乡腾朗社区小地方 保山市腾冲县五合乡五合社区元甫 保山市腾冲县五合乡丙弄社区丙弄寨 保山市龙陵县龙山镇芒旦村 保山市龙陵县象达乡勐蚌村 保山市昌宁县卡斯乡毛寨村 保山市昌宁县温泉乡里睦村 保山市昌宁县大田坝乡铁匠寨村 保山市昌宁县鸡飞乡珠山村委大水村 保山市昌宁县湾甸乡帕旭村 保山市昌宁县耇街乡打平村委大水塘村 保山市昌宁县耇街乡耇街村委老街子村 昭通市昭阳区洒渔镇巡龙村 昭通市巧家县药山镇半箐村 昭通市巧家县老店镇老店村 昭通市永善县大兴镇大兴村驿马一社 昭通市绥江县南岸镇南岸村 昭通市镇雄县罗坎镇发达村 昭通市镇雄县罗坎镇凤翥村 丽江市古城区金山乡良美村委启良村 丽江市古城区金安镇义新村委五坝里村 丽江市古城区七河镇羊见村委金安村 丽江市古城区七河镇新民村委新民下村 丽江市古城区七河镇共和村委南溪村 丽江市古城区七河镇共和村委东关村 丽江市古城区束河街道龙泉村委会 丽江市玉龙县黄山镇文华村委文华中村 丽江市玉龙县黄山镇白华村委吉来村 丽江市玉龙县石鼓镇石鼓村委会	大理白族自治州剑川县沙溪镇寺登村

续表

省份	传统村落		列入中央财政支持范围的中国传统村落名单
	公布批次		公布批次
	第一批（2012年12月17日）	第二批（2013年08月26日）	第一批（2014年07月16日）
云南		海螺村 丽江市玉龙县石鼓镇大新村委会竹园村 丽江市玉龙县石鼓镇仁和村委会石支村 丽江市玉龙县白沙镇玉湖村委会玉湖村 丽江市玉龙县拉市镇海南村委会丰乐村 丽江市玉龙县拉市镇南尧村委会南尧村 丽江市永胜县三川镇翠湖村委会翠湖村 丽江市宁蒗县拉伯乡加泽村委会油米村 丽江市宁蒗县永宁乡温泉村委会瓦拉别 普洱市宁洱县宁洱镇宽宏村委会困鹿山村民小组 普洱市宁洱县勐先镇蚌扎村 普洱市宁洱县勐先镇上宣德村 普洱市墨江县联珠镇癸能村委会大寨村 普洱市景东县锦屏镇黄草岭村 普洱市景东县大街镇文山村田心村民小组 普洱市景东县林街乡林街村回营村民小组 普洱市景谷县景谷镇纪家村 普洱市江城县整董镇整董村大河边组 普洱市江城县整董镇整董村老伯寨 普洱市江城县整董镇整董村曼滩组 普洱市江城县整董镇整董村大青树 普洱市江城县整董镇整董村力哨坡 普洱市江城县整董镇整董村麻木树 普洱市江城县国庆乡摸等村博别寨组 普洱市澜沧县上允镇上允村老街组 普洱市澜沧县惠民镇景迈村糯干组 普洱市澜沧县惠民镇芒景村 普洱市澜沧县惠民镇芒景村翁基组 普洱市西盟县岳宋乡岳宋村永老寨 临沧市临翔区南美乡南美村委会南楞田村 临沧市临翔区圈内乡斗阁村委会斗阁大寨 临沧市凤庆县洛党镇箐头村委会石洞寺村 临沧市凤庆县新华乡紫薇村平坦组	

十五、名录表

续表

省份	传统村落		列入中央财政支持范围的中国传统村落名单
	公布批次		公布批次
	第一批（2012年12月17日）	第二批（2013年08月26日）	第一批（2014年07月16日）
云南		临沧市云县幸福镇邦信村 临沧市云县茂兰镇茂兰社区 临沧市云县大寨镇文丰村 临沧市永德县乌木龙乡二道桥俐侎部落村 临沧市双江县勐库镇冰岛村 临沧市沧源县勐懂镇芒摆村委会永点村 临沧市沧源县勐懂镇芒摆村委会永让村 临沧市沧源县芒卡镇湖广村 楚雄彝族自治州楚雄市子午镇以口夸村 楚雄彝族自治州双柏县法脿镇雨龙村委会李方村 楚雄彝族自治州牟定县安乐乡小屯村委会小屯村 楚雄彝族自治州牟定县蟠猫乡蟠猫村委会母鲁打村 楚雄彝族自治州禄丰县金山镇炼象关村 楚雄彝族自治州禄丰县妥安乡琅井村 红河哈尼族彝族自治州蒙自市草坝镇碧色寨村 红河哈尼族彝族自治州蒙自市新安所镇新安所村 红河哈尼族彝族自治州建水县西庄镇新房村 红河哈尼族彝族自治州红河县洛恩乡朋洛村 红河哈尼族彝族自治州红河县乐育乡龙车村 红河哈尼族彝族自治州红河县乐育乡坝美村 红河哈尼族彝族自治州红河县乐育乡尼美村 红河哈尼族彝族自治州红河县乐育乡桂东村 红河哈尼族彝族自治州红河县乐育乡玉古村 红河哈尼族彝族自治州红河县浪堤乡马龙村 文山壮族苗族自治州砚山县者腊乡批洒村 文山壮族苗族自治州马关县马白镇马洒村 文山壮族苗族自治州马关县八寨镇街脚村 文山壮族苗族自治州丘北县曰者镇河边村 文山壮族苗族自治州丘北县平寨乡革雷村 文山壮族苗族自治州丘北县腻脚乡老寨村 文山壮族苗族自治州丘北县温浏乡石别村 文山壮族苗族自治州广南县坝美镇革乍村委会汤拿村 西双版纳傣族自治州景洪市勐龙	

续表

省份	传统村落		列入中央财政支持范围的中国传统村落名单
	公布批次		公布批次
	第一批（2012年12月17日）	第二批（2013年08月26日）	第一批（2014年07月16日）
云南		镇曼龙扣村委会曼飞龙村 西双版纳傣族自治州景洪市勐罕镇曼听村委会曼乍村 西双版纳傣族自治州景洪市嘎洒镇曼掌宰村委会曼景保村 西双版纳傣族自治州景洪市基诺族乡巴亚村委会巴坡村 西双版纳傣族自治州景洪市基诺族乡巴亚村委会巴卡老寨 西双版纳傣族自治州景洪市基诺族乡巴亚村委会扎吕村 西双版纳傣族自治州景洪市基诺族乡巴亚村委会巴亚中寨 西双版纳傣族自治州景洪市大渡岗乡大荒坝村委会勐满村 西双版纳傣族自治州勐海县打洛镇勐景莱村 西双版纳傣族自治州勐海县西定乡章朗村 西双版纳傣族自治州勐腊县勐腊镇曼龙勒村 西双版纳傣族自治州勐腊县勐腊镇曼旦村 大理白族自治州大理市下关镇刘官厂村委会凤阳邑村 大理白族自治州大理市大理镇龙龛村委会龙下登村 大理白族自治州大理市凤仪镇丰乐村北汤天村 大理白族自治州大理市喜洲镇沙村村委会城北村 大理白族自治州大理市喜洲镇庆洞村 大理白族自治州大理市挖色镇大城村 大理白族自治州大理市双廊镇双廊村 大理白族自治州大理市双廊镇长育村 大理白族自治州大理市太邑彝族乡桃树村委会坦底么 大理白族自治州祥云县刘厂镇大波那村委会大波那村 大理白族自治州宾川县金牛镇柳家湾华侨社区 大理白族自治州宾川县大营镇萂村村 大理白族自治州弥渡县密祉乡文盛街村 大理白族自治州南涧县公郎镇罗伯克茶园村 大理白族自治州巍山县南诏镇新村村委会新村 大理白族自治州巍山县庙街镇阿朵村 大理白族自治州巍山县庙街镇利克村 大理白族自治州巍山县庙街镇盟石村委会陈德厂村 大理白族自治州巍山县大仓镇新	

十五、名　录　表

续表

省份	传统村落		列入中央财政支持范围的中国传统村落名单
	公布批次		公布批次
	第一批（2012年12月17日）	第二批（2013年08月26日）	第一批（2014年07月16日）
云南		胜村委会啄木郎村 大理白族自治州巍山县永建镇马米厂村委会米姓村 大理白族自治州巍山县马鞍山乡青云村 大理白族自治州云龙县关坪乡字衙村 大理白族自治州云龙县长新乡长春村 大理白族自治州云龙县长新乡包罗村大达社 大理白族自治州云龙县检槽乡检槽村委会大村 大理白族自治州云龙县苗尾傈僳族乡表村村委会表村 大理白族自治州云龙县苗尾傈僳族乡松坪村 大理白族自治州剑川县金华镇三河村 大理白族自治州剑川县金华镇向湖村 大理白族自治州剑川县沙溪镇甸头村 大理白族自治州剑川县沙溪镇四联村委会段家登村 大理白族自治州剑川县沙溪镇石龙村 大理白族自治州剑川县甸南镇天马村 大理白族自治州剑川县甸南镇龙门村 大理白族自治州剑川县弥沙乡文新村岩洞村 大理白族自治州剑川县弥沙乡弥新村弥井村 大理白族自治州鹤庆县松桂镇长头村 大理白族自治州州鹤庆县松桂镇龙珠村委会军营村 大理白族自治州鹤庆县松桂镇松桂村委会街南村 大理白族自治州鹤庆县金墩乡和邑村 大理白族自治州鹤庆县六合乡五星村五星大村 大理白族自治州鹤庆县六合乡灵地村灵地大村 德宏傣族景颇族自治州梁河县九保乡九保村 德宏傣族景颇族自治州梁河县河西乡邦读村 德宏傣族景颇族自治州盈江县旧城镇旧城村委会大寨村 德宏傣族景颇族自治州盈江县太平镇芒允村 德宏傣族景颇族自治州盈江县新城乡繁勐村委会芒别村 怒江傈僳族自治州泸水县鲁掌镇鲁祖村 迪庆藏族自治州香格里拉县洛吉	

续表

省份	传统村落		列入中央财政支持范围的中国传统村落名单
	公布批次		公布批次
	第一批（2012年12月17日）	第二批（2013年08月26日）	第一批（2014年07月16日）
云南		乡尼汝村 迪庆藏族自治州香格里拉县三坝乡白地村 迪庆藏族自治州香格里拉县建塘镇小街子村 迪庆藏族自治州德钦县云岭乡雨崩村 迪庆藏族自治州德钦县燕门乡茨中村 迪庆藏族自治州维西县叶枝镇同乐村 迪庆藏族自治州维西县叶枝镇叶枝村 迪庆藏族自治州维西县塔城镇塔城村塔城一二组 迪庆藏族自治州维西县塔城镇朵那阁村 迪庆藏族自治州维西县保和镇腊八底村 迪庆藏族自治州维西县保和镇永春村白帕塘 迪庆藏族自治州维西县巴迪乡结义村 迪庆藏族自治州维西县维登乡富川村	
西藏	昌都地区芒康县纳西民族乡上盐井村 昌都地区左贡县东坝乡军拥村 日喀则地区吉隆县贡当乡汝村 日喀则地区吉隆县吉隆镇帮兴村 林芝地区工布江达县错高乡错高村	拉萨市墨竹工卡县甲玛乡赤康村	日喀则地区吉隆县吉隆镇帮兴村 林芝地区工布江达县错高乡错高村
陕西	铜川市耀州区孙塬镇孙塬村 渭南市韩城市西庄镇党家村 榆林市绥德县白家硷乡贺一村 榆林市佳县佳芦镇神泉村 榆林市米脂县杨家沟镇杨家沟村	咸阳市三原县新兴镇柏社村 咸阳市礼泉县烟霞镇袁家村 咸阳市永寿县监军镇等驾坡村 安康市旬阳县赵湾镇中山村（郭家老院） 渭南市富平县城关镇莲湖村 渭南市合阳县坊镇灵泉村 渭南市澄城县尧头镇尧头村 榆林市佳县佳芦镇张庄村	铜川市耀州区孙塬镇孙塬村 咸阳市三原县新兴镇柏社村 渭南市合阳县坊镇灵泉村 渭南市澄城县尧头镇尧头村 渭南市富平县城关镇莲湖村 渭南市韩城市西庄镇党家村 榆林市绥德县白家硷乡贺一村 榆林市佳县佳芦镇神泉村 榆林市佳县佳芦镇张庄村
甘肃	兰州市西固区河口乡河口村 兰州市永登县连城镇连城村 兰州市榆中县青城镇城河村 白银市景泰县寺滩乡永泰村 天水市麦积区麦积镇街亭村 天水市麦积区新阳镇胡家大庄村 陇南市文县石鸡坝乡哈南村	天水市清水县贾川乡梅江村 陇南市文县铁楼民族乡入贡山村 陇南市文县铁楼民族乡石门沟村案板地社 陇南市文县铁楼民族乡草河坝村 临夏回族自治州临夏市城郊镇木场村 甘南藏族自治州卓尼县尼巴乡尼巴村	兰州市西固区河口乡河口村 兰州市永登县连城镇连城村 兰州市榆中县青城镇城河村 天水市麦积区新阳镇胡家大庄村

十五、名　录　表

续表

省份	传统村落		列入中央财政支持范围的中国传统村落名单
	公布批次		公布批次
	第一批（2012年12月17日）	第二批（2013年08月26日）	第一批（2014年07月16日）
宁夏	固原市隆德县城关镇红崖村一组 固原市隆德县奠安乡梁堡村一组 中卫市沙坡头区迎水桥镇北长滩村 中卫市沙坡头区香山乡南长滩村		固原市隆德县奠安乡梁堡村一组 中卫市沙坡头区迎水桥镇北长滩村 中卫市沙坡头区香山乡南长滩村
新疆	吐鲁番地区鄯善县吐峪沟乡麻扎村 哈密地区哈密市回城乡阿勒屯村 哈密地区哈密市五堡镇博斯坦村 伊犁哈萨克自治州特克斯县喀拉达拉镇琼库什台村	克孜勒苏柯尔克孜自治州阿克陶县克孜勒陶乡艾杰克村 阿勒泰地区布尔津县禾木哈纳斯蒙古民族乡禾木村 阿勒泰地区哈纳斯景区铁热克提乡白哈巴村	吐鲁番地区鄯善县吐峪沟乡麻扎村 伊犁哈萨克自治州特克斯县喀拉达拉镇琼库什台村
青海	海东地区互助县丹麻镇索卜滩村 海东地区互助县丹麻镇哇麻村 海东地区互助县东沟乡大庄村 海东地区互助县五十镇北庄村 海东地区互助县五十镇寺滩村 海东地区互助县五十镇土观村 海东地区循化县街子乡孟达山村 黄南藏族自治州同仁县保安镇城内村 黄南藏族自治州同仁县隆务镇吾屯下庄村 黄南藏族自治州同仁县年都乎乡年都乎村 黄南藏族自治州同仁县年都乎乡郭麻日村 黄南藏族自治州同仁县曲库乎乡江什加村 玉树藏族自治州玉树县仲达乡电达村	海东地区平安县洪水泉乡硝水泉村 海东地区平安县洪水泉乡洪水泉村 海东地区互助土族自治县五十镇五十村 海东地区互助土族自治县红崖子沟乡张家村 黄南藏族自治州同仁县扎毛乡牙什当村 海南藏族自治州贵德县河西镇下排村 玉树藏族自治州囊谦县娘拉乡多伦多村	海东地区互助县丹麻镇索卜滩村 海东地区互助县丹麻镇哇麻村 海东地区互助县五十镇北庄村 海东地区互助县五十镇寺滩村 海东地区互助县五十镇土观村 海东地区互助土族自治县五十镇五十村 海东地区互助县东沟乡大庄村 海东地区互助土族自治县红崖子沟乡张家村 海东地区循化县清水乡大庄村 黄南藏族自治州同仁县隆务镇吾屯下庄村 黄南藏族自治州同仁县保安镇城内村 黄南藏族自治州同仁县扎毛乡牙什当村 黄南藏族自治州同仁县曲库乎乡江什加村 黄南藏族自治州同仁县年都乎乡年都乎村 黄南藏族自治州同仁县年都乎乡郭麻日村
香港			
澳门			
台湾			